乾隆六年创修　道光二年重修
同治六年续修　光绪十一、二十五年续修

鹤峰州志

政协鹤峰县委员会学习文史委员会　汇编

覃进之　校注

中国文史出版社

图书在版编目（CIP）数据

鹤峰州志 / 政协鹤峰县委员会学习文史委员会编；
覃进之校注 . -- 北京：中国文史出版社，2024. 11.
ISBN 978-7-5205-4988-2

Ⅰ. K296.34

中国国家版本馆 CIP 数据核字第 2024UF8020 号

责任编辑：梁　洁
装帧设计：杨飞羊　蒲　钧

出版发行：中国文史出版社

社　　址：北京市海淀区西八里庄路 69 号　邮编：100142
电　　话：010-81136606　81136602　81136603（发行部）
传　　真：010-81136655
印　　装：廊坊市海涛印刷有限公司
经　　销：全国新华书店
开　　本：787×1092　　1/16
印　　张：47.5
字　　数：600 千字
版　　次：2025 年 1 月北京第 1 版
印　　次：2025 年 1 月第 1 次印刷
定　　价：188.00 元

本书编委会

名誉主编：李传锋

主　　编：覃长玉

执行主编：李施甫

副 主 编：庾云彰

成　　员：向国平　向端生　向宏理

　　　　　田　玲　辛　琰　覃进之

校　　注：覃进之

《鹤峰州志》汇编校注·序

李传锋

鹤峰地处武陵山东麓，历史悠久而丰富，因为交通阻隔，也因为世代居处这里的土家族虽然有语言，但无文字，还因为朝廷官员和汉地文人极少进入，致使许多生动的远古历史没能载入史册，仅以口口相承。直到东晋史学家常璩写了一本记述西南古史的《华阳国志》，有关鹤峰古史的大略记述才出现在世人面前。自秦以下，经历了千年的"群蛮割据"时期，历代中央王朝虽然设立了羁縻性质的行政建制，但有关历史仍语焉不详。尽管容美土司田氏家乘上说"自汉历唐，世守容阳"，但有史可查是从元至大三年（公元1310年）才有建立黄沙寨千户的记载。后来，随着汉语的渐入，史载也才丰富起来。又历400余年，到清雍正十三年（公元1735年）改土归流，设立鹤峰州，光绪三十年（公元1904年）州改直隶厅，再至1912年厅改县止，鹤峰州（包括直隶厅）存续178年。

178年是个不短的时期，鹤峰州历数任知州，从首任毛峻德创修《鹤峰州志》始，后来经过4次续修。虽然每次变化并不大，但也算是一次确认和补充。鹤峰州存续时期是从封建社会向半殖民地社会转变的重要时期，当时的修志者受到封建帝王思想束缚，从维护封建王朝利益的角度去搜集征编，州志的形成难免会有局限性。

21世纪尤其是新时期以来，关于容美土司文化的研究取得了不俗的成果，但对"鹤峰州"的研究却相对寂寞。据我所知，这一时期，土汉文化的大交流，玉米、红薯、土豆、辣椒、烟叶等新品种的引入，农业生产得到了极大发展，茶叶贸易在这一时期也取得很大进步，还有科举考试的推行，保甲制度的实施等等，对于鹤峰来说，是一个大变革的历史时期，很值得研究。鹤峰人覃进之同志多年来有志于家乡史志的研究，把几次续修的《鹤峰州志》文本汇编一书，以道光二年版纲目为基准，认真校勘，查漏补缺，并适度注释，这是经过100多年之后，《鹤峰州志》一次较为全面较为准确的修订。这是鹤峰史志研究工作的新收获，是新时期鹤峰文化建设的新成果。

这些年，因为和朋友合作创作土家族历史长篇系列小说《武陵王》，我们对明清两朝武陵山地少数民族自治历史做了一些功课，通过正史、方志及家谱来了解土家族历史，认知一些土司王英雄，力图站上山顶来观看这些山间小王国发生的故事，对诸多土司的文治武功略知一二。作为武陵山中"最为富强"的土司之容美，一直有着较为自觉的中央政权依附心理，有着较为强烈的爱国之心，善于向汉民族和其他兄弟民族学习，留下了不少东西，其中不少堪称世界文化遗产。仅从人物方面讲，文有田子寿，武有陈连升，这是今天之鹤峰仍可以傲示于人的两张历史文化名片。

田子寿（1530—1593），名九龄，鹤峰容美镇人，容美土司王田世爵第六子。他是最早走出大山去江汉求学的年轻人，成长为武陵山地土家族最早的也是最有成就的大诗人。从目前发现的史料来看，他的诗歌创作量最多，刊刻成书时间最早，在主流文坛影响很大，在当时及后世很长时期，可以说其成就无人能及。田子寿堪称土家族诗歌的开创者，土汉文化交流的实践者，容美田氏家族诗人群的诗祖。

陈连升（1777—1841），鹤峰邬阳关人，是中国近代史上第一位为国捐躯的少数民族将领。1841年1月，英国侵略军进犯虎门，由于投降派琦善拒绝派出援兵，陈连升阵亡，其子陈举鹏身受重伤，投海捐躯。英军恨陈连升坚守不屈，脔割其尸，并将其坐骑黄骝马掳去香港，其马悲愤不已，遥望大陆，绝食而亡，时人称之为"节马"。陈连升是抵御外辱的民族英雄，连敌人都称之为"东方战神"！

遗憾的是这两大名人并没进入《鹤峰州志·人物志》，如果说《田子寿诗集》刊刻出版是在鹤峰州设州前100多年，那陈连升则是出生于鹤峰设州之后，他为国捐躯也是在鹤峰州存续时间之内。这样的大文人，这样的大英雄，《鹤峰州志》在"人物"中竟然无一字提及，反而说"无可录者"，可见《鹤峰州志》也不是很全面完备的。《鹤峰州志》前后经过4次续修，竟然没有一人对此前的内容进行认真地考察和补益。可见，这些州官多是做的官样文章，并非对鹤峰州的全部历史认真负责。《〈鹤峰州志〉汇编校注》试图弥补这方面的不足，这是值得一提的。

这部《〈鹤峰州志〉汇编校注》修改稿，我虽匆匆读过，总的印象是不错的。今日志书的撰写，编辑和校注有一套很严格的规范，一是资料的完备和筛选，二是古文知识的积累，三是校勘经验的丰富，四是工具书的选择与运用。覃进之同志从事过新闻工作、摄影工作、行政管理工作，他不是专业的史志工作者，但他曾热情参与多项鹤峰历史文化的研究工作，收集了大量有关史料，克服困难，潜精研思，把《鹤峰州志》几个版本进行认真比较，将几十万字的历史志书进行汇编、勘校和注释，寒暑数易，终有所成，可钦可贺！该书面世后，将会成为人们认知鹤峰、研究鹤峰、宣传鹤峰的又一重要读本。

对于少数民族地区的历史志书，无论是编校还是阅读，有几个基本观念一定要把握好。一个民族团结进步观念，一个民族平等观念，一个中华民族共同体观念，一个爱国主义观念，一个民族文化自信观念，一个尊重各民族文化习俗观念。在原著版本中有的文字，是封建文人所持观念，有的是错的，有的有局限性，比如原书中对少数民族的一些蔑视性称呼，除了"蛮""夷"之外，很多族称加了犬旁，新中国成立之后已加以改正，我们今天就不能照录旧称，应在注释中说明。历史上各民族间发生的争斗和战争，是中华民族共同体内部的矛盾，是兄弟阋于墙，和外族侵略有本质区别。再就是要尊重各民族的文化生活习俗，对一些不科学的成分也要辨析。

汇编校注者在附录中创设的《鹤峰州大事记》《鹤峰古今区划地名对照》等，对读者查阅是很有帮助的。

修志问道，以启未来。鹤峰县政协多年来支持文史工作，成绩斐然。在《〈鹤峰州志〉汇编校注》一书即将出版之际，不揣浅陋，以此短文，致以祝贺！

2024 年 7 月于鹤峰三书舫

李传锋：土家族，鹤峰县五里乡六峰村人，我国当代少数民族著名作家。曾任《湖北文艺》编辑部主任、《长江文艺》小说组组长、《今古传奇》主编。曾任湖北省文联常务副主席、党组书记、湖北省人大民宗外侨委副主任、湖北省政协民族宗教委员会主任、湖北省地方志编纂委员会副总纂、中国作家协会民族文学委员会委员等职。业余写作，已发表近千万字作品。两次获得全国少数民族文学创作"骏马奖"，曾获得湖北省"屈原文艺奖"、湖北省民族文化政府奖、重庆市"'五个一'工程奖"等省、市文学奖，1995 年起享受国务院政府特殊津贴。

《鹤峰州志》汇编校注·凡例

《鹤峰州志》汇编校注对《鹤峰州志》乾隆六年（公元 1741 年）创修版、道光二年（公元 1822 年）重修版、同治六年（公元 1867 年）续修版、光绪十一年（公元 1885 年）和二十五年（公元 1899 年）续修版等五个版本进行汇编校注。原文 16 万余字，全书以现行通用简化汉字为标准进行编辑。

一、原文中需要注释的词语，在句末用数字序号标注。

二、原文中合适的位置进行段落尾注。

三、朝代年号统一注释公元纪年，如"淳化元年：公元 990 年"。

四、注释序号的连续随原文需要注释的段落自行结束。

五、有的字、词可能因为不同的语境而释意不同或为便于无障碍阅读，在注释中会有重复。凡词条中的生僻字或不常用字、词均在注释时标注拼音。句中有多个词条需要注释的，在同一序号内进行多个词条注释。

六、《鹤峰州志》汇编校注以《鹤峰州志》道光二年重修（州署藏版）为基准，按卷目分类汇纂不同时期的续修内容。如《卷十二·人物志》汇纂的内容依次为：道光二年重修、同治六年续修、光绪十一年续修。又如《卷十四·杂述志》汇纂的内容依次为：道光二年重修、同治六年续修、光绪十一年续修、光绪二十五年续修。

七、《鹤峰州志》汇编校注将原有舆图等绘图，通过图片软件进行技术拼接处理，达到一图便览效果。

八、《鹤峰州志·学校志》中乐章部分有两个版本，道光二年重修（州署藏版）和道光二年影印版本中，各有不同，查影印版所载乐章应属同治六年续修版内容，故编入同治六年续修目下。

九、原文中因模糊不清而无法辨认的字、词，或因原志页面残破导致脱落的字、词，均以"□"符号替代。

十、对原文中的汉字数字"壹、贰、叁、肆、伍、陆、柒、捌、玖、拾"，统一改为"一、二、三、四、五、六、七、八、九、十"。

十一、原文中同义字词，直接采用本义字词，再不另加注释，如道光二年版《鹤峰州志》，知州吉钟颖《序》中的"文简而事该"，"该"古同"赅"，故修改后的原文即为"文简而事赅"。又如光绪十一年续修《山川志》载："……自州属咸宓河小湾潭发源……"此句中的"宓"即"宁"，故修改后的原文地名为"咸宁河"。以及后面表述的"出长阳资坵河二百里"中的"坵"即为"丘"。

十二、原文中出现的错字或姓名错误，直接在原文中改正。如《沿革志》中的"田玄"条，里面阐述的"……施南田懋粲、东乡田绳武……"，明显出现姓名错误和姓氏错误，"田懋粲"应为"覃懋粲"、"田绳武"应为"覃绳武"，均在原文中勘正，并在"施南""东乡"相关条目下注释。

十三、乾隆六年创修版《鹤峰州志》，作为附录之一。

十四、麻寮千户所曾建所于所坪（今走马镇所坪村），隶属湖南省慈利县九溪卫，雍正十三年（公元 1735 年）改土归流后，关外五十里之地拨归鹤峰州，故将《麻寮所志》作为附录之二。

十五、民国三十二年（公元 1943 年）时任国民党鹤峰县县长蔡辊主持铅印《鹤峰州志》，除《序》外，未有新增内容，其《序》作为附录之三。

十六、本志校注者草创《五音、十二律、工尺谱与简谱对应关系表》，便于查阅《鹤峰州志·学校志》所载乐章涉及的五音、十二律、工尺谱与现代简谱及春夏秋冬四季的对应关系，作为附录之四。

十七、辑录乾隆六年、道光二年、光绪三十年、民国三十八年行政区划设置和 2023 年鹤峰县行政村布局优化调整后的现况；辑录主要地名更易及区划变化实况，包括乾隆六年版《鹤峰州志·舆图》之《州全图》修复图。特形成《鹤峰古今区划地名对照》，作为附录之五。

十八、特简要辑录《大事记》，作为附录之六。

十九、特将其州署藏版编排为缩印本并编排页码、新增目录，作为附录之七。

目录

一

三

六

原 序

知州 毛峻德

邑有志，犹国有史也⁽¹⁾。一邑中沿革异同有必辨⁽²⁾，疆域、山川有必分，风俗、物产有必载，坛庙、城署、学校有必兴，田赋、户役、职官、兵防有必备。非近乎史，其将安近⁽³⁾。

鹤峰向为容美土司地⁽⁴⁾，因土弁田旻如贪残⁽⁵⁾，改设州治，经营伊始，百度维新。则州志较他邑，尤为急务。德不敏⁽⁶⁾，初蒙制府迈檄委进司⁽⁷⁾，守催田旻如进京，旋又奉委抚恤残黎，并随湖北臬宪王⁽⁸⁾、荆南观察姜，经理改土善后事宜⁽⁹⁾。仰荷百凡指示⁽¹⁰⁾，幸免陨越⁽¹¹⁾。事未竣，即膺上宪保题⁽¹²⁾，授以牧民重任⁽¹³⁾，七载于兹⁽¹⁴⁾，土俗民情，知之颇悉，现设章程，皆所创始，德又何敢以不文辞。因于簿书之暇⁽¹⁵⁾，约举大端⁽¹⁶⁾，稍加编辑，分上、下两卷，用捐清俸⁽¹⁷⁾，以授梓人⁽¹⁸⁾。

窃谓志同乎史传信也⁽¹⁹⁾，非以传疑也。慎而毋滥，简而毋繁，凡事之因时措置，难垂久远者，概不敢登。若夫名宦、乡贤、人物、选举，因初入版图，无可纪载；至于忠孝、节义，事关伦纪，非确有可据者，岂容冒滥；仙释、古迹，事涉诞妄⁽²⁰⁾，非见诸史册者，未便率录；其余流寓、方技之徒⁽²¹⁾，文艺杂技之末，既非所重，未暇考求。览是编者，其亦见作志之苦心。勿以简略是责，是则深幸也夫⁽²²⁾。乾隆六年岁次辛酉仲冬月⁽²³⁾。

【注释】

（1）邑 yì：城市，都城。旧指县。

（2）沿革：沿袭和变革，指称事物变迁的过程。

（3）**非近乎史，其将安近**：近乎，指接近于。安近，安适和亲密。本句意为"不与史书相近，又会与什么相近呢？"宋·曾巩《寄欧阳舍人书》："警劝之道，非近乎史，其将安近。"

（4）**容美土司**：容美古称柘溪，又称容米、容阳，位于今湖北省鹤峰县、五峰县等地和宣恩县、巴东县与其接壤部分地区。容美土司有"自汉历唐，世守容阳"之说，据史可查是从元至大三年（公元1310年）冬月十五，元武宗允准建立黄沙寨千户，到清雍正十三年（公元1735年）容美宣慰司改土归流，历经425年。雍正皇帝认为："楚蜀各土司中，惟容美最为富强。"改土归流后，清朝廷将容美土司所辖，分置鹤峰州、长乐县（今五峰县）。本《原序》作者毛峻德，即为鹤峰州首任知州。

（5）**弁 biàn**：旧时称低级武官。**田旻如**：（？—1733年）原文为田明如（"旻"即"明"，因保持人名字义，故用"旻"，余皆同），田舜年次庶子，自幼寄籍荆州，纳枝江县国学监生，得以赴京师国子监就读，以精明干练和倔强剽悍成为皇家侍卫，康熙四十二年（公元1703年）受康熙召见，同年四月补直隶通州同知缺，康熙四十六年（公元1707年）二月奉命袭容美宣慰职，至雍正十一年（公元1733年）腊月十一，面对大兵压境、民心已变，自缢于平山万全洞。

（6）德：作者自称。

（7）**制府**：制置司衙门，掌军务。**迈**：湖北总督迈柱。**檄委**：用檄文晓谕、托付。

（8）**臬宪 niè xiàn**：旧时对按察使的敬称。清·黄六鸿《福惠全书·莅任·禀帖赞说》："另文申详臬宪。"**王**：即王柔，时任湖北臬司。**荆南**：朝代名（公元924—960年），五代十国之一，高季兴所建，有今湖北江陵、秭归、西陵等县之地。

（9）**观察**：唐、宋诸道设观察使，明清称各道道员为"观察"。**姜**：即姜邵湘，时任湖北巡道。**经理**：经营治理。《史记·卷六·秦始皇本纪》："皇帝明德，经理宇内。"

（10）**仰荷**：敬领，承受。宋·苏轼《和王巩并次韵》之一："吉人终不死，仰荷天地德。"**百凡**：犹凡百，泛指一切。

（11）陨越 yǔn yuè：失职。宋·胡铨《戊午上高宗封事》："小臣狂妄，冒渎天威，甘俟斧钺，不胜陨越之至。"

（12）膺 yīng：接受，承当。**上宪**：上法、上司的意思，出自《鲁殿灵光赋》。**保题**：向上推荐，得到提拔任用。

（13）牧民：治理人民，管理民事。《汉书·卷二三·刑法志》："且夫牧民而道之以善者，吏也。"

（14）兹：这，这个，此。

（15）簿书：官方文书的统称。汉·王充《论衡·谢短》："文吏晓簿书，自谓文无害，以戏儒生。"又指登记钱粮出纳的册子。金·元好问《太常引·夏馆秋林山水窟》词："簿书愁里过，笋蕨梦中香。"

（16）大端：主要的部分；重要的端绪。

（17）捐：此指资助。**清俸** fèng：旧称官吏的薪金。

（18）梓人：古代木工的一种。泛指木工、建筑工匠。此指印刷业的刻版工人。

（19）窃：谦辞，此指自己：～谓。

（20）诞妄：荒谬不实。

（21）流寓：迁居他乡。**方技**：旧时总称医、卜、星、相之类的技术。

（22）也夫：语气助词，表示感叹。

（23）**乾隆六年**：即公元 1741 年。**岁次**：也叫年次，古代以岁星（木星）纪年，古人将天空赤道分作 12 等份，每等份以恒星为标志，木星每年走 1 等份，12 年走 1 周，每年岁星所值的星次与其干支称为岁次。**辛酉**：时指乾隆六年。古人以农历干支纪年，即十天干与十二地支合称为"干支"，俗称"六甲"，用以计算时间，现今农历纪年仍用干支表示。**仲冬**：冬季的第二个月，即农历冬月。一年分春、夏、秋、冬四季，每季三个月，第一个月称孟、第二个月称仲、第三个月称季。

卷　首

又 序

荆宜施道　屠嘉正[1]

郡邑之有志[2]，所以载纲纪，一方之大略者也。志有创有因，其因者前世之陈迹备于斯，其创者一时之缔造备于斯，夫前无所凭藉[3]，而后将视是以率由[4]，此其事为倍难，而其文之所关为更要，非其心足以立事，而事足以载于文者，其曷能创之[5]。

鹤峰故容美地，土官世及，肆虐于民，民不胜其毒，奔走偕来，愿沾圣化。我世宗宪皇帝恻然悯之，允廷臣议，改设州邑，选良吏以抚斯民[6]。毛君觐文[7]，爰自安陆通守[8]，移牧鹤峰，披荆榛，建城郭，招流亡，安反侧[9]，设学校，列营汛、坛庙、公廨[10]，乘时俱举[11]，生聚教训[12]，因俗以施，三年而政成，五年而报最，七年而毛君膺简命[13]，晋守宜昌，顾念鹤峰新造之区，案牍易至散缺，不可无所纂集，以贻之后也。用辑州志，而请序于余，盖其事与文类，皆出于创而已[14]，无一不可为后之所因。

余览是编，而窃有以见毛君之用心也，夫天生兆民，树之后王君公[15]，承以大夫师长，以左右民也。何以长民曰仁[16]，何以行仁曰政，何以举政曰诚，不诚则无物，而政非其政矣。毛君之治鹤峰，其意主于为朝廷绥靖远民[17]，予以宽徭薄赋之乐，而去其犷顽狡劣之习，其哀矜恻怛[18]，蔼然见乎其词，而笃挚恳切之衷，复足以贯乎其设施之颠末[19]。此所以政通人乐，而下为编户之所暄就[20]，即上邀圣天子之奖擢欤！

毛君推是心以莅官，将所处益高，其所及益广，而后之牧是州者，以毛君之心为心，相时调剂，以求久安。此溪洞之众，安在不足以比于中土之民⁽²¹⁾，雍雍然揖让、冠裳、礼乐也夫⁽²²⁾。

【注释】

（1）**荆宜施**：荆州、宜昌、施南（今恩施）。**道**：中国历史上行政区域的名称，唐代相当于现在的省，唐代遣使分道出巡，称分巡某某道；明代各省按察司除按察使外，还有按察副使、按察佥事等官员，负责巡察州、府、县政治、司法等事宜，称分巡道、兵巡道等；清代和民国初年在省以下设"道"，清废副使、佥事等官，简称巡道；担任道员的官员又称为"观察"。**屠嘉正**：浙江嘉兴桐乡人，时任荆宜施巡道。

（2）**郡邑**：郡与邑。秦分天下为三十六郡，郡下置邑，相当于现今的省与县。

（3）**夫 fú**：文言发语词，～天地者；文言助词，逝者如斯～；文言指示代词，相当于"这"或"那"，～猫至。**凭藉**：依靠，依赖。

（4）**率由 shuài yóu**：遵循，沿用；谓遵循成规；谓相率归顺；由来；犹皆由。

（5）**曷 hé**：何，什么，"蹈死不顾，亦～故哉？"怎么，为什么，"汝～弗告朕？"古同"盍"，何不；何时，"悠悠苍天，～其有所？"

（6）**斯民**：老百姓。

（7）**觐 jìn**：朝见君主或朝拜圣地。**觐文**：这里指州牧毛峻德，接受朝廷调任鹤峰知州的文告。

（8）**爰**：于是，～书其事以告；改易，更换，～田；发语词，无义，《诗经·邶风·凯风》："爰有寒泉，在浚之下。"**安陆**：即今湖北孝感安陆市。康熙三年（公元 1664 年），安陆为德安府治，属湖北布政使司，隶汉黄德道。**通守**：官名。隋开皇时设置，佐理郡务，职位略低于太守；清代称通判为"通守"。亦指任通守之职。

（9）**反侧**：这里指反复无常，或不安分、不顺服之义。

（10）**公廨 gōng xiè**：官署，旧时官吏办公处所的通称。

（11）**乘时**：乘机；趁势。

（12）**生聚教训**：军民同心同德，积聚力量，发愤图强，以洗刷耻辱。语本《左传·哀公元年》："越十年生聚，而十年教训，二十年之外，吴其为沼乎？"繁殖人口，蓄积财富，而教以忠义之行，作战之法。

（13）**简命**：简任；选派任命。

（14）**而已**：用在陈述句末，表示限止语气，相当于"罢了"，常跟"只""不过""仅仅"等连用，对句意起冲淡作用。没了的意思，如《庄子·知北游》："人生天地之间；若白驹之过隙；忽然而已。"

（15）**后王**：继承前辈王位的君主；泛指继前朝而起的国家元首。《书经·说命中》："树后王君公，承以大夫师长。"**君公**：称诸侯。

（16）**长民**：为民之长；官长。古指天子、诸侯，后泛指地方官吏。

（17）**绥靖**：安抚、平定。《左传·成公十三年》："文公恐惧，绥靖诸侯，秦师克还无害，则是我大有造于西也。"

（18）**哀矜** āi jīn：哀怜、体恤。《论语·子张》："上失其道，民散久矣，如得其情，则哀矜而勿喜。"**恻怛** cè dá：悲忧、哀伤。《后汉书·卷二〇·祭遵传》："征虏将军颍阳侯遵，不幸早薨。陛下仁恩，为之感伤，远迎河南，恻怛之恸，形于圣躬。"也作"恻怆"。

（19）**颠末**：自始至终的事情经过情形。

（20）**编户**：古时地方官每三年审察民户人丁数目，编排成册，故称编入户口册的人家为"编户"。通常指平民。**暱就** nì jiù：亲近；亲昵。

（21）**安在**：健在，平安无事；何在。《大宋宣和遗事·亨集》："周公吐哺待贤，今又安在？"**中土**：中原地区。《淮南子·地形训》："正中冀州曰中土。"

（22）**雍雍**：鸟和鸣声；声音和谐；和洽貌、和乐貌；犹雍容，从容大方。泛指和谐的样子，《礼记·少仪》："鸾和之美，肃肃雍雍。"**揖让**：作揖谦让。**冠裳**：这里指文明、礼仪制度。**礼乐**：礼与乐。礼乃行为道德的规范，而乐能调和性情、移风易俗，二者皆可用以教化人民，治理国家。《礼记·礼器》："礼也者，反其所自生；乐也者，乐其所自成。是故先王之制礼也以节事，修乐以道志，故观其礼乐而治乱可知也。"

鹤峰州志序

杨怿曾

邑之有乘⁽¹⁾，所以征文献也⁽²⁾。若文献无征，操觚者欲旁搜远绍⁽³⁾，求诸荒谬难稽之说则已诞；或采风问俗，仅得诸父老传闻则又俚⁽⁴⁾。

鹤峰故容美地，汉、唐以前，书缺有间，历宋、元、明，至我朝始，翕然向化⁽⁵⁾。改土归流于雍正十三年⁽⁶⁾，设州牧以治之⁽⁷⁾，阅今八十余年沐浴圣泽⁽⁸⁾。土田辟、学校兴，教养之深仁，已并洽于中土。吉芗畦⁽⁹⁾刺史家学渊源，师承有自⁽¹⁰⁾，凡天文地舆之繁，星纬象数之精，无不周知慨然。以前志为简略，以簿书余暇，重辑成卷⁽¹¹⁾。而请序于余，怿于嘉庆二十四年⁽¹²⁾，奉命视学楚北⁽¹³⁾，次冬校士宜施二郡⁽¹⁴⁾，即闻刺史治行卓卓⁽¹⁵⁾，勤政爱民，有古循吏风，兹幸阅其志之成，而有以窥其致治之有本矣。

夫志星野，以应乎天文志疆域，以详其地利、沿革必衷于史，山川必溯其源，志赋役、轻徭税，劝输将也⁽¹⁶⁾；志风俗、尚朴略，禁淫靡也；志学校、重师儒，崇文教也；志兵防、预戒备，增守卫也。至于物产之蓄息⁽¹⁷⁾，人物之闲生⁽¹⁸⁾，秩官、祠宇之必详，艺文、营建之不废，其所以寓风励而昭劝惩者⁽¹⁹⁾，悉有深意，存乎其间。且志为国史之权舆，尤采风使者，所当博取而广辑之，以为修史者之一助，方今文教昌明，无远弗届⁽²⁰⁾。

鹤峰虽岩邑，得贤刺史以为之抚，而敷教兴行⁽²¹⁾，熙熙然乐游太平之世⁽²²⁾，又岂仅为一邑之乘，以文词见其美备哉⁽²³⁾。

赐进士出身诰授通奉大夫光禄寺卿提督湖北学政

古六　杨怿曾　拜撰⁽²⁴⁾

【注释】

（1）**乘** shèng：春秋时晋国的史书，后用以称一般的史书。

（2）**征文** zhēng wén：公开征求文章，取证于典籍史料的记载。征，有求证或证明、验证之意。**文献**：指典籍，又指熟知文化掌故的贤人。

（3）**操觚**：觚（gū），古代作书写用的木简。操觚，原指执简写字，后即指写文章。**旁搜远绍**：旁，广泛；绍，继承。广泛地搜集引证资料，穷本溯源地说明来历，以进行论证。

（4）**俚**：通俗的，民间流行的。

（5）**翕然** xī rán：和顺的样子。**向化**：归顺服从。

（6）**改土归流**：明、清两代在少数民族地区实行的一种政治措施。明朝廷在西南地区废土司制度，设贵州布政使司，下置八府。清朝廷在云、贵、川等省大力实行以朝廷任命，并可随时调换的流官，代替土司管辖地方的措施，使原土司地区的地方行政与内地趋于一致。容美土司于雍正十三年（公元1735年）改土归流，分置鹤峰州、长乐县。

（7）**州牧**：职官名。州牧为朝廷所委派州郡的最高长官，清代时为知州的别称。《幼学琼林·卷一·文臣类》："刺史、州牧，乃知州之两号。"

（8）**圣泽**：帝王的恩泽。

（9）**吉艻畦**：即时任鹤峰州知州吉钟颖，字秋丞，号实轩，又号乡畦。

（10）**有自**：有其原因，有其来处。

（11）**簿书**：官方文书的统称。

（12）**怿**：本《序》作者自称。**嘉庆二十四年**：公元1819年。

（13）**视学**：视察学校，考量学业。清·方苞《左忠毅公轶事》："乡先辈左忠毅公视学京畿。"**楚北**：泛指湖北。明清时期的湖广大致包含先秦楚国故地的湖南湖北，清康熙三年湖广行省实行南北分治，湖北独立建省，别称楚北；湖南别称楚南。

（14）校士：考评士子。**宜施**：指宜昌府、施南府。

（15）卓卓：高的样子；杰出，高超出众。南朝梁·刘勰《文心雕龙·风骨》："孔氏卓卓……"

（16）输将：捐献、输送。《汉书·卷四九·晁错传》："陛下幸募民相徙以实塞下，使屯戍之事益省，输将之费益寡，甚大惠也。"

（17）蕃息：〈书〉滋生众多；繁殖增多：万物～。

（18）闲生：亦作"间生"。间气所钟而生出。

（19）风励：用委婉的言辞鼓励、劝勉。**劝惩**：奖惩。《左传·成公十四年》："惩恶而劝善，非圣人，谁能修之？"

（20）无远弗届：没有不能到达的地方。宋·胡铨《御试策一道》："而惟民是察，持以至诚，无远弗届。"

（21）敷教：传布教化。也作"敷化"。语出《书·舜典》："帝曰：'契，百姓不亲，五品不逊，汝作司徒，敬敷五教，在宽。'"

（22）熙熙：和乐之样。《老子·第二〇章》："众人熙熙，如享太牢。"

（23）美备：完美齐备。

（24）进士：科举时代的科目。隋炀帝选拔人才，设进士科，唐宋因之，其时凡举人试于礼部合格者，称为"进士"。明、清之制，会试中式，殿试后赐进士及第、进士出身、同进士出身，通称为"进士"。**诰授**：朝廷以爵位或名号，诰命赐封功臣及其先祖。**通奉大夫**：文散官名，宋太平兴国元年（公元976年）改通议大夫为通奉大夫；元丰三年（公元1080年）废；大观二年（公元1108年）增置通奉大夫为从三品文散官；金亦置通奉大夫，秩从三品中；元升为从二品；明制通奉大夫为从二品升授之阶；清代从二品概为通奉大夫。**光禄寺卿**：周时设膳夫上士，至北齐始置光禄寺卿，以后历代多沿设未改。清代即为光禄寺长官，设光禄寺卿满、汉各一人，秩从三品，职掌宴劳荐飨之事，分辨其品式，稽核其经费；凡祭祀之期，会同太常寺卿省牲；祭礼毕，进胙于天子，颁胙于百官及执事人员等。**提督**：职官名，明代设置，以勋戚大臣或太监充任；清代沿用，掌各省军政、统辖诸镇，是各道、省最高级的武官。还有指挥监督之意。**学政**：职官名，为清代提督学政的简称，掌管教育行政及各省学校生员的考课、升降等事务；也称为"大宗师""学道""学台""文宗"。有关教育的一切事务。**古六**：即古六安州，杨怿曾之家乡，即今安徽省六安市。**杨怿曾**：（公元1763年8月19日—1833年3月15日），字成甫，号介坪，自号天柱山樵。**拜撰**：恭谨地写下这篇文章（谦词）。

叙

吉钟颖

　　史以示百代之劝惩，志以志一方之掌故，名异而实亦异也，然其体例则同。此陈寿《三国志》与马班并称也[1]！自是以后，惟《华阳国志》《三辅黄图》二书最为古雅[2]，宋元后方志杂出，乃乱乃萃矣。前明康氏《武功志》[3]，韩氏《朝邑志》[4]，文简而事赅。他若王渼陂志《鄠》[5]，吕泾野志《高陵》[6]，乔三石志《耀》[7]，胡可泉志《秦》[8]，赵浚谷志《平凉》[9]，刘九经志《郿》[10]，张光孝志《华》[11]，率皆秦人志秦地，王阮亭所谓郡县之志[12]，无逾乎秦者，以其犹有《黄图》《决录》之遗也[13]。

　　予莅任鹤峰凡五载，地僻而民朴，政简而刑清[14]，暇即与部君生榕、洪君先焘[15]，仰登山而俯临水，出采风而入问俗，以考其改土归流之美，而纪其生材殖物之繁[16]，盖已八十余年于兹矣。因取前牧毛公旧志，而重加编辑，其卷帙较增于前[17]，非欲以夸多而斗靡[18]，觉此八十余年中，学校兴而教化广，沐日浴月，百宝生焉。欲问当年之宝楼琴阁，传乐府而演桃花者[19]，已漠然了无一存，盖天下之太平久矣。

　　顾自古著述之难，或失之于滥收，或失之于欲速，而欲其完善无疵，则必迟之数年，或迟之数十年，又且经诸儒之考订，汇百家之异同，而始折衷以归于至当[20]。今则上不窥金匮石室之藏[21]，下鲜老师宿儒之指授，而纷于簿书[22]，限于时日，岂敢自信为完书哉。亦聊以显微阐幽，不使后来者有文献无征之叹也。

道光二年孟秋月中浣　赐进士出身湖北庚午、癸酉、丙子、壬午四科乡试同考官知鹤峰州事加五级纪录五次　丹阳　吉钟颖　撰⁽²³⁾

【注释】

（1）陈寿：（公元 233—297 年）西晋史学家。字承祚，安汉（今四川南充）人。晋时曾任著作郎、治书侍御史。搜集魏、蜀、吴三国的各种史料，取舍审慎谨严，文字简洁。**马班：**汉司马迁作《史记》，班固作《汉书》，皆为良史之材，世称为"马班"，也作"班马"。

（2）《华阳国志》：又名《华阳国记》，是由东晋时期成汉·常璩撰写于晋穆帝永和四年至永和十年（公元 348—354 年）的一部记述古代西南地区历史、地理、人物等的地方志著作。**《三辅黄图》：**地理书籍，又名《西京黄图》，简称《黄图》。记载秦汉时期三辅的城池、宫观、陵庙、明堂、辟雍、郊畤等，涉及周代旧迹。

（3）《武功志》：全称《武功县志》，是一本文言文古籍，作者是明代文学家康海。

（4）《朝邑志》：全称《朝邑县志》，明·韩邦靖撰。此志能提其要，故文省而事不遗漏。自明以来，关中舆记，惟康海《武功县志》与此《志》最为有名。论者称《武功志》体例谨严，源出《汉书》;《朝邑志》笔墨疏宕，源出《史记》。然后来志乘，多以康氏为宗，而《朝邑志》莫能继轨。

（5）《鄠》hù：即《鄠县志》，作者王九思（公元 1468—1551），明代文学家，字敬夫，号渼陂。陕西鄠县（今户县）人。

（6）《高陵》：即《高陵志》，作者吕柟（公元 1479—1542），陕西高陵人，明代学者、教育家。原字大栋，后改字仲木，号泾野，学者称泾野先生。

（7）《耀》：即《耀州志》，作者乔世宁（公元 1503—1563），字景叔，明耀州小丘人，年轻时曾读书于三石山（今大香山），因自号"三石山人"。《耀州志》是耀州历史上的第二部州志，为明代陕西县志中八大名志之一，可谓誉满三秦。

（8）《秦》：即《秦州志》，作者胡缵宗（公元 1480—1560），字孝思，一字世甫，号可泉，又号"鸟鼠山人"，今甘肃秦安县人。为官爱民礼士，抚绥安辑，廉洁辩治，著称大江南北。

（9）《平凉》：即《平凉府志》，作者赵时春（公元 1509—1567），字景仁，号浚谷，今甘肃平凉人。读书善强记，文章豪肆，与唐顺之、王慎中齐名。

（10）《郿》：即《郿志》，作者刘九经，字绍周，自号北愚生。万历二十年（公元 1592 年）进士，任邢台知县，后擢山东道御史，因直言犯上被遣贬，谢归故乡。以县旧日无志，从邢台任内，政务之外，始搜家乡史料，于经籍诸史百家汲取精华，在北京寓所七年纂修首部县志，由地形、政略、宦绩、献实、侨贤凶德、事纪、异录、杂考八编组成。其中侨贤编，系由其长子刘本唐撰集。郿，今陕西眉县。

（11）《华》：即《华州志》，作者张光孝，明华州故县（今渭南市华州区杏林镇故县村）人，字惟训，号"左华山人"。因不阿谀上司诗文而被借故罢职，无意仕途，遂以修志为己任，他稽古籍、访耆老、踏山川，经过 30 年采辑编撰，乃成志稿，明隆庆六年（公元 1572 年）经华州知州李可久裁正付梓刻印，《华州志》得以流传至今。

（12）王阮亭：王士祯（公元 1634 年 9 月 17 日—1711 年 6 月 26 日），原名王士祺，字子真，一字贻上，号阮亭，又号"渔洋山人"，世称王渔洋。山东新城（今山东桓台县）人。清初诗人、文学家、诗词理论家。

（13）《决录》：即《三辅决录》，东汉·赵岐撰。主要记载从东汉光武帝建武年间至汉献帝建安年间 200 余年的汉代贵族官僚的有关史实。因官僚已故，故名《决录》。

（14）政简刑清：政事简明不扰民，刑罚公正有法度。形容治理有方，社会安定，人民乐业。

（15）部生榕：州己酉拔贡，原署公安县教谕，有传。洪先焘：州戊申举人，历任广东三水县、南海县、大埔县知县，嘉庆九年主持纂修《大埔县志》，晚年回州，老骥伏枥，与部生榕协助本《叙》作者重修《鹤峰州志》，有传。

（16）生材：养植竹木，亦用以比喻培植人才；新采伐的材木；指资质。殖物：物产。

（17）卷帙 juàn zhì：泛指书籍。卷，可以卷起的书画；帙，装书的套子。亦称"卷轴"。

（18）斗靡 dòu mí：这里意为以辞藻华丽竞胜。

（19）乐府：古代主管音乐的官署，后世把采集的民歌或文人模拟的作品叫

"乐府"，成为一种带有音乐性的诗体名称。这里意为唱和诗文。**桃花：**以桃花借指孔尚任创作的《桃花扇》，《桃》剧在京城禁演后，容美土司王田舜年组织家班上演，孔尚任特委托好友顾彩进入容美探察，顾氏遂又将自己创作的《南桃花扇》授予田舜年，并教辅女优表演技艺。"传乐府而演桃花者"意为容美土司田氏司主们及相交的文友曾在古色古香的宝楼琼阁中，唱和诗文，以及女优的精彩演艺。

（20）**至当：**极为适当、恰当。唐玄宗《孝经序》"至当归一，精义无二"。

（21）**金匮石室：**古代国家秘藏重要文书的地方。《史记·太史公自序》"迁为太史令，紬史记、石室金匮之书。"

（22）**簿书：**记录财物出纳的簿册；官署中的文书簿册。《汉书·贾谊传》"而大臣特以簿书不报，期会之间，以为大故。"

（23）**加级纪录：**清制，官员立有功绩或经考核成绩优良者，可交部议给予纪录或加级奖励（武职也称"功加"），每加一级相当于纪录四次。**吉钟颖：**时任鹤峰知州，今江苏镇江丹阳人，有传。

续修鹤峰州志序 同治六年

徐洌楷

　　环鹤皆山也，其东南诸峰参差，耸然而罗列者，八峰山也。左曰紫草山，右曰芙蓉山，北则印石山，其下东西北三面溪水，循山曲转达州城，如襟带旋折而南，盖岩邑也[1]。夫古者邑有志，犹国有史，所以征文献而传久远。

　　鹤邑为容美田土司旧址，自雍正十三年，改土归流设州治，始以鹤峰名。彼时前州牧毛君，经营伊始，至乾隆六年创修州志[2]，道光二年前州牧吉君重修州志[3]，上而天文、星野，下而地舆广阔，以及风土人情、忠孝节义，并一切祠宇、桥梁、竹木、鸟兽诸类，固已纲举目张，详细备载，后先辉耀矣。志又何待修乎？虽然事以时异，人以势殊，数十年来奇节、义行，足以起顽懦[4]，光邑乘者，实繁有徒。使不急为修辑，则潜德幽光，几何不与草木同腐朽。

　　楷乙丑清和月[5]，捧檄莅鹤，奉各大宪札饬增修州志[6]，自问学疏识浅，虽免固陋贻讥[7]，第责不容辞[8]。惟日与州人士旁搜博采，访诸耆老[9]，参与舆论，不敢谀言[10]，亦不敢疏略，祇即其确见确闻者[11]，付诸枣梨[12]，载在简末[13]，用垂不朽[14]，聊以作记事叙事云尔[15]。

　　同治六年岁次丁卯仲春中澣知鹤峰州事关中静溪　徐洌楷　谨志[16]。

【注释】

（1）**岩邑**：险要的城邑。《左传·隐公元年》："制，岩邑也。虢叔死焉，佗邑唯命。"

（2）**创修州志**：即鹤峰改土归流后，由首任知州毛峻德，于乾隆六年（公元1741年）创修的首部《鹤峰州志》。

（3）**重修州志**：道光二年（公元1822年），由时任知州吉钟颖重修《鹤峰州志》。

（4）**奇节**：奇特的节操。**顽懦**：指贪婪懦弱；愚钝懦弱。

（5）**楷**：作者自称。**乙丑**：公元1865年。**清和月**：这里指农历四月。

（6）**札饬** zhá chì：写信训斥，一般用于长辈对晚辈；旧时官府上级对下级发文训示；指旧时官府上级对下级的训示公文。

（7）**固陋**：见闻浅陋。汉·司马相如《子虚赋》："鄙人固陋，不知忘讳。"**贻讥**：招致讥责。

（8）**第**：这里是表示"但""但是"。

（9）**耆老**：老人，多指德高望重者。唐·李公佐《南柯太守传》："郡有官吏、僧道、耆老。"

（10）**諯言** xiǎo yán：对自己言论的谦称；犹诱惑之言。

（11）**祇**：这里读zhǐ，正、恰、只。《诗经·小雅·何人斯》："胡逝我梁，祇搅我心。"

（12）**枣梨**：指雕版印刷，旧时多用枣木或梨木雕刻书版，故称。

（13）**简末**：指文牍书简末幅，为题跋落款的地方。

（14）**用垂不朽**：即永垂不朽之意，也作"永传不朽""永存不朽"。

（15）**云尔**：语末助词，表示限制、如此罢了、如此而已的意思。《论语·述而》："发愤忘食，乐以忘忧，不知老之将至云尔。"

（16）**同治六年**：公元1867年。**中澣**：也称为"中浣"，古代官吏中旬的休假日。**关中**：是指"四关"之内，即东潼关（函谷关）、西散关（大震关）、南武关（蓝关）、北萧关（金锁关）。关中南倚秦岭山脉，渭河从中穿过，物华天宝，人杰地灵。四面都有天然地形屏障，易守难攻，从战国时起就有"四塞之国"的说法。**静溪**：知州徐涵楷，字静溪，有传。

续修鹤峰州志序 同治六年

雷春沼

　　天下责最重，而势最难者，牧令是也[1]。受地不过百里，揆舆情、审时尚，因革损益[2]，必咨而后行。其治事也，如庖人之烹饪，察诸甘苦辛酸，而后调和得其宜。其抚民也，如父母之育婴，伺其笑啼喜怒，而后保赤得其当[3]。况容阳地方辽阔，尤不宜治，自雍正十三年设州以来，毛君创教化，风俗为之丕变，迄今相沿日久，时殊势异。而狂顽狙诈之习，渐浸淫而莫知警，善良者受强梁害，亟冀拯其沉溺[4]，每馨香祝之，盼良有司至，以副苍生望，孰意迩来得贤令尹履任[5]，气象焕然一新，歼元恶、宽胁从、化凶悍、安愚顽。立月课而育人材，创宾兴而励科举，二者悉捐廉俸以培植，是时型仁讲让，政简弄清，蒸蒸日上，几尽武城弦歌之风[6]。噫！非得人而治，何其德盛化神，未三年而报最也与。此所谓莫为之前，虽美弗彰，莫为之后，虽盛弗传。而令尹一创一继，后先辉映，诚与容美地光日月，而寿山河也。

　　沼自咸丰七年忝膺此州司铎[7]，迄今九载，愧无作育[8]，至乙丑岁[9]，乃恭逢计典[10]，渥荷殊恩[11]，以卓异擢用，每怀战兢，恒惧无以称职。适州牧伯徐刺史选授来鹤[12]，慨然任修续志，而为之倡，甫下车遍稽旧籍，得前牧吉芝畦先生所辑志乘，潜心展读，纲举目张，无不系备。考其改土归流之迹，纪其生材殖物之繁，条分缕析，包括靡遗[13]。所尤幸者，蛮徼之氓，沐日浴月，皆能说礼乐、敦诗书，渐臻乎声明、文物之盛，阅百二年于兹矣。时则叠奉大府，橄修州志，与同学诸君子，哀辑参考⁽¹⁴⁾，汇成一帙，稿付邮筒寄沼。自维谫陋⁽¹⁵⁾，不免贻讥⁽¹⁶⁾，虽襄理考订，犹虞失坠⁽¹⁷⁾，故凡官秩之迭更、汛防之屡易、户口之日增、田垦之渐廓，并山溪变迁、仓库改拨、人文蔚起、物产滋生及名宦乡贤、忠孝节义，其潜德幽光⁽¹⁸⁾，可以阐扬而昭惩劝者，无不分类编辑，以永垂不朽，未始非后之修史者之一助耳！

同治六年丁卯仲春⁽¹⁹⁾湖北癸卯科举人庚戌科拣选知县癸卯科大挑二等大计保荐卓异候升特授鹤峰州训导齐安　雷春沼⁽²⁰⁾撰

【注释】

（1）**牧令**：旧时称地方长官。原指州牧和县令，清用为对知州、知县的习称。

（2）**因革**：因袭变革。**损益**：亏与盈、减与增，损害与利益。

（3）**保赤**：养育、保护幼儿。语本《书·康诰》："若保赤子，惟民其康乂。"

（4）**冀拯**：盼望得以拯救。

（5）**贤令尹**：贤明的县令，这里指知州。**令尹**：泛称县、府等地方行政长官。

（6）**武城弦歌**：为政者重视礼乐教化，为政得法。典出《论语·阳货》。子游出任武城邑令，用礼乐教化百姓，孔子听到武城一片弦乐歌声，便玩笑："割鸡焉用牛刀？"子游回答："昔者偃也闻诸夫子曰'君子学道爱人，小人学道则易使也。'"孔子即向同行弟子表示学生子游的话很对。

（7）**沼**：作者雷春沼的自称。**咸丰七年**：即公元1857年。**司铎**：谓掌管文教。相传古代宣扬教化的人必摇木铎以聚众，故称。

（8）**作育**：培养，造就。

（9）**乙丑**：同治四年，公元1865年。

（10）**计典**：古代对官吏三年考绩的大计之典。

（11）**渥荷殊恩**：蒙受特殊的恩宠，常指帝王的恩宠。

（12）**徐刺史**：即时任知州徐洞楷。

（13）**靡遗**："靡有孑遗"的略语，谓死亡殆尽。这里指没有遗漏，毫不遗漏。

（14）**裒辑** póu jí：汇集而编辑。宋·陈傅良《跋御制圣政序记》："爰命史臣，裒辑圣政。"

（15）**谫陋** jiǎn lòu：浅陋。

（16）**贻讥**：招致讥责。

（17）**失坠**：失去、废弛。

（18）**潜德**：隐藏不为人知的美德。汉·蔡邕《警枕铭》："应龙蟠蛰，潜德保灵。"**幽光**：潜隐的光辉，常用以指人的品德。

（19）**同治六年**：公元1867年。**丁卯仲春**：农历丁卯年（公元1867年）二月。

（20）**雷春沼**：齐安（古称黄州，今黄冈）举人，咸丰七年（公元1857年）选授鹤峰州训导。

序 光绪十一年

厉祥官

州志自徐公静溪续修，迄今将廿年矣。其间赋役、学校、秩官、祠祀、人物之关乎风化政事者，岁有所增，亟宜编纂。近岁，大中丞彭公⁽¹⁾，省会设湖北通志局⁽²⁾，檄各属以志书上，并饬搜辑地方之尚未入志者，胪而陈之，将荟萃成书，为江汉一省钜制，诚盛举也。前任长西垣属绅士掇拾草稿⁽³⁾，都为一编，拟为州之续志，事未成而去。

十年春⁽⁴⁾，祥官奉檄来摄斯篆，州人士以稿就正，时下车未久，辞以不遑⁽⁵⁾，今将受代，复申前请，缕阅稿本，叙次详明，事皆征实，惟就其文义、体裁，略校正焉。夫志信今传后，尤官斯土者，所当考鉴之书也。

祥官莅事时，首求鹤邑志书，略得其山川、风土之大凡，随复博访，周咨稍悉，夫民生利弊之所在，一载冰兢⁽⁶⁾，不敢暇逸，幸值雨旸时若⁽⁷⁾，歉岁转丰，地方得有起色。公余之暇，得与此邦贤士大夫，从容商订，续修之志，得以藉手而告成功，亦愚之厚幸也乎！

光绪十一年乙酉仲春月下浣⁽⁸⁾

湖北补用同知署鹤峰州事仪征　厉祥官⁽⁹⁾谨志

【注释】

（1）**彭公**：彭祖贤（公元1819—1885年），江苏苏州人，字兰者，号芍庭，彭蕴章四子。咸丰五年（公元1855年）举人，历官至顺天府尹，光绪四年（公元1878年）授江西布政使，擢湖北巡抚，权湖广督篆而卒。

（2）**湖北通志局**：《湖北通志》于嘉庆九年（公元1804年）成书后，屡遭兵燹，光绪初年，时任湖北巡抚彭祖贤，根据武昌柯逢时修志建议，遂设此局续修志书。

（3）**长西垣**：即前任知州长庚（公元1843—1914年），伊尔根觉罗氏，字继仙，号少白，晚号丹堤子，光绪四年（公元1878年）任鹤峰州知州。后历任伊犁副都统、驻藏大臣、成都将军、兵部尚书、伊犁将军等职，官至陕甘总督，谥"恭厚"。西垣，犹西城，长庚后多任西南或西北等地大员，故有西垣之说。

（4）**十年**：光绪十年（公元1884年）。

（5）**不遑**：无暇，没有时间。

（6）**冰兢**：表示恐惧、谨慎之意。兢，亦作"竞"。《诗·小雅·小宛》："战战兢兢，如履薄冰。"

（7）**雨旸时若**：晴雨节候协调和顺。语本《书·洪范》："曰肃，时雨若；曰乂，时旸若。"

（8）**下浣**：光绪十一年（公元1885年）农历乙酉年二月下旬。

（9）**厉祥官**：江苏仪征人，字吉人，号箦舫，咸丰八年（公元1858年）举人。光绪十年（公元1884年）署任知州。后补授汉阳府同知，赏戴花翎。在任候补知府，三品衔。尽先补用道，随带加二级。

序 光绪十一年

刘械林

真西山⁽¹⁾有言：“为此邦吏者，不可无此邦之书。”信乎！邑之有乘，志其道地图书，著其文献风俗。与夫学校行义之兴起，财赋物殖之自出，洵足考镜得失⁽²⁾，藉为兴利除弊之资，不仅供史官采择已也⁽³⁾。

鹤邑万山绵亘，连夔巫，接湖湘，人杰地灵，涵濡教泽，非僻陋弹丸者比。州志经知州事毛公峻德创修，踵事搜罗。续加修葺，则有知州事吉公钟颖、徐公澍楷。然时久则记载益繁，事远则考核宜慎，欲复取旧志而续修之，非史才莫属也。

近岁，大中丞彭公设湖北通志局，檄各属以志书上，并饬胪陈事迹之尚未入志者⁽⁴⁾。前任长、厉二公，先后嘱绅士等纂修续志，搜辑厘定，历二稔而始成，订往参今，盖称详备矣。械林承乏下车，即求州志阅之，以为政令之助，会州人士以续志开镌，属序于余，因不揣谫陋，谨缀数语于简端⁽⁵⁾，非敢附美前贤，用以鸣圣朝稽古右文之雅化⁽⁶⁾，并乐观庶民饮和食德之盛轨云耳⁽⁷⁾。是为序。

光绪十一年岁次乙酉小阳月甲申日⁽⁸⁾

知鹤峰州事武进 刘械林⁽⁹⁾ 撰

【注释】

（1）真西山：真德秀（公元 1178 年 10 月 27 日—1235 年 5 月 28 日），本姓慎，因避孝宗讳改姓真。始字实夫，后更字景元，又更为希元，号西山。福建浦城（今浦城县仙阳镇）人。南宋后期理学家、大臣，学者称其为"西山先生"。

（2）**洵足**：实在值得。**考镜**：参证借鉴。清·江藩《汉学师承记·卷一》："弃等弁髦，盖率履则有余，考镜则不足也。"

（3）**采择**：选取、采纳。《后汉书·卷四〇·班彪传上》："采择狂夫之言，不逆负薪之议。"**已也**：叹词，表示肯定。

（4）**胪陈**：逐一陈述。通常用于公文或书信中。如："谨将施行细则，胪陈如下。"

（5）**简端**：书简，开端或开头。如钱钟书《管锥编》："命笔之时，数请益于周君振甫，小叩辄发大鸣，实归不负虚往，良朋嘉惠，并志简端。"

（6）**稽古**：考察古事。**右文**：崇尚文治，注重文事。

（7）**云耳**：即云尔。语末助词。

（8）**小阳月甲申日**：即小阳春，公元1885年农历乙酉年十月十九。

（9）**刘械林**：江苏常州武进县人，光绪十一年（公元1885年）任鹤峰州知州。

序 光绪十一年

魏泽润

天下固，州县所集也。一统志，又州县志所会归而成，志之说尚矣。州志自徐公静溪续修后，纲举目张，班班可考，顾二十年来，凡俗尚之变迁，政治之得失，与夫忠孝、节烈，以至湮没而不彰者，何可胜数，间有一二留心世道之士，又或绌于势不得为⁽¹⁾，阻于世不能为，此续修之难，所以无异创修也！前任长公西垣，遵抚君彭大中丞札，延请绅首认真采访，诚一时盛举也，奈功未告竣而去。所谓若作梓材，既勤朴斲者⁽²⁾。历公吉人下车后，毅然以兹事为己任，不数月而乐观厥成，盖润色之功，夐乎莫尚已⁽³⁾！夫州志，治州谱也。综一州之土地、人民、风化，赅以一书，俾官斯邑者，一寓目而知所因革损益，较之传家治谱，其广狭何如也。诸君子以剞劂将竣⁽⁴⁾，属润为之序，窃思九仞之山，屹然在望，皆两公之力，秉以合州诸君子相辅而成，润何敢赞一词哉！然回忆秉铎斯邑以来，几历寒暑，于一切风土人情，略知一二，因不揣谫陋，谨缀数言，以志一时之躬逢其盛云。

光绪十一年岁次乙酉鹤峰州训导孝感　魏泽润⁽⁵⁾撰

【注释】

（1）绌 chù：这里通"诎"，屈服之意。

（2）斲 zhuó：木工工具，指斧斤之类。雕饰、雕凿之意。

（3）夐 xiòng：深远。

（4）剞劂 jī jué：刻镂的刀具。指雕辞琢句。

（5）魏泽润：湖北孝感举人。光绪九年（公元1883年）任鹤峰州训导。

道光二年重修目录

同治六年续修目录

光绪十一、二十五年续修目录

道光二年重修人员

主修：鹤峰州知州　吉钟颖　江苏丹阳乙丑进士

分修：原任广东三水县知县　洪先焘　州戊申举人
　　　原署公安县教谕　部生榕　州己酉拔贡

采访：附贡刘正性　附贡龚经德　生员龚绍融　生员于世英
　　　监生龚绍绪　生员田士选　生员田兴邦　生员田福来
　　　生员李定南

校字：原任汉阳县训导　部生崧　岁贡
　　　候选训导　何梦芝　岁贡
　　　附贡周必超　生员罗玉麟　生员刘开泰

校刊：生员徐本立　生员徐承爵　童生谢景安　监生田桂斗
　　　工书陈应诏　营书邓天章　童生陆士志

同治六年续修人员

主修：特授鹤峰州知州　徐湤楷

协修：鹤峰州训导　雷春沼

监修：鹤峰州州判　王承玉

鹤峰州山羊隘巡检　童熙漳

鹤峰州吏目　马晖吉

采访：候选训导李国华　候选县丞陈九崧　候选府经刘祖彝

拔贡杨毓瑞　贡生徐秉元　贡生吴纪云　廪生陈鸿渐

廪生陈兴祥　廪生朱大鸿　增生郑福星　生员徐承寿

生员徐德元　生员谢祖彦　生员李树馨　监生郑福元

生员汪文缙

光绪十一、二十五年续修人员 [1]

主修： 特授鹤峰州知州　长　庚

署理鹤峰州知州　厉祥官

承修： 特授鹤峰州知州　刘桢林

协修： 恩贡候选直隶州州判　陈鸿渐

监修： 鹤峰州训导　魏泽润

鹤峰州吏目　方朝泉

岁贡候选训导　李树馨

采访： 候选训导尹高林

恩贡田荪太　廪生吴纪兰　生员覃远松　生员李树谷

生员李光宾　生员徐泽周　生员周书升

五品封职洪应耀

劝捐修志经费姓名：

> 候补训导李宝恬　　候选训导李国华　　生员徐德元
>
> 武生六品衔徐德润　　生员刘均理　　生员陈九嶂
>
> 生员张从礼　　生员洪应耀　　生员龚学焕

【注释】

（1）**光绪二十五年续修人员**：光绪二十五年续修《鹤峰州志》，由时任署知州谢绍佐承修，仅增加了《卷十四·杂述志》有关《鹤峰团练保甲章程》《团练章程八条》《保甲章程八条》《附筹发相验解费章程》内容，其续修人员仍保持光绪十一年续修人员不变。

道光二年重修凡例

一、鹤峰于雍正十三年设州，至乾隆六年，前牧毛峻德创修州志分上下二卷，部咨文告，已居其半，盖当时草昧初开，无可纪载，不过略具规模，然改土始末，及一切建置，今得据为滥觞⁽¹⁾，不得以简略訾之⁽²⁾。

一、沿革，各州县志，少不列表者。鹤峰系土司改设，田氏世据兹土，自明洪武以来，始确凿有据，其谓始自汉唐，书缺有间，固已无从叙次，土人相传，田氏之先，有覃姓为洞长，尤荒邈难稽，兹考据明史，参以容阳田氏世述录所载，并改土源流列于篇，亦信以传信，疑以传疑之义也，故不列表。

一、旧志文告内之所示禁⁽³⁾，皆土民相沿积习，今已改革殆尽，故文不载。

一、守御，为郡邑要务，旧志列关隘一门于边界，三关外当之以塘汛，今于山川志内，详载其扼要，而塘汛并入兵防。

一、古迹，旧志未列，采访亦无所得，其有境内寨洞，与寺观、桥梁之营建于土司时者，依类分载。

一、寓贤，旧志所无，据世述录所称，亦无多人，故附杂述，而不列专门。

一、卫昌营辖鹤、乐二邑，营员之分防长乐者，应归长乐县志，今武职官表皆本邑员弁。

一、州设学未久，选举寥寥，文武仕宦为数无多，故概以人物而不列表。

一、禨祥旧志所无[4]，现今采访确而征者，止得数条，亦列于杂述。

【注释】

（1）滥觞：水流发源的地方。因其水量非常浅小，而仅能浮起一个酒杯，故称为"滥觞"。比喻事物的开端、起源。南朝梁·钟嵘《诗品序》："虽诗体未全，然略是五言之滥觞也。"

（2）訾 zī：衡量、看待之意。

（3）旧志：指鹤峰州首任知州毛峻德于乾隆六年创修的第一部《鹤峰州志》。

（4）禨祥 jī xiáng：祈禳求福之事、变异之事。

星野志 气候附

《周礼》保章氏[1]，以星辨九州之地，所封州域，各有分星，以观祆祥[2]，厥后谈天家，或以十二州配，或以列郡配，或以山河两界配，或以北斗九星主九州，或以七星主七国，或系以二十八宿，或系以五星。盖星野之说，浩杳难稽矣！然志疆域者，必先定分野。鹤峰，域为荆州，自应星分翼轸[3]，前志以为入翼十度，兹亦仍其旧云尔，志星野。

翼十八度七十七分。

《丹元子步天歌》云[4]："翼二十二大难识，上五下五横着行，中星六个恰似张，更有六星在何处？三三相连张畔附，五个黑星翼下头，欲知名字是东瓯。"

翼宿考 翼宿[5]，二十二星为朱雀。翼，土星也。距中右第二星，去极百四度，入翼初度，凡十九度上，为中赤道十九度九十分，黄道十九度六十五分，位在巳次，于分为楚，于野为荆州。

按：轸星于野，为今湖南诸郡，故未详考。

旧志云：《天文志》翼轸荆州。《史记天官书》：翼为羽翮主远客，轸为车主风。《星经》：翼二十二星，凡十九度；轸四星，

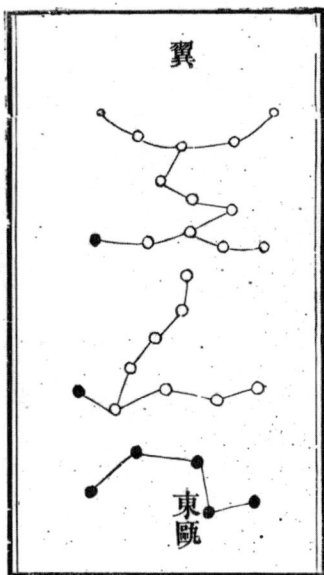

三五

凡十七度；鹤峰分野，入翼十度。

附气候

地高气多寒，地下气多暖，气有先后，而候之迟早因之。鹤峰僻处山林，气候殊于泽国，然即一州之中，亦有不齐者，则高下异也。

初春于寒凛冽，无异隆冬，俗谓"倒春寒"；夏日淫雨积旬，亦或着棉拥絮；秋后余热，或较甚三伏，俗谓"秋老虎"；入冬或值晴多，蛰虫率蠕蠕然动，间有春花开放者。

山高处，暑月可着棉衣，遇阴雨连绵，即可围炉。至阴崖冰雪，必俟春尽乃消。

谚云：清明断雪，谷雨断霜，高下皆然。至白露节后，高处或已见霜，不必待九月也。

农家种植，高处播种在先，收成在后；低处播种在后，收成在先。

晴多，则高处成熟，低处即雨少，亦不十分歉收，以气寒水冷故也。

果蓏时蔬[6]，有低处已尽，而高山犹未尝新者。

低处桃花开于二月，次高处开于三月，至高山之上，四月甫开，其他花木多类是。

冈峦崇叠，时有阴霾。然地气偏寒，故民人不受瘴疠，惟州治牛马猪只，较乡村易染瘟疫。说者以为四面环山，廛居辏集[7]，烟煤污垢，不能外散，故郁蒸之气中之理或然也[8]。

州治之水南折，而经南渡江之下，是地低于州治也，而谷果成熟在州治之后，此又气候不可以地之高下论者。

【注释】

（1）**保章氏**：职官名。专司观测、记录天象，占候灾异，择时卜日等事。《周礼·春官·保章氏》："保章氏，掌天星，以志星辰日月之变动，以观天下之迁，辨其吉凶。"

（2）**祆祥** yāo xiáng：吉凶、善恶的征兆。《史记·卷二四·乐书》："疾疢不作，而无祆祥。"也作"妖祥"。

（3）**翼轸**：二十八宿中的翼宿、轸宿，古为楚之分野。

（4）**《丹元子步天歌》**：丹元子，隋代隐者，不知其名氏，著有步天歌七卷。《步天歌》是一部以诗歌形式介绍中国古代全天星官的著作，现有多个版本传世，最早版本始于唐代，最广为人熟知的是郑樵《通志·天文略》版本，此版本称为《丹元子步天歌》。

（5）**翼宿**：星宿名。二十八宿之一。南方朱鸟七宿中的第六宿，凡二十二星。为惊蛰节子初三刻的中星。按：后世艺人所祀之神亦名"翼宿星"，又名"小儿星""老郎星"。神像作白面儿童状，而带微须。

（6）**果蓏** guǒ luǒ：木实为果，草实为蓏。后用为瓜果的总称。《易经·说卦》："艮为山，为径路，为小石，为门阙，为果蓏。"

（7）**廛居** chán jū：犹廛宅，城邑百姓的住房。明·刘基《有感》诗之五："黍穗高低菊有华，廛居恰似野人家。"**辏集** còu jí：聚集。

（8）**郁蒸**：盛热、炎热。

同治六年续修

按：众星为经，五星为纬，周天缠度、次舍、转运不同[1]，而分野则终，古无异，故星野志仍旧。

【注释】

（1）缠度：即躔度。日月星辰运行的度数。古人把周天分为三百六十度，划为若干区域，辨别日月星辰的方位。**次舍**：止息之所、息宿，止息之意，出自《周礼·天官·宫伯》。**转运**：运行不已。汉·王充《论衡·说日》："然而日出上，日入下者，随天转运，视天若覆盆之状，故视日上下然，似若出入地中矣。"

光绪十一年续修

鹤为荆州分域，自应星分翼轸，入翼十度。荆州，《史记·天官书》："翼二十二星十九度，轸四星十七度，为东瓯。"[1]终古分布，故星野志仍旧。

【注释】

（1）东瓯：古星座名。《宋史·天文志四》："东瓯五星在翼南，蛮夷星也。"瓯，亦作"区"。

舆图

关外山川图

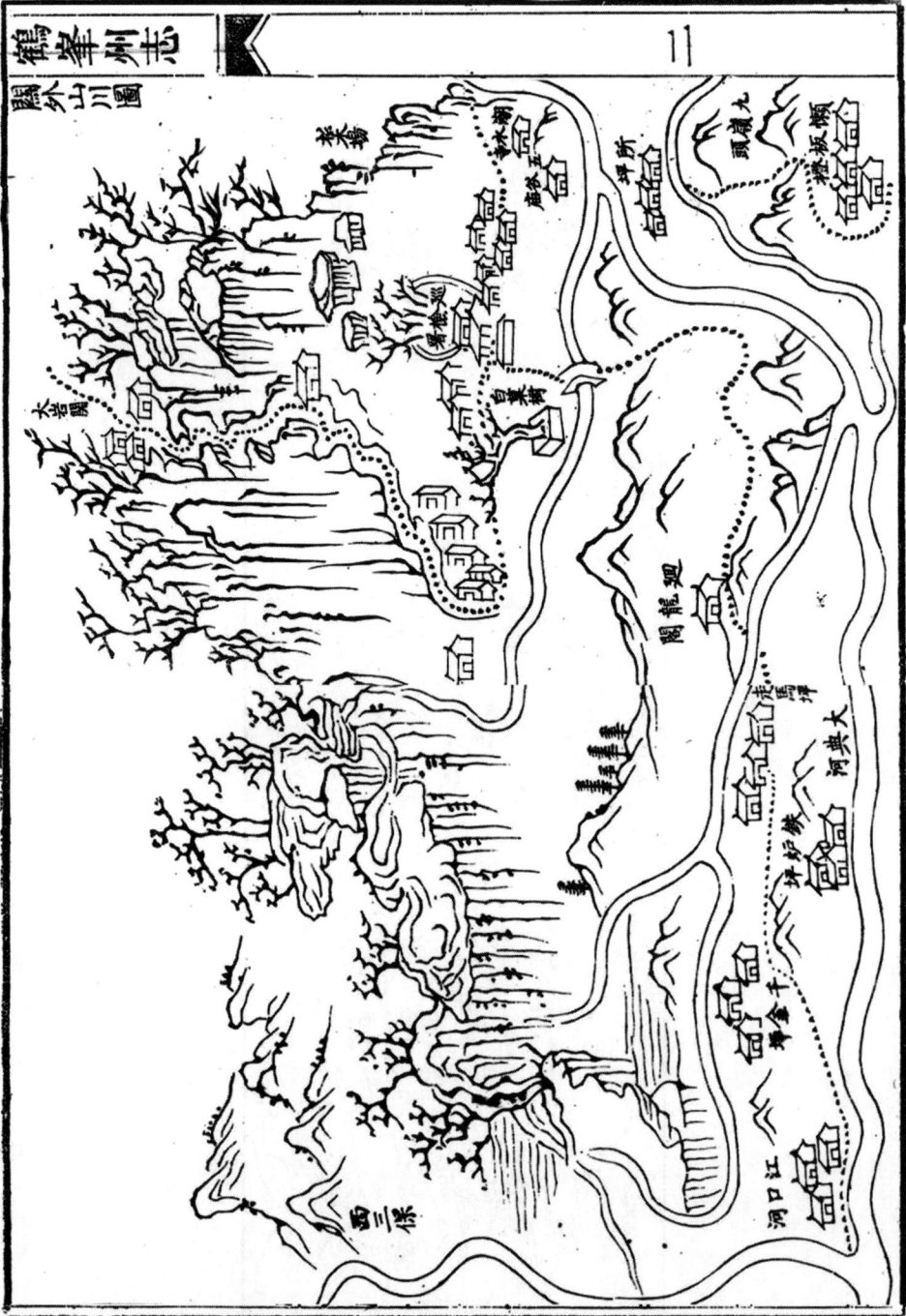

城垣图

学宫图

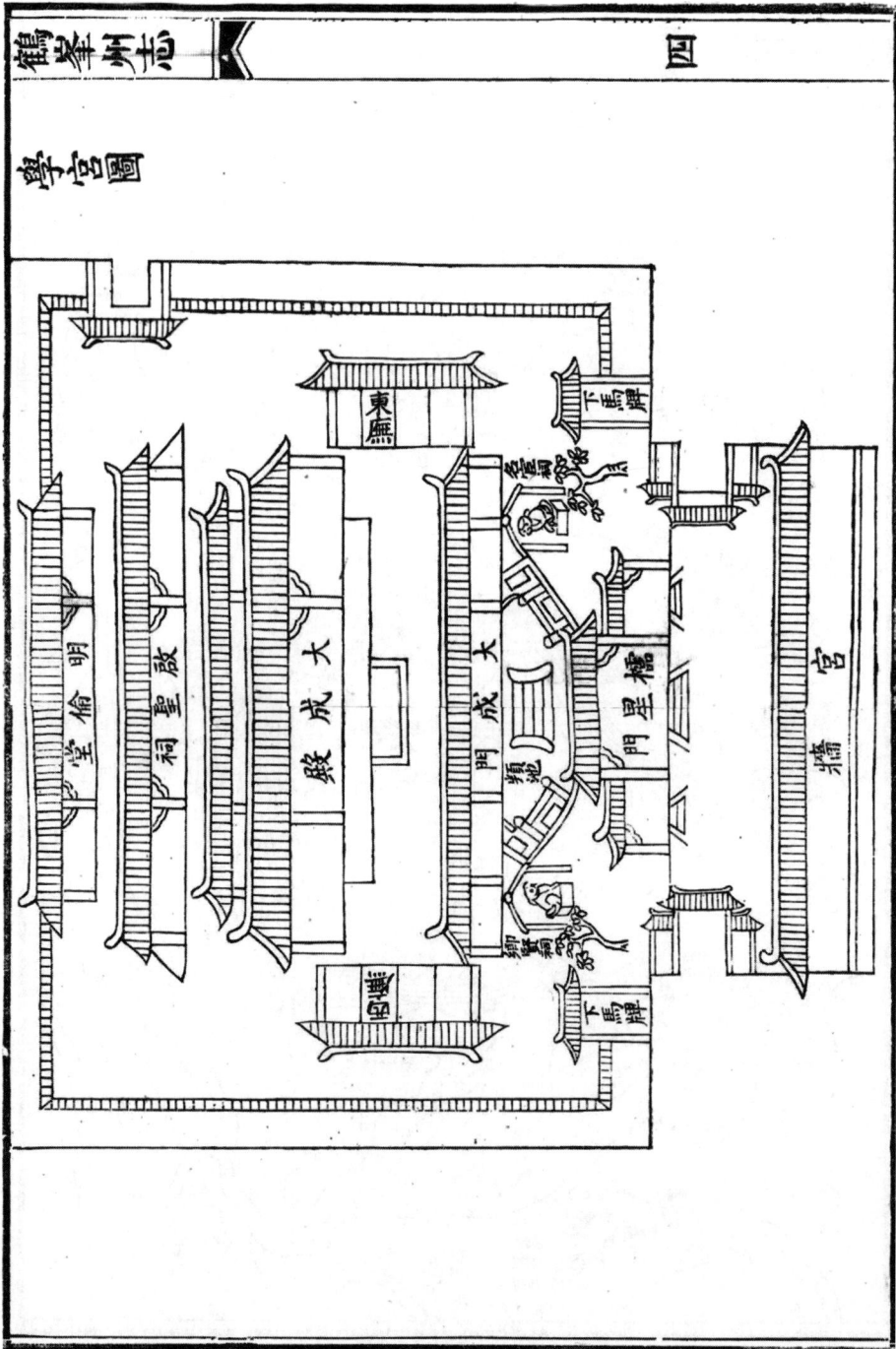

学宫图

鹤峰州志 四

明伦堂　启圣祠　大成殿　大成门　泮池　棂星门　宫墙

东庑

下马牌　名宦祠　乡贤祠　下马牌　礼门

州廨图

同治六年续修

按：容阳形胜，多山少水，若城郭、官廨、寺观稍有补葺，悉遵陈式，故舆图志仍旧。

光绪十一年续修

邑为容美土司旧壤，万山绵亘，东抵长乐，西抵宣恩、桑植，南抵石、慈[1]，北抵巴、建[2]，有关内、关外之分，迄今水道、山形、塘汛、关隘、乡里、保甲规模无异，故舆图志仍旧。

【注释】
（1）石、慈：即今湖南省石门县、慈利县。
（2）巴、建：即今湖北省巴东县、建始县。

卷一　沿革志

邑有志，犹国有史也。州为容美土司田氏地，元隶四川，明属湖广，其先或称柘溪，或称容美司。旧志载：楚南徼诸洞蛮，叛服不常，宋嘉泰中[1]，湖南安抚使赵彦励，请择素有智勇为洞蛮信服者，立为酋长镇抚之，如土司之类，考宋淳化元年[2]，溪蛮田汉权来附，大中祥符五年[3]，洞蛮田仕琼等贡溪布，元祐时以洞酋田思利为银青光禄大夫[4]，即所传容美田氏已《世述录》[5]，称：唐元和元年，高崇文讨平刘辟之乱[6]，奏授田行皋为施、溇、溶、万招讨把截使[7]，是田氏为土司，自唐始。然何璘《澧州志》载：石门、慈利二县，所官、隘官设自蜀汉建兴年间[8]，唐宋以来，悉仍其旧，所隘以防御土司为责任，二县又与容美毗连，是以华容严首升作田玄传中[9]，有"自汉历唐，迄今世守容阳"之语。此其由来久远，而《世述录》自叙家世，亦不及详焉。夫容美壤接荆梁，非若雕题交趾之介处遐域也[10]。土司躬膺茅社[11]，非若狌苗猺犵之别为族类也[12]。而源流不可深考，盖其先山深林茂，所谓狐狸居而豺狼嗥也。材武之士[13]，乘中原多故，斩荆辟莱，驱狐狸豺狼而有其土地，虽不能如尉佗之制七郡[14]，窦融之保河西[15]，而窜处既久，夜郎自大，朝廷以驭蛮当顺其情，假其名爵，羁縻勿绝，久之蛮触互争，递为废兴，田氏以前度非一姓矣，然前史既未详载，而累代兵燹之余，复文献无征，其或置或废或析或并，在某代为某名则阙疑焉。兹据《世述录》所载，参以明史，自田行皋迄于旻如，撮其大旨次于篇[16]，盖即以田氏之兴替，为斯土之终始也。志沿革。

【注释】

（1）嘉泰：南宋皇帝宋宁宗赵扩的第二个年号，共计 4 年（公元 1201—1204 年）。

（2）淳化元年：公元 990 年。

（3）大中祥符五年：公元 1012 年。

（4）元祐：宋哲宗赵煦的第一个年号，共计 9 年（公元 1086—1094 年）。**银青：**银印青绶。汉代官制，秩比二千石以上，皆银印青绶；魏晋以后有银青光禄大夫之称。也作"银艾"。

（5）《世述录》：即容美土司司主田舜年著作《容阳世述录》。

（6）高崇文：（公元 746 年—809 年 11 月 6 日）字崇文，幽州（今北京一带）人，祖籍渤海蓨县（今河北景县）。唐朝名将。唐元和元年（公元 806 年），经宰相杜黄裳举荐，崇文奉命入蜀，讨伐叛乱的西川节度副使刘辟。经数月激战，于同年八月收复成都，擒获刘辟。**刘辟：**字太初。擢进士第，佐韦皋西川幕，后代为留守。以叛诛。

（7）施：即施州，系南北朝至元代的地方行政区，大致相当于今湖北省恩施土家族苗族自治州。始设于北周建德三年（公元 574 年），废于明代洪武二十三年（公元 1390 年），并入施州卫。**溱 zhēn：**即溱州，唐贞观十七年（公元 643 年）置，治荣懿县（今重庆万盛区南部青年镇），辖境相当今重庆市綦江县南部、南川市南部及贵州省正安县西北部。**溶：**即溶州，今湖南省永顺县一带与之相邻边界部分地区。**万：**即万州，夏属梁州之地，商周属庸国境域，东汉建安二十一年（公元 216 年），刘备分朐䏰（qú rěn）西南地界置羊渠县，治今万州区长滩镇，为万州建县之始，时属固陵郡（今奉节），后属巴东郡（今奉节），北宋、元代属夔州路，明、清两朝属夔州府，今重庆市万州区及周边地区。**把截使：**使职名，唐僖宗李儇在广明年间（公元 880—881 年）为堵截黄巢西进所置各路统兵官，齐克让为汝、郑把截制置都指挥使，张承范为把截潼关制置使。其后，偶有设置。把截即为把守堵截之意。

（8）蜀汉建兴年间：三国蜀汉后主刘禅继位后的第一个年号建兴（公元 223 年 5 月—237 年）。

（9）严首升：明末清初学者，字颐，又字平子、平翁，号确斋，今湖南华容县三封寺镇人。因避战乱在容美寄居多年，为容美土司司主田既霖、田甘霖撰写《田氏世家》和纂修《田氏族谱》，又为司主田舜年《田氏一家言》编纂并评注。

（10）雕题：古代部落名，因额上刺花纹，故称。题，额。泛指额上刺花纹。

交趾：原为古地区名，泛指五岭以南，汉代设置交趾郡，始专指安南北部，汉武帝时为所置十三刺史部之一，辖境相当今广东、广西大部和越南的北部、中部，东汉末改为交州。越南于 10 世纪 30 年代独立建国后，宋亦称其国为交趾。**遐域**：边远之地。

（11）**茅社**：古代帝王社祭时用的坛，以五色土建成，分封诸侯时，按封地所在方向，取一坛土，以茅包之，给予受封诸侯，使立于国中社内，故称。亦作"茆社"。

（12）**狆、猺、犵**：民族简称加"犬"旁，是旧中国对部分少数民族的蔑称，新中国成立后已弃之，部分简称前加"亻"旁，如"犵"今为"仡佬""猺"为"傜"或"瑶"、"狆（zhòng）"今为布依族，苗即苗族。

（13）**材武**：有才能而且勇武。《史记·卷九三·韩信传》："上以韩信材武，所王北近巩、洛，南迫宛叶。"

（14）**尉佗**：（？—前 137 年）即赵佗，亦作"尉他"，真定（今石家庄市东古城）人，曾任秦南海郡尉，故称。公元前 218 年，奉秦始皇命令征岭南，略定南越后，任为南海郡（治所在今广州市）龙川（今广东龙川县）令。实行"和揖百越"的民族平等政策，采取一系列措施发展当地经济文化。

（15）**窦融**：（公元前 16—62 年）字周公。扶风郡平陵县（今陕西省咸阳市）人，汉族。西汉末年至东汉时期军阀、名臣，云台三十二将之一，章武侯窦广国七世孙。王莽掌权时，窦融任强弩将军司马，参与镇压翟义、赵明起义。新莽末年，曾随王匡镇压绿林、赤眉军，拜波水将军。后归于刘玄，被授为张掖属国都尉。刘玄死后，被推行河西五郡大将军事，据西北自保。刘秀称帝后，窦融决策归汉，被加授凉州牧，随军攻灭隗嚣割据势力，封安丰侯。而"窦融归汉"也成为后世的著名典故。

（16）**大旨**：基本的意思，主要的含义。《三国名臣序赞》："虽大旨同归，所托或乖。"

唐

田行皋　元和元年从高崇文讨平刘辟，授施、溱、溶、万招讨把截使[1]，后加兵部尚书金紫光禄大夫，施州刺史，仍知溱、万、溪、溶四州诸军事[2]。

【注释】

（1）**施州**：系南北朝至元代的地方行政区，大致相当于今湖北省恩施土家族苗族自治州。始设于北周建德三年（公元574年），废于明代洪武二十三年（公元1390年），并入施州卫。**溱州**：唐贞观十六年（公元642年）分置溱州溱溪郡，领扶欢、荣懿二县，溱州并隶剑南道；唐天宝元年（公元742年）改溱州为溱溪郡，辖荣懿、扶欢两县；唐乾元元年（公元758年）改溱溪郡为溱州，属县未变；宋徽宗宣和二年（公元1120年），州、县俱废，溱溪县易名扶欢寨，隶属南平军。相当于今重庆市綦江区。**溶州**：在今湖南省永顺县东南90里之地，元为会溪施溶等处长官司属思州军民安抚司，后废；洪武二年（公元1369年）置施溶土州，改属永顺军民安抚司。**万州**：夏商属梁州地，周属巴子国，秦属巴郡朐忍县。唐乾元元年恢复万州，仍与南浦县同治。宋朝，沿循唐制。明洪武四年（公元1371年），并武宁县入万州，洪武六年（公元1373年）降万州为万县。清代，沿循明制。相当于今重庆市万州区。

（2）**溪州**：唐朝始置（治所在今湖南龙山县）；五代时徙治于今永顺县东南；北宋咸平后广泛增加州一级设置，旧治龙山县一带为上溪州，新治永顺县一带为下溪州；明代分属永顺、保靖二宣慰司。

宋

田思政　元祐间袭授镇南等处军民五路都总管，一云元、夏时袭授容美等处军民五路都总管，未知孰是。

田崇钊　**田伯鲸**　二人皆思政以后袭职者，年代、辈次无可考。

元

田乾宗[1]　辈次亦不可考，以其子光宝于明洪武初年，授宣慰使，故断为元时人。

【注释】

（1）**田乾宗**：（？—1366年）又名田先什用，墨施什用之子，在位42年。《元史》载，至大三年（公元1310年），墨施什用率容米部落与外界接触频繁，攻劫麻寮，引起相邻部落乃至中央王朝的注意，十一月，尚书省臣言"宜立黄沙寨，以田墨施什用为千户"。乾宗于元泰定元年（公元1324年）继承容美首领，联合九洞首领向外扩张；三年（公元1326年）又联合十二洞"寇长阳"。至顺二年（公元1331年）三月，元王朝采取招安、羁縻政策，设立容美洞长官司，乾宗任长官司后，于同年七月带方物向元王朝进贡，主动释放所掳人口以取得中央王朝的信任。至正十年（公元1350年），元王朝正式设立"四川容美洞军民总管府"。乾宗在扩张领地的同时，学习推广汉语汉文及中原地区的生产技艺，容美土司经济实力从而增强。

明

田光宝[1] 乾宗子。洪武三年三月[2]，遣弟光寿等，以元所授诰敕印章，诣行在请换，上命光宝为四川行省参政[3]，行容美等处军民宣慰使事[4]，仍置安抚元帅治之[5]，五年二月遣子答谷朝贡。

【注释】

（1）**田光宝**：（？—1410年）元至正二十六年（公元1366年）袭职，在位40年。洪武元年（公元1368年），朱元璋俞允"改容美等处军民宣抚司为黄沙、靖安、麻寮等处军民宣抚司，以田光宝掌司事……"，由此，容美土司管辖了今鹤峰县、五峰县、湖南省石门县西北部分地区。

（2）**洪武三年**：公元1370年。

（3）**上**：皇帝。**参政**：职官名，参知政事的简称。唐代设置，宋初于同平章事之下设参知政事，为宰相的副职，辽、金、元相承，明废。

（4）**宣慰**：职官名。元、明在边地宣布政令，由大臣代表皇帝视察某一地区，宣扬政令，安抚百姓。民国初年亦曾于蒙古等地置宣慰使。

（5）**安抚**：职官名。隋唐时为使节之称，宋时为监司，明清时为土司。

田胜贵⁽¹⁾ 光宝子。袭父职以后，洞蛮向天富作乱，牵连革职。永乐三年复下诏招抚⁽²⁾，授为宣抚使⁽³⁾。

【注释】

（1）田胜贵：（？—1432年）又名答谷什用。永乐四年（公元1406年）袭职，在位26年。

（2）永乐三年：公元1405年。

（3）宣抚：职官名。朝廷派遣大臣赴某一地区传达皇帝命令并安抚军民、处置事宜，称为"宣抚"。宋代逢军旅大事时，派遣前往镇抚的军政长官。明清时改为常设武职，多由边地土人世袭。也称为"宣抚使"。《续资治通鉴·元泰定帝泰定二年》："九月，戊申朔，分天下为十八道，遣使宣抚。"

田潮美⁽¹⁾ 胜贵子。袭父职，天顺元年以老疾⁽²⁾，请子保富代职，诏从之。

【注释】

（1）田潮美：（？—1457年）宣德七年（公元1432年）袭职，在位25年。

（2）天顺元年：公元1457年。

田保富⁽¹⁾ 潮美子。袭父职，成化五年⁽²⁾，礼部奏容美宣抚司田保富等遣人进贡，方物不及数，恐使侵盗，宜停其赏，仍移知所司从之。弘治二年⁽³⁾，保富已致仕，与木册长官田贤各进马⁽⁴⁾，为土人谭敬保等赎罪。刑部言蛮民纳马赎罪轻者可原⁽⁵⁾，重者难宥，宜下按臣察核。八年贡马及香，礼部以香不及数，马多道毙，又无文验，命予半赏。保富卒，子镇袭。

【注释】

（1）田保富：（？—1474年）景泰八年（公元1457年）袭职，在位17年。

（2）成化五年：公元1469年。

（3）弘治二年：公元1489年。

（4）**木册**：木册长官司（今宣恩县西南）。元代为木册安抚司，元末由明玉珍改为长官司。明初属容美宣抚司，明洪武四年（公元1371年）废，永乐四年（公元1406年）三月复置，以田谷佐为长官，隶属于高罗土司；宣德九年（公元1434年）六月直隶施州卫军民指挥使司。清康熙二年（公元1662年）长官田经国向清廷投诚，仍命世袭。雍正十三年（公元1735年），田应虎纳入归流，其地入宣恩县。**进马**：官名，唐属殿中省，为仪卫官，掌操纵立仗马。这里指敬献马匹。

（5）**纳马**：汉语词语，意思是明代入监之资。明·张居正《请申旧章饬学政以振兴人才疏》："援纳粟纳马等例，侥幸出身，殊坏士习。"明·沈德符《野获编·科场二·纳粟民生高第》："景泰以后，胄监始有纳马之例，既改为输粟。"

田　镇[1]　事实无考。

【注释】
（1）**田镇**：（？—1493年）成化十年（公元1474年）袭职，在位19年。

田　秀[1]　镇弟。镇无子，秀袭职。弘治十八年[2]，以子祸卒。

【注释】
（1）**田秀**：（？—1505年）弘治六年（公元1493年）袭职，在位13年。
（2）**弘治十八年**：公元1505年。

田世爵[1]　字廷器，号龙溪。秀第七子，秀有庶长子，乳名白俚俾，谋篡袭，因秀外巡，乘间杀其嫡长并弟五人，而嗾其党[2]，弑秀于观音坡之河侧。世爵尚在襁褓，乳母覃氏与其夫贺某后赐姓名田胜富者，以己子代，而负世爵奔桑植，白俚俾觉，追弗及时。本司舍人名麦翁宗者，赴桑植，请兵讨贼。比兵至，而白俚俾已赴武昌，请袭。仅诛其党数人，会土经历向太保俾告变于抚按[3]，而桑植申文亦至，乃下白俚俾狱，验治磔死[4]。正德二年[5]，世爵袭职，九年由桑植回司任事。嘉靖间[6]，因与土官向元楫累世相仇[7]，觊元楫幼，佯为讲好，以女嫁之，谋夺其产，因诬元楫以奸，有司恐激变，令自捕元楫下狱，论死。世爵遂发兵，尽俘向氏，并籍其土。久之，抚按诇知⁽⁸⁾，责与元楫对状，世爵不出，阴与罗洞土舍黄中等谋叛⁽⁹⁾。于是，湖广巡按御史周如斗请移荆南道⁽¹⁰⁾，分巡施州卫，以便控制，调广西清浪等戍军，以实行伍，疏下督臣冯岳等议⁽¹¹⁾，岳等言施州地势孤悬，不可久居，戍军亦非一时可集，当移荆瞿守备于施⁽¹²⁾，九、永守备于九溪上⁽¹³⁾，荆南道备巡历至。世爵骄横，有司不能摄治独久，系元楫何为。宜假督臣以节制容美之权⁽¹⁴⁾，问世爵抗违罪状，如不悛，即绳以法，从之。世爵自是敛戢⁽¹⁵⁾，狱得解后⁽¹⁶⁾，以随总督胡宗宪征倭⁽¹⁷⁾，卒于芜湖，年八十有三⁽¹⁸⁾。

【注释】

（1）田世爵：（公元1499—1562年）田秀第七子，乳名七哥俾。明嘉靖元年（公元1522年）袭职任湖广容美宣抚使，在位34年。嘉靖三十五年（公元1556年），以"有司不能摄治"之罪，由长子九霄应袭，接任容美宣抚使职。是年，田世爵与九霄、次子九龙应征平倭，率容美土兵与永顺、保靖土兵组成联军，两年内先后于浙江嵊县、三界、阳沙、后梅、丹阳、柘林、乍浦等地，奋勇杀敌，荣获"东南第一功"；三十八年（公元1559年），与九霄第二次应征平倭至舟山群岛，于7月攻陷贼巢岑港，再立战功；四十年（公元1561年），又受胡宗宪征调赴江西平盗，次年于芜湖病死军中，终年63岁。明王朝嘉其忠勇，追谥为"宣武将军"。

（2）嗾sǒu：本义是发出使狗咬人的声音，引申为教唆、指使别人做坏事。

（3）会士：由一般教徒组成的许多兄弟会会员，他们须作苦修和善行，这类兄弟会盛行于13至16世纪，通常以会员所穿会服命名，如蓝衣会士。**经历：**职官名，掌管出纳文移，自金代、元代至清代均曾设置。**告变：**报告发生变故。**抚按：**明清时期对巡抚和巡按的合称。巡抚于明代始设，职责为代天子巡视天下，至清朝则以巡抚为省级地方政府的长官，总揽一省的军事、吏治、刑狱、民政等；巡按是在明永乐年间始派御史到各地巡察，称为"巡按御史"，三年一换，职权与汉刺史同，清朝初因之，后废。

（4）验治：查验处治。磔 zhé：古代一种酷刑，把肢体分裂。

（5）正德二年：公元 1507 年。

（6）嘉靖：（公元 1522—1566 年）为明世宗朱厚熜（cōng）的年号。

（7）向元楫（jí）：生平不详，时任土司把守靖安隘（今五里乡南村）的长官。

（8）诇知 xiòng zhī：侦察得知。

（9）黄中：（？—1566 年）明朝中期民变领袖。明嘉靖年间随其父黄俊据湖广施州卫支罗（今湖北省利川市谋道镇旧寨坝）反叛，嘉靖三十三年（公元 1554 年）投降，获免死谪戍边关；数年后逃回支罗再叛，震动川湖两省，明朝乃派大军围剿，嘉靖四十五年（公元 1566 年）被湖广官兵诱降，朝议处斩，支罗新旧二寨改为守御百户所。

（10）周如斗：（？—1567 年）字允文，号观所，明浙江余姚人。嘉靖进士。嘉靖甲寅，以御史巡按苏、松诸府。时倭患方亟，岁又大祲，如斗疏请蠲常税十五，调遣官兵御倭有功。后官至兵部尚书。

（11）冯岳：（公元 1495—1581 年）字望之，号贞新，浙江慈溪县人。嘉靖五年（公元 1526 年）进士，历工部主事、员外郎、江西按察使、湖广巡抚，以兵部侍郎总督湖广川贵军务。后官至南京刑部尚书。万历九年（公元 1581 年）卒，年八十七。有《恤刑稿》等书。

（12）荆瞿：荆州、瞿塘关。

（13）九：九溪卫（今湖南省慈利县江垭镇九溪村）。永：永定卫（今湖南省张家界市永定区）。

（14）宜假：当适以便用之意。督臣：总督。

（15）敛戢 liǎn jí：收敛，止息（兵戈）。明·张居正《答南兵兼河道凌洋山书》："好议喜事者，知鄙意有在，亦自敛戢，而不敢复兴事端。"

（16）得解：这里指获释。

（17）胡宗宪：（公元 1512 年 11 月 4 日—1565 年 11 月 25 日）字汝钦，一字汝贞，号梅林，南直隶徽州府绩溪县人。明代名臣。

（18）年八十有三：此处表述有误，田世爵终年 63 岁。详见前注。

　　田九霄（1）　号后江，世爵长子。从世爵征倭，世爵卒（2），于军中袭职，诏赐红绫衣一袭（3），以浙江黄宗山之捷也（4）。九霄赏罚严明，与士卒同甘苦，所向有功。然为人刻深毛鸷⁽⁵⁾，每叱驭出，民皆闭户，鸡犬无声。嘉靖四十一年卒⁽⁶⁾。

【注释】

（1）田九霄：（？—1562年）嘉靖三十五年（公元1556年）应袭父职，在位6年。

（2）世爵卒：此说法有误，田世爵因"有司不能摄治"之罪，由朝廷将其长子田九霄列为容美宣抚应袭对象。详见前注。

（3）纻衣：苎麻所织之衣。《左传·襄公二十九年》："聘于郑，见子产，如旧相识。与之缟带，子产献纻衣焉。"杜预注："吴地贵缟，郑地贵纻，故各献己所贵，示损己而不为彼货利。"后用为友朋交谊之典。明代四品以上官员才能穿红色纻衣上朝，五品以下均为蓝色，获赐红纻衣嘉奖，可见其重要性。**一袭**：一身，一套。

（4）黄宗山之捷：明史载为"黄家山之捷"，田九霄与父亲田世爵率容美土兵于此战以斩敌580级、缴获骡马52匹记功。

（5）刻深：刻薄、严酷；深奥、深刻。**毛鸷**：亦作"毛挚"，指猛禽捕食小鸟，用以比喻酷吏的凶狠残暴。《史记·酷吏列传》："是时，赵禹、张汤以深刻为九卿矣，然其治尚宽，辅法而行，而纵（义纵）以鹰击毛挚为治。"

（6）嘉靖四十一年：公元1562年。

田九龙⁽¹⁾　字子云，号八峰，九霄同母仲弟。九霄忌诸弟才俊，九龙深自敛戢，耕读于龙潭坪之后山，今俗称二爷坪是也⁽²⁾。九霄病，知诸子不才，遗命九龙袭职。九龙胆识过人，喜读书，好义、爱客。万历三十七年卒⁽³⁾，年八十有三。

【注释】

（1）田九龙：（公元1526—1609年）嘉靖四十一年（公元1562年）袭职，在位25年。

（2）二爷坪：即今鹤峰县容美镇二哥坪，又称二果坪。

（3）万历三十七年：公元1609年。

　　田楚产⁽¹⁾　字子良，号郢阳，九龙嫡长孙，父名宗愈。先是九龙以年老，为宗愈请给冠带，摄事未几病卒。九龙又为楚产请给冠带，以备承袭，而年益髦⁽²⁾，其庶长子宗元，纠弟宗恺等，控于上台⁽³⁾，诬宗愈庶出。楚产非嫡长孙，纳贿夤缘⁽⁴⁾，虽有田楚皋、田大玉等，不避榜掠⁽⁵⁾，力为争辩，终不能解。楚产携妻、子出亡忠洞十余年⁽⁶⁾，及九龙卒。宗元为众愤所戮，宗恺亦死，上台乃檄楚产回袭职。为人言笑不苟，多善政。惟构争时⁽⁷⁾，宵小乘闲攘窃⁽⁸⁾，帑藏告诎⁽⁹⁾，急于赋敛⁽¹⁰⁾，一日饮舍人家⁽¹¹⁾，为叛奴所戕⁽¹²⁾，年五十有一。

【注释】

（1）田楚产：（公元1575—1625年）万历三十七年（公元1609年）袭职，在位16年。楚产袭职前，其父田宗愈于万历十五年（公元1587年）袭职，在位6年；叔父田宗元于万历二十一年（公元1593年）袭职，在位16年。

（2）髦 máo：古称幼儿垂在前额的短发。这里意为年幼。

（3）上台：这里指上司。

（4）夤缘 yín yuán：攀缘上升，比喻攀附权贵以求进身。《初刻拍案惊奇·卷二〇》："况且一清如水，俸资之外，毫不苟取，那有钱财夤缘？"

（5）榜掠：是古代一种刑罚，捶击。这里指鞭笞之意，《史记·卷八七·李斯传》："赵高治斯，榜掠千余，不胜痛，自诬服。"

（6）出亡：逃亡、流亡。**忠洞：**即忠洞土司，辖地在今宣恩县沙道沟镇，级别为安抚司，隶属于忠建土司（宣抚司，其辖地在今宣恩县李家河乡）。元代置湖南镇边宣慰使司，明代改置忠洞安抚司，清雍正十二年（公元1734年），安抚田光祖纠集鄂西十五土司自请纳土归流，遂划其地入宣恩县，田光祖等被安插至湖北黄陂，仍给予世袭千总之职。

（7）构争：互相争执。

（8）宵小：宵小，指小人、伪君子。也称为"宵类"。**乘闲：**趁着空闲。**攘窃：**盗窃；抢夺。

（9）帑藏：储藏财币的府库，通常指国库。亦指财产、财货。**诎** qū：尽，穷尽。

（10）赋敛：征收赋税之意。

（11）舍人：明代应袭卫所职位的武官子弟。《初刻拍案惊奇·卷二一》："那舍人北边出身，从小晓得些弓马。"

（12）戕 qiāng：杀害、伤害。汉·曹操《蒿里行》："势利使人争，嗣还自相戕。"

田玄^{（1）}　字太初，号墨颠，楚产长子。爱民恤邻，忠洞田桂芳^{（2）}、施南覃懋粢^{（3）}、东乡覃绳武^{（4）}，诸土司皆得其扶持力。于桑植向一贯捐宿隙而恤其子^{（5）}，人尤伟之。闯献寇起^{（6）}，从征助饷，晋授宣慰使，加太子太保后军都督府^{（7）}。崇祯十二年上疏言^{（8）}："六月间，谷贼复叛^{（9）}，抚按两臣，调用土兵，臣即捐行粮战马，立遣土兵七千，令副长官陈一圣等将之前行，悍军邓维昌等惮于征调，遂与谭正宾结七十二村，鸠银万七千两，赂巴东知县蔡文升，以逼民从军上报，阻忠义而启边衅。"朝廷命抚按核其事，而时事日非矣。玄天性忠义，燕京失守，其甲申除夕诗有"矢志终身晋，难忘五世韩"及"何事都门下，犹多不罢官"等句^{（10）}。时大清正朔未及洪光，时玄犹以腊丸奏事^{（11）}，一时避寇氛者，如彝陵文相国、松滋伍计部数十辈，多挈眷相从，馆餐不倦，其华阳诸藩及华容孙中丞之避居九、永诸卫者，不时存问^{（12）}。隆武二年卒^{（13）}，年六十有五，诰封龙虎将军^{（14）}，赐祭六坛。

【注释】

（1）田玄：（公元1590—1646年）清代避康熙皇帝（玄烨）名讳，以"元"代"玄"，故将原文中"田元"更以"田玄"为是。田玄袭职时间为明天启五年至清顺治三年（公元1625—1646年），在位21年。

（2）忠洞：即忠洞土司，治所在今宣恩县沙道沟。幼小的田桂芳见时任司主的父亲田楚祯被逆党所害，携印逃往永顺，田玄迎接至容美，抚养教育，并将次女许配，田桂芳独立后被送回司袭职。

（3）施南：即施南土司，是元、明、清时期湖北西南边陲实力雄厚的土司之一。始于元代初年，至清朝雍正十三年（公元1735年）改土归流，历十七世，四百余年。下辖忠路土司、忠孝土司、金洞土司、东乡五路土司等四个安抚司，隶属于施州卫军民指挥使司。其辖地东至即今湖北省宣恩县东部、西至利川市齐岳山、南至咸丰县黄金洞、北至恩施市南。**覃懋楶**：原文为田懋楶，施南土司司主为覃姓，"楶"又应为"楶（jié）"。施南土司衰弱之时，恰时覃懋楶幼年丧父，受到田玄扶助与培养，后被送回司袭职。

（4）**东乡**：即东乡土司，清初改明东乡长官司置，治所即今湖北省宣恩县长潭河乡东乡。雍正十年（公元1732年），土司覃寿春呈请改流，入恩施县。**覃绳武**：原文为田绳武，东乡土司司主为覃姓，故为覃绳武。因祖、父奉旨征战阵亡，朝廷将东乡五路安抚司加升一级，为东乡五路宣抚司，覃绳武以遗腹子身份在襁褓中袭职，后受到田玄扶助与培养。

（5）**宿隙**：旧日的嫌隙仇怨。

（6）**闯**：指李自成，人称闯王。**献**：指张献忠，人称献王。

（7）**太子太保**：与太子太师、太子太傅都是东宫官职，均负责教习太子，统称为"三师"。**后军都督府**：官署名，明朝五军都督府之一。

（8）**崇祯十二年**：崇祯（公元1628—1644年）为明思宗朱由检的年号，十二年即公元1639年。**上疏**：向天子进呈奏疏。《大宋宣和遗事·元集》："当有银台司范镇上疏，奏言青苗钱扰民不便。"

（9）**谷贼复叛**：指张献忠在谷城（位于湖北襄樊）再次反叛，李自成从商洛山率数千人马杀出之事。

（10）**甲申**：即公元1644年。**除夕诗**：查由田虞德编著的《〈田氏一家言〉解读》，陈湘锋、赵平略编著的《〈田氏一家言〉诗评注》，周西之、熊先群、李诗选校注的《〈田氏一家言〉增补本》等，其诗为田玄所著《秀碧堂诗集》的《甲申除夕感怀十首》的第四首："遗人辞故主，拥鼻增辛酸。矢志终身晋，宁忘五世韩。趋新群动易，恋旧抗怀难。何事都门下，尚多不罢官。"其中有"宁"与"难""尚"与"犹"字之差异。

（11）**腊丸奏事**：蜡丸能防湿保密，古代常用以内藏文字，以传递秘密书信、文件。田玄见明朝旧臣先后拥立福王、唐王于南京、广东等地，遂以蜡丸书信方式向唐王出谋献计，唐王嘉奖其忠勤，并指示"割据自保"，以待反清复明时机。

（12）**存问**：问候、慰问。

（13）**隆武二年**：公元1646年。

（14）**龙虎将军**：武散官名。明朝置，正二品初授骠骑将军次授金吾将军，加授龙虎将军，明武散官称将军者，此为最高阶。以上的正从一品四阶，与文官同名，分别为特进光禄大夫、特进荣禄大夫、光禄大夫、荣禄大夫。

田沛霖[1]　字厚生，号双云，玄长子。年二十补澧州博士弟子[2]，寻改长阳学。父玄随征立功，沛霖赞襄之力居多，晋授容美等处军民宣慰使，加太子太保荣禄大夫，后军左都督，赐蟒玉正一品服色。后寇氛益炽，缙绅之避难者，沛霖待之一如玄时。尝遣千户覃应祥，闲道赴闽、粤行在陈方略[3]。无何，残寇"一只虎"由清江窜入[4]，沛霖不及备，遂受其蹂躏，不一年忧愤以卒，年三十有九。

【注释】

（1）田沛霖：（公元1609—1648年）清顺治三年（公元1646年）袭职，在位2年。

（2）博士弟子：即汉代太学博士所教的学生，唐时对通过科举考试而入学的生员亦有此称。博士弟子学习至一定年限，经考核，一般可在任郡国文学的职务，优异者可授中央或地方行政官。

（3）闲道：亦作"间道"。捷径或偏僻的小路，亦谓取道于偏僻的小路。

（4）一只虎：即李自成之侄李过，又名李锦，字补之，号称"一只虎"，陕西米脂人，是最早跟随李自成的元勋之一，后升为大顺制将军、都督。自北京败退受命镇守陕北，与清军作战三月，牵制清军南进，南逃时与高一功率部转战荆门。李自成死后，李过与余部会合，后联合南明何腾蛟、堵胤锡、瞿式耜等组成"忠贞营"。隆武政权建立后，被赐名"赤"心，封兴国侯，守荆州。复随李定国转战湘、桂五年，公元1649年七月，军中疫病流行，病死于水土不服。

国朝

田既霖[1]　字夏云，玄次子。年十四补长阳博士弟子，以兄沛霖无子袭职。时大清定鼎七八年矣，诸残寇降明者荆侯王光兴等十余家，穷蹙窜西山，借明朝为名，征粮索饷，施、归、长、巴之间，受其扰害，乙未岁既霖投诚我朝^{（2）}，晋授容美等处军民宣慰使司宣慰使，加少傅兼太子太傅^{（3）}，赐蟒玉正一品服色。丙申年卒^{（4）}，年三十有八。

【注释】

（1）田既霖：（公元 1610—1657 年）顺治五年（公元 1648 年）袭职，在位 9 年。

（2）乙未岁：清顺治十二年（公元 1655 年）。

（3）少傅：职官名。"三孤"之一，亦称"三少"，次于三公，周代始置，为君国辅弼之官。与少师、少保的合称。后一般为大官加衔，以示恩宠而无实职。**太子太傅**：职官名。汉时所置，与太子少傅同为辅导太子之官。晋时，与太子太师、太子太保、太子少傅、太子少师、太子少保同称"东宫六傅"，职事依旧。隋、唐以后仅为加官、赠官的虚衔，不再担任原有职务。

（4）丙申年：清顺治十三年（公元 1656 年）。是年止，田既霖在位 9 年。

田甘霖^{（1）}　字特云，号铁峰，玄三子。年二十补博士弟子，以兄既霖无子袭职。残明降寇之为勋镇者^{（2）}，藉容美奉本朝正朔为口实^{（3）}，阨之于皖国公刘体纯营中^{（4）}，督部李荫祖奏闻^{（5）}，奉世祖章皇帝恩旨^{（6）}，有"田甘霖能否脱归^{（7）}，星速奏闻"之谕，后多方解险，栖迟澧阳者^{（8）}，四年乃归，任事凋残之余，经营安集，并创立学宫。康熙间^{（9）}，吴逆窃叛^{（10）}，胁授伪命。乙卯年卒^{（11）}，年六十有三。

【注释】

（1）田甘霖：（公元 1625—1675 年）顺治十四年（公元 1657 年）袭职，在位 18 年。

（2）镇：即镇军，清代总兵的俗称。

（3）正朔：原意为一年中的第一天，即农历正月初一。后亦泛指历法，古代改朝换代时新立帝王颁行的新历法。《二刻拍案惊奇·卷二》："士诚……因遂通款元朝，奉其正朔，封为王爵，各守封疆。"

（4）阨：困阨（厄）。**刘体纯：**（？—1663年）明末清初人，又名刘体仁、二虎，号飞虎。明末农民起义军将领，李自成部将。1646年九月，接受大明隆武朝的节制，与大明联合抗清；1647年接受明永历帝赐封"皖国公"，与马腾云部驻巴县陈家坡；1651年底，贺珍、刘体纯、袁宗第、塔天宝、李来亨、郝摇旗等人率领的大顺军余部，先后转移到川东地区，与当地抗清武装相结合，组成了著名的"夔东十三家"。1662年七月，清朝四川总督李国英向朝廷建议发动"三省会剿"（四川、湖广、陕西），经两月余，刘体纯因弹尽粮绝，全军覆灭，与家人一起自缢而死。

（5）**督部：**总督的别称。**李荫祖：**（公元1629—1664年）字绳武，先后主持赈灾直隶、湖广等地，备兵防剿荆襄农民军余部，顺治末年病休，康熙三年卒。

（6）**世祖章皇帝：**即清世祖爱新觉罗·福临，清朝第三位皇帝（公元1643—1661年在位），年号顺治。顺治十八年（公元1661年），顺治帝去世，终年24岁，庙号世祖，谥号体天隆运定统建极英睿钦文显武大德弘功至仁纯孝章皇帝。

（7）**脱归：**脱身、逃归。

（8）**栖迟：**游息滞留，漂泊失意。**澧阳：**即湖南省澧县。

（9）**康熙：**（公元1662—1722年）为清圣祖爱新觉罗·玄烨（公元1654年5月4日—1722年12月20日）的年号，在位61年。

（10）**吴逆：**即吴三桂（公元1612年6月8日—1678年10月2日），字长伯，又字月所，明崇祯时为辽东总兵，封平西伯，镇守山海关，后又以父荫为都督指挥。崇祯十七年（公元1644年）降清，在山海关大战中大败李自成，封平西王。顺治十六年（公元1659年），吴三桂镇守云南，引兵入缅甸，迫缅甸王交出南明永历帝。康熙元年（公元1662年），吴三桂杀南明永历帝于昆明。同年，晋封为平西亲王，与福建靖南王耿精忠、广东平南王尚可喜并称"三藩"。康熙十二年（公元1673年），朝廷下令撤藩，吴三桂遂自称周王、总统天下水陆大元帅、兴明讨虏大将军，发布檄文，史称"三藩之乱"。康熙十七年（公元1678年），吴三桂在衡州（今衡阳市）登基为皇帝，国号大周，建都衡阳，建元昭武，同年秋在衡阳病逝。

（11）**乙卯年：**即清康熙十四年（公元1675年）。

田舜年⁽¹⁾　字韶初，号九峰，甘霖子。初受吴逆伪敕，后缴换袭职，屡奉檄从征，著有劳绩，能文章，所交多一时名士。有《二十一史纂》《容阳世述录》《许田射猎传奇》诸书行世。康熙四十五年在武昌卒⁽²⁾，年六十有七。

【注释】

（1）田舜年：（公元 1639—1706 年）康熙十四年（公元 1675 年）袭职，在位 28 年。田舜年以振兴容美为己任，大力提倡学习汉文化，通过结亲联姻将"以控制容美为己任"的麻寮千户所门户大开，成为容美向外扩张的主要通道，拓展疆域，发展经济，开始将药材、桐油、茶叶等农产品驮运出山，通过水路销往山外市场。因为酷爱诗歌、戏剧艺术，与著名诗人孔尚任诗书往来，神交多年，孔氏听闻容美演艺《桃花扇》，特委托好友顾彩游历容美，顾彩不仅给戏班女优教演《南桃花扇》，还将所见所闻结集《容美纪游》，向外界传播。田舜年执政期间，容美形成了大西南土家族聚居地区历史上最早的"开放"时期，亦是容美土司的兴盛时期。

（2）康熙四十五年：即公元 1706 年。

田旻如⁽¹⁾　舜年子。初为通州州同，承袭父职。康熙五十二年⁽²⁾，左都御史赵申乔劾奏⁽³⁾，奉恩旨原宥⁽⁴⁾，令其改过自新。雍正十一年⁽⁵⁾，湖广总督迈柱复列款参奏⁽⁶⁾，奉旨令其来京讯问，旻如托词支延，大府复委员督催，旻如于是年十一月十一日自缢⁽⁷⁾。土目、土民遂将部印一十八颗，解赴荆州，公恳改土归流。

【注释】

（1）田旻如：（？—1733 年）旻如袭职前，由兄长田昺如于康熙四十二年（公元 1703 年）袭父职，康熙四十五年时，因与父不和，昺如被摘印下狱，后逃往桑植，在位 3 年。康熙四十六年（公元 1707 年）于直隶通州州同任上，受敕命回司袭容美宣慰使一职，在位 26 年。

（2）康熙五十二年：公元 1713 年。

（3）赵申乔：（公元 1644—1720 年）字松伍，又字慎旃，号白云旧人，江南武进（今江苏常州）人，清朝大臣。**劾奏**：上奏罪状，加以弹劾。

（4）**原宥** yòu：原谅宽恕。《后汉书·卷六六·陈蕃传》："请加原宥，升之爵任。"

（5）**雍正十一年**：公元 1733 年。

（6）**迈柱**：（公元 1670—1738 年）喜塔拉氏，满洲镶蓝旗人，清朝大臣。初授笔帖式，三迁户部员外郎，授御史。迈柱为推行税制改革声绩显著，官历康熙、雍正、乾隆三朝。好财，麻城冤案的缔造者之一。五年，授湖广总督；十三年，迈柱因麻城冤狱案与巡抚吴应棻相歧，入京，召拜武英殿大学士，兼吏部尚书。乾隆元年，兼管工部；二年，以病乞解任；三年，卒。

（7）**旻如于是年十一月十一日自缢**：旻如自缢时间为"雍正十一年十二月十一日"，应与刑部原题部文吻合。详见后注。

雍正十三年，改司为鹤峰州，所有原题部文节录于左^{（1）}：

刑部咨开^{（2）}，本部会同吏部院寺会看，得容美土司田旻如不遵法纪、滥给劄付^{（3）}、私征钱粮一案，据湖广总督迈柱疏称：田旻如世受国恩，又蒙皇上屡次宥其过愆^{（4）}，令其悛改^{（5）}，无如非礼越分，私给劄付，擅用阉人，僭造九间五层衙署^{（6）}，并建钟鼓楼，上设龙凤鼓、景阳钟，且横征滥派，党护两婿，经臣列款纠参，蒙皇恩优渥^{（7）}，令其来京讯问，即当星驰阙廷^{（8）}，泥首悔罪^{（9）}，乃扶同土目向日芳^{（10）}、向虎，阉人刘冒、仁寿、禄寿、史东东等商谋，假捏抚恤水灾，奏请宽限，携眷齐赴平山寨险处。又已因党护长婿覃楚昭经部议革职^{（11）}，复纵次婿覃禹鼎淫杀旗长藏匿^{（12）}，不容州县拘审，自知悖逆昭著，恐致问罪之师。于雍正十一年十二月初三日，携眷搬入万全洞，负固不出，土目张彤硅首先缴印，余众渐次投出，旻如自知负罪深重，民心已变，于是月十一日畏罪自缢^{（13）}。

【注释】

（1）**于左**：竖排文章格式，指陈述事项均由左逐项排列，相当于横排文章的如下或下列。

（2）咨：旧时用于同级部门的一种公文，亦称咨文。

（3）劄付 zhā fù：官府中上级给下级的公文。

（4）过愆 guò qiān：亦作"过譴"，过失、错误。

（5）悛改 quān gǎi：悔悟、改过。

（6）僭造：超越规制建造或修建。

（7）优渥：优厚的待遇。

（8）阙廷：朝廷，亦借指京城。

（9）泥首：叩首至地而泥污额头，引申为谢罪。《晋书·卷七三·庾亮传》："亮明日又泥首谢罪，乞骸骨，欲阖门投窜山海。"

（10）扶同：符合，附和；伙同。

（11）覃楚昭：东乡土司覃寿春之子，作恶多端，以"得罪正罚"之罪，朝廷于雍正十三年对土司施行改土归流。

（12）覃禹鼎：施南土司最后一位土王，因奸淫族内旗长之媳张氏而杀人灭口，鼎怕命案缠身，逃往容美躲藏。田旻如自缢而亡，鼎被清兵俘获，连夜解往渔洋关以"淫恶抗提"之罪正法，于雍正十三年对土司施行改土归流。

（13）于是月十一日畏罪自缢：田旻如自缢时间应以此刑部题文为准，即"雍正十一年十二月十一日"。

经臣奏报，奉准部覆，将田旻如子弟及阉人助虐之处，行令饬审，各犯供认前情不讳，应以逃避山泽、不服拘换、拒敌官兵律拟斩，虽经自缢仍开棺戮尸，同谋之向日芳等，俱拟斩决。刘安太拟绞，监候向志高等俱拟流等因。

具奏奉旨，田旻如畏罪潜藏，投缳自尽，尚与抗拒官兵者有间，着从宽免其戮尸，凡田旻如之孽皆由自作。其眷属及胁从牵连之人，俱系听伊指使，情有可原。此本内所拟斩绞各犯，俱从宽免死，交与总督迈柱，分别安插别省居住，田旻如之衣饰等物，仍赏给田旻如之妻、子，其田产亦不必入官，着查明变价，亦赏伊妻、子，以为度日之资，所有牵连治罪各犯，着迈柱酌其情罪减等发落。其首先缴印之石梁司长官张彤硅，着赏给千总职衔，支食俸薪以示奖励，钦此。

又

刑部咨开：本部会同户部会议，得容美土司田旻如等不遵法纪一案，据湖广总督迈柱疏称，遵查田旻如既蒙皇仁原宥，免其戮尸。其眷属及所拟斩绞各犯，俱从宽免死，分别安插，则田旻如之妻妾子女，应请照犯斩绞，土司之家口，安插远省，例与应流徙乌喇之父母祖孙兄弟免其异处，一并解交陕西安插。其向日芳、向虎，阉人刘冒、仁寿、史东东俱系拟斩之犯。今蒙皇上法外施仁，从宽免死，应将田旻如家口解交陕西安插，令其团聚。至向日芳等虽免死，不便一同安插，应请将向日芳、向虎，阉人刘冒、仁寿、史东东解交广东安插。其向日芳等之眷属，亦当仰体圣慈，与向日芳一同安插。再田旻如之田产，既沐皇恩，赏给伊妻、子，以为度日之资，其向日芳等田产应请变价，赏给伊等，以广皇仁。除田旻如之衣饰等物已给伊妻、子收领外，其各田产一时难于变售，应请确估定价，先动存公银两照数给予，分别起解，再行归款。先缴印之土弁张彤砫，既蒙皇恩赏给千总职衔，支食俸薪银两，应于奉文之日为始，令地方官于地丁银内支给造报。伊弟田琨如及田召南，均无助虐情事，原议照律不坐，但容美已经改流，不便发回土境，应于本省另行安插，使得其所等因。俱题前来，除拟徒之麻老丑已经病故不议外[1]，应如该督所题完结等因，雍正十三年闰四月二十日奉旨依议，钦此。

【注释】

（1）**拟徒**：徒，即"徒流"，古代刑罚，意思为徒刑或流刑，将罪犯放逐到边远地区。本意为拟定徒流。

又

吏部咨开：本部会议，得湖广总督迈柱等疏称，容美地方幅员一千五百余里，非分设一州一县，不足以资治理。今查容美司旧志，人烟聚集，应于此处设知州一员，吏目一员。五里坪距旧司治稍远，与慈利县河道相近，拟设州同一员。北佳坪为北路要区，拟设州判一员。均属新州管辖。五峰司地势开敞，为石梁、水浕、长茅诸司总会，应于此处设知县一员，典史一员，东西以金山云雾村为界，南北以百顺桥为界。约计州境周围八百余里，县境周围六百余里。又湾潭地方系适中之地，应于此处设分防同知一员，就近稽查弹压。查容美旧属荆州府辖，但荆州远在东北，惟于彝陵则仅隔长阳一县，且设有重镇，向来容美边地事，原责成彝陵镇控制。今文武事应画一[1]，应于彝陵建立府治，改彝陵州为附郭之县，再彝陵既设府治，归州应改去直隶[2]，并长阳、兴山、巴东三县，与容美议设之一州一县，共二州五县，均隶新府管辖，仍以荆州道为统辖。又容美大崖关外即湖南慈利县界，其所属山羊隘远距县城，通容美河道，应将大崖关外慈利所辖，近关五十里以内之地，拨归新州管辖，设巡检一员，以资巡防，其原有土百户一员应请革除等语，应如该督等所请，容美旧司治地，方准其设立云云。

【注释】

（1）画一：一致、一律。《史记·卷五四·曹相国世家》："萧何为法，顜（jiǎng）若画一。"

（2）归州：唐武德二年（公元 619 年）置归州，辖秭归、巴东二县，治所在秭归县。清雍正七年（公元 1729 年）升归州为直隶州，辖长阳、兴山、巴东、恩施四县及容美、龙潭 19 个土司；雍正十三年归州降为县级州（散州），隶宜昌府。民国元年（公元 1912 年）废州为县，即今湖北秭归县归州镇。

又疏称：新府、州、县如蒙俞允，恭请钦定佳名等因[1]。雍正十三年三月初一日，奉旨依议。钦此。

【注释】

（1）钦定佳名：即宜昌府、鹤峰州、长乐县，其名称均由雍正皇帝钦定。

同治六年续修

　　按：田氏世居此地，逮国朝定鼎以后^{（1）}，始一车书而奉正朔^{（2）}，其前之沿袭仅见《容阳世述录》，非若他邑有足旁征博引者，故沿革志仍旧。

【注释】

（1）**逮** dài：这里指到、及之意。

（2）**车书**：车乘的轨辙相同，书牍的文字相同，表示文物制度划一，天下一统。后比喻制度通行于天下。《史记·卷六·秦始皇本纪》记载：秦始皇定天下，统一度量衡、车轨宽度及文字等。又如《文选·范晔·后汉书光武纪赞》："金汤失险，车书共道。"

光绪十一年续修

　　田氏自汉迄明，以土司世袭，抚有此土，自我朝雍正十三年田旻如内讧，始归流设官，其沿革仍以土司世系为断，沿革志仍旧。

卷二　疆域志

一州之中，官司所莅[1]，民籍所系，而财赋于是乎出。鹤峰幅员辽廓，设流初，前牧与邻邑官吏，循行履勘[2]，经界既正矣[3]。厥后，民人开垦，界之犬牙相错者，彼此讼争，三十余年而后息。然后叹声画郊圻[4]，古人所以斤斤致慎也。疆域明则纲举目张，而庶事可次第列矣。爰为详其广袤四至，而乡里[5]、保分[6]、铺递[7]，皆备列焉[8]。志疆域。

【注释】

（1）官司：旧指官府。

（2）循行：循，通"巡"。巡视；巡行。**履勘**：实地检查或测量。

（3）经界：田地的分界。《孟子·滕文公上》："夫仁政必自经界始；经界不正，井地不钧，谷禄不平。"

（4）郊圻：都邑的疆界；边境。亦指郊野，郊外。

（5）乡里：古时官府对所辖区域设乡，乡下设里。

（6）保：旧时户口的一种编制，若干甲为一保。**分**：名位、职责、权利的限度。

（7）铺递：驿站。《金史·世宗纪》："朕尝欲得新荔支，兵部遂于道路特设铺递。"

（8）备列：详列。

疆界

东西广一百九十里，南北袤三百四十五里，周围八百余里。

东至百顺桥九十里，抵长乐县界。

西至牛吃水一百零五里，抵宣恩县界。

南至山羊隘二百里，抵慈利县界。

北至金溪口一百四十五里，抵巴东县界。

东北至上王界一百四十五里，抵长乐县界。

西北至虎鹧岭一百四十五里，抵建始县界。

西南至杉木界六十五里，抵桑植县界。

东南至西溪河一百六十二里，抵石门县界。

乡里

东：兴仁乡[1]。西：崇让乡[2]。南：礼陶乡[3]。北：乐淑乡[4]。

东乡分为二里：曰博爱[5]，曰元长[6]。

西乡分为二里：曰在道[7]，曰在田[8]。

南乡分为五里：土司旧志二里，曰节文[9]，曰仪则[10]。慈利拨归三里，曰崇本[11]，曰贵和[12]，曰谦吉[13]。

北乡分为三里：曰纯化[14]，曰和平[15]，曰以成[16]。

以上共为四乡十二里　每乡设乡约或一人或二人[17]。

【注释】

（1）兴仁乡：即今鹤峰县容美镇屏山村、银珠寨等地和燕子镇所辖。

（2）崇让乡：即今鹤峰县太平镇所辖。

（3）礼陶乡：即今鹤峰县容美镇上平溪、下平溪、墙苔、东乡、三潭井等地，和五里乡、走马镇、铁炉白族乡所辖。

（4）乐淑乡：即今鹤峰县容美镇茅竹山、麻旺村等地，和中营镇、邬阳乡、燕子镇咸盈河等地。

（5）博爱里：即今鹤峰县燕子镇溪坪、燕子坪、清水湄、后康等地。"里"是古代的一种居民组织，先秦以二十五家为里。

（6）元长里：即今鹤峰县容美镇张家村、观音坡、平山、银砾寨等地。张家村后并入正德坊，观音坡后并入茅竹山。

（7）**在道里**：即今鹤峰县太平镇龙潭坪、脚踏坪、大水湄等地。

（8）**在田里**：即今鹤峰县太平镇、旧建城、黄檗山、三岔口等地。

（9）**节文里**：即今鹤峰县容美镇九峰大道林业小区（古为水寨）、下坪溪、上坪溪、墙苔、东乡坪、三潭井等地。水寨后并入正德坊。

（10）**仪则里**：即今鹤峰县五里乡蚂蝗坡、南府、五里坪、六峰、下洞等地。

（11）**崇本里**：即今鹤峰县走马镇白果坪、官庄坪、千金坪、走马坪、上阳河、下阳河等地。

（12）**贵和里**：即今鹤峰县走马镇芭蕉河、升子坪、刚家湾、所坪、后溪坪和铁炉乡三望坡等地。

（13）**谦吉里**：即今鹤峰县铁炉乡细沙坪、铁炉坪、江口和走马镇大典河、柘坪、七郎坪、红土坪等地。

（14）**纯化里**：即今鹤峰县中营镇梅果湾、韭菜坝和下坪乡下坪村、小龙潭、岩门子、刘家河等地。

（15）**和平里**：即今鹤峰县容美镇茅竹山、麻旺村和中营镇北佳坪、茅坪、新地、麻水等地。麻旺村后并入厚生坊。

（16）**以成里**：即今鹤峰县邬阳乡寻木岭、邬阳关和燕子镇咸盈河等地。

（17）**乡约**：奉官命在乡里管事的人。《儒林外史》第六回："族长严振先，乃城中十二都的乡约。"

保分

本城二保[1]：厚生坊[2]、正德坊[3]。

元长里四保：张家村、观音坡、平山、银硃寨。张家村并入正德坊，观音坡并入茅竹山。

博爱里四保：溪坪、燕子坪、清水湄、后康。

节文里五保：水寨、下平溪、上平溪、墙苔、东乡坪、三潭井。水寨并入正德坊。

仪则里五保：蚂蝗坡、南府、五里坪、六峰、下洞。

崇本里六保：白果坪、官庄坪、千金坪、走马坪、上阳河、下阳河。

贵和里六保：芭蕉河、升子坪、刚家湾、所坪、后溪坪、三望坡。

谦吉里七保：细沙坪、铁炉坪、大典河、江口、柘坪、七郎坪、红土坪。

在道里三保：龙潭坪、脚踏坪、大水湄。

在田里四保：太平镇、旧建城、黄檗山、三岔口。

和平里六保：茅竹山、麻旺村、北佳坪、茅坪、新地、麻水。麻旺村并入厚生坊。

纯化里六保：梅果湾、韭菜坝、下坪、小龙潭、岩门子、刘家司。

以成里三保：寻木岭、邬阳关、咸盈河。

以上原分六十一保，除合并四保外，现在实共五十七保。每保设保正一人，或分为二甲、三甲，每甲设甲长一人。

【注释】

（1）本城二保：约乾隆时期分为三保，即利用坊（州城上街）、厚生坊（州城中街）、正德坊（州城下街），参见《附录一：〈鹤峰州志〉乾隆六年创修》·上卷"疆域"条。约嘉庆时期将州城分为二保，即厚生坊（州城东街）、正德坊（州城西街）。

（2）厚生坊：州城上街或东街，相当于今鹤峰县容美镇白鹤井、龙井、沿河路东至中村、毛鸡洞一带。约嘉庆时期又把麻旺村并入此坊。

（3）正德坊：州城下街或西街，相当于今鹤峰县容美镇洪家坡、沿河路西至杨柳湾、鸡公洞一带。约嘉庆时期又把水寨（今林业小区、容阳半岛、茶厂小区范围）、张家村并入此坊。

按：保甲之设，宋王安石祖《周礼·大司徒》比闾族党之意[1]，以籍乡村之民，二丁取一，十家为保，保丁皆授以弓弩，教之战阵。

其要在于训练齐民，使皆可战。有司奉行不善⁽²⁾，未收其效。明王守仁抚赣⁽³⁾，檄所属严行十家牌法令，居城郭者，十家为甲，在乡村者，村自为保，各自纠举，甲内有平时习为盗贼者，捕官究治。其过恶未稔者，报名在官，谕令自新，由是奸细无由藏匿。蔡懋德备兵嘉湖⁽⁴⁾，因仿之为简便保甲法其要，但令各甲止查十家中行径可疑之人，密首捕送，尤为易行。至国朝而制益详备。总之，稽查协捕，乃保正、甲长专责⁽⁵⁾。鹤峰山深壤僻，尤宜藏聚奸匪，故承充正、长，必令绅耆公举诚实谙练之人，责以实力稽查协捕，于保民乃为有裨。若但供期会奔走之役，甚且与胥吏相缘为奸⁽⁶⁾，不惟于保民无济⁽⁷⁾，而反受其困矣。予既备列一邑保分，而附论正、长之利弊如此。

【注释】

（1）王安石：（公元1021年12月18日—1086年5月21日）字介甫，号半山，汉族，临川（今江西抚州市临川区）人，北宋著名思想家、政治家、文学家。《周礼》：儒家经典，十三经之一，西周时期著名政治家、思想家、文学家、军事家周公旦所著。《周礼》《仪礼》和《礼记》合称"三礼"，是古代华夏礼乐文化的理论形态，对礼法、礼义作了最权威的记载和解释，对历代礼制的影响最为深远。**大司徒**：职官名。周代为掌教化之官。汉代则为三公之一。汉·光武帝《临淄劳耿弇》："张步前亦杀伏隆，若步来归命，吾当诏大司徒释其怨。"**比闾**：比、闾为古代户籍编制基本单位。后因以"比闾"泛称乡里。《周礼·地官·大司徒》："令五家为比，使之相保，五比为闾，使之相受。"

（2）**有司**：指官员。古代设官分职，各有专司，故称。《文选·诸葛亮·出师表》："若有作奸犯科，及为忠善者，宜付有司，论其刑赏。"**不善**：这里指不好。

（3）**王守仁**：（公元1472—1528年）字伯安，浙江余姚人。明代大儒，弘治进士。正德时巡抚南赣，定宸濠之乱。嘉靖时封新建伯，总督两广，破断藤峡贼，卒谥文成。其学以"知行合一"为主，发挥致良知之教，反对朱熹格物穷理之说，讲心学渊源于宋之陆九渊，世称姚江学派。尝筑室于阳明洞，学者称"阳明先生"，有《王文成公全书》。

（4）蔡懋德：（公元1586—1644年）字维立，一字公虞，号云怡，南直隶苏州府昆山（今属江苏）人。明代官吏，万历四十七年（公元1619年）进士。历官杭州推官、祠祭员外郎、江西提学副使，尝登白鹿洞书院讲《孝经》大义，听者感动。又作《文心八则》以正江西诸生文体。

（5）保正、甲长：清代保甲法，十户为牌，立一牌长。十牌为甲，立一甲长。十甲为保，立一保正（保长）。专司查报作奸犯科及户口迁移等事。

（6）胥吏：职官名。古代掌理案卷、文书的小吏。

（7）不惟：不仅、不但。无济：无所补益。

铺递

州前总铺一　铺兵三名。

东路铺递五：凉水井　铺兵二名、石龙洞　铺兵二名、燕子坪　铺兵二名、三陡坪　铺兵二名、百顺桥　铺兵二名。

南路铺递四：茶店子　铺兵一名、五里坪　铺兵一名、白果坪　铺兵一名、山羊隘　铺兵一名。

北路铺递二：水沙坪　铺兵一名、北佳坪　铺兵一名。

路程

自州城至府城五百零五里。由府城至省城一千零八十里。由省城至京二千八百八十五里。

同治六年续修

　　按：柘溪幅员，归流时设为鹤、长二邑，又拨慈利五十里之地，以附州治，画井分疆⁽¹⁾，厘定保甲，至今阒然无恙，故疆域志仍旧。

【注释】
（1）画井分疆：统一区划，区分疆界，分守之地，谓辖境。

光绪十一年续修

　　州境周八百里，以大岩关前为关外，界湖南。州治为土司中府地，关门四塞，故捻、发匪之乱⁽¹⁾，施、宜均被蹂躏，而鹤独安堵，亦一夫当关，形胜足凭也。疆域志仍旧。

【注释】
（1）捻匪：清代咸丰、同治年间（公元 1852—1868 年）活动于北方的盗匪。原为安徽、河南、山东一带的乡民，为了驱疫避灾，点燃油纸捻玩龙戏，称之为"捻"，参加者多为游手好闲、不事生产的地痞无赖，后来愈聚愈多，遂成股匪，横行乡里，为害甚大，也称为"捻子"。**发匪**：清代太平天国军不薙（tì，通"剃"）发，故当时人称之为"发匪"。

卷三　山川志

鹤峰环邑皆山也，旧志仅即山著名者书之，而川则阙而弗详[1]，顾层峦叠嶂中有冲要、有险隘，概不容略。而州治以河为襟带，激石扬波，亦有一线溪流，足资灌溉，均宜析其源委也。志山川。

【注释】

（1）阙：疏失。**弗详**：不详。

山

印山脉来自四川[1]，由施南至州北望乡台[2]，迤逦起伏，南趋州治城垣，北踞其岭，南蟠其麓，东西各随其支分，顶有磐石方如印[3]，为州治后扆[4]。

八峰山面河壁立，形如笔架，为州治门屏。

紫草山自州东北蜿蜒西来，下注龙溪，为州治左翼[5]。

芙蓉山位西面东，形如仰坐，山顶峰峦参错叠出，为州治右翼[6]。

【注释】

（1）**印山脉**：即今重庆市境内。

（2）**望乡台**：位于鹤峰县中营镇二台至中营坪途中，距县城14公里。

（3）**印**：威风台有磐石如印，为古容美八景之一"印石承基"。

（4）**扆** yǐ：古代宫殿内门和窗之间的地方或大屏风。

（5）**紫草山……左翼**：紫草山位置与顾彩《容美纪游》记载相悖，《容美纪游》载："西门面紫草山，芙蓉山之右翼，左带龙溪，白石粼粼，平田百亩，可以阅耕。"至今，在洪家坡与茅竹山脚接界处有一坪地，当地人称"紫草台"。如由此推论，紫草山不在州治左翼，而为右翼。

（6）芙蓉山……右翼：芙蓉山位置与顾彩《容美纪游》记载相悖，《容美纪游》载："宣慰司署在芙蓉山南麓，其前列八峰……"又载："北门在山腰外，有古芙蓉州治，今废。"司署后为威风台，其上有一山麓，形同仰坐，将威风台怀抱其中，或为古之芙蓉山，不在右翼，而在正北。

城东

九峰山

紫云山　山顶建庙，名"紫云宫"。

老虎坡

观音坡

银砾寨

雷打崖

平山　顶平，周围可百里，巉石壁立，土司旧设城，建署于上，以御外寇，西面山腰有洞，下临深涧，门圆，中空阔，土司并于其内修葺居址，以备缓急，名为"万全洞"，碑记尚存。

天台山　顶有庙，名"杉树观"。

牛鹿头　山顶与长乐分界，为往来要路。

鲤鱼山

龙头山

城南

五峰山

羊角山

刀脊岭

紫荆山

龙门山

朱家山

百岁山

屏风山

天仙山

古城山

铁灵官山

马王台山

古老山

桐木山　雁垭与桑植、慈利二县分界。

立虎坡

蚂蟥坡

红毛三尖

茅户坡

大崖关

小崖口

牛角尖　与石门县分界。

神门鬼槁　与慈利县分界。

青猴城

婆婆山

九女寨

城西

撒谷岭

七架山

青龙山

金龙山

老土界

杉木界　与桑植县分界。

观山　土司设寨山顶，以备邻司，有警则守者鸣角，山顶以次递传，不逾刻而达司治。其石砌寨门，今尚存。

奇峰山

黄柏山

分水岭　与宣恩分界。

火烧岭

烧巴崖　与宣恩县分界。

观音山

钟嘴山

城北

茅竹山

铜山

玛瑙山

天泉山　小于平山，而险峻过之，土司未筑平山之先，设寨于此。

白鹿坡

望乡台

上望界　与长乐县分界。

鸡公山

香炉山

石宝山

天星寨

三姊妹山

马湾岭

向家山

高木山

唐正山

川

州属东西北，三面之水皆归州治，合而南流，入慈利县境。其发源皆系暗泉瀑布，溪涧行潦，汇而成河。所有分合源委，备列如左，而各溪流之溉田亩，并析载焉。

城东水由牛鹿头、莽阳坪诸溪涧，汇于清水湄，与西南徐家庄溪流水合而伏流，至九峰桥洞口乃见，与北路水合，西流七里而达州治。

城北水由望乡台以上诸溪涧南流，至北佳坪，受巴子山以上之水，下至两河口，受石宝以上之水，又下至紫云山，受狗儿溪之水，至九峰桥与东路水合，而达州治。

城西水由三岔口以上诸溪涧东流，经茅坪一带南折，至王家坪，受小干溪之水，下至两河口，与州治水合，而南出麂子峡。

麂子峡以下，水东南流，至青猴城，受南渡江之水，下至大冶坪，始通舟楫，又下江口，受大典河之水，入慈利界。大典河下之铁炉坪，亦可行船。

江口以上，麂子峡以下，巉石阻隔，疏凿难施，故商舶不通。其尤险之处，曰“黄牯洞”，曰“神门鬼槅”，曰“新崩”。

东、西、北三路之水，有未达州治者，东北朝阳坪、邬阳关等处，皆循山曲转流，入长乐、巴东二县境内，西路则分流宣恩、桑植二县。

西路奇峰关以上之水，流至旧建城之小水湄而伏。洞长湾以上之水，流至太平镇之大水湄而伏。香沟水出龙潭坪，至回水套而伏。各水均可溉田。又青龙山底有水伏流，合于大水湄之伏流，至麂子峡而见。

千金坪溪流，下汇枯树塔溪流，至杨家坪，汇楸木坑溪流，出龙门干，由高桥入大典河，溉田不计亩。

古城寨溪流，由狮毛溪至芭蕉河，入大典河，溉田不计亩。

上阳河溪流，至自生桥汇下阳河溪流，入水流溪，至大冶坪，溉田不计亩。

官仓坪溪流，会八方园溪流，出长澳口，由小庄坪至高桥，汇龙门干水，入大典河，溉田不计亩。

白果坪溪流、所坪溪流、花桥溪流，皆出南道崖，汇升子坪溪流，下入大典河，溉田不计亩。

懒板凳溪流，由后溪坪至青刚坡，出大典河，溉田不计亩。

山宝流泉，时伏时见，间有洞宽一二尺，而获鱼一尾，重至数斤，盖石山戴土，底多石罅⁽¹⁾，溪河之水，由罅分流，而鱼随之也。

【注释】

（1）罅 xià：缝隙，裂缝。

按：鹤邑山脉，发源西蜀，既入州境，其在东西北三面者，于百里以外，忽起忽伏，蜿蜒盘折而当乎。州治之南，冈峦攒列，近州治壁立，八峰作屏障。又水亦东西北三面，循山曲转达州治。其东北二面，由州治九峰山麓西流七里作襟带，至峡口与西来水合而南折焉。盖山水之势，若天造地设，成此形胜，此容美土司用以建中府，而设流时，复仍其地为州治，而不易也。若夫，雄关四塞，东牛鹿头，西奇峰关，南大崖关，北邬阳关，皆冲途扼要之处⁽¹⁾，一夫当关，万夫望而却步矣。然而，层山万壑，峭若削，窟若凿，峥嵘突兀，类奇鬼猛兽，要皆天然保障，当容美时盘踞蜗角，固足雄长诸蛮。而十余年前，莲匪奔窜，宜郡七属，凡遭蹂躏者六，而鹤邑独无烽火之警，非由形胜可恃与。国家承平日久，金汤巩固，官斯土者，既万万无虞寇盗，而搜奇揽胜之余，如或思患预防，披图以考，当亦了然于扼塞之所在也夫。

【注释】

（1）**冲途：**通衢；大路。**扼要：**扼据要冲；切中要领。

同治六年续修

按：雄关要隘，改土后置塘汛，防守百余年，烽遂不警者，地利使之然也。故山川志仍旧。

光绪十一年续修

环鹤皆山也，山皆有泉，或沿山曲达，或潜伏数十里始现，细流错出，莫可名纪，惟澎湃而汇为河者，聊可纪其大概，山川之终古不易也，故山川志仍旧。

据旧志云：东北朝阳坪、邬阳关两水，流入长乐、巴东二县。查朝阳坪水发源山谷，出苏家村十二里，至石龙洞十五里伏流，至九峰桥廿三里，直达州治共计八十里。邬阳关水，自州属咸宁河小湾潭发源⁽¹⁾，由邬阳关合流，入金溪口廿五里⁽²⁾，流入巴东界之桃户口四十里⁽³⁾，出长阳资丘河二百里⁽⁴⁾，直达宜都清江。与旧志不符者，迄今百余年来，或山涧冲颓，水道有变迁欤！

【注释】
（1）咸宁河：即今燕子镇咸盈河。咸盈河中心地段河流又称宁家河。
（2）金溪口：即今邬阳乡金鸡口。
（3）桃户口：应为"桃符口"，位于今巴东县金果坪乡石柱山村。
（4）资丘河：清江资丘段。

卷四　营建志

凡旧疆之营建成于因，而新域之营建出于创，始基不善，后虽欲踵事增华无由也。鹤为邑八十余年，自城郭、官廨，以及津梁、街市，靡不具焉。建在官者，民乐其观成；建在民者，官喜其急公。虽僻壤荒陬，难侈观美，而有守土之责者，为保障不为茧丝[1]，更以时修举废坠焉[2]，斯万世永赖已。志营建。

【注释】

（1）**茧丝**：蚕丝。泛指赋税。

（2）**修举**：兴复、恢复。**废坠**：衰弃、衰败。

城垣

土司旧无城垣，设州后，臬司王柔、巡道姜邵湘，相度地势[1]，令知州毛峻德，鸠工庀材[2]，即建城于土司旧治，所谓中府者是也。

城负山临河，周围六百丈，高一丈七尺，下广一丈三尺，上广七尺。垛口五百零三个，外砌以石，内甃以砖[3]。

开门四：东"永安"，西"太平"，南"迎恩"，北"同乐"。

闸口五：一东门右，一南门左，一南门右，一西门左，一西门右，闸之大小，因受水之多少为之。

【注释】

（1）**相度**：观察、估量。

（2）**鸠工庀材**：招集工人，储备材料。

（3）**甃 zhòu**：砌，垒。如"中底铺白沙，四隅甃青石"。

衙署

知州署 在东门内，原为土司署。雍正十三年，知州毛峻德改建。乾隆四十八年至嘉庆十三年[1]，修补三次。

头门三间，对面照墙一座，东西辕门二栅，栅各有额，东曰"抚循芸庶"[2]，西曰"保障岩封"。

仪门三间，门外西为监狱，东为土地祠。

戒坊一座，东西书吏房各四间。

大堂三间，东西库房各一间。

二堂五间，东西厢房各三间，宅门外小偏厦东西各一间[3]。

二堂东厨房三间。又东，常平仓一座[4]，原为土司田舜年南藩近日楼[5]，至田旻如改建宝善楼，其刊墙碑记俱存。乾隆元年[6]，知州毛峻德改为仓，仓前为仓神祠，祠前为射圃祠，东又仓廒五间[7]。

二堂西书房三间，又西，书房前后各三间，后三间今废。西书房前为荷花池，池中为荷花亭。

三堂五间，东西厢房各三间。

三堂后山有六方亭一座，名为"鹤亭"[8]，今废。

三堂西有方亭一座，今废。

【注释】

（1）**乾隆四十八年**：公元 1783 年。**嘉庆十三年**：公元 1808 年。

（2）**抚循**：亦作"抚巡"，安抚、抚慰。**芸庶**：百姓。

（3）**偏厦**：正房侧面的简陋小屋。

（4）**常平仓**：中国古代为调节粮价、备荒救灾在各地设置的粮仓。始于西汉。清代中叶之后大多名存实亡。

（5）**南藩**：亦作"南蕃"，犹南疆，这里指设在南方的屏障。

（6）**乾隆元年**：公元1736年。

（7）**仓廒**：亦作"仓敖""仓厫"，储藏粮食的处所。

（8）**鹤亭**：即容美土司时期营建的紫芝亭，田九龄著有《紫芝亭诗集》，九龄去世后改为"鹤亭"。

州同署　在五里坪，乾隆二年[(1)]，知州毛峻德建。乾隆三十七年[(2)]，州同缺裁。四十年[(3)]，奉文以衙署变价，其旧基邑人建立关帝庙。

【注释】

（1）**乾隆二年**：公元1737年。

（2）**乾隆三十七年**：公元1772年。

（3）**四十年**：公元1775年。

州判署　在北佳坪，乾隆二年，知州毛峻德建。

训导署　在明伦堂左，乾隆三十五年，阖邑士民捐建。

吏目署　在州署西，乾隆二年，知州毛峻德建。

巡检署　在白果坪，乾隆二年，知州毛峻德建。

常平仓　分贮山羊隘仓廒，在巡检署左。

游击署　在西门内，原为土司旧署红梅阁地，雍正十三年，知州毛峻德改建。

守备署　在南门内，原为土司旧署，雍正十三年，知州毛峻德改建。

千总署　乾隆三十三年，移湾潭。

守备驻防州城署　即仍之。

右司把总署　在西门内。

左司把总署　在奇峰关。

前司把总署　在五里坪。

左哨外委千总署　在邬阳关。

左司外委把总署　在北佳坪。

前司外委把总署　在白果坪。

演武亭　在南门外较场[1]。

【注释】

（1）较场：古时操练兵马或比赛技艺的场所。也作"校场"。

营房　塘防　铺舍

州城营房二百三十间。

各汛营房共七十七间。

各汛塘房共一百二十四间。

铺递一十二处，共铺舍三十六间。

局

军装局　在北门内。

火药局　在北门。

馆

奇峰关寅宾馆三间，在把总署左。

院

孤贫院，原建西门外大街，乾隆四十年间移山川坛之左。

以上，俱雍正十三年，知州毛峻德建。

津梁

尖坝渡　城东五里。渡船一只，渡夫二名，岁支工食。雍正十三年，知州毛峻德详设后，改设渡船口。嘉庆十二年，邑庠唐良凤同兄良龙等，呈请移设剌岩潭，酿金置田，以备每岁修整船只暨额外加给渡夫工食之费，按渡田租现在实数。龙尾坝水田，当价一百千文；中岭朝山坡旱地二处，共当价三十八千文；彭姓旱地价四十千文；原渡夫向姓旱地价一百六十千文；戴姓旱地三十千文；另赵儒钦交给首人生息钱二十千文，为届期修船费用。唐良龙家不中赀[1]，缘此举构讼受累，得儒钦慨然解囊，人乐为之，助经费稍备，然每年仅租谷十石零，尚需将来筹增云。

【注释】

（1）中赀：亦作"中訾"。资产达到豪富的数额，泛指富有。

两河口渡　城西三里。船只渡夫暨详设年分，与尖坝同。嘉庆十二年，邑人何梦芝、王永安等，呈请酿金置田，如尖坝渡之例。按是渡义船数目，设计湾潭买旱地一处，钱四十四千文；聂家坝当刘姓水旱地田地，钱五十千文，约得谷十余石，渡夫自种。修船另归地方公捐。

南渡江渡　城南六十五里。船只渡夫暨详设同前，嘉庆十二年，邑人覃继远、田光宗等，呈请酿金置田，亦如前例。

江坪九女河渡　城南一百二十里。乾隆四年，知州毛峻德捐设渡船一只，并于渡口买置旱地、山场，以为渡夫养赡及修整船只之费，立有普济渡石碑，碑后镌勒旱地、山场、界址并粮银数目，按租钱每年四千八百文，不敷渡夫养赡，因索取往来钱文，而地经开垦承种者，租钱可升。嘉庆年间，民人等呈请升租谷二十石，以给渡夫，而禁止索钱，有卷存档。

水寨渡 在城外较场下附郭。邑人公置渡船一只，渡夫养赡，公同捐给。

王家坪渡 在城西五里附近。邑人公置如前例。

徐家庄渡 在城东七十五里附近，邑人公置如前例。

唐家渡 在慈利交界。

五里潭渡 在城南四十五里。

津梁

龙溪桥 在东街口，俗呼桂花桥，旧有桂花二株，今无。桥系土司旧建，惟屋宇系监生郑安智、生员徐承寿同建。

百顺桥 在城东八十里。土司时有白鹿堂，田舜年尝集文人著书于此，堂久废。

望喜桥 在城东。

天然桥 在城东。

通济桥 在城东。

闪桥 在城西茅坝。

高桥 在城北刘家司下，今废。

高桥 在城北水古洞下。

𠃊盈桥[1] 在关外所坪。

花桥 在关外杉木场下。

回龙桥 在千金坪。

公安桥　在城北白鹿坡。倾圮已久，嘉庆四年，邑人部泮、田指南等劝捐重建。

天星桥　在城东。土司旧建。

新建桥　在城东张家村。乾隆四年，知州毛峻德捐建。

三元桥　在西街口。乾隆五十三年大水冲塌[2]，五十八年，邑人洪继周、李林安、喻文奇等倡捐重修。

【注释】

（1）圮：《汉典》释意"古同'久'"，又为"允"的异体字。

（2）乾隆五十三年：公元 1788 年。

街市

城外街市

石龙洞　在城东。

太平镇　在城西。

烧巴崖　在城西。有市期。

五里坪　在城南。有市期。

白果坪　在城南。

走马坪　在城南。有市期。

懒板凳　在城南。

铁炉坪　在城南。

三路口　在城南。

麻水　在城北。有市期。

按：邑无异产奇货，肩担背负，以有易无而已，一闳之市有定期赶场者[1]，前官设客总场头，以专责成利之所在，争端起焉。而集众之地，尤藏奸匪，当官者宜加稽查也。

【注释】

（1）一闳之市：闳（xiàng），古通"巷"，极小之市。

同治六年续修

按：“九月除道，十月成梁，营室之中，土功其始。”[1] 邑纵无大兴举，而关津、渡口，时加缮葺，故营建志续修。

营建志

龙溪桥 在东街口，即前云桂花桥，有桂花二株，今无。桥系土司旧建，惟屋宇系监生郑安智、生员徐承寿同建。

集福桥 在城西。经水冲塌，庠生龚学焕、邓开宏监修。

公安桥 在城北。即前云邑人部泮、田指南等劝捐重建，后复倾，又经易光柱捐修。

金福桥 在城东之燕子坪。系附贡生向心培捐修。

【注释】

（1）九月除道，十月成梁：出自先秦·佚名《单子知陈必亡》：“故《夏令》曰：‘九月除道，十月成梁。’”指九月修治道路，十月修筑桥梁，是古代遵月令而授民事的体现。

光绪十一年续修

深山僻壤，其经费较大邑惟艰，归化后，旧建新修，迄今渐备，虽乏观美，而山陬气象，稍形润色，修造补葺之功，岂浅鲜哉！营建志续修。

营建志

衙署

知州署 重修二堂五大间、左右花厅，咸丰年间知州徐浚重修[1]。

退思厅三间，东首偏廨二大间，后堂东西厢房六间，头门照墙、戒牌坊、科房八间。光绪元年，知州吕品律建[2]。

柏树神祠 署知州邵承灏建[3]。

捕厅署 头门、大堂三间、后堂花厅共三间。光绪元年，知州吕品律建。

学署 向在圣庙后，孤悬岭半，距圣庙太远，难于照守，年久坍塌，历任广文寄寓书院[4]。知州长庚就地筹款[5]，改建于圣庙左角隙地。光绪七年竖立大堂[6]，年荒中止。署知州厉祥官筹添经费[7]，十一年工竣，首士李树馨、徐德润、尹高林监修。

游击署 旧在大东堂首，幽深宏敞，即土司红梅阁故址，年久朽坏，由大堂直进，新修过厅、花厅三大间，三堂三大间，头门、鼓楼。同治七年，守备胡永发领修[8]。

文鸣塔 在州城南门外义学岭，土司旧建八角楼后，李公鸿翥重建鹤鸣塔，在州城西门外两河口旁，郑公安智旧建鹤鸣楼，近均圮废，此地为州城左右砂[9]，关系文风，故前辈多有掇科名者[10]，今则人文稍不振矣。知州长庚筹复两塔，以培文风，自光绪八年始，十年工竣，共费七百余金，李集堂捐钱百串，徐德纯捐银二十两，吴振鹭捐银十二两，其余出自书院历年积累。李树馨、徐德润、陈九嶂、尹高林监修。

院

孤贫院 光绪三年，知州吴鸿惠建[11]，徐德元、李树馨监修。

津梁

永安门外旧设板桥，溪水冲塌，光绪元年，庠生王敬德募化重修⁽¹²⁾，名永安桥。

南渡江为关外暨湖南通衢，向设官渡，招渡夫二名，年给工食银八两，渡子口食不敷，每向过渡取钱，年终又沿户收谷，名曰"筏税"。关外刘恒源两次捐数千金建石桥，终以山水暴涨，桥成而圮者。再，知州长庚亲诣查勘倡捐，先给渡夫一年口食，复筹款一百七十、七千四百文，置买五里坪竹枝旱地三处⁽¹³⁾，交首士李树馨、徐德润经理，招庄定租，黄大荣充当价二十串文，收旱租二石，为渡夫永远口食。署知州厉祥官出示勒碑⁽¹⁴⁾，永革渡钱、筏税等弊。

晤仙楼 在邑城西关外哈起坡上⁽¹⁵⁾，李集堂捐修。

【注释】

（1）**徐浚**：广东镇平附贡，以长乐县丞署。署期约咸丰三年至咸丰六年（公元1853—1856年）间。

（2）**光绪元年**：公元1875年。**吕品律**：云南人，副贡，约在同治九年（公元1870年）补。

（3）**邵承灏**：顺天（今北京）人，约在光绪三年（公元1877年）代。

（4）**广文**：明、清时对教授、教官的别称。**寄寓**：寄居。

（5）**长庚**：正白旗人，荆州驻防。光绪四年（公元1878年）任。

（6）**光绪七年**：公元1881年。

（7）**厉祥官**：江苏举人，光绪十年（公元1884年）署。

（8）**同治七年**：公元1868年。**胡永发**：四川人。

（9）**砂**：风水学中指与主龙相伴的小山，尤指穴场周围层层环绕的山体。风水的来龙左右必须有起伏跌宕而下的砂山，其层次越多越好，以形成对穴区的环抱、拱卫、辅弼的形势。

（10）**掇 duō**：拾取，摘取。

（11）**吴鸿惠**：四川拔贡，光绪三年（公元1877年）任。

（12）**王敔 xiāo 德**：鹤峰州庠生，无可考。

（13）**竹枝**：今鹤峰县五里乡金钟村一组，名"竹枝里"。

（14）**厉祥官**：江苏举人，光绪十年（公元 1884 年）署。

（15）**哈起坡**：又名"呵气坡"。从鸡公洞沿马家湾上头坡，此路程曲折，急陡向上，令人气喘吁吁。故名。

卷五　賦役志

朝廷任土作贡，所以赡经费、偫积储也⁽¹⁾。鹤邑莅民者有州，卫民者有营，需用孔多矣⁽²⁾。而正供不及大县之耗羡⁽³⁾，地形荦确⁽⁴⁾、物产凉薄故也。邑内峻岭崇山，幅员几广千里⁽⁵⁾，而挂猿眠鹤之区多，带牛佩犊之地少⁽⁶⁾。我高宗纯皇帝⁽⁷⁾，加惠元元⁽⁸⁾，轻徭薄赋，以视他邑之膏腴饶沃者⁽⁹⁾，输将尤易⁽¹⁰⁾。此吾民所以沐浴，歌咏：幸生圣人之世也。志赋役。

【注释】

（1）偫 zhì：积储；储备。《说文》注，会意，从人，从待，待亦声，实与待同字。

（2）孔："孔方兄"之意，此处借指钱，因旧时的铜钱有方形的孔，故称。

（3）耗羡：旧时官府征收钱粮时以弥补损耗为名，在正额之外加征的部分。

（4）荦确 luò què：亦作"荦硞""荦埆""荦岿"。险峻不平的样子。唐·韩愈《山石》诗："山石荦确行径微，黄昏到寺蝙蝠飞。"

（5）几 jī：将近，差不多。

（6）带牛佩犊：汉宣帝时，渤海岁饥，民多沦为盗匪，龚遂受命为守，教民卖刀买犊，卖剑买牛，改业归农。典出《汉书·卷八九·龚遂传》。比喻弃武务农。

（7）高宗：即清乾隆帝弘历。纯：美、善之意。

（8）元元：指人民、百姓。

（9）膏腴：形容土地肥美。三国魏·卫觊《与荀彧书》："关中膏腴之地，顷遭荒乱，人民流入荆州者十万余家。"

（10）输将：捐献、输送。《汉书·卷四九·晁错传》："陛下幸募民相徙以实塞下，使屯戍之事益省，输将之费益寡，甚大惠也。"

户口

改土案内，乾隆二年[1]，勘出人丁一千九百二十四丁[2]，于奏明事案内，详请题明，照康熙五十二年[3]，滋生人丁之例，免派丁银，奉准部覆在案[4]。

又慈利县，乾隆二年拨归随粮人丁九丁，每丁派银二钱九分七厘二毫七丝六忽九微五尘三纤五渺，共该征丁银二两六钱七分五厘四毫九丝二忽五微八尘一纤五渺。

雍正九年[5]，编审增益滋生人丁三丁。

乾隆元年[6]，编审增益滋生人丁三丁。

乾隆六年[7]，编审增益滋生人丁三丁。

乾隆十一年[8]，编审增益滋生人丁三丁。

乾隆十六年[9]，编审增益滋生人丁三丁。

乾隆二十一年[10]，编审增益滋生人丁三丁。

乾隆二十六年[11]，编审增益滋生人丁三丁。

乾隆三十一年[12]，编审增益滋生人丁三丁。

八届共增益滋生人丁二十四丁。钦奉恩诏，永不加赋。

又改土案内，勘出人丁一千九百二十四丁，于奏明事案内，详请题明，照康熙五十二年，滋生人丁之例，免派丁银，奉准部覆在案。

乾隆六年，编审增益滋生人丁一十五丁。

乾隆十一年，编审增益滋生人丁五丁。

乾隆十六年，编审增益滋生人丁三丁。

乾隆二十一年，编审增益滋生人丁五丁。

乾隆二十六年，编审增益滋生人丁四丁。

乾隆三十一年，编审增益滋生人丁四丁。

六届共增益滋生人丁三十六丁。钦奉恩诏，永不加赋。五年编审人丁一次，于乾隆三十七年七月内[13]，奏准通政司咨，乾隆三十七年六月内阁抄出。上谕：五年编审，沿袭虚文，无裨实政，永行停止。

又于钦奉，恩诏事。乾隆十一年，编审案内，遵照部文，将该州乾隆十年民赋升垦粮银，照现今摊征之则，派征丁银九厘四毫一丝七微五尘八纤三渺八漠八茫，自乾隆十二年为始起征。

又于钦奉，恩诏事。乾隆十六年，编审案内，遵照部文，将该州乾隆十二、十四、十五、十六等年，升垦粮银，照现今摊征之则，派征丁银一两五钱六分八厘九毫三丝四忽一微九尘四渺九漠四茫。

又于钦奉，恩诏。乾隆二十一年，编审案内，遵照部文，将该州乾隆十七、十八、十九、二十、二十一等年，升垦粮银，照现今摊征之则，派征丁银三两二钱九分三厘四毫九丝九微五尘五纤五渺四漠二茫，自乾隆二十二年为始起征。

又于钦奉，恩诏事。乾隆二十六年，编审案内，遵照部文，将该州乾隆二十二、二十六两年，陆垦粮银，照现今摊征之则，派征丁银一两六钱二分三厘八毫二丝四忽五微七尘二纤四渺一漠七茫，自乾隆二十七年为始起征。

又于钦奉，恩诏事。乾隆三十一年，编审案内，遵照部文，将该州乾隆二十七、二十九、三十一等年，升垦粮银，照现今摊征之则，派征丁银三两二钱四分八厘五毫七丝二微六尘八纤八渺二漠六茫。乾隆三十六年，届当五年编审，适奉文停止，造报新垦粮银应摊丁银，奉准户部咨覆，随年摊征。嗣奉上谕：丁粮一事，仍悉其旧，复经详情咨准。部覆：湖北民赋，新垦地亩，应派丁银，系按升粮科则派算，归于五年编审具题，其题报五年编审人丁之例，既已停止，似可毋庸专案具题，至摊派丁银。钦奉谕旨：悉仍其旧，亦应仍以五年一次，汇造摊征丁册，随同奏销送部，以备查核。

又乾隆四十年[14]，升垦粮银，照现今摊征之则，派征丁银五钱五分五厘二毫三丝四忽七微四尘四纤九渺一漠九茫，自乾隆四十二年为始起征。

又乾隆五十年⁽¹⁵⁾，新垦粮银，照现今摊征之则，派征丁银七分三厘七毫一丝七忽六微七纤三渺七漠三茫，自乾隆五十二年为始起征。查此项丁银，已按数征收，汇造摊征丁册，随同奏销，送部查核，在案理合登明。

【注释】

（1）乾隆二年：公元 1737 年。

（2）人丁：这里指能服役的成年男子。乾隆六年时，鹤峰州有一千九百二十一户（不包括湖南慈利拨归州属五百二十六户数），按每户一丁计算，鹤峰州当时约有一千九百二十四丁。参见《附录一：〈鹤峰州志〉乾隆六年创修（卷下·户口）》。

（3）照：按，依。按原样或某种标准执行。康熙五十二年：公元 1713 年。

（4）部覆：旧时中央各部的覆文。在案：已经录入案卷，可资备查。

（5）雍正九年：公元 1731 年。

（6）乾隆元年：公元 1736 年。

（7）乾隆六年：公元 1741 年。

（8）乾隆十一年：公元 1746 年。

（9）乾隆十六年：公元 1751 年。

（10）乾隆二十一年：公元 1756 年。

（11）乾隆二十六年：公元 1761 年。

（12）乾隆三十一年：公元 1766 年。

（13）乾隆三十七年：公元 1772 年。

（14）乾隆四十年：公元 1775 年。

（15）乾隆五十年：公元 1785 年。

土田

原改土并拨归共田地基园，七百一顷四十七亩九分五厘一丝内。

改土案内,乾隆二年勘出成熟田地,共六百五十四顷六分八厘九毫。各则不等 科粮三百三十九石三斗八升六合三勺七抄六圭八粒。乾隆元年,钦奉上谕:即以原征秋粮,作为定额,钦遵按则均摊。每粮一石,派条银一钱五分五厘五毫二丝九微五尘八纤二渺六漠三茫五沙五灰五漂 该条银五十二两七钱八分一厘六毫九丝三忽五微八尘九纤七渺四漠四茫。每粮一石,派饷银五分四厘一毫八丝七忽九微一尘七纤八渺五漠六茫四沙九灰五漂 该饷银一十八两三钱九分六毫四丝七微七尘六纤二漠二茫。

又慈利县,乾隆二年,拨归田地基园,共四十七顷四十七亩二分六厘一毫一丝内。

上则田九十九亩四分二厘六毫六丝。每亩科粮四升七合 该粮四石六斗七升三合五抄二圭。每亩科条银三分六厘七毫九丝四忽二微二尘三纤五渺三漠六茫 该条银三两六钱五分八厘三毫二丝四忽五微四尘五纤八渺一漠四茫四沙五漂。每亩科饷银一分三厘七毫九丝一微四尘八纤九渺四茫 该饷银一两三钱七分一厘一毫七忽六微一尘九纤一漠八茫四沙四漂。

中则田二顷五亩五分三厘一毫五丝。每亩科粮四升二合 该粮八石六斗三升二合三勺二抄三撮。每亩科条银三分二厘八毫七丝九忽九微四纤四渺三漠六茫二沙 该条银六两七钱五分七厘八毫六丝四忽二微九尘九纤八渺八漠八茫八沙四漂。每亩科饷银一分二厘三毫二丝三忽一微一尘一纤三渺四漠 该饷银二两五钱三分二厘七毫八丝七忽五微五尘八纤三渺七漠七茫二沙一漂。

下则田一顷九十亩五分三厘四毫。每亩科粮三升七合 该粮七石四升九合七勺五抄八撮。每亩科条银二分八厘九毫六丝五忽六微六尘五纤三渺三漠七茫 该条银五两五钱一分八厘九毫四丝四忽七尘九纤三渺一漠九茫九沙五漂。每亩科饷银一分八毫五丝六忽七尘四纤二渺七漠六茫 该饷银二两六分八厘四毫五丝一忽二微五尘六纤一渺三茫三沙八漂。

全垦田三十五顷九十亩四分七厘二毫。照道州下则，每亩科粮一升七合一勺二抄　该粮六十一石四斗六升八合八勺八抄六圭四粒。每亩科条银一分七厘九毫四丝三忽三微六尘四纤七渺六漠六茫　该条银六十四两四钱二分五厘一毫四丝八忽七微七尘八纤一渺九茫五沙五漂。每亩科饷银六厘二毫五丝一忽九微七尘七纤七渺八漠四茫　该饷银二十二两四钱四分七厘五毫五丝一忽一微七尘八纤七漠四茫四漂。

中则地四十七亩一分四厘。每亩科粮二升五合　该粮一石一斗七升八合五勺。每亩科条银一分九五厘毫七丝一忽三微九尘五纤四沙九漠八茫　该条银九钱二分二厘五毫九丝五忽五微八尘三纤七渺七漠五茫七沙二漂。每亩科饷银七厘三毫三丝五忽一微八尘五纤三渺二漠一茫　该饷银三钱四分五厘七毫八丝六微三尘六纤三漠一茫九沙四漂。

下则地五顷二十六亩六分八厘七毫。每亩科粮一升三合九勺九抄五撮　该粮七石三斗七升九勺八抄四撮五圭六粒五粟。每亩科条银一分九毫五丝六忽五微三尘五纤七漠三茫七沙六漂　该条银五两七钱七分六毫六丝四忽五微八尘八纤三渺九漠三茫四沙三漂。每亩科饷银四厘一毫六忽二微三尘六纤七渺四漠三茫　该饷银二两一钱六分二厘七毫一忽五微一尘一纤四渺六漠四沙四漂。

基园八十七亩四分七厘。每亩科夏税麦粮一升八合二勺七抄　该麦粮一石五斗九升八合七抄六撮九圭。每亩科麦银一分一毫八丝九忽三微五尘七纤七渺九漠　该麦银八钱九分一厘二毫六丝三忽一微二尘五纤八渺九漠一茫三沙。每亩科饷银五厘三毫六丝五微三纤四渺三漠三茫　该饷银四钱六分八厘八毫八丝七忽六微八纤七渺八漠四茫五沙一漂。

改土案内，勘出成熟田地，共六百五十四顷六分八厘九毫。科粮三百三十九石三斗八升六合三勺七抄六圭八粒　每粮一石派银则例，已于书前开载。共征银五十二两七钱八分一厘六毫九丝三忽五微八尘九纤七渺四漠四茫。九厘饷银一十八两三钱九分六毫四丝七微七尘六纤二漠二茫[1]。

【注释】

（1）**九厘饷银**：明朝末年加征辽饷、剿饷、练饷"三饷"，万历末年，为了补充军饷，每亩加银九厘，用于辽东跟后金的军事斗争，这就是辽饷。清顺治元年对明季的三饷加派确实一度公开宣布蠲免，但在三年时，重新厘定了三饷加派范围，仅蠲免天启、崇祯两朝的加派，万历末年的辽饷加派不在蠲免之列。《清世祖实录》载："至若九厘银，旧书未载者，今已增入。"也就是在顺治十四年（公元1657年）十月丙子，正式把"九厘银"也就是俗称的"辽饷"划入固定田赋进行征收。

慈利县拨归田地基园，共四十七顷四十七亩二分六厘一毫一丝 科派粮银各则，俱于书前分晰同载。该粮九十一石九斗七升一合五勺七抄三撮三圭五粟。共征银八十八两一分五厘七毫九丝五忽四微六尘一纤八渺九漠九茫五沙五漂 内有书后开载，拨归班匠银七分九毫九丝四微六尘六渺九漠六茫三沙一漂，系乾隆二十三年奉文，于奏销册内删除班匠名色，统归地丁条编造报。该饷银三十一两三钱九分七厘二毫六丝七忽三微六尘七纤八渺四漠九茫九沙六漂。

以上改土并拨归田地基园，共七百一顷四十七亩九分五厘一丝。共科粮麦四百三十一石三斗五升七合九勺四抄三撮九圭八粒五粟 各科不等。共该条银一百四十两七钱九分七厘四毫八丝九忽五尘一纤六渺四漠三茫五沙五漂。共该饷银四十九两七钱八分七厘九毫八忽一微四尘三纤八渺七漠一茫九沙六漂 各科则不等。

乾隆四年，开垦额外田地六顷五十五亩四分三厘五毫。科粮二石八斗三升九勺四抄一撮八圭。该条银二两九钱六分七厘九丝二忽三微六尘八纤五渺。

乾隆五年，开垦额外田地七顷三十四亩一分三厘。科粮三石一斗四升二合七抄六撮四圭。该条银三两二钱九分三厘一毫九丝五微九尘三纤九渺一漠六茫。

乾隆六年，开垦额外田地六顷九亩二分四厘。科粮二石六斗二升三勺八抄七撮二圭。该条银二两七钱四分六厘四毫一丝一忽四微一尘一纤八漠四茫。

乾隆七年，开垦额外地三顷二亩五分。科粮一石二斗九升四合七勺。该条银一两三钱五分六厘九毫六丝六忽九微六尘四渺二漠九茫。

乾隆九年，开垦额外地一顷七十二亩三分。科粮七斗三升七合四勺四抄四撮。该条银七钱七分二厘九毫一丝四微三尘七纤二渺九漠六茫。

乾隆十年，开垦额外田地九顷一十五亩六分。科粮三石九斗二升九合四抄。该条银四两一钱一分八厘二忽二微一尘三纤七渺九漠八茫。

乾隆十一年，开垦额外地三顷六十四亩三分五厘。科粮一石五斗五升九合四勺一抄八撮。该条银一两六钱三分四厘四毫一丝六忽二微三尘八纤一渺二漠三茫四沙。

乾隆十三年，开垦额外田地一顷八十四亩。科粮八斗四合六勺四抄。该条银八钱四分三厘三毫三丝八忽一微四尘四纤二茫。

乾隆十五年，开垦额外田地一十九顷六亩九厘九毫。科粮八石二斗九升二合九勺二抄三撮七圭二粟。该条银八两六钱九分一厘七毫六丝一忽三微八尘七纤九渺四漠四茫五沙。

乾隆十六年，首垦额外田地二十三顷一十一亩三分。科粮一十石一斗七升五勺六抄四撮。该条银一十两六钱五分九厘七毫四忽四微二尘三纤三渺六漠四茫。

乾隆十七年，开垦额外田地九顷二十九亩。科粮四石一升三勺六抄。该条银四两二钱三厘二毫三丝三忽一微九尘六纤四渺三漠六茫。

乾隆十九年，开垦额外地一十五顷二十五亩五分。科粮六石五斗二升九合一勺四抄。该条银六两八钱四分三厘一毫五丝七微三尘七纤六渺三漠五茫。

乾隆二十一年，开垦地一十六顷九十五亩八分七厘。科粮七石二斗五升八合三勺二抄三撮六圭。该条银七两六钱七厘四毫三忽五微一纤四渺三漠一茫。

乾隆三十年，开垦额外地七顷八亩。科粮三石三升二勺四抄。该条银三两一钱七分五厘九毫七丝五忽五微六尘三纤五渺八漠三茫。

乾隆四、五、六、七、九、十、十一、十三、十五、十六、十七、十九、二十一、三十等年，额外升垦饷银二十两五钱二分七厘一毫五丝六忽一微六尘三纤四渺二漠七茫六沙。

以上人丁、田地、基园，条饷并额外升垦及垦带丁银，共额银二百八十三两一厘六丝八忽六微八纤五渺七漠九沙一灰一漂。内除乾隆十年，垦带丁银九厘四毫一丝七微五尘八纤三渺八漠八茫。又除乾隆十二、十四、十五、十六等年，垦带丁银一两五钱六分八厘九毫三丝四忽一微九尘四渺九漠四茫。又除乾隆十七、十八、十九、二十、二十一等年，垦带丁银三两二钱九分三厘四毫九丝九微五尘五纤五渺四漠二茫。又除乾隆二十二、二十六两年，垦带丁银一两六钱二分三厘八毫二丝四忽五微七尘二纤四渺一漠七茫。又除乾隆四十年，垦带丁银五钱五分五厘二毫三丝四忽七微四尘四纤九渺一漠九茫 查垦带丁银奏销册内，系另款登收。

实起运

户部项下，地丁条饷等银二百七十二两七钱一厘六毫三忽一微一尘七纤九渺八漠四茫九沙一灰一漂。

存留

拨运供，支官俸、役食、祭祀等项原额，共银一千二百八十八两五分六厘。内系：

知州 俸银八十两。门子二名[1]，工食银一十二两。捕役八名，工食银四十八两 查该州原设快手八名，嗣于乾隆十六年内奉文将快手名色改为捕役，即食本班工食，理合登明。皂隶一十四名，工食八十四两。仵作二名，工食银一十二两。民壮二十名，工食银一百二十两　查此民壮，乾隆元年奉文，每名每年加增修理器械银一两，共加增银二十两，系司库各属完解裁汰民壮工食银内支给，不在请动地丁之内。乾隆十三年奉裁二名，工食加增银两并款解司充饷。存银一百八两。加增银一十八两，乾隆四十二年裁减一半，以为修整军装塘房银九两，实给民壮银九两。斗级四名⁽²⁾，工食银二十四两。禁卒八名，工食银四十八两。轿伞扇夫七名，工食银四十二两。库子四名⁽³⁾，工食银二十四两。

【注释】

（1）门子：旧时在官府或有钱人家看门通报的人。

（2）斗级：主管官仓、务场、局院的役吏。斗谓斗子，级谓节级。

（3）库子：明代官府科派的经常性差役（常役）名目之一。属均徭类。亦指服此役者。清代沿袭。

州同⁽¹⁾　俸银六十两。门子一名，工食银六两。马夫一名，工食银六两。伞夫一名，工食银六两。皂隶六名，工食银三十六两。民壮八名，工食银四十八两　查此民壮乾隆元年内奉文，每名每年加增修理器械银一两，共加增银八两，系在司库各属完解裁汰民壮工食银内支给，不在请动地丁之内。乾隆四十二年裁减一半，以为修整军装塘房银四两，实给民壮银四两。以上州同俸工⁽²⁾，于乾隆三十六年，奉文裁汰，改设随州，州同仍支旧额银两。

【注释】

（1）州同：职官名。清制，即州同知，知州佐吏，为从六品官。掌理粮务、水利、防海、管河等职。

（2）俸工：泛指官员和官役工的薪俸。

州判⁽¹⁾　俸银四十五两。门子一名，工食银六两。伞夫一名，工食银六两。马夫一名，工食银六两。皂隶六名，工食银三十六两。民壮八名，工食银四十八两　查此民壮乾隆元年内奉文，每名每年加增修理器械银一两，共加增银八两，系在司库各属完解裁汰民壮工食银内支给，不在请动地丁之内。乾隆四十二年裁减一半，以为修整军装塘房银四两，实给民壮银四两。

【注释】

（1）州判：职官名。清制，知州佐吏，为从七品官。职掌粮务、水利、防海、管河。

　　吏目^{（1）}　俸银三十一两五钱二分。门子一名，工食银六两。马夫一名，工食银六两。皂隶四名，工食银二十四两。

【注释】

（1）吏目：职官名。州及兵马吏目掌管缉捕盗贼、防狱囚、典簿籍等事；太医院吏目则为医士之职。

　　巡检^{（1）}　驻扎山羊隘地方　俸银三十一两五钱二分。弓兵八名，工食银四十八两。民壮八名，工食银四十八两　查此民壮乾隆元年内奉文，每名每年加增修理器械银一两，共加增银八两，系在司库各属完解裁汰民壮工食银内支给，不在请动地丁之内。乾隆四十二年裁减一半，以为汰整军装塘房银四两，实给民壮银四两。铺兵一十九名，工食银一百一十四两　每名支银六两，州前总捕三名，凉水井、石龙洞、燕子坪、三陡坪、百顺桥五铺各二名，茶店子、五里坪、山羊隘、水沙坪、百崖坪、白果坪六铺各一名。

【注释】

（1）巡检：职官名。宋时设置于沿边或关隘要地的官员。或管数州数县，或管一州一县，以武臣为之，掌兵捕盗，受州县指挥。及金、元时代，管辖限于一县；至明、清，则为州县之属官，管理次要事件。亦称"巡简"。

渡夫六名，工食银三十六两　尖坝、两河口、南渡江各二名。

文庙二祭，银四十两。

崇圣祠二祭，银七两。

香、烛、米，折银一两五分。

邑厉坛三祭，银一十一两。

厉祭米折银一两二钱二分。

关帝庙三祭，银三十五两七钱四分六厘。

山川坛二祭，银一十两　系乾隆九年添设。

社稷坛二祭，银一十两　乾隆九年添设。

以上共银一千二百八十八两五分六厘　均系司库地丁银内动支，按年造入奏销册内报部核销，并将请拨缘由亦于奏销册内开报，听候查核。

添设项下：

训导⁽¹⁾　俸银一十五两七钱六分，双加品俸银二十四两二钱四分，共银四十两。

门斗，工食银七两二钱。

斋夫三名⁽²⁾，工食银一十八两。

【注释】

（1）训导：职官名。明、清时于府设教授，州设学正，县设教谕，职司教育学生。其副职皆称为"训导"。清末废。

（2）斋夫：旧时学舍中的仆役，属于县下官吏（或勤杂人员）。

以上银两系乾隆三十三年，奉文将长阳县训导改拨，仍支旧额银两，不在该州原设支款之内。

文昌庙二祭，银二十三两八钱三分。

先农坛祭祀银五两　乾隆五年，奉文将籍田存谷变价动用，有不敷仍于司库存公银内凑给，复于乾隆十三年，奉文于耗羡酌定章程，案内每年赴司请领银二两八钱二分五厘，其不敷银二两一钱七分五厘，在于籍田收获，旧存谷石变价凑办，如无旧存谷石，该州自行捐凑备办祭品。乾隆二十四年，奉文禁用捐垫字样，又经咨准，部覆将收谷石，尽数易备，如有不敷，按数找给，不必以二两八钱二分五厘之数为定。

常雩祭祀银五两[1] 乾隆七年奉文设立，系司库存公银内动支。

孤贫八名 每名给口粮布花银二两五钱二分，共银二十两一钱六分 乾隆十七年设立，系司库存公银内支给，仍照例小建[2]扣除，遇闰[3]加增。

【注释】

（1）雩 yú：古代为求雨而举行的一种祭祀。

（2）小建：农历小月只有二十九天，故称小建，又叫小尽。农历月满三十天，亦称大建，也叫大尽。

（3）遇闰：农历两年或三年，需要加一个月，所加的这个月称"闰月"，平均十九年有七个闰月。这里指遇闰年加增一个月支给银两。

以上各项共银五十三两九钱九分 系于司库存公银内动支，不在原请地丁之内。

又慈利县拨归麂皮，京扛银二厘一毫二丝九忽一微一尘四纤九渺九漠八茫二沙五漂。

拨归优免银一两二钱一分三厘七毫五丝五忽一微一尘八纤六渺九漠七茫六沙。

乾隆十年，垦带丁银九厘四毫一丝七微五尘八纤三渺八漠八茫。

乾隆十二、十四、十五、十六等年，垦带丁银一两五钱六分八厘九毫三丝四忽一微九尘四渺九漠四茫。

乾隆十七、十八、十九、二十、二十一等年，垦带丁银三两二钱九分三厘四毫九丝九微五尘五纤五渺四漠二茫。

乾隆二十二、二十三两年，垦带丁银一两六钱二分三厘八毫二丝四忽五微七尘二纤四渺一漠七茫。

乾隆二十七、二十九、三十一等年，垦带丁银三两二钱四分八厘五毫七丝二微六尘八纤八渺二漠六茫。

乾隆四十年，垦带丁银五钱五分五厘二毫三丝四忽七微四尘四纤九渺一漠九茫。

乾隆五十年，垦带丁银七分三厘七毫一丝七忽六微七纤三渺七漠三茫。

按赋役俱照部颁全书抄录外，各官养廉，因地丁耗羡内，不敷坐支，俱应赴司库请领：知州养廉一千两、州判养廉一百两、吏目养廉七十五两、巡检养廉七十五两。

杂税

田房税契银两无定额。

黄柏山税共银一十四两四钱　土名五营、晒坪、马鹿、大拐、桃子坝、小坪六处，承办民人三十六名，每名征山税银四钱，乾隆四年定额咨部。

仓储

常平仓十一厫[1]，在州署二堂之东内七厫，乾隆元年，知州毛峻德修建；又三厫，嘉庆五年[2]，知州杨树本增建；嘉庆十五年[3]，署知州刘运浩请领补修。

额贮仓谷五千四百四十三石六斗一升三合。州仓实贮稻谷三千九百七十一石一斗三升七合，分贮山羊隘巡检仓稻谷一千四百七十二石四斗七升六合。

社仓二十八座[4]，分建四乡，共贮稻粟、龙爪、包谷五千五百一十石零七斗六升。

【注释】

（1）**常平仓**：古代为调节粮价、储粮备荒以供应官需民食而设置的粮仓。始于西汉。

（2）**嘉庆五年**：公元1800年。

（3）**嘉庆十五年**：公元1810年。

（4）**社仓**：即义仓。古代由官府倡导、以民间力量兴办预防荒年而在乡社设置的粮仓。始于隋代。其管理、发放等体制历代不一。

官田

州属官田，系改土以后，知州毛峻德奉文将土司之入官田产，置庄招佃，领种纳租，所有土名田亩租额及开销款项，列左。

新庄二顷七十七亩七分九厘二毫。

落龙潭一十六亩八分九厘五毫。

张家村五十二亩一分三厘三毫。

满山红二十八亩八分三厘七毫。

覃家庄五十四亩六分三厘八毫。

前坝二十八亩二分三厘二毫。

潘溪七十三亩二分一厘四毫[1]。

铜庄二十六亩七分八厘二毫。

哈起坡八十一亩零六厘四毫。

王彩坝十六亩八分六厘七毫。

陈家湾十四亩五分六厘八毫。

龙潭坪十三亩八分六厘二毫。

茅坝四十七亩九分。

堡子里二十一亩九分二厘。

莫愁庄七亩六分一厘六毫。

北佳坪二十亩零五分二厘。

九峰桥六十亩零七厘六毫。

太平镇四十七亩二分。

唐家村九十二亩二分。

马宗坪三十四亩一分。

余家坪三十五亩四分。

以上官庄水田二十一处，派租多少不等，每年共收额稻谷五百七十一石六斗三升二合内，除动用五石一斗八升六合八勺，每石变银六钱，共变银三两一钱一分三厘，完纳条饷外，实谷五百六十六石四斗四升五合二勺，碾凑卫昌营秋季兵米。

又新添庄水寨前后坝二处官荒山地，共八十九亩八分五厘。每年除完条饷外，实收存包谷一十一石七斗九升五合，存贮常平仓，随时易换稻谷，以备青黄不接，接济兵民。

【注释】

（1）潘溪：又名"磻溪"。今属容美镇龙井村六组，发源于茅竹山与洪家坡西面后湾一带，沿途纳流，汇入鸡公洞河。"磻溪几曲，杨柳一湾。"就是当时文人对潘溪的崇饰与赞美。

南米

江陵县每年闰月解南米二百八十七石，不闰月解南米二百三十三石一斗。

公安县每年闰月解南米一百七十八石，不闰月解南米一百三十九石八斗。

松滋县每年闰月解南米二百八十八石四斗八升，不闰月解南米二百七十一石三斗八升。

以上每年闰月收三县南米七百五十三石四斗八升，不闰月收三县南米六百四十四石二斗八升。贮仓支发卫昌营春夏二季兵米。

按：上载粮米数目，系照卫昌营额兵三百六十四名开载，至嘉庆二十年减兵二十九名后[1]，每年闰月收三县南米六百九十三石零，不闰月收三县南米五百九十二石零，均按大小建扣算。又湾潭、长乐汛兵米，系石首各县解贮该管衙门支放，兹不载。

【注释】
（1）嘉庆二十年：公元 1815 年。

盐课

容美土司食盐，旧在川省各盐场零星易换。设流后，应随楚省通例请销淮引[1]，但山高岭峻，脚费浩繁，价低则商难承办，价昂则民艰措买。前牧毛峻德禀请酌夺，经署督宪史咨部，请就近销川省陆引，招商承办，于乾隆三年为始，嗣因户口滋繁，民不敷食，自乾隆七年以至乾隆三十年，陆续请增引额，所有历年加增引数，即现在盐斤盐课数目，列左。

乾隆三年详请川盐，每年额行陆引二百一十九张。

乾隆七年，增陆引一百张、水引四十张。

乾隆二十三年，增陆引四百张、水引二十四张。

乾隆二十四年，增水引二十四张。

乾隆二十五年，增水引一百零六张。

乾隆三十年，增水引十一张。

共水引二百零五张，陆引七百一十九张。

水引每张配正盐五千斤，耗盐七百五十斤。陆引每张配正盐四百斤，耗盐六十一斤。

水引每张征正税银三两四钱零五厘，切角耗羡银共五分五厘。

陆引每张征正税银二钱七分二厘四毫，切角耗羡银共四分八厘。

总共征银九百四十四两四钱六分零六毫，商人自行赴州领引运销完纳。

按：鹤峰、长乐二州县例食川盐，其领发额引及上饷报销各事件，均归夔州盐捕通判办理，商人选土著殷实承充。乾隆五十七年[2]，巴东民人杨升茂等串名冒充，并将起运埠头改设万户沱，透销引盐，南岸行长阳一带，北岸行兴、归一带，被人告发。汉商亦以充斥淮纲具控，提审得实，将杨升茂等按律治罪，着汉商公举该处商裔承办[3]，以杜藉引行私之弊。

【注释】

（1）引：即盐引。商人缴纳盐价和税款，由户部印发"盐引"，各地盐政所发"盐票"，是发给商人用以支领和运销食盐的凭证，始于宋代。每引四百斤或七百斤不等。"淮引"，支领或运销淮盐的凭证。

（2）乾隆五十七年：公元1792年。

（3）着：这里为公文用语，表示命令。

同治六年续修

按：邑无珍奇物产、殷商大贾，朝廷正供而外，别无敛取徭役，亦简要不烦。故赋役志仍旧。

光绪十一年续修

邑山多田少，归化后，惟正是供，杂泛差徭[1]，历任贤司豁免净尽，近惟本城及五里坪增设茶课[2]。故赋役志续修。

茶课 猪行附

州城埠头茶行八帖。

五里坪埠头茶行八帖。

南村埠头茶行二帖。

刘家司埠头茶行一帖。

下坪埠头茶行一帖。

走马坪埠头猪行一帖。

懒板凳埠头猪行一帖。

每帖赋银四钱五分，共合银九两九钱。

【注释】

（1）杂泛差徭：即"杂泛差役"，"差"，此时读"chāi"。凡筑城、修路、治水利、造官衙、送粮草随时派役。杂役没有固定的时日，常不计报酬。偶有计酬也为数甚微，不敷旅途之资。

（2）茶课：开设茶行应该征收的税赋。

卷六　风俗志

州民客土杂处，习尚不一，然无巨奸大猾，畏上奉公，犹为易治，政教成于上，风俗清于下。毛志称：归流之始，民习多陋。所载文告若干条，殷勤诰诫，与民更始，今则彬彬焉，与中土无异。于以庆吾民涵濡圣化[1]，获改椎髻之旧[2]，后之莅斯土者，太上教化之，其次整齐之，庶几益臻于上理也乎。志风俗。

【注释】

（1）于以：犹言至于。**涵濡**：浸渍。比喻德泽优渥。唐·元结《补乐歌·云门》："类我圣泽兮，涵濡不穷。"

（2）**椎髻**：椎髻又称"椎结"，意为将头发结成椎形的髻，是我国古老的发式之一。魏学洢《核舟记》亦有关于"椎髻"的记载，曰："居右者椎髻仰面。"

俗尚俭朴，室宇、器用、衣服、饮食，无一切奢靡之习。士一衿既青[1]，多束书不观，故科目寥寥。缘地僻途远，艰资斧，惮跋涉，赴乡闱者甚少[2]。近则风气日开，亦时有清标令上者出焉[3]，且多气节自好，而无武断健讼诸事[4]。

【注释】

（1）衿：古代读书人穿的衣服。

（2）乡闱：科举时代士人应乡试的地方。亦代指乡试。

（3）清标令：清峻脱俗、俊美出众。

（4）武断：非理性判断。**健讼**：喜好争讼、爱打官司。

田少山多，坡陀硗确之处，皆种包谷，初垦时不粪自肥，阅年既久，浮土为雨潦洗尽，佳壤尚可粪种，瘠处终岁辛苦，所获无几，故贫民于农隙肩挑背负，乃可赡生。

邑不饲蚕，亦不产棉，妇女鲜纺织，俱力农如男子，其工匠皆自外来，近年亦有习匠作者。

廛市皆棉布酒米⁽¹⁾，家常日用之物。如需稍珍贵者，先向他邑购备。

【注释】
（1）廛市：市井、街市。

酿酒喂猪，糜谷最甚，然邑产包谷十居其八，其性逾岁必生虫，民食有余，即不酿酒喂猪，亦不可久贮，且贩猪他邑，可市布棉杂货，以有易无，于山氓较便，故烧熬之禁，只宜行于歉岁。

民间樵采最便，开垦既久，荆棘入市皆可易钱。然煤山所在多有穷民，多以挖煤资生。

渔人捕鱼，滩河难施网罟⁽¹⁾。昼用钓竿，夜以绳系钩于水，或于滩上垒石，用笱承流取鱼⁽²⁾，名曰"栫"⁽³⁾。又山水涨发，于洄漩处施罾⁽⁴⁾，或以小网缚竿头取之。

【注释】
（1）网罟 gǔ：捕鱼及捕鸟兽的工具。
（2）笱 gǒu：竹制的捕鱼器具，口大窄颈，腹大而长，鱼能入而不能出。
（3）栫 jiàn：（用柴木）堵塞；篱笆。
（4）罾 zēng：古代一种用木棍或竹竿做支架的方形鱼网。

猎户不甚多，以山林渐少故。

冠礼⁽¹⁾、笄礼⁽²⁾，民间不行。然婚嫁先一日告祖，男家坐子弟于客位，父兄亲为正席，延戚友子弟之未娶者陪饮，谓之"伴郎"。女家与女修容，设席如坐子弟之仪，延戚友室女陪饮，谓之"伴女"。似仿冠礼、笄礼而为之。

【注释】

（1）冠礼：古代男子的成年仪式。古代男子未成年前束发而不戴帽，至 20 岁（天子、诸侯可提前至 12 岁）成年时才由长辈为其梳发，戴上新帽。

（2）笄礼：古代女子在 15 岁时的成年仪式。受笄即在行笄礼时改变幼年的发式，将头发绾成一个髻，然后用一块黑布将发髻包住，随即以簪插定发髻。

婚不论财，聘仪称家贫富，无奢侈习，至亲迎之礼，则有行有不行。

丧必延僧道作佛事，士流间用家礼。葬亦必择地，然不溺于青鸟家时日拘忌之说[1]，故无停丧多年者。

【注释】

（1）青鸟：即青乌，鸟，系"乌"字之讹。指青乌子。传说中的古代堪舆家。这里指堪舆之术。拘忌：拘束、顾忌。

祭有祖祠者少，令节忌辰，各荐酒馔于家。

俗重祀神，每年正月初九日、十五日，三月三日，九月九日，妇女亦间有朝山者，然绝无男女混杂恶习。

每岁居民按方社醵金，延黄冠于寺观[1]，设坛扬幡，焚香诵经，三日至七日不等，谓之平安清醮[2]。散日以纸糊竹船于旷野焚之，曰"摄瘟"，偶值瘟蝗，亦延黄冠诵经，或张灯嬉以禳之。

【注释】

（1）黄冠：黄色的冠帽，多为僧道戴用，用以指代寺观之僧道。

（2）醮 jiào：古时为祭神之意。其原始目的是古代农民百姓对上天神佛的庇护表示感谢，或祈求平安而举行的隆重祭典，是一种人鬼沟通的仪式。

丧家作佛事，名曰"作斋"。其作于生前者，谓作"生斋"。又有屠刲为业[1]，觉伤生过多，或用祈祷悔从前过恶，皆延黄冠诵经礼忏，点烛满堂，名曰"然诸天烛"⁽²⁾。

【注释】

（1）**屠刲** kuī：宰割杀戮。亦指屠夫。

（2）**诸天**：佛教语。指护法众天神。佛经言欲界有六天，色界之四禅有十八天，无色界之四处有四天，其他尚有日天、月天、韦驮天等诸天神，总称之曰诸天。后泛指天界、天空的无限光明。这里指神界的众神位。

小儿出痘，自出者谓之"天行医"。种者曰"放苗"，皆祀痘神。

铺户皆祀财神，谓之"黑虎元坛赵公明元帅"⁽¹⁾。每月初二、十六日祭以酒肉，名"烧牙祭"。

按：干宝《搜神记》："散骑侍郎王祐疾，闻有通宾者，曰'今年国家有大事，出三将军，分布征发吾等十余人，为赵公明府参佐'⁽²⁾"等语，疑本此至奉为财神，不知所据。

【注释】

（1）**赵公明**：神话传说中的人物。原为峨眉山罗浮洞的道人，因协助闻太师与姜子牙作战，死后被玉帝封为金龙如意正一龙虎玄坛真君之神，并统领招宝天尊、纳珍天尊、招财使者和利市仙官等掌管财经的神。也称为"赵玄坛""财神""财神爷"。

（2）**参佐**：部下，僚属。亦作"参左"。

各庙神诞⁽¹⁾，轮年预派首士，届期醵金作会。或演戏，或延僧道，焚香诵经，其祀神馂余⁽²⁾，首事倩人鸣钲邀捐钱者庙中饮食⁽³⁾，谓之"散福"⁽⁴⁾。

【注释】

（1）**神诞**：汉族民间各种神仙的节日。

（2）**馂余**：吃剩或祭拜过的食物。

（3）**倩人**：请托别人。

（4）**散福**：分配、分享祭祀过的物品，以沾享福分。

立春先一日，地方官迎春东郊，农官随行，乡村男女赴城来观者如堵。铺户当街结彩，跪献春酒，胥吏插纸花帽侧，谓之"春花"。

元日夙兴，盛服祀家神毕，始启门，向外行礼，曰"出天方"。子弟拜家长，亲友互相拜年，廛居者难遍造其室[1]，或用红纸寸余，或用粉土署名于门。客至家中，主人有卧者，家人应曰"挖窖"[2]。市无列肆，室不扫除，禁水泻地者三日。

【注释】

（1）**廛居**：即廛宅，城邑百姓的住房。

（2）**挖窖**：挖掘窖藏。旧俗作为农历元旦迟起的代词，以示彩头。

初三日昏时祀神[1]，曰"烧门神纸"，亦曰"送年"。以白蜡树叶合楮钱[2]，于街际焚烧，作声曰"炸虸蚤"，铺户随择日开张。

【注释】

（1）**昏时**：即黄昏，太阳将落，天快黑的时候。

（2）**楮 chǔ 钱**：冥纸。祭祀时所焚的纸钱。

初九日谓"上九"，始张灯嬉，妇女或于夜间迎紫姑神，谓"请七姑娘"，至十五日乃已。

十五日团糯米粉为丸，夜食曰"吃元宵"。灯嬉是夕，最盛以后，曰"完罢灯"。

二月初二日，按方社酿金祀社神，曰"作土地会"。即春祈秋报，意秋以八月初二日。

十五日曰"花朝节"，幼女穿耳时，或作风鸢之戏。谚云："杨柳青，放风筝。"

清明节浇墓，以五色纸幡插垄头，谓"插青"。

四月初八日，以红纸二条书俚语四句，交斜相连，贴于墙壁，谓"嫁毛娘"。因是日僧家浴佛⁽¹⁾，资佛号以辟虫毒⁽²⁾。

【注释】

（1）**浴佛：** 相传农历四月八日为释迦牟尼生日，这一天佛教徒用各种名香浸水洗佛像。在印度原可每日举行，在中国则成为佛诞节独特的宗教活动。

（2）**佛号：** 佛的名号。如世尊、如来、瞿昙等。特指信佛者口中所诵"阿弥陀佛"的名号。

五月五日悬艾蒲，门外贴僧道所印送张真人驭虎符，于室中食角黍盐蛋，饮雄黄酒，以雄黄涂小儿耳鼻，云"辟百毒"。燂艾蒲暨百草汤浴身，又以雄黄酒并蒜汁，遍洒户壁间，辟蛇虫。或捕蟾蜍以墨入其腹中，倒悬一足，俟干取出，治肿毒有验。

六月初六日，晒书画衣物。

中元日，谓之过月半。具酒馔祀祖，用纸封楮钱，名包袱上填祖宗考妣姓名，祭毕焚化，较他时祭奠更虔，曰"年小月半大"。或醵金寺观，作盂兰会⁽¹⁾。

【注释】

（1）**盂兰会：** 农历七月十五的中元节，是古人祭祀祖先的日子，也是佛教徒追念在天之灵的祭日，称"盂兰盆会"或"盂兰盆斋"。

中秋夜，家人具酒设肴、陈瓜果饴饼赏月，或窃入他人园中，摘瓜一枚，谓"摸秋"。以鼓乐导送戚友，为宜男之兆。

重九日，士流饮酒赏菊，登高览胜。

十一月称"冬月"，冬至日后以九日为一九，叠至九九，谓之"数九天"。

十二月称"腊月"，初八日为"腊八日"，幼女亦穿耳。用盐渍脯曰"腊肉"，盎贮水曰"腊水"，经三春不坏。二十四日曰"过小年"，先期扫舍宇。二十三日夜，具饧果祀灶，窝中点灯，曰"送灶神上天"。

除日更春帖，具酒馔祀神，家人团聚共食，曰"团年饭"。家中器具用纸钱贴挂，晚送纸灯于先人坟茔。夜深复祀灶神，谓"灶神是夕下界"。饭兼数日之炊，曰"过年饭"。浴身曰"洗隔年尘"，亦曰"洗邋遢"。子弟拜家长，曰"辞年"。亲友馈送，曰"朝年"。击鼓鸣锣，曰"闹年"。以钱系小儿身，曰"压岁钱"。彻夜不寐，曰"守岁"。

土户田、覃二姓，土司时于除日前一日祀神过年，今多仍之。

按：宗懔荆楚，岁时记自元日至除日，凡二十余事。大抵三户之俗相类，而未尽其详。扬雄怀铅提椠作方言[1]，则尽乎天下矣。周处《风土记》[2]、应劭《风俗通》[3]，亦据此成书，不出户而异方殊域，皆得以周知。此作邑志者，所必分载也，亦恶可以不文置之哉。

【注释】

（1）怀铅提椠：椠 qiàn，木简。指随身携带笔简，以便随时随地记录或著述。也作"怀铅握椠""怀铅握素"。《西京杂记·卷三》："扬子云好事，常怀铅提椠，从诸计吏，访殊方绝域四方之语。"扬子云（公元前 53 年—后 18 年），名"扬雄"，西汉蜀郡成都（今四川成都郫县）人，西汉后期著名学者，哲学家、文学家、语言学家。

（2）《风土记》：西晋周处所编，为记述地方风俗的名著，是迄今为止中国较早记述地方习俗和风土民情的著作。

（3）《风俗通》：又名《风俗演义》，是东汉文人应劭写的风俗书。

同治六年续修

按：风俗与化移易，然瘠土之民视，沃土之民殊，总之不离乎，朴质者近是。故风俗志仍旧。

光绪十一年续修

风俗美恶视乎，司牧之化导。迄日涵濡教泽百余年矣[1]，家诗书、户礼让，饶古朴风。故风俗志仍旧。

【注释】
（1）迄日："迄今"之意。

卷七　物产志

民生在勤，勤则不匮。邑民勤者多，匮者亦多，盖以山峻土瘠、物产不饶故也。物以能病其生，土以珍病其名，邑无珍奇异产，生其间者，服田力穑而外，庶免征取之困焉，是其匮也，乃吾民所以为不匮欤。志物产。

谷类

稻 粳者呼为"黏谷"，一呼"籼谷"。黏者，呼为"糯谷"。其分种视田之高下为准。又旱稻种旱地，亦有籼糯之别。

包谷 一名"玉黍"，又名"玉米"。粟种亦分高低，色有黄白二种，间有杂紫色者，邑人以此为正粮。

大麦 无芒者呼为"米麦"。

小麦 低处种之，不宜高处。

燕麦 宜高处种。

荞 有甜荞、苦荞、伏荞各种。

高粱 种来自蜀，故一呼"蜀黍"，秸可为帚。

黍 壳色黑，米有黄白二种。

豆 大者有黄豆、黑豆、画眉豆、绿豆、茶色豆之分，小者为绿豆、瞒豆，一呼"滚豆"，小豆一呼"饭豆"。又有豇豆、豌豆、剥豇、麦豌、扁豆、蛾眉豆，金豆一呼"四季豆"。

芝麻 有黑白二种。又有圆粒者，名"苏麻"，可食亦可榨油，不多种。

粟　有芒者呼"秋谷"，无芒者呼"粟谷"，亦分籼、糯。

矮粟　叶茎俱似苋。

龙爪粟　穗似龙爪，紫色。

蔬类

白菜　有黄芽白、箭杆白、油白各种。

青菜　有皱皮青、春不老，一名"九斤莬"。

苦菜　一呼苦荬。

苋菜

萝卜　有红白二种。

莴荬　茎粗者呼莴笋。

蕨荬

茼蒿　野生者曰"甜蒿"，水边生者曰"蒌蒿"，不多有。

芋　俗呼"芋头"，有水、旱二种。又一种魔芋，可磨如豆腐。

芹　有家芹、野芹之分。

地蚕　俗呼"地牯牛"，亦呼"天螺蛳"。

韭、葱、蒜、薤

芸苔　郁香菜。

芥蓝

藤菜　叶可食，子有汁，紫赤色，俗呼"染汗子"。

阳合　叶似姜，根似百合，色紫，味辛。

菠菜　俗呼"扯根菜"。

茄　有赤、白二种，或圆或长。

蕹菜　俗呼瓮菜。

番椒　俗呼"海椒"，一呼"辣椒"，一呼"广椒"。

瓜类

冬瓜

南瓜　一呼"北瓜"。

苦瓜

黄瓜

瓠　有甘、苦二种。

壶卢　有甘、苦二种。

㼌瓜

金瓜

铁瓜　有棱，宜高处种。

果类

梅、桃、杏、梨

胡桃　俗呼"核桃"。

李　有麦李、骨李、桃李、苦李之分。

樱桃

蒲桃　山谷中自生，味不佳。

银杏　俗称"白果"。

柿　小者浸汁，可染伞扇。

枇杷、石榴

枳椇　俗呼"拐枣"。

柑　大者皮皱，俗呼"皱皮柑"，一呼"狮头柑"。

橙　种来粤东，不多有。

橘　州城产者，味甜于柑，有一种小如弹者酸不可食。

柚　味酸，种来粤东者，可食。

香橼

栗　大者为板栗，小者锥栗、猴栗，又橡栗，可研浆如豆腐。

羊桃　一名"猕猴桃"，野生。

木瓜

八月爹　一名"八月瓜"，形似皂角，野生。

花类

兰、蕙、梅、蜡梅、牡丹、芍药

桂、海棠、秋海棠、罂粟

菊、洋菊、万寿菊、蓝菊

石榴、玫瑰、蔷薇、荷、水仙、木槿、剪春罗

十姊妹　又呼"七姊妹"。

玉簪　紫、白二种。

月季　俗呼"月月红"。

绣球　藤本者为洋绣球。

栀子

凤仙　俗呼"指甲草"。

木香、鸡冠、火蝴蝶

老少年　俗呼"变叶"。

蜀葵　俗呼"果梅"，一呼"五月菊"，一呼"龙船花"，即"一丈红"。

美人蕉、金银花、木芙蓉

紫薇　俗误呼"紫荆"。

山丹　俗呼"野百合"。

夹竹桃、山茶、千日红

夜合　一名"百合"。

石竹　俗呼"剪绒花"。

洛阳花　俗呼"十样锦"^{（1）}。

荷包花　一呼"荷包牡丹"。

映山红、鸡蛋黄、金丝柳

蝴蝶花　俗呼"扁竹根"。

【注释】

（1）洛阳花："俗呼'十样锦'"有误。"洛阳花"是牡丹的别称，又名"石竹花"，系唐、宋时洛阳牡丹最盛，故称。而"十样锦"是"雁来红"的别称，因叶子长卵圆形，叶子表面黄色、红色相错杂，秋天开花，黄绿色，俗称"变叶"，又称"老少年"。

草类

茅　有狮茅、巴茅二种，可盖屋，亦取为薪。

藻、萍

鱼腥草^{（1）}　一名"狗腥草"，歉岁可和饭。

奶浆菜　可作蔬。

虎耳草、车前草

豆瓣菜　歉岁可和饭。

夏枯草

蓼　俗呼"蓼辣子"，可造酒曲，或毒溪鱼。

地米菜、野蔬、灯心草、马鞭草、通草

螫麻草　有毛螫人。

香根　作呷酒曲。

兰茎苔[(2)]枝条略似蕨，亦似贯众，初生时，茎如兰，故名。味肥美，可食。

芭蕉、阶前草、艾

蒿　种类不一，歉岁叶可和饭。

九里光

打不死　可治痨伤。

火灵芝　俗呼"伸筋草"，又呼"过山龙"。

四月黄　一呼"黄花菜"，可和饭。

婆婆针　歉岁亦可食。

淡竹叶　可作蔬。

水麻　可饲猪。

土芙蓉　可固垣堤，叶可粪田，故呼"烂泥巴叶"。

凤尾、烂草、毛蜡烛

冷草　可饲猪。

万年青、狗尾草

糯米菜　嫩叶可作蔬。

野蒜　似薤，可作蔬。

崖蒜　一呼"天蒜"，又呼"老鸦蒜"，歉岁可食。

鹅儿肠　可作蔬，亦可饲猪。

【注释】

（1）鱼腥草：又名折耳根、蕺菜。茎上有节，叶子互生，心脏形。茎和叶有鱼腥气。全草入中药。

（2）兰茎苔：又名薇菜、猫儿蕨。色艳味美，营养丰富。含有蛋白质、钙、硒、铁、磷、胡萝卜素、抗坏血酸等多种营养成分和人体必需的微量元素。

木类

松、柏、梓

杉　又有洗杉，一呼"牛尾松"。

冬青　即"万年青"，又呼"冻青"。

楠　又一种臭者，名"鸡屎楠"。

椿芽　香可食，又一种臭者皮可入药。

枫、樟、白杨、黄杨、梧桐

槐　邑初无此木，前牧吴焕彩自山东携子，植州堂前，今成大树。

冻绿皮　可染，有银青树一种，与之相似。

桑　邑不饲蚕，故不甚多。

柘、棕榈、椆

榔　皮作条香。

构　皮可捣为纸。

乌臼　俗呼为"木子"，其油呼"木油"。

油茶　子可为油，昔人以为南油，俗呼"茶油"。

桫椤、楸、檀、桦、马铃光

杨柳　种类不一。

漆　又有野生者。

皂荚　俗呼"皂角"，厚者呼"肥皂"，瘦者呼"柴皂"。

尖栗、花栗、黄栗、香果、鸭掌木

按草木类不识名者尚多，以待博雅采入。

竹类

慈竹　俗呼"丛竹"。

斑竹、紫竹、苦竹、筌竹、篁竹、水竹、箬竹。

冷竹　可作纸。

箬竹　俗称为"簕竹"。

药类

黄连　生崖上，土司时作贡，今不易得。

何首乌　有赤白二种，白者少。

黄精、贝母、独活

杜衡　又名"马蹄香"，人呼为"马蹄细辛"。

藁本、射干、薄荷

紫苏　以州署后圃产者为佳。

牛膝　王不留行，一名"金盏银台"。

石昌蒲、水昌蒲

海金沙　俗名"竹园荽"。

茜草　羊蹄，又名"牛舌菜"。

骨碎补　俗称"巴山虎"。

恶实、石胡荽

枸橘　俗呼"铁泥巴果"。

女贞子　即"白蜡树实"。

石斛　土名"吊兰花"。

官桂、大蓟小蓟、谷精草、香需

括楼　俗称瓜蒌，一名"灯姑蒌"。

天花粉　即括楼根所捣。

萹蓄、覆盆子

沙参　俗呼"奶浆菜"。

升麻、泽兰、草乌头、天南星

赤土茯、黄药子、白药子

鳢肠　又名"旱莲草"。

石苇　又名"石皮"。

白及、崖防风、贯众、淫羊藿

蓖麻子、五加皮、青箱子

桑寄生　以他木寄生，桑上者良。

山药、厚朴

黄柏　邑有山税开垦，日久不多产。

苍耳子、苦楝子

毕澄茄　俗呼"山胡椒"，又呼"木姜子"。

蒲公英、茱萸、枳实、枳壳、地肤

常山、党参、天麻、三七、威灵仙

续断　一名"属折"，一名"接骨"。

豨莶、木贼、钟乳石、桑白皮

穿山甲、陀僧、青皮、陈皮

蜜蜡、蜂房、蜜

文蛤　即"五倍子"。

土萆薢　俗呼"木笋苔"，一呼"龙须菜"。

獭肝、鹿茸、牵牛、百部、红花

细辛　土人有"马蹄细辛"之名，其实叶似马蹄者为杜衡。

枸杞、香附、芡实

花椒　即"川椒"。

薏苡　俗称"穿骨子"。

小茴、滑石、硫黄

鸟类

鹤、锦鸡、吐绶鸡、四两鸡、秧鸡

鹌鹑、鸽、雀

杜鹃　俗呼"阳雀"，其声"不如归去"。

百舌　即"反舌"。

竹鸡　其声"泥滑滑"。

莺　俗呼"黄歌郎"。

鹳　俗呼"瓦（去声）子"。

鸠　种类不一，俗皆呼"斑鸠"。

啄木　俗呼"啄木鹳"。

鸲鹆　一名"八哥"。

鸦、鹊、鹰、鹞

山喜　俗呼"山夽子"。

鹭鸶　俗误呼白鹤。

鹬　俗呼"打鱼老"，翅有翠。

伯劳　即鵙，俗呼"苦雀"。

鸮　俗呼"猫儿头"。

鸬鹚　捕鱼者，俗误呼鹭鸶。

布谷　俗呼"麦枯鸟"。

立夏雀　立夏节鸣，土人谓其音云"蚊虫捉了就走"。又云"文章做得可好"。未详实为何鸟，俗谓之"立夏雀"。

白头翁、画眉、燕、点水雀、红嘴雀

凫　俗呼"野鸭"。

伏翼　即蝙蝠，俗呼"檐老鼠"。

鹜　即鸭。

鹅、鸡

兽类

熊　有猪熊、狗熊、马熊，无人熊。

獾、兔、水獭、旱獭、蝟、麂、麈、麝

猴　悬崖峻壁，百十成群，攫食包谷，秋成时，农人设法防守，或募猎户除之。

蜼　俗呼为"倒鼻猴"。

武马　即"野马"。

豪猪　有重至二三百斤，又一种小者，呼为"土猪"。

山猋　俗名古，未详。按说文：狼似犬，锐头白颊，高前广后，埤雅狼犬如犬，青色。作声诸窍皆沸，善逐兽，今山猋形状颇似之。

鼠、松鼠、竹鼬

鼬鼠　俗呼"黄鼠狼"。

鼯鼠　俗呼"飞生子"。

猫、豕、犬、羊、牛、马、骡、驴

鳞类

白甲　一名"石鲫"，鱼之佳者。

阳鱼　冬藏春出，新崩以下无。

山精　红翅多刺。

鲤、鲫、青鱼、鲇

鲩　即"草鱼"，堰塘中畜，溪河无。

线鲢　亦畜堰塘。

鳊子　即"鲂鱼"。

青柳子　多刺。

油骨子　多脂，质小，味腴。

刺公头　多刺，无鳞，味不佳。

岩爬鱼　小鱼，爬石上者。

黄岩骨　脊刺一条，味腴，无大者。

鳅、白鳝、黄鳝

哇哇鱼　似"鲇"，有四足，声如小儿，按本草"鲵鱼"，一名"王鲔"，在山溪中。似"鲇"，有四足，能上树，天旱则含水，上叶覆身，鸟来饮，因而取之。一名"鰑"，一名"人鱼膏"，燃烛不灭，疑即此鱼，俗一呼"辣狗"。

介类

龟　不多有。

鳖　俗呼"脚鱼"，不多有。

蟹　小不中食。

虾　生草泽中，小不中食。

蚌　质小，无采食者。

螺蛳　生塘泽中，无大者。

虫类

蛇　不一种。

蝘蜓　俗呼为"四脚蛇"。

蜈蚣、蜥蜴、蟛蛉

蝼蛄　俗呼为"土狗"。

叩头虫　俗称"打卦老"。

蚰蜒　俗呼为"马黄"。

干柴棒　最毒，能伤人。

灶虫　一名"灶鸡"，其稍大脚长者，名"灶马"，俗言"灶有马，为足食之兆"。

蟾蜍　居陆地，俗呼为"癞蛤蟆"。

蛙　俗呼田鸡。

蛤蟆　水陆俱有。

崖蚌　生溪涧中，燃火取之。

蚱蜢、螳螂

蝉　俗呼"贵牙齿"。

蜂　蜜蜂，外有土蜂、黄蜂。

飞蛾、蝴蝶、蜻蛉、蜘蛛

蚁　俗呼"蚂蚁"。

蝇　俗呼"青蝇"，为"饭蚊"。苍蝇为"绿蚊"。

蚊　俗呼"夜蚊"。

蠹鱼　生衣箱及书函中。

蟋蟀　俗呼为"区区"。

萤　俗呼为"亮火虫"。

蚿 俗呼为"千脚虫"，一呼"称杆虫"。

鲫鱼虫 生刺树杆中状似僵蚕，随晨昏易其处，喉舌紧急风火，取涂有效。又小儿出痘，用为表药，俗呼其树为"牛王刺"。

斑斑蝥、蚯蚓、偷油婆、红娘子

土蚕 蛀包谷暨烟草根，用灰粪点种则无。

蜗牛、草鞋板

杂产

矿 铜矿、铅矿，曾经试采，旋奉封禁；铁矿亦未开。

茶《世述录》称神仙园、陶溪二处，茶为上品，今查各处所产，无甚分别。

烟草、茶油、桐油、煤

蓝 不多有。

纻麻 低处，岁三刈。高处，再刈。

葛粉

蕨 嫩茎为蔬，根可捣粉，岁歉，民以代米粮。

硝、磺 二种皆由州领价采办。

竹麻纸 出高山产冷竹处。

金针 野生。

菌 有香菌、冻菌、黄丝菌、狮毛菌、重阳菌、凉伞菌、包谷菌、羊肚菌、灰包菌、鸡冠菌各种。

木耳、石耳、竹笋、山藕

阳芋 似芋，紫色。邑高荒土瘠，民人多远徙，近十余年来得此代粮，并以饲猪，虽遇歉岁，可无大虞。

紫草

按：州属田土苦硗，生殖不饶，山林之产，惟茶利最厚，次则饲猪、种烟，贩出外境，藉通泉货。篇内所载，如药材杂粮，可远携者，皆以开垦日久，渐就销耗。又地不产棉⁽¹⁾，人弗知织。力田作苦，外复少习百工之业，而生计所需，如布购自荆、澧，盐运自夔、巫，道里险远，售价必倍，一遇水旱不时，则悬磬之嗟！十室而九，固由物产凉薄所致，亦人工之兴作有未尽也。莅斯土者，欲使家乐阜盈，人免冻馁，其道固非易易矣！

【注释】

（1）**地不产棉**：此处有批注："江坪河、大典河等处产棉，但不多乎。"校注者谨记在此。

同治六年续修

按：地有高下燥湿物之生，因之邑土多硗薄，桑麻丝棉诸种，仍属未兴。故物产志仍旧，惟葛仙米、芽茶生殖颇饶。

物产志

容美茶　容美贡茗，遍地生植，惟州署后数株，所产最佳。署前有七井⁽¹⁾，相去半里许，汲一井而诸井皆动，其水清冽甘美异常。离城五十里，土司分守留驾司、神仙茶园二处⁽²⁾，所产者味极清腴，取泉水烹服，驱火除瘴、清心散气、去胀止烦，并解一切杂症。现生产更饶，咸丰甲寅年⁽³⁾，高炳之同众公议，遂创首，请示设栈，多方经营。由是，远客鳞集，城乡悉食其利，而财源渐开矣。录之以为，兴利者劝。

葛仙米⁽⁴⁾　此米出产距州城百余里，大岩关外，水田内遍地皆生，色绿颗圆，颇称嘉品。

【注释】
（1）七井：即白鹤井等七井。
（2）神仙茶园：在今鹤峰县中营镇蒙古村（三家台）。
（3）咸丰甲寅年：即咸丰四年，公元 1854 年。
（4）葛仙米：学名"固氮蓝藻"，俗称天仙米、天仙菜、珍珠菜、水木耳、田木耳。相传东晋葛洪途经此地以此为食，"葛仙米"之名流传至今。

光绪十一年续修

邑多旷山，物产不饶，而高低皆可种植，果能量土之，宜随物之性，广种滋培，八百里生产可胜言哉，近今美利，日增惟茶为最。故物产志续修。

物产

红茶　邑自丙子年⁽¹⁾，广商林紫宸来州采办红茶⁽²⁾，泰和合、谦慎安两号设庄本城、五里坪，办运红茶，载至汉口兑易，洋人称为"高品"。州中瘠土，赖此为生计焉。

绵丝　木绵，邑不多种者，以为非地所宜也。而慈利人袁之耀、庠生徐泽周，种皆获利，名曰"山花蚕丝"。宅必有桑，邑多旷土，何不可树？以民狃于便安⁽³⁾，故也。邑人喻照熙饲蚕，颇有功效，录之以证往日之误。

矿　州属万山丛集，夙产铜铅，土司昔时采铸，颇称饶富。归流后，封禁百余年矣。近年，招商局禀准委员，设局于九台乡等处开采⁽⁴⁾，引苗邕旺⁽⁵⁾，已有成效，硗确之区，亦成利薮⁽⁶⁾，究之有益于商，无裨于民，尚非地方之美利也。

【注释】
（1）**丙子年**：即光绪二年，公元 1876 年。
（2）**林紫宸**：又名林朝登，林志成。广东香山人，约生于 1851 年，早年在英国专修矿业学成归国，进入英国人办的船业公司即太孚公司，做买办资本家。清光绪二年来鹤峰传授红茶初制技术，建"英商泰和合"茶号，并聘年轻有为、精明能干的同乡卢次伦为主管，在各主要产茶区设分庄，收购红毛茶，在石门宜沙建茶叶精制厂"泰和合茶号"（今石门县壶瓶山镇，凡旅游人士路经此地，必赏茶号之古韵，"泰和合茶号"已成为重点保护文物），年产红茶万担。所制红茶，运汉口销售，外商视为高品，竞相购进。自此，鹤峰茶叶迅速发展。为了集中调运，"泰和合"在鹤峰县城和五里坪设转运站，为采购运销红茶，捐资改修了鹤峰至南村、南北镇，鹤峰至红茅尖、百顺桥，鹤峰至留驾司、清水湄等多条骡马茶道；出巨资维修、扩建鹤峰太平镇至湖南石门县境长达300多公里的骡马大道，促进了湘鄂边境以茶叶为主体的商品流通。

（3）狃 niǔ：因袭，拘泥。狃于习俗，狃于成见。**便安**：便利安稳；便利安适。

（4）**九台乡**：又名九台山、九台香，今鹤峰县铁炉白族乡细杉村万寺坪一带。九台山铜矿系容美土司时开采，改土归流后被封禁，光绪十年（公元1884年）由林紫宸投资兴办，铜矿品质好，但矿层薄，开挖成本较高，遂成"旋挖旋停"状态，为牟取更大利益，林私自铸造日本"宽永通宝"铜钱，多数利用同乡、大买办徐润走私出口日本或销往闽浙沿海等地，又有一定数量流入邻省边界一带，铜钱被当地人称"砂皮子"，由此造成了周边地方官府、民众之间的矛盾纠纷。光绪十二年（公元1886年）十月，获准并成立"湖北鹤峰州矿局"，林出任商董，林的同乡卢次伦任司账，后因"龙脉风水和劳资纠纷"等因酿成事端，致使两乡民死亡，矿局被烧毁，官府追责，矿丁解散，林避隐。次年腊月，湖广提督裕恩、湖北巡抚奎斌联名上奏朝廷，光绪帝御批准奏。历经三年多的矿务纠纷以"矿局封闭、通缉林朝登及'滋事砂丁'、所捕地方之人释放"完结。

（5）**引苗鬯旺**：苗 dí，蓼科，羊蹄属，多年生草本植物，茎圆柱形，有长而粗大的黄色根，叶长椭圆形，互生，根、叶均可入药，因叶鞘基部如蹄，又称"羊蹄草"。鬯 chàng，香草。引申为经过引导逐渐顺畅并兴旺起来。

（6）**利薮** lì sǒu：财利的聚集处。

卷八 祠祀志

寺观附

秩祀之庙^{（1）}，与佛老之宫异。而国家馨香至治，怀柔百神^{（2）}，盖错处于山陬海澨矣^{（3）}。鹤邑春秋常祭，悉如典制，固官师之所骏奔^{（4）}，而虔祀者也。他如塘山堑水，旧建新修，亦有寺观，所莫敢废者。迹其肸蠁焄蒿之诚^{（5）}，若可以庇良善而怵暴横焉，斯亦神道设教之意也。志祠祀。

【注释】

（1）秩祀 zhì sì：依礼分等级举行之祭。

（2）怀柔：指用政治手段笼络其他民族或国家，使归附自己。也指帝王祭祀山川，招来神祇，使各安其位。出自《诗·周颂·时迈》："怀柔百神，及河乔岳。"

（3）山陬海澨 shān zōu hǎi shì：山陬，山脚；海澨，海边。泛指荒僻偏远的地方。

（4）官师：百官。骏奔：急速奔走。

（5）肸蠁 xī xiǎng：亦作"肸蠁"，散布、弥漫，多指声响、气体的传播，引申为联绵不绝或灵感通微。焄蒿 xūn hāo：祭祀时祭品所发出的气味，后亦用指祭祀。

社稷坛 在州城东门。雍正十三年，知州毛峻德建，每岁春、秋仲月，上戊日致祭^{（1）}。

祭品 帛二 黑色、羊一、豕一^{（2）}、铏一^{（3）}、簠一^{（4）}、簋一^{（5）}、笾一^{（6）}、豆四。

乾隆九年奉颁祭文^{（7）}，云：

惟神奠安九土，粒食万邦，分五色以表封圻，育三农而蕃稼穑。某恭承守土，肃展明禋^{（8）}，时届仲春、秋，敬修祀典。庶丸丸松柏巩磐石于无疆^{（9）}，翼翼黍苗佐神仓于不匮。

【注释】

（1）上戊日：中国古代以天干地支记年、月、日、时，农历每月上旬或每月第一个含有天干"戊"的日子，称为"上戊日"。

（2）豕 shǐ：猪。

（3）铏：古代盛羹的小鼎，两耳三足，有盖。

（4）簠 fǔ：古代祭祀时盛稻粱的器具。

（5）簋 guǐ：古代盛食物器具，圆口，双耳。

（6）笾 biān：古时祭祀和宴会用以盛干食品的竹器。《说文·竹部》："笾，竹豆也。"

（7）乾隆九年：公元 1744 年。

（8）肃展：展，陈列，施行，意为恭敬且严肃地进行。明禋：禋 yīn，古代烧柴升烟以祭天，意为诚心祭祀。

（9）丸丸：高大挺直貌。《诗·商颂·殷武》："陟彼景山，松柏丸丸。"

风云雷雨山川坛　在州城南门外。雍正十三年，知州毛峻德建。每岁春、秋仲月上戊日，与城隍同祭。其位以风雨雷云居中，山川居左，城隍居右。

祭品与社稷坛同。

乾隆九年奉颁祭文，云：

惟神赞襄天泽[1]，福佑苍黎，佐灵化以流形；生成永赖，秉气机而鼓荡[2]。温肃攸宜，磅礴高深，长保安贞之吉；凭依巩固，实资捍御之功。幸民生之殷盈，仰神明之庇护。恭修岁祀，正值良辰，敬洁豆笾[3]，祗陈牲币[4]。

【注释】

（1）赞襄：辅助，协助。语本《书·皋陶谟》："皋陶曰：'予未有知，思曰赞赞襄哉。'"。

（2）鼓荡：鼓动激荡。

（3）豆笾：祭器。木制的叫豆，竹制的叫笾。

（4）牲币：牺牲和币帛。古代用以祀日月星辰、社稷、五岳等。后泛指一般祭祀供品。

先农坛　在州城东门外。雍正十三年，知州毛峻德建。每岁仲春亥日致祭，祭毕，举行耕籍礼[1]，文武官更穿蟒袍，农夫驾牛，印官行九推九反礼[2]，耆老捧青箱[3]，捕衙播种。

祭品与山川、社稷同，惟用帛一　白色。

乾隆九年奉颁祭文，云：

惟神肇兴稼穑[4]，粒我蒸民[5]。颂思文之德，克配彼天；念率育之功，陈常时夏。兹当东作，咸服先畴，洪惟九五之尊[6]，岁举三推之典。恭膺守土，敢忘民劳？谨奉彝章，聿修祀事[7]。惟愿五风十雨，嘉祥恒沐于神庥[8]；庶几九穗双岐，上瑞频书于大有[9]。

【注释】

（1）**耕籍**：亦作"耕耤"。古时每年春耕前，天子、诸侯举行仪式，亲耕藉田，种植供祭祀用的谷物，并以示劝农。历代皆有此制，称为耕藉礼或籍田礼。据《礼记·月令》，其礼为天子三推，三公五推，卿、诸侯九推。至清末始废。

（2）**九推九反**：即九推九返，往返九度。古代皇帝要执耒（后以执犁代）三推三返，群臣以次耕，王公诸侯五推五返，卿大夫七推七返，士九推九返。

（3）**青箱**：收藏书籍字画的箱笼，指古代行藉田礼时装种子的箱子。

（4）**肇兴**：初起，始兴。

（5）**蒸民**：众民；百姓。

（6）**洪惟**：语气助词，用于句首。

（7）**聿修**：多义词。秦汉时期的官职；南北朝时期北朝的学者；作动词，指继承发扬先人的德业。

（8）**神庥 xiū**：神灵护佑。

（9）**上瑞**：最大的吉兆。**大有**：大丰收。

常雩[1]　始于乾隆九年[2]，每岁孟夏，遵颁择日，在先农坛合祭山川、社稷兴云致雨之神。

祭品与山川、社稷同，惟用帛五　俱白色。

乾隆九年奉颁祭文，云：

某恭膺诏命，抚育群黎，仰体彤廷⁽³⁾，保赤之诚。劝农劝稼，俯为蔀屋⁽⁴⁾；资生之本，力稼力田。令甲是颁⁽⁵⁾，肃举祈年之典；惟寅将事，用昭守土之忱。黍稷惟馨，尚冀明昭之受赐；来牟率育⁽⁶⁾，庶俾丰裕于盖藏⁽⁷⁾。

【注释】

（1）雩 yú：古代为求雨而举行的一种祭祀。

（2）乾隆九年：公元 1744 年。

（3）彤廷：亦作"彤庭"。汉代宫廷，因以朱漆涂饰，故称。泛指皇宫。

（4）蔀屋 bù wū：草席盖顶之屋。泛指贫家幽暗简陋之屋。

（5）令甲：第一道诏令，法令的第一篇。后用为法令的通称。

（6）来牟：古时大小麦的统称。

（7）盖藏：储藏。指储藏的财物。

勾芒神⁽¹⁾　于立春前一日，用土牛、春花迎春东郊致祭，至本月祭勾芒神毕，行鞭春牛礼。

【注释】

（1）勾芒神：古代传说中主管树木的神。

厉坛　在州城北门外。雍正十三年，知州毛峻德建。每岁清明日、七月望日、十月朔日，迎请城隍之神，至坛主祭，以享无事鬼神，先期备牒，移告城隍，吊祭孤魂，以彰祀典。

祭品：羊一、豕一、羹饭、香烛、酒、纸、衣袭随用。

城隍庙　在州城西门内。雍正十三年，知州毛峻德建。嘉庆二十四年⁽¹⁾，知州吉钟颖重修。

【注释】

（1）嘉庆二十四年：公元1819年。

龙神祠 在州城南门外。原为土司三义祠，乾隆五十年[1]，知州杨树本改建。嘉庆二十年[2]，邑人徐光表等倡重修。

【注释】

（1）乾隆五十年：公元1785年。

（2）嘉庆二十年：公元1815年。

关帝庙 在州城南门外。神像系土司旧奉，庙亦原基，归流后仍之。每岁春、秋仲月，遵颁选择日期，暨五月十三日诞辰致祭。

春、秋祭品：帛一　白色、牛一、羊一、豕一、笾十、豆十。

五月十三日祭品：帛一　白色、牛一、羊一、豕一、果五盘。

乾隆九年奉颁祭文，云：

惟帝浩气凌霄，丹心贯日，扶正统而彰信义；威震九州，完大节以笃忠贞。名高三国，神明如在。遍祠宇于寰区，灵应丕昭；荐馨香于历代，屡征异迹。显佑群生，恭值嘉辰，遵行祀典，笾陈笾豆，几奠牲醪[1]。

关帝曾祖光昭公、祖裕昌公、父成忠公，祀于后殿。殿原系土司旧建观音庵，三公神主奉于其中。嘉庆四年[2]，邑人喻文太等，倡首并建观音庵于百斯庵，而后殿始专奉三公神主，每岁祭期与帝同。道光二年[3]，知州吉钟颖修葺。

春秋祭品：束帛一　白色、羊一、豕一、笾一、豆八。

五月十三日祭品：束帛一　白色、羊一、豕一、果各五盘。

乾隆九年奉颁祭文，云：

惟公世泽贻麻，灵源积庆。德能昌后，笃生神武之英；善则归亲，宜享尊崇之报。列上公之封爵，锡命优隆，合三世之肇禋[4]，典章明备，恭逢诹吉^{（5）}，祇事荐馨。

【注释】

（1）**牲醪** shēng láo：牲醴。指祭祀用的牺牲和甜酒；或宴飨用的牲和醴。

（2）**嘉庆四年**：公元 1799 年。

（3）**道光二年**：公元 1822 年。

（4）**肇禋**：开始祭祀。

（5）**诹吉**：选择吉日。

文昌庙 在州城西门外。神像系土司旧奉，原祀南门外之百斯庵。乾隆四十五年^{（1）}，邑人移奉于九峰书院。嘉庆七年^{（2）}，奉文致祭，而无专庙。嘉庆十五年^{（3）}，邑人洪继周、刘正性、部生榕、洪先裁、谢景安、于自贵、陆光武等倡首劝捐，始建今庙，每祭春、秋仲月初三日致祭。

祭品与关庙春、秋祭同。

嘉庆七年奉颁祭文，云：

惟神迹著西垣，枢环北极。六匡丽曜，协昌运之光华；累代垂灵，为人文之主宰。扶正久彰夫感召，荐馨宜致其尊崇。兹届仲春、秋，用昭时祀。尚其歆格，鉴此精虔。

文昌神^{（4）}，先代祀于后殿，每岁祭期与神同。

祭品与关庙春、秋祭同。

嘉庆七年奉颁祭文，云：

祭引先河之义，礼崇反本之思。矧夫^{（5）}，世德弥光，延赏斯及。祥钟累代，炯列宿之精灵；化被千秋，绵人文之主宰。是尊后殿，用答前麻。兹值仲春、秋，肃将时祀，用伸告洁，神其来歆。

【注释】

（1）**乾隆四十五年**：公元 1780 年。

（2）**嘉庆七年**：公元 1802 年。

（3）**嘉庆十五年**：公元 1810 年。

（4）**文昌神**：文昌宫六星的第四星，斗魁戴匡六星之一。传说主文运，俗称文曲星或文星。

（5）**矧夫** shěn fū：承接追述下文的提引词，而进行着重表述。

新关庙　在州城北门内。原为马王庙，乾隆三十年，阖营官弁、兵丁改建。

斗姥阁　在州（城）北门内。土司旧建，今废。

福田寺　在州城西门外，土司旧建。乾隆五十年间，邑人洪继周、喻文奇、李林安等倡首劝捐重修。

报恩寺　在州城西门外，土司旧建。原位南面北向，乾隆五十三年大水冲塌，邑人洪继周、喻文奇等移，并于福田寺东。

百斯庵　在州城南门外，土司旧建。嘉庆初年间，邑人喻文太、洪继信等倡首劝捐重修。

万寿宫　在州城南门外。乾隆三十年间，江西人公建。

四官庙　在水寨[1]，土司旧建。

紫云宫　在紫云山[2]，土司旧建。

龙王庙　在细柳城[3]。

杉树观　在天台山，土司旧建。

关帝庙　在三路口[4]。

朝阳观　在南府[5]。

关帝庙　在五里坪。基地系裁缺州同署旧址。

潮水寺　在山羊隘^{（6）}。

五谷庙　在山羊隘。

回龙阁　在千金坪^{（7）}。监生刘正新倡捐重修。

真武庙　在五星山^{（8）}。

关帝庙　在太平镇。土司旧建。

万寿宫　在太平镇。江西人公建。

关帝庙　在奇峰关^{（9）}。嘉庆八年，由州新关庙移奉。

泰山庙　在茅坝^{（10）}。

大神庙　在阳河官屋场^{（11）}。

黑神庙　在三叉口^{（12）}。

玉皇庙　在五等头^{（13）}。

金龙寺　在金龙山。

潮水寺　在上阳河^{（14）}。

泰山庙　在洞长湾^{（15）}。

关帝庙　在躲避峡^{（16）}。土司旧建。

万寿宫　在铁炉坪。

宝善宫　在白鹿坡，土司旧建。嘉庆□年，邑人易显荣等移建池塘^{（17）}。

玉田寺　在北佳坪^{（18）}。土司旧建。

灵龙寺　在芭蕉河^{（19）}。

金鸡庙　在三姊妹山左^{（20）}。

观音寺　在大典河。

关帝庙　在走马坪。

关帝庙　在青山坪^{（21）}。

真武庙　在古城寨。

关帝庙　在烧巴岩^{（22）}。

五里庙　在南渡江西山上。

文昌阁 在百家坪^{（23）}。

真武庙 在五龙山^{（24）}。

紫金观 在五里坪。

太平寺 在邬阳关石龙寨^{（25）}。

辖神庙 在麻水^{（26）}。

永灵寺 在所坪　尚有古铜钟。

关帝庙 在羊角岩^{（27）}。

五谷庙 在千金坪^{（28）}。

观音岩 在麻水。

回龙阁 在马头山^{（29）}。

真武庙 在狮象山^{（30）}。

真武庙 在河图山。

关帝庙 在乔阳坪^{（31）}。

玉皇阁 在椿木坪^{（32）}。

飞身庙 在八十亩^{（33）}。

【注释】

（1）水寨：今属容美镇容阳半岛林业小区一带。

（2）紫云山：地名仍同，今属容美镇庙湾村六组，与龙渊峡相隔的屏山村小昆仑山遥遥相望。传闻顾彩游历容美时，曾于紫云宫与小昆仑山上的司主田舜年，隔峡唱和诗文。

（3）细柳城：地名仍同。今属容美镇细柳城村一组（村驻地）。

（4）三路口：地名仍同。今属五里乡六峰村。

（5）南府：今属五里乡南村村。

（6）山羊隘：今走马镇。《清史稿·地理志》鹤峰直隶厅："山羊隘旧属湖南慈利县，雍正时来属，设巡司驻之，后移白果坪。"参见"上阳河"注释。

（7）千金坪：地名仍同。今走马镇千金村，因有商贾以千余两白银购置此处田地，故名"千金坪"。

（8）五星山：今太平镇龙潭村四组村委会驻地后的山峰，又称庙堡。20世纪中叶，有村民从山上背运庙宇基石以修建房屋用。

（9）奇峰关：地名仍同。今太平镇奇峰关。

（10）茅坝：地名仍同。即今太平镇茅坝。

（11）官屋场：地名仍同。今属走马镇栗山村四组。

（12）三叉口：即三岔口。今太平镇三岔口村。

（13）五等头：又称"五墩头"，今铁炉白族乡，系走马镇花桥虹洞溪流与溇水交汇处南约 1 公里，此坡有五十墩，每墩约隔百米，此处为头一墩，故名。

（14）上阳河潮水寺：今走马镇阳河村，潮水寺位于桑鹤公路与鑫农园道路交叉处，山头现建亭一座。潮水寺右侧有一深涧，窄而悠长，传闻每到天干时节，溪水突然增大，有如潮起，故名。

（15）洞长湾：今太平镇洞长湾村。

（16）躲避峡：地名仍同。今属容美镇屏山村，屏山即古平山。

（17）白鹿坡：今属中营镇白鹿村。**池塘**：即今位于白鹿坡东南面交界之地的"祠堂坪"，因易显荣将宝善宫移建到此地，后人以为易氏祖祠，遂将此地习惯地称为"祠堂"或"祠堂坪"。经考证，易氏祖祠建在今堰坪村两河口的易氏老屋场。

（18）北佳坪：今中营镇大路坪村驻地。

（19）芭蕉河：在走马镇芭蕉河周家台西南约 300 米，又称庙坪。

（20）三姊妹山：今容美镇八峰村驻地（碾子坪）西南 1.5 公里处，因有三座山峰并立，故名。

（21）青山坪：今五里乡青山村。

（22）烧巴岩：又称烧粑岩，今属宣恩县沙道沟镇棕溪村，与鹤峰县中营镇官扎营村毗邻。

（23）百家坪：应为北佳坪，今中营镇大路坪村驻地。

（24）五龙山：地名仍同。今五里乡潼泉村观景台组五龙山景区。

（25）邬阳关石龙寨：原文为"邬阳寨关石龙"，即今邬阳乡石龙村。

（26）麻水：地名仍同。今中营镇红岩坪村一组。

（27）羊角岩：今容美镇村坪溪村十组（原板寮村三组），山峰形似羊角，故名。

（28）千金坪："五谷庙"址，今走马镇千金村庙包。

（29）马头山：今走马镇回龙阁，因建其阁，故名。

（30）狮象山：今燕子镇董家村。

（31）乔阳坪：今燕子镇荞阳村。

（32）椿木坪：今中营镇官扎营村五组，西接宣恩棕溪村。

（33）八十亩：地名仍同，又称时雾、八十雾，后演变为"八十亩"，今属走马镇时务村。相传此地"神门垭"建有一座神庙，庙门正对垭口，其庙或为"飞升庙"。

庙田附

本城关庙

石车峡　佃户七，租银九两二钱。

南府朝阳洞　佃户廿，租钱六千二百文。

桂花桥　佃一，租银二两。

和气山　佃六，租银十两。

毛坝坪　佃一，包谷租每年平分。

九官坳　菜田、坡田地价钱七十五千文，租钱二千四百文。

水沙坪[1]　水田一丘价钱一百零一千文，租谷三石。

【注释】

（1）水沙坪：今容美镇观音坡村。

本城百斯庵

水沙坪　佃户四，租大谷三石。

紫草山　佃户一，租银三两。

城隍庙

东流水[1]　佃户廿，租银九两零五分九厘。

板庄坪[2]　佃户二十七，租银十八两。

三峰溪　佃户二，租钱二千一百文。

瓦场坪旱地　当价钱十千文，租谷六斗。

丁家坡旱地　当价三十千零五百文，租谷一石。

把路口旱地　当价钱二十千文，租谷五斗。

太平镇铺屋　当价三十两，租钱二千文。

板仓坪旱地⁽³⁾　当价钱一百零一千文，租谷一石。

炭场垭李家屋场⁽⁴⁾　价四千九百文，租钱一百文。

五家湾白虎台沙湾　课地一分。

河坪旱地　价十二千文，租谷六斗。

彬山旱地　当价钱四十九千六百文，租钱二千五百文。

阳坡旱地　当价钱三十五千文，租谷四斗五升。

胡家湾阴坡旱地　当价十两，租谷三斗。

炭场湾白虎台沙湾　价三十一千四百文，佃户租钱三千二百文。

【注释】

（1）东流水：今属五里乡六峰村，流程 3.7 公里，河水向东而得名。

（2）板庄坪：今属五里乡六峰村。

（3）板仓坪：今属太平镇龙潭村。

（4）炭场垭：又称"炭厂垭"。今太平镇唐家村西北 2.3 公里，海拔 1400 米，山口宽约 50 米，以炭窑故名。

水寨四官庙

古树湾东、西坑　佃户六，租银十三两零六钱。

细柳城

庙前、后水田　每年额租大石十石。

青水山　旱地一处，租钱一千文。

石场坡　旱地一处，租包谷一石二斗。

九峰桥　唐良龙施旱地一处，租一千六百文。

福田寺

报恩寺

本街铺基　佃户八，租钱九千八百四十文。

三元桥^{（1）}　水田一处一百零八丘，庙僧自种，其余旱地、水田、房基佃户九，租钱三千四百四十文。

枪杆坪^{（2）}　佃户九，租钱八千零七文。

官山坡　佃户四，租钱三千一百廿文。

和气山　佃户六，租钱二千二百三十六文。

七家山^{（3）}　佃户一，租包谷二大石。

茅竹山^{（4）}　佃户二，租钱二百四十文。

芭蕉湾^{（5）}　佃户八，租钱五千四百五十文。

梅果湾^{（6）}　佃户六，租钱。

【注释】

（1）三元桥：今容美镇连升路（原城墙路）与杨柳湾交接地带。

（2）枪杆坪：今属容美镇麻旺村。

（3）七家山：今属太平镇芦坪村，相传此山曾有七户人家居住过，故名。

（4）茅竹山：今属容美镇石门村，山头于1977年5月1日建成电视差转站并转播湖南电视台节目。

（5）芭蕉湾：今属容美镇大溪村。

（6）梅果湾：地名仍同。今中营镇梅果湾村。

文昌庙　本城

庙前　佃户一，租钱三千二百文。

山羊溪、太平镇　佃户十，租钱九千九百五十四文。

石龙寨太平寺

庙前、后水田　二十九丘、旱地一处，庙僧自种。

按：邑之有秩祀也，固也。然其间名山古刹，都都相望，邑邑相属。逸流、快士过其地者[1]，风韵松涛，鹳鹤来听[2]，清磬梵唱[3]，心骨俱惊。岂尽祈福木居士者哉[4]，然而淫祀[5]，亦不可使狄梁公见也[6]。

【注释】

（1）快士：豪爽之士。

（2）鹳鹤：鸟名。形似鹤，嘴长而直，顶不红，常活动于水旁，夜宿高树。

（3）梵唱：僧人或出家人举行宗教仪式时在佛菩萨前歌诵、供养、止断、赞叹的颂歌。

（4）岂尽：难道全部都是。

（5）淫祀：不合礼制的祭祀；不当祭的祭祀，妄滥之祭。

（6）狄梁公：唐朝名臣狄仁杰。

同治六年续修

按：神德盛大，皇仁怀柔，祀典之设，恒加尊崇，推之穷乡僻壤，亦有修建。故祠宇志续修。

庙田补附

本城关帝庙
撒谷岭　旱地一块，价银三十两，租钱一千二百文。

城隍庙
庙后　旱地一块，价三十二千文。
庙左　旱地一块，价二十七千文。
茅竹山宋家窝坑　旱地一块，价一十三千六百文，租谷一石六斗。
丁家坡四丘田　水田十三丘，价三十三千六百文，租谷八斗。
楠木园　旱地二处，价四十千（文），租钱五百文。
望马山　旱地一处，价六十六千文，租谷四斗。
东流水　旱地一处，租钱九百六十文。

福田寺
报恩寺
八峰山　阳坡椰树坪旱地二处，租谷二斗。
官渡口　小河边山旱地二处，租谷三斗。

斗姆阁

关外贵和里　田一处，价四十二千文。

祠祀

斗姆阁　在州城内武庙右。毁塌日久，州牧程捐廉重建，职员陈应诏、李相臣监修，阁后附建玉皇楼一所。

奎星楼　在八峰山麓，鹤鸣书院环绕其下，系贡生徐承义捐修。

苍圣祠　在州城对面四官庙之前，襟带大河，系李相臣捐修。

四官庙　在水寨前坝。朽腐倾欹，经陆光武捐资改建。

鹤鸣楼　在城西门外三里许。两河汇流，诸峰叠赴，系监生郑安智捐修。

复盛宫　在城北之池塘坪。系监生易光柱监修。

文昌宫　在城西之太平镇土司故址。经郡庠生田建斗监修。

三星观　在城北之刘家司。系唐宏科监修。

五龙观　在城北之巴子山[1]。住持沈和贞监修。

【注释】
（1）巴子山：今中营镇驻地八字山。

光绪十一年续修

郅治光昭[1]，深山之中，特隆报享其坛庙[2]、祠祀之补修，好义者无岁无之。故祠祀志续修。

【注释】
（1）郅治：大治。
（2）报享：上帝酬答祭享。

祠祀志 寺观附

关帝宫后，启圣祠殿前，两廊倾圮。知州长庚，光绪八年筹款重监⁽¹⁾，首士李树馨监修。

东西坛各三间，知州长庚建修。

苍圣祠 在水寨四官庙前，李相臣捐修，年久倾圮，其孙树藩重修，继祖志也。

赛金殿 在西山保，庠生汪文缙募化领修。

【注释】
（1）光绪八年：公元 1882 年。

乡贤附论

乡贤祠宇⁽¹⁾，久成虚设。州人士公举李定南、郑安德、王琅园三公，禀请入祠。知州长庚拟申请上宪，因艰于费，不果。然三公之德业闻望，无媿乡贤⁽²⁾，惜湮没于穷僻之区，不获崇祀⁽³⁾，诚憾事也。特记颠末，后之轺轩采风者⁽⁴⁾，征文考献，举行旷典，则三公潜德幽光⁽⁵⁾，郁而必显云。

【注释】
（1）乡贤祠：明、清时凡有品学为地方所推重者，死后由大吏题请祀于其乡，入乡贤祠，春、秋致祭。东汉孔融为北海相时，以甄士然祀于社，此为祭祀乡贤之始。
（2）无媿：无愧。
（3）崇祀：崇拜奉祀。
（4）轺轩：原意为古代使臣乘坐的一种轻车。这里指使臣。
（5）潜德：不为人知的美德。**幽光**：潜隐的光辉，常用以指人的品德。

卷九　学校志

自古化民成俗，必由于学。鹤邑草昧初辟，前牧毛倡建学宫，而书院学署阙焉。阅岁既久⁽¹⁾，以次渐兴，至乾隆五十年⁽²⁾，士民重葺学宫，并增名宦、乡贤祠，以待奉祀，盖所期于长吏、师儒者重矣⁽³⁾。文翁兴教⁽⁴⁾，而蜀民从风；赵德为师⁽⁵⁾，而潮人知学。士林从公，芹藻固宜⁽⁶⁾，争自洁磨。然而型仁讲让，使州人皆有所矜式⁽⁷⁾。则良有司之董率⁽⁸⁾，与乡先生之化导⁽⁹⁾，又曷可少哉⁽¹⁰⁾！志学校。

【注释】

（1）**阅岁**：经过一年；经历年岁。

（2）**乾隆五十年**：公元 1785 年。

（3）**长吏**：地位较高的县级官吏。**师儒**：古代指教官或学官。

（4）**文翁**：汉·庐江舒人。景帝末，为蜀郡守，"仁爱好教化"，在成都市中起学官，入学者免除徭役，成绩优者为郡县吏，每出巡视，"益从学官诸生明经饬行者与俱，使传教令"。蜀郡自是文风大振，教化大兴。见《汉书·文翁传》。后世用为称颂循吏的典故。

（5）**赵德**：号天水先生，海阳人，祖籍广东潮安。唐·元和十四年（公元 819 年）潮州刺史韩愈抵任，知州学停办已久，致百余年来无士人赴京考取功名。于是，韩愈除请他为海阳县尉掌管军事之外，还请他主持州学，以督学风。

（6）**芹藻**：水芹和水藻。比喻贡士或才学之士。语本《诗·鲁颂·泮水》："思乐泮水，薄采其芹……思乐泮水，薄采其藻。"**固宜**：原本应该。

（7）**矜式**：犹楷模、示范，敬重和取法。

（8）**有司**：古代设官分职，各有专司，故称。**董率 shuài**：亦作"董帅"，统率、领导。

（9）**乡先生**：古时尊称辞官居乡或在乡教学的老人。

（10）**曷可**：怎么能。《史记·游侠列传》："要以功见言行，侠客之义又曷可少哉！"

学宫 在州治左

乾隆元年⁽¹⁾，知州毛峻德如式创建。

乾隆五十三年，邑人洪继周、部泮、刘正性、龚经德、赵学谟、刘祚凤等倡首劝捐重修，并建名宦、乡贤二祠于大成门左右。

乾隆五年，奉颁御书"与天地参"额。嘉庆六年⁽²⁾，奉颁御书"圣集大成"额。道光元年⁽³⁾，奉颁御书"圣协时中"额。颁到日，敬摹悬挂。

大成殿正位

至圣先师孔子 旧司奉祀圣像，在今城隍庙左，乾隆五十五年重修大成殿，知州杨树本率诸生移祀殿中。

东配 复圣颜子、述圣子思子。

西配 宗圣曾子、亚圣孟子。

东哲 闵子损、冉子雍、端木子赐、仲子由、卜子商、有子若。

西哲 冉子耕、宰子予、冉子求、言子偃、颛孙子师、朱子熹。

东庑先贤

蘧瑗　澹台灭明　原宪　南宫适　商瞿　漆雕开　司马耕　梁鳣

冉孺　伯虔　冉季　漆雕徒父　漆雕哆　公西赤　任不齐　公良孺

公肩定　鄡单　罕父黑　荣旗　左人郢　郑国　原亢　廉洁

叔仲会　公西舆如　邦巽　陈亢　琴张　步叔乘　秦非　颜哙

颜何　县亶　乐正克　万章　周敦颐　程颢　邵雍

三十九位。

西庑先贤

林放　宓不齐　公冶长　公皙哀　高柴　樊须　商泽　巫马施

颜辛　曹恤　公孙龙　秦商　颜高　壤驷赤　石作蜀　公夏首

后处　奚容蒧　颜祖　句井疆　秦祖　县成　公祖句兹　燕伋

乐欬　狄黑　孔忠　公西蒧　颜之仆　施之常　申枨　左丘明

秦冉　牧皮　公都子　公孙丑　张载　程颐

三十八位。

东庑先儒

谷梁赤　伏胜　后苍　董仲舒　杜子春　范宁　韩愈　范仲淹

胡瑗　杨时　罗从彦　李侗　张栻　黄干　真德秀　何基

赵复　吴澄　许谦　王守仁　薛瑄　罗钦顺　陆陇其

二十三位。

西庑先儒

公羊高　孔安国　毛苌　高堂生　郑康成　诸葛亮　王通　司马光

欧阳修　胡安国　尹焞　吕祖谦　蔡沈　陆九渊　陈淳　魏了翁

王柏　许衡　金履祥　陈澔　陈献章　胡居仁　蔡清　刘宗周

二十四位。

【注释】
（1）乾隆元年：公元 1736 年。
（2）嘉庆六年：公元 1801 年。
（3）道光元年：公元 1821 年。

崇圣祠

肇圣王木金父公

裕圣王祈父公

诒圣王防叔公

昌圣王伯夏公

启圣王叔梁公

东配先贤　颜氏无繇　孔氏鲤

西配先贤　曾氏点　孟孙氏

东座先儒　周辅成　朱松　蔡元定

西座先儒　程珦　张迪

按：历代褒崇之礼，自汉祀孔子于阙里始[1]，隋乃命州、县学，皆以春、秋仲月释奠[2]。唐宋以来，因之庙崇王号 唐元宗封为文宣王，始设座像；宋真宗加为至圣文宣王；元武宗又加为大成至圣文宣王。其弟子及从祀诸儒，历代或封公侯伯等爵 元至顺间，封颜子兖国复圣公、曾子郕国宗圣公、子思子沂国述圣公、孟子邹国亚圣公。其庙制始于宋太祖诏，于庙门立戟十二；徽宗加戟二十四。元以殿为大成殿，其冕服始于宋徽宗，加冕十二旒、服九章[3]；金世宗大定闲大成殿，服十二章；元因之；明永乐八年，正文庙圣贤塑像、衣冠，令合古式。其祭器无考，其祭乐用六佾[4]，唐用宫悬[5]。宋景祐间，始诏上丁释奠[6]，设登歌之乐[7]，然施于堂上，不施于堂下，又不设舞于庭；成化加八佾[8]，堂上堂下制始备；嘉靖九年，允辅臣张璁议诏[9]，易王号为"至圣先师孔子"，四配十哲及先贤俱称子，诸儒称先儒某氏，一切公侯伯不复称，改大成殿曰"先师庙"，戟门曰"庙门"[10]，悉撤座像易木主。国朝因之，岁以春、秋仲月，上丁释奠，牲用太牢[11]，乐用六佾。

【注释】

（1）**阙里**：孔子故里。在今山东曲阜城内阙里街，因有两石阙，故名。孔子曾在此讲学，后建有孔庙，几占全城之半。

（2）**释奠**：古时，在学校设置酒食以奠祭先圣先师的典礼。

（3）**旒** liú：这里指古代帝王礼帽前后悬垂的玉串。**九章**：古代帝王冕服上的九种图案。

（4）**六佾** yì：周诸侯所用乐舞之格局，六列，每列六人，共三十六人；或每列八人，六列共四十八人。

（5）**宫悬**：古代钟磬等乐器悬挂在架上，其形制因用乐者身份地位不同而有别。帝王悬挂四面，象征宫室四面的墙壁，故名。用乐规模为皇帝"宫悬""八佾"（64 人），诸侯"轩悬""六佾"（36 人），卿、大夫"判悬""四佾"（16 人），士"特悬""二佾"（4 人）。

（6）**上丁**：农历每月上旬的丁日。

（7）**登歌**：升堂奏歌。古代举行祭典、大朝会时，乐师登堂而歌或所奏的歌。

（8）**八佾**：古代天子使用的舞蹈规格，为八行八列。

（9）**张璁**：（1475 年 12 月 27 日—1539 年 2 月 24 日）字秉用，号罗峰。后为避御讳，明世宗赐名"孚敬"，字茂恭。浙江温州府永嘉县（今浙江省温州市龙湾区）人，祖籍福建莆田。明朝中期重臣。

（10）**戟门**：太庙戟门，尚为明代规制。黄琉璃筒瓦屋面，单檐庑殿顶，檐下施单抄双下昂斗拱，坐落在汉白玉石护栏围绕的白石须弥座台基上，台基前后踏道三出；戟门前有单孔白石拱桥 5 座，戟门左右旁门各一；桥北面东西两侧各有一座六角井亭，桥南左为神库，右为神厨；戟门内外原列戟 120 根。

（11）**太牢**：古代祭祀，牛、羊、豕三牲具备谓之"太牢"，具太牢以为膳。

从祀考

汉安帝延光三年[1]，始祀孔子及七十二子于阙里。

唐太宗贞观二十一年[2]，始以左丘明、卜子夏、公羊高、谷梁赤、伏胜、高堂生、戴圣、毛苌、孔安国、刘向、郑众、杜子春、马融、卢植、郑元、服虔、何休、王肃、王弼、杜预、范宁、贾逵二十二人从祀。

宋神宗元丰七年[3]，加荀况、扬雄、韩愈从祀；理宗淳祐二年[4]，加周敦颐、张载、程颢、程颐封爵，与朱熹并从祀；景定二年⁽⁵⁾，又加张栻、吕祖谦从祀；度宗咸淳三年⁽⁶⁾，加邵雍、司马光从祀。

元皇庆二年⁽⁷⁾，以许衡从祀。

明洪武二十九年⁽⁸⁾，罢扬雄以董仲舒从祀；正统二年⁽⁹⁾，以胡安国、蔡沈、真德秀从祀；八年以吴澄从祀；弘治九年⁽¹⁰⁾，以杨时从祀；嘉靖九年⁽¹¹⁾，去申党，存申枨，以党即枨也，其公伯寮、秦冉、颜何、荀况、戴圣、刘向、贾逵、马融、何休、王肃、王弼、杜预、吴澄俱罢，祀林放、蘧瑗、郑众、卢植、郑元、服虔、范宁，俱祀于其乡，以后苍、王通、欧阳修、胡瑗增入从祀；隆庆五年⁽¹²⁾，以薛瑄从祀；万历十三年⁽¹³⁾，以陈献章、胡居仁、王守仁从祀；四十二年，以罗从彦、李侗从祀。

国朝康熙五十一年⁽¹⁴⁾，以朱熹升祔十哲；五十五年，以范仲淹从祀；雍正二年⁽¹⁵⁾，复以林放、蘧瑗、秦冉、颜何、郑元、范宁六人从祀，增入县亶、牧皮、乐正子、公都子、万章、公孙丑、诸葛亮、尹焞、魏了翁、黄干、陈淳、何基、王柏、赵复、金履祥、许谦、陈澔、罗钦顺、蔡清、陆陇其二十人从祀；冉雍、冉耕、颛孙师、有若增置博士四人。乾隆二年⁽¹⁶⁾，复以吴澄从祀；三年，以有若升祔十哲；六年，额定位次；道光二年⁽¹⁷⁾，复以刘宗周从祀。

嘉靖九年，诏天下学宫，建启圣祠，祀齐国公叔梁纥，称哲圣公；孔氏以颜无繇、曾点、孔鲤、孟孙激公宜配，称先贤；程珦、朱松、蔡元定从祀，称先儒。祭期与文庙同。万历二十三年⁽¹⁸⁾，以周辅成从祀。

国朝雍正元年，崇封孔子五代王爵，改启圣祠为崇圣祠；二年，以张迪增入从祀。

【注释】
（1）汉安帝延光三年：公元 124 年。
（2）唐太宗贞观二十一年：公元 647 年。

（3）宋神宗元丰七年：公元 1084 年。

（4）理宗淳祐二年：公元 1242 年。

（5）景定二年：公元 1261 年。

（6）度宗咸淳三年：公元 1267 年。

（7）元皇庆二年：公元 1313 年。

（8）明洪武二十九年：公元 1396 年。

（9）正统二年：公元 1437 年。

（10）弘治九年：公元 1496 年。

（11）嘉靖九年：公元 1530 年。

（12）隆庆五年：公元 1571 年。

（13）万历十三年：公元 1585 年。

（14）国朝：本朝，即清朝。康熙五十一年：公元 1712 年。

（15）雍正二年：公元 1724 年。

（16）乾隆二年：公元 1737 年。

（17）道光二年：公元 1822 年。

（18）万历二十三年：公元 1595 年。

祝文 乾隆九年新颁

惟：先师德隆千圣，道冠百王，丽日月以常行，自生民所未有。属文教昌明之会，正乐和礼节之时。辟雍钟鼓[1]，咸恪荐于馨香；泮水胶庠[2]，益致严于笾豆。今当仲春、秋，祇率彝章[3]，肃展微忱[4]，聿将祀典，以复圣颜子、宗圣曾子、述圣子思子、亚圣孟子配尚飨[5]。

【注释】

（1）辟雍：亦作"辟雝"。辟，通"璧"。本为西周天子所设大学，校址圆形，围以水池，前门外有便桥。东汉以后，历代皆有辟雍，除北宋末年为太学之预备学校（亦称"外学"）外，均为行乡饮、大射或祭祀之礼的地方。

（2）泮水：古代学宫前的水池，形状如半月。《诗·鲁颂·泮水》："思乐泮水，薄采其芹。"胶庠：周代学校名。周时胶为大学，庠为小学。后世通称学校为"胶庠"。语本《礼记·王制》:"周人养国老于东胶,养庶老于虞庠。"

(3)彝章: 常典,旧典。

(4)微忱: 微薄的心意。

(5)尚飨: 亦作"尚享",希望死者来享用祭品,多用作祭文的结语。出自《仪礼·士虞礼》。

崇圣祠祭文 乾隆九年新颁

惟:王奕叶钟祥[1],光开圣绪,盛德之后,积久弥昌。凡声教所覃敷[2],率循源而溯本,宜肃明禋之典,用申守土之忱。今届仲春、秋,聿修祀事,以先贤颜氏、曾氏、孔氏、孟孙氏配尚飨。

【注释】
(1)奕叶:累世,代代。
(2)声教:声威教化。**覃敷** tán fū:广布。

祭期

每岁春、秋二,仲月上丁日。

祭品

帛一 白色、牛一、羊一、豕一、登一 太羹[1]、铏二 和羹[2]、簠四 黍稷、簋四 稻粱、笾十 白饼 黑饼 形盐 藁鱼 鹿脯 枣 栗 榛 菱 芡[3]、豆十 脾析 豚拍 鹿醢 兔醢 鱼醢 醓醢 韭菹 芹 笋[4]、白瓷爵三。

东配祭品

帛二 白色、羊一、豕一、每位铏一、簠二、簋二、笾八、豆八、白瓷爵三。

西配　同。

东哲祭品

帛一　白色、豕一、铏一、簠二、簋二、笾四、豆四、每位白瓷爵一。

西哲　同。献官拜位，东西各一坛，每坛共献爵三。

东庑祭品

帛一　白色、豕一、簠二、簋二、笾四、豆四、每位铜爵一。

西庑　同。献官拜位，每庑三坛，每坛共献爵三。

崇圣祠祭品

帛五　白色、羊一、豕一、铏一、簠二、簋二、笾八、豆八、每位白瓷爵一。

配位

帛二　白色、豕首一、簠一、簋一、笾四、豆四、每位铜爵一。

两庑

帛二　白色、豕肉一、簠一、簋一、笾四、豆四、每位铜爵一。

【注释】

（1）**登** dēng：古代盛肉食的器皿，祭祀时用作礼器。**太羹**：大羹，不加五味的肉汤。

（2）**和羹**：配以不同调味品而制成的羹汤。

（3）**形盐**：特制成虎形的盐，供祭祀用。

（4）**脾析**：牛胃。**豚拍**：猪肋肉，又一说指猪腿，拍，同"髆（bó）"或"膊"。**鹿醢**：鹿肉制成的酱。**醢醢** xī hǎi：用鱼肉等制成的酱，因调制肉酱必用盐醋等作料，故称。

乐章[1]

迎神　奏《昭平之章》

大 春秋 尺六[2] 哉 凡一 孔 六上 子 五尺，先 尺六 觉 上凡 先 五尺 知六上，**与** 凡一 **天** 六上 **地** 上凡 **参** 五尺，**万** 尺六 **世** 上凡 **之** 五尺 **师** 五尺。
祥 五尺 **征** 上凡 **麟** 凡一 **绂** 六上，**韵** 凡一 **答** 上凡 **金** 尺六 **丝** 上凡，**日** 凡一
月 六上 **既** 尺六 **揭** 五尺，**乾** 凡一 **坤** 六上 **清** 凡一 **夷** 尺六。

【注释】

（1）乐章：古时皇家祭孔释奠礼乐舞，按照祭祀仪式程序配制乐章，其演奏成数固定为六章六奏：

迎神奏《昭平之章》、初献奏《宣平之章》、亚献奏《秋平之章》、终献奏《叙平之章》、彻馔奏《懿平之章》、送神奏《德平之章》。六个乐章高度评价了孔子伟大的一生，歌颂了他那博大精深的儒学思想和对整个社会文明的教化作用。其中，《昭平之章》大意为："伟大的孔子啊，是我们的先知先觉。他博爱仁慈的精神，跟天地的覆载，成了三位一体，所以他是人群万代崇仰仿效的师表。迎孔子的神，仿佛看到他出生祥瑞的征象。美好的乐器奏出的动人音乐，正好谱出那天上的意境，他会像太阳月亮般发射出光辉！把太空与大地，照耀得干净和平而美丽！"

（2）春秋：此为每岁在春、秋举行祭祀。尺 chě：中国古代乐谱的记音符号，相当于简谱的"2"。我国民族音乐音阶上对各个音的总称为"工尺"，也是乐谱上各个记音符号的总称，各个时代的这些音乐符号均有不同，现在通用的是"合（'5'）、四（'6'）、一（'7'）、上（'1'）、尺（'2'）、工（'3'）、凡（'4'）、六（'5'）、五（'6'）、乙（'7'）"。详见《附录四：五音、十二律、工尺谱与简谱对应关系表》。

初献　奏《宣平之章》

予 尺六 **怀** 凡一 **明** 六上 **德** 五尺，**玉** 上凡 **振** 凡一 **金** 尺六 **声** 上凡，**生** 六上 **民** 凡一 **未** 上凡 **有** 五尺，**展** 凡一 **也** 六上 **大** 五尺 **成** 六上。**俎** 五尺 **豆** 上凡 **千** 尺六 **古** 五凡，**春** 六上 **秋** 六上 **上** 五尺 **丁** 六上，**清** 尺六 **酒** 上凡 **既** 凡一 **载** 尺六，**其** 凡一 **香** 六上 **始** 凡一 **升** 尺六。

亚献　奏《秩平之章》

式 尺六 **礼** 凡一 **莫** 六上 **愆** 五尺，**升** 上凡 **堂** 五尺 **再** 凡一 **献** 尺六，**飨**

上凡 协五尺 薆凡一 镛六上，诚五尺 孚上凡 罍五尺 献尺六。肃五尺 肃五尺 雍六上 雍六上，誉凡一 髦尺六 斯上凡 彦尺六，礼上尺 陶五尺 乐凡一 淑六上，相五尺 观六上 而凡一 善尺六。

终献 奏《叙平之章》

自尺上 古凡一 在五上 昔六尺，先上凡 民五尺 有凡一 作六上，皮五尺 弁上尺 祭凡一 莱尺六，于上凡 论五尺 思六上 乐凡一。惟五尺 天上凡 牖尺六 民五尺，惟凡一 圣上凡 时凡一 若六上，彝五尺 伦五凡 攸上凡 叙尺六，至上凡 今五尺 木凡一 铎尺六。

彻馔 奏《懿平之章》

先尺六 师凡一 有六上 言五尺，祭尺六 则上凡 受尺六 福五尺，四凡一 海尺六 黉五尺 宫上凡，畴凡一 敢六上 不凡一 肃尺六。礼五尺 成上凡 告尺六 彻五尺，毋凡一 疏六上 毋凡一 渎尺六，乐五尺 所上凡 自凡一 生尺六，中五尺 原六上 有凡一 菽尺六。

送神 奏《德平之章》

凫尺六 绎凡一 峨六上 峨五尺，洙上尺 泗尺六 洋凡一 洋六上，景上凡 行五尺 行五尺 止六凡，流凡一 泽六上 无五尺 疆六上。聿五尺 昭上凡 祀凡一 事尺六，祀尺六 事上凡 孔凡二 明六一，化尺六 我五尺 蒸尺六 民上凡，育凡一 我六上 胶凡一 庠尺六。

礼器

筐、爵、坫、登、铏、簠、簋、笾、豆、牲、盘、俎、毛血碟、馔盘、供案、香鼎、香几、花瓶、烛台、烛檠、太尊、山尊、牺尊、象尊、云雷尊、壶尊、尊羃、龙勺、祝版、福尊、胙盘、罍、洗、燔炉、鸾、彝、茅沙、池、执炉、提炉、庭燎、盥盆、帨巾。

乐器

镈钟一、编钟十六 一架、特磬一、编磬十六 一架、琴 六张、瑟四张、篪、凤箫、龙笛、洞箫、双管、笙、埙、楹鼓一、悬鼓一、鼗鼓一、应鼓一、田鼓、搏拊、祝、敔。

舞器

麾旛、旌节、籥、翟。

赞礼生

康熙二十五年[1]，令府、州、县学赞礼生，应选在学肄业、仪表端庄、声音宏亮者补充，大学六名[2]，小学四名[3]，考试时准为优等，仍行报部。

【注释】
（1）**康熙二十五年**：公元 1686 年。
（2）**大学**：古指聚集在特定地点传播和吸收高深领域知识的一群人的团体。
（3）**小学**：古代也叫"蒙学"，包括教育阶段及教育场所两种含义。在学的学生也叫"蒙生"，教育内容主要是识字、写字和封建道德教育。

乐舞生

文庙舞佾三十六人，乾隆五年部议[1]，加取四人，以备疾病、事故更替之用。乾隆七年，令乐舞生祭丁[2]，用生员蓝衫、雀顶。

【注释】

（1）乾隆五年：公元1740年。

（2）祭丁：又叫丁祭，旧时每年仲春及仲秋上旬丁日祭祀孔子之称。

学额

乾隆二十八年间[1]，节经前牧李林、署牧吴世贤，据邑人刘世显、李静安、向惠年等呈请设定学额，通详各宪。乾隆三十一年，学政胡召南檄州属文童，于各州、县试毕后，随棚扃试[2]，因会同督抚咨部，请照小学额数岁科试，各取入附学生员八名。乾隆三十四年，前牧方天葆，呈送文童赴郡，学政戴第元考取如额。乾隆四十年，额设武学二名；乾隆四十六年，学政吴省钦额定廪生四名、增生如之四、岁贡一人。

【注释】

（1）乾隆二十八年：公元1763年。

（2）扃试 jiōng shì：科举时代考生各闭一室应答试题。

　学署　在明伦堂左。乾隆三十五年，邑人刘世显等倡首劝捐新建。

书院

　九峰书院　在南门外，龙溪桥东。乾隆十九年，知州李林筹项二百六十余两、又邑人向凤举捐银三十两新建。馆师修银，每年三十二两内，赴藩库请领十六两[1]，又十六两于学租内支送。

　五里坪书院　乾隆十九年，知州李林筹项新建，馆师修银每年十六两，赴藩库请领。

北佳坪书院 乾隆十九年，知州李林筹项新建，馆师修银与五里坪同。原建在刘家司地，甚荒僻。嘉庆七年屋已倾圮，邑人部泮、易显荣、田文斗、田周南等，呈请倡捐重修，改移今地。

【注释】

（1）藩库：清代布政司所属的粮钱储库。

儒学田租

王家坪　佃户二，共稻谷六斗八升。

学署旁　佃户一，租钱四千文。

水田坝　佃户二，租银二两五钱。

七丈五⁽¹⁾　佃户二，租钱八百五十文。又佃户一，租银五钱二分五厘。

官荒坪　佃户二，共租银二两八钱七分五厘。

落龙潭　佃户一，租包谷三斗。

黑水潭　佃户二，租银二两五钱。

椿木坪　佃户二，租银九钱六分。

郑家洞　佃户三，租银一两七钱。

百顺桥　佃户一，租银九钱二分。

田家窝坑　佃户一，租银七钱。

旧塘岭　佃户一，租银二两。

九十九路　佃户一，租银八钱。

半边城⁽²⁾　佃户一，租银五两六钱三分。

梓木湾　佃户三，租银一两五钱五分。

踏梁村　佃户三，租银一两三钱。

营房坪　佃户九，共包谷一石零一升。又佃户十，共租钱四千五百二十文。

车家沟　佃户二，租钱五百文。

假岩头　佃户一，租钱一千文。又佃户一，租银三钱。

猪圈峪　佃户二，租银九钱五分。又佃户一，租钱六百文。

镩匠营[3]　佃户二，租钱七百文。

巴子山　佃户二，租包谷四升。

湘沟　佃户一，租包谷五斗。

以上共租银二十五两二钱一分，租钱一十二千一百七十文，稻谷六斗八升，包谷一石八斗五升。

【注释】

（1）七丈五：今容美屏山村上平山有一通道，南、北皆为峭壁，中间宽约七丈五尺，故名。

（2）半边城：地名仍同。今属六峰村放马场组（原三路口村八组），相传容美土司田氏先后攻占麻寮千户所唐氏之地南府（今称南村）、麻王寨（今属水桶荒），麻寮所被逼迁至三路口一带，又被容美土司攻打，被迫放弃正在修建的衙署迁至所坪（今走马镇所坪），因其衙署废弃，故称“半边城”。

（3）镩匠营：又称“解匠坪”。今容美镇屏山村驻地东北5公里处，坪中曾有人镩过木料，故名。

按：学租原额，租钱七十余千，由州征收。每年拨出钱十五千文，为书院膏火，后因田土荒废缺额，前牧吴焕彩移归儒学经管，酌发膏火，并看守文庙门斗饭食，兹据现在实数开载内。学署旁地一处，系生员刘汉瓒当业，乾隆五十九年，捐归学署当经，监生洪继周、部泮提出公项十六千文，找给原业主，另立卖契缴学。

按：天下不可一日无政，教人不可一日而无学，学校之设，所以培人材厚风俗也。原伯鲁不悦学[1]，周之所以乱也。子产不毁乡校[2]，郑之所以治也。自后世学不务本，而专事举业[3]，剽窃雷同，殆儒其名而蹠其行者欤[4]！

【注释】

（1）**原伯鲁**：春秋时周国人，景王大夫。因不乐于学致使教子无方，后其子参与子朝之乱被诛，原氏就此灭亡。

（2）**子产**：（？—前 522 年）春秋时期著名政治家、思想家。姬姓，公孙氏，名侨，字子产，又字子美，谥成。他是郑穆公之孙，前 554 年为卿，前 543 年执政，先后辅佐郑简公、郑定公，卒于前 522 年。历史典籍以其字"子产"为通称，又称"公孙侨""公孙成子""国侨"等。

（3）**举业**：科举时代指专为应试的诗文、学业、课业、文字，也指八股文。

（4）**殆儒**：懒惰的儒生。**蹠** zhí：践踏。

同治六年续修

按：旧置书院三所，递经重建，道光间又置鹤鸣书院，规模较宏敞，文教有蒸蒸日上之势，其学宫御书匾额，及从祀者亦渐增焉。故学校志续修。

学宫

大成殿正位

至圣先师孔子　旧司奉祀圣像，在今城隍庙左，乾隆五十五年重修大成殿，知州杨树本率诸生移祀殿中。

先圣或称元神，或改至圣，或加大成，尊崇不一，至明嘉靖九年，定木主制题：至圣先师。

国朝康熙二十三年，御书"万世师表"匾额。

康熙二十五年，御制《至圣先师孔子赞序》刊碑。

雍正三年，御书"生民未有"匾额。

雍正四年，上谕：避"孔子"圣讳。

乾隆三年，御书"与天地参"匾额。

嘉庆五年，御书"圣集大成"匾额。

道光元年，御书"圣协时中"匾额。

咸丰元年，御书"德齐帱载"匾额。

同治三年，御书"圣神天纵"匾额。

东配　复圣颜子，述圣子思子。

西配　宗圣曾子子，亚圣孟子。

木主高一尺五寸，阔三寸分，厚六分，赤地墨字。

按：宋以前皆称封爵。元至顺元年，赠颜子兖国复圣公、曾子郕国宗圣公、子思子沂国述圣公、孟子邹国亚圣公，明嘉靖九年去其爵，改今称。

东哲　先贤闵子（损），先贤冉子（雍），先贤端木子（赐），

先贤仲子（由），先贤卜子（商），

先贤有子（若）原祀两庑，乾隆元年升列哲位。

西哲　先贤冉子（耕），先贤宰子（予），先贤冉子（求），

先贤言子（偃），先贤颛孙子（师），

先贤朱子（熹）原祀两庑，康熙五十一年升列哲位，列哲位。

木主高一尺四寸，阔二寸六分，厚五分，赤地墨字。

按：宋以前皆称封爵。明嘉靖九年，改今称。

东庑先贤

先贤公孙侨　咸丰七年从祀，

先贤林放，先贤原宪，先贤南宫适，先贤商瞿，

先贤漆雕开，先贤司马耕，先贤梁鳣，先贤冉孺，

先贤伯虔，先贤冉季，先贤漆雕徒父，先贤漆雕哆，

先贤公西赤，先贤任不齐，先贤公良孺，先贤公肩定，

先贤鄡单，先贤罕父黑，先贤荣旗，先贤左人郢，

先贤郑国，先贤原亢，先贤廉洁，先贤叔仲会，

先贤公孙舆如，先贤邦巽，先贤陈亢，先贤琴张，

先贤步叔乘，先贤秦非，先贤颜哙，先贤颜何，

先贤县亶，先贤牧皮，先贤乐正克　雍正二年从祀，

先贤万章　雍正二年从祀，先贤周敦颐，先贤程颢，先贤邵雍。

以上四十位。

西庑先贤

先贤蘧瑗　雍正二年复祀，

先贤澹台灭明，先贤宓不齐，先贤公冶长，

先贤公皙长，先贤高柴，先贤樊须，先贤商泽，

先贤巫马期（施），先贤颜辛，先贤曹恤，先贤公孙龙，

先贤秦商，先贤颜高，先贤壤驷赤，先贤石作蜀，

先贤公夏首，先贤后处，先贤奚容蒧，先贤颜祖，

先贤句井疆，先贤秦祖，先贤县成，先贤公祖句兹，

先贤燕伋，先贤乐欬，先贤狄黑，先贤孔忠，

先贤公西蒧，先贤颜之仆，先贤施之常，先贤申枨，

先贤左丘明，先贤秦冉　雍正二年复祀，

先贤公明仪　咸丰三年从祀，先贤公都子　雍正二年从祀，

先贤公孙丑　雍正二年从祀，先贤张载，先贤程颐。

以上三十九位。

木主规制与十哲同。

以上先贤位，宋以前皆称封爵。明嘉靖九年改称先贤；某子、周、张、程、邵五子，嘉靖时称先儒，崇祯十五年改称先贤。位在七十子之下，汉唐诸儒之上。国朝俱称先贤，不称子。

东庑先儒

先儒公羊高，先儒伏胜，先儒毛亨　同治二年从祀，

先儒孔安国，先儒后苍，先儒郑康成　雍正二年复祀，

先儒范宁　雍正二年复祀，先儒陆贽　道光六年从祀，

先儒范仲淹　康熙五十四年从祀，先儒欧阳修，

先儒司马光，先儒谢良佐　道光二十九年从祀，

先儒罗从彦，先儒李纲　咸丰元年从祀，

先儒张栻，先儒陆九渊，先儒陈淳　雍正二年从祀，

先儒真德秀，先儒何基　雍正二年从祀，

先儒文天祥　道光二十三年从祀，

先儒赵复　雍正二年从祀，先儒金履祥　雍正二年从祀，

先儒陈澔　雍正二年从祀，先儒方孝孺　同治二年从祀，

先儒薛瑄，先儒胡居仁，先儒罗钦顺　雍正二年从祀，

先儒吕柟　同治二年从祀，先儒刘宗周　道光二年从祀，

先儒孙奇逢　道光八年从祀，先儒陆陇其　雍正二年从祀。

以上三十二位。

西庑先儒

先儒谷良赤，先儒高堂生，先儒董仲舒，先儒毛苌，

先儒杜子春，先儒诸葛亮雍正二年从祀，先儒王通，先儒
韩愈，

先儒胡瑗，先儒韩琦　咸丰二年从祀，先儒杨时，

先儒尹焞　雍正二年从祀，先儒胡安国，先儒李侗，

先儒吕祖谦，先儒黄干　雍正二年从祀，先儒蔡沈，

先儒魏了翁　雍正二年从祀，先儒王柏　雍正二年从祀，

先儒陆秀夫　咸丰九年从祀，先儒许衡，

先儒吴澄　乾隆二年复祀，先儒许谦　雍正二年从祀，

先儒曹端　咸丰十年从祀，先儒陈献章，

先儒蔡清　雍正二年从祀，先儒王守仁，先儒吕坤　道光六
年从祀，

先儒黄道周　道光五年从祀，先儒汤斌　道光三年从祀。

以上三十位。

以上先儒位，明嘉靖以前皆称封爵，嘉靖九年改称先儒某子。国朝称先儒，不称子。

崇圣祠正位

肇圣王木金父公，裕圣王祈父公，诒圣王防叔公，昌圣王伯夏公，启圣王叔梁公。

木主规制与四配同。

以上正位，明嘉靖九年于大成殿后立，启圣祠祀叔梁公。雍正元年诏封孔子先世王爵，合祀五代，更名启圣为崇圣祠，其木主与四配同。

东配

先贤孔氏孟皮　咸丰七年配飨，先贤颜氏，先贤孔氏。

西配

先贤曾氏，先贤孟孙氏。

东庑先儒

先儒周氏，先儒程氏，先儒蔡氏。

西庑先儒

先儒张氏　雍正二年从祀，先儒宋氏。

以上先贤、先儒位，明嘉靖时称先贤某氏、先儒某氏，国朝因之。

木主规制与十哲同。

以上皆遵照同治三年新颁祀位序次。

文庙祀典

　　每月朔释菜⁽¹⁾，望日行香。知州以下官均诣庙行礼，岁春、秋仲月上丁日致祭，前二日致斋，分列正献、分献官，执事生并乐舞姓名张榜。前一日洁扫殿庑，主祭官公服诣神厨视宰，各官率执事生入学习仪，于文庙阶下，行一跪三叩首礼，教官率乐舞生入学习乐，用六佾。届期五鼓齐集，陈牲、帛、豆、笾，省视各仪，主祭官正献先师暨四配。其东西十哲暨雨庑，皆分献官分献，武职官陪祭。

【注释】

（1）释菜：亦作"释采"。古代入学时祭祀先圣先师的一种典礼。

祭品

乾隆三年，奉部颁定祭品。

先师正位　帛一 白色，爵三 白磁，牛一，羊一，豕一，登一 太羹，硎二 各羹，簠二 黍稷，簋三 稻粱，笾十 形盐、藁鱼、鹿脯、枣、栗、榛、荞、芡、黑饼、白饼，豆十 韭菹、菁菹、芹菹、笋菹、鹿醢、兔醢、鱼醢、脾析、豚拍、醓醢，镈一。

乐器　雍正二年颁

编钟一 十六枚，编磬一 十六枚，琴六，瑟六，箫六，笛六，排箫二架，埙二，篪四，笙六，应鼓一，搏拊鼓二，柷一，敔一，木笏六。

舞器　乾隆五年定乐，用六佾乐舞生四十名，免郡县试磨幡二，羽籥三十六，旌节二。

乐歌　乐六奏，佾舞生三十六，乐工五十二名。

乐章⁽¹⁾乾隆九年颁

迎神《咸平之章》无舞

大（太四⁽²⁾）哉（南工）至（林尺）圣（仲上），道（太四）德（仲上）尊（林尺）崇（仲上），维（南工）持（林尺）王（仲上）化（太四），斯（林尺）民（仲上）是（黄合）宗（太四），典（黄合）祀（太四）有（仲上）常（林尺），精（南工）纯（林尺）并（太四）隆（仲上），神（黄合）其（南工）来（林尺）格（仲上），于（林尺）昭（仲上）圣（黄合）容（太四）。

【注释】

（1）乐章：此乐章为祭孔释奠礼的另一乐章，史料记载祭孔乐章有二，但各地志书记载内容不一。

（2）太四："太"为古十二律之一"太簇"的简称，又称大簇、泰簇，为阳律，相当于"商"或简谱"2"或D；"四"为工尺谱，相当于简谱"6"。古有五音依次分别为宫（相当于简谱"1"或C）、商（相当于简谱"2"或D）、角（相当于简谱"3"或E）、徵（zhǐ，相当于简谱"5"或F）、羽（相当于简谱"6"或G）。如以黄钟为宫，十二律依次分别为黄钟（阳律，相当于"宫"或简谱"1"或C）、大吕（阴律，相当于简谱"#1、b2"或#C和bD）、太簇、夹钟（阴律，相当于简谱"#2、b3"或#D和bE）、姑洗（xiǎn，阳律，相当于角或简谱"3"或E）、仲吕（阴律，相当于清角或简谱"4"或F）、蕤ruí宾（阳律，相当于变徵或简谱"#4、b5"或#F和bG）、林钟（阴律，相当于徵或简谱"5"或G）、夷则（阳律，相当于简谱"#5、b6"或#G和bA）、南吕（阴律，相当于羽或简谱"6"或A）、无射（yì，阳律，相当于清羽或简谱"#6、b7"或#A和bB）、应钟（阴律，相当于变宫或简谱"6"或A）。此乐章为十二律与工尺谱合用谱，工尺谱对应简谱详见前注或《附录四：五音、十二律、工尺谱与简谱对应关系表》。

初献《宁平之章》有舞

自（太四）生（仲上）民（林尺）来（仲上），谁（太四）底（黄合）其（仲上）盛（太四），惟（南工）师（林尺）神（仲上）明（太四），度（黄合）越（仲上）前（仲上）圣（太四），粢（仲上）帛（太四）具（仲上）成（林尺），礼（黄合）容（太四）斯（林尺）称（仲上），黍（太四）稷（南工）非（黄合）馨（林尺），维（南工）神（林尺）之（仲上）听（太四）。

亚献《安平之章》有舞

大（太四）哉（仲上）圣（黄合）师（太四），实（南工）天（林尺）生（仲上）德（太四），作（仲上）乐（太四）以（仲上）崇（林尺），时（仲上）祀（太四）无（林尺）斁（仲上），清（黄合）酤（南工）惟（仲上）馨（仲上），嘉（林尺）牲（仲上）孔（黄合）硕（太四），荐（太四）羞（南工）神（黄合）明（林尺），庶（南工）几（林尺）昭（仲上）格（太四）。

三献《景平之章》有舞

百（仲上）王（南工）宗（林尺）师（仲上），生（林尺）民（仲上）物（太四）轨（黄合），瞻（黄合）之（南工）洋（林尺）洋（仲上），神（林尺）其（仲上）宁（太四）止（黄合），酌（太四）彼（黄合）金（林尺）罍（仲上），惟（南工）清（林尺）且（太四）旨（仲上），登（仲上）献（太四）惟（林尺）三（仲上），于（黄合）嘻（南工）成（林尺）礼（仲上）。

彻馔《宜平之章》无舞

牺（仲上）牲（太四）在（仲上）前（林尺），豆（太四）笾（仲上）在（黄合）列（太四），以（太四）享（南工）以（林尺）荐（仲上），既（仲上）芬（林尺）既（太四）洁（仲上），礼（黄合）成（太四）乐（仲上）备（太四），人（南工）和（林尺）神（仲上）悦（太四），祭（黄合）则（太四）受（仲上）福（林尺），幸（黄合）遵（南工）无（林尺）越（仲上）。

送神《祥平之章》无舞

有（太四）严（南工）学（林尺）宫（仲上），四（黄合）方（太四）来（仲上）崇（太四），恪（黄合）恭（南工）祀（林尺）事（仲上），威（南工）仪（林尺）雝（仲上）雝（太四），歆（仲上）兹（林尺）惟（南工）馨（林尺），神（仲上）驭（太四）还（林尺）复（仲上），明（黄合）禋（南工）斯（林尺）毕（仲上），咸（南工）膺（林尺）百（仲上）福（太四）。

舞谱

初献 宁平

自（稍前向外，开籥舞[1]）生（蹈向里，开籥舞）民（合手蹲，朝上）来（起转身，向外高举籥，面朝），谁（两两相对蹲，东西相向）底（合手蹲朝上）其（正揖）盛（起平身，出左手立），惟（两两相对自下而上）师（稍前舞，举籥垂翟[2]）神（中班转身东西相向立，惟两中班十二人转身，俱东西相向）明（举翟三合籥），度（稍前向外垂手舞）越（蹈向里，合手舞）前（向前合手，谦步双手合籥）圣（回身，再谦，退步侧身向外，高，回面向上），粢（正蹲，朝上）帛（稍舞，躬身，挽手，侧身外呈籥耳边，面朝上）具（正揖）成（起辞身，挽手复籥舞，正立），礼（两两相对交籥，两班俱东西，手持籥）容（正揖）斯（向外退，挽手举籥，向外面朝上）称（回身正立），黍（稍前舞）稷（正蹲朝上）非（左右垂手，两班上下俱双垂手，东西相向）馨（起，合手，相向立），惟（左右侧身垂手，向外开籥，垂手舞）神（右侧身垂手向里，垂手舞）之（正揖，朝上）听（躬而受之，躬身朝上拱籥而受之，三鼓毕，起）。

【注释】

（1）籥 yuè：乐器名。为短管形的吹奏乐器，形制似笛，有三孔或六孔之分。

（2）翟 dí：古代乐舞用的雉羽。

亚献 安平

大（左右进步，向外垂手舞）哉（右向里，垂手舞）圣（向西落籥，面朝上）师（退回身正立），实（正蹲）天（起身向前舞，向外舞）生（向里舞）德（合手，谦退步，向前，双手合籥，存谦），作（两两相对，自上而下，两班相对，举籥东西）乐（上下俱垂手，惟两中班上下十二人，俱垂手蹲身，东西相向）以（转身东西相向立）崇（相向立，两班上下以翟相籥），时（稍前舞蹈，两班上下俱垂手向外舞）祀（向里垂手舞）无（合手谦进步向前，双手合籥、翟）斁（转身再谦，两班上下东西相向合籥立），清（稍前舞，向外开籥舞）酤（向里舞）惟（双手平举籥、翟，开籥、翟）馨（合籥、翟朝上正立），嘉（侧身垂左手，两班俱垂手，向外舞）牲（躬身正揖）孔（双手舞籥、翟，躬身）硕（躬而受之，躬身朝上，拱籥受之，一鼓而起），荐（二叩头举右手叩头）羞（举左手叩头）神（复举右手叩头）明（拜，一鼓毕即起，躬身，三鼓平身），庶（三舞蹈，举籥向左，躬身舞）几（举籥向右，躬身舞）昭（举籥复向左手，躬身）格（拱籥躬身而受之）。

三献 景平

百（向外开籥舞）王（向里开籥舞）宗（侧身向外面朝上）师（朝上正立），生（两班上下两两相对交舞）民（合手朝上正蹲）物（侧身向里合籥）轨（合籥向上正立），瞻（向外开籥舞）之（向里开籥舞）洋（开籥朝上正立）**洋**（合籥），**神**（向外开籥舞）**其**（向里开籥舞）**宁**（进步向前双手合舞）**止**（回身东西相向手谦），**酌**（向外开籥舞）**彼**（向里开籥舞）**金**（开籥朝上正立）**罍**（合籥朝上正立），**惟**（向外垂手舞）**清**（向里垂手舞）**且**（朝上正揖）**旨**（躬身而受之），**登**（躬身向左合籥舞）**献**（躬身向右合籥舞）**惟**（躬身复向左合籥舞）**三**（合籥朝上拜，一鼓便起身），**于**（侧身向外垂手舞）**嘻**（侧身向里垂手舞）**成**（朝上正揖）**礼**（躬身朝南受之，二鼓毕，起身）。

祝文

惟：先师德隆千圣，道冠百王，揭日月以常行，自生民所未有。属文教昌明之会，正礼和乐节之时。辟雍钟鼓，咸恪荐于馨香；泮水胶庠，益致严于笾豆。兹当仲春、秋，祇率彝章，肃展微忱，聿将祀典以复圣颜子、宗圣曾子、述圣子思子、亚圣孟子配尚飨。

仪注

主祭官、分献官、陪祭官各朝服，由棂星左右门入次序坐[1]。鼓初，严胥役及仆从皆屏退鼓[2]，再严各官起立、敛容。鼓三，严赞引主祭官以下[3]，入戟门诣盥洗所，盥洗毕，乐舞生各就位，执事者各司其事，主祭官、分献官就位，陪祭官各就位，瘗毛血迎神乐[4]，奏《咸平之章》。乐止，引主祭官自东阶升入殿左门，诣香案前跪，上香三叩首，兴。

引主祭官自殿右门出，由西阶下复位跪，主祭官以下皆三跪九叩首毕，行初献礼乐，奏《宁平之章》。引主祭官诣至圣先师位前跪（左右生皆跪），献帛（左助献举帛，筐授主祭官[5]，举拱授右助献，呈圣位前），献爵（如献帛仪），叩首，兴。诣读祝位跪，读祝生及各官皆跪，乐止，读祝文（读毕仍安原位），三叩首，兴（各官皆同，叩首，兴）。主祭官诣复神颜子前，跪献爵，如前仪叩首，兴。以次递诣宗神曾子、述子思子、亚神孟子前，皆如前仪其（东西哲两庑），分献官皆于读祝后行分献礼，各引赞礼生引各分献官就神位前，行初献礼，献爵、献帛俱照主祭官行初献仪，初献礼毕复位。

行亚献礼，奏《安平之章》，引主祭官、各分献官升阶献帛、爵如初献仪，亚献礼毕复位。

行终献礼，乐奏《景平之章》，其升阶献帛、爵，如前仪。终献礼毕，复位。引主祭官诣饮福位，跪饮福醴，三叩首，兴。诣受福位，跪受福胙[6]，三叩首，兴。复位谢胙跪（主祭官以下皆跪），行三跪九叩首礼毕。彻馔，乐奏《宣平之章》，乐止，送神，乐奏《祥平之章》。跪，三跪九叩首，兴。读祝者捧祝、司帛者捧帛，各诣燎所望燎位焚祝、帛，复位礼成。

【注释】

（1）櫺 líng 星门：旧时学宫孔庙的外门，原名灵星门。灵星即天田星。

（2）胥役：同来服役。

（3）赞引：赞礼并导引的人。

（4）瘗 yì 毛血：古时祭宗庙和孔庙的一种仪式。在正祭前一天杀牲口，用部分毛血贮放于净器中，正祭时，赞礼官唱"瘗毛血"，由执事者捧毛血瘗于坎中。

（5）篚 fěi：古代盛物的圆形竹器。

（6）胙：古代祭祀时供的肉。

四配祭品（各一坛）

每位　帛一（白色）、爵一（白磁）、羊一（一）、豕一、硎一、簠一、簋一、笾八（减黑饼白饼）、豆八（减脾析、豚脯）、酒罇一。

十哲祭品（东西各三坛）

帛一（白色）、爵三（白磁）、豕一、硎各一、簠各二、簋各一、豆各四、豕首、酒罇一、笾各四。

两庑祭品（东西各三坛）

帛一（白色）、爵各四（磁）、豕三、簠各一、簋各一、笾各四、豆各四、酒罇一。

崇圣祠祭品（各五坛）

爵硎簠簋笾豆牲帛视四配。

配位（每位一坛）帛及笾豆簠簋视十哲，爵用铜，牲用豕首豕肉各一冲羹。

从祀位（东西二案，祭品）视两庑铜爵三、牲用豕肉一。

祝文

惟王奕叶钟祥光开圣[1]，绪盛德之后积久弥昌，凡声教所覃敷，率循源而溯本，宜肃明禋之典，用伸守土之忱。兹届仲（春、秋），聿修祀事，配以先贤颜氏、先贤曾氏、先贤孔氏、先贤孟孙氏尚飨。

【注释】
（1）奕叶：累世，代代。

仪注

丁祭日主祭官先诣。

学校传

九峰书院 在城南门外。创建缘由前已载明，迨后毁塌日久，郡庠生徐承爵有志重修，未逮而卒⁽¹⁾，其妻王氏承先夫志，捐资独建。前州牧程题其门⁽²⁾，曰："善成夫志。"

鹤鸣书院 在八峰山麓。襟带大河，州城对峙。前州牧吉⁽³⁾，谓其地宜建奎阁书院⁽⁴⁾，可培文风。然系营地，游府姜不可⁽⁵⁾，其议遂中止。道光壬寅，正齐程牧⁽⁶⁾，吾州庠生徐承寿、职员陈应诏、庠生李良贞直陈颠末，请以文昌阁旁屋数椽，出印券与游府佛易其地⁽⁷⁾。议成，遂谕倡劝建修，无如地瘠民困，募地只有数区，醵金不满百串，晨星寥寥，乌能有济？程公复经营区画，以民间田土涉争讼者，令首士排解，心悦充入书院，收租生息，为修脯资。至起工架木，系监生易光柱独任。而讲堂大木四株、平基、盖瓦、封砖、砌石、装饰，系书院之经费。道光戊申经始⁽⁸⁾，辛亥工竣⁽⁹⁾。迄今虽得田数十余，所要皆硗地，出息无多，尚未延师开课。

【注释】
（1）**未逮**：不及、没有达到。
（2）**程**：程明，约道光二十二年至二十四年（公元1842—1844年）由州判署。
（3）**吉**：吉钟颖，江苏丹阳进士，嘉庆二十二年（公元1817年）任。
（4）**奎阁**：收藏珍贵典籍文物的楼阁。
（5）**游府姜**：指游击府游击姜元福，山东盈海人，嘉庆十二年（公元1807年）任。
（6）**正齐**：使衣冠保持整齐。
（7）**佛**：时任游击佛隆。
（8）**道光戊申**：即公元1848年。

（9）辛亥：即公元 1851 年。

光绪十一年续修

学校志

学校为风教之始，下邑弦歌⁽¹⁾，人知向化，比年来簪缨继起⁽²⁾，筮仕外省⁽³⁾，代不乏人，书院渐有起色，宾兴亦筹增经费。故学校志续修。

【注释】

（1）**下邑**：下县，古代县分三等，粮十万石以下为上县、六万石以下为中县、三万石以下为下县。**弦歌**：用琴瑟等伴奏歌唱，喻歌舞升平。

（2）**簪缨**：古代达官贵人的冠饰，后遂借以指高官显宦。

（3）**筮仕**：古人将出做官，卜问吉凶。这里指初出做官。

御书"德齐帱载"额⁽¹⁾，同治三年奉颁。

御书"圣神天纵"额⁽²⁾，到日敬摹悬挂。

御书"斯文在兹"额⁽³⁾，光绪六年奉颁。

文庙后启圣祠倾圮，光绪二年⁽⁴⁾，知州石廷銮重修，首士徐德元、李树馨、徐德润、吴振鹭监修。

鹤鸣书院建修后，以无膏火资未及开课⁽⁵⁾，近稍置产。光绪二年，首士李树馨、徐德元、徐德润、陈九嶂，请延山长课士⁽⁶⁾，每月官课一次⁽⁷⁾，堂课二次，取内学正课六名⁽⁸⁾，附课六名，月给膏火奖赏，粗具规模，尚待恢扩⁽⁹⁾。

【注释】

（1）**德齐帱载**：语出《中庸》："仲尼祖述尧舜，宪章文武，上律天时，下袭水土，譬如天地无不持载，无不覆帱。"帱，多音字，这里读"道 dào"，覆盖的意思，言孔子之学术思想和个人品德，可以经纬天地，无所不包，完美无缺。德齐，德相同之意。帱载，《左传·襄公二十九年》："如天之无不帱也，如地之无不载也。"后因以"帱载"指天地之德。

（2）**圣神：**封建时代称颂帝王之词，亦借指皇帝；泛称古代的圣人。**天纵：**指上天所赋予，才智超群（多用做对帝王的谀辞）。

（3）**斯文：**指文化或文人。**在兹：**在此。

（4）**光绪二年：**公元 1876 年。

（5）**膏火资：**膏，灯油；火，饮食。代指维持书院等运行的费用。

（6）**山长：**山长是历代对书院讲学者的称谓。五代蒋维东隐居衡山讲学时，授业者称之为山长。废除科举之后，书院改称学校，山长的称呼废止。**课士：**考核士子的学业。

（7）**官课：**旧时官府对书院学生进行定期考试。

（8）**正课：**规定的正式课程。

（9）**恢扩：**也作"恢弘 guō"，扩充，发展。

宾兴

宾兴费创设[1]，前任徐公静溪[2]。计三年息资，每届秋闱试土，如仅十人，每约十串，人多则分润无几，难以就道，故赴试者寥寥。光绪十年夏，大宪以州境八、九两年灾荒，发库银二千两，下州平粜[3]，事竣，尚余粜本钱六百余串，署知州厉祥官详请大宪，以四百余串购谷四百余石，储常平仓备荒；以二百串付书院首士，置产生息，用增宾兴之费。

宾兴姓名数目

生员徐承寿捐钱二十千文。

从九衔陈应诏捐钱二十千文。

生员徐德元捐钱四十千文。

补用湖南通判同知衔吴振鹭捐钱四十千文。

试用湖南知县郑登俊捐钱十千文。

生员徐德容捐钱四十千文。

候选训导田孚栋捐钱二十千文。

生员洪应耀捐钱二十千文。

武生杨德福捐钱二十千文。

武生李树森捐钱十千文。

从九衔黄品端捐钱二十千文。

生员易秉珪捐钱十千文。

生员龚芳絅捐钱二十千文。

从九衔陈朝清捐钱十千文。

生员龚学焕捐钱十千文。

【注释】

（1）宾兴：周代举贤之法，谓乡大夫自乡小学荐举贤能而宾礼之，以升入国学。科举时代，地方官设宴招待应举之士，亦指乡试。

（2）徐公静溪：即知州徐涵楷，号静溪。

（3）平粜 tiào：官府在荒年缺粮时，将仓库所存粮食平价出售。

补录^{（1）}

学校志

宣统年间，鹤峰直隶厅学堂 17 所^{（2）}，学生 507 人；私塾约 28 所，学童 600 人。

学堂

宣统年间，废书院，办学堂，开办小学 17 所。民国初年，学校有所增加，开设女子高级小学。

私塾

鹤峰私塾以集资延师为主。一家做东，邀约其他家长轮流做东，称为"棚学"。外来塾师居多，也有少数富户设家塾。光绪初年，东溪张子栋设家塾，三代兴盛 50 余年。

塾师束脩钱物并计[3]，米、柴、油、肉、酒、盐、菜等数目具体，民国初年时，一般私塾每生交一块银元，民国十三年（公元 1924 年），花岗（今走马镇花桥）私塾供东标准为每月大米三斗、肉 3 斤、油 2 斤、酒 3 斤、柴 2 担，除供给实物，另有学费。开学一月后，由做东邀各家长集会分摊。

鹤峰私塾多为蒙馆。启蒙读物为《三字经》《百家姓》《论语》，程度高者授以《诗经》《千家诗》。少数塾师水平较高，能自编自选内容较深的塾课。有塾师张百川将"五经"改写为通俗读物，分四册自编《塾课》，自行木刻印刷。

蒙馆授课以点书为主教读[4]，每天点书 2 次并背熟。塾师以千板、戒尺管教学童。

光绪三十年（公元 1904 年），学部提出改良私塾，次年制定《私塾改良章程》，宣统二年（公元 1910 年）再次颁订《改良私塾章程》，鹤峰直隶厅有 15 所初等私塾因此得到改良，设置修身、国文、读经、讲经等课，称为简易识字私塾。

【注释】

（1）**补录**：根据《鹤峰县志》（1986 年版）补充内容。

（2）**直隶厅**：光绪三十年（公元 1904 年），鹤峰州改为鹤峰直隶厅，隶属湖北布政司施鹤道。

（3）**束脩** shù xiū：送给教师的报酬。脩，古时称干肉，引申为付给老师的酬金。

（4）**点书**：这里指塾师教一句，学童跟读一句的教读方法。

卷十　兵防志

　　兵可百年不用，不可一日不备。方前明嘉靖时，洞长田九霄从胡宗宪征倭[1]，屡立战功，何壮也。及当崇祯十三年[2]，楚抚方孔炤调容美土司兵[3]，增当阳、远安，戍非其地，久尚武功哉。顾土司藉民，为兵祗资[4]，其犷悍果敢之气。国家养兵卫民，必定其征防守卫之法。卫昌营实辖鹤乐二邑，而鹤为川楚扼要，故作营治焉。厥后兵额递减，而营制如昔，盖以险隘宜防故也。州归流八十余载，而吾民日安耕凿[5]，无烽燧之警有由也夫[6]。志兵防。

【注释】

（1）**田九霄**：（？—1562年）公元1556年至1562年袭任容美土司宣抚使。明嘉靖年间，倭寇入侵我国东南沿海，明王朝征调兵力抗倭，田率领容美兵弁数千人，随曾任湖广巡按、时任浙江巡按监察御史胡宗宪抗倭，因战功卓著，受到朝廷的嘉奖和封赏。

（2）**崇祯十三年**：公元1640年。

（3）**方孔炤**：即方孔照（公元1590—1655年），字潜夫，号仁植，安徽桐城凤仪里（今桐城市区北大街）人，明末大臣、易学家。明神宗万历四十四年进士，授嘉定州知州，累官至湖广巡抚，在镇压明末农民起义时八战八捷，立下赫赫战功。著有《周易时论》。

（4）**祗资**：恭敬并顺从助持。

（5）**耕凿**：耕田凿井。泛指耕种，务农。

（6）**烽燧**：即"烽火"。古代边防报警的信号，春秋时白天燃烟叫烽，夜晚放火叫燧；而唐时白天燃烟叫燧，夜晚放火叫烽，后也泛称报警的烽火，不分昼夜。

设营源流

卫昌营原系彝陵镇右营，容美土司归流后，改彝陵镇为宜昌镇，并改右营为卫昌营，移设鹤、乐二州、县。雍正十三年^{（1）}，原额兵丁七百名。乾隆十六年^{（2）}，奉文裁拨六名，归德安营添补塘汛。又二十四年，奉文裁拨六名，归安陆营添补塘汛。又四十七年，奉文裁拨养廉六十六名，公费二十一名，删除名粮名色改支正项。又嘉庆二十年^{（3）}，奉文裁减五十名。现在兵额五百五十一名，内除外委四员、额外一员外，实兵五百四十六名。

【注释】

（1）雍正十三年：公元 1735 年。

（2）乾隆十六年：公元 1751 年。

（3）嘉庆二十年：公元 1815 年。

营员

游击一员　驻州城。

守备一员　原驻防长乐县之湾潭，乾隆三十三年，移驻州城，以存城千总一员移驻湾潭。

把总三员　一驻州城、一驻奇峰关、一驻五里坪。

外委四员　一驻州城、一驻邬阳关、一驻山羊隘、一驻北佳坪。

额外外委一员　驻州城。又千总二员、把总一员，俱分防长乐。

兵额

马兵五十七名内，弓箭五十三名、鸟枪四名。战兵六十二名内，弓箭二十六名、鸟枪三十二名、藤牌四名。守兵四百二十七名内，书职二十一名、弓箭七十七名、鸟枪二百九十二名、藤牌二十一名、炮手一十六名。

以上总共五百四十六名，除分防长乐塘汛兵丁一百七十一名外，所有州属存城暨分防塘汛兵丁名数列左[1]：

存城兵丁二百二十六名。

东路塘汛兵丁二十三名内，凉水井五名、石龙洞五名、燕子坪五名、三陡坪四名、百顺桥四名，系存城把总外委分防。

西路塘汛兵丁三十二名内，太平镇五名、奇峰关十四名、三岔口四名、大崖屋四名、马蕉坪五名，系奇峰关把总分防。

南路塘汛兵丁四十九名内，茶店子四名、柘潭坪五名、五里坪十四名、三路口五名、白果坪五名、牛角尖四名、山羊隘十二名，系五里坪把总与山羊隘外委分防。

北路塘汛兵丁四十五名内，水沙坪五名、北佳坪十名、刘家司四名，系北佳坪外委分防；高桥四名、邬阳关十四名、云雾村四名、楼角四名，系邬阳关外委分防。

以上共兵丁三百七十五名。

【注释】

（1）**列左**：相当于现代公文的"如下"，旧时竖排公文从右至左书写，详细名目以"列左"表示。

经费

官兵俸饷，每年雨季兼请回营存贮州库，于季初移取包封会同支放[1]。

兵米春夏二季，按月赴州仓支领南粮米[2]，秋季支领本色米[3]，冬季支折色[4]，每石折银七钱，赴粮道衙门请领。再本营稻谷稀少，米价昂贵，宽给银三钱赴藩司衙门请领。

营中公费，每年额领银二百六十二两九钱四分。本营兵丁红白事件惠济银两，每年两次赴藩司衙门领银共二百二十两存贮，白事给银五两，红事给银三两。

额设操马六十二匹，每年每匹支草干银十两零二钱，每年报倒一十八匹，请领马价银二百三十四两，随倒随即买补。

军器局在州城后山北门内，内贮花铁盔甲六十二副，棉铁盔甲一百七十二副，素铁盔甲三百二十一副，藤牌二十五面，牌刀二十五口，虎衣帽裤鞋二十五副，刷刀一十九口，大铜炮二尊 一尊重三百八十斤，一尊重三百七十八斤，系土司旧铸，马蹄炮三位 土司旧铸，劈山炮一位，过山鸟一位，子母炮三位，金蟒大旗十二面，金蟒小旗十二面，红旗十二面，战箭六千一百一十支，步弓五十八张，鸟枪三百五十九杆，腰刀五百二十六口，帐房六十九笼单，堂屋六十九个，锣锅六十九口，铁锹锄各六十九把，铁斧五百七十五把，长矛二十四杆，撒袋一百四十七副，铁群子二斤九两，大小铁炮子五百五十斤，铅子七十四斤十两，宽刀刷刀十口，号帽四百零六顶，号褂五百八十件，号袍三百四十八件，盈余刷刀一十一口。

药局在军器局之上。内额贮预备三年，火药五千三百二十八斤，操演缺额赴藩司衙门请领硝磺配造；又贮预备三年，铅弹五千三百二十八斤，打靶后遵照检七销三之例，核发所有缺额差目，赴汉镇买黑铅回营制造[5]。

州城四门，每门设堆卡一处，又分布塘房二十五处，每处大小木牌二面，木架一座，木棍四根，长矛二杆，钩镰枪二杆，铜锣一面，又每塘塘旗一面。

额设救火激筒一乘，号旗一杆，号衣二十四件，双须火铁钩四杆，铁锯二把，铁斧二把，铁锚一口，麻搭四杆，云梯二乘，水桶四担，吊桶二个，泼桶四个。

【注释】

（1）**包封**：用纸等将物件包裹并封口。

（2）**南粮**：详见前注，从外地调入的军粮。

（3）**本色米**：本色主要指的是米、麦、黍、粟、豆等农产品。本色有三种，一为月米，一为折绢米，一为折银米，同时发放。

（4）**折 shé 色**：旧时谓所征田粮折价征银钞布帛或其他物产，亦称俸禄折发钱钞。

（5）**黑铅**：铅的一种，石墨的别名。

按：善守者，藏于九地之下，此言兵防不可不深也。假如蜀以一旅阨阴平[1]，则邓艾不可以坐缚哉[2]。

【注释】

（1）**阨 ài**：通"隘"。这里意为把守险要的地方。**阴平**：古地名，在剑门关以北（现今甘肃省文县境内）。三国时，邓艾奉命攻伐蜀国，久攻不利，邓艾则回军景谷道，到达阴平郡，走数百里险要小道，到达江油关，蜀汉守将马邈开关投降。邓艾军长驱南下，攻克绵竹，直抵成都。蜀后主刘禅投降，蜀国灭。

（2）**邓艾**：（公元197—264年）字士载，义阳棘阳（今河南省新野县）人，三国时期曹魏名将，文武双全，深谙兵法。本名邓范，后因与同乡人同名而改名。

同治六年续修

　　按：兵以卫民，岩疆尤重[1]，军兴以来，累次裁拨南粮，亦行暂停。故兵防志续修[2]。

【注释】
（1）**岩疆**：边远险要之地。
（2）**续修**：原著言"兵防志续修"，但无具体内容。

光绪十一年续修

　　鹤邑上接夔巫，下连湖湘，后防宜重，咸丰前递经裁拨，而州治未遭戎马蹂躏者，固镇有营伍，实僻在穷荒也。故兵防志仍旧。

卷十一　职官志

州有简要，官有能否。鹤峰设流之初为要缺，后改简而期于报最，绩传循声则一也⁽¹⁾。州长而外，有教职，有佐杂，有营弁，供职则有庸，旷官则无济⁽²⁾。自来郡邑志皆列职官姓名，不专以为荣也，亦寓箴戒意焉⁽³⁾。当前牧辑志时，职官无多，今以次续载若干人，爰标其班途、里居及其大概著于篇，其有功德于州者，别立《名宦传》，俾览者指而目之，曰：某也贤，某也才，某也素餐而尸位⁽⁴⁾，其亦前事之镜也夫！志职官。

【注释】

（1）循声：顺着声律；顺着声音。指为官有循良之声。

（2）旷官：空居官位。指不称职。语出《书·皋陶谟》："无旷庶官，天工人其代之。"

（3）箴戒：规劝儆戒。刘勰《文心雕龙·谐隐》："又蚕蟹鄙谚，貍首淫哇，苟可箴戒，载于礼典。"

（4）素餐：不劳而食，多指无功受禄。尸位：占着职位却不做事。见《书·五子之歌》："太康尸位以逸豫，灭厥德，黎民咸贰。"

文职官表⁽¹⁾

知州

毛峻德　顺天良乡监生，有传。雍正十三年（公元 1735 年）。

黄　衮　直隶真定举人，署⁽²⁾。乾隆七年（公元 1742 年）。

鹿聪豫　安徽阜阳贡生。乾隆八年（公元 1743 年）。

胡式璟　镶白旗汉军监生。乾隆十年（公元 1745 年）。

岑映奎　广西陵云贡生，署。乾隆十七年（公元 1752 年）。

李　林　顺天大兴监生，有传。乾隆十八年（公元 1753 年）。

姚　丙　江苏丹徒举人，署。乾隆二十二年（公元 1757 年）。

马　霖　以鹤峰州州同，署。乾隆二十九年（公元 1764 年）。

吴世贤　江苏奉贤进士，有传。乾隆三十年（公元 1765 年）。

方天葆　浙江泰顺拔贡，有传。乾隆三十一年（公元 1766 年）。

刘文远　四川南溪举人，署。乾隆三十八年（公元 1773 年）。

徐　坚　江苏元和贡生。乾隆三十九年（公元 1774 年）。

杨大烈　州判，署。乾隆四十年（公元 1775 年）。

张介禧　山西浮山监生，署。乾隆四十一年（公元 1776 年）。

梁　植　广东顺德举人。乾隆四十二年（公元 1777 年）。

蔡述谟　湖南华容举人。乾隆四十三年（公元 1778 年）。

萧先达　广东始兴贡生。乾隆四十五年（公元 1780 年）。

雷应芳　山西平遥廪贡，洁己爱民，未期岁，以终养乞归[3]。
乾隆四十六年（公元 1781 年）。

徐运彩　河南光化举人，署。乾隆四十七年（公元 1782 年）。

刘元鼎　直隶高阳举人，署。乾隆四十八年（公元 1783 年）。

吴焕彩　福建南安进士，有传。乾隆四十八年（公元 1783 年）。

刘永华　湖南益阳举人，署。乾隆五十一年（公元 1786 年）。

王　焘　江苏震泽监生，署。乾隆五十一年（公元 1786 年）。

杨树本　浙江桐乡副榜。乾隆五十二年（公元 1787 年）。

朱抡芳　直隶肃盈（宁）举人，署。乾隆五十五年（公元
1790 年）。

何学青　广东番禺举人，署。乾隆五十六年（公元 1791 年）。

茹宗培　顺天密云拔贡，署。乾隆五十九年（公元 1794 年）。

杨树本　回任。嘉庆二年（公元 1797 年）。

秦树松　广西阳朔举人，署。嘉庆七年（公元 1802 年）。

张增龄　江西新淦举人，署。嘉庆十年（公元 1805 年）。

范继昌　顺天宛平大兴吏员。嘉庆十三年（公元 1808 年）。

刘运浩　湖南巴陵举人，署。嘉庆十四年（公元 1809 年）。

杜如锦　河南原武举人。嘉庆十五年（公元 1810 年）。

刘运浩　复署。嘉庆十五年（公元 1810 年）。

王惟球　由随州州判调署。嘉庆十八年（公元 1813 年）。

董惟埔　直隶丰润吏员，署。嘉庆十九年（公元 1814 年）。

吉钟颖　江苏丹阳进士，有传（补录）。嘉庆二十二年（公元 1817 年）。

【注释】

（1）职官表：职官表载述将原表单改为直述（以下均同），任职的朝代年号与公元年历对应，在括号内标注，不另作注释。有部分职官任职时间与原志有异，是因查对《（同治）宜昌府志》修正。

（2）署：代理、暂任或试充官职。

（3）终养：奉养父母，以终其天年。多指辞官归家以终养年老亲人。乞归：请求辞职回乡。

州佐

缪鹏起　顺天宛平监生，州同。雍正十三年（公元 1735 年）。

王　都　顺天大兴监生，州判。雍正十三年（公元 1735 年）。

高　和　福建闽县贡生，州同。乾隆七年（公元 1742 年）。

王　曜　山东济南监生，州判。乾隆七年（公元 1742 年）。

林　容　福建连城副榜，州判。乾隆九年（公元 1744 年）。

翁光岳　浙江仁和监生，州同。乾隆十三年（公元 1748 年）。

连颐山　安徽阜阳监生，州同。乾隆二十一年（公元 1756 年）。

顾　夔　江苏长洲监生，州判。乾隆二十一年（公元 1756 年）。

张光墀　湖南湘乡副榜，州判。乾隆二十二年（公元 1757 年）。

马　霖　陕西长安监生，州同。乾隆二十二年（公元 1757 年）。

王　豫　山东诸城监生，署，州判。乾隆二十八年（公元 1763 年）。

赵廷璧　顺天大兴吏员，署州同。乾隆二十九年（公元 1764 年）。

许青钱　广东普明监生，州判。乾隆二十九年（公元 1764 年）

崔尔堂　镶红旗汉军官学生，州同，乾隆三十五年（公元 1770 年）。

王承辉　广东番禺举人，州判。乾隆三十六年（公元 1771 年）。

是年，州同缺裁，以后表内俱系州判，故不分注。

郑思全　直隶丰润举人。乾隆三十九年（公元 1774 年）。

杨大烈　陕西咸阳监生。乾隆三十九年（公元 1774 年）。

周连元　直隶新河拔贡。乾隆四十二年（公元 1777 年）。

王蕙元　镶白旗汉军监生。乾隆四十四年（公元 1779 年）。

冯体曾　直隶清丰贡生，署。乾隆四十五年（公元 1780 年）。

任安邦　乾隆四十六年（公元 1781 年）。

俞　榕　江苏镇江监生。乾隆四十八年（公元 1783 年）。

刘承铨　江西长盈监生。乾隆四十九年（公元 1784 年）。

舒正载　湖南溆浦拔贡。乾隆五十一年（公元 1786 年）。

王景邕　四川巴县拔贡，署。乾隆五十一年（公元 1786 年）。

萧文钲　福建尤溪拔贡。乾隆五十二年（公元 1787 年）。

杨廷焕　江苏阳湖监生。乾隆五十四年（公元 1789 年）。

刘光俊　江西卢陵监生，署。乾隆五十七年（公元 1792 年）。

萧文钲　再任。乾隆五十八年（公元 1793 年）。

沈思铣　浙江余姚监生。嘉庆二年（公元 1797 年）。

余远思　湖南平江监生，署。嘉庆六年（公元 1801 年）。

王惟球　浙江丽水拔贡，调补随州州判。嘉庆七年（公元1802年）。

彭之材　江西宜春拔贡。嘉庆九年（公元1804年）。

吕师让　江西丰城监生。嘉庆十三年（公元1808年）。

胡宗李　江苏常熟监生，署。嘉庆十九年（公元1814年）。

林廷翰　浙江鄞县廪生。嘉庆二十年（公元1815年）。

训导

徐在炎　蒲圻举人　由长阳训导改授，邑设训导始此。乾隆三十三年（公元1768年）。

黄道配　安陆岁贡。乾隆三十六年（公元1771年）。

张天堉　江夏拔贡，署。乾隆四十二年（公元1777年）。

王大恺　石首，岁贡。乾隆四十三年（公元1778年）。

万善传　安陆举人，署。乾隆四十九年（公元1784年）。

洪成鼎　应山举人。乾隆五十年（公元1785年）。

邓梦洁　天门岁贡。乾隆五十五年（公元1790年）。

黄　铨　保康岁贡。乾隆五十六年（公元1791年）。

张定模　当阳岁贡，署。乾隆五十八年（公元1793年）。

薛名臣　均州岁贡，任未久，病故。因匪乱路阻，榇不能归，邑绅衿醵资葬于北门外，有墓碑。乾隆五十九年（公元1794年）。

陈文禧　应城举人，工制艺课，士有方后，右臂病痹，以左手削改课卷，诸生服其精细[1]，旋告归。嘉庆二年（公元1797年）。

邓膺垣　松滋廪贡，署。嘉庆五年（公元1800年）。

胡攀龙　黄梅举人，学业博雅，课士谆详，截取广西思恩县知县，有传（补录）。嘉庆六年（公元1801年）。

司效徽　竹溪拔贡，署。嘉庆十三年（公元1808年）。

干廷植　广济举人。嘉庆十八年（公元 1813 年）。

萧　琴　汉阳优贡。嘉庆二十二年（公元 1817 年）。

【注释】

（1）诸生：古代经考试录取而进入中央、府、州、县各级学校，包括太学学习的生员。生员有增生、附生、廪生、例生等，统称诸生。

吏目

胡　璠　浙江会稽吏员。雍正十三年（公元 1735 年）。

沈　锦　江苏元和监生。乾隆十一年（公元 1746 年）。

郭成诗　陕西华州监生。乾隆十二年（公元 1747 年）。

施元恺　安徽青阳监生，恤狱爱民，舆情浃洽，调补随州吏目。乾隆十七年（公元 1752 年）。

陈　泰　江西金溪吏员，有传。乾隆三十六年（公元 1771 年）。

袁道亨　江西。嘉庆六年（公元 1801 年）。

钟　城　顺天宛平监生，署。嘉庆十五年（公元 1810 年）。

陈锡镇　福建顺昌监生。嘉庆十六年（公元 1811 年）。

张泳孟　四川巴县监生。道光二年（公元 1822 年）。

巡检

吕存芳　顺天大兴吏员。雍正十三年（公元 1735 年）。

曹　煜　江苏长洲吏员。乾隆二年（公元 1737 年）。

姚　勘　顺天大兴吏员。乾隆六年（公元 1741 年）。

朱　缙　江苏上元吏员。乾隆八年（公元 1743 年）。

周寅坤　浙江仁和吏员。乾隆十一年（公元 1746 年）。

胡国梁　顺天大兴监生。乾隆二十七年（公元 1762 年）。

祝松泰　直隶沧州监生。乾隆三十五年（公元 1770 年）。

李玉衡　浙江海盐监生，署。乾隆四十年（公元 1775 年）。

胡光薰　江西卢陵监生。乾隆四十一年（公元 1776 年）。

逯超群　河南河内监生，署。乾隆四十一年（公元 1776 年）。

何刚中　顺天宛平监生，署。乾隆四十三年（公元 1778 年）。

熊达谕　江西石城监生。乾隆四十三年（公元 1778 年）。

程　琨　江西永丰吏员。乾隆五十六年（公元 1791 年）。

钱声远　浙江会稽吏员。乾隆五十七年（公元 1792 年）。

陈大松　江苏吴县监生，署。嘉庆四年（公元 1799 年）。

李　元　顺天大兴吏员。嘉庆九年（公元 1804 年）。

余远思　湖南平江监生。嘉庆十六年（公元 1811 年）。

张锡坦　山阴监生。嘉庆二十五年（公元 1820 年）。

葛文铸　安徽滁州附贡。道光二年（公元 1822 年）。

武职官表

游击

王镇维　直隶真定人。雍正十三年（公元 1735 年）。

姜启周　湖南芷江人。乾隆三年（公元 1738 年）。

王　烈　福建惠安人。乾隆七年（公元 1742 年）。

余怀燕　龙溪人。乾隆十一年（公元 1746 年）。

赵元长　江苏上元人。乾隆十二年（公元 1747 年）。

王介福　山西徐沟人。乾隆二十一年（公元 1756 年）。

刘乘龙　直隶定兴人。乾隆三十年（公元 1765 年）。

张攀龙　福建上杭人。乾隆三十六年（公元 1771 年）。

吴进功　甘肃盈朔人。乾隆四十年（公元 1775 年）。

豆　澍　甘肃固原人。乾隆四十五年（公元 1780 年）。

王　凯　贵州贵阳人。乾隆五十六年（公元 1791 年）。

张　顺　湖南宜章人。乾隆五十九年（公元 1794 年）。

孙效前　嘉庆元年至八年（公元 1796—1803 年）。

高承耀

三　福　以上三员均系军前拔补卫昌营，未经到任。

姜元祥　山东盈海人。嘉庆十二年（公元 1807 年）。

守备

彭文炤　福建人。雍正十三年（公元 1735 年）。

张文藻　蕲州人。乾隆三年（公元 1738 年）。

刘永中　辰州人。乾隆十一年（公元 1746 年）。

刘启英　武陵人。乾隆十三年（公元 1748 年）。

蔡先杰　辰州人。乾隆十五年（公元 1750 年）。

沈补佐　江夏人。乾隆十九年（公元 1754 年）。

殷义勇　河南人。乾隆二十三年（公元 1758 年）。

张世富　靖州人。乾隆二十八年（公元 1763 年）。

乾隆三十二年（公元 1767 年）以前，守备驻防湾潭，而州属系其所辖，故备载。

雷震蒙　贵州人。乾隆三十七年（公元 1772 年）。

张人凤　监利人。乾隆四十三年（公元 1778 年）。

李文治　巴陵人。乾隆五十年（公元 1785 年）。

王吉鼎　字荆山，南漳人　嘉庆元年在宜都白田地方征剿教匪，冲入贼队手刃数人，中枪阵亡。奏奉恩旨加等议恤，赏给全葬致祭，立传入祀昭忠祠，给云骑尉袭次完时，恩骑尉世职阇替。乾隆五十三年（公元 1788 年）。

朱　槐　兴山人。嘉庆元年（公元 1796 年）。

吕连桂　以上二员军前拔补卫昌营，未经到任。

王廷桂　南漳人，以父王吉鼎荫云骑尉署卫昌营。嘉庆二年（公元 1997 年）。

刘明德　江夏人。嘉庆十年（公元 1805 年）。

王之贵　江夏人。嘉庆十七年（公元 1812 年）。

千总、把总

马中德　东湖人，千总。雍正十三年（公元 1735 年）。

樊　超　四川人，把总。

张　祥　东湖人，把总。

赵　玢　谷城人，把总。

雷　戎　东湖人，把总。

马天祥　江夏人，千总。乾隆五年（公元 1740 年）。

姚夫远　东湖人，把总。

姚夫远　千总。乾隆十年（公元 1745 年）。

陈大用　东湖人，把总。

魏赓禹　东湖人，把总。

陆君美　兴山人，把总。

崔世麒　陕西人，千总。

范　笏　东湖人，把总。乾隆十三年（公元 1748 年）。

张彤标　河南人，把总。

何应基　江夏人，千总。乾隆十五年（公元 1750 年）。

陆君美　千总。乾隆二十二年（公元 1757 年）。

宋兴宗　长阳人，把总。

屈达道　陕西人，把总。

贾应年　东湖人，把总。乾隆二十四年（公元 1759 年）。

张应槐　长阳人，把总。

张士绪　宜都人，千总。

曾　锦　长阳人，把总。乾隆三十一年（公元 1766 年）。

张廷扬　远安人，把总。

李春华　兴山人，千总。乾隆三十二年（公元 1767 年）。

乾隆三十三年（公元 1768 年），千总移驻湾潭，以后表内俱把总故不分注。

任　恺　远安人。乾隆三十四年（公元 1769 年）。

余　灿　东湖人。乾隆三十六年（公元 1771 年）。

张兆虎　东湖人。乾隆三十七年（公元 1772 年）。

张　豹　远安人。

熊锦太　襄阳人。乾隆三十九年（公元 1774 年）。

张如宾　恩施人。乾隆四十年（公元 1775 年）。

关必升　江陵人。乾隆四十四年（公元 1779 年）。

杨洪伦　恩施人。乾隆四十六年（公元 1781 年）。

袁光宗　江陵人。乾隆四十九年（公元 1784 年）。

聂永春　本邑人。乾隆五十年（公元 1785 年）。

王启龙　东湖人。乾隆五十一年（公元 1786 年）。

陈洪道　远安人。

田继秀　东湖人。乾隆五十四年（公元 1789 年）。

田应林　嘉庆元年（公元 1796 年）。

邵　贵　以上二员军前拨补，未经到任。

陈连升[1]　邑人。嘉庆九年（公元 1804 年）。

杨文光　江陵人。嘉庆十年（公元 1805 年）。

萧　贵　安福人。

汪应龙　东湖人。

刘殿魁　江夏人。嘉庆十六年（公元 1811 年）。

罗永贵　东湖人。嘉庆十九年（公元 1814 年）。

李洪志　东湖人。

周文雅　华容人。嘉庆二十年（公元 1815 年）。

罗应宗　东湖人。嘉庆二十三年（公元 1818 年）。

【注释】

（1）陈连升：（公元 1777—1841 年）鹤峰邬阳关人，土家族，行伍出身。1793 年加入清军绿营宜昌水师，历任宜昌镇卫昌营（鹤峰州）把总、施南协把总（驻崔坝）、千总（驻宣恩），广州府增城营千总、广西左江镇怀集营千总、湖北郧阳府保康营守备、广西左江镇都司、广东南韶连镇连州连阳营游击、增城营参将。1839 年奉调从增城营前往广州禁烟，11 月 11 日率兵参加"官涌之战"大败英军，被钦差大臣林则徐禀奏朝廷署韶连镇三江口协副将，调守虎门沙角炮台。1841 年 1 月 7 日（农历 1840 年腊月十五），面对数千英军，陈连升与义子陈举鹏仍率部激战，终因孤立无援，弹药殆尽，寡不敌众，父子以身殉国。陈连升的战马"黄骝"被英军掳去香港，英军喂之不吃，近则蹄击，骑之摇堕，每日向北悲鸣嘶叫，1842 年 5 月（农历夏四月）因绝食而亡，后人立"节马碑"以祀之、赋《节马行》以歌之。参见《附录六：鹤峰州大事记》。

名宦传

毛峻德　顺天良乡人。雍正十二年，以安陆别驾[1]，奉委提土司田旻如进京，行抵荆州，会容美民变，旻如缢，土民解押从犯，投请设流，监司委鞫得实，率赴容美办理，镇抚洞黎、安插犯属各事宜。以才干荐授新开州牧，是时民物凋残，建城垣，修坛宇、官廨、仓廒，百役具举，竣德擘画周详，分里出夫计役，给直吏无欺隐，民无扰累，复设条教，以变苗风，遵轨同文，与为更始。六年而政成，乃以改土颠末及邑中所应纪载者，纂为志，升宜昌守。

【注释】

（1）别驾：别驾从事史的简称，官名，亦称别驾从事，习称"通判"。

李　林　顺天大兴人。慈惠爱民，政简刑清，每下乡召父老咨询民风，课农种桑，诰诫谆谆，莅任五年，清介如一日。是时改土未久，人文固陋，林捐俸修建义学三所，延师训迪。有垦荒田争讼者，拨归学租。公暇亲诣馆，课童子诵读，给纸笔糕饼奖励之。由是，邑人始知向学。

吴世贤　江苏奉贤人，进士。乾隆三十年署州事[1]，严毅果断，人不敢挠以私，法立令行，奸宄敛迹。刘世显等呈请开考，世贤召集阖属生童，扃校文艺[2]，以纠其纰缪，而奖其明通，用此文风振兴。请设学额，通详当路批允，邑人至今尸祝焉[3]。其为文廉杰精悍，诗亦高古，署篆期年，吟咏成帙，邑庠李静安有抄本存。

【注释】

（1）乾隆三十年：公元 1765 年。

（2）扃 jiōng：从外面关门的闩、钩等。

（3）尸祝：古代祭祀时对神主掌祝的人或主祭人。这里指祭祀或崇拜。

方天葆　浙江泰顺人。由云南知县授鹤牧，下车初，即召集生童，校阅文艺，训迪谆挚，如师弟子。前署牧吴世贤详请设学，檄下核查，葆如世贤指复详，奉奏准设学额八名。乾隆三十四年，学使按临宜郡，岁科两试，取士如额，外拨府学二名，葆所考取前列皆入彀[1]。莅政数年，政通人和，公暇辄饮酒赋诗，文雅风流，翛然物表[2]，后以才干调补随州。

【注释】

（1）入彀 gòu："彀中"指箭能射及的范围，后用"入彀"比喻受人牢笼，由人操纵或控制。《唐摭言·述进士》记载，唐太宗在端门看见新考中的进士鱼贯而出，高兴地说："天下英雄入吾彀中矣。"

（2）翛然 xiāo rán：无拘无束貌；超脱貌。

　　吴焕彩　福建南安人。家贫力学，中年成进士，选范县令，以治行卓异，秩满，授鹤峰牧，范人不忘遗爱[1]，走数千里来鹤省视[2]，彩力止不能绝也。始下车，见案牍稽滞[3]，克期集两造[4]，日鞫数起，剖决如神，逾月狱讼衰息。时召乡老咨访风俗，或畏其严毅，慑伏不能措一词[5]。慨然叹曰："范人于父母官亲而不尊，鹤民尊而不亲。"自是务为平易，然于莠民必置诸法不少恕[6]，以是人怀其德，而益畏其威。性喜延接士人，有投以文卷者，虽纰缪必批改，面为训迪，观风校士。得洪生先焘、部生生榕，召与子裕中共笔砚饮食[7]，为讲解经义者三年。解组归[8]，士民攀辕泣送数百里。后先焘领乡荐[9]、生榕选拔，为邑举贡发轫。先焘署大埔县，与闽接壤，伻往复书曰[10]：道德齐礼，圣训非迂阔也，切勿染宦途习气，盖自道其所得云。年八十余卒于家，裕中中福建乡榜，今任浙江知县。

【注释】

（1）遗爱：这里指留于后世而被人追怀的德行、恩惠、贡献等。

（2）省视：看望。

（3）稽滞：拖延；延误。

（4）克期：在严格规定的期限内。**两造**：原告与被告，也作"两曹"。

（5）慑伏：慑服，因畏惧而屈服。

（6）莠民：坏人。

（7）裕中：即吴焕彩之子，吴裕中。

（8）解组：解绶，解下印绶。指辞去官职。

（9）乡荐：唐、宋应试进士，由州、县荐举，称"乡荐"。

（10）伻 bēng：使者或仆人。

陈　泰　江西金溪人。由方略馆供事[1]，议叙选鹤峰吏目[2]，老成持重，事上官无抵牾[3]，亦无诡随。慈祥爱人，尤尊礼文士。俸虽薄，延师课诸子，读不计费，自奉俭约茹蘗饮冰怡如也[4]。莅官四十年，以大计膺保荐者数矣。卒不获迁擢，殁之日，箧无余资，士民醵金白喻孺人，卜葬于水寨之高冈[5]。次子鹤翔先以幕游援例捐，未入流，分发陕西服阕，卒。逾年，喻孺人与次媳，亦相继卒，皆祔葬近处。长子长青，抚州府庠生，寓邑中课徒。

【注释】

（1）**方略馆**：为清朝特设的修史机构之一，每遇重大战事结束，由军机大臣负责对战役中形成的各类档案加以剪裁，以时序进行编纂，呈现出战役的完整过程，修成带有纪事本末体特征的方略或纪略，如《平定三逆方略》《安南纪略》《亲征平定朔漠方略》等。

（2）**议叙**：清制对考绩优异的官员，交部核议，奏请给予加级、记录等奖励。

（3）**抵牾**：矛盾；冲突。也作"抵忤""抵梧"。

（4）**茹蘗饮冰**：指生活清苦，为人清白。

（5）**卜葬**：古代埋葬死者，先占卜以择吉祥之葬日与葬地。

**　按**：《史记》一书，上下数千载，而入《循吏传》者仅五人。呜呼！何循吏之难也？自班范以下则加多焉[1]。岂后人远胜于前人耶？抑或不免于滥收也。鹤牧自毛峻德至吴焕彩共五人，或辟草莱[2]，或兴文学，或用德礼，诚近日之良有司哉！此与司马氏所载岂异也。

【注释】

（1）**班范**：汉朝班固和南朝宋国范晔的并称。班著《汉书》，范著《后汉书》，故常并举。

（2）**草莱**：荒芜之地。

同治六年续修

秩官志

按：秩无变更，官有代卸，序次均宜详载，况德政敷于下上，父老传为美谈，尤必登之，以励后至者，故秩官志续修。

文职官表

知州

吕师让　由鹤峰州州判代理。道光四年（公元 1824 年）。

李谨度　山西监生。道光五年（公元 1825 年）。

陈　鑑　道光六年（公元 1826 年）。

夏廷越

党绍修　陕西部阳人，嘉庆辛未翰林院庶吉士，有传（补录）。道光九年。

衍　荣

曹云峰　商邱贡生署，道光十一年（公元 1831 年）。

折锦元　山西阳曲举人，署。道光十二年（公元 1832 年）。

钟振超　江西龙南进士，调补。道光十五年（公元 1835 年）。

长　庆　州判，署。道光十七年（公元 1837 年）。

王　宾　道光十八年（公元 1838 年）。

巴阳阿　白正旗监生，补。道光十九年（公元 1839 年）。

王梦松　直隶阜坪举人，署。道光二十二年（公元 1842 年）。

程　明　州判，署。约道光二十四年（公元 1844 年）。

黄德薰　四川南充道光乙酉举人，署，有传（补录）。道光二十六年。

巴阳阿　回任。道光二十七年（公元 1847 年）。

喻怀恭　云南南宁人，道光丁未进士，以知县署。道光二十八年（公元 1848 年）。

增　喜　以州判署。道光三十年（公元 1850 年）。

余继桂　顺天大兴监生。咸丰元年（公元 1851 年）。

余裕祖　以府经历代理。咸丰二年（公元 1852 年）。

徐　浚　广东镇平附贡，以长乐县丞署。

阮　泰　江西安福监生，以通判署，公正廉明，去之日，邑人书"此之谓民之父母"七字，于匾额钱之。现任沔阳州知州。咸丰七年（公元 1857 年）。

梁元珠　四川华阳监生。咸丰八年（公元 1858 年）。

徐步洲　安徽当涂吏员代办。咸丰十一年（公元 1861 年）。

陈　怡　浙江会稽监生，署。

伊勒哈图　镶黄旗浙江举人，署。同治二年（公元 1863 年）。

梁元珠　复代理州事。同治三年（公元 1864 年）。

徐澍楷　陕西蒲城廪贡，补。同治四年（公元 1865 年）。

州佐

孙玉镇　山东掖县监生。道光五年（公元 1825 年）。

长　庆　厢黄。道光十二年（公元 1832 年）。

周鸣瑞　四川成都人，监生。道光十七年（公元 1837 年）。

程　明　汉军笔帖式，补。道光十九年（公元 1839 年）。

王文杰　湖南江华增生，署。约道光二十九年（公元 1849 年）。

增　喜　正蓝旗汉军廪生。

余裕祖　安徽休宁人，补。咸丰二年（公元 1852 年）。

穆毓中　以吏目署。约咸丰七年（公元 1857 年）。

黎兆勋　贵州举人，选授。咸丰八年（公元 1858 年）。

蒋树昌　贵州镇远贡生，署。咸丰十年（公元 1860 年）。

周耀先　江西安福监生，署。同治元年（公元 1862 年）。

沈道源　顺天大兴监生，署。同治二年（公元 1863 年）。

王承玉　湖南慈利监生，署。同治三年（公元 1864 年）。

训导

尹均宜　嘉鱼岁贡。道光四年（公元 1824 年）。

夏焕桂　举人。道光九年（公元 1829 年）。

林钟俊　汉川。道光十五年（公元 1835 年）。

张志绂　枝江举人，长乐训导，署。道光二十二年（公元 1842 年）。

张廷松　来凤岁贡。道光二十五年（公元 1845 年）。

潘炳勋　以长乐训导署。道光二十九年（公元 1849 年）。

陈上珍　京山举人选授。

潘炳勋　复署。咸丰七年（公元 1857 年）。

孙焕奎　咸宁举人，署。

雷春沼　黄冈举人，选授。咸丰七年（公元 1857 年）。

吏目

汪本厚　顺天大兴监生。道光四年（公元 1824 年）。

陈锡镇　再任。道光五年（公元 1825 年）。

罗　桂　广东兴宁监生。道光十年（公元 1830 年）。

藏　梓　山东诸城人，署。道光十二年（公元 1832 年）。

王式如　宛平县人。

余德坚　湖南。道光十五年（公元 1835 年）。

张清瑞　陕西监生，署。道光十七年（公元 1837 年）。

张文模　兴宁监生。道光十九年（公元 1839 年）。

张　济　通州人，署。道光三十年（公元 1850 年）。

张景翰　陕西监生。

穆毓中　陕西朝邑监生。咸丰七年（公元 1857 年）。

范　湘　甘肃迪化人。咸丰六年（公元 1856 年）。

胡运亨　四川屏山人代办。同治三年（公元 1864 年）。

马晖吉　本任吏目兼办。同治四年（公元 1865 年）。

童熙章　湖南善化监生，署。

巡检

郑　复　江苏吴县监生。道光六年（公元 1826 年）。

谢璠玙　陕西洵阳附生。

郑济南　山西夏县人，署。道光九年（公元 1829 年）。

郭贞吉　四川岳池监生。道光十年（公元 1830 年）。

许祖望　浙江嘉兴附监，署。道光十七年（公元 1837 年）。

胡　涵　直隶遵化议叙选授。道光十八年（公元 1838 年）。

李澐　浙江会稽监生，补。道光二十一年（公元 1841 年）。

李澐　浙江监生。咸丰四年（公元 1854 年）。

范湘　江西长宁人。咸丰七年（公元 1857 年）。

穆毓中　陕西朝邑监生，署。咸丰六年（公元 1856 年）。

龚英焕　湖南长沙监生，署。咸丰八年（公元 1858 年）。

彭安国　河南郑州监生，署。咸丰十年（公元 1860 年）。

马晖吉　山东临朐贡生，补授。同治元年（公元 1862 年）。

光绪十一年续修

按：官府之迁除，历俸之浅深，必有记事之表。凡实政在民歌，思未艾者，为之立传，所以纪政绩劝后来也。故秩官志续修。

文职官表

知州

金作矿　江西举人，署。同治八年（公元 1869 年）。

吕品律　云南人，副贡，补。同治九年（公元 1870 年）。

杨大龄　安徽人，府经历，代。光绪元年（公元 1875 年）。

石廷銮　江苏人，署。光绪二年（公元 1876 年）。

吴鸿惠　四川拔贡。光绪三年（公元 1877 年）。

邵承灏　顺天人，代。

长庚　正白旗人，荆州驻防。光绪四年（公元 1878 年）。

厉祥官　江苏举人，署。光绪十年（公元 1884 年）。

刘械林　江苏人。光绪十一年（公元 1885 年）。

州佐

陈梦楼　江苏人，署。同治八年（公元 1869 年）。

德　润　正白旗人。同治九年（公元 1870 年）。

孟志瀚　四川人。同治十年（公元 1871 年）。

陈　鑫　安徽人。光绪五年（公元 1879 年）。

王　兰　直隶人。光绪六年（公元 1880 年）。

刘树仁　湖南人，署。光绪十年（公元 1884 年）。

林念祖　福建人，署。光绪十一年（公元 1885 年）。

训导

雷春沼　黄冈举人。同治八年（公元 1869 年）。

肖光烈　襄阳人，署。同治十年（公元 1871 年）。

雷春沼　回任。同治十一年（公元 1872 年）。

石建点　武昌举人。光绪三年（公元 1877 年）。

洪大生　长阳兼署。光绪八年（公元 1882 年）。

魏泽润　孝感举人。光绪九年（公元 1883 年）。

吏目

高　鋆　江苏人。同治八年（公元 1869 年）。

赵岫云　四川人，署。光绪二年（公元 1876 年）。

高　鋆　回任。光绪三年（公元 1877 年）。

陈云阶　顺天人，署。光绪五年（公元 1879 年）。

陈韫书　陕西人。光绪六年（公元 1880 年）。

吴玉衡　顺天人，署。光绪八年（公元 1882 年）。

方朝枭　湖南人。光绪九年（公元 1883 年）。

巡检

虎清林　河南人。同治八年（公元 1869 年）。

兀寿榕　河南人，署。同治十一年（公元 1872 年）。

仇超曾　浙江人，署。光绪元年（公元 1875 年）。

赵岫云　兼理。光绪二年（公元 1876 年）。

章　涟　河南人。光绪三年（公元 1877 年）。

陈遇春　直隶人，署。光绪五年（公元 1879 年）。

刘礼仁　四川人。光绪七年（公元 1881 年）。

武职官表

游击

张凤祥　中营守备，署。同治元年（公元 1862 年）。

张士芳　安徽人。同治九年（公元 1870 年）。

郭玉堂　湖北人，署。同治十年（公元 1871 年）。

管鸿照　孝感人。同治十一年（公元 1872 年）。

陈廷忠　松滋人，署。光绪元年（公元 1875 年）。

肃长林　江夏人。光绪四年（公元 1878 年）。

凤　宽　旗人。光绪五年（公元 1879 年）。

孙长铎　襄阳人，补。光绪六年（公元 1880 年）。

邓绍级　湖南人。光绪十年（公元 1884 年）。

守备

刘如义　千总，署。同治七年（公元 1868 年）。

胡永发　四川人。同治七年至九年（公元 1868—1870 年）。

黄占超　调署。同治十年（公元 1871 年）。

刘如义　同治十三年（公元 1874 年）。

张金龙　湖北人。光绪元年（公元 1875 年）。

谭荣名　施南人，补。光绪二年（公元 1876 年）。

高承恩　孝感人，署。光绪五年（公元 1879 年）。

杨新发　孝感人。光绪六年（公元 1880 年）。

城守

林德全　湖北人。同治元年（公元 1862 年）。

谢绍龙　本州人。

黄远吉　施南人。同治七年（公元 1868 年）。

黄品廉　州人。

杨相华　同治九年（公元 1870 年）。

江荣芳　东湖人。光绪四年（公元 1878 年）。

名宦传

程　明　直隶人。以北佳坪别驾，屡获州篆，爱民如家人父子。凡寺观桥路，皆捐廉倡首，旧例拨南粮支发兵米，民夫疲于转运，自公始给官价。除积弊，定章勒碑，尤留心学校。前州牧吉钟颖精风鉴[1]，谓：宜建书院于八峰之麓。以地属营田，公婉商之游击佛隆，以文昌宫佃屋易之，奎楼书院经始，公之力也。又念修造膏火无资，凡有田地争讼，令首士调处，故讼者咸乐捐资助费。后来冯知县任满旋籍，道经旧治，州人士遮道，款留三日，乃去。

【注释】

（1）风鉴：风水之术或相面术。

徐涵楷　陕西人。由洋县训导升选州牧，甫下车，询民疾苦，抚字勤劳[1]。关外俗悍，强梁如王士凤、黄良贵，皆置之法。尤培植学校，朔望召生童试，批改文艺，循循如师弟，分清俸奖之。又念科第寥寥，州治距省远，重需资斧，公为捐廉倡设宾兴费，永著为例。赴试之士，皆感公德，岁科取首，务得真材，捐解考棚经费，邑人制"振兴文治"额颂之。

【注释】

（1）抚字：对百姓的安抚体恤。

哈达布　满洲人。咸丰七年履游府任[1]，性情和易，朴直坦率，平居角巾布衣，翛然有林下风，教兵有方，念兵丁只八成饷，体恤周至，差使必俭，恐多摊派。在任十余年，兵饷较裕，后以病告归，合营泣走送，谋立生祠未果，祀牌于署。

【注释】

（1）咸丰七年：公元 1857 年。

补录⁽¹⁾

名宦传

胡攀龙⁽²⁾ 黄梅举人，任鹤峰训导，学问淹雅⁽³⁾，教士淳详，每课试必细为批绳⁽⁴⁾，邑人郑安智学博、李定南太守，皆出其门。邻邑士子争负笈从游焉⁽⁵⁾，后以截取选广西思恩知县⁽⁶⁾。

【注释】

（1）**补录**：查《（同治）宜昌府志》补录《名宦传》；查《鹤峰县志》（1986年版）补录《职官志》。

（2）**胡攀龙**：嘉庆六年任鹤峰州训导。

（3）**淹雅**：宽宏儒雅。

（4）**批绳**：批改、纠正。

（5）**负笈**：背着书箱，形容所读书之多或游学外地。**从游**：这里指随从求学。

（6）**截取**：清制。这里指以食俸年限及科分、名次为资格之官员，由吏部核定其截止日期而选用。

吉钟颖 字芗畦，江苏丹阳进士。道光二年知鹤峰州，明敏有吏才，每听讼摘奸发伏⁽¹⁾，民咸惮之。鹤自设流以来无志乘⁽²⁾，乃属邑绅部生榕选拔主搜讨，访求文献编辑付梓，颇见精详。又素谙青囊之术⁽³⁾，相州城外隔河有吉壤，宜辟讲舍于其上，十年后当有显者出。后钟颖去任，鹤人如其言，建书院，甫一纪⁽⁴⁾，李君定南果以运使衔任汉中府知府，人咸谓其有明验云。

【注释】

（1）**摘奸发伏** tī jiān fā fú：揭露举发隐秘的奸人和坏事。

（2）鹤自设流以来无志乘：此说不实，乾隆六年首任知州毛峻德创修《鹤峰州志》，至道光二年已隔八十年，志未续修或原志散失，尚属实情。

（3）青囊之术：古代民间研究天道、地道和人道关系，教人如何利用天时地利为人类养生、终老服务，达到天人合一、改善人生的绝学。

（4）一纪：岁星（木星）绕地球一周约需十二年，故古称十二年为一纪。

党绍修 陕西部阳人。由庶常改知县[1]，道光八年知鹤峰州，性廉明疆毅[2]，剖决如神，胥吏莫能欺，振兴文教，尤重伦常，凡别男女、区服色，禁令綦严[3]，风化为之一变，至今父老犹啧啧称之。

【注释】

（1）庶常：即庶吉士，源自《书经·立政》中"庶常吉士"之意。是明、清时翰林院内的短期职位。

（2）疆毅：刚强坚毅。疆，通"强"。

（3）綦严 qí yán：极严，很严。

黄德薰 字子陶，四川南充人，道光乙酉举人。岁丙午，署鹤峰州牧，慈厚勤慎，甫莅任，即清积牍，刻期讯断[1]，每判讫必以讼则终凶晓之[2]。尝询土俗民风，劝之勤耕读、敦孝友，民多感奋，按月集生童、课文艺，剖廉奖赏甚优。士有以诗文谒者，乐为点窜训迪[3]，循循若塾师，在任两载，士民莫不爱戴焉。

【注释】

（1）讯断：审理判决。

（2）讼则终凶：源自中国传统的诉讼文化，强调诉讼带来的负面影响。

（3）点窜：修整、润饰字句。训迪：教诲，开导，启迪。

职官志（光绪十六年后）

光绪二十四年，州城设团练总局。光绪三十年改施防营，民国四年撤裁。

知州

丁国桢　河南固始人。光绪十六年至光绪二十二年（公元1890—1896年）。

伍佩钦　江苏阳湖人。光绪二十三年至光绪二十五年（公元1897—1899年）。

温文焕　直隶正定人。光绪二十六年至光绪二十七年（公元1900—1901年）。

谢彰伯　江西高安人。光绪二十八年至光绪三十年（公元1902—1904年）。

直隶厅同知

曹绥诏　湖南湘乡人。光绪三十一年至宣统三年（公元1902—1904年）。

游击

曹如金　湖北人。光绪二十一年（公元1895年）。

穆齐贤　镶黄旗人。光绪二十八年（公元1902年）。

守备

杨新发　孝感人。光绪二十一年（公元1895年）任中军守备。

千总

王开顺　湖北人。光绪二十八年（公元 1902 年）任左哨千总。

刘全忠　甘肃人。光绪二十八年（公元 1902 年）任左哨千总。

朱发科　湖北人。光绪二十一年（公元 1895 年）任右哨千总。

李振之　湖北人。光绪二十六年（公元 1900 年）任右哨千总。

把总

江荣芳　东湖人。光绪二十一年（公元 1895 年）任左哨把总。

刘宏彦　安徽人。光绪二十一年（公元 1895 年）任右哨把总。

刘宏绪　湖北人。光绪二十一年（公元 1895 年）任右哨把总。

卷十二 人物志

邑沿千百年溪洞之旧，欲其去乔野而敦诗书，化犷悍而作忠义，盖非旦夕可致矣。然其间膺选举而隶仕版者⁽¹⁾，时不乏人。他如疆场捐躯，闺阁完贞，与夫敦伦饬行⁽²⁾，足以表率闾党者⁽³⁾，且后先相望焉。固由山川磅礴之气，钟毓为多，抑亦国家太和翔洽⁽⁴⁾，遍及荒陬之所致也。昔孙子荆论土地人物之美⁽⁵⁾，其山嶵巍而嵯峨，其水沺潒而扬波⁽⁶⁾，其人礧砢而英多⁽⁷⁾，不信然欤！木一树而十获，人一树而百获，兹嘉与生长斯土者，鸮黮凫藻⁽⁸⁾，翩然偕来，安知芸夫牧竖⁽⁹⁾，不皆为搢绅先生哉⁽¹⁰⁾。志人物。

【注释】

（1）仕版：旧指记载官吏名籍的簿册。亦借指仕途、官场。

（2）敦伦：敦睦人伦。**饬行**：使行为谨严合礼。

（3）闾党：乡里，邻里。

（4）抑亦：副词，表示推测，"也许""或许"之意。**翔洽**：周遍，和洽。

（5）孙子荆：孙楚，字子荆，三国·魏（太原中都）人。

（6）沺潒：水波荡漾之状。

（7）礧砢 léi luǒ：树木多节。亦喻人才卓越。

（8）鸮黮 xiāo shèn：鸮，恶声之鸟。后引申为恶人的恶习。语本《诗·鲁颂·泮水》："翩彼飞鸮，集于泮林。食我桑黮，怀我好音。"黮，古通葚，即桑果，后以"食葚"比喻受人恩惠。**凫藻** fú zǎo：凫戏于水藻。比喻欢悦。

（9）芸夫：农夫。**牧竖**：牧童。

（10）搢绅：插笏于绅。绅，古代仕宦者和儒者围于腰际的大带。

选举

举人

洪先焘　乾隆戊申科中式第七名。

选拔

部生榕　乾隆己酉科。
田福康　嘉庆癸酉科。

恩贡

向廷杰　潘如珍　李先春　游永兴　刘汉珂

岁贡

龚传谕　部生崧　何梦芝　刘　美　刘祚凤　杨盛典　刘正梅
张赐彦　赵正德

廪贡

洪先绪　喻章珩

附贡

刘正性　龚经德　周必超　李洪秀　马大文

文仕进

知县

洪先焘　任广东三水县，历署大埔、南海。

教谕

部生榕　署任公安县学。

训导

龚传谕　任蒲圻县学。
部生崧⁽¹⁾　任汉阳县学。
洪先绪　历署江陵、枝江县学。
喻章珩　历署安陆府、蒲圻县学。

【注释】

（1）部生崧：部溥长子。字曙轩。生于乾隆二十四年己卯（公元1759年）正月二十，卒于道光九年己丑（公元1829年）十月初六，终年70岁。

杂职

覃伦纯 任四川石泉县典史 吏员。

聂愈焕 任安徽岳山司巡检 附生。

武仕进

吴开泰 任福建延平协副将。

向进才 任广东那扶营都司。

张映槐 任福建长乐营守备。

陈连升 任保康营守备。

张兆虎 任卫昌营千总。

聂永春 任兴山营千总。

张士魁 任宜昌镇中营千总。

刘　荣 任宜都营把总。

袁光宗 任卫昌营把总。

田继秀 任卫昌营把总。

汪廷举 任陕西千总。

洪永科 任宜昌镇中营把总。

袁　文 任宜昌镇中营把总。

周朝相 任宜昌镇中营把总。

雷开科 任卫昌营外委把总。

向升荣 任施南协外委把总。

袁光先 任卫昌营外委把总。

陈　元 任卫昌营外委把总。

胡士雄　任宜都营外委把总。

张士元　任卫昌营外委把总。

邓开榜　任卫昌营外委千总。

黄登鳌　任宜昌镇中营外委。

李辅臣　任卫昌营外委。

云骑尉世职

刘朝相　以父刘荣荫。

向锡爵　以父向升荣荫。

田大英　以父田继秀荫。

雷开位　以兄雷开科荫。

雷克振　以承继雷开科荫。

恩骑尉世职

张士魁　以父张兆虎荫。

按：地不必皆名胜，人不必皆高位，而海刚峰以琼州兴[1]，杨椒山以典史显[2]，彼固有足重者存也。一命之士，苟存心爱物，于人必有所济，徒夸闾里而耀乡党。甚哉！浅之乎为丈夫也。

【注释】

（1）海刚峰：即明朝著名清官海瑞（1514年1月22日—1587年11月13日），字汝贤，号刚峰，海南琼山（今海口市）人。海瑞一生，经历了正德、嘉靖、隆庆、万历四朝。

（2）杨椒山：即明朝中期著名谏臣杨继盛（1516年6月16日—1555年），字仲芳，号椒山，直隶容城（今河北容城县北河照村）人。

义行

洪永清[1]　城坊人。其先世自安庆来山，遂家焉。清容美时负贩为业，家渐裕。改土后与弟永源、永隆均财分爨[2]，友于无间。时邑多桀骜子弟，横逆相加，笑谢之不与较。中年丧偶不复娶，子继文、继武早卒，故朝夕经纪家务。孙殿选圣时入武庠，意弗慊也[3]。嘱长子继周，延师课子，以绍江左书香[4]。病革时[5]，孙焘赴乡试，语家人曰："吾病已不支，而焘孙必中。"盖以梦兆卜也，不数日殂[6]。焘果获隽[7]。

【注释】
（1）洪永清：又名洪秀安，约生于清康熙三十年辛未（公元 1691 年），卒于清乾隆年间。
（2）分爨 fēn cuàn：分家过日子。
（3）弗慊 qiè：不满足或不满意。
（4）绍：连续，继承。江左：即江东，因长江在安徽境内向东北方向斜流，而以此段江为标准确定东西和左右，大致范围包括今苏南、皖南、浙北、赣东北。书香：即书香门第之意。
（5）病革 bìng jí：病势危急。语出《礼记·檀弓上》："夫子之病革矣。"郑玄注："革，急也。"
（6）殂 cú：死亡。
（7）获隽：会试得中。亦泛指科举考试得中。

刘世显　千金坪诸生。果敢有为，乡里公举，每身任之，遇争讼者，力为劝解。邑改土三十余年未设学，世显倡首，由州上吁各宪，得奏准设学额八名。乾隆三十四年开考取士[1]，世显同子正性俱入泮，人以为急公之报。正性于邑修理文武庙，慷慨倡捐，擘画周详，工赖以竣。世显孙三，庠生二；曾孙六，庠生一。盖四世青衿焉[2]。

【注释】

（1）乾隆三十四年：公元1769年。

（2）青衿：青色交领的长衫，古代学子和明、清秀才的常服。这里指学子。

部锡侯[1]　原籍澧州，诸生。迁邑和平里，以孝友闻。前知州李林延为九峰书院山长，来学者先命娴习礼仪[2]，因材训迪[3]，娓娓不倦。时邑请设学，虑土籍能文者少，拟客土分额。李谓锡侯：掌教有造于邑人，将编入土籍为报。虽事未果，行而已以土籍存档矣。子四，太学生二；孙十一，拔贡一，岁贡一，庠生四，太学生四。

【注释】

（1）部锡侯：部鑑次子。生于康熙四十八年己丑（公元1709年）农历二月三十，卒于乾隆四十七年壬寅（公元1782年）农历五月十五，终年74岁。《部氏族谱》载：(锡侯)公文武两试，得武庠。闻鹤峰归流不久，承垦开荒谋生最易。由澧州（今湖南澧县盐井镇一带）来州，乾隆二十一年居清水湄（今燕子镇清湖），不数年，移神仙茶园（今属中营镇三家台蒙古族村一组）。

（2）娴习：熟习。

（3）训迪：教诲开导。

何士敦　原籍桃源。年八岁而孤，弱冠弃举子业[1]，肩家事抚两弟，成立婚娶无间言。析居时[2]，并出妻奁赀，与弟均分，里党咸议之。既迁邑三叉口，以诗书课子孙为急务。邑请设学，命长子清与焉。平生言动不苟，家政严肃而和平接物[3]，人皆乐与之交。子四，岁贡生一。

【注释】

（1）举子业：举业。

（2）析居：分家。

（3）接物：交往；交际。

喻公礼　城坊人。诚朴简重⁽¹⁾，与人无竞。其兄充在城乡约⁽²⁾，辨有口。得前牧信任，左右袒人不敢忤。公礼谏弗纳，遂请析居，命诸子各执一业，而躬钓于河滨。其兄没后，子式微⁽³⁾。而公礼孙，明经一，廪、庠生三，太学生一。人咸谓忠厚之报云。

【注释】

（1）简重：庄严持重。

（2）乡约：明、清时乡中小吏。由县官任命，负责传达政令，调解纠纷。

（3）式微：指事物由兴盛而衰落。

李世龙⁽¹⁾　水寨人。躬耕自给，族中有艰婚娶者，尝捐田亩以助其资。为人刚正不阿，交游有过，必面折⁽²⁾，里中不肖子弟闻其謦咳即避之⁽³⁾。子二，长名林安，性爽直，勇于为义，邑城修理及各庙，皆赖以蒇事⁽⁴⁾，福田寺出力尤多；子邦瑛，庠生。

【注释】

（1）李世龙：生于康熙壬辰年（公元1712年）农历腊月二十七，卒于乾隆戊申年（公元1788年）农历八月二十一。终年76岁。

（2）面折：当面批评、指责。

（3）里中：指同里的人，亦指家中。

（4）蒇事 chǎn shì：事情办理完成。

洪永源　城坊人。粗涉书史，邑设学，年已五十余，自恨不能应试，喜劝人读书，常置酒食召里中子弟，即其家会课。馆师评定后，列甲选者，给以纸笔；不合绳墨者⁽¹⁾，正色责之，其培植后进类如此。子五，其季名继德，因军功得议叙，以善医名。孙十一人，一候选从九品，一庠生。

【注释】

（1）绳墨：木工打直线的墨线。比喻规矩或法度。

向凤举　燕子坪人。世业农，尝以未读书为恨，且涕泣前牧李林，创建九峰书院，自请捐金助之。李谓之曰："尔不知学，而急于兴学。如此，子孙必有食其报者。"后其子廷杰为邑恩贡首，孙亦廪生。

田万应　小蒿坪人。性温和，尤善处横逆。兄弟析居后，弟侄辈以游惰致贫乏，常分润之，而不能供其挥霍。一日，适太平镇，诸弟侄殴之，拔其发辫，其子欲讼之官，力止之。子四；孙七，庠生一。

部泮⁽¹⁾　锡侯子。太学生，性直爽，无隐情，喜成人美，始终力为之尽。尤笃于宗族，其在原籍澧州不能婚姻者，召之入山为聘娶。邑有公举皆趋赴，尝重修学宫，遍邑劝捐，鸠工庀材，寝食旁舍，至落成始归。子四，拔贡一，余皆庠生。

【注释】

（1）部泮：字圣堂。生于雍正十一年癸丑（公元 1733 年）农历九月初八，卒于嘉庆九年甲子（公元 1804 年）农历六月初一，终年 71 岁。

李静安⁽¹⁾　水寨诸生，父力田，静安喜读书，父审其能计姓名，即自塾中召归，命之春，静安手书一卷，且春且读，家人往视则米无完粒矣，遂命卒业⁽²⁾，与刘世显请设学额居尝。为人忠厚，木讷无妄言⁽³⁾，戏语、哦诗、种花，外无他好。子三，太学生一；孙六，庠生二。

【注释】

（1）**李静安**：生于乾隆戊午年（公元 1738 年）农历二月十三，卒于嘉庆十五年庚午年（公元 1810 年）农历四月二十七，终年 72 岁。

（2）**卒业**：毕业。

（3）**木讷** mù nè：指人质朴而不善辞令。

张　俊　城坊人。少孤贫，充营中书识以养母，母尝病，俊割肱作羹以进，寻愈，后数年母没，俊庐于墓。戚邻悯其羸⁽¹⁾，喻以毁不伤生⁽²⁾，乃掖之归。

【注释】

（1）**羸** léi：瘦弱或衰弱。

（2）**毁不伤生**：居丧哀毁，但不能伤害生命。

谢士瑜　城坊人。与弟士璠同居，以家计独任，而命士璠业儒。喜排难解纷，虽遇横逆，亦反复开导，或出以诙谐，必得其心服乃已。弟士璠天资英敏，为诸生岁科试屡冠军，以乡试卒于途。士瑜伤其志未遂，抑郁成疾，不数岁亦卒。

洪继周　永清子。太学生，少倜傥不羁。稍长，折节务醇谨⁽¹⁾，懋迁化居⁽²⁾。而家益丰，自奉淡泊，而勇于济急，人借贷不稍吝，或贫不能偿，即不索，凡焚券以数千计。邑改土数十年，城内外各庙宇日就倾塌，周与部泮、刘正性、龚经德倡修文武庙，文昌庙又与刘、龚诸人及喻文奇、李林安倡修，又与诸人分任福田寺募化，一切购料、督工及银钱出入，俱手为经管，不敷则出己财以佐用，其踊跃公事如此。长子先焘以孝廉任知县，次子先绪以明经任训导，夫妇年登八十。州牧吉钟颖制文称祝，盖纪实也。

【注释】

（1）折节：改变平时的志趣行为，向好的方面发展。

（2）懋迁化居：通过相互交易，互通有无，来改变生存状况。

赵士刚　原籍慈利三都。容美改土后，随父移家走马坪，读书通大义，刘世显等请设学，赴省代筹资斧事得济。子儒珪、儒钦，力耕善治生；季子学谟，笃学不倦，年四十余，与子政德同入泮。学谟伉直耿介[1]，于公事有关利害，正色直言豁如也。课子严，曰："无以一衿自足"，赍志而殁[2]。儒钦有捐修义渡，事详《营建志》。士刚孙十，岁贡一，庠生二。

【注释】

（1）伉直：刚直。耿介：正直，不同于流俗。

（2）赍志而殁：怀抱未遂的志愿而死。

周嘉瑛　邑诸生，下阳河人。重然诺，不苟取与[1]。乡有争讼者，力劝阻，必得解。乃己俭自奉，遇公事慨然解囊不稍吝。教子严，入泮者三。胞弟光武善卢扁[2]，为里人疗病不受一钱。其子必超附贡生，以克家称[3]。超子光勋，庠生。

【注释】

（1）取与：亦称取予，拿取和给予。

（2）卢扁：即古代名医扁鹊。因家于卢国，故又名"卢扁"。古称行医之人。

（3）克家：本意指能承担家事，引申意指能继承家业。

龚传玺　字六瑞，少由石门迁邑属之关外。与弟传瑜同居，肩家事，劝瑜力学。析爨后移家懒板凳，废著鬻财⁽¹⁾，命长子监生经纬、次子州同经猷，持筹握算⁽²⁾。课季子附贡生经德，读皆有成。性爽直，与物无竞，病革戒诸子曰："儿孙辈能读固善，不能则力田经商，各有恒业，舍此去惰游几何？"诸子谨识其训为家法。邑修理文武庙、文昌庙，经德与其姻好刘正性，皆慨然为己任，关外士民踊跃乐输，以二人为之倡也。孙十一，太学生三，庠生五。曾孙十余，庠生二。

【注释】

（1）**鬻财** yù cái：做生意，赚钱。

（2）**持筹握算**：计算；精打细算。

胡仁则 澧州人。弱冠移家后溪坪，习白圭计⁽¹⁾，然事数年，迁懒板凳。百舍重茧⁽²⁾，三贪五廉⁽³⁾，准物而估直⁽⁴⁾，以此居积致富。先是懒板凳户口寥落，自仁则懋迁，商贾辐辏成市⁽⁵⁾。性谦和，横逆唾其面，不与较。生平从无构讼事。长、次二子，皆太学生，三子维才州同衔，季子维珍附贡生。仁则未殁时，子孙林立，衣无罗纨⁽⁶⁾，出无舆马⁽⁷⁾，其告戒俭约⁽⁸⁾，然也。至今乡人犹乐道其轶事，以为治生者法。

【注释】

（1）**白圭**：亦作"白珪"，古代白玉制的礼器。

（2）**百舍重茧**：亦作"百舍重趼"。意思是旅宿百夜，脚底的老皮上又长了新茧。

（3）**三贪五廉**：即"贪三廉五"，古语"贪贾三之，廉贾五之"的简略语。语出《汉书·货殖传》。指贪心大的商人取厚利，故得利少而十得其三；而贪心小的商人薄利多销，反得利多而十得其五。

（4）**准物**：以物之外的其他财产。**估直**：直，指价值。这里引申为"估价"。

（5）**辐辏**：也作"辐凑"，形容人或物聚集像车辐集中于车毂一样。

（6）罗纨：精美的丝织品。

（7）舆马：车马。

（8）俭约：俭省节约。

孟士仁　所坪人。喜读书，通大义，巡检爱其才，召为攒典[1]。士仁端谨自爱[2]，财涉非议者，辄麾去[3]，以致窘乏[4]。昆仲五，将析箸，诸弟以士仁负债百金，系为次兄姻事费用，议将公产变还。士仁曰：券系我名，我自有产，不以累诸弟。其长子起文意不欲，次子起武慷慨，请父将己应得田产，立券出售，债得清。乡人皆以士仁笃友于[5]，而起武亦能继父志云。

【注释】

（1）攒典：元、明称仓库、务、场等处的吏役；清代称首领官、佐贰官、杂职官之吏。

（2）端谨：端正谨饬。

（3）麾去：撤掉或退掉。

（4）窘乏：缺乏；窘困。

（5）友于：以"友于"代"兄弟"，亦指兄弟友爱。

戴士诚　世居上阳河。兄弟四人皆善事父母，析爨后轮奉甘旨[1]。长兄移居兜长沟垦荒，每归省父母[2]，辄召与同餐，诸弟恐妨父母膳，有微言。士诚独以为："兄居深山食包谷，以故两老人怜之，我辈治食当益丰。"诸弟如其言，父母益心喜。素豪爽喜济人急，癖书，工吟咏，教子孙，悉衷诸道。诸生周嘉殷者，端方士[3]，语同学曰："士诚行谊，真吾辈师也。"

【注释】

（1）甘旨：美味的食品。

（2）归省：从外地回到家乡探亲。

（3）**端方**：正直；端庄。

向帝书 大典河人。力农事，和平正直，邻有忿争者，必力为和解。身在，则里无争事；身没，则乡人思之。

林远占 事亲以孝闻。生母卒，事继母如生母。继母寿至九十二岁，未尝一日远离。

刘纶音 韭菜坝人。性和平，与人无竞，遇横逆则敛手谢之，乡人皆服其长者。子二，次名人美，太学生。

王遂虎 茅坪人。世忠厚，富而仁。病革，谓诸子曰：凡亲友借贷者有券在箧，多不能偿，恐尔辈于我殁后迫索，尽焚其券，以释吾忧。子从之，至今衣食仍裕。孙五人，一名相儒，太学生。

田万里 原籍江西，侨居邑太平镇。善医，市药为业，遇贫乏者不取值，人比之宋清[1]。先是其父与同姓某伙商，欢若兄弟，后某死，子幼。万里承父志，遇之如同产。

【注释】
（1）**宋清**：唐·长安卖药人，轻财好义，为时人所称许。

郭易开 原籍公安，侨居邑蓼红溪。性伉直，喜排难解纷，善岐黄术[1]，不索谢。子三人，一名传薪，补诸生。

【注释】
（1）**岐黄**：岐伯和黄帝。相传为医家之祖。为中医医术的代称。

田清年 龙潭坪人。朴实公直，重然诺，乡里事无巨细必倚焉。

前牧报举乡耆。

牟昌元 三岔口人。力农为业。其母病，祷于神，愿以身代。一日，母索肉食，家贫市远无以应。昌元割左肱肉，熟而进之，母病遂渐愈。

田正南 五里坪人。居近市，多强梗或以横逆相加，虽唾其面弗较也。善耕作，家日以阜。子四，虎斗、桂斗俱监生，孙林立，有游泮者。

洪先绪[1] 继周季子。由廪贡援例，分发训导，历署江陵、枝江县学事。性廉敏，财利无所苟。邑有公事，必毅然引为己任。分校邑志时[2]，已得呕血疾，垂危，犹手检一册，订其错讹，送局，未及见书成而卒，士林惜之。

【注释】
（1）洪先绪：继周最小的儿子，也是次子。生卒时间不详，按"分校邑志时……未及见书成而卒"说法，其去世时间约为道光二年壬午（公元1822年）。
（2）校jiào：查对、订正。

覃祚伦 刘家司人。醇谨公正，前州牧方，奉文建修塘坊、义学，廉其人[1]，命作北路督修首领。祚伦毫无所侵牟[2]，其不敷者，捐赀成之。后州牧吴，命充乡约数年，赐以"善良可式"额。其先世丁单，至今子孙繁衍，人以为厚德之报，于此益信。

【注释】
（1）廉：察考，访查。
（2）侵牟：亦作"侵侔""侵蛑"。侵害掠夺。

龚　旦　小龙潭人。勤俭孝弟[1]，里中有相争者，善为排解，或谢以财却不受。旦殁后，里人多因口角细故构讼不休，佥曰[2]：使旦在，断不至是。子四人，次子学滨，邑庠生。

【注释】

（1）**孝弟**：孝顺父母，敬爱兄长。

（2）**佥**：全、都。众人，大家。

汪惟一　父早殁，事母极孝，中年妻复亡，惟一不能再娶，躬操井臼以事母[1]，母病，私取中裙、厕腧[2]，入子舍[3]，身自浣濯[4]。

【注释】

（1）**井臼**：汲水舂米，泛指操持家务。

（2）**中裙**：内裤。**厕腧**：汉代称之为近身的衫。

（3）**子舍**：小房；偏室。

（4）**浣濯** huàn zhuó：亦作"澣濯"，洗涤。

樊恭綢　性醇谨，言笑不苟。卒后，乡邻训子弟者，皆传述以师法[1]。

【注释】

（1）**师法**：老师传授的学问和技术。

按：《五代史·一行传》[1]，而知欧阳子之取善也[2]，宽矣！方洞蛮据险自雄，此与梁唐之坏乱无以异。自归版图，而此风不变。十室之邑，必有忠信；三人并行，厥有我师。岂如蛮花狨鸟之无知者哉[3]！

【注释】

（1）一行：一行和尚，姓张，俗名叫遂，魏州昌乐县人，是襄州都督、郯国公张公谨的孙子。年轻时聪慧机敏，博览群书，特别精通天文历法、阴阳、五行的学问。

（2）欧阳子：欧阳修（公元 1007—1072 年），北宋文学家、史学家。吉水（今属江西）人，字永叔，号醉翁、六一居士。

（3）蛮花：蛮地的花。犵鸟：古代对仡佬族人的蔑称。

列女

谢国纶妻唐氏　居城坊。年二十五，夫殁。子方升甫三岁，氏抚之。稍长，延师课读涉书史，每道其母苦节，辄呜咽涕泣。乾隆十四年[1]，知州胡式璟详请咨部，奉旨旌表。

【注释】
（1）乾隆十四年：公元 1749 年。

谭文用妻傅氏　居燕子坪。年二十四寡，遗孤方四岁。氏坚志抚子，迄于有成。乾隆十四年，知州胡式璟详请咨部，奉旨旌表。

部灏妻张氏　年二十，夫亡。子生林，甫六月。氏矢事翁姑，抚孤子，备极劳瘁，兼能经理家计，衣食赡给，为子捐从九职衔。乾隆五十九年[1]，知州何学青详请咨部，奉旨旌表。

【注释】
（1）乾隆五十九年：公元 1794 年。

邹龙妻李氏　年二十五，夫亡。子女俱无，翁姑窃怜之，托邻妪劝改嫁，氏辄正色以拒，翁姑知其志坚，听之，历四十余年，粗衣粝食，足不逾阈⁽¹⁾，罕有闻其言笑者。乾隆五十九年，知州何学青详请咨部，奉旨旌表。

【注释】
（1）阈 yù：门坎。

覃世相妻田氏　年二十六岁寡，子甫三岁，家甚贫。氏矢志抚子，未冠而死。孤苦终身，备茹荼蓼⁽¹⁾。

【注释】
（1）茹荼：比喻受尽苦难。荼蓼：荼和蓼，泛指田野沼泽间的杂草。荼味苦，蓼味辛，因比喻艰难困苦。

吴之书妻康氏　许字后，书病痫，两姓父母患书病不能瘳。议欲改字，氏不从，乃成昏⁽¹⁾。调药饵，不避秽恶，年二十八岁而夫故，氏抚子苦节，辛荼备尝。

【注释】
（1）成昏：结婚。昏，古同"婚"，婚姻。

刘百祥母罗氏　年十九岁寡。百祥甫一岁，家无长物，氏冰檗抚孤⁽¹⁾，门户皆待以支持，命百祥就学乡塾，补诸生。

【注释】
（1）冰檗：喻指处境寒苦艰辛。檗，即黄檗、黄柏，性寒味苦。

邹永珍妻徐氏　年二十九夫亡，家徒壁立，而有四子衣食所需，皆待氏经营，茹荼尝蓼，任兼男女，四子皆赖以成立，戚邻悯之。

田金南妻翟氏　年三十夫故。有一子二女，氏抚之，婚嫁皆毕。

二五九

甫生一孙，而子又亡，氏复抚孙，两世零丁，卒能箕裘不坠⁽¹⁾，迄今衣食饶足，并皆粗习书史。故乡人怜其苦，而服其能。

【注释】

（1）**箕裘**：《礼记·学记》："良冶之子，必学为裘；良弓之子，必学为箕。"良冶、良弓，指善于冶金、造弓的人。意谓子弟由于耳濡目染，往往继承父兄之业。后因以"箕裘"比喻祖上的事业。

袁逢春妻田氏 年二十，夫以征苗匪阵亡，而遗腹子始生，氏苦节抚孤。知州范继昌旌其门曰："兰心铁性。"

覃文翰妻周氏 许字后，文翰父母相继殁。氏时年十六，而文翰甫八岁，氏知文翰家抚孤无人，请于父母曰："郎无所倚，女愿待字其室，以肩家事。"父母许之，遂往任操作，硕伙纤屑，月没星替，并劝文翰附村塾读书，雨泞则背负往还，文翰粗识文字，衣食亦不缺乏，皆氏力也。生四子，年六十五，先文翰卒。

王文蔚妻李氏 年二十六夫殁。一女甫三岁，无子。氏柏舟自守⁽¹⁾，拟俟夫弟生子，为夫承祧⁽²⁾，而夫弟复艰子嗣，乃招婿为终老计。

【注释】

（1）**柏舟**：柏木做的船。引自《诗经·邶风·柏舟》，描写妇人遭受遗弃，又为群小所欺，坚持真理，不甘屈服。这里意指李氏犹有此妇风范，坚守贞节。

（2）**承祧** chéng tiāo：指承继为后嗣。

周德兴妻谢氏 年二十七夫亡。无子，有二女俱幼，亲邻怜其贫，无所倚。讽以再嫁，氏不从。抚女择配，完洁无疵，以针黹度日⁽¹⁾。

【注释】

（1）**针黹**：缝纫、刺绣等针线活。

雷开科妻戴氏 夫为卫昌营外委，征教匪阵亡。氏时二十六岁，有一子甫二岁，逾年夭殁。氏母居桑植苦竹坝，老而无子，氏遂往事奉。而以夫弟袭世职，后夫弟生子，氏为夫立嗣。夫弟殁，以嗣子请袭，氏遭伦纪之艰，而完洁守贞，慈孝兼尽，为巾帼所罕有。

生员部生坛妻覃氏 年二十九夫殁。三子皆幼，其姑哭之恸，氏谏曰："未亡人，抚遗孤，以事姑，犹夫在也。姑过于哀伤，设有不讳，如诸孙何？" 姑为之节哀，氏孝事老姑，延师课子，以儒业世其家。

严女许字梅姓 梅以移业迁陕西数年，远问不通，人传为已死。严父母更字他姓，及亲迎在途，闻梅姓由陕归娶，不敢成昏。女两不欲行，遂雉经死，以解讼端。州判王惟球为作《烈女传》，入《艺文志》。

黎家祥母杜氏 孝事翁姑，尝值姑病，医药弗效，氏祷于神，割股肉奉之，病渐愈。子家祥、家彬皆诸生。

覃秀林妻刘氏 年十九而夫亡。氏抚孤孀守，孝事老姑不衰，学师萧矜其志节，白于学宪沈，旌其门曰："松贞荻诲"。

吴在德妻李氏 生员李静安之长女。年二十二岁夫殁，家极贫，氏孝养翁姑，抚遗腹子兴榜成立，备极艰苦，今抱孙矣。年六十余，言笑不苟。巾帼中以为矜式。

柳兴举妻 恩贡向廷杰之姑。年二十三岁夫殁，氏甘守苦节，抚二子文焕、文炳，蚤夜力作衣食⁽¹⁾，得以粗给，年七十余，诸孙林立，择聪俊者负笈从师。前训导陈文燨道经其宅，赠以匾曰："节厉熊丸。"⁽²⁾

【注释】

（1）蚤夜：蚤，通"早"。昼夜；早晚。

（2）熊丸：以熊胆制成的药丸。唐柳仲郢幼嗜学，其母曾和熊胆丸，使夜咀咽，以苦志提神。

生员谢士璠妻岳氏　年三十岁，士璠以乡试殁于途，氏痛不欲生，勉抚二子，以养以教，俾至于成人，以一子承夫兄祧。

洪继武妻戴氏　年二十八岁夫亡。无子，氏以夫兄子圣时承祧，视如己出，圣时应武试为庠生。

李士茂妻于氏　生员于吉爻之姪。年十九而夫亡，子仅一岁，氏冰霜自矢，依母家度日，抚子成人。

于淳妻李氏　年二十六岁夫殁。氏纺绩度日，养葬翁姑，备尽妇道，抚二子可克家。

徐南极妻钟氏　年二十八岁夫亡。孝事翁姑，抚二子引年、顺年业儒，引年弱冠入邑庠。氏六十二岁卒。

刘国栋妻邓氏　年三十岁夫亡。子开泰甫一岁，氏孀守抚孤，勤俭臻至，严督开泰诵读，补诸生。

周必洸妻赵氏　年二十四岁夫亡。止一子，氏上事翁姑，下抚幼子，险阻艰难备尝之矣，非松柏为心曷克臻此[1]。

【注释】

（1）克臻：能达到。

生员余情芳妻李氏　夫本安福籍，侨居邑刘家司，以授读为业，氏年二十八岁夫亡。家无担石[1]，氏矢节[2]，匪他纺霜绩雪[3]，以抚其子。卒，无忝于所天[4]。

【注释】

（1）担石：一担一石之粮。比喻微小。
（2）矢节：正直，有节气。
（3）**匪他**：这里指没有其他，或无他。**纺霜绩雪**：艰难困苦中维持生计。
（4）**无忝**：不玷辱；不羞愧。**所天**：旧称所依靠的人。

唐玉先妻刘氏　年二十七岁夫亡。三子皆幼，氏缩衣啬食勤纺绩，而勖诗书[1]，命其子屡应学试。氏殁时，犹以未补诸生为憾。

【注释】

（1）勖 xù：勉力；勉励。

王世聪妻邓氏　年十八岁于归，三月而夫故[1]。姑痛哭屡绝，氏泣跪姑前，曰："氏即姑子也。"姑以无子难守，氏抚夫兄子承祧，家虽贫窘，而仰事俯畜[2]，皆能经营。

【注释】

（1）于归：出嫁。
（2）**仰事俯畜**：对上侍奉父母，对下养育妻儿。泛指维持全家生活。

龚经文妻皮氏　年二十六岁夫亡。遗一女，氏抚姪为嗣，生一孙，而嗣子殁，氏抚孤两世，备著苦节。

李斌妻江氏 年三十夫故。氏清操自矢，孝养翁姑，抚子成立，寿至八十一岁。

何逢龙妻燕氏 岁贡何梦芝之长媳，年二十五岁夫亡。子甫三岁，氏矢志孀守，所居三岔口至火烧岭山路险峻，氏请于夫翁捐金修治，行旅便之。

张天伦妻黄氏 年二十九岁夫亡。氏守贞苦节，恩勤鬻子[1]。乾隆三十六年[2]，前州牧方天葆旌以匾额，曰："名烈柏舟。"

【注释】

（1）鬻 yù：古同"育"，养育。

（2）乾隆三十六年：公元 1771 年。

樊尚华妻刘氏 生员樊彬之祖母，年二十六夫亡。氏冰兢自守，抚育其子，翁姑亦为之欢颜。慈孝交尽，闺中之彦。

田光辉妻王氏 年二十一岁夫亡。氏勤俭持家，数米称薪[1]，卒能事翁姑而抚孤嗣[2]，以完太璞[3]，而温惠淑慎[4]，尤为乡里所景慕。子士选补诸生。

【注释】

（1）数米称薪：数米而炊，称薪而爨。形容生活困难或勤俭持家。

（2）能事：原指能做到的事，后指擅长的本事。

（3）太璞：未经雕琢的玉，引申为事物的天然本性。

（4）淑慎：贤良谨慎。

朱浩妻高氏 年二十七夫亡。氏砺节如松，坚心似石，事翁姑以孝，抚孤子以慈，而持家严谨，贤于古之名媛。

康士淇妻田氏 生员田光普之姑母，年三十夫亡。氏砺志完贞，甘荼如荠，现年八十有三。

刘民表妻田氏 生员田种德之姊，年二十六岁夫殁。无子，家极贫，不能继嗣。氏誓不再醮，依母家度日，现年七十有六。

孙学禹妻喻氏 年二十四岁夫亡。无子，氏守口如瓶，防身如城，抚夫姪为嗣，孝养翁姑，备极勤劬[1]。

【注释】

（1）勤劬 qú：辛勤劳累。

按： 仁者不以盛衰改节，义者不以存亡异心。不谓僻陋在鹤，乃有妇人而为烈丈夫者[1]，接踵相望，彤管未辉，岂所以激扬贞风哉！悲镜鸾而孤掩，惜钗凤以分飞。虽磨笄化石[2]，蔑以加诸固。知《十八拍》未足歌也[3]。

【注释】

（1）烈丈夫：刚正有气节的男子。

（2）磨笄：磨利束发的簪子。

（3）《十八拍》：即《胡笳十八拍》，古乐府琴曲歌辞，相传东汉末年蔡邕之女蔡文姬所作，一章为一拍，共十八章，故名。内容写她东汉末年为乱军所掳，落入南匈奴，后被赎归汉，途中想念亲生子女的矛盾心情。

从祀昭忠祠营弁

张兆虎 任卫昌营千总，征大金川阵亡。

刘　荣　　任宜都营把总，征剿教匪，在来凤县旗鼓寨阵亡。

田继秀　　卫昌营把总，征剿教匪，在陕西洵阳县三溪河阵亡。

向升荣　　施南协外委把总，征剿教匪，在长乐县四方台阵亡。

雷开科　　任卫昌营外委把总，在房县一碗泉阵亡。

从祀昭忠祠兵丁

袁　龙	袁逢春	金友德	胡方来	辛宏举	岳宏烈
吴兆富	邵开鼎	高登富	喻得胜	车廷华	刘　贵
洪永升	熊天元	覃　升	袁士雄	田辉斗	罗义开
张　怀	唐得荣	田林受	李天富	洪继相	张永珍
全　德	赵士忠	王世臣	唐学周	袁士杰	陈开运
孙金得	邓开元	金　凤	张大科	桂得科	向升恒
徐国相	魏光廷	曾士魁	孙　顺	刘士相	向升元
田义南	黄相忠	田炳斗	王廷辉	吴光太	马　怀
杨　宏	王作顺	周继武	甄之凤	田国受	王有义
曾士龙	孟光才	周　华	徐宗先	张正凤	徐允康
覃继贤	魏光贤	刘金魁	刘士杰	覃　太	刘　景
唐明魁	向祚华	罗　春	游之伦	桂　连	叶久盛
田光才	田明万	张廷秀	徐　国	王有臣	李　元
田云斗	孙开富	唐继学	罗正开	桂得忠	易显德
叶永德	罗文华	唐　珍	廖中科	王　贵	王太烈　乡勇[1]

【注释】

（1）**乡勇**：乡兵，地方武装。

按：屈左徒之哀《国殇》也[1]，"出不入兮往不反，平原忽兮路超远，带长剑兮挟秦弓，首虽离兮心不惩，诚既勇兮又以武，终刚强兮不可凌，身既死兮神以灵，魂魄毅兮为鬼雄。"呜呼！斯言也，岂但慰死魂哉，亦足以作士气张国威矣！

【注释】

（1）**屈左徒：** 屈原（约公元前 340—前 278 年），名平，我国古代伟大的爱国诗人，楚国贵族出身，任左徒，兼管内政外交大事。**《国殇》：**《九歌·国殇》是战国时期楚国诗人屈原的作品，为追悼楚国阵亡士卒的挽诗。

耆寿 绅耆年岁相符者附列

向子贵　年一百零八岁，嘉庆十四年详报有案[1]。

龚传瑜　年九十三岁，任蒲圻县训导告归，曾元十余人[2]。

陈东阳　年九十六岁，住谦吉里，孙曾繁衍，嘉庆二十四年详报有案[3]。

田仪如　年八十四岁，住在田里。

田万选　年八十四岁，住在田里。

严玉贤　年八十五岁，住谦吉里。

潘玉美　年八十六岁，住纯化里。

饶朝宗　年八十八岁，住正德坊。

以上八十以上五名，嘉庆十四年详准有案。

于自贵　年八十一岁，住正德坊。

唐康国　年八十五岁，住和平里。

向士文　年八十二岁，住在道里。

黄允连　年八十六岁，住在道里。

张成周　年八十一岁，住在道里。

姚玉甫　年八十三岁，住在田里。

燕绪承　年八十四岁，住在田里。

谭邦旭　年八十七岁，住在田里。

以上八十以上八名，嘉庆二十四年详准在案。

马　安　年八十岁。

梅士亲　年八十七岁。

孟仕智　年八十六岁。

康国礼　年八十六岁。

王锡爵　年八十七岁。

田士遇　年八十岁。

胡大经　年八十岁。

宿子文　年八十九岁。

以上八十以上八名，现据采访补报，系品行端方者，合并列入。

【注释】

（1）嘉庆十四年：公元 1809 年。

（2）曾元：元，玄也。这里指曾孙、玄孙。

（3）嘉庆二十四年：公元 1819 年。

　　按：张苍事秦柱下而至汉孝景[1]，思邈生隋开皇而及唐永淳[2]，古有其人。乃今于向子贵等亲见之，其可使与编户齿乎[3]。三老李躬、五更桓荣[4]，邈乎不可及已。今据已报未报者，并皆录之于篇，庶知绛县老人[5]，不可见役于舆尉[6]也。

【注释】

（1）张苍：（？—前 152 年）生年不详，史书也作"张仓"。河南郡阳武县（今河南省原阳县福宁集乡张大夫寨村）人。西汉初期丞相、历算学家。自事秦柱时（公元前 251 年）起，至汉景帝前元五年去世，做官 99 年，谥号为文。曾经校正《九章算术》，制定历法，主张废除肉刑，主要门生为贾谊。**秦柱**：即秦孝文王嬴柱，在位虽只有三天，但实际执政为一年零三天。《史记·秦本纪》："孝文王除丧，十月己亥即位，三日辛丑卒。"其父秦昭襄王嬴姓赵氏名稷，战国时期秦国国君（公元前306年—前251年在位）。也就是说秦柱在其父去世之时就在主政，只是在服丧一年后才能正式继位。

（2）思邈：孙思邈（公元541—682年），京兆华原（今陕西省铜川市耀州区）人，唐代医药学家、道士，被后人尊称为"药王"。

（3）编户：指编入户口的平民。

（4）三老李躬、五更桓荣：李躬、桓荣坐着车来到太学讲堂，汉明帝刘庄亲自站在屏风前迎接，并互致礼仪。李躬向东、桓荣向南坐下，是由三公摆放几案、九卿放鞋，汉明帝亲自操刀，切割祭肉（祭祀时供奉之肉），然后蘸上酱料，请李躬、桓荣食用，并敬酒。三老五更，则有三辰（日、月、星）五星（木、火、土、金、水），或有三德（正直、刚克、柔克）五事（貌、言、视、听、思），取照亮天下之意。

（5）绛县老人：《左传·襄公三十年》载：晋悼夫人款待筑杞城归来的舆人，中有绛县人某，问其岁数，他说："臣生之岁，正月甲子朔，四百有四十五甲子矣。"师旷按六十日轮一甲子推算，曰："七十三年矣。"史赵说："亥有二首六身，下二如身，是其日数也。"士文伯说："然则，二万六千六百有六旬也。"后因以"绛县老人"为高寿之人的代称。

（6）舆尉：春秋时代的武官名，主持征役。

人物传

部生栋[1]　性孝友。年十七，以身肩家事，俾其兄弟得专心诵读。分爨后，两弟相继卒，子俱幼，皆赖其经理督教。排难解纷，尤为乡里所重。其殁也，来吊者皆号泣而去！

【注释】

（1）部生栋：部溥三子。字润章，号云泉。生于乾隆三十年乙酉（公元1765年）农历六月二十五，卒于嘉庆二十四年己卯（公元1819年）农历九月初八，终年54岁。

杨世忠　奇峰关人，充卫昌营兵丁。性慷慨，人以事相諈诿⁽¹⁾，皆力为之尽。有分争者，反覆开导，婉为调停，必事寝乃已。在行伍中，真铁中铮铮者！

【注释】
（1）諈诿 zhuì wěi：嘱托。

洪先焘⁽¹⁾　乾隆戊申科举人，初任广东大埔县事⁽²⁾，以勤廉称，士民爱戴。卸篆后，大署"民之父母"四字，于行舟以饯之。补三水令⁽³⁾，调署南海⁽⁴⁾，因失查被议解组归。以文章培植后起，与部生榕分葺邑乘，稿甫定而病卒。邑乡举暨任民社⁽⁵⁾，皆自先焘始，未竟其用，士林惜之。

【注释】
（1）洪先焘：洪继周长子，生卒年不详。《容阳洪氏族谱》载"……洪先焘……八十卒于广东三水，其后世现居广东"，又按"与部生榕分葺邑乘，稿甫定而病卒"说法，结合《鹤峰州志》于道光二年付梓面世实况，推算其出生时间约为乾隆六年辛酉（公元1741年），卒于道光元年辛巳（公元1821年）。任广东大埔县知县时，曾主持《续修大埔县志》。
（2）大埔：今广东省梅州市大埔县，地处粤东北部，韩江上游。
（3）三水：今广东省佛山市三水市。
（4）南海：今广东省南海市，地处珠江三角洲腹地。
（5）乡举：由乡里选拔人才。或乡贡、乡试中式。**民社**：古代民间自行结集的团体。

田应富妻刘氏　年二十五夫殁，一子甫三岁，家无次丁，氏内外兼营，抚子成立。孙三人，长兴邦，补邑诸生。

长乐县县丞罗文杰　字甫田，四川富顺人。娶邑人彭联勋之女为继室。罗卒于官舍，彭甫二十六岁，官况清苦，不能扶榇回蜀，暂殡于渔洋关，彭抚一子一女，以针黹度日，贞白自矢，备尝荼蓼。

同治六年续修

按：人杰之生，半由地灵，然必涵濡王化、家诗书、户礼乐，俊彦庶于是出^{（1）}。邑虽荒陬，颇见簪缨继起^{（2）}，节义亦不乏人。故人物志续修。

【注释】
（1）**俊彦**：才智出众的人。
（2）**簪缨**：古代达官贵人的冠饰，后借以指高官显宦。

耆寿

罗文朝　年九十六，犹自食其力，无龙钟态，虽三四十里路，终朝可到，其精健如是。

卢兴怀　年八十八，正直无私。前州牧梁给有"楷模乡里"匾额。

陈东阳　年九十六岁。

陈文开　年九十五岁。

马耀周　年九十七岁，在五里坪保。

邓开绪　年八十六岁，正德坊人。

李辅臣　年八十八岁，卫昌营把总。

田大贵　年八十四岁，诰封云骑尉。

覃国豪　年八十四岁，孙曾繁衍，在平溪保。

喻章瑗　年八十二岁，邑庠生。

袁玉龙　年八十二岁，卫昌营千总。

杨承宗　年九十二岁，正德坊人。

向廷彦　年八十一岁，附贡向升培之父。

陈应诏　年八十岁，邑监生。

林廷万　年八十二岁，住后康保。

女寿

袁向氏　袁加武之母，年九十四岁。

郑田氏　生员郑洪志之母，年九十岁。

余聂氏　生员余绍曾之母，年八十四岁。

黄刘氏　黄品望之母，年八十四岁。

刘田氏　刘德贞之母，年八十四岁。

郑姜氏　武生郑洪烈之母，年八十三岁。

洪吴氏　分发陕西府厅，洪应先之祖母，年八十二岁。

黄李氏　生员黄节文之祖母，年八十岁。

陈聂氏　户书陈九皋之母，年八十岁。

谢陈氏　生员谢祖彦之母，年八十岁。

田郑氏　营书田积恒之母，年八十岁。

张胡氏　年九十五卒，时长子正龙年七十五，三子玉凤年七十一，皆矍铄异常，今龙年八十九岁，凤年八十五。

从祀昭忠祠营弁

田宗炳　任施南协把总。

右（上）营弁一名，咸丰二年在武昌阵亡者。

姚光玉　王敦厚　夏尚文　高龙海　彭万才　李定春　谢殿元

熊开柄	覃升槐	陈建章	夏德明	廖金榜	田宏秀	王学顺
袁正魁	周士恒	王德昌	李上德	张云祥	张文贵	周瑞堂
罗一元	郑大文	毛殿祖	覃升玉	熊长清	郭甲璜	聂国喜
聂由典	杨延林	陈朝武	张应梅	陈天培	邓连升	张开明
林启中	雷朝阳	向士先	邬启贤	刘安顺	张会先	邓锦乾
刘均友	王士青	谢明道	冯盛祖	侯正坤	金福喜	杨逢才
翟久凤	邓正炳	洪学文	田福先	吴廷翰	刘长庆	吴玉桂
靳光宗	张从德	程秀文	袁如廷	杨大元	熊学义	刘以科

右（上）兵丁六十三名，皆咸丰二年在武昌死事者。

梁柏苔　任卫昌营千总。

陈志谦　任卫昌营外委。

右（上）营弁二名，咸丰三年在田家镇阵亡者。

陆士科 武生	杨宏先	杨永文	向圣枚	佘宗青	刘有德	车修道
严宏秀	田喜德	林文昭	田志德	刘德沛	王师殿	丁中明
王德远	丁宏德	邓要明	罗一富	刘国章	翟大学	陈心仁
金成贵	熊加受	江令喜	王国顺	杨永昌	吴上富	谢朝德
唐积文	罗启林	陈文元	王献一	陈得志	刘得一	田昌隆
度光明	邓锦云	向昌林	丁远富	靳占魁	袁正纯	郑洪义
宋正要	刘文中	王敦志	车永升	李德义	曹瑞富	覃庆书
徐德辉	黄品秀	田大德	毛开喜	余正礼	龙世绮	许元清
柳相略	顾光春	张昌凤	张士开	郑光之	刘多贵	张大林
张左俊	覃庆兆	袁正国	田安廷	田士云	龚传友	袁得云
景庆云	宋正凤	刘之太	戴登科	周祖述	刘丕太	徐兆富
刘魁元	唐得章	吴学俊	曾宏青	徐正贵	许元顺	彭正寅
徐秉忠	刘德朝	许元太	朱士秀	张世中	伍士富	韩金山

黄良中　刘友学　王得祥　傅大印　邬太选

右（上）兵丁九十五名（应为九十六名，辑录者注），皆咸丰三年在田家镇死事者。

蔡林瑞　系咸丰五年在五里坪殉难者。

选举

举人

李定南　道光己亥恩科，京闱中式。

选拔

李定南　道光乙酉科。
徐德纯　道光己酉科。
杨毓瑞　咸丰辛酉科。

恩贡

刘绍纯　向心才　刘祖协　张守范　沈学荣　陈玉绅　龚祖宪
吴振鹭　徐德潜　徐秉元

岁贡

郑安德　喻章琳　唐维屏　梅学愚　徐承礼　田仰斗　李国华

郭继玟　李宝恬　赵齐矗　何大文　吴纪云

文仕进

知府

李定南　任陕西靖边县知县，历署清涧、咸阳知县，升授汉中府知府，盐运使衔。赏戴花翎，赠太仆寺卿。

知县

洪先焘　举人，历任广东三水、大浦、南海知县。
李肇文　附生，军功蓝翎，同知衔，分发陕西知县。
郑登俊　署湖南岳州府经历，蓝翎，知州衔，补用知县。
李国柄　廪生，选用知县。

教谕

部生榕　任公安县学教谕。
龚祖宪　候选教谕。
杨毓瑞　候选教谕。

训导

何梦芝　任蕲水县学训导。
杨盛典　任通山县学训导。

张赐彦　任当阳县学训导。

郑安德　任枝江县学训导。

张守范　候选训导。

李宝恬　候选训导。

李国华　候选训导。

田孚栋　候选训导。

徐德中　候选训导。

龚祖矩　候选训导。

田仰斗　光禄寺署正衔，候选训导。

徐德懿　附生，军功蓝翎六品衔，候选训导。

佐贰

吴振鹭　恩贡，同知衔，湖南候补通判。

徐德纯　知州衔，代理河津县知县，署解州州判，补山西绛州州判。

徐德潜　恩贡，山西候补直隶州州判。

陈玉绅　恩贡，候选直隶州州判。

徐承恩　安徽祁门县知县，署徽州府经历。

陈九崧　增生，六品衔，选用县丞。

陆绍渊　军功蓝翎，五品衔，分发四川县丞。

李国谟　军功蓝翎，六品衔，分发陕西县丞。

刘祖彝　监生，军功，布政司理问衔，候选府经历。

佐杂

洪应先　监生，候选典史。

陆绍观　军功蓝翎，六品衔，云南候补巡检。

洪应矩　军功蓝翎，五品衔，候补从九品。

武仕进

谢绍龙　任施南协把总。

袁玉龙　任卫昌营千总。

雷克振　任卫昌营千总。

袁正常　任施南协把总。

黄品廉　任卫昌营把总。

田宗柄　任施南协把总。

黄品良　任卫昌营外委把总。

谢远太　任卫昌营外委把总。

李继业　任宜昌镇中营外委把总。

张朝建　任卫昌营外委把总。

李国珍　任卫昌营外委把总。

田光宗　任卫昌营外委把总。

李鹏飞　任卫昌营外委把总。

刘宏绪　任卫昌营把总。

谢宗谟　任卫昌营外委把总。

洪　永　任云骑尉世职。

刘均标　以祖刘荣荫。

田宗权　以祖田继秀荫。

田正烈　以父田宗柄荫。

义行

部生榕⁽¹⁾ 字晴峰。天姿严毅，智识深沉，为人有胆略，世业诗书。弱冠游黉校⁽²⁾，旋登乾隆己酉拔萃科，文名藉藉⁽³⁾，适星使吴公省钦典试直隶数载⁽⁴⁾，延以校士。嘉庆间州北境邬阳关，莲匪滋事，额侯辟招募府⁽⁵⁾，赞襄戎马常奇其才⁽⁶⁾，后与同事意见不合，长揖辞去。主讲墨池书院，负笈者一时济济称盛焉⁽⁷⁾。暮年，由部铨选当阳教谕⁽⁸⁾，循循善诱，终日忘倦，门下士莫不争自濯磨⁽⁹⁾。邑中后进，获教益者亦多。生平勤著作、娴吟咏，前续修邑乘，悉出其手且梓。有《听泉诗草》行世⁽¹⁰⁾，寿至七十余，无疾而终。子为莹，孙曰典，皆邑庠生。

【注释】

（1）部生榕：部泮三子。生于乾隆二十九年甲申（公元 1764 年）农历二月，卒于道光十七年丁酉（公元 1837 年），终年 73 岁。暮年授当阳兼公安训导。

（2）黉校 hóng xiào：学校。

（3）藉藉：杂乱众多的样子。

（4）星使：古时认为天节八星主使臣事，因称帝王的使者为星使。典试：主持考试之事。

（5）额侯：额勒登保（公元 1748—1805 年），瓜尔佳氏，字珠轩，满洲正黄旗人，清朝名将。世为吉林珠户，隶属于打牲总管。

（6）赞襄：辅助，协助。

（7）负笈：背着书箱。指游学外地。

（8）铨选：选才授官。

（9）濯磨：亦作"濯摩"，洗涤磨炼。比喻加强修养，以期有为。

（10）行世：流行于世；问世。

何梦芝 字五峰。岁贡生，敦伦纪，工制艺[1]，言必忠信，动遵礼法，有古君子风。嘉庆间，邻境教匪滋事，邑三叉口西北孔道也[2]，芝集团练在老土界，设数卡防堵，农人各安其业，无失时患。任蕲水，广文教，诲士林，信从者众，如郭用宾、徐儒模、潘炳勋诸名公，皆出其门焉。甫五载，告归林泉，以耕读课子孙，至老不倦，今里党犹奉为仪型。子三，庠生一，太学生一。孙四，庠生三，岁贡生一。

【注释】
（1）**制艺**：旧指八股文。
（2）**孔道**：通往某处的必经关口。

易显荣[1] 字仁则。太学生，严毅，性成敦，崇孝友。与人交度，非义辄去。里中无贤愚，咸望而生畏。前州牧王竹坪、吉芗畦耳其名，尝过访焉。尤好义举，如修桥砌路及改建北佳坪炳文书院，莫不首先提倡。嘉庆间，莲匪窜我境，邑人皆鸟兽散，荣捐资团练，在留驾司等处，身亲堵御，善后经略。额侯出奏[2]，荣曰：忠孝何能两全，不忍以微职易门内欢[3]，敢辞。其子光斌，亦卓有父风，迄今子孙繁衍，列胶庠者数人。

【注释】
（1）**易显荣**：生于乾隆二十二年丁丑（公元 1757 年）农历正月初六，卒于道光七年丁亥（公元 1827 年）农历冬月二十九，终年 71 岁。
（2）**额侯**：时任征剿白莲教义军的清军统帅、经略额勒登保。
（3）**门内**：家庭；家中的人。

易显富[1] 处士也。为人简重，居家孝友，足不履城市。尤好义轻财，如同族贫寒，世处石南者[2]，招就学家塾资提携焉。年八十余[3]，无疾而终。子一，孙四，皆身列胶庠。

【注释】

（1）**易显富**：生于乾隆二十七年壬午（公元 1762 年）农历冬月初一，卒于道光十五年乙未（公元 1835 年）三月二十七，终年 73 岁。

（2）**石南**：植物名。花供观赏，叶可入药。双子叶植物，常绿灌木或小乔木。（叶）辛、苦、平、有毒。意指家境清苦。

（3）**年八十余**：误记。《易氏族谱》记载易显荣生卒时间详见前注。

　　田朝南　世业耕读，为人正直，教子义方，遇乡邻有争者，辄婉言劝释，并谕以讼则终凶之义，一时里人化之，咸谓仁义之乡云。享寿八十八岁，长子建斗、次炳斗列胶庠；季仰斗岁贡即选训导，加光禄寺署正衔。孙曾寿，庠生。

　　徐光春（1）　字丕新。太学生，性严明，守礼法，不干外务，遇公事辄捐重资，为邑人倡。州环城皆稞田（2），贫窭无殡葬所，新置城西哈起坡作义地，邑人德之（3）。前刺史吉钟颖相地城南，宜建高楼，可培文风，新如其言。拟建奎星阁未果，其子承义继父志，费千金乃成。子四，庠生一，增生一，岁贡生一，徽州府经历一。孙十一，俱身游黉序（4），以孙德纯贵，貤赠奉直大夫（5）。

【注释】

（1）**徐光春**：徐士才三子，字丕新。生于乾隆三十七年壬辰（公元 1772 年）农历正月初一，卒于道光十五年乙未（公元 1835 年）农历三月二十五，终年 63 岁。覃恩貤赠征士郎、奉直大夫。

（2）**稞田**：稞，大麦的一种。稞田俗称青稞地。这里指长粮食的好地。

（3）**入德**：进入圣人品德修养的境域。

（4）**黉序**：古代的学校。

（5）**貤赠** yí zèng：谓将本身和妻室封诰呈请朝廷移赠给先人。**奉直大夫**：一种散官名。宋朝为一种臣寄禄官，金、元代为从正六品文散官，明、清各代为从正五品文散官。

龚绍徽 字子慎。增生，幼醇谨，乐施予，习岐黄术，尝以活人为心[1]，后患目疾。有叩门求医者，虽冬夜必亲视之。咸丰五年，教匪徐本清，由关外窜五里坪，徽齐团练千余人，星夜追剿，匪闻信西遁，遂平。后无功者受赏，徽独不及，士林叹之。子祖宪，恩贡生；孙芳纲，庠生。

【注释】

（1）活人：使人活；救活他人。即医者初心。

李定南[1] 字寿珊，李静安之仲孙也。天资英敏，清纯立志，光明俊伟，敦孝友，周贫乏，宗族乡党无间言。自幼嗜学，年十五入泮，由拔贡中北闱乡试，援例铨选陕西知县，历署靖边、清涧、商南、咸阳县事，贞正不阿，清廉自矢，其实心实政，深得民心。咸丰丙辰春[2]，丁母艰[3]，解任归葬[4]，适石卿张制府奉命督滇[5]，奏调襄办军务，历著勤劳，累登荐牍[6]。己未八月钦奉，简命授汉中太守[7]，辛酉秋赴任，方冀设施，以展报效，受事未久，川匪迭至，连陷汉中属县，警报络绎，时方九夏酷暑，躬率将士，登陴召募健壮，整肃军戎，分布守御，驰驱于火云烈日中者，已逾两月，加以饷道梗塞，劝捐无应。庚癸之呼[8]，日盈于耳，昼夜焦劳，如在焚溺，以故积劳成疾，医药罔效[9]，弥留之际，谆谆告语，惟以逆贼未殄为憾！卒年六十四岁，督抚悯其忠勤，具为陈奏，奉旨晋赠太仆寺正卿[10]，荫袭知县。

【注释】

（1）李定南：字寿山，或寿珊（友人书信交往常称"寿珊"）。生于嘉庆三年戊午（公元1798年）农历十月二十二，卒于同治元年壬戌（公元1862年）农历七月十六。道光乙酉（公元1825年）科选拔，道光己酉（公元1849年）科京闱中式举人。任陕西汉中府知府、盐运使司太仆寺卿。

（2）**咸丰丙辰**：公元 1856 年。

（3）**丁母艰**：即丁母忧。遭逢母亲丧事。

（4）**归葬**：指把尸体运回故乡埋葬。

（5）**张制府**：张亮基（公元 1807—1871 年），字采臣，号石卿。江苏徐州铜山（今徐州市区）人，道光举人，曾为内阁中书、侍读。1846 年，出任云南临安知府，复调署永昌，后升任云南按察使。曾来鹤峰赴约，寓居半年，题《望鹤堂序》，载《艺文志》。

（6）**荐牍**：推荐人才的文书。

（7）**简命**：选派任命。

（8）**庚癸之呼**："庚""癸"，即军粮的隐语，是军中乞粮的隐语。后指向人借钱。

（9）**罔效**：没有效果。

（10）**太仆寺正卿**：太仆寺卿，即太仆寺长官，简称"太仆"，在秦、汉时期属九卿之一，中二千石。唐时为"从三品"。南宋时，太仆寺并入兵部。明、清时期，为中央机构六部九卿之一。

郑安德　字静轩。由岁贡部选枝江县训导，性浑朴，敦孝友，嗜廉静，寡笑言，夫妻相见如宾，与人和平无竞，其课子教家，动以古人为法，生平酷好读书，善诱人。州人士多出门下，著有《静轩文稿》，诗集待梓。前州牧李、儒学林，题跋作传[1]，盖纪实也。司铎丹阳时，与诸生讲明经义乐而忘倦，莅任未期年而卒[2]，于任所寿八十岁，门下士俱有哲人其萎之叹[3]。子二，庠生一；孙四，庠生二；曾孙八，俱幼读。

【注释】

（1）**题跋**：写在书籍、碑帖、字画等前面的文字叫作题；写在后面的，叫作跋。总称题跋。

（2）**期年** jī nián：亦作"朞年"，一年。

（3）**哲人其萎**：指贤人病逝。

徐允柏 字干石。生性醇朴，敦行孝弟，与兄析爨后，兄殁，遗子二，长子命数大蹇，糊口惟艰，柏抚之如己出，会岁歉，次子欲徙家粤东，柏泣涕挽留，代偿其债，并割己产与之，遂藉以存活。其待宗族邻里类如此，凡除道⁽¹⁾、成梁诸善举⁽²⁾，尤钦然乐从，和平之气，溢于眉宇，虽桀骜者加以横逆，辄忍而不较。先世以医相传，柏业儒未就长⁽³⁾，即继其业焉。设药肆，遇贫乏不较值，施丸药，乐行数十年不倦，活者甚众。寿八十六岁，无病终。子二，庠生一；孙二，恩贡生一，庠生一；曾孙六，俱幼读。

【注释】
（1）**除道**：开辟、修治道路。
（2）**成梁**：修建桥梁。
（3）**业儒**：以儒学为业。

陆光武 字朝汉。正直刚毅，临财毋苟，起家虽由一身，而分多润寡，不与弟较。好义举，如独建四官庙，监修圣庙、文昌宫，未尝吝财措力。延师课子，忠敬兼挚，颇有崇儒重道之风。子六，庠生四；孙十三，庠生一，分发四川县丞一，候补云南巡检一；曾孙十一。

谢绍龙 字腾飞。敦孝友守廉，由行伍拔卫昌营把总，敕封武信骑尉，其治兵义勇兼明，恩威并济，至今人犹称羡之。及老告归，以余俸置田数亩，课农教子，务勤俭，睦乡邻。遇有雀鼠争，言劝释，鲜有不得解者。咸丰年间，烽火四起，饷道梗塞，兼之南粮不继，兵心几变。龙出晓以大义，多方调剂，始安西南。乡民间有藉团练滋事者，冒险往说，团逐散。其生平为人所信服者，类如此。寿至七十八岁，无病而卒。子三,六品军功一，庠生一；孙五；曾孙二。

李相臣 性严而和，生平乐善好施。常建苍圣祠，并上地作香灯资。羊角庙，亦上田一段[1]。西乡隔人潭一带，涉水者数十区，捐资修理，往来甚便；监修斗姆阁及东门外路，自经始至告成，董其事，无稍懈，立字藏，三城中残断简篇，收买一空，邑应试桌几，皆生童自携，因制坐号，以备用，士类感之。建家不取族人分毫，临没，嘱余产入祠，毋分润子孙。所刊《孝经》及诸劝善文，其板现存来凤县。寿七十有二，子五，庠生一，候选训导一；孙九，庠生三；曾孙九，庠生一，余俱幼读。

【注释】
（1）一段 jiǎ：陕西关中方言，相当于一块地、一陇地、一丘田等意。

徐光表[1] 原籍澧州。乾隆间，侍父来山，遂家焉。时诸季尚幼[2]，表独力经营，耕且贾。孝友一堂，数十年如一日，为人慷慨好义，每遇地方公务，捐资首倡不少吝，虽暮年犹然。邑中有牙角争，苦口劝释，甚至抚孤弱，抑豪强，略无避忌。教子以诗书，严肃整齐，家政穆如[3]。前州牧吉，屡欲举乡大宾，以坚辞未果。子三，俱入邑庠；孙五，恩贡生山西候补直隶州州判一，庠生二；曾孙六，俱业儒。寿八十有四，儒学雷有传[4]，载《艺文志》。

【注释】
（1）徐光表：徐士才长子，字丕忠。生于乾隆三十年乙酉（公元1765年）农历七月十二，卒于道光二十七年丁未（公元1847年）农历腊月初七，终年82岁。覃恩貤赠奉直大夫。
（2）诸季：群弟或众弟。
（3）穆如：和美。

（4）儒学雷：即儒学雷春沼，为其立传《徐公丕忠传》，详见《艺文志》。

马耀周 持身正直，处世和平。乡邻有争者，婉言劝释。教子孙耕读，外无他务。子五，孙十二，曾孙四，俱守礼法。现年九十七岁，饮食起居如少壮，然人咸称为人瑞云[1]。

【注释】
（1）人瑞：亦指有德行的人或年寿特高者。

赵永正 邑人。其父邦杰以中风成废，正事之几廿载，殷勤备至，任父喜怨，皆曲意承之，悉出至性，一时咸称其孝云。

秦选照 与庠生张安德，同母异父兄弟也。幼随母育于张，长自立，勤俭持家，财雄一乡。德死，妻子贫乏，照怜之，合计家私，令长子明玉、次子明山，与德子文周均分。虑二子退有后言，复将分券呈官存案，后文周藉以发迹，父子俱入邑庠。照没，二子一贫如洗，文周为之赎其产业，周其子孙，人皆称其疏财好义之报云。

张兴义 下坪溪人。性醇谨，雇工养亲，岁大饥，常逾日不食，贷以供亲膳，或亲呼与共，辄作饱状，曰："儿已餐矣。"忍饥而退，有舍肉遗亲之风[1]。

【注释】
（1）遗：赠送。

刘士绂 乐善好义，精岐黄，不求谢金，其内侄廪生朱大鸿少贫乏，绂给膏火佐读六年，鸿入邑庠，人咸义之。

沈学荣 恩贡生，公正端方，门下成立甚多。

王琅园 湖南人，品端学博。来吾邑，授徒经史，外训以孝友，州人士大半出其门。先生没，数十载，仰高山者，犹不置焉[1]。

【注释】
（1）不置：不舍；不止。

吴崀玉 字辉山。邑庠生，秉性刚方，不茹不吐[1]，尤疏财仗义。凡戚谊中，于婚葬一切力有不及者，辄周济无少吝。有田生寒不能应试，助资斧以成就之。见贫民无依，不能营葬，乐施棺木，数十年行之不倦，其生平慷慨类如此。儒学林钟俊，有碑铭。子一，恩贡生，同知衔，湖南补用通判；孙四，岁贡生一，庠生一；曾孙二。

【注释】
（1）不茹不吐：形容人正直不阿，不欺软怕硬。

田建斗 郡庠生。平生尚气节，耕读外无他图。曾倡修西乡文昌宫，前州牧余继桂，昔寓都门时，与建弟明经有莫逆交，莅鹤甫下车，欲造访建，以书辞，言婉义正，后余牧公出，便道造庐，建仍托疾不出，语人曰：吾非重拂长官[1]，恐奔走权贵，致玷士风耳。其立品之高如是。

【注释】
（1）重拂：过分违背。

陈世华 从九品，陈朝清之父，居心坦白，待人和平无竞。少服贾[1]，孝养父母，其友爱姻睦，尤见至情。族中婚嫁不给者助之，老弱无依者周之，始终无德色⁽²⁾。教子课孙，皆以义方，故一门数十口，不作析爨想者，有自来也。享寿七十有二，子三，从九品二；孙五，廪生一，从九品一；曾孙一。

【注释】

（1）服贾：经商。

（2）德色：自以为对人有恩德而流露出来的神色。

徐承义⁽¹⁾ 增贡生。宅心浑厚，性尤纯孝，父母怒辄长跪不辨，手足间从无间言。前刺史吉钟颖，举孝廉、方正义，退逊不就。邑修文武庙，捐资首倡。城南渡向无工食，舟子多需索，义约陈应诏、李定才，酿金设义渡，行旅便之。道光己酉岁⁽²⁾，大饥，几至斗米千钱，无购买处，义颇有积谷，定价不昂，按贫户丁口，每日给票市谷，新旧相济。邑人度险年若不觉，迄今犹称道不置云。子德元，庠生；德纯，选拔贡生，山西直隶绛州州判，即补知州；孙泽周，庠生。以子纯贵，覃恩敕赠征士郎⁽³⁾，诰赠奉直大夫。

【注释】

（1）徐承义：徐光春次子，字子宜，号仲和。生于嘉庆二年丁巳（公元 1797 年）农历冬月十六，卒于咸丰元年辛亥（公元 1851 年）农历闰八月初九，终年 54 岁。

（2）道光己酉：公元 1849 年。

（3）覃恩 tán ēn：广施恩泽。旧时多用以称帝王对臣民的封赏、赦免等。**敕赠**：与诰赠义同，是朝廷为了加以表彰某官，而为其已过世的先人加以追封爵号。**征士郎**：文散官名，从九品。

李定才⁽¹⁾ 字斗山。邑庠生，性孝友，偶有过，父母斥之，惟下气柔声不少拂。其母乐施与，才常周济贫乏，以赞母志。伯仲恰恰⁽²⁾，立志同居，后胞弟定南任陕西商南县，上宪以"五世同堂"

题旌，南宫游数十载，卒得成名者，才之力居多。自少倜傥有胆识，乡里争讼，辄为排解，事寝一无所利。凡邑中义举，亦必竭力首倡。道光四年夏⁽³⁾，邑大荒，民有相聚为非之势，城中戒严，徙避者纷纷，才独婉为调剂，处以镇静，里人遂安。子二，候补训导一，庠生一；孙二，陕西候补知县加同知衔，赏戴蓝翎一；曾孙三。

【注释】

（1）李定才：生于乾隆五十七年壬子（公元1792年）农历闰四月二十八，卒于道光二十九年己酉（公元1849年）农历五月十二。终年57岁。貤封奉政大夫。

（2）恰恰：融洽貌。

（3）道光四年：公元1824年。

徐承爵⁽¹⁾　字锡三。邑庠生，倜傥豪爽，性耿介，有胆略，谈论举止，卓具大雅风。邑中公事，靡不首倡，尝拟捐资重建九峰书院，未果而没。其妻王氏踵成之，州牧程以"善成夫志"旌其庐⁽²⁾。儒学林⁽³⁾，有传。子一，庠生。

【注释】

（1）徐承爵：徐光表长子，字锡三。生于嘉庆四年己未（公元1799年）农历三月初三，卒于道光二十二年壬寅（公元1842年）农历三月初八，终年43岁。

（2）程：知州程明。

（3）林：儒学林钟俊。

田首乾　字绍亨。为人耿直，好善喜施，捐设清廉、长清二渡，创修合仙宫庙宇，并刻《暗室灯善书》，板存来邑。其他造桥梁、施棺椁，周济贫乏，排难解纷如此。世业耕读，教子有方。享寿七十四岁。子一，候选训导；孙一，邑廪生；曾孙一。

高启贵 孝性成，家赤贫，惟佣工以奉旨甘，虽委顿无怨言。道光十四年春[1]，邑大荒时，贵年已五十，负米数十里外，且恐以劳瘁[2]，伤亲心，都人士有怜其贫而孝者，醵金为之娶妇，小孝用力[3]，殆尽之矣！

【注释】
（1）道光十四年：公元1834年。
（2）劳瘁：因辛劳过度而致身体衰弱。
（3）小孝：孝分小孝、中孝、大孝，孝身是小孝，孝心是中孝，孝志是大孝，孝慧是大大孝。

节烈志

李氏文童覃升培祖母 年三十夫故，子二俱幼。氏苦节媰守，服农力稿，孝事翁姑，教子慈严，数十载笑语不苟，即寿登古稀，纺织之余，仍课孙等读书识字。学宪王，奖给"砥节怀清"匾额，道光十年奉旨旌表[1]。

【注释】
（1）道光十年：公元1830年。

田戴氏 施南唐岩司把总田宗炳之妻，其夫防堵省垣阵亡[1]，氏时年三十有四。子一，女俱幼。其翁闻子亡恸哭甚，氏泣谏曰："夫既尽忠，难兼尽孝，翁有孙绕膝，如夫在焉，翁若忧病，诸孙何依。"旋自司迁回故土，择里而居，勤俭持家，笑语不苟，事翁备尽妇道，长子正烈袭世职。邑人贤之议请旌表，以为闺阃风[2]。

【注释】

（1）省垣：省会；省城。

（2）闺阃：内室。

龚滑氏 道光九年，请旌建坊。

覃刘氏 道光九年，请旌建坊。

任氏向裕廷妻 年十九夫亡，无嗣，氏日夜痛号，寝食俱废，及期将葬，泣曰："吾将事吾夫于地下矣！"遂入室，醮衣麻，雉经[1]。戚邻悲叹，即加殡殓，与其夫同穴葬焉。学宪马，旌其门，曰"节标彤管"。

【注释】

（1）雉经：自缢。雉，通"缢zhèn"。

高凤姐 庠生高如璋孙女，其父泽均充里正[1]，排难解纷，尝以节孝劝人，女耳熟者久之，年十三，父染时疫甚剧，女求符问医，卒无效，悲惧交集，无所为计，遂夜半祷神，割股作羹以进，病寻愈，越六年，女及笄病亡，州人士竞作诗表之。学宪冯，旌以匾额，曰"孝协乡评"。

【注释】

（1）里正：里长，封建社会统治乡里的小吏，以之责之于里正。

王氏田玉章妻 年二十二夫亡，孝事翁姑，养仅尽礼，抚孤子学俊成立、完娶，甫生一孙，而子又亡，氏复抚孙，两世零丁，卒俾宗绪不坠，今又抱曾孙矣！享寿八十岁。

覃氏洪先达妻 年二十二夫亡，氏清操自矢，抚孤子学顺成立，历四十余年，毫无非议，乡邻重之，享寿七十一岁。

彭氏职员部为焯妻 年二十七夫亡，无子，翁姑虑节难终，劝改嫁，氏矢志靡他，抚夫侄为嗣，恩勤兼至，养葬翁姑，备尽妇道，享寿六十九岁。

以上俱咸丰十年请旌。

漆氏周光华妻 年二十五夫亡，子幼，氏冰霜自守，养葬祖父母及翁姑，尽孝尽礼，抚孤子成立，教诲有方。

胡氏张维翰妻 年二十六夫亡，无子，氏若节守贞，抚夫兄子星五承祧，备极劬劳，为巾帼中所罕有。

喻氏廪生刘开泰妻 年二十八夫亡。姑老，子四俱幼。氏冰霜自矢，仰事俯畜，艰苦备尝，姑殁尽哀，抚子俱成立，长宏绪由行伍拔卫昌营把总。儒学陈，上其事于学宪冯，旌其门曰"履洁怀清"。现年六十五岁。

以上俱咸丰十年请旌。

范氏向兴谟妻 年二十九夫故。遗孤子二，俱幼。氏奉姑抚子，躬操井臼，心矢冰霜，今年逾七秩，孙衍两世，相继游泮。前学宪俞，旌其门曰"巾帼完人"。现年七十六岁。

田氏 秦明珊于归后，珊性嗜洋烟，家计萧索。氏苦劝频遭辱，计无复之，一夕割股作羹以进俟，夫食毕，氏以股示，珊感泣碎烟具，立戒不食，数年夫故，氏年三十二岁，以贞节自誓，终身无忽言。

刘氏裴荣传妻　传病医药罔效，氏割股作羹以进。传故时，氏年二十九岁，怀清履洁，抚子成立。亡年七十有三，迄今两世青衿焉。

张氏李从仁妾　年三十六，无子，夫没。凡附棺附身及一切丧葬事，氏俱料理妥，适葬之前夕，以身后事隐托族戚，闻者颔之，俱莫知其意，逾时扃户自缢，其从容就义如此。

郑氏田尊寿妻　年十八于归，甫一年夫故，无出。氏撞棺求死不遂，永矢贞节，因家贫依母家度日，之死靡它，数十年如一日焉。

李氏庠生喻兆凤妻　年三十夫没，姑以家贫无嗣，欲夺其志，氏柏舟自誓，以女红度日，卒完其节，现年六十四岁。

徐氏庠生龚祖诒妻　年三十夫故，其子芳镯仅七龄，躬任家政，事翁姑，抚弱息，艰苦备尝。现年五十四岁。

姚氏钱永祥妻　年三十夫没，家窘甚，氏宅人宅，田人田，抚育子女，矢志靡他，有劝再醮者，辄厉色拒之，事姑孝养备至，十余年如一日，现年四十八岁。

黄氏庠生徐宗祥妻　年二十六夫故，氏葬祭尽尽，泣血数年，忧患成疾。无子，抚兄子为嗣，恩勤愈于己出，且善事翁姑，孝养不衰，亡年三十有六。

袁氏千总张兆虎妻　年二十七，夫以征大金川阵亡。子二，均幼。氏痛泣曰："吾夫捐躯疆场，吾当矢志完贞。"遂茹蘗饮冰，义方教子。后长子士魁，以荫袭任宜镇中营千总；次子士元，由行伍任卫昌营外委；孙朝健，亦任卫昌营外委。人以为守节之报云，享寿六十四岁。

高氏韩大奇之妻　年二十七岁，夫染痼疾，氏祷祀延医，衣不解带者数月，夫殁，擗踊哭泣[1]，欲以身殉，既念腹有遗娠，始勉力营葬。未几，生子德堂，抚孤成立，训子勤俭，家渐小康。为季子德堂及两孙绍仁、绍义，俱援例入国子监[2]；曾孙二，长先声援例贡名成均[3]。年六十有一，无病终。

【注释】

（1）擗踊：擗，捶胸；踊，以脚顿地。形容极度悲哀。

（2）援例：引用惯例或先例。

（3）成均：官府设的最高学府。

田氏岁贡徐承礼继室　十九岁于归，事姑极孝。前室子德玉，仅九岁，抚育成名，视若己出。年二十八，夫没。氏守贞如石，时四子俱幼，朝夕课读，有画荻风[1]，故皆弱冠游黉序。咸丰十一年[2]，黔匪犯来凤沙刀沟[3]，离城百里，人心震动，氏捐资募勇，督子辈日夜防堵，数月不稍弛，其勇于好义类如此，亡年五十四。子德玉未壮而卒，媳龚氏仍励节抚子，惟孀母是依，不出户庭者，十余年姑没，痛不欲生，亦渐不起，期年而亡，姑媳双节后先晖映。

【注释】

（1）画荻：宋欧阳修四岁而孤，家贫，母郑氏以荻管画地写字，教其读书。

见《宋史·欧阳修传》。后以"画荻"为称颂母教之典。

（2）咸丰十一年：公元 1861 年。

（3）沙刀沟：今宣恩县沙道沟。

杨氏姚大经妻　许字后，经患恶疮，委顿床榻者历年[1]，两姓父母虑病难痊，议欲改字，氏知之泣曰："女子从一而终，即不幸，犹愿以了角老况[2]，未必至此耶。"坚执不从，于归后，经犹困剧[3]。氏亲调药饵，不避秽污，旋病愈。举一子，命名贤良。

【注释】

（1）委顿：疲乏；憔悴。

（2）老况：老年的景况。

（3）困剧：极端困苦。

刘褚氏　邑庠生士彦妻，卒时，氏年二十六，矢志抚孤，孝养翁姑。学宪杜，给有"节孝可风"匾额。

田氏邑庠生徐承基妻　年二十六夫故，遗血孤，甫三月。氏抚养成立，足未逾阃者数十年。

覃闵氏　覃正宣妻，性至孝，言笑不苟，年二十一，宣死，恸不欲生，以大母暨翁姑劝谕，抚遗腹子国秉成立，历襄大事。即今年已六十，犹躬操井臼，洵足为乡里裕式[1]。

【注释】

（1）洵：诚然，实在。

程氏文童覃长松妻　于归，甫三载，夫没。氏抽刀仰药，誓不欲生，亲友以姑老、子幼力劝之，始止。遂坚贞明志，毅然以事亲抚子为己任，而衣无完裙，茹茶饮冰宴如也，现年五十岁。

喻氏庠生李成章妻　年二十八，夫没。氏义懔从一，终身勤俭，事继姑，孝养无懈，立夫弟次子为嗣，未婚而夭，时人哀之，现年四十九岁。

徐氏庠生李国望妻　年三十，夫故。氏即肩家政，以礼义自闲，抚一线弱嗣，辛勤倍切，既长令就傅读书[1]，勉续父志，无世俗姑息态，今子已成立，现年五十一岁。

【注释】
（1）**就傅**：从师。语出《礼记·由则》："十年，出就外傅，居宿于外，学书记。"

于冉氏　守节四十余年。

光绪十一年续修

山川磅礴之气，是生人杰，其间砥节砺行，足为乡里衿式者，如孝友、贤义、节烈、贞淑，采访确切，亦后先辉映焉。故人物志续修。

选举

选拔

徐德容　同治癸酉科

恩贡

陈鸿渐　陈兴祥　田荪太　吴纪勋

岁贡

朱大鸿　李树馨　尹高林

文仕进

徐德纯[1]　任山西潞安府长治县知县。

吴振鹭　任湖南永绥直隶厅补用同知直隶州。

吴纪云　任广西富川县知县。

徐德潜　任山西河曲县知县。

徐秉元　知县用任山西代州直隶州州判。

徐德润[2]　知县用湖南补用府经历。

【注释】

（1）徐德纯：徐承义次子，字养蒙，号熙亭。生于嘉庆二十五年庚辰（公元1820年）农历冬月二十一，邑优廪生。道光二十九年己酉（公元1849年）科选拔，就本班职签山西；咸丰六年丙辰（公元1856年）署绛州直隶州判，七年署解州直隶州判，十年补授绛州直隶州判；同治元年壬戌（公元1862年）兼署绛州训导，二年兼署绛州学正，因拿获邻省盗犯，蒙保以知县用，遵例加知州升衔，四年署河津县，十一年署稷山县知县，十二年代理垣曲县知县，十三年两任俸满，引见归知县班候补；光绪八年壬午（公元1882年）补授潞安府长治县知县。

（2）徐德润：徐承寿次子，字海卿。生于道光十九年己亥（公元1839年）农历四月十三，邑庠生。军功赏加六品衔，遵例分发湖南候补府经历，委办山西账务，保补缺后以知县用。

教谕

陈兴祥 候选复设教谕。

训导

李宝田 试用训导监提举衔。
李树馨 候选训导。
朱大鸿 候选训导。
尹高林 候选训导。

杂职

何大文 任山西绛州直隶州州判。
陈鸿渐 候选直隶州州判。
田蕵太 候选直隶州州判。
徐泽溥 分发直隶试用县丞。
杨毓秀 安徽候补县丞。
李德芬 湖南补用巡检。
徐文焕 山西试用典史。
易忠亨 候补陕西从九。

武仕进

刘宏彦 任后司把总驻防渔关。

洪登庸　任城守外委六品衔。

王信圭　任北佳坪外委。

邬启恒　任施南外委。

刘以志　本营额外。

袁正林　本营额外。

云骑尉世职

向九畴　以父向锡爵荫。

李德兹　以父李肇文荫。

田本立　以祖田宗柄荫。

恩骑尉世职

刘以勋　以祖刘荣荫。

田正品　以曾祖田继秀荫。

义行

李辅臣　本城人。秉性耿直，年弱冠即以孝闻，持家有法，初应武试未遂，爰从行伍，补授把总，历任本营奇峰关右司暨建始县城守，循分供职[1]，惠爱士卒，数十年无外干[2]，平生不苟取。归老，城西置薄田以自娱。长子良邦，宜镇外委；次良能，从九；三良楷，补奇峰关把总，晋四品升衔。孙曾林立，寿百有七岁。诰授昭武都尉。

【注释】

（1）循分：恪守职分。

（2）干：触犯；冒犯。

尹光益 本城人。祖籍嘉鱼，幼随其父均宣司铎于州，赋性诚笃，侍奉亲疾数十年不倦，父没，遂筑室家焉。祖遗田产，让之于姪，待人无争竞心，喜谈阴果[1]。子一，显章，庠生。孙八，候选训导一，庠生二，余俱儒业。曾亦林立[2]。

【注释】

（1）阴果：阴德功果。

（2）曾：这里指曾孙、重孙。

郭继枚 字玉堂。岁贡生，三岔口人。秉性孝友，浑厚朴实，读书目数行下，应试郡城，无力买书，向书肆借翻阅之，即能记诵，故幼有神童称。庚子科房荐[1]，出德公门，奇赏之后，屡荐不售[2]，授徒善诱，受益者众。前知州梁元珠，聘阅试卷，评定甲乙，一无所私。年八十，无疾而终。子一，孙一，邑庠生。

【注释】

（1）房荐：科举考试房官所推荐之文卷。

（2）不售：不能实现。

徐承寿[1] 字介堂，本城人，庠生。体貌魁伟，性豪爽。里有争讼质之，片言立解。历任邑侯，皆造庐询地方利弊。志兴学校，与李焕周、陈金门创修鹤鸣书院，殚精竭力数十年。其子官县令，每寄书勉为好官。凡地方桥梁路道诸义举，必捐资为之倡。年七十余，无疾终。子三，恩贡生山西知县一，湖南府经历一，庠生一；

孙八，直隶县丞一，山西从九一，庠生一，余幼读。以子贵，诰授奉直大夫。

【注释】

（1）徐承寿：光表三子。生于嘉庆十年乙丑（公元1805年）农历闰六月初九，卒于同治九年庚午（公元1870年）二月初八，终年65岁。

陈世琦 字甫纯，本城人，庠生。性友爱，善事继母，勤劳无间。弟世琨分居失偶，出修资为娶妇[1]。家寒授徒，功课极严，寒暑无倦，邑英才多出其门，隅负笈从者甚众。生平循谨，举动不苟，诚足为乡里衿式。子二，孙四，恩贡生候选直隶州州判一。

【注释】

（1）修资：旧时指教学的酬金。

陈应诏 本城人。少孤，奉母孝，胞兄某失明，敬之不衰，母聂，寿八十八而终，尽礼尽哀，以母遗分给兄嫂姑姊，抚侄九皋教读成立。与李相臣重建斗姆阁；又与李焕周、徐介堂创修鹤鸣书院，极力经营；凡桥梁路道，皆急公好义无德色。没后，仰典型者犹称道云。子四，长九崧，湖南县丞；季九嶂，庠生。诸孙林立。

郑洪志 字尚贞。本城，邑庠生，事亲先意承志，其父静轩八旬余，选枝江广文[1]，亲随扶侍，后卒于官，哀毁扶榇归[2]。兄没，抚侄福全，教读完娶如所生，入泮后家产平分之，毫无所私，生平言笑不苟，足迹未尝出户，推为一乡善士焉。子三，府庠生。孙三。

【注释】

（1）广文：唐天宝九年设广文馆，设博士、助教等职，主持国学。明清时因称教官为"广文"，亦作"广文先生"。

（2）哀毁：谓居亲丧悲伤异常而毁损其身，后常作居丧尽礼之辞。

王道一 字竹坡，湖南安福庠生，后入州籍，授徒为业。性奇慧，为文独具机杼(1)，寸香一艺(2)，士之游其门者，多拾青紫以去(3)。晚年得目疾，犹以口授。邑侯程明斋尝延入幕，卸篆后携之至都，值北省戒严，间道归里，置田数亩，隐于城北之巴子山以终。子二，庠生一。

【注释】
（1）机杼 jī zhù：杼，织布梭子。指织布机。这里指文章的新巧构思和布局。
（2）一艺："六艺"之一。指经学的一种。古代称《诗》《书》《礼》《乐》《易》和《春秋》六种经书，也泛指各种经书；王莽时六种字体，即古文（战国时通行于六国的文字）、奇字、篆书、左书、缪篆、鸟虫书；儒家所谓的礼（礼仪）、乐（音乐）、射（射箭）、御（驾车）、书（识字）、数（计算）等六种才艺。上述技艺或才艺均为各个朝代或不同时期的六艺。
（3）青紫：指古代高官印绶、服饰的颜色。比喻高官显爵。

向廷彦 燕子坪人。抚侄毕，婚娶、成立、分析，一无私。能解争讼，凡团练、府志及桥庙、道路诸义举，皆倚任之(1)，故里人颂其德。子一，附贡；孙二。

【注释】
（1）倚任：倚重信任。

周大富 关外人。事父母孝，兄弟四人，先居金鸡口，富随父移居走马坪，勤俭起家，未几，兄彰与魁明相继至，均分给重资，其侄来依者，悉为置业。邻有熊大福嫁其妻，富出钱毁其券，令复合。张朝吉因贫嫁妻，亦资斧之，得免离异。可谓乡里善人。子三，庠生一。

徐德潜[1]　本城人。赋性开敏，三岁识字，十五能文，弱冠食饩登明经[2]。尤善事继母，两弟一妹皆继母出，友爱倍至。以山西通判劳绩，加五品升衔，知河曲县事，著政声，岁歉请赈，全活无数。卒于官。子四，候选直隶县丞一，山西试用典史一，庠生一。

【注释】

（1）徐德潜：徐承寿长子，号确甫。生于道光五年乙酉（公元 1825 年）农历八月十三，殁于光绪六年庚辰（公元 1880 年）五月初二，终年 55 岁。同治元年壬戌（公元 1862 年）廪贡生，四年就本班职分发山西，十二年署解州直隶州判，因河防劳绩保以知县用，赏加五品衔；光绪二年归，知县班候补，五年署河曲县知县。例赠奉直大夫。

（2）食饩 shí xì：指明清时经考试取得廪生资格的生员享受廪膳补贴。亦即成为廪生。**明经：**通晓经术。汉代以明经射策取士；隋炀帝置明经、进士二科，以经义取者为明经，以诗赋取者为进士；宋改以经义论策试进士，明经始废；明、清对贡生的尊称。

朱南运　田家坪人。严气正性，积学未售，而襟怀洒如也。诲人循循善诱，阐辟经义，多启发愚蒙，尤以敦品、制行为先[1]，乡邻皆蒙化导，有王彦方之遗意焉[2]。子二，曾、玄均儒业。

【注释】

（1）敦品：砥砺品德。**制行：**规定道德和行为准则，指德行。

（2）王彦方：王烈，字彦方，太原人，青年时曾在陈寔（shí）门下学习，凭借品德高尚称著乡里。

列女

贞女徐五姐　本城庠生徐承寿季女，女幼自文童李树兰，病殁，女闻信服衰麻[1]，往吊抚棺，一恸几绝，欲过门守节，而姑亡家贫，无嗣可继，不得已依母家事母孝，终年未尝出户，贞操凛然，兄嫂分以产，俾有所养，以终其志。州人士公举贞孝，呈请咨部，奉旨旌表。

【注释】
（1）衰麻：丧服，衰衣麻绖（dié）。

罗孝女 茅竹山人。罗春德女，德继妻陈氏悍泼异常，德不堪其苦，自缢死，嘱女伸冤，女来城两次，为其伯挟阻，愤极自经以殉，惜家贫未能请旌。

覃闵氏 千金坪人。适覃正暄两载，夫亡，氏哀毁尽礼，葬后五月，生遗腹子国秉，矢志抚孤，家贫资以十指事姑，以孝闻嗣，秉夫妇俱殁，氏又抚孙，辛苦备尝，抚孤两世，年七旬余，守志五十年，可谓苦节之贞！

周刘氏 大溶人。周光朝妻，夫亡，氏年二十四，矢志守节，克抚儿女成人，性刚烈，人不敢犯。子先易、先祥，年五旬有过，犹斥之跪。家仅中人产[1]，子孙鲜游惰者[2]。年八十四，待旌。

【注释】
（1）中人：一般人；中等人。
（2）游惰：游荡懒惰。

周么么 关外人。庠生周江皋女，适杨光环为室。父亡，念母切，迎养于家，母病甚，么祷于神，割左臂肉，烹以食，母病稍已，送母归，扶持两月余，乃回。嗣闻母病复作，医谓为不起症，复于密室割股肉，合药进之，延至次年二月始，殁。夫以弱女而割股，至三孝矣。

刘郑氏　本城文童刘以典妻，夫亡，年二十五，矢志霜守，抚弟之子为嗣，饮冰茹苦，艰辛备尝，年五旬余殁，事载家乘。

宋部氏　北路板庄人。宋青臣妻，夫故，氏年二十三，抚孤守节，言笑不苟，计苦节四十年，乡人争称之。子一；孙二，监生一。

李尹氏　本城人。原任儒学尹均宜之孙女，夫李应魁入营食粮，时咸丰二年，氏年十九，产一子甫六日，应魁从征武昌阵亡，家极寒，氏寄食母家，守贞茹苦三十余年，抚子成立，冰操凛然，乡党无间言焉。

王部氏　北乡部子明女，适王德成，伉俪极谐，夫病，氏奉汤药祷于神，乞以身代，终不起。氏抚棺恸哭，思以身殉，念翁姑年高，无人侍奉，矢志霜守，时年甫二十也。人以女幼托邻媪劝其改守，女怫然大痛，继而翁姑利其礼金，迫与再醮，谓不从必捆载以去。女闻迎者在途，整衣冠、严妆饰，众谓女有转志矣。及轿入门，女叹曰："彼苍者，天不谅人！"只泣拜翁姑，仰药而死。

黄陈氏　本城黄节义妻，年二十二岁夫故，遗孤祥选，生甫八月，氏矢志抚孤，现年逾五十，家益窘，种薄产以为生。

黄袁氏　本城黄节用妻，年二十三岁夫病，家贫不能延医，割股疗治，泪夫溺没，贫益甚，磨麷资生，苦节贞操，巾帼罕见。

杨郁氏　本城杨祖训妻。夫病，氏割股治病，旋已未几，夫病复发，氏二次割股皆效，后祖训病竟不疗，氏亦忧郁成疾，相继而殁。

李徐氏 陕西人。任汉中府李定南妾，定南殁于官，氏时年二十二岁，从定南甫五六年，乃哀其忠勤，感其恩厚。矢守不去，及扶枢旋鹤，家居淑慎慈惠，沉静寡言，守节三十余年，没，年四十五岁。

李刘氏 本城武庠李成美妻，年二十九夫故，遗孤子志刚，教读完娶，俾得成名。氏没，年五十五岁。怀清履洁，与氏母喻孺人相辉映焉。

张王氏 西乡张定武妻，性至孝，其舅姑相继病蹩，步履需人，氏扶持十余年维谨。家贫，氏以私积供甘旨，无少匮姑。早世遗弟五龄[1]，氏抚之成立，至今家庭颂德焉。

【注释】
[1] 早世：过早地死去；夭死。

魏周氏 大典河人。夫魏澍家窘，入泮后，舌耕营生，病久，俸金用罄，思食肉，氏割股以进，澍卒不起，氏几痛不欲生。

刘兰仙 赵莲仙妻，千金坪人。父祖彝早卒，其嫡母覃氏爱如己出，覃母病，兰仙割臂肉疗之，病旋愈，以庶出而尽孝，嫡母可谓难矣。庠生张茂芝赋《孝女行》。

洪李氏 幼字洪应桂，因年荒，氏随亲迁居贵州之兴义，父母沦亡，氏时年二十，以织纺糊口，抚其弟，彼处有议婚者，弟婉告之，氏怫然曰："父母以我字洪门，若更议，惟有一死。"弟知不可夺，爰搜积川资，来迎其夫至贵州完婚，为母修墓，乃同回州。生子二，俱邑庠生；孙三。人以为不二字之报。

杨陈氏　本城杨承祖妻，夫病，奉汤药唯谨，祷于神，割股肉已进，夫卒不起，孀居至今。子二，俱成立。

耆寿

李辅臣　年一百零七岁，原任施南把总。

谢尚国　年一百岁，五里坪人。

田大贵　年九十六岁。

刘国道　年九十六岁，关外卦子溪人。

吴世泰　年九十二岁。

秦显奎　年九十岁。

钟正朝　年九十岁，清水湄人。

张安武　年九十岁，清水湄人。

李福龙　年八十四岁，金鸡口人。

田福栋　年八十四岁，候选训导。

聂正顺　年八十四岁。

徐宗恺　年八十岁，五品封职。

龙世经　年八十岁，附生。

陶胜德　年八十岁。

杨祖椿　年八十岁。

女寿

杨杜氏　年九十四岁。

徐田氏　年八十五岁，庠生徐秉贞之母。

陈曾氏　年八十一岁，职员陈朝玉之母。

徐龚氏　年八十一岁，五品封职徐德元母。

杨萧氏　年八十二岁。

卷十三　艺文志

邑州设学甫四十余年，其文词不少概见宜矣。然序述、时事、歌咏、风俗，或出宦游所著作，或出邑士人之记撰，即改土以前其碑刊、序记，与投赠诗文之类，亦时时散见于他说，盖不得以无文少之焉。文不尚炳烺⁽¹⁾，诗不侈绮丽，义苟系乎。邑虽异地之人弗略也，义不系乎。邑虽乡贤所著，亦弗录也。词章辨，而人才亦归于正。屈原生于秭归⁽²⁾，宋玉起于宜城⁽³⁾，恶可以山陬僻陋概之哉⁽⁴⁾。志艺文。

【注释】

（1）炳烺：亦作"炳朗""炳琅""炳朖"，光辉照耀。

（2）秭归：今湖北省宜昌市秭归县，为屈原故乡。

（3）宜城：湖北省县级市，襄阳市代管。宜城历史悠久，建制于汉惠帝三年（公元前192年），楚国古都，辞赋家宋玉故里。1994年6月，经国务院批准撤销宜城县，设立宜城市（县级）。

（4）恶 wū：表示疑问，相当于"何""怎么"。

新建文昌庙记

知州　吉钟颖

州旧有文昌像，附祀武庙，后又移于书院。嘉庆六年颁行文昌祀典⁽¹⁾，命州县皆得立庙，并祀其先代于后殿，礼与武庙埒⁽²⁾。前署州刘运浩、王维球，相继董率其事，庙在州西闉内⁽³⁾，盖昔土司奉祀至圣像旧址，其地狭，复买民基而扩之，所费益多。钟颖抵任后，绅士丕振，再接再厉，创始于嘉庆十六年，告竣于二十五年。

匪独新之⁽⁴⁾，又从而广大之；匪独坚之，又从而永固之。呜呼！何其善也。

文昌于天官家，言为戴筐六星上将⁽⁵⁾，尚武威也，次将正左右也，贵相理文绪也，司禄赏功进士也。天垂象，圣人则之固已。梓潼上直参宿⁽⁶⁾，有忠良孝谨之象，实掌文昌府事及人间禄籍，故天下科名之士皆宜祀之。顾钟颖有欲为州人士告者，士君子自束发受书，知在国为忠良之臣，则必耻贪鄙而尚节义；知在家为孝谨之子，则必黜乖戾而进慈和⁽⁷⁾。

体诸躬为有本之学，见诸文为有德之言。其能如此者，虽未见神而礼拜之，而神已深契之也。其不能如此者，虽日向神而礼拜之，而神已深恶之也，然则神岂关乎。祀与不祀哉，亦在乎人之贤与不贤而已矣，是役也⁽⁸⁾。矢公矢慎，庶几能有始终者八人，洪继周、部生榕、刘正性、龚经德、洪先裁、谢境安、于自贵、陆光五于例得并书，以志美也，亦以劝善也。

【注释】

（1）嘉庆六年：公元 1801 年。

（2）埒 liè：等同。

（3）闉 yīn：瓮城（古代城门外层的曲城）的门，这里指城。

（4）匪独：不单是，不只是。

（5）戴筐：星座名，即文昌宫。因其在斗魁之上，形似筐，故称。

（6）梓潼：道教神名，即梓潼帝君，相传名为张亚子，居蜀中七曲山，仕晋战死，后人立庙祀之。唐宋时封王，元时封为帝君，掌人间功名禄位事。**参宿**：星座名，二十八宿之一，西方白虎七宿的末一宿，即猎户座的七颗亮星。

（7）**乖戾**：乖悖违戾，抵触而不一致。今称急躁，易怒为性情乖戾。**慈和**：慈祥温和；慈爱和睦。

（8）**是役**：用心来驾驭外在事物。

重修城隍庙记

吉钟颖

州城隍庙创建于乾隆三年[1]，前州毛峻德备极筹画。重修于乾隆五十三年，前州杨树本、雷应芳皆以乡保董任其事，所用物料、率杂、旧木、土砖，未及三十年而已，有岌岌欲崩之势。钟颖于嘉庆二十二年抵州任[2]，每值朔望瞻拜[3]，忧栋宇之将坠，悯垣墉而欲倾，其何以蔽风雨，而妥神灵为之相度，其形势而经画[4]，其财用自捐可也，劝捐不可也。夫民者，神之主也。欲事神而先扰民，则百弊生焉。因首出俸资鸠工庀材，而民之不待劝，而乐输者麕至[5]。于是楹桷之挠折者易之[6]，盖瓦级砖之残缺者新之，丹青之漫漶不鲜者杇之[7]。并置庙田若干，以备常供，固已有光于前[8]，无坏于后矣。自古治民之法，备则以人道治人事[9]；后世治民之法，穷则以神道制人心[10]。官以掌阳教，神以理阴教。人有不畏官，而未有不畏神者也。然则神庙之修，恶可以已哉。钟颖司牧兹土，乐其地僻，而事简时与山中父老，课晴望雨，为之祈晴而晴，祈雨而雨者已，无不捷于影响。即其四方之多罪逋逃[11]，亦虔祷于神，而时亦弋获[12]，俾此州得以安居乐业，而屡获丰年者。吾知非神力不至于此也。

【注释】

（1）乾隆三年：公元 1738 年。

（2）嘉庆二十二年：公元 1817 年。

（3）朔望：农历每月的初一和十五，即朔日和望日。

（4）经画：经营筹划。

（5）麕 jūn：同"宭"（qún），群。

（6）楹桷：柱与椽。

（7）漫漶 màn huàn：模糊不可辨别。犹迷茫不清。朽 wū：涂饰；粉刷。

（8）固已：这里指坚定，坚持。

（9）人道：中国古代哲学中与"天道"相对的概念。一般指人事、为人之道或社会规范。

（10）神道：神道又称天道，这里指神灵。

（11）逋逃 bū táo：逃亡；逃窜。

（12）弋获 yì huò：泛指擒获。

重修州志采访小引

署知州　董惟墧

粤惟九野分星⁽¹⁾，职方氏区物土之产⁽²⁾，八荒殊气⁽³⁾，小行人上民风之书。故稽地掌图，兰台既典籍宜备；而征文考献，邑乘尤辀轩所资。鹤峰旧属土司，嗣成州治，版图初附，辟草昧者，略纪源流，时序代更。览风教者，大异畴昔弗及今重为蒐辑⁽⁴⁾，必历久益就销沉。本州才愧烹鲜⁽⁵⁾，学惭制锦⁽⁶⁾。缘绅耆图此远举，嘉会适逢⁽⁷⁾；念民社任匪他人，仔肩莫贷⁽⁸⁾。因之欣允所请，并嘱亟谋厥成。惟是八百里树密云深，势难诹度遍及⁽⁹⁾；千余年碑残简断，能勿见闻异词。溪洞溯唐宋而遥制，虽殊而源不可没。黔黎濡尧舜之化风⁽¹⁰⁾，既周而事多可书。剑犊牛刀习俗⁽¹¹⁾，谁为潜易；风琴雅管人文，孰与振兴⁽¹²⁾。标杰特之峰峦名材⁽¹³⁾，非梗楠可罄⁽¹⁴⁾；涉幽深之涧壑佳士，当兰蕙同芳。宣力戎行，洵多捐躯报国之英俊；束身名教，亦有为善于乡之秀良。至于孝著《南陔》⁽¹⁵⁾，贞完白首，或已邀旌扬于绰楔⁽¹⁶⁾，或犹且汩没于穷檐⁽¹⁷⁾。斯固风华所关，允为表章难略。若夫居邻屈宋⁽¹⁸⁾，名人续风骚余音；地广林泉，开士辟仙佛胜景⁽¹⁹⁾。雪泥鸿爪⁽²⁰⁾，触怀而留华翰者几人⁽²¹⁾；

径涂河梁⁽²²⁾，捐资以成义举者安在？值重熙累洽之盛麻⁽²³⁾，嘉知史不胜登泄五行，百产之精瑞异，亦理所时有。荐绅称道，固足以广流传。闾巷诵扬，非无能备纪述、汇舆论，而成实录。邑长吏臆见毫无⁽²⁴⁾，申乡评以惬群情，都人士偏私必屏，喜文物衣冠之迥异前日，庸庶几乎成章斐然，惟风土人情之咸无阙遗，所厚望于是邦贤者。

【注释】

（1）粤：古同"聿""越""曰"，文言助词，用于句首或句中。

（2）职方：古官名。《周礼》夏官所属有职方氏；唐宋至明清皆于兵部设职方司；北洋政府初期亦设于内务部，后废。

（3）八荒：又称八方，最远之处。

（4）畴昔：往昔；日前；以前；往事。蒐辑：蒐通搜，搜求辑录。

（5）烹鲜：语本《老子》："治大国若烹小鲜。"后以"烹鲜"比喻治国便民之道，亦比喻政治才能。

（6）制锦：《左传·襄公三十一年》："子皮欲使尹向为邑。子产曰：'少，未知可否。'子皮曰：'愿，吾爱之，不吾叛也。使夫往而学焉，夫亦愈知治矣。'子产曰：'不可……子有美锦，不使人学制焉。大官、大邑，身之所庇也，而使学者制焉，其为美锦不亦多乎？'"后以"制锦"为贤者出任县令之典。

（7）嘉会：欢乐的聚会。

（8）仔肩：担负的担子、任务。莫贷：不推卸。

（9）诹度 zōu dù：商议斟酌。

（10）化风：化育万物的风。

（11）剑犊：剑犊之化，原指放下武器，从事耕种。后比喻改业务农或坏人改恶从善。同"卖剑买牛"。牛刀：宰牛的刀。语出《论语·阳货》："子之武城，闻弦歌之声。夫子莞尔而笑曰：'割鸡焉用牛刀？'"后常以喻大材器。

（12）孰与：与谁。

（13）杰特：卓异，特出。

（14）楩楠：亦作"楩柟"。黄楩木与楠木，皆大木。大材，栋梁之材。

（15）《南陔》：《诗·小雅·南陔序》："《南陔》，孝子相戒以养也；《白华》，孝子之絜白也；《华黍》，时和岁丰，宜黍稷也。有其义而亡其辞。"后用为奉养和孝敬双亲的典实。

（16）**绰楔**：亦作"绰削""绰屑"。古时竖于正门两旁，用以表彰孝义的木柱。明清官署牌坊。

（17）**汩没**：埋没。

（18）**居邻**：邻居。**屈宋**：指战国时楚国诗人屈原和辞赋家宋玉。屈原作有《离骚》，是骚体的开创者；宋玉略晚于屈原，或称是屈原的弟子，也以辞赋著称。

（19）**开士**：菩萨的异名。以能自开觉，又可开他人生信心，故称。后用作对僧人的敬称。

（20）**雪泥鸿爪**：雪地上偶然留下的鸿雁爪印，比喻往事遗留的痕迹。也指人生际遇不定，踪迹无常。

（21）**华翰**：对他人来信的美称。

（22）**径涂**：途径，小路。

（23）**重熙累洽**：谓前后功绩相继，累世升平。**庥** xiū：庇荫，保护。

（24）**臆见**：亦作"肊见"。个人的私见，主观的看法。用为谦词，犹言浅见。

宣慰土司田九峰二十一史纂序

岳常道[1]　姚淳焘[2] 乌程人

风俗与化移，易得善变者，数人焉倡之。而王道之行，可以四达不悖矣。今天子声教洋溢[3]，万国宾服[4]，日照月临之下，凡有血气者，皆得晓以礼义，导以名分，沐以诗书，使之蒸蒸向化，靡有违心。况土司星分楚徼[5]，禹贡荆州之域，去王畿才三千里[6]，奉正朔、守防禁[7]，输忱报绩[8]，历有年所。而拘墟者[9]，谓当别其种类，羁縻笼络[10]，使不得与于玉帛冠裳之盛。嘻，何其小也！予剖符常岳[11]，职在宁边[12]，莅政之初，即闻宣慰田子[13]，尊贤礼士，饱饮诗书，以著述名家，私心固已异之[14]。既又闻其编辑史略二十一朝，互有商确[15]，芟繁摘要[16]，考误析疑，殆类通儒之所用心⁽¹⁷⁾，非苟焉而已也。戊寅夏四月⁽¹⁸⁾，田子忽遣使载书满车，冒风雨数百里，走兰津投赠索叙⁽¹⁹⁾。其子应恒款门入谒⁽²⁰⁾，风流淹雅⁽²¹⁾，有吴公子遗意⁽²²⁾。予益叹田氏之泽，再世未艾。而圣天子文教诞敷⁽²³⁾，涵濡浸灌⁽²⁴⁾，其收效于天下，若是其大且远也，虽然止水鉴形，日光体影，千秋得失，史文大备矣。田子披览之下，见古者山陬海澨，有奉职勤王、铭勋天室者⁽²⁵⁾，有夜郎自大、抗天拒命、冥冥焉不戢自焚者⁽²⁶⁾，有世笃忠贞、分茅锡土传之无穷者⁽²⁷⁾，有叛服不常、初终异辙⁽²⁸⁾、尝试天威、陨其世、堕其绪者，其间是非祸福，一一澄观而静验之。于以敦修自好⁽²⁹⁾，力帅诸司，永承帝眷。后之人蹑其业者，学成而升于有司⁽³⁰⁾，试于乡，举于春官⁽³¹⁾。彬彬乎后先王国⁽³²⁾，与一代名臣并光史册。此诚稽古之荣⁽³³⁾，善变者所宜自效，而功先倡导。予亦藉手田子⁽³⁴⁾，报南服之最绩焉⁽³⁵⁾，日夜望之矣！

【注释】

（1）岳常道：康熙七年（公元 1668 年），改分守上荆南道为分巡岳常道，治澧州，领岳州府、常德。雍正七年（公元 1729 年）增领澧州直隶州，更名"岳常澧道"；光绪二十年（公元 1894 年）增领南洲厅；光绪二十五年（公元 1899 年），移驻巴陵（今湖南省岳阳市岳阳县）。下辖二府、一直隶州、一直隶厅，共十四州县。

（2）姚淳焘：浙江乌程（今浙江湖州南菰城遗址，秦王政二十五年置乌程县，是以乌申、程林两家善酿美酒而得名）人，康熙六年（公元 1667 年）进士，授内阁中书舍人。累擢湖广提学道佥事，复官后，授岳常澧道副使。

（3）声教：声威教化。

（4）宾服：服从。《庄子·说剑》："无不宾服而听从君命者。"

（5）楚徼：楚境。徼，边界。

（6）王畿：泛指帝京。

（7）正朔：农历正月初一。这里指帝王新颁的历法。**防禁：**防备禁戒。

（8）输忱：献纳真情。

（9）**拘墟**：亦作"拘虚"。比喻孤处一隅，见闻狭隘。语本《庄子·秋水》："井蛙不可语于海者，拘于虚也。"陆德明释文："本亦作'墟'。"

（10）**羁縻**：亦作"羁縻""羁縻"。束缚；控制；笼络；怀柔。

（11）**剖符**：犹剖竹。古代帝王分封诸侯、功臣时，以竹符为信证，剖分为二，君臣各执其一，后因以"剖符""剖竹"为分封、授官之称。

（12）**宁边**：使边境安定。

（13）**田子**：即容美宣慰使田舜年（公元1639—1706年）。古代对人的尊称，称老师或称有道德、有学问的人为"子"。

（14）**私心**：个人心里；内心里。

（15）**商确**：商讨；斟酌。

（16）**芟繁**：同"删繁"，删去繁杂的。

（17）**通儒**：指通晓古今、学识渊博的儒者。

（18）**戊寅夏四月**：康熙三十七年（公元1698年）四月。

（19）**兰津**：今湖南省津市，古称"兰津古渡"。"兰"是屈原公元前278年被楚怀王放逐后，由荆襄入澧水，在津澧一带行吟放歌，于《湘夫人》中"沅有芷兮澧有兰"的诗句而来；"津"是指渡口，因九澧之水经津市门户流入洞庭湖，通江达海。"兰津"便成为农副产品、手工业品集散中心，过往船舟商旅纷纷在这里设立埠市。**投赠**：赠送。

（20）**应恒**：即田舜年长子田丙如，字应恒。**款门**：敲门。

（21）**淹雅**：宽宏儒雅、高雅、渊博。

（22）**吴公子**：即季札，吴王寿梦的小儿子。

（23）**诞敷**：遍布。

（24）**涵濡**：滋润；沉浸。**浸灌**：漫进；灌入。

（25）**铭勋**：铭功。**天室**：指天上星宿的布列位置，古定国都、建宫室皆依之，故称。这里指朝廷。

（26）**冥冥**：指潜意识里，不知不觉中。**不戢**：不检束；放纵。

（27）**分茅锡土**：即分茅赐土，分封侯位和土地。

（28）**初终**：始终。

（29）**敦修**：砥砺德行，治理政事。

（30）**有司**：指官吏。古代设官分职，各有专司，故称。

（31）**春官**：唐光宅年间曾改礼部为春官，后"春官"遂为礼部的别称。

（32）**彬彬**：文质兼备。**后先**：脚前脚后距离很近。**王国**：有某种特色的领域。

（33）**稽古**：考察古代的事迹，以明辨道理是非、总结知识经验，从而于今有益、为今所用。

（34）**藉手**：借人之手以为己助。

（35）**南服**：古代王畿以外地区分为五服，故称南方为"南服"。

平山万全洞碑记

土司　田舜年^{（1）}九峰

平山，容阳一大保障也。昔文相国铁庵寓此有年^{（2）}，称不容口^{（3）}。其山四围峭壁，宽广纵横可百里。东西南北有四关，所谓一夫当关，万夫莫往之地。南关保安桥，飞虹天半，又八峰十景之一也，创自先曾祖郧阳公^{（4）}。今东关古城，是其经始遗堞^{（5）}，先祖太初公造厅事数楹于桥之东偏^{（6）}，至大伯父双云公^{（7）}，时值闯、献肆讧^{（8）}，不信文相国之谋，以致张皇远避。及事后^{（9）}，始痛定思痛，而大修其城，即今东关新城也。双云公即世^{（10）}，二伯父夏云公仅遵成事^{（11）}，迨先少傅公乃稍修理之。自夏云伯与先少傅两任间，流贼窜扰，岁岁用兵。皆以天泉为根本^{（12）}，盖天泉小而平山大，天泉数人可守，平山非土军数百莫能布置，而不知平山之下有万全一洞也。洞初名何家洞，万全则予修葺后所名也。予为儿时随夏云伯，往来天泉道中，见洞圆敞如画，窃思一游未果。自乙卯承绪后^{（13）}，鉴于先少傅公去天泉而移黄鸾镇^{（14）}，致有阖司入于刘营之变。于是一意以天泉为肯构^{（15）}，以九峰为司治，而更葺万全洞焉。始入洞时，中皆大石填塞，平地仅二丈许，为土民屯守之所。予相其势，可开辟也。遂于去洞咫尺之新坪，始葺署舍，环列四市，以定其基。旧称洞中无水，仅仰汲山岩上涓滴，然非无水也，水皆由石中行也。尽起其石，筑为城台，而泉流如注矣。予自癸亥春移居新坪^{（16）}，在洞经理日多，至丁卯之冬⁽¹⁷⁾，守御既固，亭阁亦稍称完备。每当日月照耀，云霞卷舒，览山川草木，蔚然深秀。游其间者，莫不叹为物外巨观，而岂知良工心苦⁽¹⁸⁾，筹所以缓急可恃者，非一朝一夕之故耶！夫山间之洞不少，而万全有平山为之表，平山得万全为之里，表里相依。而前人经始平山之举，可以告成矣！予故志其颠末，复为八韵以记之⁽¹⁹⁾，记万全，即以记平山也。

【注释】

（1）**田舜年**：（公元 1639—1706 年）字韶初，号九峰，田甘霖长子；少时游学江陵，博学多才。清康熙十四年（公元 1675 年）袭父职，任容美宣慰使，1679 年入京见康熙皇帝，后赠骠骑将军加三级；从政 32 年，使容美列为湘鄂西五强土司之一；田舜年深受汉文化熏陶，酷爱文史，广交文人，藏书颇丰；康熙四十二年（公元 1703 年）告老退职。

（2）**文相国**：即文安之（公元 1592 年 5 月 4 日—1659 年 9 月 8 日），字汝止，号铁庵，夷陵（今湖北宜昌）人，天启二年（公元 1622 年）进士。明代文学家、文史著述家。曾任南京司业、祭酒。后为权臣薛国观弹劾，罢官家居。**有年**：经过很多年。

（3）**称不容口**：又作"赞不容口"，赞美的话嘴里已容纳不下。

（4）**郢阳公**：即容美土司司主田楚产，字子良，号郢（yǐng）阳。明万历三十七年（公元 1609 年）容美宣抚职，天启五年（公元 1625 年）三月为叛奴所杀。

（5）**经始**：开始营建；泛指开创事业。**遗堞**：残存的城堞。

（6）**太初公**：即田楚产长子田玄（公元 1590—1646 年），字太初，号墨颠，明天启五年袭职，因战功晋授宣慰使。

（7）**双云公**：田玄长子田霈霖，字厚生，号双云，清顺治二年（公元 1645 年）袭职，因随父征战立功，晋授容美等处军民宣慰使，加太子太保荣禄大夫，后军左都督。后因"一只虎"由清江窜入，受其践蹋，忧愤以卒，时年 39 岁。

（8）**闯**：闯王李自成。**献**：张献忠。

（9）**及事**：这里指经过这件事。

（10）**即世**：去世。

（11）**夏云公**：田玄次子田既霖，字夏云，清顺治五年（公元 1648 年）袭职，十二年投诚清朝，晋授容美等处军民宣慰使，加少傅兼太子太傅。十三年卒，年38岁。

（12）天泉：地处中营镇八字山村忠溪河上的天泉山，至今仍可见建筑遗迹。

（13）乙卯：康熙十四年（公元1675年）。**承绪**：承继皇统。这里指承继前业。

（14）少傅公：即田玄三子、田舜年父亲田甘霖（公元1612—1675年），字特云，号铁峰，顺治十四年（公元1657年）承袭宣慰使，因投诚清朝，而被南明刘体纯俘虏，至顺治十八年（公元1661年）才被重金赎回，回司后致力于恢复旧制，康熙十三年（公元1674年）吴三桂叛乱，不得已受其任命，次年（公元1675年）卒。**黄鸾镇**：今中营镇中营坪附近。

（15）肯构：语出《书·大诰》："若考作室，既底法，厥子乃弗肯堂，矧肯构？"原谓建造房屋，后亦用以指营缮。

（16）癸亥：康熙二十二年（公元1683年）。

（17）丁卯：康熙二十六年（公元1687年）。

（18）良工心苦：比喻精于制作或工于文字的人运思的费尽苦心。

（19）八韵：唐代科举考试一诗一赋，赋多用八韵。因以"八韵"指律赋。

重建虹洞桥碑记 今名花桥

明庶吉士[1] 黄灿[2]

澧水东北折，别沂溪稍西，上天门，抵陵阳，距百里许，为添平御[3]，治邻御齿，属则麻阳。麻阳者，麻寮守御也[4]，唐氏世职于兹。考麻阳古潊中地[5]，西接容美，东折出石、澧，达荆、岳，南迄九溪[6]、慈利。慈利在昔为临澧，国朝割临澧、天门之僻隘，建设守御，隶属九溪，俾阻要害。辟丛篁[7]、备征缮[8]、遏凶攘，地多悬崖箐林，丹障邃谷，屼嵲潋蠹[9]，涧派凛冽[10]，雨注泉鸣，瀑湍驶迅，回合成溪。其两水环唐氏宅，夹抱周旋，汇于麓右，则虹洞桥是也。每当山涨岸裂，势同望洋，需藉浮龟续断航。弘治初年⁽¹¹⁾，户侯唐公明德就墩架木构亭其上，久之秃圮。后龙岗公嘉靖年间⁽¹²⁾，重辑卷石⁽¹³⁾，飞甍磷磷更新⁽¹⁴⁾。旧传于姑元学者，董助甚力，岁月浸远，汹涛激石，流渐齿唇⁽¹⁵⁾。乙酉徂暑⁽¹⁶⁾，泡雨冲溃。裔孙唐侯君秩恻然念之，乃出私橐⁽¹⁷⁾，鸠备工、求砺碬⁽¹⁸⁾、斩阴木⁽¹⁹⁾，浃旬告竣⁽²⁰⁾，亭厦备具。桥成，仍其故额曰"虹洞"，勿忘祖也。时余伏苫块避寇添平⁽²¹⁾，唐君走，使告书其事。余以时事怆心，楮墨久废⁽²²⁾，辞。唐侯复请，曰："夫再造者艰前，经始者劝后，某之营此，先是得诸祖梦，仿佛仙姑内子同符，矧梁成即，捧檄出师，矢勒先烈，殆有神乎，明公何惜一言，不以示鼓舞，后之人罔闻知。"余惟周礼司险，知川泽之阻，而达其道路。水涸具举，独木云椫，横木云礿，石杠云倚。麻阳虽僻，然棘除道通，合为九溪。侯之事此，视夹彩架天有间，比诸椫礿⁽²³⁾，则已悬矣。又阳羡似虹，谓其桥南北高起，有似虹形，棘陵垂虹。宋绍兴中，金人犯境，众议焚桥，郡守洪遵持不可⁽²⁴⁾，县父老亦集哭圮下，得不果焚。虹之命名，厥来有自今者。北师南下，狡寇星奔，所幸长江一带，宛然天堑，使得胜兵良将，造舟为梁，断流可期，奚止遏其飞渡耶。夫慈利治西，有水沉洞焉⁽²⁵⁾，发源酉水，经流鲁阳山，俗呼为鲁阳溪，计虹洞浸流相去不远，异源同派，繇临澧共会湘沅⁽²⁶⁾，以道于江水之朝宗。桥之取义，悉与时事合。唐君此往，以其治桥节而爱，推诸治兵律而臧，指侯奏肤公⁽²⁷⁾，膺上赏贻后，昆光祖德，端在兹矣。讵止修葺一桥之为功德乎，遂走笔书之，以示唐君，曰"其毋忘此志"。是役也，起于某年月日，落成某月日，唐君名加升字君秩，世袭麻寮守御所正千户。

【注释】

（1）庶吉士：亦称庶常。其名称源自《书经·立政》篇中"庶常吉士"之意。是中国明、清两朝时翰林院内的短期职位。由通过科举考试中进士的人当中选择有潜质者担任，为皇帝近臣，负责起草诏书，有为皇帝讲解经籍等责，是为明内阁辅臣的重要来源之一。

（2）黄灿：湖广荆州夷陵人，崇祯癸未（明崇祯十六年，公元1643年）庶吉士。

（3）添平：即添平千户所，覃氏世袭之地，治所设于所街（今湖南省石门县所市）。

（4）麻寮：即麻寮千户所，治所设于所坪（今湖北省鹤峰县走马镇所坪）。

（5）溇中：古县名，三国吴置，治所在今湖南慈利县西北，梁以后废。溇水流域，东汉时泛称其地居民为"溇中蛮"。

（6）九溪：即九溪卫，有九溪汇流，故名，隶湖广都司，在今张家界市慈利县北90里。洪武初，编栅为城，授土酋戍守；永乐四年（公元1406年）十一月改置，有左、右、前、后、中五所以及澧州所、安福所、添平所、麻寮所四所，由西南至永定卫280里。

（7）丛篁：丛生的竹子。

（8）征缮：征收赋税，整顿武备。

（9）岏巑 wán cuán：峻峭的山峰。潋矗 liàn chù：由远及近，高峻重叠。

（10）涧派：很多支流汇成山涧溪水。凛冽：寒冷刺骨。

（11）弘治：明孝宗朱祐樘的年号，弘治元年即公元1488年。

（12）嘉靖：明世宗朱厚熜的年号，嘉靖元年即公元1522年。

（13）卷石：拳大之石。

（14）飞甍：指飞檐，借指高楼。磷磷：水中石头突立的样子，也用以形容突出的钉头。

（15）流澌：江河解冻时流动的冰块。

（16）乙酉：嘉靖四年（1525年）。徂 cú 暑：又称盛暑，指季夏，暑热渐消逝。《诗·小雅·四月》："四月维夏，六月徂暑。"

（17）私橐 sī tuó：私人的钱袋，亦借指私人的钱财。

（18）砺碬：磨砺的碬厉石材。

（19）阴木：山北所生的树木。

（20）浃旬：一旬，十天。

（21）苫块 shān kuài：亦作"苫条"，"寝苫枕块"的略语。苫，草席；块，土块。古礼，居父母之丧，孝子以草荐为席，土块为枕。

（22）楮墨：纸与墨，借指诗文或书画。

（23）榷：渡水的横木。彴 zhuó：独木桥；山间溪流中用以渡人的踏脚石。

（24）洪遵：（公元 1120—1174 年）字景严，号小隐，宋饶州鄱阳（今江西波阳）人。绍兴三十年（公元 1161 年）出平江（今湖南省岳阳市平江县）知府。

（25）水沉洞：永定县（今张家界市西北）鲁阳溪，经桑植流至此洞，伏流不见，俗呼为"鲁阳湄"。

（26）繇 yóu：这里通"由"。介词，相当于"自""从"。

（27）肤公：大功。

江坪普济渡碑记

知州　方天葆[1]

　　州南路，江坪九女河水迅激。旧以独木槽舟[2]，为济往来者患之[3]。前牧毛公峻德，捐俸设渡船一只，并置买地亩山场，以为渡子养赡修船之费[4]，立有普济渡石碑，碑阴镌刊地山界址[5]、粮税数目，欲以垂久远，故并载之州乘[6]，百姓至今颂之不衰。嗣因碑毁于火，而接管渡子私赁前置之地，船亦朽坏。民苦病涉，复历有年所[7]。今山羊司胡公国梁，重修渡船，复召募里民陈乾一为渡子，清查前地为饩资[8]，禁止勒索，并于渡口捐置房屋三间，给予居住，俾栖身有常，不至行人呼渡需时，其所以便民至矣！事蒇之后[9]，详请立案备考。予曰：此州牧事，而贤司先我为之，予能无愧焉，虽贤司莅任以来，诸废俱举，匡我不逮者正多[10]，然即此办理普济渡一事，其心与政，盖亦可与前牧毛公相媲美欤！爰为之记[11]。

【注释】

（1）方天葆：浙江泰顺拔贡，有传。乾隆三十一年（公元 1766 年）任。

（2）槽舟：将独木挖空成船型的小舟。

（3）患：忧虑。

（4）渡子：摆渡的船夫。

（5）阴镌：把文字或图案刻在石头上。字凹入石面为阴刻。

（6）州乘 shèng：州志，这里指《鹤峰州志》。

（7）年所：年数。

（8）饩资 xì zī：赠送的谷物，或给养，或俸禄。

（9）事蒇 chǎn：事情完成，解决。

（10）匡我不逮：匡，帮助。不逮，做不到的地方。帮助我做不到的地方。语本《汉书·文帝纪》："及举贤良方正能直言极谏者，以匡朕之不逮。"

（11）爰：于是。

书唐姓诬控毁墓事

知州　吴焕彩（1）

邑大崖关外，旧有所官、隘官，唐姓其一也。设流后，所隘缺裁。唐姓子孙之处石门、慈利者，倚世职作护符，每朋党入山指荒土为祖墓（2），诬人划毁给以钱，则不与，讼。而其实唐姓祖墓，关外止三冢，皆经标识，有不甘受其诬者，互相讦讼（3），事涉疑似，不能骤决。民多因以废业失时，于是关外荒土，为唐姓奇货（4），岁有获焉。乾隆四十八年（5），石门世袭千把唐弥盛、唐盛业、唐运太、生员唐业精四人者，以监生王炯毁其曾祖唐世顺、叔祖唐之征墓，控于予。予即其所呈族谱验之，觉其奸，诘之，曰："尔谱内已故者，数百人并未载葬某地，惟于唐世顺、唐之征签标葬白果坪，则此数百人皆可随时签葬地矣，毁墓之狱，安有穷乎？（6）"四人者娆娆争辩（7），固请予往勘。盖关外距州治百四十里，山峻路险，意予必惮跋涉即往，亦必不轻发人，蒙而彼之奸（8），仍可售也（9）。越翼日（10），予召两造随出关至，则四人者痛哭啼泣，诈为祖墓受毁伤，状予曰：王生毁人墓，有明法在（11）。顾不见墓中棺，狱无由具（12）。

尔等自举锸刨之以为验⁽¹³⁾，四人者有难色。予怒而迫之，刨至六尺许皆实土。当是时，环观之人，无虑数百，其代王不平者有喜色，其助唐诈索者有惧色。四人者左右瞻顾，頳形于面⁽¹⁴⁾，释锸叩首曰："公信烛某等人之奸矣，某等力竭，愿伏辜⁽¹⁵⁾，不能刨矣。"先是民人刘士元者，亦以唐弥盛等诬其毁墓，具控予，即于是日往勘，仍命自刨，则一水坑也。四人者益惶恐无词，予取其诬控结状，遣之去。邑士民请于予曰："关外居人，以毁墓受累数十年矣，公一日履勘，其奸俱露，幸何如之⁽¹⁶⁾，然愿公更有以警将来也。"予既为之示禁，并书其事，而勒之石。

【注释】

（1）**吴焕彩**：字蕴之，福建安定人。乾隆二十五年进士，授山东范县知县。以卓异荐，擢湖北鹤峰知州。

（2）**朋党**：集团，派别，多为争夺权利、排斥异己互相勾结而成。

（3）**讦讼** jié sòng：控告诉讼。

（4）**奇货**：珍奇少见的物品或货物。

（5）**乾隆四十八年**：公元 1783 年。

（6）**有穷**：有穷尽，有止境。

（7）**娆娆**：柔弱貌。

（8）**蒙** mēng：欺骗。

（9）**售**：施展。

（10）**翼日**：明日，次日。翼，通"翌"。

（11）**明法**：明确的法令。

（12）**狱**：确。

（13）**锸**：铁锹，掘土的工具。

（14）**頳** chēng：同"赪"，红色。

（15）**伏辜**：服罪；承担罪责。

（16）**幸何如之**：喻为何等的幸运啊。

重修关帝庙碑记

知州　杨树本⁽¹⁾

　　州城之南有关帝庙，众山拱峙，一溪环流，地既崇巂⁽²⁾，势亦宏敞，洵一州巨镇也。考之旧碑，盖创建于土司田太初⁽³⁾，其孙田舜年复扩而大之，并范铜为像⁽⁴⁾，以奉香火，时为康熙壬申⁽⁵⁾，历经已百有余年矣。顾是时名弗彰，改土后列于祀典，春、秋，官僚肃衣冠致祭，于是典制攸隆，而神威益著于遐迩。

　　嘉庆丁巳春⁽⁶⁾，予复来兹土，窃见栋宇渐颓，门庑尽圮，急谋所以新之，会军务不果。八月事竣，偕州人士载瞻庙宇，方以工钜弗克任是虑⁽⁷⁾，而一时咸起，而言曰："我侪之得有今日⁽⁸⁾，微神之力不及此。"曩者邻匪肆扰⁽⁹⁾，已入北境之金鸡口，赖官兵追遁而铤而走险，屡迫州疆，最后复欲由北境窜入时，大军已移，藩篱莫保⁽¹⁰⁾，人心惶惶，几不知身家为何有，乃卒不敢窥伺，从间道遁去，不啻如见八公山隐隐有所慑伏者⁽¹¹⁾，岂非神灵默佑，俾我侪罔罹兵燹耶，不宁惟是州人率山愚耳，顾数年以来无一人入，其党悉皆应募当役，急公趋事，又安知非神之聪明正直，有以默牖其衷⁽¹²⁾，而邪妄悖逆之辈，无从煽惑耶。今兹议新庙宇，诚我侪所亟宜酬报者，愿乞一言为各乡劝，爰议城乡首事，庀材鸠工乐输者踊跃恐后，于戊午八月正殿一新⁽¹³⁾，固未有工成如是之速者也。

　　由是，山门廊庑，以次建立，且于殿前构亭，为各官肃拜之所，两厢翼其旁，钟鼓亭峙其侧，歌舞台临其前，规橅雄壮⁽¹⁴⁾，气象聿新，迥殊旧制，真可扼重一州，佑我黎民于百世者矣。落成之日，偕同官瞻仰殿庭，徘徊眺览，不惟⁽¹⁵⁾巍峨炳焕⁽¹⁶⁾，神志肃清，而林峦森秀，溪水澄鲜⁽¹⁷⁾，更与画栋丹楹交相辉映⁽¹⁸⁾。是神之威灵，不且与山之高、水之长，永昭赫奕乎哉^{（19）}。是役也，各劝谕首事及监修，诸人靡不各殚心力，而不惮劳苦，以身率先。则里民喻文奇为最，故未及期而工竣。余既志其颠末，复列书姓名于后，其乐输工费，无论巨细，亦各勒于石，俾一览可得并可知。州虽山陬，固不少急公好义之人也。

【注释】

（1）**杨树本**：（公元 1730—1816 年）字大立，号荫轩，浙江秀水濮院（今桐乡）人。清学者。乾隆十八年（公元 1753 年）、三十三年（公元 1768 年）两中副榜，充国子监教习。任江西宁州州同，升湖北鹤峰州知州，乾隆五十年（公元 1785 年）授奉直大夫。罢官归里后，仍每天坚持著述。著有《春秋事几终始》《纪元备考》《杨氏宗支考》《文房备览》《荫轩诗文钞》《见闻记略》4 卷；辑有《风土记》《濮院琐志》8 卷。卒年 86 岁。

（2）**崇隆**：高，高起。

（3）**田太初**：田玄，容美宣慰使，字太初。

（4）**范铜**：铸铜。

（5）**康熙壬申**：康熙三十一年（公元 1692 年）。

（6）**嘉庆丁巳**：嘉庆二年（公元 1797 年）。

（7）**弗克**：亦为"不克"，不可能，未能攻克之意。

（8）**侪** chái：等辈。

（9）**曩** nǎng：以往，从前，过去的。

（10）**藩篱** fān lí：本义是指用竹木编成的篱笆或栅栏。引申为边界、屏障。也比喻界域、境界，或用来指某一范畴。

（11）**不啻** bù chì：不止；不只。

（12）**默牖** mò yǒu：暗中启迪。牖，通"诱"。

（13）**戊午**：嘉庆三年（公元 1798 年）。

（14）**规橅** guī mó：规模，法度。亦谓以之为法度。橅，同"模"。

（15）**不惟**：不仅；不但。

（16）**炳焕**：鲜明华丽，显现。

（17）**澄鲜**：清新。

（18）**丹楹**：朱漆的楹柱。

（19）**赫奕**：光辉炫耀貌，或者显赫貌；美盛貌。

改建刘家司义学记[1]

州判[2] 王惟球[3]

古之教者，家有塾、党有庠、州有序[4]，化民成俗，虽乡曲不可废也。容阳自改土归流，渐沾文教，六十年来，乡举选贡，均已有人，厥后人文蔚起月异[5]，而岁不同，乌知不于家塾[6]、党庠验之。余自壬戌之夏，莅任北佳坪，查所属刘家司向有义学，即古党序意也。阅两月，公便过其地，见其屋已倾圮，且在深山古庙之旁，孤僻荒凉人迹罕到，匪直独学寡闻，且恐燕朋燕辟[7]，或惑于外诱，而不觉良可惜矣。又阅两月，绅士有部圣堂者，余同年父也。偕田仰韩、易仁则、田绍武诸人，来商于予，愿劝捐改建于北佳坪，余欣然诺之，捐俸为倡，并以署右余地让作基址。前为讲堂，后为坐厅，两旁正室，界分四为生童卧舍，右偏厢房为厨灶暨天井、门楼、墙垣、台砌。落成之日，无不楚楚可观。有谒余者，曰：此座山作伏虎状。易曰：大人，虎变其文炳也。且左倚官衙，右连文昌阁，翠屏环拱，清溪抱流，与夫竹木之阴翳[8]，禽鸟之飞鸣，汇为活泼泼地，他日文才之盛不卜可知。顾所切念者，惟以是举费，虽不多成，亦匪益亟为访通儒主讲席，离经辨志[9]，敬业乐群，以冀有得。视向之僻处，刘家司有名无实，亦已愈矣。其部发馆金牒，详州郡每岁仍令照领，旧舍即捐彼处广福寺，作为庙业，至若修脯之，宜增膏火之应给。又在有志诸君，另为筹备。兹特喜其成，用记颠末云。

【注释】

（1）**刘家司**：初为椒山玛瑙长官司，司主为刘氏世袭，故名。后称"留驾司"。

（2）**州判**：古代文官官职名，清朝位阶相当于从七品，职能为地方衙门辅佐主官，也为外派直隶州知州的左右手。

（3）**王惟球**：字序东。浙江丽水人，乾隆五十四年拔贡，嘉庆七年（壬戌，公元1802年）由随州州判调鹤峰州州判，后又于嘉庆十八年（癸酉，公元1813年）署鹤峰知州。工书，能篆刻，有印谱。

（4）**序**：古代地方办的学校。

（5）**蔚起**：蓬勃兴起。

（6）**乌**：文言疑问词，哪，何。

（7）**燕朋**：燕亵朋友。燕，亵渎，轻慢。**燕辟**：亦作"燕譬"，轻慢老师为讲解深义而作的浅近比喻。

（8）**阴翳**：枝叶繁茂成荫。

（9）**离经辨志**：离，指断句；经，指儒家经书；辨，明察；志，志向。读断经书文句，明察圣贤志向。

严烈女传

王惟球

北佳坪保墨汤井，民人严绍文有女名珊，年二十一，幼字同里梅氏子士龙[1]，梅迁居陕，值莲匪之乱，传言合家遇害，女遂改字宣邑之张尧典，已亲迎矣。士龙由陕适回，女闻信，中道而返，背父母缢焉。阅日[2]，绍文、士龙、尧典暨各戚党不赴州控[3]，而集诉于余。余曰：此聪明贞烈女也，一死而三家之事俱释矣。盖女之字梅，而改字张者，传闻之谬也，梅张互控官，必归过于其父，女似可以父命为辞字，梅归梅字，张归张人尽夫也，听之而已，此乡曲女流罔知大义[4]，惜性命而不顾廉耻者，比比然也。若烈女则审此，至熟以为故夫既在，不得借口父命犹践新盟而行，已在途亦复耻寻旧约之，张不可之，梅不能。且以区区之身，速父于讼，何以为人？殁则已矣，犹可明无二心，以释憾于梅；而慰谢夫张，并得全其父非故败盟而爽约也，其处此万难之势，而能曲尽其情其心之苦，虽古节孝之啧啧人口者，不过是也。吾不意穷乡僻壤风气衰退，忽有是女而有是事也。士龙、尧典亦复何言？判令绍文收葬。亟为述其事，勒石表扬之，庶几贞魂慰，而风俗敦。不仅士龙三人，永息讼端已也。

【注释】

（1）**幼字**：古时，婚姻由父母做主，孩子幼小时就与之择偶，由男女家写明订婚者姓名、生辰年月、家庭身份等，并互相交换其婚帖，以字为据。

（2）**阅日**：这里指经历的日子。

（3）**戚党**：亲族。

（4）**乡曲**：乡里，亦指穷乡僻壤。形容识见寡陋。

州人洪谷斋封翁八十寿序

知州 吉钟颖

丙子秋[1]，副宪蒋丹林先生闻予补秩鹤峰[2]，自京来书，云：鹤峰虽僻在一隅，其间有旧友洪君鸣皋，曾任粤东令，为人廉静诚直，足资延访[3]。予即心焉，志之而知。其见重于钜卿者[4]，必有自来，然犹未悉其世德之若何也[5]。丁丑夏[6]，予莅斯土，洪君鸣皋偕其弟理堂通刺相见[7]，得悉其封君谷斋太翁[8]，年高德盛，好善乐施，为乡党所矜式。其太儒人亦克相夫子，力操井臼，辛勤起家。长嗣君以孝廉历官广东大县，所至卓卓有政声，次嗣以明经屡任司铎训迪有方，今皆归里承颜养志[9]，诸孙头角崭然，顾而乐之，以引天年，翁之膺福，受祜其亦厚矣哉[10]！

窃思夫世之，以勤俭裕家业者，未尝不课子读书，蕲有成立，然未必其二，难竞爽先后皆获禄仕⁽¹¹⁾，以显扬其亲，即兄弟皆仕矣！而未必其亲之年登耄耋，即父母皆寿矣。而未必其身之康疆，今乃于人人冀倖而不敢必得者⁽¹²⁾，贤伯仲独能之，可不深幸欤？繇是里之⁽¹³⁾，人咸啧啧称羡，以为翁之受禄于天，实有倍于寻常者。然徒慕其嘉偶之齐年⁽¹⁴⁾，子孙之逢吉而不知所以。致此之由，是犹溯流而忘其源也，岂知翁者哉。翁性纯笃，家居以孝友闻，且材识练达筹画如烛照数计⁽¹⁵⁾，因是家业日兴，谊周宗⁽¹⁶⁾、戚惠浃⁽¹⁷⁾、里党顾⁽¹⁸⁾。其性甘俭约，衣服饮食淡如也。州中有大工役，惟义所在必力自肩任。盖鹤峰自改土后，一切修建事宜前此皆未遑⁽¹⁹⁾，举行得翁为之首倡，凡黉宫、学斋与祠宇之载在春秋事典者，咸鸠工庀材，次第告厥成焉⁽²⁰⁾。其余如福田寺、三元桥，复不吝资财，偕众修整完固，以是知天之报施善人，固自有由翁之受褒封、享多福，所以倍于寻常者。

其在斯乎⁽²¹⁾，其在斯乎！吾闻之寿者酬也，有寿于世之行，天必酬以大年将见，保艾尔后洪氏之兴⁽²²⁾，何可量焉。夫敬礼高年，表彰硕德，以维风化，以厚人心，固有司之责也。兹值太翁与其德配先后⁽²³⁾，八十寿辰，鸣皋昆季请予一言，以为翁寿，爰撮实⁽²⁴⁾以道其梗概如此。

【注释】

（1）**丙子**：嘉庆二十一年（公元 1816 年）。

（2）**蒋丹林**：蒋祥墀（公元 1761—1840 年），字盈阶，一字长白，号丹林，湖北天门人。清乾隆五十五年中进士，授编修。晚年辞官后，主讲于金台书院。工诗文，善书法。

（3）**延访**：延请求教，请教。

（4）**钜卿**：大臣。

（5）**世德**：累世的功德；先世的德行。**若何**：如何；怎样。

（6）**丁丑**：嘉庆二十二年（公元 1817 年）。

（7）鸣皋：洪先焘，号鸣皋。**通刺**：出示名片以求延见。刺，名片。

（8）封君：封建时代因子孙显贵而受封典者。

（9）承颜：顺承尊长的颜色，谓侍奉尊长。

（10）受祜 shòu hù：受福。语本《诗·小雅·信南山》："曾孙寿考，受天之祜。"

（11）竞爽：精明强干。

（12）冀倖：亦作"冀幸"。犹侥幸；希冀。

（13）繇 yóu：通"由"，介词，缘由。

（14）徒：副词，独，仅仅。**嘉偶**：亦作"嘉耦"，互敬互爱、和睦相处的夫妻。**齐年**：这里指年龄相同的人。

（15）烛照数计：以烛光照明，用数计算。比喻预料事情正确无误。

（16）周宗：周王室的宗族。

（17）惠浃：恩惠普遍沾润。

（18）里党：邻里，乡党。

（19）未遑：没有时间顾及；来不及。

（20）次第：依一定顺序，一个挨一个地。

（21）在斯：在这里。

（22）保艾：犹言养育。

（23）德配：对别人妻子的尊称。

（24）摭实 zhí shí：摘取事实；据实。

谢晴文

吉钟颖

浃旬秋雨[1]，　山吏心焦。　诸阴不闭，　积潦难消。

溢堤泛陇，　达旦连宵。　谁告帝所，　为止漂萧。

祈未转瞬，　霁在崇朝。　求神神在，　孰云其遥。

神司容土，　幽赞德昭。　丰年屡告，　腹不至枵[2]。

屠维纪岁，　雨露尤饶。　岂于小潦，　遂起哓哓[3]。

况在拙吏，　　敢有妄要。　　心虽顾虑，　　身隔重霄。

而蒙神听，　　立予飀飀⁽⁴⁾。黑蛱缩颈⁽⁵⁾，踆乌扬翘⁽⁶⁾。

四山云气，　　劈之使影⁽⁷⁾。明星在户，　　突见斗杓⁽⁸⁾。

迥异昨雨，　　湿锁僧寮。　　授文始诵，　　星必箕招。

有人来告，　　溪涨山桥。　　石路泥滑，　　路阻嶕峣⁽⁹⁾。

岂惟耕者，　　水沴为愮⁽¹⁰⁾。言已而叹，　　告我同僚。

山衙夜静，　　坐听潇潇。　　祷忧难达，　　望断秋寮。

神意忽动，　　元冥不骄。　　岂私于我，　　俾我释憀。

我为民喜，　　可保衮穮⁽¹¹⁾。穮不虑卧，　　水不愁漂。

非神之佑，　　民何以聊。　　欲写神贶⁽¹²⁾，握椠难描⁽¹³⁾。

同官肃拜，　　言取血臇⁽¹⁴⁾。坎其击鼓，　　间以笙箫。

式仁来格，　　歆此申椒⁽¹⁵⁾。我更有请，　　福岂一邀。

神终其惠，　　玉烛常调⁽¹⁶⁾。

【注释】

（1）浃旬：一旬，十天。

（2）枵 xiāo：这里指腹空，饥饿。

（3）哓哓 xiāo xiāo：吵嚷；唠叨。

（4）飀飀 sōu liù：象声词，形容风声。

（5）黑蛱：传说中的神蛇。

（6）踆乌 cūn wū：古代传说有三足乌居于太阳中。《淮南子·精神训》："日中有踆乌而月中有蟾蜍。"后因以"踆乌"借指太阳。

（7）影 piāo：飘扬；飘卷。

（8）斗杓 dǒu sháo：即斗柄，比喻为人所敬仰者或众人的引导者。

（9）嶕峣 jiāo yáo：峻峭；高耸。指高山。

（10）水沴 shuǐ lì：水灾。愮 yáo：忧。

（11）衮穮 gǔn biāo：即"穮衮"，翻地；衮，培土。皆为耕作之事，泛指辛勤劳作。

（12）神贶 shén kuàng：神灵的恩赐。

（13）**握椠**："握铅抱椠"之略语，又作"怀铅提椠"。铅，铅粉；椠（qiàn），书写用的木简。后遂以之为勤于写作、校勘的典故。语出《西京杂记》卷三："扬子云好事，常怀铅提椠，从诸计吏，访殊方绝域四方之语。"

（14）**血膋** xuè liáo：血和脂膏。

（15）**申椒**：香木名，即大椒。

（16）**玉烛**：谓四时之气和畅，形容太平盛世。

募修百斯庵引

洪先焘　　州人　举人

百斯庵何自仿乎？予闻诸父老，盖容美时为艰于子息者建也^{（1）}。其名则取诸百斯男之义云尔^{（2）}，夫以文王之德^{（3）}，有太姒为之内助^{（4）}，其所以绥福禄而迓天休^{（5）}，往往见于歌颂矣。而说诗者，推其发祥之，自以为周家世笃忠厚、积功累仁者，十五王郁焉^{（6）}，未食其报，而眷顾所加，不得不以开辟未有之盛佑，启而光大之，盖千古一人而已。报与施适相，当有符契焉^{（7）}，非可倖而致也。后世自学问之士，多诿于气数，而不尽其理而流俗^{（8）}，又只以拈香献媚，为求福计则宜乎。吉祥之无由迓，而抱伯道之忧者比比也。申包胥曰^{（9）}：天定胜人，人定亦胜天。苏长公曰^{（10）}：仁者，必有后皆以言乎。报施之理捷于桴鼓^{（11）}，而万世莫之或易也。今夫世家右族^{（12）}，瓜瓞绵延^{（13）}，贤才辈出，或十余世，或数十世，人莫不羡其门之大也。而不知所以致此者，必其祖若父为之培植，子若孙为之世守，以相引于不替，而美不先尽也。虽其视圣贤之所以得天^{（14）}，与天之所以报圣贤者有大有小^{（15）}，其为燕翼贻谋则一也。人诚，能即是以求焉，求自尽其分，以无愧于心焉。燕兰之梦，长庚之兆，何必古人咏《螽斯》而诵《麟趾》^{（16）}，皆理之一。定而莫之，或爽者。岂非然哉^{（17）}，岂非然哉！此前人名庵之本意也。今庵岁久坍颓，同人谋所以新之时，焘方于嗣息廑念⁽¹⁸⁾，因举古义为说，并请为诸君子发轫，有能发大欢喜心者，虽与诵《思齐》之⁽¹⁹⁾，什可也。

【注释】

（1）艰于子息：难以孕育子嗣。

（2）百斯男：《诗经·大雅·思齐》"大姒嗣徽音，则百斯男。"大意为"太姒继承太任、太姜的美德，必能多生儿子。"

（3）文王：专指姬昌（公元前1152—前1056年），姬姓，名昌，周太王之孙，季历之子，周朝奠基者，岐周（今陕西岐山）人。其父死后，继承西伯侯之位，故称西伯昌。西伯昌四十二年，姬昌称王，史称周文王。在位50年，是中国历史上的一代明君。

（4）太姒 tài sì：亦作"大姒"，有莘氏之女，周文王妻，武王母。后用为贤母的典实。

（5）迓 yà：迎接。**天休**：天赐福佑。

（6）十五王：周朝第十五代为周贞定王，名姬介，在位二十八年，死后，三个儿子相互残杀，争夺王位。**郁**：隆盛，繁多之意。

（7）符契：符券契约一类文书的统称。这里指符合之意。

（8）流俗：世俗，一般的风俗习惯。

（9）申包胥：又称王孙包胥。湖北监利人，春秋时楚国大夫。公元前506年，好友伍子胥领吴军攻陷楚国，掘楚平王墓鞭尸。包胥派人责备伍子胥，为复国请求秦国，在秦城墙外哭七天七夜，滴水不进，史称"哭秦庭"。秦哀公亲赋《无衣》，发战车五百乘，遣大夫子满、子虎救楚。楚昭王复国欲封赏，包胥不受，率家眷山中隐居，从此成为忠贤典范。

（10）苏长公：即诗人苏轼，号名何其多，"长公"为其一。

（11）桴鼓 fú gǔ：鼓槌与鼓，比喻响应迅速。

（12）世家：旧指门第高贵、世代为官的人家。**右族**：豪门大族。

（13）瓜瓞 guā dié：喻子孙蕃衍，相继不绝。

（14）得天：得天道，遵守永恒的运行规律；得天助。

（15）与天：凡合乎天道者，则得天助。

（16）《螽斯》zhōng sī：《诗经·国风·周南》中的第五篇，先秦时代的民歌，全诗三章，每章四句。螽斯，北方称为蝈蝈。《**麟趾**》：《诗·周南》第十一篇《麟之趾》的简称。麟趾，喻为有仁德、有才智的贤人。

（17）岂非然哉： 难道不是如此吗？用于反问。

（18）嗣息 sì xī： 子孙。**廑 jǐn：** 仅。

（19）《思齐》：《诗经·大雅·文王之什》的第六篇，为先秦时代的诗歌。

重修城厢各庙纪略^{（1）}

洪先焘

昔裴度修福先寺^{（2）}，皇甫湜为作碑文一字三绢^{（3）}，曾、王《学记》炳耀千古^{（4）}。近年，毕秋帆先生抚河南时^{（5）}，修八里桥、关帝庙；予宗亮吉太史^{（6）}，根据陈寿《三国志》，叙述忠义凛凛有生气，此皆文章之极至，足令文士搁笔者。然，予尝辑《大埔志》^{（7）}，因得博览各郡邑之志，学不必曾、王，莫不有《学记》；目未睹陈寿《三国志》，莫不有关帝庙记；笔不若皇甫湜，莫不有祠观庙宇之文。此岂徒捒藻摛华^{（8）}，竞胜词章已哉！盖亦以纪建置之原委，著作者之勤劳，崇国家之祀典，绵地方之香禋^{（9）}，籍笔墨以昭来许云尔。

今吾刺史修纂邑乘，命博采各庙碑记，虚无以应^{（10）}，旧碑间存一二，文不足录，则迩日之金碧辉煌^{（11）}，更阅数十百年，有访求相度之岁月^{（12）}，改建之始末，亦都无所考证，岂非邑乘中一大缺憾事哉，是吾辈操觚者之羞也^{（13）}。焘请撮序其略^{（14）}，容美于今城隍庙旁建学舍数楹，祀先师像。改土后，创建文庙多用田氏旧材，至乾隆五十余年，遂朽腐不可支。邑侯荫轩杨公劝谕重修^{（15）}，署州萝阳，何公继之^{（16）}，邑人踊跃趋事，规式照旧，工较坚固。又于其前添建狮子亭，及名宦乡贤祠，乃移城隍庙旁，圣像入祀加藻绘焉^{（17）}，共约估费以一千八百金计。武庙建自容美改土后，屡有补葺^{（18）}，至嘉庆初渐圮，邑人醵金，重修大殿、两廊、戏楼，并添建拜亭及左右钟鼓楼，费约数百金。庙旁为百斯庵，于嘉庆初重修，其前为三义祠，后移祀神像于关帝殿后另建庙，移祀细柳城之龙王像并入武庙，僧掌管以便香火，亦估费金以数百计。福田寺，容美古刹也，祀大铜佛三，上数百武，为报恩寺，系田氏家庙，前临市，后抵校武场。邑人以供奉目连[19]，大加修葺，颇极壮丽，至乾隆五十三年大水[20]，二庙漂没殆尽，父老以报恩寺地较低洼，遂并归福田合修，亦约费金以一千数百计。此重修各庙之大略也。

夫为善无近名，亦不可没人之善。各庙虽吾父与有微劳[21]，设非邑士庶勇于趁公，虔于事神，乌能于廿年间，百堵皆兴，厘然就理[22]，其必有文以表章之宜也！乃焘尔时方与部子生榕，从事帖括，驰驱风尘，又以题目重大、名作林立，未敢率尔握椠[23]。而邑侯之操燕许大手笔者[24]，适值苗匪、教匪先后骚动，调兵剿戍，军差旁午[25]，更不暇吮墨濡毫[26]。为此不急之务，故碑版至今阙如也。兹撮叙梗概，依事直述，词不尚华，聊补缺略，庶较没字碑为差胜也，后人可以无讥[27]。又邑旧有文昌像附祀百斯庵，后移祀书院，嘉庆六年奉文建庙[28]，祀典如武庙，邑人士呈请捐修，至十五年诹吉上梁[29]，规模崇闳，逾岁竣工。焘解组归里，或以碑记见属，予以荒疏辞[30]。窃闻文昌六星在斗魁前，盖星名也，梓潼帝君之号，唐时始见杂记《世所传》，文帝化书载七十二代士大夫身[31]，姓氏确凿，拘儒不敢道，然在天为星辰，在人为圣贤，在幽冥中为神灵，贯通一理，杳渺非诬，功令既颁，理益显著。

邑人士既知奉公修庙，虔心禋祀，必能仰体帝训。父兄相教诏，师友相磨厉，俾秀异子弟，争自濯磨，湛深经术，砥行立名，与阴骘相印合[32]。吾知帝君司命、司禄、权术、桂籍，亦必潜相默佑，焕我山陬，发科发甲，后先接踵，不似前日之朴鲁无文也[33]。姑附志于此以为券[34]。

按：前牧杨有重修关庙碑记稿本，付某未勒石，作者亦未见，故文内云云，兹将杨文采录，仍录此文，俾后人得识建修各庙梗概。

【注释】

（1）城厢：城门内、外一带区域。

（2）裴度：（公元 765 年—839 年 4 月 21 日）字中立，汉族，河东闻喜（今山西闻喜东北）人。唐代中期杰出的政治家、文学家。约在元和（公元 806—820 年）年间，重修福先寺。

（3）皇甫湜：（公元 777—835 年）唐代散文家。引字持正，唐睦州新安（今浙江建德淳安）人。希图荐举未成，进士科考试不第。广为交游，与白居易、李翱、刘敦质等人往来。《新唐书·皇甫湜传》载，裴度修福先寺，将立碑。皇甫湜即请斗酒，饮酣，援笔立就。度赠以车马、缯彩甚厚。湜大怒曰："自吾为《顾况集序》，未常许人。今碑字三千，字三缣，何遇我薄邪？"度笑，酬以绢九千疋。后因以"一字三缣（绢音）"谓文酬极高，"缣"为双丝的细绢。

（4）曾王《学记》：宋·曾巩《筠州学记》和王安石《虔州学记》《慈溪县学记》，皆借州、邑发挥大议，脍炙人口。

（5）毕秋帆：名沅，字秋帆，太仓人，是清代著名才子，状元，历任陕西、山东巡抚，湖广总督。在政治、军事、文学和考证方面很有成就。

（6）亮吉：洪亮吉，初名洪莲，字君直，小字稚存，别号北江、更生居士，江苏阳湖（今江苏常州市）人，祖籍安徽歙县。清代大臣、经学家、文学家，毗陵七子之一。

（7）《大埔志》：即《大埔县志》，嘉庆九年（公元 1804 年），由洪先焘任大埔县知县时第五次续修。

（8）掞藻摛华：掞 shàn、摛 chī：铺陈，发舒。铺陈辞藻，施展华丽的文采。

（9）香禋：这里指隆重的祀典。

（10）虚无：荒诞无稽。

（11）迩日：近日；近来。

（12）访求：查访搜求。**相度**：观察估量。

（13）操觚 gū：原指执简写字，后指写文章。

（14）撮序：撮要叙述。

（15）荫轩杨公：杨树本（公元 1730—1816 年），字大立，号荫轩，浙江秀水濮院（今桐乡）人。清学者，因考职第一，授州同衔，任江西宁州州同，升湖北鹤峰州知州，乾隆五十年（公元 1785 年）授奉直大夫，于嘉庆二年（公元 1797 年）回任鹤峰知州。

（16）**何公**：何学青，广东番禺举人，乾隆五十六年（公元1791年）署知州。

（17）**藻绘**：亦作"藻缋"，这里指修饰，作美丽的描绘。

（18）**补葺**：修补；修缮。

（19）**目连**：亦作"目莲"。摩诃目犍连的略语，释迦牟尼十大弟子之一。传说他神通广大，能飞抵兜率天。母死，堕饿鬼道中，为救母脱离饿鬼道之苦，以神通之力亲往救之。见《初学记》卷四引《盂兰盆经》。

（20）**乾隆五十三年**：公元1788年。

（21）**吾父**：洪先焘父亲洪谷斋。**微劳**：细小的功劳；些微辛劳。

（22）**厘然**：形容有条理。**就理**：就里，内情。

（23）**握椠** qiàn："握铅抱椠"的略写，铅，铅粉；椠，木简。均为书写用具，意为勤于写作、校勘。

（24）**燕许**：唐玄宗时名臣燕国公张说、许国公苏颋（tǐng）的并称。两人皆以文章显世，时号"燕许大手笔"。

（25）**旁午**：亦作"旁迕"。交错；纷繁。或四面八方；到处。

（26）**吮墨**：用笔蘸墨。**濡毫**：濡笔，蘸笔书写或绘画。

（27）**无讥**：没有批评或见解。

（28）**嘉庆六年**：公元1801年。

（29）**诹吉**：选择吉日。**上梁**：这里指安装建筑物屋顶最高一根中梁的过程。

（30）**荒疎**：亦作"荒疏"，这里指久未练习，怠惰不勤于学。

（31）**士大夫**：古时指当官有职位的人，也指没有做官但有声望的读书人。

（32）**阴骘** zhì：原指上苍默默地使安定下民，转指阴德。

（33）**朴鲁**：朴实鲁钝，有时用为自称谦词。**无文**：这里指言语、辞章没有文采，亦为谦词。

（34）**券** juàn：古同"倦"。这里为"止"意。

邑少府陈楫川六十寿序^{（1）}

洪先焘

吏能备清、慎、勤三者，循吏也^{（2）}，其能得之，下佐末吏乎。而我邑少府楫川公，实兼备之，公以庚寅来鹤[3]，于今二十八年矣。五斗俸外，非分所应得者，不干没民间一钱[4]，食蔬茹笋、厨傅萧然、厩无马囊，无金不畜，僮仆家有，负郭之田不百亩[5]。可不谓清乎？民以私讼质焉，据理以平其曲直；而冤抑不一闻也[6]，剖情以发其愧耻，而答箠不轻加也[7]。上以公事委焉，职所当为者，询诸众庶[8]，而务为力赞也；义所不得为者，复以婉词，而不求希合也[9]。可不谓慎乎？昔崔斯立为蓝田丞无所施用[10]，孟郊尉溧阳以吟哦废事[11]。名士无实，世以为讥。公职在司狱[12]，巡视之惟严。职在弭盗[13]，钩钜之惟谨[14]。简书可畏[15]，不辞鞅掌[16]，案牍可省[17]，不滞期会[18]。曰：吾以尽吾心耳。可不谓勤乎？然则公信循吏也哉！使有为之，荐扬于上者焉。

一岁九迁其官可也，胡为看验者四考[19]，绩者九尚屈蟠兹土也[20]。或曰圭璧其心者[21]，拙于求进，廉隅其躬者[22]，短于趋时；或曰位卑而地僻，无殊尤之绩可称，无蒮苟之功可籍[23]，资格所限，大宪亦无由以不次待之[24]。然公尝为焘言：吾初筮仕时[25]，功名事业，雅不欲居人后，今老矣。回忆当日同事诸人，有超擢飞腾者，有获谴落职者，我虽不得显处，亦未履畏途[26]，不可谓非厚幸焉。且我吏是邑也久，其于人民风俗也习，往往与邑老者课晴问雨，不啻故园父老也；与邑少者言孝言悌，不啻故园子弟也；与邑文士把酒论文，不啻故园朋友故旧也。一旦迁擢之，他能免思用赵人之叹乎？盖其胸中浩然，以义命自安如此，而于鹤人钟情之深又如此。

岁十月八日，为公六秩弧辰[27]。邑士庶谋跻堂介觞[28]，而属焘以颙词[29]。焘食公德者三世，喜邑人之有同心也，因以刍荛之言[30]，代士庶祝曰：《洪范》之五福首寿[31]，公年居指使，发尚未宣期颐[32]，可以征已。惟是吾侪小人之爱戴君子者，不惟于其身，犹望其多贤子孙，公诸郎济济，适符燕山窦氏之数[33]，长者能文章，少者学呷喔，瑶环瑜珥⁽³⁴⁾，兰苗其芽，天其以此酬公，与以公居官能于其职，其子孙之象贤⁽³⁵⁾，可知也。则请歌《小宛》焉⁽³⁶⁾，曰："教诲尔子，式谷似之⁽³⁷⁾。"以公积德，未食其报，其必发祥于子孙，又可知也。则又请歌《南山》焉⁽³⁸⁾，曰："乐只君子，保艾尔后。"诸郎皆生长于斯，异日联翩蔚起、翱翔云逵⁽³⁹⁾。邑人士炫耀而侈谈之，曰：我公之盛德不虚也，岂不美欤！抑焘犹有私祝焉，公不鄙夷吾民，大概如前所称矣。俟再周一甲癸⁽⁴⁰⁾，公解组归田乎。焘当缕述治绩，告于邑侯，祀公于名宦，他日续修邑乘，得备载之，以永其泽焉。

【注释】

（1）**少府**：古代官名，管理皇室私财和生活事务。唐代为县尉的通称，清代划归内务府，故一般以少府为内务府大臣之别称。这里代指知州之下管理治安的官员。**陈楫川**：或为时任鹤峰州吏目陈泰，字楫川。据本文所述，结合《职官志·名宦传》参考，陈泰符合其事迹。经推算，陈泰于乾隆三十五年（公元1770年，《职官志》所述是乾隆三十六年）来鹤，28年后即嘉庆三年戊午（公元1798年）满60岁，出生时间当为乾隆三年（公元1738年）。陈泰来鹤时已32岁，又据传云："莅官四十年"说法，或于嘉庆十五年（公元1810年）卒，终年约72岁，葬水寨。详见《卷十一·职官志·名宦传》。

（2）**循吏**：守法循理的官吏。

（3）**庚寅**：乾隆三十五年（公元1770年）。

（4）**干没**：侵吞他人财物。

（5）**负郭之田**：即"负郭田"，指近郊良田。

（6）**冤抑**：冤屈；冤枉。

（7）**笞箠**：亦作"笞棰""笞捶"。以竹木之类的棍条抽打；打击。

（8）**众庶**：众民；百姓。

（9）**希合**：迎合；投合。

（10）**崔斯立**：字立之，又字行坚，行二十六，故又称崔二十六。唐代博陵（今河北定县）人。能诗，有逸句，与韩愈唱和。元和十三年（公元818年）官大理评事，以言事黜官，贬金州西城丞。改西城县令，西城大旱，饿殍满道路，多方赈济之，形销骨立不顾也，故吏民敬爱之。**蓝田**：陕西省西安市辖的县，位于渭河平原南沿。**施用**：施行，实行；使用。

（11）**孟郊**：（公元 751—814 年）字东野，湖州武康（现在浙江省德清县）人，他的一首歌颂母爱的诗脍炙人口。**溧阳**：于唐武德三年（620 年），由溧水县东境析置而来，建县史已达 1410 年，早期县治在今城西北四十五里旧县村。**吟哦**：有节奏地诵读。引申为写作诗词，推敲诗句。**废事**：积压事务；旷废职务。

（12）**司狱**：亦称司监，掌管刑狱的官员。春秋时期掌管监狱的最高长官是司寇，下属有司狱史、司狱典、司狱士、司狱吏、司狱卒等，负责管理囚狱；元刑部设司狱司，明因之；清刑部亦置司狱，掌督狱卒。

（13）**弭盗** mǐ dào：消除盗贼。

（14）**钩钜**：机谋。

（15）**简书**：用于告诫、策命、盟誓、征召等事的文书。亦指一般文牍。

（16）**鞅掌**：事务繁忙。

（17）**案牍**：官府文书。

（18）**期会**：约期聚集，或在规定的期限内实施政令。

（19）**胡为**：何为，为什么。

（20）**屈蠖** qū huò：指屈身的尺蠖，比喻委屈不得志。

（21）**圭璧**："圭"亦作"珪"，古为瑞信之物，也是帝王、诸侯祭祀或朝聘时所用的一种玉器。泛指贵重的玉器。

（22）**廉隅**：比喻端方不苟的行为、品性。

（23）**萑苻** huán fú：凡丛生芦苇之水泽皆谓"萑苻之泽"，后称盗贼出没之处。亦指盗贼、草寇。

（24）**不次**：不依寻常次序；犹言超擢，破格。

（25）**筮仕**：古人将出做官，卜问吉凶；亦指初出做官。

（26）**畏途**：险恶可怕的路径，比喻做起来很危险和艰难的事。

（27）**弧辰**：指男子生日。

（28）**跻堂**：登堂。语本《诗·豳风·七月》："跻彼公堂，称彼兕觥（sì gōng，古酒器），万寿无疆。"

（29）**嘏词** gǔ cí：亦称"嘏辞"，古祭祀时，执事人为受祭者致福于主人之辞，后泛指祝福或祝寿之辞。

（30）**刍荛之言**：刍荛 chú ráo，割草打柴的人。割草打柴人的话，指普遍百姓的浅陋言辞，也用作讲话者的谦词。

（31）《洪范》：原是商代贵族政权总结出来的统治经验。"洪"的意思是"大"，"范"的意思是"法"。"洪范"即统治大法，或楷模。**五福**：一曰寿、二曰富、三曰康宁、四曰攸好德、五曰考终命。寿在首位。

（32）**发尚未宣**："尚"为"上"，"宣"为发白、脱落之意。指还没有出现发白或脱落的迹象。**期颐**：一百岁。语本《礼记·曲礼上》："百年曰期、颐。"

（33）**燕山窦氏**：《三字经》说："窦燕山，有义方。教五子，名俱扬。"是对窦燕山教育子女经验的总结。窦燕山，原名窦禹钧，五代后晋时期蓟州渔阳人，渔阳属古代的燕国，地处燕山，因此，后人称窦禹钧为窦燕山。

（34）**瑶环瑜珥**：瑶，美玉；环，玉圈；瑜，美玉；珥，玉制的耳饰。比喻美好如玉的子弟。唐·韩愈《殿中少监马君墓志》："幼子娟好静秀，瑶环瑜珥，兰苗其牙，称其家儿也。"

（35）**象贤**：效法先人的贤德。

（36）《小宛》：《小雅·小宛》是中国古代第一部诗歌总集《诗经》中的一首父母离世后劝告兄弟小心避祸的诗歌。

（37）**式谷**：赐以福禄；以善道教子，使之为善。

（38）《南山》：《小雅·南山有台》是中国古代第一部诗歌总集《诗经》中的一首颂德祝寿的宴饮诗。全诗五章，每章六句。每章后四句都是歌功颂德和祝寿之词。

（39）**云逵**：比喻仕宦之途。

（40）**甲癸**：指天干从"甲"起至"癸"为一旬。引申为次第，逐一。

三里荒修路引

洪先焘

三里荒大路，离州三十余里，高峻为诸峰最。北出者由痴虎坪而上，南来者由东乡坪而上，梯级百仞，始跻其巅，循巅而下，山麓亦约百仞，人汗喘^{（1）}、马觓隤矣^{（2）}。山腰旧有樵径，险狭不可行。乾隆五十年间^{（3）}，附近田文龙等鸠工剞凿成新路，坦迤而近，省攀崖陟蹬之劳，一岭横过，上视向所经历之天梯云栈，乃在空际，行人以为便，顾路半皆石砌，狭处只二尺许。左倚峭崖，斧凿难施；

右临溪涧，划绝万仞^{（4）}。其上下有土处，砂石夹杂间，为畬田耕种，土既松动，石易倾颓，路顾屡修屡圮。焘每过此，下舆马伛偻行^{（5）}，目眩心悸，不敢旁睨，并闻土人言：时有负重颠陨下涧立毙者。心为加嗛焉^{（6）}，因思鞭山填海^{（7）}，人则无术，若但弃此硗确片壤，勿耕种以摇土脉^{（8）}，又环路广栽树木，以作杆蔽而固根柢^{（9）}。此固吾辈力所能为，谋诸同志，皆曰：善愿各解囊助买地资。地主罩志全等欣兹义举，凭众估价若干金归地于公。焘喜此路之险可平、狭可拓，屡修屡圮之功可永固也。爰志其颠末如此，俟立券后，觅工栽树，白诸当路，禁止耕种采樵者，勒文贞珉^{（10）}，以垂永久。

【注释】

（1）**汗喘**：汗流气喘。有时用以形容激动紧张。

（2）**尵隤** huī tuí：累得患了病的样子。

（3）**乾隆五十年**：公元 1785 年。

（4）**划绝** chǎn jué：铲断，挖毁。

（5）**伛偻** yǔ lǚ：腰背弯曲。

（6）**嗛** xián：恨意。

（7）**鞭山填海**：传说秦始皇得到赶山鞭，赶山填海，以求扩大疆土。

（8）**土脉**：原指土壤开冻松化，生气勃发，如人身脉动。后泛指土壤。

（9）**杆蔽**：亦作"扞蔽"，即屏藩。**根柢**：比喻事物的根基，基础。

（10）**贞珉**：石刻碑铭的美称。

黑龙洞修路引

喻章珩　州人　廪贡^{（1）}

　　环鹤皆崇山峻岭，径险阻、少坦行处。州南黑龙洞一带，尤为崎岖，舆马罕通，而路当阨要，前通西三保，关外之咽喉也；后抵八峰山，州城之襟带也。肩者、背者、行旅之往来者，不能舍是而他途之从焉。沿溪数里，皆羊肠鸟道，一线屈曲，有罩崖一段尤逼仄，人倚石壁行，旁临深渊，心恒惴惴，此五丁所未尝开⁽²⁾，巨灵所不能擘也⁽³⁾。人视兹路为畏途也久矣。年来路益圮，兹有附近耆民，谋鸠工修理，荦确者划削之，倾欹者培补之⁽⁴⁾，窄仄者砌石而展拓之⁽⁵⁾。顾以工巨费繁，商及下走。珩曰：道茀不可行⁽⁶⁾，觇国者以为讥⁽⁷⁾，修桥补路，亦阴骘文中要条也⁽⁸⁾。诸君以济物利人为心，人之欲善，谁不如我，必有解囊以相助者。《易》曰⁽⁹⁾：履道坦坦⁽¹⁰⁾。《书》曰⁽¹¹⁾：王道荡荡⁽¹²⁾。行为此险径，歌砥矢矣⁽¹³⁾！爰书颠末，以为发大欢喜心者劝。

【注释】

（1）**廪贡**：庠，庠生，科举时代称府州县学的生员。贡，贡生，明、清两朝由府、州、县学推荐到京师国子监学习的人。

（2）**五丁**：神话传说中的五个力士。泛指力士。

（3）**巨灵**：神话传说中劈开华山的河神，即"巨灵咆哮擘两山"。

（4）**倾欹**：倾斜，歪斜；倾覆。

（5）**窄仄**：非常狭窄。

（6）**道茀**：野草塞路而难于通行。

（7）**觇国** chān guó：观察国情。

（8）**阴骘文**：亦作"阴隲文"，旧时劝善书。

（9）**《易》**：即《周易》。相传系周文王姬昌在狱中所作，内容包括《经》和《传》两个部分。

（10）**履道坦坦**：《周易·履卦》九二爻卦辞。行走的道路非常平坦，夜里行走的人更会吉祥如意。

（11）**《书》**：即《尚书》。最早为《书》，是一部追述古代事迹著作的汇编，分为《虞书》《夏书》《商书》《周书》。因是儒家五经之一，又称《书经》。

（12）**王道荡荡**：出自《尚书·商书·洪范》："无偏无党，王道荡荡；……"意思是"没有偏爱，没有结党，王道坦坦荡荡，公正无私"。

（13）**砥矢** dǐ shǐ：比喻公平正直。语出《诗·小雅·大东》："周道如砥，其直如矢。"

请重修州志公呈

部生榕　州人　拔贡[1]

　　窃惟风土攸分图书，资輶轩之采，世年递嬗[2]。邑乘备文献之征，故必博览旁参，载笔不遗，夫既往因之居今证古，成册永著于将来。鹤峰旧属土司，嗣成山邑，历唐、宋、元、明之久隶，要荒者千余年[3]。值文武成康之隆[4]，设官吏者八十载，服畴食德[5]，幸沐熙朝深仁[6]，一道同风[7]，久称盛世乐土矣。伏思宣猷布化[8]，司牧历著循良[9]；释耒横经[10]，学校咸推翘秀[11]；疆场敌忾，颇多效忠之武夫；闺阁完贞，不乏型俗之列女。揽著作于艺苑，固可问俗考风；表善良于茅檐，亦足振衰式靡[12]。虽山川城郭，旧志已梗概之粗存；而文物声名，今时觉规模之小异。倘其阅人阅世，竟尔纪纂无闻，从此传信传疑，弥将荒芜莫考。恭惟老父师，丝牵僻壤，泽遍岩封，守正无私。江都相之家风未沫[13]，持平不挠[14]；洛阳令之政绩犹存[15]，敷化理于鸣弦[16]。久矣，民怀吏畏，发幽潜于搦管[17]，定堪激浊扬清。某等世处山陬，身蒙樾荫[18]，享桑麻之乐利[19]，扬历幸逢龚黄[20]，忆父老所流传，文章思托班马[21]，伏乞簿书余暇，俯赐丹墨沾濡。改土以来之民俗土宜，盈数寸之牍以不朽；归流而后之善教卓行，附如椽之笔而弥彰[22]。不惟宇下士民[23]，快同庆云争睹[24]，亦且山中瓦石[25]，咸藉珠玉生晖矣！

【注释】

　　（1）拔贡：科举制度中选拔贡入国子监的生员的一种。清制，初定六年一次，乾隆七年改为每十二年（即逢酉岁）一次，由各省学政选拔文行兼优的生员，贡入京师，称为拔贡生，简称拔贡。朝考合格者，一等任七品京官，二等任知县，三等任教职；更下者罢归，谓之废贡。

（2）**世年**：年代。**递嬗**：依次更替，逐步演变。

（3）**要荒**：要，要服；荒，荒服。古称王畿外极远之地。亦泛指远方之国。

（4）**成康之隆**：又称成康之治、成康之世。西周时周成王、周康王相继继承文王、武王业绩，对内推行周公"明德慎罚"的主张，务从节俭，用以缓和阶级矛盾；对外不断攻伐淮夷，用武力控制东方少数民族地区，取得了很大胜利。成康时期，是周最为强盛的阶段，故有成康之治（隆）的赞誉。这里借指国朝盛世。

（5）**服畴**：从事农活。**食德**：享受先人的德泽。语本《易·讼》："六三，食旧德。"

（6）**熙朝**：兴盛的朝代。

（7）**一道同风**：亦作一轨同风。车轨相同，风俗一致。比喻国家统一。

（8）**宣猷**：亦作宣犹，明达而顺乎事理，或施展谋划与方略。**布化**：施行教化。

（9）**循良**：官吏奉公守法。

（10）**释耒**：放下农具，停止耕作。**横经**：横陈经籍，指受业或读书。

（11）**翘秀**：杰出的人才；出类拔萃。

（12）**振衰式靡**：亦作"起衰式靡"，振兴并规范衰颓、奢靡的现象。

（13）**江都相**：即董仲舒（公元前179—前104年），西汉广川（河北景县广川镇大董故庄村）人，思想家、政治家、教育家，唯心主义哲学家和今文经学大师。因出任江都易王刘非国相10年，故有江都相之称。**未沫**：不曾休止，引申为未消失。

（14）**持平**：主持公正或公平，没有偏颇。

（15）**洛阳令**：即董宣，字少平，陈留郡圉县（今杞县）人，东汉光武帝刘秀时期官员，因办事不畏权贵被称为"卧虎""强项令（硬脖子的洛阳令）"。69岁时，受朝廷特征召任洛阳县令五年，死在任上。

（16）**敷化**：布行教化。**鸣弦**：原意为子游以礼乐为教，故邑人皆弦歌。后泛指官吏治政有道，百姓生活安乐。

（17）**幽潜**：隐伏；隐居。或隐微玄奥的道理。**搦管** nuò guǎn：握笔；执笔为文。也有吹奏管乐器的意思。

（18）**樾荫**：林荫。《淮南子·人间训》："武王荫暍人于樾下，左拥而右扇之，而天下怀其德。"

（19）**桑麻**：桑树和麻。植桑饲蚕取茧和植麻取其纤维，同为古代农业解决衣着的最重要的经济活动。泛指农作物或农事。**乐利**：快乐与利益，犹幸福。

（20）**龚黄**：汉循吏龚遂与黄霸的并称。亦泛指循吏。

（21）**思托**：是为"托思"，寄托思念。**班马**：这里指汉朝的班固与司马迁。

（22）**如椽之笔**：亦作"如椽大笔""如椽巨笔"。像椽子一般粗大的笔。比喻记录大事的手笔，也比喻笔力雄健的文词。

（23）**宇下**：比喻在他人庇覆之下或治下。

（24）**庆云**：五色云。古人以为祥瑞之气。

（25）**亦且**：又，而且。

重修奇峰关桥梁记

部生榕

奇峰关祀关帝神像，于土司旧建成楼，楼砌以石濒于溪，溪阔几三丈，当冲路，架木桥以通行旅。年来溪水泛涨，岸日溃，楼势觭厄[1]。里人稍徙桥上流，庙祝葛叟虞庙之遂以颓也[2]，鸠里人议迁他阜。予曰：迁庙避水策诚善，然由此岸益溃，楼莫保，桥难架，楼不保则古迹湮，桥不架则行人病[3]，得其一，失其二矣。且迁庙他阜，划山凿石，费不赀，若用其费以修堤架桥，庙既不患倾圮，古迹长存行人利，赖是一举而三善备也[4]，于诸君意若何？金曰：然。爰议量力捐金，分途募输。而推予董其事，予鸠工庀材，堤成桥架，并建屋以覆桥上盖，阅岁而事乃蒇焉。夫溪之有桥久矣，溪岸之被冲突，亦非一日矣，今之修堤架桥，缘葛叟议迁庙而牵连相及也。设使葛叟不倡此议，则堤终不修，而桥终不架，且使予不身肩其事，葛叟虽倡此议，仍无异筑室道谋也[5]。岂乡邻贫乏者，多惮于重役之兴欤，抑因循苟安，急于义举者之难其人与。吾闻一介之士，存心利物，于世必有所济，自兹以往，堤虽筑，不能禁溪潦之不冲突也；桥虽架，不能保风雨之不剥落也。里之人若以为事不系乎一身一家，坐视其渐就坍塌，而不为之所欲求古迹长存，而行人利赖也，不可得矣。予故记其颠末，而复以随时补葺，望于后之踊跃急公者。

【注释】

（1）**臲卼** niè wù：不安的样子。出自《周易·困》。

（2）**庙祝**：寺庙里管香火的人。**虞**：这里为忧虑之意。

（3）**病**：这里意为不满、责备。

（4）**赖是**：亏得，幸好。

（5）**筑室道谋**：建筑房屋向路人讨教。比喻七嘴八舌，无助于拿定主意，或盲目听从别人，结果难以成功。

莲花石赋⁽¹⁾ 以砥柱中流形似莲花为韵

部生榕

两岸青山，一泓碧水，浏其清矣，何缘浪沸成花。激而行之，几见川平如砥，罨春草于河畔⁽²⁾，弥望葱茏，涌霜枫于滩头，乱浮红紫，谁为之拒傍崖？尽洪水汤汤⁽³⁾，是不可矶盈濑⁽⁴⁾，皆白石齿齿⁽⁵⁾，尔其郭，绕西流，峡横南浦，双溪逼合，飙若云卷电驰。峭壁对悬，束成龙跃蛟舞，方灂渤以飞腾⁽⁶⁾，倏漩澴而喷怒⁽⁷⁾，堆非如马。漫拟江到瞿塘⁽⁸⁾，势忽回澜，恰同河流砥柱，则见石纹划荝。花影漾红，转移无时，殊泗滨之浮磬⁽⁹⁾，雕饰尽去。异茎露之凌风⁽¹⁰⁾，乍疑下有骊珠⁽¹¹⁾，竟日精光四射，不道中无泥玉，长年深色一丛。偶临流以摅怀⁽¹²⁾，如游池上；倘涉波而言采，宛在水中。于焉鱼戏东西南北，蕊历冬夏春秋。惊艳匪遥，撷来思同澧浦；襄芬殊杳⁽¹³⁾，望去空忆芬洲。或者天补娲皇⁽¹⁴⁾，遗片石而镜光难掩；不然机支织女⁽¹⁵⁾，付清流而锦段犹浮⁽¹⁶⁾。漫云郎面同妍⁽¹⁷⁾，丰姿近若壁立，可是女身倏化？幻相逾添风流。爰乃放情岩壑，蹑屐郊峒⁽¹⁸⁾，陟冈峦兮徘徊⁽¹⁹⁾，仿佛佛座涌现，瞻极浦兮绵眇，依稀仙舟舣停⁽²⁰⁾。证《山海经》之名葩，光惊四照；分西王母之异种⁽²¹⁾，开阅千龄。倘遇好奇坡公⁽²²⁾，中宵定亦理棹⁽²³⁾。如逢善画王宰⁽²⁴⁾，五日可能绘形，彼夫凿池精舍，规入社于远公⁽²⁵⁾。作说濂溪⁽²⁶⁾，比不淄于君子⁽²⁷⁾，既清殊锦城芙蓉⁽²⁸⁾，亦韵胜河阳桃李⁽²⁹⁾，然而英标曲沼⁽³⁰⁾，迎初日以嫣然，迨至芳蕤淤泥，弥寒潭其何似，则虽足远超凡葩，孰若兹常对彼美，至若碬钟云梦⁽³¹⁾，珉产蓝田⁽³²⁾。灵壁新奇，宝玩米颠之袖⁽³³⁾；郁林磊砢，装载廉守之船。美纵比天上三品，秀终输波中一卷。曾说客游湖心，花堪作壁；争知头点水面，舌亦生莲。观夫响激谾谹⁽³⁴⁾，犹是碑砚之石⁽³⁵⁾。根磐昏窟，居然灿烂之花。清露濯姿，荡摇曾无缘盖；碧波漾采，掩映不借朱霞。若个搴芳制裳⁽³⁶⁾，应思清彻肌骨，何人枕流漱石，可有香盈齿牙。渔父问津⁽³⁷⁾，当年羡桃花夹岸；畸人探胜⁽³⁸⁾，此地学斗牛泛楂⁽³⁹⁾。

【注释】

（1）莲花石：溇水杨柳湾段河道（今连升桥以下）中间有一石柱，形似莲花，誉为古容阳八景之一"莲石砥柱"。

（2）罨 yǎn：这里为覆盖、掩盖之意。

（3）汤汤 shāng shāng：水势浩大、水流很急的样子。

（4）濑：从沙石上流过的急水。

（5）齿齿：排列如齿状。比喻一个接一个，连续不断。

（6）漰 pēng：水激声。

（7）倏 shū：极快地，忽然。漩潆：波浪回旋涌起的样子。

（8）瞿塘：亦作"瞿唐峡"，为长江三峡之首，也称夔峡。

（9）浮磬：水边一种能制磬的石头。

（10）茎露：承露盘中的露，亦称"金茎露"。传说服用此露和玉屑，可得仙道。这里意为承露盘。凌风：驾着风；乘风。

（11）骊珠：宝珠。传说出自骊龙额下，故名。

（12）摅怀 shū huái：抒发情怀。

（13）襄 yì：这里为缠绕之意。**殊杳** yǎo：极为深远。

（14）**娲皇**：女娲，是上古神话中的创世女神，又称"娲皇"。

（15）**机支**：即支机石。传说为天上织女用以支撑织布机的石头。

（16）**锦段**：同"锦缎"。一种华丽的丝织品，其上有用金银线织成的凸花。

（17）**郎面**：即"何郎粉面"，泛指美男子的洁白面容。

（18）**蹑屐**：拖着木屐；穿着木屐。**郊坰** jiōng：泛指郊外。

（19）**陟冈**：《诗·魏风·陟岵》："陟彼冈兮，瞻望兄兮。"后为怀念兄弟之典。

（20）**舣**：停船靠岸。

（21）**异种**：蟠桃是一种枝桠蟠曲的异种桃树，三千年结果一次，是仙宫中的极品珍果。

（22）**坡公**：对宋·苏轼的敬称，苏轼号东坡居士。

（23）**中宵**：中夜，半夜。**理棹**：整治船桨，指行船，启航。

（24）**王宰**：唐代画家，四川人，善画山水树石。

（25）**远公**：晋高僧慧远，居庐山东林寺，世人称为远公。继著名高僧道安之后的佛教首领，因其大力弘扬净土法门，被后人尊为净土宗初祖。

（26）**濂溪**：湖南省道县水名。宋理学家周敦颐世居溪上。周晚年移居江西庐山莲花峰下，峰前有溪，因取旧居濂溪以为水名，并自以为号，世称濂溪先生。宋·黄庭坚有《濂溪诗》。

（27）**不淄**：即"不缁"。不会因外界影响有所改变，比喻品德高尚，出污泥而不染。

（28）**清殊**：清新别致。**锦城**：代指成都。名称起源于蜀汉时代。

（29）**河阳桃李**：晋·潘岳任河阳（今河南省孟县西）县令，于一县遍种桃李，传为美谈。

（30）**英标**：指贤能而有风采的人。**曲沼**：曲池，曲折迂回的池塘。

（31）**碔**：像玉的美石。**云梦**：亦作"云曹"。古薮泽名，借指古代楚地。

（32）**珉**：似玉的美石。**蓝田**：今陕西西安所辖之县，位于渭河平原南沿。素有"玉种蓝田"美称。

（33）**米颠**：北宋书画家米芾（fú）的别号，字元章，以其行止违世脱俗，倜傥不羁，人称"米颠"。

（34）**箜簧** hōng hóng：山谷空貌。清·赵翼《响水塘》诗："深山箜簧殷雷鼓，人马不敢独行踽。"

（35）碑矹 lù wù：亦作"碑兀"。高耸，突出；严峻；豪放，高亢。引申为委屈不平。

（36）若个：哪个、何处、什么。

（37）渔父问津：问津，打听渡口。这里引用晋·陶渊明《桃花源记》之典。

（38）畸人：指有独特志行、不同流俗的人。

（39）斗牛：二十八宿中的斗宿和牛宿。**泛楂** chá："楂"，古同"槎"，亦作"泛槎""泛查"。晋·张华《博物志·卷三》载，相传天河通海，有居海渚者见每年八月有木筏来，因登木筏达天河，见到牛郎织女。后以"泛槎"，寓意乘木筏登天。

鹤峰八景

八峰耸翠　紫草辉霞　龙溪夜月　印石承基
果老仙洞　莲石砥柱　龙潭古鼎　天泉保障

以上八景为土司所标列，故旧志有"容美八景"之语，溯其旧也。嗣后咏八景者，皆改题容美为鹤峰焉。

州署八景

鹤亭远眺　射圃归鸦　古梅残雪　荷亭避暑
竹院听风　双桂排衙　双柏插云　西山夕照

以上八景，前牧方天葆标列。

黄象洞　在瓦屋台。洞水浸滴成崖笋，其形如象齿鼻，皆具色黄，故以名洞。

三潮水　悬崖壁立，有泉按寅、午、戌三时，飞流瀑布，过期止一线涓滴，故名。

日月崖 在黑门两旁，石壁上悬二圆岩，一赤色、一白色，故名。

夜珠池 在玉溪峰顶，有寺。寺前有池，名夜珠。

包谷

知州 毛峻德

山田多荦确，惟黍实生之[1]。吴下呼鸡豆[2]，秋深老玉蕤[3]。
白抄云子碎[4]，青怕沐猴窥[5]。粗粝思艰苦[6]，穷檐足疗饥[7]。

【注释】

（1）黍：包谷亦名玉蜀黍。

（2）吴下：泛指吴地。下，用于名词后表示处所。**鸡豆**：即芡实，又名“鸡豆子”“鸡头子”。

（3）玉蕤 ruí：玉的精华。道家谓食之可以成仙。古代冠缨上的玉饰等。

（4）抄：用手掌合拢取物。唐·杜甫《与鄠县源大少府宴渼陂》：“饭抄云子白，瓜嚼水精寒。”

（5）沐猴：猕猴。

（6）粗粝：粗糙。这里指玉米吃起来比较粗糙。

（7）穷檐：茅舍，破屋。意指贫困人家。**疗饥**：解饿，充饥。

咂酒

毛峻德

板屋团圞坐[1]，欢呼契一瓶[2]。白波卷细管[3]，红友吸仙醽[4]。
户小郫筒醉[5]，魂招楚泽醒[6]。底须杯在手[7]，曲部未图形[8]。

【注释】

（1）团圞 luán：团聚。这里还有环绕的意思。

（2）契：相合，相投。

（3）白波：指罚爵中的酒波。罚爵是古代罚酒的酒器，亦指行酒令中的罚酒。**细管**：插入酒坛的细竹管。

（4）红友：酒的别称。也特指江苏宜兴出产的一种酒。醽 líng：美酒名。即"醽醁"，一种当今很罕见的绿酒。明代医学家李时珍《本草纲目·酒》有解释："酒，红曰'醍'，绿曰'醽'，白曰'醝'。"

（5）郫筒：竹制盛酒具。郫人截大竹二尺以上，留一节为底，刻其外为花纹，或朱或黑或不漆，用以盛酒。相传晋·山涛为郫县令，用竹筒酿酒，兼旬（二十天）方开，香闻百步，俗称"郫筒酒"。

（6）楚泽：古楚地有云梦等七泽。后泛指楚地或楚地的湖泽。

（7）底须：何须；何必。

（8）曲部：指管理宫廷音乐的官署；歌馆的代称。图形：这里指画像或图绘形象。

鹤峰州九日 用杜韵

知州　李林

高倚山楼腰带宽^{（1）}，客中佳节强为欢^{（2）}。

三杯白酒辜新蟹^{（3）}，一径黄花笑破冠^{（4）}。

候雁影分重岭断^{（5）}，丹枫锦碎隔溪寒^{（6）}。

租符底似催诗急^{（7）}，为写烟云作画看^{（8）}。

【注释】

（1）腰带：古代官员束在腰间的皮带；束腰的带子。亦可喻称溇水如腰带一样缠绕州城。

（2）客中：旅居他乡或外国。

（3）辜：这里为肢解意。

（4）**一径**：一条小路。**黄花**：几种开黄色花或黄花占优势菊科植物的任何一种。亦指没有经过性行为的女性，俗称"黄花闺女"。**破冠**：即"破冠子"，喻婚前已非处子的女人。

（5）**候雁影分**：即"雁影分飞"，比喻分离。

（6）**丹枫锦碎**：形容经霜枫叶，因其色红艳如碎锦，故称。

（7）**租符**：宋·王庭圭《送通判周监丞》诗有"县官飞符急索租，谁能急了官中事。"这里喻指写诗就如同官府催租一样的急迫。

（8）**烟云**：烟气和云；隐逸之山林。

鹤峰怀古

署知州　蔡本棻

才子工愁怀宋玉^{（1）}，在巴东　美人远嫁惜明妃^{（2）}。在归州
骚坛月冷荒青冢^{（3）}，　独对空山云影飞^{（4）}。

夜郎相近瀼西东^{（5）}，流落天涯尊酒同^{（6）}。
一自共开诗世界^{（7）}，至今峦巘尽凌空^{（8）}。

先主荒祠配武侯^{（9）}，空山俎豆独千秋^{（10）}。
幽魂长抱三分恨^{（11）}，风雨灵旗战古楸^{（12）}。

白云深处接巫山^{（13）}，暮雨江城客梦还^{（14）}。
多事仙才工作赋^{（15）}，高唐神女有无间^{（16）}。

【注释】

（1）**工愁**：指擅长发愁。柳亚子《序》："君工愁善病，顾健饮啖。"**宋玉**：中国古代十大美男，楚国才子，好辞赋，为屈原之后辞赋家，与唐勒、景差齐名。其出生地尚有争议，待考证，一说为宜城或宜城巴东，一说为鄢陵、安陵人（在

今山东省沂水县境，或在今河南省）。

（2）**明妃**：汉元帝宫人王嫱字昭君，晋代避司马昭（文帝）讳，改称明君，后人又称之为明妃。

（3）**骚坛**：诗坛，引申为文坛。**青冢**：指汉·王昭君墓。在今内蒙古自治区呼和浩特市南，传说当地多白草而此冢独青，故名。

（4）**独对**：独自面对。**空山**：幽深少人的山林。**云影**：云的影像；比喻妇女的美发。

（5）**夜郎**：中国古族名和古国名。战国至汉时主要分布在今贵州西部、北部及云南东北部、四川南部。汉武帝时，大臣唐蒙上书武帝修治夜郎道路，用夜郎精兵征服南越，元鼎六年（公元前111年），汉武帝破南越后置牂牁郡，封夜郎侯为王，授王印。这里所指的夜郎，《宣恩县志》称在其治辖下的高罗一带，其县志《艺文志》留有李白诗。**瀼 ràng**：即"瀼水"，其水分西瀼、东瀼，西瀼又称大瀼，都在今四川省奉节县境。

（6）**尊酒**：杯酒。

（7）**一自**：自从。一是；本是。

（8）**峦嶂**：山峰。

（9）**先主**：这里指三国蜀刘备。**武侯**：即诸葛亮（公元181—234年），三国时政治家、军事家，字孔明。刘备称帝后，任丞相。刘备临终前把儿子刘禅和治理蜀国的重任托付给他。封为武乡侯。

（10）**俎豆**：俎和豆，古代祭祀、宴会时盛肉类等食品的两种器皿。这里指奉祀。

（11）**幽魂**：脱离肉体的灵魂。

（12）**灵旗**：战旗。每出征前必祭祷，以求旗开得胜，故称。**楸**：植物名。紫薇科，落叶乔木。

（13）**巫山**：山名。在四川、湖北两省边境。北与大巴山相连，形如"巫"字，故名。长江穿流其中，形成三峡。

（14）**江城**：临江之城市、城郭。

（15）**仙才**：超凡越俗的才华。

（16）**高唐**：地处巫山，因宋玉笔下的《高唐赋》而闻名。唐·戴叔伦《南宾送蔡侍御游蜀》就有"月照高唐峡，人随贾客（商人）船"的名句。**神女**：天帝小女儿巫山神女瑶姬，化身的神女峰为巫山十二峰之最。宋玉《神女赋》："夫何神女之姣丽兮，含阴阳之渥饰。"**有无**：中国古代哲学范畴。有，指具体存在的事物；无，指无形无象的虚无，或者是一种抽象的"有"。

答宣慰土司田九峰兼送令嗣应恒归里

岳常道　姚淳焘

兰津峡路未全遥，锁钥同心答圣朝[1]。
三代风流归洞口[2]，怀春诗草碎芭蕉[3]。

其二

几年史略废删除[4]，投赠牙签载满车[5]。
二十一朝披览尽[6]，可知荒微故同书[7]。

其三

鹓雏春暖向兰皋[8]，还往翩翩试羽毛[9]。
黎瓮欲倾千石绿[10]，为清边气答贤劳[11]。

其四

汉家明月共迢遥[12]，有意重过莫待招[13]。
料得南州归梦晓[14]，锦鸡啼处忆吹箫[15]。

【注释】
（1）锁钥：开锁的器件，比喻成事的关键所在，也指在军事上相当重要的地方。

（2）**三代风流**：对田甘霖、田舜年（九峰）、田丙如（应恒）祖孙三人的赞词。**洞口**：古容美土司四关四口之一，即百年关、洞口，在今五峰县长乐坪附近，《长乐县志·艺文志》载，李白有"壶瓶飞瀑布，洞口落桃花"的诗句。

（3）**怀春**：当春而有所怀思。也用以比喻少女思念婚嫁；宋代诗人吴则礼则以《怀春》表达了青春已不再有的情感。**诗草**：诗的草稿；诗作或诗集。

（4）**史略**：对历史的概要叙述（多用于书名）。这里指田舜年所著《二十一史纂要》，对中国古代二十一朝历史进行相关的注解、考证、注音、版本、字句校勘等。

（5）**投赠**：赠送。**牙签**：这里借指书籍画卷。

（6）**披览**：翻阅，展读。

（7）**荒徼 jiǎo**：荒远的边域。

（8）**鹓雏 yuān chú**：传说中与鸾凤同类的鸟。凤雏。比喻有才望的年轻人。**兰皋**：长兰草的涯岸。

（9）**还往**：往来。晋·常璩（qú）《华阳国志·巴郡》："或长吏忿怒，冤枉弱民，欲赴诉郡官，每惮还往。"

（10）**黎**：古通"黧"。黑里带黄的颜色。**倾**：使器物反转或歪斜以倒出里面的东西；引申为尽数拿出，毫无保留。**千石**：石，容量单位。秦汉官品的高低，常以俸禄的多少计算，从二千石递减至百石止。古代年俸一千石以上的官员品级较高，因以"千石"指高官。

（11）**边气**：边地的烟雾；又指萧索的气氛。**贤劳**：劳苦；劳累。

（12）**迢遥**：遥远；时间久长。

（13）**待招**：即"待诏"。本指以一技之长供奉于内廷的人，等待诏命。《楚辞·招魂序》："招者，召也。以手曰招，以言曰召。"

（14）**南州**：泛指南方地区。**归梦**：归乡之梦。

（15）**吹箫**：吹奏箫管。用伍子胥吴市吹箫乞食事，谓乞食。也为缔结婚姻的典实，汉·刘向《列仙传·萧史》："萧史者，秦穆公时人也，善吹箫，能致孔雀、白鹤于庭。穆公有女字弄玉好之，公遂以女妻焉。"

鹤峰八景

署知州　吴世贤

八峰耸翠

猛虎恃负嵎⁽¹⁾，化蜀传飞檄⁽²⁾。
罗列刀剑形，　时平同面壁⁽³⁾。
八峰峰无名，　苍翠空欲滴⁽⁴⁾。

紫草辉霞

返照石壁紫，　绮散绕余霞⁽⁵⁾。
此中茁似草，　四时不断花。
莫问商山叟⁽⁶⁾，或者葛洪家⁽⁷⁾。

龙溪夜月

我出城南门，　乱山凹更凸。
下有一线溪，　潆洄贮明月⁽⁸⁾。
相戒勿轻探，　俯恐惊龙窟⁽⁹⁾。

印石承基

臣心清于水，　臣节介如石⁽¹⁰⁾。

放衙闲锁印[11]，苍苔绣一碧[12]。
宠辱两不惊[13]，一片留青白。

果老仙洞

白云与之俱，　　仙灵洞中宿。
粒粒济众生，　　何用监门哭[14]。
为问辟谷方[15]，倒骑驴尾秃。

龙潭古鼎

古鼎垂双耳，　　下有毒龙藏。
酌泉泉不竭，　　捣药水云将[16]。
岂必享大烹，　　霖雨溥群苍[17]。

莲石砥柱

靡靡厌卑喧[18]，莲花凌空结。
一柱抵中流，　　众鱼潜其穴。
亭亭开十丈，　　舌在还能说。

天泉保障

鸡公连石宝，　　去天俨尺咫[19]。
泉声石上流，　　楚氛净足喜[20]。
在德不在险，　　保障固如此。

【注释】

（1）负嵎：即"负隅"，依靠险要地势。

（2）化蜀：引用"文翁化蜀"之典，喻指教化民风。**飞檄**：速递檄文；紧急檄文。

（3）时平：时世承平。**面壁**：佛教用语，面对墙壁默坐静修。

（4）苍翠空欲滴：即"苍翠欲滴"。苍翠，深绿意。形容草木等绿色植物仿佛饱含水分一样。

（5）绮散：即"散绮"，展开美丽的绸缎，比喻绚丽的云霞。语本南朝·齐·谢朓《晚登三山还望京邑》诗："余霞散成绮，澄江净如练。"

（6）商山：山名。在今陕西·商县东。亦名商岭、商阪、地肺山、楚山。地形险阻，景色幽胜。

（7）葛洪：（公元 284—364 年）东晋道教学者、著名炼丹家、医药学家。字稚川，自号抱朴子。晋丹阳郡句容（今江苏句容县）人。传说食鹤峰特产水木耳（固淡蓝藻）成仙，即有"葛仙米"之称。

（8）潆洄：水流回旋的样子。

（9）龙窟：即龙宫。

（10）节介：气节；操守。

（11）放衙：属吏早晚参谒主司听候差遣谓之衙参。退衙谓之"放衙"。宋·苏轼《入峡》诗："放衙鸣晚鼓，留客荐霜柑。"**锁印**：古代谓岁终封印停止办公。这里指封印。

（12）苍苔：青色苔藓。**一碧**：一片碧绿，广阔天迹。

（13）宠辱：荣宠与耻辱。

（14）监门：守门人。

（15）辟谷：不吃五谷，方士道家当作修炼成仙的方法。

（16）水云：多指水云相接之景。

（17）霖雨：连绵大雨。比喻恩泽。

（18）靡靡：犹迟迟，迟缓貌。引申为逐渐，渐渐。

（19）俨：宛如，十分像。**尺咫**：咫尺。咫，古代长度单位（周代指八寸，合现市尺六寸二分二厘）。喻极近的距离。

（20）楚氛：《左传·襄公二十七年》："晋楚各处其偏。伯夙谓赵孟曰：'楚氛甚恶，惧难。'"杜预注："氛，气也。言楚有袭晋之气。"后用以指恶劣、鄙俗之气。

运米行

吴世贤

万山积雪双足洗，　一步一跌运兵米。

兵鼓腹兮民忍涕，　有时破涕歌转笑。

声声高唱边关调，　边关烽净月如银。

年年岁岁蠲租诏^{（1）}，况复将军羊岘山^{（2）}。

旌旗细柳镇南蛮^{（3）}，军中粒粒念辛苦。

力役何辞行路艰，　君不见

昭君村接鹤峰树^{（4）}，万里蒙尘轻故土。

【注释】

（1）蠲租 juān zū：免除租税。

（2）**况复**：更加，加上；何况，况且。仿佛，好像。**羊岘**：亦称"羊碑"。晋·羊祜都督荆州诸军事，镇襄阳十年，有德政。卒，襄阳百姓立碑于岘山，见碑者无不流泪。后为颂扬官吏有德政之典。

（3）**细柳**：地名。在今陕西省咸阳市西南渭河北岸。有细柳仓，即汉周亚夫屯军处。鹤峰州亦有细柳城，在容美镇九峰桥东，今仍其名。**南蛮**：古称南方的民族及其居住的地方。

（4）**昭君村**：地名。在今湖北省兴山县南，相传为汉王昭君的故乡。因兴山与鹤峰州、长乐县（今五峰）均隶属宜昌，鹤峰州、长乐县，改土以前为古容美土司疆域。

包谷行

吴世贤

万峰簇簇人似烟，　鸣钲击鼓歌彻天。

小妇赤脚男尻肩⁽¹⁾，　相呼相唤来种田。

田中青青惟包谷，　　粒粒圆匀珠十斛⁽²⁾。

十斛量来卖街头，　　青钱只堪腰一束。

今年处处乐年丰，　　换得钱归室磬空。

室空还仗明年种，　　那顾飞硚两脚肿。

衣不没骭骨如柴⁽³⁾，　包饭搏成走断崖。

年年雪栈冰坑里，　　帖耳低首莫抗差。

差来侧目冷一笑，　　喝取包谷作马料。

【注释】

（1）尻肩：原文为"尻肩"，"尻"疑为"尻"的讹字。尻肩即肩尻，指肩膀和屁股，也借指人或牲物的全体。这里意指男人们的屁股以上至肩膀裸露。南方农村男人在农忙或热天时，仍有将裤腿挽起至大腿，屁股以上到肩裸露的生活习惯。

（2）斛：旧量器名，亦是容量单位，一斛本为十斗，后来改为五斗。

（3）骭 gàn：胫骨，肋骨，小腿。这里借指衣不蔽体。

州署八景

知州　方天葆

鹤亭远眺

八百延袤万叠山⁽¹⁾，斗州天堑四雄关⁽²⁾。

桑麻鸡犬风犹古，　文物衣冠俗不蛮。

洞里笙歌声寂寂⁽³⁾，溪边鳞石水潺潺⁽⁴⁾。

可怜改土归流后，　荒冢空余夕照间⁽⁵⁾。

射圃归鸦

观德亭前噪暮鸦[6]，群舒金翅碧天涯。

无心出岫云多态[7]，有意还巢梦正赊[8]。

帆带夕阳归极浦[9]，雁惊岁晚落平沙[10]。

分明视得栖藏处，　射圃何妨任尔家[11]。

古梅残雪

长将瘦骨倚墙边，　闲守名园半是仙。

魂断雪余抛玉佩，　梦惊风过落珠钿[12]。

林昏有雾笼绡帐[13]，月净无尘染素娟[14]。

此地寂寥君莫怨，　耐寒谁复占春先。

荷亭避暑

水绕荷亭花满池[15]，小桥南畔暑氛稀。

凉生翠盖摇纨扇[16]，风弄银波沁葛衣[17]。

长日正愁午梦短，　幽窗却喜晚香微[18]。

为怜此地真清寂，　斜倚朱栏待月辉。

竹院听风

庭院浮筠似渭川[19]，烟梢袅袅晚风前。

漫将屈态迎人笑，　好泻寒声却自怜。

帘外恍闻飞玉粟，　　月中疑听步婵娟。

客来野饭休烧笋，　　留得竿长谱管弦。

官衙排桂

堂前列种木樨花[20]，　为爱天香不放衙。

霜薄琼枝清彻骨[21]，　雨肥金粟碧于霞[22]。

端排雁序分班第[23]，　好整鹓行作爪牙[24]。

正是众芳摇落尽，　　贪看独秀占秋华。

双柏插云

古柏苍茫望转迷，　　生来两美一般齐。

参天黛色云为髻，　　溜雨霜皮月可梯[25]。

斗柄正垂高干北[26]，　山形低向嫩条西。

不愁岁晚惊寒雨，　　长有祥鸾待汝栖[27]。

西山夕照

爽气徐来日已斜，　　西山凭眺极天涯。

碧峰叠作重重锦，　　断岸流成片片霞。

怨女罢妆还绣阁[28]，　征人揽辔趁晴沙[29]。

徘徊不尽登临兴，　　回首名园待月华[30]。

【注释】

（1）延袤：绵亘；绵延伸展。这里指长度和广度，引申指面积。

（2）四雄关：古容美土司疆域有四关四口，东百年关、洞口，西奇峰关、三岔口，南大岩关、三路口，北邬阳关、金鸡口。

（3）**寂寂**：形容寂静。

（4）**潺潺**：形容雨声、水声等。

（5）**空余**：空着的；未被占用的。这里有空旷意。

（6）**观德亭**：亭名。

（7）**岫 xiù**：山峦。

（8）**赊**：遥远，长久。梦正赊，意为梦正酣。

（9）**极浦**：遥远的水滨。

（10）**平沙**：指广阔的沙原。

（11）**射圃**：习射之场。

（12）**珠钿 diàn**：嵌珠的花钿。多为妇女首饰。

（13）**绡帐**：轻纱帐。

（14）**素娟**：朴素、大方、娟秀。

（15）**荷亭**：荷花池畔的亭子，曰"荷亭"。

（16）**翠盖**：本意为饰以翠羽的车盖。指形如翠盖的植物茎叶。这里或为荷叶。**纨扇**：用细绢制成的团扇。

（17）**葛衣**：用葛布（用葛草纤维织成的布）制成的夏衣。

（18）**晚香**：晚夜的荷香。

（19）**浮筠**：一是指玉的彩色，二是竹的美称。**渭川**：古称渭水，是黄河的最大支流。发源于甘肃省定西市渭源县鸟鼠山，主要流经今甘肃天水、陕西省关中平原的宝鸡、咸阳、西安、渭南等地，至渭南市潼关县汇入黄河。

（20）**木樨花**：桂花别名木樨。

（21）**琼枝**：喻嘉树美卉。

（22）**金粟**：桂花的别名。因其色黄如金，花小如粟，故称。

（23）**班第**：上朝时朝班排列的次第。

（24）**鹓行 yuān xíng**：指朝官的行列。

（25）**溜雨**：从檐沟流下的雨水。**霜皮**：苍白的树皮。

（26）**斗柄**：指北斗七星中玉衡、开阳、摇光三星。北斗七星中，第五至七颗星，排列成弧状，形如酒斗之柄。常年运转，古人根据斗柄指向，来定时间和季节。

（27）**祥鸾**：祥凤，凤凰，是古代传说中的神鸟。

（28）**怨女**：到结婚年龄而未有婚配的女子。**绣阁**：旧时女子闺房。

（29）**揽辔 lǎn pèi**：挽住马缰。**晴沙**：阳光照耀下的沙滩。

（30）**月华**：月光，月色。月华内部蓝绿色，外部红棕色。月华是一种衍射现象，当光通过与其波长相近的小水滴时，就会出现光的强弱相间分布的情况，这就是衍射。如果外边一圈只是白色的就是月晕，是光透过卷层云产生的，这时可能就要下雨了。

细柳城观刈稻与农民问答作

知州　雷应方

陇亩高低黄云平⁽¹⁾，　南阡北陌耞板声⁽²⁾。

长吏奄观有喜色⁽³⁾，　老甿不觉嗟叹生⁽⁴⁾。

问言秋成非不好，　八口仍无半岁饱。

今年淫雨绵仲夏，　富室扃仓长谷价⁽⁵⁾。

手中无钱腹中饥，　不是倍偿不能借。

可怜青青田中谷，　未熟已入饥人腹。

此日禾场索逋去⁽⁶⁾，　妇子归来吞声哭⁽⁷⁾。

贫家有年还如荒，　出门何处逢酒浆⁽⁸⁾。

安得富室无债券，　有谷不上他人仓。

【注释】

（1）**黄云**：这里比喻成熟的稻谷。

（2）**耞板**：这里或为"梿枷"或"板斗"，均为收取谷物的农具。梿枷，又称连耞，可用来打谷脱粒；板斗是用坚硬木板制作，梯形体，上口大，下底小，用于扚谷脱粒。

（3）**奄观**：尽观，即视察之意。

（4）**甿 méng**：旧指农民。**嗟叹 jiē tàn**：感叹、叹息。

（5）**扃仓**：扃（jiōng），这里指关门。即关闭粮仓之意。

（6）**索逋 suǒ bū**：催讨欠债。

（7）**妇子**：指妻子和儿女。

（8）**酒浆**：泛指酒类。这里意为酒水。

登署后鹤亭

知州　吴焕彩

四面拥烟鬟⁽¹⁾，人行步步艰。　　峡吞两河水，　　草占半城山。
竹树围村小，　　鱼虾入市悭⁽²⁾。荒陬乐讼简，　　好共白云闲。

【注释】
（1）烟鬟：妇女的鬟发，亦形容鬟发美丽。这里喻云雾缭绕的峰峦。
（2）悭 qiān：这里意为缺少。

望乡台

吴焕彩

盘折到绝顶，　　危亭片刻凉⁽¹⁾。云边山万点，　　岩际树千行。
绵邈通巴蜀⁽²⁾，巍峨逼紫苍。　　海滨何处是，　　东望忆吾乡。

【注释】
（1）危亭：耸立于高处的亭子。
（2）绵邈：长久，悠远；这里指辽远。巴蜀：四川盆地及附近地区。

容阳词七首

知州　杨树本

其一⁽¹⁾

陟冈种包谷⁽²⁾，履险乃如夷⁽³⁾。

岂不畏蹉跌[4]，相期免调饥[5]。

其二

深山多弃材，采伐任枯槁。
山中木绵不易得[6]，榾柮满炉代布袄[7]。

其三

大米珍如珠，　高粱亦罕有。
祭祀及燕饮[8]，一味包谷酒。

其四

高荒多苦寒，　五月蔬未熟。
何以给饔飧[9]，猪草和稀粥。

其五

背版山嵯峨，任重取值多。
只愿有力大如虎，不辞身作牛马驮。
吁嗟何人不努力，山民力食劳如何。

其六

黄豆浆，包米饭，　秋稼初登适所愿。

山农一饱胜珍羞， 日食万钱犹贪怨⁽¹⁰⁾。

其七

生长深山中， 不见山外事。
蚩蚩者何为⁽¹¹⁾，怒焉惭抚字⁽¹²⁾。

【注释】

（1）**其一**：原文中没有其一至其七的序号，编者为了便于阅读而编序，特注。

（2）**陟冈**：这里指登临高高的山冈。

（3）**履险乃如夷**：即"履险如夷"，走险路如趋平地。比喻遇险不惊、临危不惧。

（4）**蹉跌**：失足跌倒。

（5）**相期**：这里指期待。

（6）**木绵**：这里指绵丝或丝绵。一种像棉花的絮的衣、被用材料，是用茧表面的乱丝加工而成。《鹤峰州志·物产志》中，绵丝条，解释为"木绵"。

（7）**榾柮** gǔ duò：木柴块、树根疙瘩。

（8）**燕饮**：宴饮。聚会在一起吃酒饭。出自《诗·大雅·凫鹥》。

（9）**饔飧** yōng sūn：亦作"饔飱"。做饭；饭食。

（10）**贪怨**：贪恋，得不到满足。

（11）**蚩蚩** chī chī：敦厚貌，一说痴愚貌。

（12）**怒** nì：忧思，忧痛。失意的样子。**抚字**：抚养。对百姓的安抚体恤。

留别鹤峰诸绅士

署知州　何学青

潇潇风雨两忘年⁽¹⁾，弹指瓜期忽惘然⁽²⁾。
自分少香留去座⁽³⁾，他时高会忆群仙⁽⁴⁾。

云依碧落三珠树^{（5）}，雁拂清霜九月天。

醉我醇醪无限意，　问君何以赠韦弦^{（6）}。

【注释】

（1）**两忘年：**两者都忘记了，这里指多人和谐相处而忘记年月。

（2）**瓜期：**指任职期满换人接替的日期。**惘然：**失意；心情迷茫。

（3）**自分：**自料，自以为。

（4）**高会：**盛大宴会。泛指大规模地聚会。亦称与人会面的客气话。**群仙：**指对绅士们的尊称。

（5）**三珠树：**古代传说中的珍木。对唐初王勔、王剧、王勃兄弟三人的称美。

（6）**韦弦：**比喻外界的启迪和教益。用以警戒、规劝。《韩非子·观行》："西门豹之性急，故佩韦以自缓；董安于之性缓，故佩弦以自急。故以有余补不足，以长续短之谓明主。"

咂酒二首

何学青

屏除杯盏对陶罂^{（1）}，主客递将双管擎。

吸去香先迎沫上^{（2）}，注来水屡挹壶倾。

不须漉滓烦元亮^{（3）}，倘劝餔糟误屈平^{（4）}。

最是少陵知此味^{（5）}，无多酌我醉难成。

酿成贮到经年美^{（6）}，试饮尤于夏日宜。

莫惜我须低首就，　可知人虑入喉迟。

畅怀颇胜传荷柄^{（7）}，劝醉争禁唱竹枝^{（8）}。

芦酒钩藤名号旧^{（9）}，漫因苗俗错题诗^{（10）}。

【注释】

（1）屏除：排除；除去。**陶罂**：陶制的容器，类似水缸。这里指装酒的陶缸。

（2）**迎沫**：使用吸管咂酒，酒沫顺着吸管而上。

（3）**漉滓**：过滤沉淀物。**元亮**：晋诗人陶潜字元亮，曾任彭泽令，因不愿为五斗米折腰而归隐。后常用为隐居不仕的典实。

（4）**餔糟**：饮酒；吃酒糟。比喻屈志从俗，随波逐流。**屈平**：即屈原，名平，屈原的"求索"精神，成为后世仁人志士所信奉和追求的一种高尚精神。

（5）**少陵**：指唐诗人杜甫。常以"杜陵"表示其祖籍郡望，自号"少陵野老"，世称杜少陵。

（6）**经年**：经过一年或若干年。

（7）**荷柄**：荷叶的茎干。

（8）**竹枝**：乐府《近代曲》之一。本为巴渝（今四川东部）一带民歌，唐诗人刘禹锡改作新词，歌咏三峡风光和男女恋情，盛行于世。后人所作也多咏当地风土或儿女柔情。其形式为七言绝句，语言通俗，音调轻快。

（9）**芦酒、钩藤**：咂酒名。

（10）**题诗**：就一事一物或一书一画等，抒发感受，题写诗句。多写于柱壁、书画、器皿之上。

容阳杂咏

署知州　王惟球

九峰南耸正当衙^{（1）}，七里西流绕落花^{（2）}。
此是旧司中府地^{（3）}，每逢遗老说田家^{（4）}。

紫雾天高敞四关^{（5）}，地雄原许压群蛮^{（6）}。
世传十八时方泰^{（7）}，蠢尔无端欲作奸^{（8）}。

盟心枉欲涣群疑，　江左何曾有应师^{（9）}。

愧煞苗人麻老丑⁽¹⁰⁾，尚知顺逆静边陲。

炼药烧丹总自诬，　道人妖术岂良图。
关城未筑民先散，　不用王师势已孤。

恃险何曾得万全⁽¹¹⁾，平山深洞枉相传⁽¹²⁾。
至今铁锁空桥影⁽¹³⁾，惟见苍藤起暮烟。

何处南藩近日楼⁽¹⁴⁾，却将宝善旧名留⁽¹⁵⁾。
署衙左畔黉宫右，　今日仓储似昔谋⁽¹⁶⁾。

胜游此日更如何，　高嶂危崖处处多。
可惜云来庄已毁，　野田惟得听薅歌⁽¹⁷⁾。

祖墓松杉浸碧晖，　崇碑曾策武功巍。
我今重憩双凫舄⁽¹⁸⁾，华表依然鹤未归⁽¹⁹⁾。

【注释】

（1）**九峰**：《鹤峰土家族自治县地名志》载，容美土司王田舜年指定八峰山麓东面的一座山峰为号，即"九峰"（原有的八座山峰，加上所指定的这座山峰，故称），位于州署南面。

（2）**西流**：溇水于鹤峰县城向西流向，经麂子峡下游转头向东南流逝，自古就有"溇水向西流"的俗言。

（3）**中府**：容美宣慰司治城，又名芙蓉城，俗称"老司里"。

（4）**遗老**：指改朝换代后仍忠于前一朝代的老年人。泛指经历世变的老人。
田家：容美土司属田姓世袭。

（5）**四关**：指容美土司"四关四口"。详见前注。

（6）**地雄**：雄霸一方或独领风骚。**原许**：原来的默许或准许。

（7）**世传十八**：世袭更替十八代。这里有传递到第十八代之意。据记载，容美土司田姓世袭共十五代二十三任司主。

（8）作奸：做不法之事。这里指末代土王田旻如据险欲与朝廷抗衡的事典。

（9）江左：即江东。此地域概念盛行于唐以前，尤其是魏晋时期，江左也是以金陵（今南京）为首都的六朝时代的政治与经济中心。详见前注。

（10）麻老丑：湘西浦阳一带最著名的雕花木匠，人称麻老矮，常被人戏称"麻老丑"，家住麻家寨。雕作的神像栩栩如生，雕制的家具精美绝伦，手艺盖世。

（11）万全：借用《平山万全洞》"平山以万全为之里"的"万全"，嘲讽土司没有得到万全保障。

（12）平山深洞：即平山万全洞。

（13）铁锁空桥影：通往平山的唯一通道"铁锁桥"的萧条景象。

（14）近日楼：位于土司中府南。

（15）宝善：田旻如将近日楼改建宝善楼。

（16）仓储：知州毛峻德将宝善楼改建成仓。

（17）薅歌：即薅草锣鼓，一边敲打锣鼓，一边引吭高歌，以助农兴。

（18）双凫舄：双凫（fú），两只水鸟。舄（xì），加木底的鞋，鞋的通称。昔有王乔会神术，汉·显宗（明帝刘庄）时为叶县令，每月朔望入朝，皇帝见王乔来得快，又不见有车马，密令太史伺窥，见有双凫从东南飞来，遂张罗捕之，只得一只鞋子（舄），帝见其鞋乃是四年中所赐尚书官属履。后以其典用为地方官的故实。详见《后汉书·方术传上·王乔》。

（19）华表：古代设在宫殿、陵墓等大建筑物前面做装饰用的大石柱，柱身多雕刻龙凤等图案，上部横插着雕花的石板。

司铎三载得风病告归留别同学诸子

训导⁽¹⁾陈文禧⁽²⁾

桃李欣初植，琴书忍骤还⁽³⁾。

只身千里客，老病万重山。

编订空留恨　曾与荫轩刺史商修邑乘　故云，

文词孰待删。

祗余归里后^{（4）}，游梦绕岩关。

【注释】

（1）**训导**：中国古代文官官职名，在清朝之位阶为从八品。辅佐地方知府，主要负责教育事务。《清史稿·职官志三》："儒学：府教授、训导，州学正、训导，县教谕、训导，俱各一人。"

（2）**陈文禧**：嘉庆二年（公元1797年）任训导。原文为"陈文熺"，本志《职官表》为"陈文禧"，便以《职官表》中为据为准。

（3）**琴书**：中国民间艺术。曲艺中的琴书，因演唱时用扬琴为主要伴奏乐器而得名。表现形式不一，有一人立唱，两人或多人坐唱或走唱，也有分角色拆唱。

（4）**祗** zhī：只。

官军屯邬阳关堵御教匪纪事

吏目^{（1）}陈泰

毕竟邬阳险隘全，　么麽底事窜严关^{（2）}。
书符分帛无明效^{（3）}，滴水开枪有秘传。
吉甫戎车来六月^{（4）}，韦皋练卒出西川^{（5）}。
官家军帑流星运^{（6）}，计日铙歌唱凯旋^{（7）}。

【注释】

（1）**吏目**：古官名。清代只有太医院、五城兵马司及各州置之。或掌文书，或佐理刑狱及官署事务。

（2）**么麽** me me：微小；微不足道的人，小人。

（3）**书符**：画符。

（4）**吉甫**：尹吉甫，西周时期房陵人（今湖北房县），黄帝之后伯倏族裔，尹国的国君，字吉父。仕于西周，征战于山西平遥、河北沧州南皮等地。是我国

第一部诗歌总集《诗经》的采风者、编纂者，被尊称为中华诗祖。

（5）**韦皋**：字城武。京兆府万年县（今陕西省西安市）人。唐朝中期名臣、诗人。兴元元年（公元784年），入朝为左金吾卫大将军。次年出任剑南西川节度使，总镇川蜀。通过二十一年，执行联合南诏、东蛮打击吐蕃的战略，保障了西南边陲的安定，又重启南方丝绸之路，推动了唐与南诏及南亚、东南亚各国的交流。

（6）**军帑**：军用的库藏。

（7）**计日**：形容短暂或为时不远。**铙歌**：军中乐歌。传说黄帝、岐伯所作。马上奏之，用以激励士气，也用于大驾出行和宴享功臣以及奏凯班师。后泛指军歌、凯歌。

包谷吟

训导　萧琴

包谷亦黍属，	种植满陵阜[1]。	山农无他粮，	惟藉此糊口。
干高五尺余，	叶与蔗芦偶[2]。	节间孕琼津[3]，	状若笋初剖。
缘箨裹为衣[4]，	紫丝缠若帚。	展或如凤冠，	擎或如佛手。
结实临深秋，	年年欣大有。	吾闻玉山禾，	树大徒遮亩。
重思米似榴，	此物即是否。	携筐纷采摘，	歌响答林薮[5]。
落日衔遥山，	黄云复查篓。	幺姑好肩背，	奔趋忘路陡。
健儿莫逞强，	腰弓已却走。	归家各磨砻[6]，	一石米八斗。
精以供饼糜，	粗以酿咂酒。	既可娱嘉宾，	复可介眉寿[7]。
贫民得有此，	厥利亦良厚。	慎勿多费靡，	余三犹待九。
吾愿山中人，	常饱此粱糗[8]。		

【注释】

（1）**陵阜**：丘陵。

（2）**蔗芦**：甘蔗和芦苇。

（3）**琼津**：犹玉泉；清澈的泉水；晶莹如玉的液汁。

（4）箨 tuò：原指竹笋上一层一层的皮。这里指壳叶包裹的玉米棒子，土家人称"包谷箨"。

（5）林薮 lín sǒu：山林与泽薮（大泽）。

（6）砻 lóng：去掉稻壳的农具，形状略像磨，多以木竹制成。

（7）眉寿：即长眉、浓眉，喻为长寿。

（8）粱糗 liáng qiǔ：干粮。

印山石

吏目　陈锡镇

一印从天降，山头屹屹盘⁽¹⁾。孤城资重镇，巨石得奇观。

土戴文谁睹，云笼角不刓⁽²⁾。斗州同景仰，珍重凛躬桓。

【注释】

（1）屹屹：这里为高大挺立貌。

（2）刓 wán：雕琢。《楚辞·怀沙》："刓，方以为圆兮。"

鹤峰二首

州判⁽¹⁾林廷翰

昨日神仙降玉京⁽²⁾，翩翩化鹤到容城。

八峰山耸昂藏骨，　两口河传嘹唳声⁽³⁾。

赤壁飞来原是梦，　白云乘去尚留名。

层峦拟向丹霄舞⁽⁴⁾，莫讶三年竟不鸣。

群山盘绕出城西，　幻作蹁跹羽翅齐。

白缀三分残雪浅，　丹流一点夕阳低。

偕鸣漫道坡无鹿，　　独立那知洞有鸡。

只恐夜深湛露至，　　惊飞欲与凤凰栖。

【注释】

（1）州判：古代文官，清朝位阶约为从七品。为地方衙门辅佐，也是外派直隶州知州的左右手。

（2）玉京：道家称天帝所居之处；指帝都；泛指仙都。

（3）嘹唳：形容水声响亮凄清。

（4）丹霄：绚丽的天空。

北佳坪

林廷翰

容阳风景溯当年，　　何事佳名北也传。

未许西方徒擅美⁽¹⁾，肯教南国并争妍。

千林夕翠山衔日，　　万壑晴光雨过天。

为问春秋多胜赏，　　锦囊添得几诗篇。

【注释】

（1）擅美：独享美名；独有其美。

望乡台

林廷翰

仄径危崖路几环⁽¹⁾，望乡台上望乡关。

举头明月三千里，　　极目归云八字山⁽²⁾。

异地风光悲楚客，　　故园花行访梅湾⁽³⁾。

隔年未得音书至，　　时见天边雁阵还。

【注释】

（1）仄径 zè jìng：狭窄的小路。

（2）八字山：今中营镇政府所在地。

（3）梅湾：即今中营镇梅果湾村。

廨前白果树一株⁽¹⁾，不知植于何时，然建廨处旧名白果坪，则由来久矣。乾隆中，前巡司胡君，砌石护持，树日益盛，而砌坼璺坼⁽²⁾。予——

重为修治既成赋此

巡检⁽³⁾余远思　平江人

道左纷披稳结根⁽⁴⁾，孤标那碍植当门⁽⁵⁾。

不同岸柳攀还折，　切近庭槐晓逮昏。

培垡我非惜花果⁽⁶⁾，花夜开难见，而此树亦从未实

摩挲客亦历公孙⁽⁷⁾。树一名公孙，谓公种至孙始得食

低徊鸭脚胜枭鸟⁽⁸⁾，浓荫几人堪并论。

【注释】

（1）廨 xiè：官署，旧时官吏办公处所的通称

（2）璺 wèn：裂纹。

（3）巡检：官署名巡检司，官名巡检使，简称巡检。训练甲兵，巡逻州邑，职权颇重。始于五代后唐庄宗；明清时，凡镇市、关隘要害处俱设巡检司，归县令管辖。

（4）道左：路的左边，道路旁边。**纷披**：杂乱而散散落落。

（5）孤标：指山、树之类特出的顶部。

（6）垡 fá：耕地，把土翻起来。

（7）摩挲 mā sā：用手轻按着并一下一下地抚摩。

（8）**低徊**：徘徊，流连。**鸭脚**：这里指白果树叶。

万全洞

浙江知县　吴裕中　*南安举人*

叠巘峻嶒一洞开⁽¹⁾，悬空四阻绝尘埃。

窟成未必非全策，　巢破终然付劫灰⁽²⁾。

危磴久无樵牧至⁽³⁾，荒天曾载管弦来。

藤花烂漫荆榛古⁽⁴⁾，连臂清猿日往回⁽⁵⁾。

【注释】

（1）**叠巘** dié yǎn：山峰重叠的。**峻嶒** léng céng：高耸突兀。这里指高峻的山。

（2）**劫灰**：遭刀兵水火等毁坏后的残余。

（3）**樵牧**：樵夫、牧童。

（4）**荆榛**：亦作"荆蓁"。泛指丛生灌木，多用以形容荒芜情景。

（5）**清猿**：猿。因其啼声凄清，故称。

鹤峰竹枝词

吴裕中

禾黍高低乱石间，高低收成不一般。

高处要晴低要雨，天到山中做天难。

栽秧薅草鸣鼓锣，男男女女满田坡。

背上儿放阴凉地，男叫歌来女接歌。

过大岩关

举人　郑谦　安乡人

全楚分南北，　雄关亘古今。　径斜人百折⁽¹⁾，岩峭树千寻⁽²⁾。
传檄通荒道，　飞鸮慕好音。　当年防戍地，　弦诵满平林。

【注释】

（1）径斜 jìng xiá：山路曲折。

（2）千寻：古以八尺为一寻。"千寻"，形容极高或极长。

鹤峰道上

王震　松江人

秋风吹上岭云巅，　路入椒园可著仙。
一线天开山罅里⁽¹⁾，千株枫冷日斜边。
高风霜早飘黄叶，　巉石雨余倾碧泉⁽²⁾。
最爱灵花香满路，　马头过处几留连。

雨霁空山暮色苍⁽³⁾，忽然山豁见平冈。
零星烟火连村社，　如水官衙对野塘⁽⁴⁾。
把酒孤吟怀自遣，　拥衾入梦夜偏长。
明朝又踏云边路，　细检行装待曙光。

【注释】

（1）山罅：罅（xià），缝隙，裂缝。山的裂缝。

（2）巉 chán：险峻，陡峭；嶙峋突兀。

（3）雨霁：雨后天晴。

（4）如水官衙：意为清水衙门。比喻没有油水的机构或地方。

紫云宫

李静安　　州人　庠生

紫云缭绕是仙宫，满目烟霞四望通。

矗立丹楹界天上，横铺铁锁链山中。

北临诸洞禅心寂，南挹群峰道法崇。

早晚钟声林外彻，可能说法似生公[1]。

【注释】

（1）生公：晋末高僧竺道生的尊称。相传生公曾于苏州虎丘寺立石为徒，讲《涅盘经》，至微妙处，石皆点头。

小溪雾行

李静安

款段徐行溪复溪[1]，望中何处辨东西[2]。

似嫌写景诗人过，　牢锁云山不许题。

【注释】

（1）款段：马行迟缓的样子。

（2）望中：视野之中；想望之中。

容阳八景

八峰耸翠

谢士璠　州人　庠生

聚五连三耸碧空，　　排成奇岭亦奇峰。

斗然拔地平开峭，　　俨若朝天笏执恭⁽¹⁾。

但觉眼前青八面，　　更忘云外翠千重。

晴岚霁色都堪玩，　　暇日城头一荡胸。

紫草辉霞

丁远模　州人　庠生

城东好是夕辉斜，　　烂漫疑开四照花⁽²⁾。

几日烧痕青作黛，　　终年草色紫于霞。

气瞻寒谷仙应近，　　芝满商山我欲家。

长似枫林秋老后，　　征人指点路三乂⁽³⁾。

龙潭古鼎

徐本立　州人　庠生

陂泽天成数亩涵⁽⁴⁾，曾传古鼎此中嵌。

水心谁遣神丁铸，　　碕岸难同象罔探⁽⁵⁾。

蝌蚪无因摹大篆，　　风雷会待起澄潭。

龙蟠犀伏徒能说，　　数典何人证籍谈⁽⁶⁾。

印石承基

徐赐彦　州人　岁贡

石方如印不烦剞^{（7）}，　城郭因依驻盖靡。
天上颁来承重镇，　　山头磐处壮边陲。
烟云环绕缄封古，　　苔藓纵横篆刻奇。
应是恒星化非偶，　　斗州长籍作丕基^{（8）}。

龙溪夜月

徐承爵　州人　庠生

绕郭潺潺水向西，　　蜿蜒折赴是龙溪。
每当良夜金波漾，　　常恐中天月影低。
可有渔人吟在罾^{（9）}，　若逢鲛客欲探骊^{（10）}。
清晖似胜千潭印，　　游侣归迟听唱鸡。

果老仙洞

徐承义　州人　庠生

境异桃源别有天，　　豁开一洞近城边。
骑驴无复遄踪至^{（11）}，　贷米犹从俚耳传^{（12）}。
药灶丹炉成往迹，　　异花灵草自长年。
能来此处求仙否，　　不作飞仙亦地仙。

莲石砥柱

丁远谟　州人　庠生

芙蕖一朵四时妍^{（13）}，峡口中流望眇绵^{（14）}。
出水何须香馥馥^{（15）}，临风只欠叶田田^{（16）}。
狂澜砥柱茎宁弱，　顽质凌波品亦仙。
即石即花空色相，　奇观漫诩火生莲^{（17）}。

天泉保障

龚祖曜　州人　庠生

蛮触纷争策万全，　所凭地险在天泉。
雄关以外狡焉启，　峻岭无多危则跧^{（18）}。
自昔鸟乌惊鼓角^{（19）}，秖今禾黍长风烟^{（20）}。
樵歌牧唱熙时乐^{（21）}，保障还资守土贤。

【注释】

（1）笏 hù：古代大臣上朝拿着的手板，用玉、象牙或竹片制成，上面可以记事。

（2）四照花：传说中的花名。因花开光华四照，故名。

（3）三乂：乂（yì），作者或将"乂"为"岔"，意即三岔路口。

（4）陂泽：湖泽。

（5）碕岸：曲折的河岸。

（6）数典：历举典故。

（7）刉 jī：刻镂的刀具。

（8）丕基：巨大的基业。

（9）罶 liǔ：捕鱼的竹篓子，鱼能进去，不能出来。

（10）鲛客：即"鲛人"。神话传说中的人鱼，这里指捕鱼者、渔夫。

（11）遐踪：先贤的事迹；踪影远离尘世。

（12）俚耳：俗人之耳。指没有欣赏音乐能力的人。宋·王安石《次韵董伯懿松声》："俚耳纷纷多《郑》《卫》，直须闻此始心清。"

（13）芙蕖：〈书〉荷花。

（14）眇绵：亦作"渺绵"。悠远，不尽貌；水流不断貌。

（15）馥馥：〈书〉形容香气很浓。

（16）田田：形容荷叶相连的样子。古乐府《江南曲》："莲叶何田田。"

（17）火生莲：佛教语。语出《维摩经·佛道品》："火中生莲华，是可谓希有。在欲而行禅，稀有亦如是。"比喻虽身处烦恼中而能解脱，达到清凉境界。

（18）踡 quán：古同"蜷"。踡曲、蹲伏。

（19）鸟乌：乌鸦。

（20）祗今 zhī jīn：现在。

（21）熙：光明；振兴，兴起；和乐。

读杨荫轩刺史容阳词呈诗八首 录三

洪先焘

山陬风景入吟哦，　　事事都堪唤奈何。
一片狮毛弥荦确，　　几行龙爪列坡坨。
蕨根蒿叶饔飧惯，　　女背男肩痛痕多 ⁽¹⁾。
辛苦万千民气静，　　使君为政本宽和。

妖氛蜂起遍荆襄 ⁽²⁾，守御频年费糗粮。
赛社更无三宿酒 ⁽³⁾，犁云偶有数家庄 ⁽⁴⁾。
勤披案牍防多讼，　　减派夫徭抵救荒。
老杜胸怀次山句 ⁽⁵⁾，艰难曲绘出琴堂。

落花厅事满青莎 ⁽⁶⁾，笔墨工夫得不磨。
野老新传栽薯谱，　　土人初换插秧歌。

万千山匪奸顽少， 十六条添讲解多⁽⁷⁾。

更把新词抄万本， 后来良牧奉金科⁽⁸⁾。

【注释】

（1）痏疻 wě zhǐ：即"疻痏"。殴伤。轻伤为疻，重伤为痏。泛指伤痛。

（2）妖氛：亦作"妖雰"。不祥的云气。多喻指凶灾、祸乱。**荆襄**：湖北的荆州和襄阳，其位于西到终南山东部，东南到桐柏山、大别山，东北到伏牛山，其地理位置介于湖北、河南和陕西三省的交界之处。

（3）赛社：我国古代遗俗，源于周代十二月的蜡祭。人们在农事结束后，陈列酒食祭祀田神，并相互饮酒作乐。

（4）犁云：指梨花或梨花云。用唐王建梦见梨花云事典。

（5）老杜：指唐代诗人杜甫，以别于"小杜"（杜牧）。

（6）厅事：官署视事问案的厅堂。**青莎**：即莎草。多年生草本植物。地下块根名香附子，供药用。

（7）十六条：或为知州杨树本，为治州的《十六条令》。

（8）金科：法律，法令。引申为规则。

邬阳关军中闻贼营歌声

洪先焘

尚有投诚路，冥顽奈尔何。釜游能几日，犹自起高歌。

容阳竹枝词

洪先绪 州人 廪贡

春山桃李烂如霞， 女伴相招笑语哗。

今日晴和天气好， 阳坡去摘雨前茶。

薅歌六月满山冈，　锣鼓声中抑复扬。
莫道山中无礼数，　男男女女各分行。

荦确坡坨岁易荒，　山氓半赖蕨为粮。
冬来但得晴无雪，　也似耕人一例忙。

薪尽荒山挖洞煤，　蒙头垢面入城来。
不辞早晚赪肩苦，　犹有负盐人未回。

绕城一带水流西，　廛市人多傍柳堤[1]。
何处捣衣砧石响，　沿河直听到龙溪。

隔宵相约赴城阃[2]，拣出蒙头格子巾。
明日笙歌迎彩仗[3]，听郎说是隔年春[4]。

【注释】

（1）廛市：市廛（chán）。商肆集中之处。

（2）城阃：犹城门。代指城市。阃（kǔn），门坎。

（3）彩仗：彩饰的仪仗。

（4）隔年春：立春在上一年的腊月，称为"隔年春"。而当年无立春节气，称为"聋子年"。

郡城逢新授北佳坪别驾萧梅庵问鹤峰景象诗以答之[1]

部生崧　州人　岁贡

宦游来鹤峰[2]，人言如谪戍[3]。鹤峰万山里，　别驾当北路。

忆我总角时⁽⁴⁾，　兹路未停履。　官廨虽幽僻，　尚有米盐铺。
转瞬三十载，　惟余别驾署。　变迁匪自今，　请为君言故。
此邦初隶版，　编氓多流寓⁽⁵⁾。　烧畲垦荦确，　包谷徧艺树⁽⁶⁾。
壤籍腐化滋⁽⁷⁾，　民庆丰年屡。　坡坨经雨洗⁽⁸⁾，　岁久山骨露。
地广尽不毛，　屣弃无回顾⁽⁹⁾。　旧时井灶场⁽¹⁰⁾，　今日荆榛布。
户口十二三，　蕨薇供朝暮⁽¹¹⁾。　州堂可罗雀⁽¹²⁾，　别驾若悬瓠⁽¹³⁾。
夜停衔山月，　晓看罨溪雾⁽¹⁴⁾。　廨旁有崇冈，　是我先祖墓。
寒食浇麦饭⁽¹⁵⁾，　我来岁一度。　轩阶如许立，　芒鞋当少驻⁽¹⁶⁾。
古人林泉兴⁽¹⁷⁾，　多为圭组误⁽¹⁸⁾。　君去抚鸣琴，　定得静中趣。
莫厌入山深，　此是吏隐处⁽¹⁹⁾。

【注释】

（1）别驾：官名"别驾从事史"的简称，亦称"别驾从事"，汉置，为州刺史的佐官。因其地位较高，出巡时不与刺史同车，别乘一车，故名。隋初废郡存州，改为长史。唐初改作郡丞，高宗又改为长史；宋各州的通判，职任相似，后世皆为"通判"的习称。

（2）宦游：封建时代到远方做官。

（3）谪戍：谪，贬谪。戍，防守。古代受到降职的官吏被派到边远之地担任防守。

（4）总角：古代未成年的人把头发扎成髻。童年时期，幼年。

（5）编氓：编入户籍的平民。**流寓**：不固定的居处。

（6）徧 biàn：同"遍"。**艺树**：即"树艺五谷"。这里指种植、栽培。

（7）腐化：古人认为某些虫类为腐烂的草木所化生。

（8）坡坨：即"坡陀"。山势起伏貌；不平坦；山，山坡。

（9）屣弃：像扔破鞋一样扔掉。比喻毫不可惜地抛弃掉。

（10）井灶：井与灶。借指家园、故居。

（11）蕨薇：蕨和薇。挖蕨打葛食薇菜，喻指生活的清苦。

（12）罗雀：形容门庭寂静或冷落。

（13）瓠 hù：葫芦。

（14）罨 yǎn：捕鸟或捕鸟的网，亦指用罨捕取。这里指雾的覆盖、掩盖。

（15）寒食：节日名。在清明前一日或二日。亦指寒食节吃的冷的食物。

（16）芒鞋：亦作"芒鞵"。用芒茎外皮编织成的鞋。亦泛指草鞋。

（17）林泉：山林与泉石。群山与树林相映成辉、泉水与石头环抱的秀美景色。也指文人雅士的隐居之地。

（18）圭组：印绶。借指官爵。

（19）吏隐：不以利禄萦心，虽居官而犹如隐者。

兰茎苔^{（1）}

喻章琳　州人　廪生

枝条略似蕨，初生时茎如兰，有白絮戴其顶，味脆美。用东坡《元修菜》韵赋之

青青山中蕨，	春日敷蒙茸^{（2）}。	拳芽佐匕箸^{（3）}，	颇较园蔬丰。
卓彼兰茎苔，	并起莽苍中。	出土戴白絮，	茧瓮裹丝虫^{（4）}。
紫茎排戢戢^{（5）}，	绿野抽怱怱^{（6）}。	摘趁荞方嫩^{（7）}，	篝殽咏有镂^{（8）}。
甘脆敌薇笋^{（9）}，	辛烈异韭葱。	味美人共嗜，	捋掇数日空^{（10）}。
宿根自蕴藉^{（11）}，	潜滋蔓草丛。	来岁区萌时，	烟雨散冲融。
无劳施灌溉，	擢秀仍从同^{（12）}。	我家深山里，	甘此自儿童。
频年旅食久，	薄思每系胸^{（13）}。	今来薄世味，	息壤卜蚁封^{（14）}。
且勿剪早韭，	且勿蓄晚菘。	先时具筠篮^{（15）}，	薄采出蒿蓬^{（16）}。
此腹殊不负，	窃拟傲万钟^{（17）}。	不似元修菜^{（18）}，	梦想劳坡翁^{（19）}。

【注释】

（1）兰茎苔：即薇菜，学名紫萁，俗称猫耳蕨、兰茎苔，多年生蕨类植物。营养丰富，味苦性凉。

（2）蒙茸：蓬松，杂乱的样子。

（3）拳芽：蕨类植物的幼叶，在展开前呈拳形卷缩。匕箸 zhù：亦作"匕

"箸"。食具、羹匙和筷子。

（4）茧瓮：指大蚕茧。

（5）戢戢：这里指密集。

（6）忽忽：这里指忙碌。

（7）蓊 wěng：生花的茎苔。

（8）簋飧 guǐ sūn：盛在簋内的熟食。毛传："飧，熟食，谓黍稷也。"饛 méng：器皿装满的样子。

（9）蔌笋：蔌（sù），蔬菜；笋，竹笋。

（10）捋 luō：用手轻轻摘取。掇 duō：拾取；摘取。

（11）蕴藉：藏在其内，隐藏而不外露的意思，多形容君子气质。

（12）擢秀：这里指生长茂盛。

（13）蓴 pò：蘘荷，一种草本植物，花穗和嫩芽可食，根状茎入药。

（14）蚁封：即"蚁垤（dié）"，蚁窝，蚂蚁洞口的小土堆。

（15）筥篮 yún lán：竹篮。

（16）蒿蓬：蒿和蓬。泛指杂草，草野。

（17）万钟：优厚的俸禄。钟，古量器名。

（18）元修菜：野蚕豆。受苏东坡的委托，巢元修从四川带来野豌豆种，在黄州东坡的田地随意播撒，这不但满足了苏东坡的思乡之情，还满足了他俩的口腹之欲。苏东坡向黄州人介绍此菜时，称其为"元修菜"，亦称"巢菜"，书《元修菜》并叙。

（19）坡翁：指苏东坡。

禾虫叹 壬申岁⁽¹⁾

何梦芝 州人 岁贡

食叶虫为螣⁽²⁾，　食节虫为贼⁽³⁾。　一虫二者兼，　　肆毒更无敌。

初以叶作巢，　　叶尽根是宅。　　日出下藏身，　　日入上荐食⁽⁴⁾。

迅若蚕啮桑，　　多胜马齕枥⁽⁵⁾。　能令信宿间⁽⁶⁾，　委地稻狼藉⁽⁷⁾。

粒粒田中珠，　　农人和泪滴。　　古来捕虫法，　　唯有焚埋力。

蠢兹蝡蝡丑⁽⁸⁾，　奋飞少两翼。　　势成附骨蛆，　　医治竟无策。

我闻虫之生，　　匪天不骏德⁽⁹⁾。膡由吏乞贷⁽¹⁰⁾，贼由吏贪墨⁽¹¹⁾。

感召不一端，　　总归吏失职。　方今刺史堂，　　刘宠共洁白⁽¹²⁾。

耕也馁在中，　　厥故颇难测。　莫漫论禨祥⁽¹³⁾，　仕人兴谗慝⁽¹⁴⁾。

【注释】

（1）壬申：即嘉庆十七年，公元 1812 年。

（2）膡 tè：一种专食苗叶的小青虫。

（3）贼：害，伤害，祸害。

（4）荐食：不断吞食。

（5）龁枥：龁（hé），咬。咬马槽。

（6）信宿：表示两夜。

（7）委地：蜷伏于地。散落或委弃于地。

（8）蝡蝡 ruǎn：也作"蠕"，蠕动。微动，爬动。

（9）匪：非，这时表示关联，用于"非……不……"之类的句式。骏德：高尚的德操。

（10）乞贷：求借，求讨。

（11）贪墨：贪图财利。

（12）刘宠：东汉会稽太守刘宠将内迁为大臣，山阴县有五六老人各赠百钱为他送行。刘宠难拂众意，只受每人一钱。后用为称誉廉吏的典实。

（13）禨祥：禨（jī），祭祀鬼神，祈求福泽。

（14）谗慝：慝（tè），奸邪，邪恶。邪恶奸佞（nìng）。

虫灾后久雨

何梦芝

与虫争稻虫可掬，　　半堕田中半归屋。

青黄错杂易霉腐，　　禾场巫平转碌碡⁽¹⁾。

岂忆旧雨招新雨，　　崇墉比栉不得暴⁽²⁾。

眼看又去一半谷，　前日禾苗需雨润。

昼夜呼龙龙潜伏，　此日谷粒愁雨黦⁽³⁾。

龙公故故来不速⁽⁴⁾，龙兮龙兮苦与螟。

腾厚余毒稽首方，　社前祈帝将龙逐。

好晴十日无片云，　再荷蓑笠叱黄犊。

【注释】

（1）碌碡 liù zhou：又称"碌轴"，石制的圆柱形农具，用来轧谷物、平场地。类似圆柱体，中间略大，两端略小，利用畜力拖着旋转碾压。

（2）崇墉：高墙；高城。比栉：像梳篦的齿一样紧密相连。形容接连而来或密密排列。语出《诗·周颂·良耜》："其崇如墉，其比如栉。"

（3）黦 yuè：黄黑色。意指谷物受雨水浸泡发生霉变。

（4）故故：屡屡，常常。故意，特意。

游晴田洞

李先春　州人　恩贡

岁大渊献秋相月⁽¹⁾，往寻古洞戴笠出。

披榛蹑屐迤逦上⁽²⁾，冠者五六童六七⁽³⁾。

洞名题处蹊难通⁽⁴⁾，旁敞大厂穿箜篌⁽⁵⁾。

俛瞰来径隔万仞⁽⁶⁾，峭削眩目蹲虬龙⁽⁷⁾。

未入且先觅石碣，碣不特刊依壁锲。

撰记洋洋千余言，风霜剥蚀半残缺。

扪壁摹画推纵横，略云修洞缘藏兵。

人情为田民有奥，康熙庚申九峰营⁽⁸⁾。

振衣同向洞中游，寒析毛发风飕飕。

灵草异花历落长⁽⁹⁾，土垒石床无可求。

谽谺豁閜参错开^{（10）}，人持油炬并楮煤^{（11）}。

蝙蝠飞惊蟾蜍突，　　少年哗呼鬼物来。

耳旁忽闻鼞鞳声^{（12）}，下有伏流穿洞行。

试投巨石响砰磕^{（13）}，罅隙微露天光青^{（14）}。

溜岩玲珑悬乱窟，　　搜牢敲击竞勃勃^{（15）}。

赏胜故应还吾辈，　　往时梦来殊荒忽。

袖云洞口行仍留，　　禾黍高低原野秋。

蛮触战场底处是^{（16）}，极目日落古梁州^{（17）}。

【注释】

（1）**渊献**：即大渊献。亥年的别称。代称十二支中的"亥"。

（2）**蹑厓**：厓（yái），山边。追踪，跟随，轻步行走，来到山边。

（3）**冠者**：成年人。

（4）**蹊** xī：这里指小路。

（5）**谾谹** hōng lóng：山谷深大。亦指空旷的山谷。

（6）**俛**：这里表示俯意。

（7）**虬龙** qiú lóng：传说中的一种龙。也比喻盘屈的崖树枝。

（8）**康熙庚申**：即康熙十九年，公元1680年。

（9）**历落**：参差不齐；疏落。

（10）**谽谺** hān xiā：山石险峻。**豁閜** huō xiǎ：亦作"豁閜"，犹虚空。

（11）**楮** chǔ：纸。

（12）**鼞鞳** tāng tà：钟鼓声。亦指其他类似的响声。

（13）**砰磕** pēng kē：象声词。疾雷声；水流激荡声。

（14）**罅隙** xià xì：裂缝，缝隙。

（15）**搜牢**：这里指在洞中到处搜寻。**勃勃**：充满兴致。

（16）**底处**：何处。宋·杨万里《山云》诗："春从底处领云来，日日山头絮作堆。"

（17）**梁州**：是汉地九州（非政区划）的一部分，代指陕西、四川盆地、汉中及部分云贵地区。明代洪武帝认为"中国之旧疆"包括陕西、巴蜀（明代四川省）及云南在内。

田九峰宣慰墓

龚传瑜　州人　岁贡

往代英雄多奇特，　　破碎山河自成国。
岂知中原割据时，　　更有余人辟草泽。
夜郎自大膺专城，　　蜗角蛮触皆簪缨^{（1）}。
田氏累叶雄容美^{（2）}，九峰将军尤铮铮。
将军制作藏内府，　　旧事翻成新曲谱^{（3）}。
红梅白鹿风雅留^{（4）}，惜哉再传失疆土。
阡碣矗立溪桥边，　　苔封碣字纷不全。
石马纵横卧榛莽，　　松风萧槮摇苍烟^{（5）}。
陌上过客行行止，　　太息冢中人不起^{（6）}。
有儿高建歌舞楼，　　曾拟仲谋与亚子^{（7）}。
歌残舞谢空悠悠，　　深山杜宇春归愁。
欲访遗迹故老尽，　　溪声日夜西向流。

【注释】

（1）**簪缨**：古代达官贵人的冠饰。借指高官显宦。

（2）**累叶**：累世。

（3）**新曲谱**：即《新桃花扇》。

（4）**红梅**：红梅阁。**白鹿**：白鹿堂。

（5）**萧槮** xiāo sēn：草木茂盛貌；树木枝干耸立貌。

（6）**太息**：叹息，感叹。

（7）**仲谋**：孙权，字仲谋，三国东吴的建立者。**亚子**：后唐庄宗李存勖（xù），小字亚子。

望乡台

部生坛　州人　庠生

蜀山趋入彝陵止，　　鹤峰山附蜀山尾。
势如江流欲出峡，　　盘折奔腾逞奇诡[1]。
就中望乡台最高，　　巍巍峨峨入青霄。
斗州广袤八百里，　　挺拔居然群山豪。
此山正当我门牖[2]，　　终日瞻眺卯至酉。
今来蹑足峰顶上，　　始见群山下界走。
林风飕飕振长空，　　呼吸之间通苍穹。
极目天低鸟没处，　　中隔云烟千万重。
峭壁老树敧不折，　　怪禽飞出虎豹穴。
暗泉淅沥晴如雨，　　阴岩犹留太古雪。
我行至止方清晨，　　我室人语犹可闻。
独立苍茫百端集，　　嗟尔东西南北人。

【注释】

（1）奇诡：奇特，诡异。

（2）门牖：门窗。牖（yǒu），窗户。

辛未岁刘邑侯编审户口作长句上之

部生榕　州人　拔贡

柘溪归流隶版籍，　　坡陀延袤里八百。
编氓多从鼎澧来，　　依厂结茅此与宅[1]。

是时老林初烧畬，　　草木腐化即粪泽。

春日锄翻烟云丛，　　包谷播处行历历。

蕉实旁挺大逾把，　　笋箨密封长盈尺^{（2）}。

累如贯珠粒在房^{（3）}，熟验垂緌白转黑^{（4）}。

实坚炊饭饱充肠，　　一夫耕足八口食。

鸡鸣狗吠山谷应，　　往来行旅羡乐国。

数十年来雨潦洗，　　荦确空余凿凿石。

间有土山多不毛，　　和粪播种终嫌瘠。

流寓纷纷复他徙，　　贫者难迁腕徒扼。

可怜荒舍破釜中，　　常杂蕨薇供朝夕。

可怜鹑衣鹄面人^{（5）}，常弃耒耜应徭役。

我闻民生勤不匮，　　柘溪勤亦生理窄。

力农既苦壤无膏，　　逐末偏值地太僻。

赪肩负茶复荷盐，　　辛苦佣保濡余沥。

丰年难瞻俯仰资，　　若逢荒歉更逼仄^{（6）}。

召父杜母今何人^{（7）}，殷勤编审户口册。

请问此州男女数，　　较量盈绌何如昔^{（8）}。

【注释】

（1）厂 hǎn：山边岩石突出覆盖处，人可居住的地方。俗称"岩屋"。

（2）笋箨 sǔn tuò：笋皮。

（3）累 léi：连续成串。

（4）緌 ruí：像缨饰的下垂物。

（5）鹑衣：补缀的破旧衣衫。鹄面：容颜枯瘦。

（6）逼仄：狭窄。

（7）召父杜母：西汉召信臣和东汉杜诗。他们都曾为南阳太守，且皆有善政，使人民得以休养生息，安居乐业，故南阳人为之语曰："前有召父，后有杜母。"见《汉书·循吏传·召信臣》《后汉书·杜诗传》。后为颂扬地方官政绩的套语。

（8）盈绌 yíng chù：有余或不足。

州堂槐树四株，闽中吴屺来夫子刺州时所手植也十阅春秋，大逾拱把⁽¹⁾，对之有作

部生榕

殷勤树木种踰淮，留取甘棠覆满街。

惆怅公门桃李老，成阴不得比疏槐。

【注释】

（1）拱把：径围大如两手合围。语出：《孟子·告子上》："拱把之桐梓，人苟欲生之……"

州城建修文昌庙，予赴乡劝捐颇形踊跃喜而有作

部生榕

文治烝烝秩祀新⁽¹⁾，醵金作庙遍乡邻。

故交惊看须眉改，　初识咨嗟姓字陈。

富肯破悭缘信我，　贫尝彻骨未欺人。

众擎计日经营就，　好洁苹蘩共礼神⁽²⁾。

【注释】

（1）烝烝：这里指孝德之厚美。秩祀：依礼分等级举行之祭。

（2）苹蘩：苹和蘩。两种能食用的水草，古用于祭祀。泛指祭品。

过奇峰关作呈部晴峰

刘绍纯　州人　廪生

峰峦犬牙错，　　一线少坡陀。　　土瘠谷头短，　　山空泉眼多。

戍无鸣柝警⁽¹⁾，野习插秧歌。　　好待新醪熟⁽²⁾，浇花处处过。

【注释】

（1）柝 tuò：古代打更用的梆子。

（2）新醪：新酿的酒。醪（láo），浊酒，或醇酒。

重修文庙落成恭赋八韵

部生椿　州人　庠生

奕奕先师庙，　　何缘底再成。　　告竣资代俎⁽¹⁾，经始自专城⁽²⁾。

工阅频年集⁽³⁾，梁诹吉日迎。　　飞甍依旧址⁽⁴⁾，涩浪蹙新闳⁽⁵⁾。

以妥崇遗像，　　于昭奠两楹。　　更增良牧位，　　还待哲人生。

嘉树吾翁植，　　鸣弦阖邑赓。　　儒林同释奠⁽⁶⁾，窃喜厕群英⁽⁷⁾。

【注释】

（1）代俎：即"越俎代庖""越庖代俎"。原意指人各有专职，庖人虽不尽职，主祭者也不越过戉俎去替他办席。比喻超越自己的职分而代人做事。

（2）专城：指主宰一城的州牧太守一类的地方长官。

（3）频年：连续几年。

（4）飞甍：指飞檐。借指高楼。甍（méng），屋脊。

（5）涩浪：古代宫墙基垒石凹入，作水纹状。蹙 cù：急迫。闳 hóng：巷门；宏大。

（6）释奠：古代在学校设置酒食以奠祭先圣先师的一种典礼。

（7）厕：参与。

山羊司

龚经德　州人　附贡

层山叠嶂拥周遭，　　禾黍芃芃土壤膏[1]。

伫盼雄关盘百仞，　　翻嗟闲署胜三刀。

当年蛮触分蜗角[2]，此地熊罴戍虎牢。

圣代人安耕凿乐，　　弦歌声出暮烟高。

【注释】

（1）芃芃 péng péng：茂盛。

（2）蛮触分蜗角：典出《庄子·则阳第二十五》："有国于蜗之左角者，曰触氏；有国于蜗之右角者，曰蛮氏。时相与争地而战，伏尸数万，逐北，旬有五日而后反。""蛮触之争"也称"蜗角之争"，指因极小的利益而引起的无意义争端，或发动互相残杀的非正义战争。

重过韭菜坝

田玉畴　州人　庠生

不见山家老圃勤[1]，重来春韭绿如芹。

朝经宿雨人初剪，　　晚值新炊客欲分。

虎迹纵横穿岭过，　　鸟声啁哳隔溪闻[2]。

荒榛一带鸣鞭急，　　无数鼯鼪乱扑云[3]。

【注释】

（1）老圃：指有经验的菜农；有经验的花农；古旧的园圃。

（2）啁哳 zhāo zhā：形容声音杂乱细碎。也作"嘲哳"。

（3）鼯鼪 wú shēng：鼠类动物。泛指小动物。

挖蕨

田士选　州人　庠生

劚根捣粉济年荒⁽¹⁾，　共说入山开土仓。

得饱不须天雨粟，　　积劳胜获禹余粮。

缸团绛雪千溪月，　　杵发轻雷万谷霜⁽²⁾。

只待新畬荞麦熟，　　农歌又听遍峦冈。

【注释】

（1）劚 zhú：古为"斸"。锄；挖。

（2）杵：捣蕨用的木槌。

回龙阁怀古

赵显廷　慈利　生员

芳林日落访遗踪，　　画阁临桥瑞霭浓⁽¹⁾。

汉土当年曾走马，　　溪山此日尚回龙。

团圞十亩开金地，　　平远千家入翠峰。

防隘营前空炬垒，　　风清粟界夜闻钟。

【注释】

（1）瑞霭：吉祥的云气。

江口即景

于世超　州人　庠生

崖回路转小桥低，夹岸人烟古渡迷。
林抹数峰界南北，水流双派会东西。
白榆山对红花近，青佛云连赤石齐。
明月洲前凭晚棹，恍疑身在武陵溪。

白榆、红花、青佛、赤石、明月洲，皆附近地名。

登州城望旧司祖茔宰木伐尽感书二绝

刘开泰　州人　庠生

无复风烟助惨凄⁽¹⁾，纵横翁仲卧涂泥⁽²⁾。
误他杜宇春来血，　尽日哀哀何处啼⁽³⁾。

量围解带往时情，　此日城头望眼惊。
寄语故家佳子弟，　须防抔土也耕平⁽⁴⁾。

【注释】
（1）无复：不再，不会再次。
（2）翁仲：传说阮翁仲为秦代一丈三尺的巨人，秦始皇命他守边，匈奴人很怕他。他死后，秦始皇下令仿照其形状铸成铜人。后指铜像或石像，也专指坟墓前的石人。
（3）尽日：终日，整天。
（4）抔土：一捧之土，极言其少。借指坟墓。

上望界

刘绍宽　州人　庠生

望去浑疑天可接，到来真觉足离群。

阴阳坡得日光半，干湿路从山顶分。

岩积三冬新旧雪，树穿四野往还云。

一声长啸随风起，上界下方闻不闻。

溪坪道上

龚绍崧　州人　庠生

细雨霏微欲酿泥，　雾笼马首望中迷。

空山响答丁丁斧[1]，知有樵人在隔溪。

【注释】

（1）丁丁 zhēng zhēng：这里形容伐木声音。

辛未七月龙潭坪雨雹杀稻[1]

田兴邦　州人　庠生

筑场侤钱待攒珠[2]，硬雨偏教数里无。

倾耳初闻催羯鼓[3]，举头旋讶碎冰壶。

穗空成帚迎风扫，　种播如春贴水铺[4]。

天物仍愁在暴殄[5]，谋生底事是良图。

【注释】

（1）辛未七月：即嘉庆十六年七月，公元 1811 年。

（2）筑场：筑造场地。庤 zhì：储备、储藏；准备、具备。

（3）羯鼓 jié gǔ：古代一种鼓，腰部细。据说起源于羯族。

（4）贴水：指贴着或贴近水面。

（5）暴殄 bào tiǎn：灭绝，残害；任意浪费、糟蹋。

咸盈河道上

宋大松　州人　庠生

潦涸溪为路，羊肠曲曲围。猿循石梯下，燕扑水帘飞。

径转天临窄，崖高日到稀。前山鸡犬见，好去款云扉。

龙潭古鼎歌

拔贡　田福康　州人

青龙山脉寸云起，　　倏忽蜿蜒几千里。

潜流汇作桃花潭，　　风雨时喷老龙水。

但见波底云郁葱，　　争说宝鼎藏龙宫。

琼楼贝阙在何许，　　鳞甲照耀森玲珑。

我闻黄帝迎日推策逢己酉[1]，冶金铸鼎文从斗。

又闻神禹贡金九牧河光荣[2]，缕形列状输精诚。

龙潭之鼎铸何年，　　光芒闪烁千人传。

披图载考地舆志，　　溇溪溶万壁画成。

山川如何龙头豕腹有光怪，不与高陵深谷同，

推迁自是化工鼓铸多神力，炉锤天地生云烟。

及今精灵那可掩，　　吐吞日月寒芒闪。

雷车殷殷推九霄，　　一鞭独掣金蛇高。

四围霭靆如泼墨⁽³⁾，潭水返照云欲裂。

鼎在虚无飘渺间，　　不知赤山之铜苕山铁⁽⁴⁾。

又或蟾魄悬天中⁽⁵⁾，金波下与银河通。

珍珠灿烂贯星宿，　　百灵呵护蒸霞红。

昌黎当日歌石鼓，　　大笔淋漓洒飞雨。

彭蠡湖边寻石钟⁽⁶⁾，髯公逸与争千古⁽⁷⁾。

龙潭之水何其深，　　香沟淼淼流清音。

噌吰鞳石与金，　　不爨不汲留崎嵚⁽⁸⁾。

古物应响东西浔⁽⁹⁾，听我匣中双剑如龙吟！

【注释】

（1）**推策**：亦作"推筴"。以蓍（shī）草或竹筹推算历数。后亦用于占卜吉凶。

（2）**九牧**：九州，或九州之长。亦指地方官员。

（3）**霭靆** ài dài：云盛貌；飘拂貌；缭绕貌。

（4）**赤山**：传说中的山名。即"赤堇山"。在今浙江绍兴东南，相传为春秋时欧冶子铸剑之处。**苕山**：《山海经》中记载的一座山。今山东德州禹城有苕山。

（5）**蟾魄**：月亮的别名。亦指月色。古代传说月中有蟾，故称。唐·陆龟蒙《寄怀华阳道士》："蟾魄几应临蕙帐，渔竿犹尚枕枫汀。"

（6）**彭蠡湖**：鄱阳湖在古代有过彭蠡湖、彭蠡泽、彭泽、彭湖、扬澜、宫亭湖等多种称谓，还有认为是星子县东南鄱阳湖的一部分。位于江西省北部，为中国第一大淡水湖，也是生物多样性非常丰富的世界六大湿地之一。

（7）**髯公**：关羽人称"美髯公"，其美名流芳千古。

（8）**爨** cuàn：烧火做饭。**汲**：从井里打水。**崎嵚** qí yín：山不平处，高峭貌。

（9）**浔** xún：水边深处。

水寨即景

李定才　州人　庠生

老圃寒花作意黄，　　丹枫乌桕逗斜阳[1]。

秋山不让春山好，　　红叶丛中蛱蝶忙[2]。

【注释】

（1）**丹枫**：经霜泛红的枫叶。**乌桕** wū jiù：大戟科、乌桕属落叶乔木，乌桕是一种色叶树种，春秋季叶色红艳夺目，不下丹枫。为中国特有的经济树种，已有 1400 多年的栽培历史。

（2）**蛱蝶**：蛱（jiá）蝶科的一种蝴蝶，翅膀呈赤黄色，有黑色纹饰，幼虫身上多刺，危害农作物。

容阳杂咏和韵

李定南　州人　廪生

深山累叶拥蜂衙，　　俗不雕题面不花。

抛却前人金紫贵，　　忍伸螳臂抗天家。

蜗角纷纷已敂关[1]，如何输款后诸蛮。

遗民太息东东事，　　从古貂珰总一般[2]。

宝善楼连宝善官，　　官倾楼圮化秋风。

容阳旧迹销磨尽，　　惟有西流水不东。

风云旌旆马鸣嘶[3]，霜降公然出柘溪。

荆府羊裘虚想望^{（4）}，皇舆直到夜郎西。

唇齿相依理不诬，　可凭狡诈逞狂图。
青麻索系邻酋日，　争料岩封注已孤。

凿窟谋成喜万全，　坐街苦把洞民传。
颠当不遇蠮螉寇^{（5）}，亦有豺枭飓烈烟。

无复当时著作楼，　名登四库简编留^{（6）}。
九峰应抱千年恨，　不道生儿拟仲谋。

子夜闻声唤奈何，　桃花扇惹客愁多。
只今菊部长消歇^{（7）}，留得端公下里歌^{（8）}。

桥头墓碣颇生晖，　紫诰褒嘉世阀巍^{（9）}。
宰树春深啼杜宇^{（10）}，声声犹道不如归。

涧泉云壑自清音，　往事悠悠岁月深。
琴阁艳传新乐府，　马铃争似雨淋淋。

【注释】

（1）蜗角：小小的地方。**叩关** kòu guān：叩关。

（2）貂珰：貂尾和金、银珰，古代侍中、常侍的冠饰。借指宦官。

（3）**旌旆** jīng pèi：亦作"旌旆"。旗帜。犹尊驾、大驾。多用于官员。借指军旅。

（4）羊裘：羊皮做的衣服。汉严光少有高名，与刘秀同游学，后刘秀即帝位，光变名隐身，披羊裘钓泽中。后指隐者或隐居生活。

（5）**蠮螉** yē wēng：土蜂。又称细腰蜂。

（6）简编：指容美土司王田舜年《二十一史纂要》。

（7）菊部：泛指梨园行。传说宋高宗时内宫有菊夫人，善歌舞，精音律，宫中称为"菊部头"，"菊部"之称源出于此。

（8）端公：端公，唐人对侍御史的别称，也叫台端，即"巫师"。

（9）世阀：先世有功勋和名望。

（10）宰树：坟墓上的树木。

脚踏坪道上暑行

罗玉麟　　州人　　庠生

去郭二十里，无风自在凉。马头出林外，时有野花香。

秋晚水沙坪道上

龚绍杰　　州人　　庠生

泉声瀫瀫飞（1），山色苍苍接（2）。秋树惊鸦起，　萧萧下黄叶（3）。

【注释】

（1）瀫瀫 guó guó：水分裂而去。激水。

（2）苍苍：灰白色的；无边无际、空阔辽远的。

（3）萧萧：草木摇落声。

石龙洞早行

徐承礼　　州人　　庠生

晓雾迷离曙色微，露珠颗颗洒征衣。

桥头立马尘心净，石上流泉学雨飞。

神坛坪岩流细若檐溜，每日寅午戌三时大如倾盆逾时复细，晴雨皆然，人呼为三潮水

周光勋　　州人　庠生

巉岩多是碧流悬，幻出灵奇独此泉。
涓滴频惊飞匹练，海潮不信到山巅。
应时消长真堪异，随月盈亏却未然。
一勺也教难蠡测，惟余三叠听潺湲。

紫云宫

洪先彝　　州人　庠生

紫峰矗立望亭亭，仄径蛇盘入杳冥。
杖底云连平野白，门前树界半天青。
断桥岁久铁如绣，阴洞夜深萤似星。
太息洞酋遗迹邈，惟余钟磬答山灵。

印山石

田纯德　　州人　庠生

鹤峰山裹山，　山山多峭石。　谁削方以平，　累累山以掷。
奇哉此石钮，　盈丈自天劐[1]。　如匣函绿纹，　启则耀金赤。
秦汉有印统，　王侯异品格。　梁代忠孝侯，　金印石胎孹。
大造生伟人，　精英窍山泽。　兹石真石材，　天肯为剞劂[2]。

轰雷攫其礅^{（3）}，疾风刷其坼^{（4）}。篆成天雨粟，　坚光发地脉^{（5）}。
莎厅亘于前，　握之拥棨戟^{（6）}。山灵叶休征^{（7）}，胜迹留竹帛。

【注释】

（1）剨 huò：破裂声。

（2）剞劂 jī jué：刻镂的刀具。

（3）攫 jué：抓取。礳 cǎ：粗石。

（4）坼 chè：裂缝。

（5）坚光：睿智、自信、阳光、财富、成功、阳刚之意。

（6）棨戟 qǐ jǐ：有缯（zēng，丝织品）衣或油漆的木戟。古代官吏所用的仪仗，出行时作为前导，后亦列于门庭。

（7）休征：吉祥的征兆。

登鹤亭

龚绍峄　州人　庠生

鹤亭留胜迹，　登眺藉余闲。　绕郭都成障，　凭栏饱看山。
遥青昏雨脚，　浓翠湿烟鬟^{（1）}。刺史风流杳，　芳踪不可攀。

【注释】

（1）烟鬟：指妇女的鬟发，亦形容鬟发美丽。喻云雾缭绕的峰峦。

登平山

龚绍融　州人　庠生

高压香炉势倒悬，　真如螺黛白云边^{（1）}。
危峰杰立疑无地^{（2）}，峭壁横开别有天。
万叠附庸晴后见，　四时真面雨余传。

土人犹说当年事， 指点城濠尽宿烟⁽³⁾。

【注释】
（1）**螺黛**：古人用以画眉的青黑色颜料；蛾眉的代称；亦喻指高耸的青山。
（2）**杰立**：卓立；耸身而立；高耸。
（3）**城濠**：亦作"城壕"。护城河。**宿烟**：夜里的烟雾。

郡城闻部晴峰采辑邑乘，寄诗奉问

洪先绪

平生懒不学嵇康⁽¹⁾，驿使来逢问必详。
共道说诗匡鼎乐⁽²⁾，更闻握椠子云忙⁽³⁾。
如椽笔掇山川秀， 附骥人欣姓字香⁽⁴⁾。
草创遥知思急就， 少微星色渐成黄⁽⁵⁾。

【注释】
（1）**嵇康**：字叔夜。谯国铚县（今安徽省濉溪县）人，曾任中散大夫。三国时期曹魏思想家、音乐家、文学家。因不满司马氏专政，不愿出仕，说自己生性疏懒，不修边幅等等。后因以"嵇康懒"指散漫疏懒，不耐官事。亦作"嵇心懒""嵇子懒"。
（2）**匡鼎**：后世多从张晏和《西京杂记》之说，以"匡鼎"为匡衡，字稚圭，东海郡承县人，西汉经学家，官至丞相，曾以"凿壁偷光"苦读事名世。匡家世代务农，衡十分好学，勤奋努力，由于家境贫寒，不得不靠替人帮工以获取读书资用。
（3）**子云**：扬雄（公元前53—18年），字子云，蜀郡郫县（今四川省成都市郫都区）人。汉朝时期辞赋家、思想家。
（4）**附骥**：蚊蝇叮附马尾而远行，比喻攀附权贵而成名。这里喻指部氏才华出众。
（5）**少微星**：这里喻指已有成就的处士、贤士。《史记》卷二十七《天官书》："廷藩西有隋星五，曰少微，士大夫。"《晋书》卷十一《天文志上》："少微四星在太微西，士大夫之位也。一名处士，亦天子副主，或曰博士官，一曰主卫掖门。南第一星处士，第二星议士，第三星博士，第四星大夫。明大而黄，则贤士举也。"

课徒暇采辑邑乘，洪理堂自郡城以诗寄问，次韵答之（1）

部生榕

清时无处不平康，　　风土先从里闬详（2）。
载笔难凭爱斯录，　　临文仍恐错因忙。
肯教泉下人多恨，　　争得山中草亦香。
搔首茅檐伫君至，　　西窗细与共丹黄（3）。

【注释】

（1）次韵：古体诗词写作的一种方式。按照原诗的韵和用韵的次序来和诗。

（2）里闬 lǐ hàn：指里门。代指乡里。

（3）丹黄：赤、黄色。旧时点校书籍用朱笔书写，遇误字，涂以雌黄，故称点校文字的丹砂和雌黄为"丹黄"。

按：自来修邑乘者，列艺文一门，只载某人著、某书，凡若干卷经、史、子、集，皆以类编，固未暇尽录其诗文者，而不可以此例鹤邑也。鹤邑僻处一隅，代无闻人，惟田元颇事诗书，有《金潭吟意笔草》；田舜年多劳绩，而能文章，所著《二十一史纂》《容阳世述录》，亦可谓铁中铮铮矣（1）。下此，则唐世英以能诗名，而他无闻焉。欲求如经、史、子、集之，以类编不诚戞戞乎（2）。其难哉，操觚者。于此，广搜博采以归一炉，而成五鲭，亦良苦矣。乃世犹谓其求益选肥，则何也。

【注释】

（1）**田舜年多劳绩……所著《容阳世述录》句**：近年由当代少数民族著名作家李传锋先生在上海图书馆发现的《田子寿诗集》（辑 8 卷 534 首），系明天启七年（公元 1627 年）刊刻。田子寿是田氏家族诗人群中第一代诗人，也是土家族文学第一人，其诗集有汉地多位名人为之作序，是田氏家族诗人群之首，成就远在田玄、田舜年之上。或因田子寿常年漂泊在外，很少与故乡文人交往，以至于《鹤峰州志》采编者无人征集到他和他的诗。田子寿，名九龄，字子寿，容美宣抚使田世爵第六子。

（2）**戛戛** jiá jiá：形容困难，费力。

同治六年续修

艺文志

按：地界荒僻，近日罕有作手⁽¹⁾，顾宦游之撰记，迁客之吟咏⁽²⁾，老师宿儒之留遗⁽³⁾，不无可采。故艺文志续修。

【注释】

（1）作手：作家；能手，行家。

（2）迁客：遭贬迁的官员。泛指忧愁失意的文人。

（3）宿儒：年高而博学的读书人。

望鹤堂序

前云贵总督　张亮基⁽¹⁾石卿

吾乡彭城有放鹤亭⁽²⁾，云龙山人张君之所作，东坡为之记，予时游览焉。嗣供职都门⁽³⁾，并持节齐楚滇黔⁽⁴⁾，不获作归计⁽⁵⁾，心窃忆之。庚申冬⁽⁶⁾，予以疾引退，来鹤峰寄寓斯堂⁽⁷⁾，赴寿山都转约也⁽⁸⁾。堂居八峰之麓，下临溇水，隔岸山城如画，雉堞回环⁽⁹⁾，登临览眺，心旷神怡。若吾乡放鹤亭，历历在目。而城后诸峰，卓绝奇特，峥嵘嶙峋，奔来眼底，翛然有逸鹤游空之势⁽¹⁰⁾，奇观哉！州之得名，其以此欤。且是州居万山中，习美俗淳⁽¹¹⁾，浑穆有太古风⁽¹²⁾，予尝顾而乐之乃居。不数月，而诏书叠至，仍奉命旋滇行，与都人士别。此境此情，觉畴昔之眷眷于放鹤亭者⁽¹³⁾，今又眷眷于鹤峰矣！且以予之望鹤，愈知鹤人士之望我不置也⁽¹⁴⁾。因题其额，缀数语以志，予属望云尔。

【注释】

（1）**张亮基**：（公元 1807—1871 年）字采臣，号石卿。江苏徐州铜山（今徐州市区）人。1846 年，出任云南临安知府，复调署永昌，后升任云南按察使。1858 年，授云南巡抚，升云贵总督。

（2）**彭城**：江苏徐州古称。**放鹤亭**：为彭城隐士张天骥所建。张自号"云龙山人"，养了两只仙鹤，每天清晨在此亭放飞仙鹤，因此得亭名。苏轼任徐州知州时与其结为好友，作《放鹤亭记》。

（3）**都门**：京都城门；都中里门。借指京都。

（4）**持节**：古代使臣奉命出行，必执符节以为凭证。官名，晋朝以后，使持节、持节、假节、假使节等，其权大小有别，皆为刺史总军戎者。唐初，诸州刺史加号持节，后有节度使，持节之称遂废。

（5）**归计**：听从计策；或回家乡的打算、办法。

（6）**庚申**：即咸丰十年，公元 1860 年。

（7）**寄寓**：寄居。

（8）**寿山**：陕西汉中府知府李定南，号寿山，鹤峰州人。**都转**：清代官名别称，即都转盐运使。

（9）**雉堞**：古代城墙上掩护守城人用的矮墙，泛指城墙。

（10）**翛然**：形容无拘无束的样子；超脱貌或自由自在的样子；迅疾貌。

（11）**淳**：原文为"倌"，讹字。查《（同治三年）宜昌府志》载有本文，为"湻"。"湻"即"淳"。

（12）**浑穆**：质朴淳和。

（13）**畴昔**：往昔；日前；以前；往事。**睠睠**：亦作"睊睊"。依恋反顾貌；意志专一貌。

（14）**不置**：这里指不舍。

建修奎星阁记

徐承义　州人　增生^{（1）}

　　将欲地以人传，人因地显，代育英才杰士，其必有以培植焉。萃淑气于山川而后可^{（2）}，盖陟南冈者相阴阳，营东洛者卜瀍涧^{（3）}，自古维昭矣^{（4）}。即后世夷陵^{（5）}，《尔雅》之建郭景纯^{（6）}，度五行有缺^{（7）}，因辇中州土以补之^{（8）}。景纯一代大儒，谅非无所据而云。

　　然鹤邑自归流后，百有余年矣，文教日新，踵事增华^{（9）}，虽文武诸庙靡不备举，然犹有阙如者。前刺史吉芗畦先生善风鉴^{（10）}，谓城南宜建阁三层，中奉奎星，可培文风。州人士屡议屡寝^{（11）}，余先君丕新公曰^{（12）}："是风水攸关也。愿捐缗以为己任^{（13）}。"因基址系营地，会文武议，不协未果。

　　甲辰^{（14）}，程正斋别驾获州篆^{（15）}，余直陈其颠末，适游戎佛守府任^{（16）}，俱欣然乐从，公议以文昌阁傍隙地易之。余乃鸠工庀财，审曲面势，年余而告竣是阁也。非必干霄蔽日^{（17）}，若齐云落星之高^{（18）}；非必斗角钩心^{（19）}，若临春结绮之丽^{（20）}。第使维基孔固^{（21）}，其经营亦周，与辰宿河岳相激荡^{（22）}，行见文星照临，人才蔚起，未始非斯阁之所致。

　　然余究不敢谓斯阁之建，果益于风水，堪与古之相卜辇补者比迹也。考《史记·天官》天官书，文昌六星，载斗承筐，汉儒以为，即周官六宗之。司中大地，取弼成文教之义^{（23）}。振文风者，宜建阁祀之。则余亦惟是，体刺史舆地之心^{（24）}，成先人未竟之志云尔。至若登阁而眺，云山四面，烟火千家，其足以开拓心胸，悦怿耳目者^{（25）}，犹余事也。后之君子，与我同志，随时补葺，庶阁获不朽云。

【注释】

（1）**增生**：科举制度中生员名目之一。明代生员都有月廪，并有一定名额，称廪膳生员。后又于正额之外，增加名额，称为增广生员。简称"增生"，无月米，地位次于廪生。见《明史·选举志一》。清沿袭明制。

（2）**淑气**：温和之气。指天地间神灵之气。

（3）**东洛**：指洛阳。汉唐时以洛阳为东都，故称。**瀍涧 chán jiàn**：瀍水和涧水的并称。东周以来的古都洛阳（今河南省洛阳市东），瀍水直穿城中，涧水环其西，故多以二水连称其地。

（4）**维昭**：维护并沿习事理。

（5）**夷陵**：楚先王的坟墓，在今湖北宜昌县东。

（6）**《尔雅》**：古代最早解释词义的专著，汉代学者缀辑而成。《汉志·尔雅》30篇，传至今只有19篇。后世经学家多用以考证解释儒家经典的义意，遂成为《十三经》之一，注释《尔雅》的有晋·郭璞（注），宋·邢昺（疏），清·邵晋涵（尔雅正义）、郝懿行（尔雅义疏）。**郭景纯**：郭璞（公元276—324年），字景纯，河东郡闻喜县（今山西省闻喜县）人。璞为正一道教徒，除家传易学外，他还承袭了道教的术数学，是两晋时代最著名的方术士，传说他擅长预卜先知和诸多奇异的方术。

（7）**五行**：木、火、土、金、水。

（8）**辇 niǎn**：古时用人拉或推的车。后多指天子或王室坐的车子。

（9）**踵事增华**：继续前人的事业，并使更加完善美好。踵：追随，继续。

（10）**风鉴**：风度和鉴识。相面术。以谈相论命为职业的人。或指精通风水学者。

（11）**寝**：停止，平息。

（12）**先君**：已故的父亲。**新公**：指新任知州吉钟颖，号芗畦。

（13）**捐缗**：捐钱或捐资。缗（mín），用于成串的铜钱，每串一千文。

（14）**甲辰**：即道光二十四年，公元1844年。

（15）**程正斋**：知州程明，正斋为号。**别驾**：通判的习称。**州篆**：知州职位。

（16）**佛**：时任游击佛隆。**府任**：府君之职。

（17）**干霄蔽日**：亦作"干云蔽日"。冲入云霄，遮住太阳，形容形体高大或气势宏大。

（18）**齐云**：古楼名。齐云，言其高与云齐。**落星**：山名，在今江苏省南京市东北，北临长江，相传有大星落于此，因而得名。楼名，在南京市东北临江的落星山上。

（19）**斗角钩心**：宫室建筑的内外结构精巧工致。

（20）**临春结绮**：南朝陈后主至德二年（公元 584 年），起临春、结绮、望仙三阁，阁高数丈，并数十间，窗牖、壁带之类皆以沉檀香木为之，饰以金玉，间以珠翠，其服玩之属，瑰奇珍丽，穷极奢华，近古所未有。后主自居临春阁，张贵妃居结绮阁，龚孔二贵嫔居望仙阁，并复道交相往来。

（21）**第使**：但使。

（22）**辰宿**：星宿，星座。**河岳**：河专指黄河，岳专指中岳嵩山。这里指山川、河流。

（23）**弼成**：辅佐、辅助而具备的能力。

（24）**舆地**：大地、土地；地理。

（25）**悦怿**：欢乐，愉快；谓光润悦目。

续修九峰书院序

儒学　林钟俊

自古巾帼而负丈夫志者，恒不数觏[1]。至于僻陋遐荒之境[2]，则更无庸问矣[3]。乃余司铎容阳，竟有得于徐生锡三之妇王氏者[4]，锡三慷慨俊伟，气宇不凡，每遇地方公务，辄踊跃争先，曾不稍吝。惜天不假年[5]，尝有志重修九峰书院，未举而没[6]。时书院将圮，州人佥议改建满山红[7]。氏请于众，曰："此前人陈迹，不可废也。吾夫久欲修葺，不幸遽弃世[8]。今吾将于故址重建之，以慰吾夫于地下。"遂慨然捐资，庀材鸠工。

贤哉！王氏不独深明大义，而且才情阔达如此。余每见须眉男子，家拥厚资，平昔未尝不以大义自诩，及遇有难己之事，反退缩不前，甚或迫于公议，勉强资助，往往见阻于其妇，致使人皆效尤，而弗克成厥功者[9]，何可胜道[10]？闻志妇之风，亦可以愧矣。或谓锡三曾有是嘱，殊不知世风浇薄[11]，识义者几即室家经营，尚不能悉如夫命，又何论急公好义之难耶。

氏因夫之有志，不忍没其志，遂独行己志，而务成其志，坤道其顺[12]，此之谓也。古之时家有塾、党有庠、术有序，所以作育人才[13]，维持风化。氏有此志，可以正伦纪、成俊秀，其有补于斯邑，岂其微哉[14]，岂其微哉！是诚巾帼而负丈夫志者。故州牧程公，以"善成夫志"匾额旌其庐。锡三有是妇，虽谓长存也可。其子德龄甫三岁，未克经理其事。乃翁丕忠公[15]，年八十余爱命；季子承寿抚弱息[16]、续前功，以竟其志甚矣哉[17]。何好义之出于一门也，余目睹而心倾之，因志其颠末，以勖后之有志者！

【注释】

（1）**不数**：数不清，无数。**觏 gòu**：遇见。

（2）**僻陋遐荒**：偏僻简陋，边远荒僻之地。

（3）**无庸**：毋庸，无须。

（4）**有得于**：有所得，得到……的支持。**徐生**：徐承爵，字锡三。见前注。

（5）**假年**：给以岁月。指延长寿命。

（6）**没 mò**：同"殁"，死亡。

（7）**佥议**：众人的意见，多用于群臣百官；共同商议。佥（qiān），众人、大家；全、都。

（8）**遽 jù**：急，仓猝。

（9）**克成**：完成；实现。**厥功**："厥"（jué），代词，相当于"其""他的"。其或他（他们）的功劳很大。

（10）**何可胜道**：哪能说得完呢？

（11）**浇薄**：社会风气浮薄，不淳朴敦厚。

（12）**坤道**：妇德，妇道。

（13）**作育**：培养，造就。

（14）**岂其微哉**：难道不重要吗？

（15）**翁**：指王氏翁爹，徐承爵父亲，徐丕忠。

（16）**弱息**：原指年幼弱小的子女。后多指幼弱的女儿。

（17）**甚矣**：好，极。在"矣"作通假时，通"也"。

重建斗姆阁碑记[1]

儒学　张志绂

斗姆阁创建于前明土司，改土时曾加缮葺，阅今又百余年，盖倾圮不可复支矣。壬寅冬[2]，州别驾程明代篆州牧[3]，各庙宇均经修饬[4]，而于斯阁更倡捐重建，嘱陈君应诏、李君相臣、杨君承宗、龙君万化董其事。一时，邑人士闻风而起，皆乐输不少吝，庀材鸠工，立阁三层，中供斗姆并附祀八腊神[5]，悉仍旧式焕然。而循麓以上，路与阶均砌，以石加巩固焉。以此见人心之向善，而念切民瘼者[6]，未尝不虔于事神也。工既竣，邑人士不忘州牧之善念，请勒诸石，以志不朽。而州牧亦不没陈君等之勤劳，并乐邑人士之共襄善举也，嘱并登诸台甫于左[7]，是为记。

【注释】

（1）斗姆：亦作"斗姥"。道教所信奉的女神。传说为北斗众星之母，故名。宋元以来崇奉渐盛，尊为"先天斗姆大圣元君"。

（2）壬寅：即道光二十二年，公元1842年。

（3）代篆：代为署理。

（4）修饬：整治，整修。

（5）八腊神：周代有关农事的祭名。后民间附会为驱除虫害、捍灾御患之神。其神为谁说法不一。每年农历十二月举行。东汉经学家郑玄所注："四方，方有祭也，蜡有八者：先啬一也；司啬二也；农三也；邮表畷四也；猫虎五也；坊六也；水庸七也；昆虫八也。"

（6）民瘼：民众的疾苦。

（7）台甫：敬辞，旧时用于问对方的表字。民间人初次见面礼节，即请问对方姓氏、表字。古人除姓名外多有字、号，与人交往直呼其名为失礼，故初交时多问字号而忌问名。

重修城隍庙两廊拜亭序

原任甘肃知县　于曙　举人

　　盖思降康降福，群伦之倚赖维神；来格来歆⁽¹⁾，灵爽之式凭在庙。故宏规丕振，大易特系立庙之占，竣宇重新，《周官》亦详衅庙之制⁽²⁾，矧城隍庙尤一州所尊为钜制⁽³⁾，实四境咸资以生全。州城旧有是庙，因时势递经变迁，榱栋殊多剥落，繁芜难视，风雨堪忧。前州主吉，目击心感，捐俸重修，楹桷挠折者易之⁽⁴⁾，砖瓦残缺者补之，丹青漫漶者绘之⁽⁵⁾，固已焕然一新，神灵久妥矣。第观瞻已壮，缺略犹多，窃维幽明，虽判两途，阴阳原只一理，庆赏刑威，公庭宜崇。夫体式黜陟予夺，冥府须表其尊严，今两庑之监师，未能备千古之神像，即终年之朝谒，无以肃一时之人心，且朔望期届，官府偕来，仕僧人岂乏献茶之忱，而达尊竟少坐息之处。因知书室宜与绀室并建，朝房务合丹房交修也。特是千金之裘，匪仅一狐可集？大厦之宇，亦岂片木能支？夫古者先成民，而后致力于神。今幸逢时和年丰之盛，宜报雨露生成之恩，州人士输囊中之蓄积，散床头之金钱，不使山成九仞，功亏一篑，行见郁茂表黄金之地，光明照白玉之楼，从此一州蒙庥⁽⁶⁾。悉沐神功之靡暨四方集庆，共沾圣泽，亦无疆矣。是为志。

【注释】

（1）**来格**：来临，到来。**来歆**：诸神前来接受祭祀。歆（xīn），飨，祭祀时神灵享受祭品、香火。

（2）**《周官》**：《尚书·周书》的篇名。成王既黜殷命，灭淮夷，还归在丰，作《周官》。

（3）**矧** shěn：况且。**城隍**：守护城池之神。是中国宗教文化中普遍崇祀的重要神祇之一，为儒教《周官》八神之一。是冥界的地方官，由有功于地方民众的已经故去的名臣、英雄充当。**钜制**：巨著。

（4）**楹桷**：柱与椽。

（5）**漫漶**：模糊不可辨别。

（6）**蒙庥**：受恩泽，蒙庇护。

鹤鸣楼记

陈鸿渐　州人　廪生

容阳形胜⁽¹⁾，襟八峰而带大河，其水汇入于澧，由州城逶迤曲泻，流二里许，冈峦突起，地势为之一束，若太极回旋状，两河交流，万山罗列，磻溪几曲⁽²⁾，杨柳一湾，直天然图画也。前州牧吉芗畦，相其地，谓宜建高楼，可培地脉，然事之有待，已数十年矣。郑大临封翁，性豪爽好义，起而任之，醵金数百，鸠工庀材，刻日兴修，凡木石砖瓦诸琐细，皆以八十矍铄之身任其劳，自咸丰十年经始⁽³⁾，年余工竣，额之曰"鹤鸣"，盖取楼高义也。州自楼成后，簪缨相继，商旅渐通，几与通都大邑埒⁽⁴⁾，则斯楼之所关，岂浅鲜哉⁽⁵⁾？登斯楼也，云山四面，烟火万家，重檐蔽野，飞阁临虚⁽⁶⁾，于以凭高作赋，即景题诗，觉桃源中又别开境界矣。而封翁培植之心，遂与斯楼千古并传云。

【注释】

（1）**形胜**：地理位置优越，山川壮美之地。

（2）**磻溪**：又名"潘溪"，发源于茅竹山，流经洪家坡西面后湾，汇鸡公洞河，至两河口入溇水。后人将鸡公洞至城墙坳一带皆称磻溪或潘溪。详见《卷五·赋役志》"潘溪"。

（3）**咸丰十年**：公元 1860 年。

（4）**埒 liè**：等同。

（5）**浅鲜**：微薄，轻薄。

（6）**临虚**：凭临虚空。

劝修刘家司文昌阁序

徐德元　州人　庠生

窃闻燕麦兔葵^{（1）}，曾致刘郎之慨；颓垣斜径，旧深苏子之悲^{（2）}。落遗庙之丹青，怅空山之草木，古之人每低徊，留之不能去。乙卯秋^{（3）}，元访友于刘家司之龙寨，偕覃君石桥、李君鸿翥、易君松坡晚眺，维时碑卧斜阳，苔埋敝井，绝壁松风之下，遗址依稀，不觉凄然，有今昔之感。石桥告元，曰："此古文昌阁也，建自土司，历有年，所忆儿时犹嬉戏其中。曾日月之几何，旋沧桑之忽变，有其举之，莫敢废也。公如有意，请于梓潼君结欢喜缘。"元唯唯谢不敏^{（4）}，然尔时已心许之，特恐一木难以支大厦，独弦无以谱雅音耳。咸丰六年春，拟与诸君子图复其旧，共襄厥成，适舍弟纯新摄绛阳篆^{（5）}，元将远行，恐不获与于斯役，盖未之逮也，而窃有志焉。伏愿慷慨义士竞布祇园^{（6）}，缙绅先生咸倾石瓮，庶几乎，合百川而为海，集千腋以成裘，他日文星照耀，人杰焕新，小可以壮胜地之观瞻，大可以培文风之磅礴，丕休哉^{（7）}！岂惟元之幸，诸君子实大有荣施焉。异时者，元自晋归，乐见斯阁之废而复举也。陟阁焚香，登堂肃拜，然后退扫闲轩，与诸公把酒赋诗，凭栏揽胜，安知不与逸少兰亭^{（8）}、滕王高阁共永垂不朽耶^{（9）}！咸丰六年丙辰孟夏月谨序。

【注释】

（1）**燕麦兔葵**：指荒凉萧条的景象。唐·刘禹锡《再游玄都观绝句·引》："重游玄都，荡然无复一树，唯兔葵燕麦动摇于春风耳。"

（2）**颓垣斜径**：坍塌的墙，山路崎岖。苏东坡《东坡八首（并叙）》："废垒无人顾，颓垣满蓬蒿。……"又在为友人作歌时，留下"……雪堂之左右兮，斜径微。……"的诗句。

（3）**乙卯**：即咸丰五年，公元 1855 年。

（4）**唯唯**：恭敬的应答声。引申为恭顺谨慎之义。**不敏**：不聪明，不明事理。

（5）**绛阳**：新绛县古称绛州、绛阳，位于山西省西南部，是座历史悠久的古城，春秋时曾为晋都，战国时属魏。南北朝时，北魏置东雍州，北周明帝改为绛州。辛亥革命后废除州治改称新绛。

（6）**伏愿**：谨愿，多作奏疏用语。祇园："祇树给孤独园"的简称。梵文的意译。

（7）**丕休**：极其美善。

（8）**逸少**：王羲之，字逸少。**兰亭**：亭名。在浙江省绍兴市西南之兰渚山上。东晋永和九年（公元 353 年）王羲之、谢安等同游于此，羲之作《兰亭集序》。

（9）**滕王高阁**：滕王阁在江西省南昌市沿江路赣江边。建于公元 653—659 年。因是洪州都督滕王李元婴（唐太宗弟）所建而得名。以唐代著名诗人王勃写《滕王阁序》而闻名于世。

徐公丕忠传

儒学　雷春沼

咸丰岁丁巳⁽¹⁾，余司训鹤峰⁽²⁾，徐子德潜从予游，性驯谨，深器之。暇时尝与其尊翁介堂往还⁽³⁾，见其忼爽磊落⁽⁴⁾，每为称许，介堂蹙然曰⁽⁵⁾："不肖之稍有知识⁽⁶⁾，先君子之教也⁽⁷⁾。"遂置酒具，节略⁽⁸⁾，请为传。

按：公讳光表，字丕忠，士才公长子也。籍澧阳，少随父迁鹤遂家焉。兄弟五人皆幼，家窘甚。公以一身任家政⁽⁹⁾，艰苦备尝，竭力奉甘旨⁽¹⁰⁾，与诸弟笃友爱，终身无间言，中年家稍裕，好施与，尤崇义举。凡邑中学宫、文昌阁及义渡、桥梁，均出重资，为一邑倡。耄年患疝气症，值修理文庙，犹扶杖而起，力疾经营[11]，寻疾愈，人盛谓诚敬所感云。公素慈明刚正，胆力过人，里中匪类咸惮之，有王彦方之风[12]。遇牙角争，即婉言劝释，有执拗者，必多方调息，虽出酒食、解囊资不惜也。尝谓亲友曰："吾辈不能利物济人，苟省一分事，即造一分福，可不勉乎？"邑西乡以徭役扰，佥谋抗拒，公闻之，只身往说，事遂寝，其排难解纷类如此。历任州牧耳其名，咸敬礼之，而公益自退抑。训子以义方[13]，延师课读，忠敬兼挚。故三子齐有声黉校，迄今孙曾林立，游庠者数人。长系德潜，以食饩登明经山西即补直隶州州判[14]。蒸蒸日上，皆公遗泽也。根深叶茂，理固然欤！

论曰： 余至鹤峰时，公没已二十余年矣，都人士犹啧啧称道弗衰。观公所为，殆笃厚敏决人也[15]。世之谨饬者，守先业则有余，欲其贫贱起家，垂裕后昆，往往难之，而且循循绳墨，视乡里之斗，辄闭户不出，睦姻任恤之谓[16]，何其负干济才者[17]，又借排解之名，而因以为利，更有不堪言者矣，至若务俭啬、吝资财，虽至亲亦有所不顾，其余乡邻之困乏，不更若秦越人之肥瘠[18]，漠不相关欤。呜呼！此末俗之所以偷也[19]。今公笃天伦、轻财物、息纷争，若是综其梗概，实有足以化鄙薄而为宽敦者，非笃厚敏决而能之乎！如公者，诚足以传矣。

【注释】

（1）**咸丰岁丁巳：** 即咸丰七年，公元 1857 年。

（2）**司训：** 明清时县学教谕的别称。

（3）**介堂：** 徐承寿，字介堂，徐德潜之父。

（4）**忼爽：** 慷慨爽直。

（5）**蹙然：** 局促不安貌；忧愁不悦貌。

（6）**不肖：** 这里指不才、不贤。

（7）**先君子：** 同"先君"。对已故父亲的称呼。

（8）**节略：** 纲要，提要。

（9）**家政**：家中的事务。

（10）**甘旨**：美味的食物。

（11）**力疾**：勉强支撑病体。

（12）**王彦方**：王烈，字彦方（公元141—219年），平原县（今山东德州平原）人。师从陈寔（shí）时闻名。董卓作乱时避乱辽东，多次拒绝曹操聘请。学成后回到平原，兴办学校，当地人行善远恶。有争端要协调评理的人也会在其门前和解，唯恐其知道不好的行为。平原国国君亦与其筹划和咨询政令。

（13）**义方**：行事时应该遵守的规范和道理。

（14）**食饩** shí xì：明清时经考试取得廪生资格的生员享受廪膳补贴，亦即成为廪生。明经：通晓经术。明清对贡生的尊称。

（15）**殆**：表示肯定，相当于"当然""必定"。

（16）**睦姻**：亦作"睦婣"，对宗族和睦，对外亲亲密。**任恤**：诚信并给人以帮助、同情。

（17）**干济**：成就；办事干练而有成效。

（18）**秦越人**：这里指外乡人、外人之意。

（19）**末俗**：低下的习俗。**偷**：苟且，轻薄。

光绪十一年续修

艺文志

邑居万山，其以著作名家者恒少，旧志取诗文之，有关地方者录之，兹奉省志章程，务将全书送局，士之留心著作者，间有采焉。故艺文志续修。

艺文

邑儒学**尹均宣**，著有《赤壁诗草》。

举人**洪先焘**，著有《式谷堂文稿》。

拔贡**部生榕**，著有《听泉书屋诗草》

庠生**谢祖彦**，著有《周易来注辨疑》《容阳志异》,《课香居》诗稿待梓。

乡饮酒礼废久矣⁽¹⁾，署知州厉祥官奉道宪札⁽²⁾，举行此典，遴选城乡年高有德者四人，田福栋字吉斋、徐宗恺字南轩、谢祖彦字俊民、罗正字青云，延至署中，优礼相待，宴以酒果，锡以匾额，此上宪实寓维持风化之至意也。

有酬徐南轩老人七律二首录之

署知州　厉祥官

老成幸得此邦贤，　　鲁殿灵光独岿然⁽³⁾。
品望合隆乡饮礼⁽⁴⁾，　尘寰真有地行仙⁽⁵⁾。
植槐王祐多昌后⁽⁶⁾，　卖药韩康不计年⁽⁷⁾。　翁门设药
昨夜九峰瞻紫气，　　老人星耀少微躔⁽⁸⁾。

四皓群推徐伯珍，　　德门题额焕然新。
愿持薄俗针砭意，　　频挹先生杖履春⁽⁹⁾。
孝友定征仁寿瑞，　　辒轩偶现宰官身。
清谈还拟过城北，　　风雪来寻市隐人。

【注释】

（1）乡饮酒礼：亦称"乡饮酒"。周代乡学三年业成大比，考其德行道艺优异者，荐于诸侯。将行之时，由乡大夫设酒宴以宾礼相待。历朝沿用，亦指地方官按时在儒学举行的一种敬老仪式。

（2）**道宪**：对道台的尊称，亦称道员。清代官名。根据清代的官阶制度，道员（道台）是省（巡抚、总督）与府（知府）之间的地方长官。

（3）**鲁殿灵光**：汉代鲁恭王所建灵光殿屡经战乱而独存，后因以指硕果仅存的人或事物，如"鲁殿灵光白石翁"。

（4）**品望**：人品声望。

（5）**地行仙**：原为佛典中所记的一种长寿的神仙。后因以喻高寿或隐逸闲适的人。

（6）**王祜** hù：王祐（公元 923—986 年），字景叔，大名府莘县（今山东省聊城市莘县）人，北宋时期大臣，宰相王旦之父，因手植三槐而闻名，遂称三槐王氏始祖。后人在著作时均因避讳明孝宗朱祐樘，故易"祐"为"祜"。

（7）**韩康**：字伯休，东汉人士，皇甫谧著《高士传》中人物，因卖药三十多年从不接受还价而为世人得知。遂以"韩康"借指隐逸高士。亦泛指采药、卖药者。

（8）**少微**：少微星。**躔**：躔次。日月星辰在黄道上运行。

（9）**杖履**：老者所用的手杖和鞋子。对老者、尊者的敬称。

赠谢俊民

书续容阳录，著有《容阳志异》

人传小谢名。

世家承武略，

教授老诸生。

素问医宗诀，

京房易理精。工岐黄术，尤精《易学》，

著有《周易来注辨疑》

无求忘世虑，

义尔举家清。

题凤吾何敢，

旌贤礼到门。

德惟馨陋室，

诗莫赋高轩^{（1）}。

直道公平在，

清操薄俗敦。

炳文书塾启^{（2）}，

师范一乡尊^{（3）}。现延教读义学

【注释】

（1）高轩：堂左右有窗的高敞的长廊。亦指高车，贵显者所乘。又借指贵显者。

（2）炳文：焕发文采。

（3）师范：学习的模范，榜样。

容阳杂咏

向裕祜　邑庠生

宣慰兹专阃，蛮王尚故宫。山垂城似网，水抱市如弓。
古柏沿溪绿，仙桃映谷红。赚他千年鹤，栖老画屏中。

东道毗巴子，西封逼夜郎。土输茶作贡，农挽草分庄。
避世兼秦汉，居民媲魏唐。尚多遗父老，往事话容阳。

樊城题壁^{（1）}

徐德纯　州人　拔贡

十年宦晋荷恩晖，　一路风光踏翠微^{（2）}。
报国闻鸡晨起舞^{（3）}，谒亲走马势如飞。

半山半水曾经览，　　一鹤一琴敢与违[4]。

为念民膏甘淡泊，　　还乡衣马莫轻肥[5]。

【注释】

（1）樊城：历史文化名城，位于今湖北省西北部汉水中游，公元前827年周宣王封仲山甫于樊而名。

（2）翠微：青翠的山色，也泛指青翠的山。

（3）闻鸡起舞：东晋时祖逖和刘琨二人同为司州主簿，友情很深，常互相勉励振作，夜里听到鸡叫就起床舞剑，刻苦练武。后以"闻鸡起舞"比喻有志之士及时奋发自励。

（4）一鹤一琴：宋·沈括《梦溪笔谈》载：赵抃去四川做官，随身携带的东西仅有一张琴和一只鹤。形容行装简少，也比喻为官清廉。

（5）轻肥："轻裘肥马"的略语。轻暖和肥壮；轻快的肥马。极言人之富有、奢侈。

李焕周先生传

雷春沼　邑儒学

自古事功之难，莫难于创始。功德所著，莫大于作人。若夫山邑岩疆，经画不易，有前人所欲为而不得为者，而独有人焉。任劳任怨，虑始虑终，百折不回，而卒底于有成，此其功业所垂，足以光史册而昭来许者。吾于鹤得焕周先生焉，余司铎容阳，阅十余载，而先生晨夕接谈，相识最真，及先生捐馆舍，余特表其梗概。

先生讳良桢，字焕周，生姿英伟，才干闳通[1]，作文根柢六经[2]，弱冠入郡庠，善理家政。事父母，孝奉继母如所生。昆弟五，友爱最笃。尤复仰承先志，建宗祠以妥先灵，置号凳以恤士子。其议论闳通，而乐道人善，亦不阿其所好。膂力过人[3]，有犯下较，星相医卜[4]，俱三折肱也[5]，而且定大疑、决大计。

历任邑侯，下车必造其庐，询以事。道光年间，州署左右门房就颓，邑侯欲派民修，公力争曰："捐廉则三四十千，功速竣。派民则百倍不止，其弊不可究诘矣。"卒从公议，而先生淡泊明志，州牧程公正斋最称其清操。凡邑中桥路楼阁，及有关风水诸善举，无不竭力经营，而生平最重者，尤在书院，诚以书院为成就人才渊薮[6]。

而吾邑独阙先生，乃上告当路[7]，中劝同人，下募四乡。又以任重事烦，约徐君介堂、陈君金门分理，一司钱谷、一理计会，卜地于八峰之麓建书院，颜曰[8]："鹤鸣。"经始于道光戊申岁[9]，至辛亥告竣[10]。而又筹山长之修脯[11]，生徒之膏火，实以地瘠民贫，募化无多，凡乡里田土涉争讼者，先生婉劝，剖息咸乐，充其田土，为书院膏火资铢积寸，累数十年而心力交瘁矣。

近年来，书院岁严考课，寒畯之士[12]，争自濯磨，讵非先生之遗泽欤[13]？夫士之僻处山林，具磊落之气，不获见用于廊庙[14]，使内而无愧于身心伦纪，外而有补于乡党学校，旷而充之，其即独善兼营之意乎！余故赠有句云："论交千古谊，兴学十年心。"可以概公之生平矣。子三，岁贡候选训导一；孙十三，附贡湖南候补巡检一，庠生一，余俱幼读。

【注释】

（1）**闳通**：豁达。

（2）**根柢**：根基，基础。**六经**：六部儒家经典，《诗》《书》《礼》《易》《乐》《春秋》的合称。

（3）**膂力**：体力，力气。

（4）**医卜**：医疗和卜筮。

（5）**折肱**：久经磨炼而富有经验。

（6）**渊薮**：渊，深水，鱼住的地方；薮，水边的草地，兽住的地方。比喻人或事物集中的地方。

（7）**当路**：路中间；掌握政权。

（8）**颜**：额头。这里楼上悬挂的匾额。

（9）**道光戊申**：即道光二十八年，公元 1848 年。

（10）**辛亥**：即咸丰元年，公元 1851 年。

（11）**山长** shān zhǎng：唐、五代时对山居讲学者的敬称。隐者之称。**修脯**：旧时称送给老师的礼物或酬金。修，干肉。

（12）**寒畯**：出身寒微而才能杰出的人。

（13）**讵非**：岂非。

（14）**不获**：不得，不能。

谢腾飞先生传

鹤峰儒学　雷春沼

　　谢生俊民，余门下士也。温文尔雅，有潇洒出尘之概。余在鹤，屡蒙置酒相招，得识其尊甫腾飞先生^{（1）}，时年已七十余矣，魁梧矍铄，倜傥不群，为心仪者久之^{（2）}。数年来主讲墨池，不获与先生相接，谈心常驰恋^{（3）}。乙丑秋^{（4）}，先生遂返道山^{（5）}。其冬，俊民以讣告，且具先生节略，乞为先生传。余于先生实深钦佩，其敢以不文辞耶？

　　先生讳绍龙，字腾飞，世为容阳人。性惇笃，事父母曲意承欢，待昆弟无间，幼年入行伍隶卫昌营，壮岁由外委擢本营把总^{（6）}，历任城守，调施南协大旺汛把总，敕命武信骑尉，每治军必申之以勇义，按期练技艺无稍旷，待士卒恩威兼济，莫不乐其宽而惮其明，理营务必公正，私毫无所苟，迄今犹共称颂之。垂老告归林下，以余俸置薄田数亩，教子耕且读，督以勤俭。睦乡邻，遇急难，竭力周之无德色。里党有鼠雀争，以直言劝谕皆力解。咸丰间，粤匪窜武汉，烽火四起，饷道梗塞，兼以南粮弗至，卫昌营卒以腹馁几变^{（7）}，先生在籍乃晓以大义，复多方调剂即安谧。州之西南乡，有籍团练滋事者，聚众至数千人，先生冒险往说，反覆开导，遂立散。合境人心，咸赖以辑。其以信义服人，类如此。

　　夫世之论人者，遇武弁辄轻之。不知职业，无分文武，亦视其人为何如耳？尝有呫哔书生舞文弄墨⁽⁸⁾，平时谈兵纸上，自负雄才，而临事仓皇，卒贻笑柄。甚有宦橐自肥⁽⁹⁾，不顾族党，一朝有事，则乡闾群起而攻身先受祸。今先生不过百夫长⁽¹⁰⁾，而持身廉正，每为人所推重⁽¹¹⁾，即遇变乱之际值顽梗之夫，犹赖一言而安定。此其贤，不肖相去为何如也。且先生虽起家弓马⁽¹²⁾，而崇儒重道，尝不惜重资，使其季子越千里从师，故学业益精进如先生者，岂尚可以武，人目之哉。享寿七十有八，无疾而终，配陈孺人有淑德，生子三，长祖望、次祖玉、季祖彦即俊民也，庠生。孙五，庠生一。

【注释】

（1）尊甫：对他人父亲的敬称。

（2）心仪：心中向往。仪，向往。

（3）驰恋：书信中用以表示对对方的向往思慕。

（4）乙丑：即同治四年，公元 1865 年。

（5）道山：文人集聚的地方；神话传说中的仙山。这里为仙逝之意。

（6）壮岁：壮年。

（7）腹馁：腹中饥饿。

（8）呫哔：亦作"呫毕"，犹占毕。泛称诵读。

（9）宦橐 huàn tuó：又作宦"囊"，指因做官而得到的钱财。

（10）百夫长：旧时统率百人的小头目。

（11）推重：对某人的思想、行为、成就等给予很高的评价，表示十分重视。

（12）弓马：骑射。泛指武事。

孝女行

张茂芝　邑庠生

吾乡有孝女，　乃在垂髫年⁽¹⁾。

孝母不足异，　以孝嫡母传。

侧生荔支抱兰质⁽²⁾，嫡母爱之如己出⁽³⁾。

遗孤曙后星无光^{（4）}，明珠宛转随高堂^{（5）}。

高堂老母病不起，　孝女心忧泪如水。

焚香祷中庭，　求仙丹无灵。

何以报抚育，　愿舍儿身肉。

鸾刀袖出手犹颤^{（6）}，刲臂无声色不变。

血濡衣袖肉在盘，　裹创忍痛心肝酸。

调羹搴帷奉母氏^{（7）}，久病得之顿甘旨。

母问女味何珍馐，　孝女舍欢曰唯唯。

果然愚孝能回天，　勿药有喜母病痊。

毁身博得老母健，　苦心犹恐慈母怜。

吁嗟乎^{（8）}——

母女相爱出天性，　侧生女儿何薄命。

一般骨肉两般看，　薄俗销磨少至行^{（9）}。

我今歌作孝女行，　人间慈孝皆真情。

大妇恩慈如一体，　侧生儿女亦亲生。

君不见，刘孝女，兰仙名，

刲臂疗母事，　传遍千金坪！

【注释】

（1）**垂髫**：古时儿童不束发，头发下垂，因以"垂髫"指儿童。

（2）**荔支**：即"荔枝"。荔枝生于旁枝，后因以"侧生"为荔枝的代称。谓妾婢所生。**兰质**：比喻女子淑美善良。

（3）**嫡母**：妾所生的子女称父亲的正妻为嫡母。

（4）**遗孤曙后星无光**：即"曙后星孤"典故。唐·孟棨《本事计·征咎》："崔曙进士作《明堂火珠诗试帖》曰：'夜来双月满，曙后一星孤。'当时以为警句。及来年，曙卒，唯一女名星星。人始悟其自谶也。"后指人死后仅遗孤女的典实。

（5）**明珠宛转**：宛转，委婉，话语柔和曲折。宋朝诗人四锡《赠宋小著》有"旁有明珠夜月光，宛转炫耀生灵芒"句，作者借以歌颂孝女。**高堂**：指父母。

（6）**鸾刀**：刀环有铃的刀。古代祭祀时割牲用。

（7）**搴帷**：撩起帷幕。

（8）**吁嗟乎**：表示赞美和感叹。

（9）**薄俗**：轻薄的习俗，坏风气。

光绪二十五年续修

壮士行

同治元年，发匪攻破来凤，带勇防堵分水岭作

吴振鹭　州人　恩贡

束发读书耻不武 [1]，　弱冠学剑羞哙伍 [2]。

酒酣斫地独悲歌 [3]，　宵寒闻鸡同起舞。

耿耿太白彻宵明，　烽火连天震鼙鼓 [4]。

投笔仗策谒军门，　胸中壮气长虹吐。

请缨独当一面军，　雄桓五百真劲旅。

宝刀澄水夜斫营，　铁骑追风朝擒虏。

平沙漠漠阵云深 [5]，　黑雾惨惨阴风苦。

大呼直入万人丛，　横冲坚阵如摧腐 [6]。

归来大帅亲持杯，　奇勋赫赫书幕府 [7]。

雄谈惊座人无声，　决策独主剿兼抚。

受降招得八千人，　健儿恶少皆心膂 [8]。

苍头奋击识节制 [9]，　出可折冲入樽俎 [10]。

霜严号令山岳重，　星罗壁垒渊湖沮 [11]。

不令敌致致敌来，　几见反宾能为主。

有时持重骄诱人，　恇怯畏缩如处女 [12]。

有时乘衅踏隙瑕^{（13）}，疾若苍鹰侧风羽^{（14）}。

出奇设伏拟鬼神，　行间使诈异今古。

转战南北扫狐兔，　渠魁腥血膏碪斧^{（15）}。

海隅从此靖风尘，　道路无处逢猰㺄^{（16）}。

下马露布奋腕书^{（17）}，墨浪滚滚磨盾橹^{（18）}。

夕阳笳鼓杂金铙^{（19）}，脱甲山积不知数。

功成返旆朝明光^{（20）}，团花战袍换绣黼^{（21）}。

至尊御殿亲策勋^{（22）}，将军倚树独无语。

不愿身封万户侯，但使男儿姓名传千古。

【注释】

（1）**不武**：不算勇武。

（2）**哙伍**：平庸之辈。典出《史记·淮阴侯列传》："信尝过樊将军哙（kuài），哙跪拜送迎，言称臣……信出门，笑曰：'生乃与哙等为伍？'"意为鄙视樊哙，不屑与他为伍。

（3）**斫地** zhuó dì：砍地。表示愤激。锄地。

（4）**鼙鼓** pí gǔ：小鼓和大鼓。古代军队所用。

（5）**平沙漠漠**：广阔的沙原，寂静无声。

（6）**坚阵**：亦称"坚陈"。坚固的阵势。坚守阵脚或营垒。

（7）**幕府**：旧时将帅办公的地方，后泛指衙署。

（8）**心膂** lǚ：心与脊骨。喻主要的辅佐人员；亦以喻亲信得力之人；喻重要的部门或职任；心思与精力；犹心怀；

（9）**苍头**：指以青巾裹头的军队。**节制**：指挥管辖。

（10）**折冲**：愿意为使敌方的战车折返，意谓抵御、击退敌人。克敌制胜。**樽俎**：古代盛酒食的器皿。樽以盛酒，俎以盛肉。指宴席。

（11）**沮**：阻止。

（12）**悭怯**：胆小怕事，怯懦。

（13）**乘衅**：利用机会，趁空子。

（14）**风羽**：矢羽。

（15）**渠魁**：首领，头领。

（16）猰貐 yà yǔ：古代传说中的一种吃人的猛兽。这里借指坏人。

（17）露布：一种写有文字用以遍布四方的帛制旗子，多用来传递军事捷报。

（18）盾橹：亦作"盾卤"。盾牌。古代防护兵器。亦喻屏蔽或支援的力量。橹，大盾。

（19）笳鼓：笳声与鼓声，借指军乐。金铙：即"铙"，古军打击乐器，即铙钹。

（20）返旆：回师。指返归。

（21）黻 fú：古代礼服上黑与青相间的花纹。同"韨"。

（22）策勋：将功勋记于策书。

卷十四　杂述志

　　唐·段成式之《诺皋》^{（1）}。宋·洪迈之《夷坚》^{（2）}。大抵近稗史、小说，姑妄言之、姑听之，苏长公以此资谈锋则可矣^{（3）}。不然若王乔凫飞^{（4）}、左慈羊鸣^{（5）}，可入《后汉书》《幽明录》《搜神记》，可入《晋书》，抑或不免于失之诬乎。吾恐范蔚宗^{（6）}、房乔诸人^{（7）}，尚未足比功董狐也^{（8）}。志杂述。

【注释】

（1）**段成式：**（公元 803—863 年）字柯古。唐朝著名志怪小说家，工诗，有文名；代表作是短篇小说集《酉阳杂俎》。**诺皋：**道教语，太阴神名。《酉阳杂俎》有篇名《诺皋》《支诺皋》，专记怪力乱神之事。后借指神怪小说。

（2）**洪迈：**（公元 1123—1202 年）字景庐，号容斋，又号野处，南宋饶州鄱阳（今江西省鄱阳县）人，著名文学家。官至翰林院学士、资政大夫、端明殿学士、宰执、封魏郡开国公、光禄大夫。学识渊博，著书极多，文集《野处类稿》、志怪笔记小说《夷坚志》，编纂《万首唐人绝句》、笔记《容斋随笔》。**夷坚：**即洪迈所著《夷坚志》，是汉族文言志怪集。大意是指《山海经》中的故事是大禹看到的，伯益取的名，夷坚听说后记载下来了。

（3）**苏长公：**苏东坡。

（4）**王乔凫飞：**《后汉书·方术传上·王乔》载，王乔任叶县令时，每月初一、十五乘双凫飞向都城朝见皇帝。后指县令上任或离去。详见前注"双凫"。

（5）**左慈羊鸣：**左慈，字元放，庐江人，汉族，自号乌角先生，东汉末年著名方士，少居天柱山，研习炼丹之术。明五经，兼通星纬，明六甲，传说能役使鬼神，坐致行厨。他被曹操的人追捕，遂躲进羊群学着羊叫，此典出于《抱朴子》。

（6）**范蔚宗：**（公元 398—445 年）字蔚宗，顺阳郡顺阳县（今河南省淅川县李官桥镇）人。南朝宋时期著名史学家、文学家、官员。

（7）**房乔：**房玄龄（公元 579—648 年 8 月 18 日），名乔，字玄龄，齐州临淄（今山东淄博东北，一说今山东章丘）人。唐朝初年名相、政治家、史学家。

（8）**董狐：**春秋晋国太史，亦称史狐。周太史辛有的后裔，因董督典籍，故姓董氏。据说今翼城县东 50 里的良狐村，即其故里。董狐秉笔直书的事迹，实开我国史学直笔传统的先河。

容美司，一称柘溪。按：土司多以溪、洞为名，如来凤曰"蕉谿"、桑植曰"柿谿"、永顺为"古溪州"，溪即谿也。《淮南子·俶真训》登"千仞之谿"[1]，注"谿，蛮夷也"。以柘桑为"弓柘谿"之称，或取义于此称。柘雞者，误。

【注释】

（1）《淮南子·俶真训》：是西汉时期淮南王刘安所著的一部兵书，全书由 24 部分组成。

土司之班，宣慰为上，宣抚次之，安抚又次之，长官又次之。然，宣慰与宣抚不相统属。

土司承袭，国初犹属吏部，后改归兵部。

土司部勒土民[1]，分风、云、龙、虎等字为旗，旗有长，又其下有大头目，分管若干户。现在州民，犹有存其祖先大头目执照者。

【注释】

（1）部勒：部署，约束。

《桑植县志》云：永顺、保靖、桑植、容美为四大土司，而容美最强，桑植亦能敌之，后乃结好。

容美宣抚司，领长官司四，曰椒山玛瑙、曰五峰石宝、曰石梁下洞、曰水尽源通塔平。椒山玛瑙即今刘家司地，石梁司今属长乐县地。

土民称洞长曰"都爷"，其妻曰"夫人"，妾曰"某姑娘"，幼子曰"官儿"，女曰"官姐"。子弟之任事者曰"总爷"，其次曰"舍人"。

土司世崇武功，至田世爵以后，颇事诗书。故田元有《金潭吟意笔草》等刻；而田既霖兄弟三人未承袭时，皆补澧州、长阳诸生；又田舜年所著《二十一史纂》，载入省志。

桑植、中洞各土司，尝合兵围田舜年于情田洞，土目有罗文虎者，素骁勇，率土兵突围，赴中府调援，敌断其一臂，犹格杀数十人，乃毙。解围后，舜年斩先退土民二人，以殉罗葬。罗突围三次，因名其战处，曰"送三垭"。

情田洞在太平镇东，里许，高三四丈，阔可容数百人。门二，在左者八分书"情田洞"三字，在右者栞记于侧⁽¹⁾，字迹多模糊，大略言藏兵事，尾署"康熙庚申年田舜年撰"。相传，舜年被桑植各司围洞，阅数日，于洞中伏流内捕鱼数尾，掷以与敌，敌相顾，谓曰："彼尚有鱼可餐，我等糗糒已尽⁽²⁾，援师至，将何以战？"因解围去。去之日，大雨如注。舜年诇知⁽³⁾，敌来时车东河、苦竹坝二处，皆系绳两岸，缘绳而渡，山水骤涨，必难速济⁽⁴⁾。遽发土兵分头尾追，蹙杀无算。遂于太平镇关庙，铸钟铭功，有"以数百人歼贼数万"等语，今其钟犹存。

【注释】

（1）栞记：栞，古同"琴"。或意为以琴书的唱词形式记事。琴书的表现形式不一，唱词有七字句、十字句和长短句之分。

（2）糗糒 qiǔ bèi：干粮。

（3）诇知 xiòng zhī：侦察得知。

（4）速济：快速渡河。

平山万全洞，田舜年所营，有碑记在山上，今尚存。但洞须缘溪而上，其旧砌磴级，多为崩石击碎，罕有游者。

紫云山下有铁锁桥，归流后，桥已倾圮，而铁锁犹横系两岸，后亦为人攫去。

城北五里，曰：果老洞。俗传土司时，有仙居洞中。岁饥，土民贷米于仙，先一夕祷之，明晨往取，则米在洞门，如所求之数。后因贷者不偿，祷不复应，语颇怪诞。然果老仙洞为容美八景之一，或土司神道设教，假此以愚土民欤！

《桑植县志》云：西北一百二十里，有大崖屋，宽布数十席，石壁上有墨书"山高水长，亿万斯年"八大字，相传容美、桑植二土司，寻盟于此。

土司曾受吴三桂伪封，故其时给土目执照，尾署"周二年印"，镌"承恩伯印"四字。

土民皆不受学，有唐世英者能吟诗，邑士人曾见其遗稿百余首，今已散佚。

湖南石门、慈利所属，有世袭所官、隘官，以防御土司为责任。据《澧州志》称：肇自蜀汉建兴年间[1]，下及唐宋以来皆仍其旧，至明洪武后乃确凿有征其制[2]，所官世袭千户，隘官世袭百户，所官地丁银征三免七，隘官地丁银征七免三，自行团练不请粮饷，亦不给兵仗。雍正十三年各土司俱已设流，部议各所隘既无防御之责，又无管束军民之任，请将原缺裁汰。我世宗宪皇帝俯念该祖父等著有劳绩[3]，不忍令其废置，分别赏给千、把总职衔，准其子孙永远世袭。乾隆三年[4]，慈利所属山羊隘，五十里以内之地拨归鹤峰，各世职有归州属管辖者，遇有承袭事件，仍归湖南州、县核办。

【注释】

（1）蜀汉建兴：公元 223 年，为蜀汉建兴元年。

（2）洪武：公元 1368 年，为明洪武元年。

（3）世宗宪皇帝：即爱新觉罗·胤禛，雍正皇帝。

（4）乾隆三年：公元 1738 年。

相传彝陵镇总兵冶大雄，微时贩马至容美司，为洞主所窘辱，后镇彝陵，数构之制府，以致列款纠参。然阅《桑植县志》，当雍正五年桑植改土时[1]，前制府傅敏密折奏称：邻司田旻如桀骜狙诈[2]，或恐各伤其类相煽为变，请调兵预防。是旻如之不轨素著[3]，不待他人媒蘖也[4]。且雍正七年以前，各土司以次归流，旻如苟达时务，自行归诚改土，必可仰邀恩眷，不此之图而负隅自固，已经纠参，尚谋抗拒，其身死不致戮尸，妻、子复获安插，犹为幸耳。

【注释】

（1）雍正五年：公元 1727 年。

（2）狙诈：伺机取诈；狡猾奸诈。

（3）素著：一向、向来显著。

（4）媒蘖 niè：酒母。比喻借端诬罔构陷，酿成其罪。

相传土司时，老林未垦，猴类之最多者，俗呼为"十万猴"。一日，西路斥堠守者[1]，鸣角报警，土目属众拒敌，比至，则邻司并未犯境，询之守者，对以"遥见车东河敌兵涉水，人数弥漫无算。"

土目转告洞主，议治以虚报军情之罪。洞主曰：是必有故。使人往探，则是日"十万猴"过河也，乃更赏守者。

【注释】

（1）**斥堠** chì hòu：亦作"斥候"。侦察，候望；瞭望敌情的土堡；侦察、候望的人。

土司女优最工《桃花扇》。《漫述》云[1]："楚地之容美，在万山中，阻绝人境，即古桃源也。其洞主田舜年颇嗜诗书，予友顾天石有刘子骥之愿[2]，竟入洞访之，盘桓数月，甚被崇礼，每食必命伎奏《桃花扇》[3]，亦复旖旎可赏，盖不知何人传入，或有鸡林之贾耶？[4]"

【注释】

（1）《漫述》：即孔尚任在《桃花扇·本末》中记述其内容。

（2）顾天石：顾彩（公元1650—1718年），清戏曲作家。字天石，号补斋、湘槎，别号梦鹤居士，江苏无锡人。与孔尚任友善，尚任作小忽雷传奇，皆彩为之填词。康熙四十二年，经孔尚任介绍，往湖北容美宣抚司治地（今湖北省鹤峰县及湖南省慈利县、石门县一带）游历半载，以《南桃花扇》传奇授容美土司田舜年，聚家班上演。并著有《容美纪游》，记述了昆曲流传至该地的情况。**刘子骥**：陶渊明《桃花源记》中的人物，桃花源在雪峰山下的武陵渔川，刘子骥也实有其人，还是陶的远房亲戚，只不过故事是虚构的。"南阳刘子骥（jì），高尚士也，闻之，欣然规往。未果，寻病终。后遂无问津者。"

（3）**伎** jì：技巧，才能。古称以歌舞为业的女子。

（4）**鸡林之贾**：鸡林，古新罗国复国号之前的国名，沿用200余年。贾（gǔ），商人。鸡林国商人经常到中国购买白居易的诗作，后以此典指那些慧眼识宝、传送作品的人。

明史载：正德四年[1]，容美宣抚椒山玛瑙长官司，所遣刘思朝等赴京进贡，沿途驿传多需索，为侦事所发，自鲁桥以北，计千余金，部臣以闻，帝以远蛮宥之[2]。又嘉靖七年[3]，容美宣抚司龙潭安抚司，每朝贡率领千人，所过扰害。凤阳巡抚唐龙以闻部札^{（4）}，按旧制进贡不过百人，赴京不上二十人，命所司申饬。可见田氏恃险与远，恣意妄为，自明已然。

【注释】

（1）正德四年：公元1509年。

（2）宥 yòu：宽容，饶恕，原谅。

（3）嘉靖七年：公元1528年。

（4）凤阳：凤阳府，明洪武七年明太祖朱元璋以"丹凤朝阳"之意改中立府为凤阳府，同年府治由古濠州城前往新建的明中都城，凤阳府治即今凤阳县城，辖五州（亳州、宿州、颍州、泗州和寿州）十三县。

故老言：土司调民，以箸则能饭者至，以帚则扫境而出。又言：明如请中洞司过境，奏伎欢饮，密遣人往袭掠，所获民人系以青麻索。

州设流以后，常德、澧州及外府之人，入山承垦者甚众，老林初开，包谷不粪而获，每市斗价值四十文，较官斗仅值二十文。迨耕种日久，肥土为雨潦洗净，粪种亦有不能多获者。往时人烟辏集之处，今皆荒废。然闻方开垦时，深山箐林中掘土数尺，每有残缺鼎铛与一切农器，故知陵谷变迁，由来已久，异时必可再垦也。

州无十分歉岁，以宜晴宜雨高下之收成不齐也。民遇岁歉，则挖蕨捣粉，并采可食野草和饭充腹，然亦辛苦备尝矣。

飞蝗，邑之所无，食稻之虫，即生叶上，状如蚕，头有黑纹似山字，生于秋前，盛于秋后，大约地高而成熟迟者，生虫之岁间被其灾。

盛夏大雨，往往山崩地裂，甚至冲塌民舍，人畜俱有损伤，说者以为蛟起所致。蛟之有无，人未目睹，然当山水泛涨，虽时值白昼，亦晦暝异常，且必有雷声隐隐，似镇蛟前行。虑其为害者，则蛟起之说，信不诬也。

山水泛涨，无岁无之。惟乾隆五十三年五月二十二日[1]，郭外西街冲去民舍数十间，历来未有。

【注释】

（1）乾隆五十三年：公元1788年。

山林既垦，野兽久稀。近十年来有兽，稍大于犬，头与耳略似驴，或黄色，或黄白斑驳，攫食村民鸡犬、猪只，夜间或入城中，同行或二三，或十余。人逐之似不甚畏，邑人呼为"山猋"[1]。

【注释】

（1）猋biāo：上古时期的神兽，因速度极快，因此没多少人见到过它。字本义指众犬奔跑的样子。

教匪滋事，宜郡七属，惟鹤邑未遭蹂躏，盖崇山峻岭，贼虽有险可据，而无食可搏也。惟与建始连界之冷草堂，游贼来扰，被乡兵御却，及林之华一股窜踞芭叶洲[1]，大师驻扎邬阳关数月，城市乡村俱皆安堵[2]。

【注释】

（1）林之华：（？—1797年）湖北长阳人。长阳白莲教教首。初充县役，后被斥革。嘉庆元年（公元1796年）率众起义于长阳九州河。旋与覃佳耀等会合，屯于榔坪，聚众万余，建元天运。后率部进攻长阳县城，屯滋丘，屡与清军作战。次年于巫山大茅田阵亡。芭叶洲：位于湖北建始县官店与鹤峰县邬阳交界之地，鄔阳关对面、茶寮河左岸山峰叠起处。

（2）**安堵：**安定，安居。

文昌神像原祀于百斯庵，乾隆四十三^{（1）}四年间，有外来学究自言姓方名曰士，训蒙庵中^{（2）}，退然如不胜衣^{（3）}，至四十五年春杪^{（4）}，忽诣九峰书院，言："我远安武生，游鲁堂也^{（5）}，以避讼入山，故诡今名，自寓庵中以来，朝夕见文昌神像奉祀他神之侧，殊为亵越而隐忍未言，今届行矣。故告之诸君，即移祀书院，徐议荐庙。"言谈之间，形状迥殊平日，诸生异之，遂设座移祀。越数日，往问，则茫然无以应。有告以自道其姓名者，频发于面，未几辞馆去。

【注释】

（1）**乾隆四十三年：**公元 1778 年。

（2）**训蒙：**教导初入学的人或孩童。

（3）**退然：**柔和，柔弱；谦卑，恬退。**如不胜衣：**身体不能承受衣服的重量，形容人身体瘦弱。

（4）**春杪** chūn miǎo：春末。

（5）**鲁堂：**孔子之殿堂。后以称儒家的讲学处所。

城中印山为州治后扆^{（1）}，城垣半跨其上，若开垦耕种，不惟形家所忌，且水潦冲洗，势必驯致崩裂^{（2）}，故历来任其闲旷。嘉庆十四年^{（3）}，忽有兵丁耕种于西，民人耕种于东，并由州治后筑墙，直抵城根，以为疆界。州属士民呈请署知州刘运浩，移查禁止，永以为例。

【注释】

（1）**扆** yǐ：古代宫殿内门和窗之间的地方。也指宫殿内设在门和窗之间的大屏风。

（2）**驯致：**亦作"驯至"。逐渐达到，逐渐招致。

（3）嘉庆十四年：公元1809年。

邑诸生艾家鉴，赴乾隆庚子科乡试[1]，闱中即卷，上条陈本邑利弊以犯规，戍乌鲁木齐，后遇赦归。艾生为人谦恭，重义轻财，非素以武断挟制为能者，缘以田土细故讼之官，为胥徒所窘辱[2]，故愤而为此。然，不控切己之害于有司，而陈一邑之弊于场屋，其受谴宜矣。志之，以为冒昧妄举者戒。

【注释】
（1）乾隆庚子：即乾隆四十五年，公元1780年。
（2）胥徒：本为民服徭役者。后泛指官府衙役。窘辱：困迫凌辱。

州人赵士琨，作佣于诸生田志寿家，志寿夫妻病瘵将死时[1]，子福珩甫四岁，以属士琨曰："吾有弟四人，皆非可托孤者[2]，汝为我抚之。"琨泣诺，志寿命子以叔呼之，未几相继卒。士琨内外拼挡，一无所私。虽珩诸父亦心折珩弱冠，入州学，不数岁亦死。士琨复为经纪其家[3]，可谓佣中佼佼矣，现年六十有余。操觚者不欲自乱其例，故不入义行传。

【注释】
（1）瘵 zhài：痨病。
（2）讬孤：亦作"托孤"。以遗孤相托。多指君主把遗孤托付给大臣。
（3）经纪：料理，安排。

嘉庆十六年四月，走马坪民人某妻病，见床帐外有人长三寸余，时下衣冠老少男妇自窗孔中出者，络绎不绝。家人初谓病者谰语[1]，视之如所言，然隔帐则见，揭帐则无睹也。邻里闻其事者往觇之[2]，所见皆同。三日后，乃灭[3]，病者无恙，亦无他异。

【注释】

（1）谰语：妄语，没有根据的话。

（2）觇 chān：看，偷偷地察看。

（3）灭：消失，隐没。

水沙坪有旧开煤洞，附近民人某兄弟三人往取煤，长者入洞甫丈余，疾呼救命，其次入视，亦仆而呻吟。幼者急归，邀妹夫某曳次入者[1]，出气已绝矣。而曳者晕而复苏，以为可无害也。次日，二人偕入曳长者之尸，皆死洞中。里人遂不敢复入，以铁钩缚长竹杆曳三尸出，七窍流血，遍身青色，无他损伤。嘉庆二十年夏月事[2]。

【注释】

（1）曳 yè：拉，牵引。

（2）嘉庆二十年：1815 年。

《世述录》称：巴东世谱载，田思全先代累世同居，其家共牢之犬有一不至[1]，则群犬不食。宋哲宗旌为义门，思全即田思政之兄弟。

又称：彝陵文相国铁菴[2]、黄太史中含[3]，明末避乱来容美司。按：明史文安之，崇祯末年由南大司成罢归[4]，至永明时乃起为相，其间十余年，贼氛正炽。又按：《东湖县志》黄灿传，有"明命既革，遁迹山中"语。则所称二公避难容美之说，信矣。

又称：土司田甘霖临终时，有大星陨声如雷，又山石行数十步等异，似因诸葛武侯暨韩魏公临终事[5]。而附会之存，而不论可也。

【注释】

（1）共牢：古婚礼时，夫妇共食一牲。牢，祭祀用的牺牲。泛指夫妻共食。这里指共食。

（2）文相国：即文安之。详见前注。

（3）黄太史：即黄灿，字中含，一说中涵。《永历实录》卷六"李、文、方列传"中的"文安之"传记后有附云："黄灿，字中涵，崇祯癸未进士，亦卒于军。"

（4）大司成：周官名，司徒属官。唐高宗一度改国子监为司成馆，祭酒为大司成。

（5）诸葛武侯：诸葛亮（公元181—234年），三国时政治家、军事家。字孔明。刘备临终前把儿子刘禅和治理蜀国的重任托付给他。封为武乡侯。当政期间，改善同西南少数民族的关系，曾先后五次出兵攻魏，争夺中原，后病死于五丈原军中。**韩魏公**：北宋大臣韩琦（1008年8月5日—1075年8月8日），字稚圭，自号赣叟，相州安阳（今河南安阳市）人，封魏国公，词人。与范仲淹齐名，历任边疆大臣，功勋卓著。熙宁八年在相州病逝，追赠尚书令，谥号"忠献"。

土俗尚咂酒。按："杜诗芦酒多还醉"，注云"糜谷酿成不醡也。"杨升庵曰"以芦为管，吸而饮之，一名钩藤酒，即今之咂酒。"

雍正初，慈利唐姓隘官，将千金坪一带山场田土，南至告箭坡，北至杉木场，周围约三十里，用印契卖与容美土司，价银一千零五两。经上宪访察，随有民人以土占汉产俱控，勘实。以隘官贫乏，饬原控民人照缴价值给容美司，业付民人耕管。价系合伙凑集，故有十大股、六大股之分，比时林深木茂，收成歉薄。迄今开垦成塾，田土膏腴为一邑最，价值较前不啻百倍。固由人事兴修，亦地气转移，使之然也。

改土时，慈利拨归人民，畏新邑役赋繁重，纷纷具呈，奉督宪迈批示：修建城垣衙署及运江、公、松三县兵米，俱拨土民应役，客民免派。故至今关外除军需外，并无夫差。

周化定，大典河人。年十六，父病笃，私祷于神，割股肉煎汤以饮，父寻愈，现业儒。

分水岭下阳河路旁，有溜石一段，于嘉庆年间，白日石裂声震如雷，往视之，约宽寸许，长丈余，裂缝中深黑莫测，如有星光飞舞，远近观者，旬日乃止。

巫者，谓之端公，病者延之于家，悬神像祝祷。又有祈保平安，或一年，或二三年，延巫祀神并其祖先，曰"完锣鼓醮"，一曰"解祖钱"。此为土户习俗，今渐稀矣。

又有祀罗神者，为木面具二，其像一黑一白，每岁于夜间祀之，名曰"完罗愿"。此湖南客户习俗。**按**：遂林李如石《蜀语》云："坛，神名。主坛罗公黑面，手持斧，吹角，设像于室西北隅，去土尺许，岁暮割牲延巫，赛之"。考《炎徼纪闻》曰：罗罗本卢鹿，而讹为罗罗。有二种，居水西十二营林谷，马场漕溪者为黑罗罗，曰"乌蛮"；居幕后者为白罗罗，曰"白蛮"。俗尚鬼，故曰"罗鬼"，今市井及田舍间有祀之，绅士家否。杜子美诗曰"家家养乌鬼"，即此也。养去声言供养也。注：杜诗者以乌鬼为鸬鹚，或云猪，皆非。又元稹江陵诗有"病赛乌称鬼"句，则乌鬼乃神名也。**按**：据以上所称，是罗神为蜀人所祀，而流传于楚，其来已久！

按：田舜年《二十一史纂》，载入湖北省志，非荒陋无文比也。惜哉，《金潭吟意笔草》不可见矣。迹其风云雷虎，颇尚武功，铭钟勒碑，非夜郎自大哉！然又工演《桃花扇》，宜顾天石叹其旖旎可赏也。他如所载鬼神事不必辨要，其中风俗、物产等类，亦足以补所未备，后之君子得以览焉。

跋

部生榕

嘉庆丁丑岁⁽¹⁾，生榕从邑绅耆后，以重修邑乘，请于前署州事董明府，议甫兴而篆以卸。今吉芗畦牧伯莅任之初，即召谕绅耆，曰：邑旧志修于毛公，略具梗概，今已八十余年矣，宜谋重辑。邑中士执司采访，予其执笔，以俟命下之⁽²⁾，余觉经费惟艰，不能专设志局，命生榕广为蒐采，偕洪君先焘商榷，草创稿初定，呈请牧伯编辑。牧伯簿书余暇，逐类修饰，勒成卷帙，并捐清俸，命首事谋登梨枣⁽³⁾。虽山陬僻陋，无可表扬，然自官府章程以及闾阎⁽⁴⁾、物产、风俗，犁然毕具⁽⁵⁾。且又志切激扬，于往时循良政绩与邑之孝子、节妇、义士、文人，足以兴起顽懦者，有善必录，无微不彰。盖所以昭圣世一道，同风之盛，而有造于是邦也，大矣。生榕幸与从事不揣固陋⁽⁶⁾，敬缀数语简末⁽⁷⁾，以志欣喜之意云。州人　部生榕　谨跋。

【注释】

（1）**嘉庆丁丑**：即嘉庆二十二年，公元 1817 年。

（2）**俟命**：等待命令。

（3）**梨枣**：古代印书的木刻板，多用梨木或枣木刻成，所以称雕版印刷为梨枣。

（4）**闾阎**：里巷内外的门，后多借指里巷。泛指民间，亦借指平民。

（5）**犁然**：释然；自得貌。**毕具**：齐全，完全具备。

（6）**固陋**：见识浅薄，见闻不广。

（7）**简末**：指文牍书简末幅。为题跋落款的地方。

同治六年续修

按：自古灾祥之说，智者不迷；奇异之行，大儒力辟。事固无足重者，要之休征咎征⁽¹⁾，理可前知，至变也，至常存于其间。故杂述志续修。

【注释】

（1）**休征**：吉祥的征兆。**咎征**：过失的报应，灾祸应验。

杂述志

陈华松，后荒人，好射猎，枪毙萧正富之稚骡，牝马哀嘶，华惧人知，覆诸隍⁽¹⁾。阅数月，陈诣萧借乘，甫及鞍，牝逸不能止⁽²⁾，径至前所坠隍侧，踏其肠，陈几殆，呼家人抬回，自言其事，气遂绝。

【注释】

（1）**覆**：遮盖，蒙罩。**隍**：没有水的护城壕。
（2）**逸**：奔跑。

火浣布出琉球国，州属金鸡谷三里许，土洞崩裂，忽出泥色者似纸，日可得一张，人谓即火浣布种，但不知织组之法⁽¹⁾。

【注释】

（1）**织组**：经纬相交，织为布帛。组，编织。

咸丰乙卯春⁽¹⁾，妖道徐本清谋不轨之前一夕，忽坐马产一驹，仅有前二蹄，徐谓后事隳矣^{（2）}，果败。

【注释】
（1）咸丰乙卯：即咸丰五年，公元 1855 年。
（2）隳 huī：毁坏；崩毁。

戊午秋七月^{（1）}，西乡来一老妪，身不著寸缕，惟绌木叶如芰荷裳^{（2）}，持竹杖来往村间，常终日不语，惟憨笑，与以服食，辄不顾，行若飘风，倏失所在，人或见其夜寄岩穴间，即之杳然。

【注释】
（1）戊午：即咸丰八年，公元 1858 年。
（2）芰荷：菱叶与荷叶。

武陵人熊宗，性极孝。母病危，朝夕祷吁，愿以身代。一日，将远求医，期即返，仓卒间奔不停趾，忽一人揽其袪^{（1）}，曰：胡匆遽乃尔^{（2）}。审视之长髯方巾，飘然仙侣，遂告以故，泪随声堕。髯者曰：无徒跋涉^{（3）}。即授以丹，大如豆，令速归进母。叩姓氏里居，不答。宗归，如其教母服之，果瘳^{（4）}。踰月，具金帛如鹤，至西关果观所遇状，观其额则城隍庙也。遂设醮三日，献颂额，曰"蒙恩远荫"，迄今尚存。

【注释】
（1）袪 qū：这里有"袪袪"之意，即疾驱的样子。
（2）胡：文言疑问词，为什么，何故。**匆遽** cōng jù：急忙。**乃尔**：如此。
（3）无徒：没有同伴。
（4）瘳 chōu：病愈。

大二三神，田氏之家神也。刻木为三，其形怪恶，灵验异常，求医问寿者，往来相属于道神所在，人康物阜，阖族按户计期迎奉焉，期将终，具酒醴、刲羊豕以祭之，名曰"喜神"，不然必罹奇祸。祭时，鼓钲嘈杂，苗歌蛮舞如演剧。然神降必凭人而语，其人奋身踊跃，啮碗盏如嚼甘钳[1]，履赤铁、入油鼎，坦然无难色，至今犹然。

【注释】

（1）啮 niè：咬。甘钳：钳（gān），饵，甜。亦可为"甘饵"。香甜的糕饼。

出东关三里许，缘溪行数百步，山石毓岕[1]，林木郁葱，雉兔鼬鼯纷集焉[2]，山腰有果老洞，深莫测，樵牧偶息其间，辄闻钟鼓声，群疑为仙居，昔有某困乏，向洞壁乞贷谷米，明日果如数置洞口，众多效之，屡验。后有狡狯者[3]，偿以粃糠，遂不复应。

【注释】

（1）毓岕 kàng：高下不平貌。

（2）雉兔：野鸡和兔子。鼬 liú：竹鼠，亦称"竹鼬"。《本草纲目·竹鼬》："时珍曰：竹鼬，食竹根之鼠也。出南方，居土穴之中，大如兔，人多食之，味如鸭肉。"鼯 wú：鼯鼠。形似松鼠，毛多褐色，尾巴很长，前后肢之间有薄膜，能从树上飞降下来，住在树洞中，昼伏夜出。民间称"飞鼠"。

（3）狡狯 jiǎo kuài：机灵；诡诈。

咸丰丁巳秋八月[1]，蝗。秋获尽伤，而所过之处，草木叶几尽，明年春，掘得其子无算，幸二三月尚雨雪，始无遗类。

【注释】

（1）咸丰丁巳：即咸丰七年，公元1857年。

咸丰甲寅秋六月二十九日晨刻[1]，地震。州城及西北乡为甚，虽鼎釜之水皆动，踰时始止，此未有之异也。

【注释】

（1）**咸丰甲寅**：即咸丰四年，公元 1854 年。

旧说鸡骨洞水怪，辄为民害，毒于鳙鱼⁽¹⁾，无能驱者。巫师向某，以术自负，居民醵金延之，将作法，属其徒曰："双屦斗时⁽²⁾，洞口见吾掌出，急付以剑，缓则误事。"言讫，踏波入，少顷，果如所言，其掌巨甚，蝟毛牸毻⁽³⁾，徒骇不敢近，转瞬云雾合、雷电震，骤雨翻盆，波涛汹涌，见一巨人，状极狞恶，乘一物蜿蜒如龙，逐浪而去，师亦不返，怪竟绝。

【注释】

（1）**鳙** jīng：同"鲸"。《说文·鱼部》："鳙，海大鱼也。"

（2）**屦** jù：古代用麻葛制成的一种鞋。

（3）**蝟毛** wèi máo：刺猬的毛。亦以形容众多。**牸毻** shēng shū：毛起貌。

谢绍龙，驻防邬阳关，古战场也。岁戊子春⁽¹⁾，巡哨军驰报寇至，遥望佛爷岭、芭叶洲⁽²⁾，男女扶携，连日络如蚁，向南路狂奔，呼号震地，急备兵防堵，终日不见一寇。建夜，忽闻鼓角喧阗⁽³⁾，人马驰骤，其声若有万千，侦探至数十里外无所见，沸腾竟夜，鸡唱始息，初莫解其故，人或谓之阴兵，岂古燐之所化与⁽⁴⁾。

【注释】

（1）**戊子**：即道光八年，公元 1828 年。

（2）**佛爷岭**：邬阳关对面，茶寮河北岸。

（3）**喧阗**：亦作"喧填""喧嗔"。喧哗，热闹。

（4）**燐**：同"磷"。夜晚在野地里常见的忽隐忽现的青色火光，是磷化氢遇到空气燃烧所产生。俗称"鬼火"。

咸丰丁巳八月十四日，昼天，南飞一物如白练，宽五尺许，长丈余，摇曳上升，旋落东北角，人以为蚩尤旗云⁽¹⁾。

【注释】

（1）**蚩尤旗**：中国古代九黎族首领蚩尤旗帜，或指绘制有蚩尤族图腾的旗帜。史记中是指蚩尤坟冢中升腾的赤气；天文学上指的是一种奇特的彗星，古代以为星出，主有征伐之事。

西乡关帝庙神最著，众虔奉之。辛酉冬⁽¹⁾，伪翼王扰来凤⁽²⁾，乡人大恐，一夕，忽闻砌震，人马哄腾及晓，侦探竟无踪。建夜，又如之，俱惶惑莫解。忽某幼子暴跳大呼，曰："予已有备，尔无虞！"言讫而踣⁽³⁾，及醒询之，曰："一伟人赤面长髯，自天而降，抚我背，即不知所为。"众悟，诣庙拜谢，睹神像汗如雨注，共嗟叹不已，后邑中果安堵无惊。

【注释】

（1）**辛酉**：即咸丰十一年，公元 1861 年。

（2）**翼王**：石达开，太平天国名将。

（3）**踣** bó：跌倒。

咸丰乙卯夏五月初一日申刻，五色云见于西北，之表。

光绪十一年续修

五行灾沴⁽¹⁾，人物妖祥⁽²⁾，纲目史记有必载。所以纪实录、志休咎⁽³⁾，不得奇异忽之也。故杂述志续修。

【注释】

（1）**灾沴** zāi lì：自然灾害；伤害。

（2）**妖祥**：凶兆和吉兆；显示灾异的凶兆。

（3）**休咎**：吉与凶；善与恶。

杂述志

邑向无野猪，自同治甲子年⁽¹⁾，有"群僧过巴东江，化为野猪入山"之谣，其种遂繁，毛色黑白不一，有虎皮，而头、尾、足仍猪形者，遍食禾稼，能一夕罄数家粮，畏枪炮、金鼓声，农民夜携家人，结茅野处，敲梆吹角，呼应山谷，稍一失防，禾无一粒，高山人户，半多流亡。光绪八、九年大荒⁽²⁾，每升米值钱一百七、八十文，知州长庚，捐廉平粜⁽³⁾，兼赈饥疲，全活甚众，并作驱野猪文，祷于州城隍，渐觉稀少。

【注释】
（1）同治甲子：即同治三年，公元 1864 年。
（2）光绪八年：公元 1882 年。
（3）平粜：官府在荒年缺粮时，将仓库所存粮食平价出售。

光绪二十五年续修

杂述志

鹤峰团练保甲章程

戊戌冬⁽¹⁾，长乐会匪滋事⁽²⁾，立即集团防堵，惟不教之民难与言战，随于城乡创设八局，挑丁训练，以资御侮。业将办理章程，通禀上宪查核，并示谕遵办在案，现在乐匪已平，州境得团练之效，未被窜扰，若论目下苟安之计，本可撤团，藉纾民力⁽³⁾，然圣人云：

"人无远虑，必有近忧。"此次小丑跳梁，本不足患，奈值时事多艰，夷氛日炽，各处天主教民，欺凌良懦，积怨已深，四方不逞之徒，随藉仇教为由，狡焉思起，而教案一出，洋人又复要挟肇衅，祸患之萌，殊难设想。

鹤境幸无教堂，亦鲜入会匪徒，且崎岖山路，有险可守，果能思患预防，足堪自保，现在各局规模尚未大定，保甲亦奉事具文，亟应实力整顿，以免追悔，临时断不可敷衍因循，苟安旦夕也。兹将禀定章程，略加损益⁽⁴⁾，立为久远之规，惟望众志成城，恪遵勿替。严查保甲境内不敢窝奸，外匪即无从扎足，各牌互相稽查，永不准有入教入会之人。则内患自绝，再将军装器械，遵章备齐，农隙之时，轮流操练，俾乡民悉成劲旅，万一有事，八局挑定团勇，已有千数百人，刻可成军。加以各保团丁，互相策应，以之御敌，何敢不摧？纵使四方不靖，鹤境可以安然。

本州莅任两载，见州民诚朴者多，每遇兴利除弊，无不踊跃遵行，此次筹费集团，亦均乐于从事。第值军务稍松，恐有悭吝浅见者流，妄生浮议，摇惑众心，任事者立志不坚，浅尝中辍，爰将所定章程，刊刷成本，分发各乡绅民遵办，以垂久远，并附刊于志书之末，俟就正于后来之有道焉。

光绪二十五年陬月⁽⁵⁾署鹤峰州知州谢绍佐识

【注释】

（1）戊戌：光绪二十四年，公元 1898 年。

（2）会匪：官方文书或私人记述时，对民间秘密结社及其成员的称谓。事指长乐县向虚廷秘密组织结社"哥弟会"，举"灭洋"大旗反教会，攻克县城，俘获知县、典史等官员后，退据白溢寨。

（3）藉纾：借此或依靠（民众）得以缓解或解决。

（4）损益：增加和减少，指得失。

（5）陬月：农历正月。

团练章程八条

设局。州境向分六十三保，幅员广袤。若各归各保，团练过于散漫，耗费亦多，现定于本城设立总局，东路乔阳坪、南路五里坪、西路旧建城、北路邬阳关、麻水保、关外之白果坪、大冶坪七处，均属边界要隘。每处设一分局，将近城之正德、厚生、张家村、茅竹山、观音坡、银砾寨、墙台、上下平溪、平山、麻旺村，十一保归入城局。东路之溪坪、东乡坪、清水湄、燕子坪、后康、咸盈河，六保归乔阳坪局。南路之五里坪、蚂蟥坡、南村、三潭井、下洞、六峰，六保归五里坪局。西路之太平镇、旧建城、奇峰关、龙潭坪、王家寨、脚踏坪、大水湄、三岔口，八保归旧建城局。北路之邬阳关、寻木岭、云雾村、岩门子、下坪、小龙潭，六保归邬阳关局。麻水、梅果湾、茅坪、韭菜坝、新池、留驾司、北佳坪，八保归麻水局。关外之白果坪、后溪坪、大典河、刚家湾、所坪、官仓坪、升子坪、千金坪、走马坪、上下阳河、芭蕉河，十二保归白果坪局。铁炉坪、江口、三望坡、细沙坪、七郎坪、红土坪、柘坪，七保归大冶坪局。每局谕派首士二人或四人经管收支，统带团勇，即在附近保内，挑练壮丁，以资防剿。

编队。每局在附近各保册造壮丁内，挑选勇敢有力者二百人，分为两哨，设哨长二人，号令二人，教习一人，再在二百名内，择其灵敏胆壮者二十人，为正、副什长，其余一百八十人，分为二十棚，内以十棚为常备勇。每棚连正副什长，共十一人。下余十棚，为预备勇，即归常备勇内之副什长兼带，如遇防剿紧要，常备勇不敷分拨，或有事故疾病，可以添调每棚团丁，择与什长住址相近者，编入一棚。俾声气相通，易受约束，挑定后遵照前发册式，开造花名清册，送州备案。遇有征调即责成什长，各唤本棚团勇，以收指臂之效⁽¹⁾。

筹费。团练经费，应由局绅，协同各本保首士，先择上户，劝捐不敷，再于中户内，按其每年收谷多寡，酌抽百分之五，以资补苴⁽²⁾。如有富户独任巨款，毋庸摊及本保中户者，从优给奖。所收经费，准各保首士，酌提一二成，制备本保所需器械、军火等项，余统送局应用，本保首士及驻局团绅，各将经手收支细款，造册送州，以凭核对张榜。如有侵蚀，查出重究。创办之初，除制备军装、器械外，必须留有余款，藉备缓急。地方平静，每年仍于秋收后，劝捐一次，以备冬防之用。倘遇军情紧急，随时另筹，所留经费，须存公正富户，以田地抵借，酌量生息，或买谷存储，兼可备荒，于报销册内，将存储数目、处所，声明存案，以杜亏挪之弊。

发饷。团练口粮，应分等次，现定每局哨长二人，每人日支饷钱一百五十文，什长、号令、教习，每名日支钱一百文，团丁按期轮操，每名日支钱四十文，派出巡哨侦探，日支钱八十文。如遇堵卡进剿等事，日支钱一百文。有功格外给赏，至局绅只开饭食、川资⁽³⁾，不支薪水。

制造。旗帜号衣，均贵鲜明，器械尤宜坚利。外洋枪炮，无力购备，应以火枪为主，梭标辅之，长矛大刀，徒饰外观，毋庸多置。每局应购火枪六十杆，梭标四十把，大号一对，大旗一手，哨旗两手，小方队旗十手，号褂一百件，以给常备勇丁之用。如添调预备勇丁，即令携用本保军装器械，以节靡费，至火药枪子，局中常须多备存储，庶免临时掣肘，各局军装器械制齐后，应即造册送州存案。首士如有更换，照册移交，倘有短少，着落赔补。

操练。团勇挑定后，先令合操数日，粗识队伍规制。如值有事，即将什长二十人，常川留局操练巡防⁽⁴⁾；其余常备勇丁，每日调操两棚，五日一周；预备勇丁，每月调操三次。至承平之时，夏秋可以停操，每年于冬、腊、正三月，冬防吃紧之际，每日操练一棚，每月合操一次，农隙讲武，藉可弹压地方，一举两得。团勇每日赴局轮操，必须携带器械，往返在途，即可留心巡缉，倘能捕获匪患，或探报军情，随时论功给赏，如敢贿纵容隐，查出重惩。

侦探。虚警谣传，最易误事，倘值邻疆不靖，或过讹传，应即选择诚愨善走之人[(5)]，分投侦探，务得确音，以凭知会各局，并飞报文武衙门，早为防范，无事亦可藉慰民心，免滋别事。

防剿。行军须明地理，各局绅将所管保分，查明与邻疆交界，共有大小路几处可以入境，与何保有几路可通往来，何处最易藏奸，何处可备埋伏，考验明确，绘图说帖，送州备查。一面将入境路口，多设木石，坚札卡门，倘闻边界有警，立时派勇防堵，能铸大炮，置诸要隘，尤为得力，如遇匪党窜入，或本境痞棍滋事，必须尽力剿缉，务获送究，倘敢持械拒捕，格杀勿论。

【注释】

（1）**指臂**：手指与臂膀。比喻得力的助手。

（2）**补苴** bǔ jū：补缀，缝补。语本汉·刘向《新序·刺奢》："今民衣敝不补，履决不苴。"引申为弥补缺陷。

（3）**川资**：盘缠，旅费。

（4）**常川**：经常；连续不断。

（5）**诚愨** chéng què：诚朴；真诚。

保甲章程八条

一、**分牌甲**。各保团而不练，则以保甲为主，必须经理得人，方收实效。现定每保按东西南北中，划分五甲，每甲由首士协同本处绅民，择一家道殷实、素洽众望者为甲长，禀州发给印谕，以昭慎重，至甲内分牌，如人烟稠密之处，以十家为一牌，僻壤户口寥落，以住址相近者为一牌，不必拘定十家之数。每牌定牌长一人，即由首士甲长选派，于户口册首开明，送州备案。

一、清户口。首士选定牌甲长后，即会同挨查户口，无论绅衿、商贸、农工、僧道、寺院及寄籍之户，均应编入，保甲将各户花名下，注明作何生理、父母、妻妾、子女、雇工，各几丁口（男为丁，女为口），如有祖父母，或伯叔、姪、婿各项，亲族同室居住者，将丁口一并开列，雇工内有外境民人，于姓名下另注籍贯，不得含混。再男子四十以下、二十以上者为壮丁，于每户丁口之下，声明有壮丁几人。又家资在一千串以上者为上户，三百串以上者为中户，不及三百串者为下户，亦即查确，于每户花名之上分别开列，统限奉谕一月内，造册送州，听候填发门牌，并照册另誊两份，以一份留在本保，一份送局，以备挑丁捐费之用。嗣后每年冬季，复查一次，户口如有增减，或原查遗漏错误者，逐一更正造送用昭核实。

一、出互结。保甲原为稽查奸宄，牌内如有窝容匪类，拐盗滋事，左右邻及牌长，知情不举，均于连坐，应于册内每一牌之后声明以上几家，均系安分良民，情愿互结字样。倘一牌中有素不安分之人，将其劣迹注出请究，若劣迹未著，邻右俱不敢保结[1]，即声明除某某令其自行出结外，其余几家，情愿互结。至外境寄居之人，如无家室恒业，或不安分者，立即驱逐，仍于册内登注备查。

一、制军械。团练虽已设局，而各保仍应酌制军械，以备就近缉匪，及局内添调团勇等用，现定每保在酌留一二成团费内，购置哨旗两面，队旗四面，号衣三十件，并配火药子弹，分存首士甲长处。每牌另备火枪刀矛存牌长处，遇事发给团丁应用，无事不准擅动。至各家旧存火枪、刀、矛、梭标等件，于查户口时，询明登册，倘敢隐匿不报，查出究罚。如一牌内存有军装数件，即免另制。又凡动公款所制军装器械，分存处所，均应于户口册尾，附载明晰，如首士牌甲长，遇有更换，照册移交，遗失着落赔补。

一、严缉捕。娼赌烟馆，最易藏奸，必须严禁。各牌既出互结，即应随时稽查，倘有作奸犯科，立时知会甲长首士，送州惩办，免受牵累，惟须访查确实，不得挟嫌诬陷，致于反坐。各牌并应购备铜锣，无锣者多设木柝，遇有匪徒抢掠拐逃等事，立即鸣锣集团，各牌无论雨夜，闻声立即赴援，一面接鸣柝锣，由近传远，不分畛域[2]，协力兜拿，务获捆送。倘邻近牌甲，闻声不救，事后查出议罚，如有勾串情弊，呈请治罪。再城乡歇铺，均应立簿，每日将尖宿[3]、客商姓名籍贯，作何生理，逐一登记，责成首士甲长抽查，倘有身带凶器、形迹可疑之人，立即审查，仍登册备核，如敢容隐，从重治罪。

一、**保田畴**。禾稼在田，必须互相保卫，早经出示晓谕，务当守望相助，协力稽查。倘有纵畜践食苗稼，加倍罚警。包谷结实之际，轮流出丁看守，盘获盗贼，捆送究治。至四乡恶习，每于禾谷将登，一家先收，无业游民，即将其余在田包挖，任意取夺，名为"开禁"，以致谷禾结老，即须抢收，难于久储，此等恶习，为害实巨，自当永禁此弊，倘敢违犯，统照窃贼惩治。

一、**杜流弊**。团练系御外侮，不得籍众私斗，把持抗官。至牌甲缉获盗贼[4]，必须送官讯究，不准私刑吊打，命案照例报验，如敢得贿私和，以致死者含冤，或借尸诈赖，俾今无辜受累，一经发觉，即将知情容隐之牌甲长邻右，一并究治。至首士牌甲各长，倘有窝匪贿串情弊，准地方绅耆，禀请革究。在官人役，倚势抗公，加等治罪。

一、**遵条约**。各国买地，设立教堂，应听民便，不得抑勒乡民入教[5]，仍归地方官约束。如有违犯法令，及因事涉讼，仍与平民一体治罪。教士不得干预护庇，条约久经载明，惟每有山曲乡愚，不谙条例，辄以入教为护符，遇事被控，教士公然具函，嘱托左袒，以致积怨酿祸。近来教案迭出，固由奸民借端滋事，然玉石俱焚，教民先受其害。长乐之事，可为殷鉴⁽⁶⁾。鹤境逼处邻疆⁽⁷⁾，此次得安然者，固由团防之得力，亦幸州境鲜食教之民，会匪无所籍口也⁽⁸⁾。各乡绅耆，应将所立条约，与乡民随时辨论，晓以利害，勿听奸人煽惑。入教入会，自取咎戾⁽⁹⁾，庶几永为盛世良民，共享承平之福，并于挨查户口时，遇有已经入教民人，亦令自出甘结⁽¹⁰⁾，于册内登明，送候察夺⁽¹¹⁾。

【注释】

（1）佝 qū：笨拙，迟钝，亦指笨拙的人。

（2）畛域 zhěn yù：界限，范围。

（3）尖宿：旅途中饮食住宿。

（4）牌甲：宋熙宁初，王安石改募兵制为保甲，置牌以书其户数及姓名。元时兵制设万夫、千夫、百夫，而以牌甲为基层单位。清世祖入关，有编制户口牌甲之令。其法，州县城乡十户立一牌长，十牌立一甲长，十甲立一保长。则牌甲又为地方基层组织。见《宋史·兵志六》《元史·兵志一》及《清史稿·食货志一》。

（5）抑勒：强逼，压制。

（6）殷鉴：泛指可以作为后人鉴戒的往事。

（7）逼处：紧靠；犹杂居。

（8）籍口："籍"通"藉"。凭借、借口。

（9）咎戾：罪过；灾祸。

（10）甘结：旧时交给官府的一种字据，表示愿意承当某种义务或责任，如果不能履行诺言，甘愿接受处罚。

（11）察夺：经过考察研究后决定。

附筹发相验解费章程

鹤境山缺瘠苦，向遇相验命案，招解人犯，均摊费于民间，地方官不恤脂膏，任意铺张，随带丁役、执事、茶号人等，动辄数十人，书差藉端苛派，远近乡邻，因而倾家者甚多，其招解人犯，每名需费百余千，亦系按乡派出，以致每出命案，众惧牵累，率即出钱私和，死者冤抑难伸，而痞恶藉尸图赖，甚至逼毙家人父子，以讹富户，积习之惨，难以枚举。

本州到任两载，均系自备夫马，轻骑下乡，不承肩舆，不带执事厨仆，费省易于捐发，即解犯口食一切，亦均由署捐给，未染民间私毫。官民相安，而藉尸图赖之风，由此顿熄。惟现在办法，不能强后任以必能，正虑难垂久远，幸蒙督宪张[1]，洞悉斯弊，通饬郧、宜、施三属州县，酌筹公款，以作相验招解等费，随将州境旧存谷价，及捐罚各项，凑泼典钱一千串，发当按月一分六厘生息，以作公费。议定嗣后相验下乡，不得随带锣道茶号人等，用杜骚扰，夫马以二十名为限，按六十里为一日。内刑房、仵作二名，每名日发钱二百文；大轿夫两班共八名，家丁、兜夫两名[2]，背行李夫二名，伞夫一名，每名日给钱一百二十文；高脚牌夫一名，民壮四名，每名日给钱一百文。其解犯费用，另行议定立案，统在当铺生息项下支给，倘遇不敷，则城当本系芹香会公款试办，即责成经管首士垫拨，一面续筹息本，用裕公项。自此次定章以后，永不准再有厂费、解费名目，如书差舞弊，私向民间摊派分文，或索供饮食，准受害之家，告发严究，倘敢容忍，以及私纳贿用，准事外人首告，照予受同科例治罪。地方官知情容隐，经绅民上控，免其越诉之罪，委查革究。至本州在任，仍系轻骑下乡，夫马所费无几，自备尚易，毋庸动支公款，然随带胥役人等，倘敢勒索分毫，亦许民间上控请究。盖立法森严，庶垂久而不废，而以身先试，免藉口于后来，除通禀各宪、勒石永禁外，特附刊于《团练保甲章程》之末，一律通颁，俾受害控诉之家，可得据为凭证焉。

光绪二十五年二月[3] 日　署鹤峰州事　谢绍佐　识

【注释】

（1）**督宪张**：即湖北总督张之洞（公元 1837 年 9 月 2 日—1909 年 10 月 4 日），字孝达，号香涛，时为总督，称"帅"，故时人皆呼之为"张香帅"。晚清名臣、清代洋务派代表人物，祖籍直隶南皮，出生于贵州兴义府（今安龙县）。光绪二十二年（公元 1896 年），回任湖广总督。

（2）**兜夫**：轿夫。兜子，只有座位没有轿厢的便轿。

（3）**光绪二十五年**：公元 1899 年。

附录一：《鹤峰州志》乾隆六年创修

披阅删正^{（2）}

太少保兵部□□总督□□等处□军务□□□□□□□□　孙
讳嘉淦^{（3）}

巡抚湖北□□地方提督军务都察院右副都御史加级纪录二次
范讳璨^{（4）}

署理湖广湖北武昌等处承宣布政使司正堂　安讳图^{（5）}

湖广湖北武昌等处提刑按察使司按察使纪录大次又军功加级纪
录二次　石讳去浮^{（6）}

湖广湖北□政使司武昌等处督粮道副使加级纪录三次　顾讳济
美^{（7）}

督理湖北武昌等处驿传清军盐法道　李讳慎修^{（8）}

湖广湖北□政使司分守武汉黄德道兼理水利事务纪录二次　吴
讳璋^{（9）}

湖广湖北分巡荆宜施道兼理水利事务按察使司副使加四级　屠
讳嘉正^{（10）}

原任湖广湖北分巡荆宜施道兼理水利事务按察使司副使加五级
姜讳邵湘^{（11）}

【注释】

（1）《鹤峰州志》（乾隆六年创修）：其内容系未入编《鹤峰州志》（道光二年重修）的资料，包括毛峻德《原序》、屠嘉正《鹤峰州志序》等未经编修或修改的原始内容。校注者以为，这部分资料可为读者阅读《鹤峰州志》时，能大略了解改土归流前后州情概貌，谨作参考。

（2）披阅：翻看（书籍），展卷阅读。**删正**：修改使正确。

（3）孙嘉淦：（公元1683—1753年）字锡公，又字懿斋，号静轩，山西省兴县人，历康熙、雍正、乾隆三朝，是清前期一位突出的、有胆识的宰相级官员。

（4）范璨：（公元1680—1766年），乾隆五年至乾隆八年（公元1740—1743年）任湖北巡抚。乾隆八年（公元1743年）三月至九年六月任安徽巡抚。

（5）安图：湖北布政使。

（6）石去浮：字仲醇，号静冶，世居河南开封府陈留县（今开封县）东约20里罗王乡黄岗村。任湖北按察使期间，实事求是，公正不阿，为避免冤假错案，敢向皇上奏疏，深受百姓拥戴。

（7）顾济美：（公元1696—1762年）字兆槐，号怡斋，江苏长洲（今苏州）人。清雍乾间官员。

（8）李慎修：（公元1685—1754年）字思永，号雪山，山东章丘人。身材矮小，而"胆大于身"，以直言敢谏闻名。乾隆初，出任河南南汝光道，移湖北武汉黄德道。

（9）吴璋：出任武汉黄德道，兼理水利事务。

（10）屠嘉正：浙江桐乡人。分巡荆宜施道，兼理水利事务。

（11）姜邵湘：浙江钱塘人，进士。分巡荆宜施道，兼理水利事务。

鹤峰州志序

毛峻德

邑之有志，犹国之有史。名虽不同，其事则一。夫志者，举一邑之沿革以及疆域之辽阔、山川之形胜、风俗之淳漓，推而坛庙、城署、田赋、户役、职官、兵防，无不条分缕晰，具载于篇以俟。夫采风问俗者之考据焉，是志之所系孔亟矣。矧兹鹤峰向为容美土司旧地，因土弁田旻如贪淫残虐，改设州治，既无典籍可稽，又无老成可询。经营伊始，百度维新，是鹤峰州志较他邑之志，尤为急务。德不敏，初蒙升任制府迈公檄委进司，守催田旻如进京，旋又奉委抚恤残黎，并随湖北臬宪王公讳柔、荆南观察姜公讳邵湘，经理改土善后事宜。仰荷臬宪王公、道宪姜公，百凡指示，俾得奉为准绳，幸免隙越诘意。事未竣，即膺上宪保题，叨沐圣恩授以牧民重任，七载于兹，寸长未效，夙夜难安。惟于土俗民情，知之颇悉，现设章程，皆所创始，德又何敢以不文辞。因于簿书之暇，约举大端，稍加编辑，会集成帙，酌分上下两卷，用捐清俸，以授梓人。窃谓志以传信，非以传疑，宁慎毋滥，宁简毋繁，凡事之因时措置，难垂久远者，概不敢登。若夫名宦、乡贤、人物、选举，因初入版图，无可纪载；至于忠孝、节义，事关伦纪，非确有可据者，岂容冒滥；仙释、古迹，事涉诞妄，非见诸史册者，未便率录；其余流寓、方伎之徒，文艺、杂记之末，既非所重，未暇考求览是。编者其亦鉴，作志之苦心。勿以简略是责，是则深幸也夫，谨叙。

时

乾隆六年岁次辛酉仲冬月

诰授奉直大夫知鹤峰州事　加一级纪录

三次中都　毛峻德　觐文氏书于容阳官署

鹤峰州志序

屠嘉正

郡邑者，公天下之大端。郡邑之有志，载纲纪一方之大略者也。然而志有创有因，其因者前世之陈迹备于斯，其创者一时之缔造备于斯，夫前无所凭藉，而后将视是以率由，此其事为倍难，而其文之所关为更要，非其心之足以立事，而事之足载于文者，其曷能创之。鹤峰故容美地也，土官世及，肆虐于民，民不胜其毒，而奔走偕来，愿沾圣化。我世宗宪皇帝恻然悯之，允廷臣议，改设州邑，选良吏以抚斯民。毛君觐文，爰自安陆通守，移牧鹤峰，披荆榛，建城郭，招流亡，安反侧，设学校，列营汛，坛庙、公廨，乘时俱举，生聚教训，因俗以施，三年而政成，五年而报最，七年而毛君膺简命，晋守宜昌，顾念鹤峰新造之区，案牍易至散缺，不可无所纂集，以贻之后也。用辑州志，而请序于余。盖其事与文类，皆出于创而已，无一不可为后之所因。余览是编，而窃有以见毛君之用心也，夫天生兆民，树之后王君公，承以大夫师长，以左右民也。何以长民曰仁，何以行仁曰政，何以举政曰诚，不诚则无物，而政非其政矣。毛君之治鹤峰，其意主于为朝廷绥靖远民，予以宽徭薄赋之乐，而去其犷顽狯劣之习，其哀矜恻怛，蔼然见乎其词，而笃挚恳切之衷，复足以贯乎其设施之颠末。此所以政通人乐，而下为编户之所暱就，即上邀圣天子之奖擢欤！毛君推是心以莅官，将所处益高，其所及益广，而后之牧是州者，以毛君之心为心，相时调剂，以求久安。此溪洞之众，安在不足以比于中土之民，雍雍然揖让于冠裳礼乐也夫。

赐进士出身　中宪大夫

分巡湖北荆宜施道　兼理水利按察使司副使　屠嘉正　序

容美司改土记略

毛峻德

鹤峰州，乃雍正十三年，钦定佳名，其旧为容美土司地也。乾隆三年春，奉督宪宗室德公檄取全楚州县邑乘。德茫无以应，既而思之，邑之有乘，犹国之有史，胡可缺焉？且德自雍正十三年七月履州任，并前在安陆通判任内，奉委于雍正十二年正月，即进司办理改土事宜，以迄于今。窃于州境之疆域、赋役之清编、山川之形势，以及人民风俗，不可谓不得其概，因于政治之余，聊具其可信者，分门别类，一一直书，聊备州乘。

至于改土设流之故，缘土弁田旻如者，自康熙四十五年，由通州州同改调承袭土职以来，阻险自雄，内地人民少通。居设九间五层，坐向子午，私割阉人，妄制炮位，构怨邻司，忠洞、桑植屡受抢掳之害，袒护二婿，楚昭、禹鼎均罹大辟之诛。至于所隶土职、土民，专擅予夺，紊乱袭替，私派滥罚，酷敛淫刑，甚至杀人家口，没人资产。种种狂悖，罪实难逭[1]，经升任内阁大学士前督宪迈，列款题□，犹邀世宗宪皇帝如天之仁，仍令进京引见，此雍正十一年事也。

斯时，旻如苟有人心，一奉恩旨，即应就道，奈何一任檄催及委官守催，犹以赈恤灾民为词欺诳，奏闻且于迁延时日之中，与其弟畅如、琰如及中军向日芳、旗鼓田安南等，商谋于十一年之霜降日，宰牛歃血，与各土众誓曰"如遇官兵，协力堵御；官不上前，听民杀之；民不上前，官即杀之"等语。吁！此后倒戈相向之举，由此起也。既则令土众于邬阳关内挑筑土城，令向日芳、田畅如、琰如等各率土民，整布军器，分守大崖、奇峰、邬阳等隘，正在计议间，适筑土城之众，已将奉委督催之金爪打死，各率男妇于邬阳关逃出，集于巴东县之红沙堡地方，投诚向化，恳讨安插矣。斯时，假旻如顺从舆情，刻即赴京，未必不犹可邀我世宗宪皇帝之鸿慈，免其深究。奈何于土民散涣，大义当明之秋，旻如犹逞鬼蜮之见，恃天星桥之险，于是年十二月初三日，潜入上平山万全洞内，于洞口安设炮位为堵御。而畅如、琰如辈，犹各期率离心离德之土众，分守各隘，以拒官兵。噫！斯时，土众恐干天讨久矣，切恨党恶之蒙蔽，私相传约，齐赴公请土弁进京，早已定于十二月初四日矣。所以至期齐集平山，一面协拿党羽，一面计诱土弁，至初九日，旻如出洞，土众告以抗命利害，力劝进京。旻如畏惧，遂于十一日乘间自缢。彼时，土众见旻如已故，思登衽席⁽²⁾，齐将现拿之助恶党羽田畅如、琰如、向日芳、向虎、田安南及阉人刘冒、仁寿、史东东、史西西，同旻如之子田祚南、雅南、思南等，并部印一十八颗，于十二月二十四等日，先后押解抵荆，公恳改土设流。是日，德自省奉委进司，守催田旻如进京，亦抵荆州，遵奉道宪姜公发讯各供，始知旻如畏罪自缢，报经批委原任枝江县傅讳垛，验填通报，请题饬审，乃按律审题之后，我世宗宪皇帝犹曲赐生全，特免田旻如戮尸，其妻妾、子女、父母、祖孙、兄弟，并田畅如以及阉人刘冒等，均得免死，照例分发陕西、广东、河南三省安插，且均赏给家赀，以资养赡，俾结斯案于不蔓不扰之中。旋谕允题请改设流官，以抚绥土众，此属州设流之始末也。

今城垣坛庙、文武衙署，以及营汛塘房、桥梁道路，查照永顺成例，俱已领帑兴修，规模初定。其疆域东接长乐，西界宣恩、恩施，南抵慈利、石门、桑植，北至巴东、建始，周围千有余里，然幅员虽广，田少山多，兼之从前土弁失于培养，地瘠民贫。所幸早蒙圣明洞鉴，特沛殊恩，将应征民赋，仍照旧额，征秋粮银九十六两。自乾隆二年为始，于鹤峰、长乐，一州一县，按亩摊征。其雍正十二、十三两年，并乾隆元年应纳银两，慨予豁免。土民老幼腾欢，纷纷呈请恭谢，业经会同长乐县，据情转详，请题在案，土民从此长享轻徭、薄赋之乐矣。

若夫，劝课农桑，捐设义学，分乡设里，稽保甲以清盗源；平易道路，去险隘而通商贾。此任斯土者，应时时尽心之务，但自顾识浅学疏无超越，政治俾土疆大有生色，用常内愧云。

乾隆六年岁次辛酉仲冬月记

【注释】

（1）逭 huàn：逃避。

（2）衽席：亦作"袵席"。床褥与莞簟；泛指卧席；引申为寝处之所。借指太平安居的生活。

《鹤峰州志》（乾隆六年创修）总目

《鹤峰州志》卷上

湖广宜昌府鹤峰州知州　毛峻德　创修

圣制

礼治邦国重畿辅⁽¹⁾，不遗要荒⁽²⁾，书纪唐虞⁽³⁾，次三谟必先二典⁽⁴⁾。故圣人有道，斯万国咸宁。今容美土司已经改革，兹鹤峰州治方造新疆，当苗民向化之初实。圣朝锡命之始，天覆地载溥施，格外之生成河纳海涵，尽释从前之濡染，好生之德遍于遐陬，休养之恩溢于千祀。恭濡兔管首纪⁽⁵⁾，龙章集首圣制⁽⁶⁾。

乾隆元年十二月初八日，奉上谕：湖北鹤峰州、长乐县□□□□□司地方每年征税□□□□□□□□□□□□□□□□□□鹤峰州成熟田地共六百五十四顷，应科条饷银四百七十九两；长乐县成熟田地一百八十三顷，应科条饷银一百六十七两。朕查，雍正八年湖南永顺等土司改土归流之时，蒙我皇考念，其地瘠民贫，将土民承种成熟地亩应纳钱粮，即照原额秋粮二百八十两之数，分则升利，仍宽免一年在案。今容美事同一例，且闻彼地山田荦确，土瘠水寒，物产凉薄，若照内地科则征粮，土民不无拮据，著将鹤峰、长乐二州县，现报成熟田地，亦照容美之例，即以原征秋粮银九十六两之数，作为定额，于乾隆丁巳年为如造册征收，嗣后若有招来劝垦荒地，再行奏报，酌量升科。至于裁改土司以后，未经查丈以前，雍正十二、十三等年及乾隆元年，共应征秋粮银二百八十八两，悉著宽免，不必补征，以示朕爱养土民之至意，钦此。

【注释】

（1）**畿辅**：国都所在的地方，泛指京城附近的地区。

（2）**要荒**：古称王畿外极远之地。亦泛指远方之国。

（3）**唐虞**：唐尧与虞舜的并称。亦指尧与舜的时代，古人以为太平盛世。

（4）**三谟**：指《尚书》中之《大禹谟》《皋陶谟》《益稷》。**二典**：《尚书》中《尧典》《舜典》的合称。

（5）**兔管**：毛笔的别称，指诗文。

（6）**龙章**：龙纹，龙形；这里意为皇帝文章。**圣制**：古代圣人的法制；犹御制。

星野

自乾坤定位，天包乎地，而地上应乎天。《周礼·保章氏》以星土辨九州之地，盖体天则地[1]，七政斯齐也[2]。翼轸为楚分野，太微位焉[3]。鹤峰新辟弹丸，分壤荆域，观象于天，其可占阴阳之和，奠此一隅矣。

《前汉书·天文志》：翼轸荆州。《史记·天官书》：翼为羽翮[4]，主远客；轸为车，主风。

按：《星经》云：翼二十二星，凡十九度；轸四星，凡十七度。鹤峰分野八翼十度。

【注释】

（1）**体天则地**：依据天道、天命，自然的法则，天子的法令。

（2）**七政**：古天文术语。说法不一（一说指"日、月和金、木、水、火、土五星"。二说指"天、地、人和四时"。三说指"北斗七星。以七星各主日、月、五星"。）古代兵法指人、正、辞、巧、火、水、兵七者。

（3）**太微**：古星官名。三垣之一，位于北斗之南，轸、翼之北，大角之西，轩辕之东。诸星以五帝座为中心，作屏藩状。用指朝廷或帝皇之居。

（4）**羽翮** yǔ hé：鸟羽。翮，羽轴下段不生羽瓣而中空的部分。指翅膀；泛指鸟类；比喻辅翼或辅佐者；比喻力量；飞腾。这里指翼星。

舆图

　　九州分于禹，贡职方掌于周官，自昔山泽异宜[1]，刚柔异制[2]，可按图而考也。鹤峰居楚之西陲，连黔引蜀，昔为蛮域，今列方州，山川之险易，疆宇之广袤，绘其全势，亦以见舆图，悉沾声教[3]，仰圣治之极盛云。

　　按：鹤峰州界，画东西广一百九十五里，南北袤三百四十五里。

【注释】
（1）**异宜**：所宜各不相同。
（2）**异制**：不同的形状和构造。
（3）**声教**：声威教化。

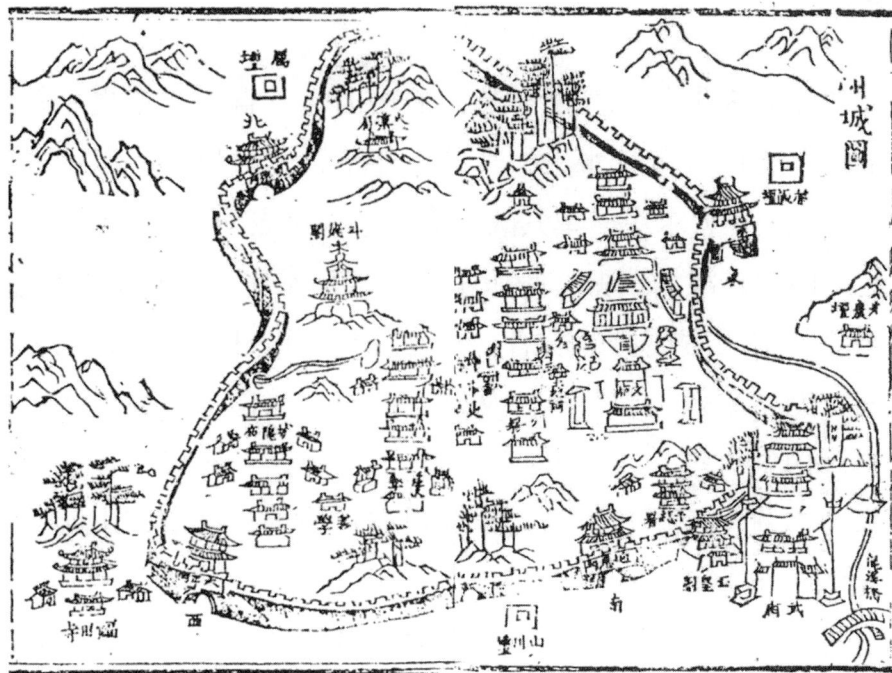

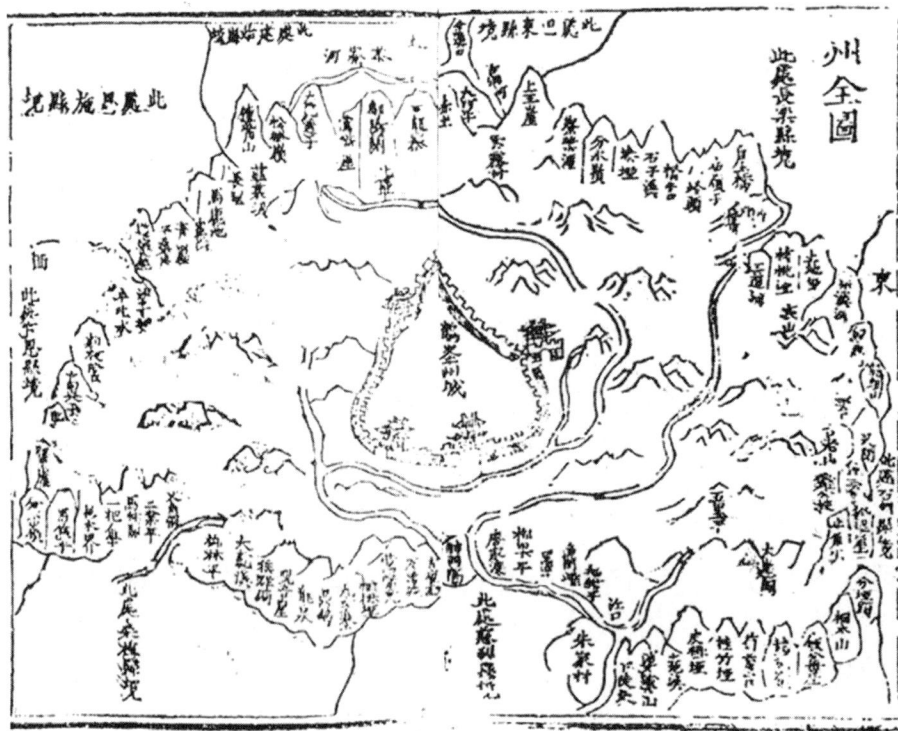

沿革

封建变而为郡县，势之所趋，治法因之，自然之道也。鹤峰本容美旧地，土民久苦于水火，今改设州治，张官置吏，以劳来安集之天生斯民。圣人求宁，革其故而取新，将沿之千万世矣！

楚之南徼，溪洞诸蛮，叛服不常。宋嘉泰中，湖南安抚赵彦励，请择素有智勇为蛮夷所信服者，立为酋长，借补小官以镇抚之。五年之间，能立劳效，即与补正从之，此土司所由众建也。元·容美宣抚司属四川行省，明·洪武十四年，置施州卫军民指挥使司，属湖广都司，领宣抚司三，容美宣抚司亦在境内，嘉靖三十年，诏湖广川贵总督节制容美等十四司。

本朝平定西南，容美土司仍世袭，属湖广。康熙四十七年，田舜年揭子田晒如贪庸暴戾，钦差大臣会同督抚等审明治罪，仍听请袭。康熙五十二年，土官田旻如狂妄骄倨，经左都御史赵恭毅讳申乔参奏，复蒙原宥。恬旻如不悛，罪恶益甚，自取覆灭。雍正十三年改司为州，钦定佳名曰"鹤峰"。兹土生民沾文明之化，实□今以始。

附录原题部文⁽¹⁾：

【注释】
（1）原题部文： 系首任知州毛峻德辑录的有关容美土司改土归流事宜的谕旨及刑部、吏部、户部、湖北总督奏折相关内容。

雍正十三年二月初八日，为特参狂悖暴戾之土司，法所难宥等事，奉前护臬宪马讳灵阿、升任藩宪李讳世倬、荆南道宪姜讳邵湘牌，奉升任湖广总督部院迈公讳柱牌开，雍正十三年正月初八准。刑部咨开湖广清吏司案，呈据湖督迈，题前事，雍正十二年十月二十五日，题十一月十六日。奉旨兹法司核拟具奏，钦此。

该本部会同吏部院寺会，看得容美土司田旻如等不遵法纪、滥给剳付、私征钱粮、僭越殃民种种恶迹一案，据湖广总督迈疏称，旻如世袭，方蒙皇上历次宥其过，惩令其悛改，无如狂虐成性、非理越分、私给剳付、听信邪术、擅用阉人、僭造九间五层衙署并建钟鼓楼，上设龙凤鼓、景阳钟，且横征滥派、越境掳掠，复党护两婿，淫恶种种。

经臣列款纠参，蒙皇恩优渥，令其来京讯问，即当星驰，阙廷泥首悔罪，乃扶同土目向日芳、向虎、田安南、伊弟田畅如、田琰如、阉人刘冒、仁寿、禄寿、史东东等商谋，假捏抚恤水灾，奏请宽限，携眷齐赴平山寨险处。又因党护长婿覃楚昭，经部议革职；复纵次婿覃禹鼎淫杀旗长藏匿，不容州县拘审，自知悖逆昭著，恐致问罪之师。连岁制造枪炮，修整盔甲，于雍正十一年九月十六日霜降，扎营之后，立坛宰牛祭神，歃血设誓，商谋拒敌，分派土民把守关隘，堵御官兵，更恐土民不从，捏称蓄养陈和尚系逆吴三桂之孙吴金枝有兵在江南、山东等处，可以调来接应，令向应、唐本裔同陈和尚前往招兵，以安众心。田安南复令土民于邬阳关要地筑城，土众见其行为叛逆，即从邬阳关投出男妇五百七十余名口，经臣将土众安插，委员前赴容美催令田旻如起程，而田旻如并不起程。即于雍正十一年十二月初三日，复携眷搬入万全洞，将洞口周围安设炮位、火药，有土目张彤硅首先投出归化，其余土众闻投出，土民俱给衣食安插。吁请田旻如进京，见田旻如复固不出，遂将平日助虐之田畅如、田琰如、向日芳、向虎、田安南、刘冒、仁寿、史东东等拘执，而田旻如之庶母、子、妻遂下洞劝。令田旻如进京，将宣慰司印交给次子田祚南承袭，土众又下洞吁求，田旻如方将印交给田祚南，同众出洞。众人送田祚南到中府，即围问把守，复至万全洞，将田旻如拉拥田畅如家，催令起程。田旻如自知负罪深重，民心已变，于雍正十一年十二月十一日自缢。

经臣奏报，奉准部复，将田旻如之子弟、阉人助虐之处行令饬审，今据各犯供认，前情不讳，并究出雍正九年十二月内，田旻如曾差土民谢希大，潜至镇筸龙角洞，诱苗人麻老丑至容美司，教令纠合苗众，攻杀驻防官兵，田旻如拨容美司教令，纠合苗众攻杀驻行，而田旻如叛逆之接应等情，虽麻老丑不肯允行服拘唤，拒敌官兵律已经昭著，应以逃避山泽不服谋之。向日芳等俱拟斩，虽经自缢，仍开棺戮尸，同谋等俱拟流，麻老丑等拟徒等因，具题前来，除禄寿投崖身死，覃遇春被田旻如打死，赵打虎、胡道人俱于取供，后在江夏监病故，均不议。外查田旻如身为土司，肆意狂悖，蒙圣恩高厚，屡经赦宥，乃罔知悛改，种种不法，罪恶已极，除私妖书、建造越度、横征滥派、烧丹炼药、扰害邻境各种罪不议外，其商谋拒敌官兵，以及强勒阉割、专擅选用、铸造炮位，所犯各款，俱应按律拟斩立决。

应如该督所题，田旻如合依谋叛已行律拟斩立决，虽该犯畏罪自缢，应仍将田旻如戮尸，以正典刑，其同谋拒敌官兵之向日芳、田畅如、田琰如、田安南、向虎、刘冒、仁寿、史东东，俱合依谋叛已行律，均拟斩立决。田旻如等妻妾子女，俱照律查明解部，给功臣之家为奴，财产俱入官。田旻如等父母、祖孙、兄弟，俱佥妻解部流徙乌喇。刘安太合依书符咒水者绞监候律，应拟绞监候，秋后处决。谢希大听从田旻如使令，往诱苗民麻老丑来往内地，并不将田旻如谋叛情由言明，经过州县，合依知谋叛而不首律杖一百，流三千里，照例佥妻解部注徙乌喇。其被诱之麻老丑原未依行，但擅行出入土司地，方与烧炼假银未成之刘玺，俱合依越度缘边关塞者，杖一百徙三年律，应各徙三年至配所，杖一百折责四十板。

再该督疏称：袁起臣听田旻如使令，为陈和尚抄录兵单，与土司书办聂珮，知田旻如行为均不首告，俱合依知谋叛而不首律，杖一百流三千里，照例佥妻解部流徙乌喇。袁起臣应监候，俟缉获陈和尚质审明白，另行佥妻解部流徙乌喇，但身拘司内，不能出外首告，可否邀原听候部议等语。查袁起臣、聂珮均系田旻如亲信之人，一切行为悉知其详，并不出首，均无可原，应照例佥妻解部流徙乌喇。袁起臣俟缉获陈和尚质审明白，另行发遣。

再该督疏称：向志高、向丙韬、王学均系田旻如使令，强勒下手阉割，合依私自净身者，并下手之人处斩，全家发边远充军例，均应拟斩监候，全家发边远充军，但均系田旻如使令，禄寿强勒下手，应请邀原比照为从各减一等律，杖一百流三千里，佥妻发遣，统听部议等语。查向志高、向丙韬、王学俱系田旻如逼令下手，强勒阉割，实属无知，畏死情尚可原，均应照为从，各减一等律，杖一百佥妻流三千里至配所，折责四十板。向应时听从田旻如主令，与陈和尚歃血盟心，罪应拟流，但又与张宏谟已知田旻如商谋拒敌官兵之情，乃同陈和尚从淮安回武昌，并不首明，听其逃走，合依知谋叛而不首律，杖一百流三千里，照例各金妻解部流徙乌喇，向应时、张宏谟俱应监候，俟缉获陈和尚质审明白，另行发遣。

该督既称：田旻如之弟田琨如，从幼过房与田庆年为子，田旻如之子田召南自幼过继与向九福之妻为嗣，律不坐罪。毋庸议唐本裔系田旻如差令，跟随陈和尚等途中使用，与接赵打虎之王应甲、王彬，接刘玺之黄印，接胡道人之江腊儿，及往山海关查丁姓银两之唐本德等，俱系听从田旻如使令而行，审无同谋，又无助虐，俱应免议。至在逃之陈和尚严缉，尚未弋获，但伊平日所说，范公旦等并向应时所抄兵单，俱各有地名人数，已行令直隶、江南、山东等省确查虚实。传授田旻如观星之徐廷枢，亦行令江西查拿，均俟获解，到日另结。其被田旻如阉割之添官等照律给亲，陈和尚之妻田氏系夺有夫之妇，应与被卖之黄梅等，俱应查明归宗所有；田旻如擅卖邻司被掳女子及所得价银，查已财产入官，毋庸再议；其强要本司工民男女，俱查给亲属领回完聚；掳虐邻司人口如单身男妇、家有夫妻子女者，逐一发回完聚；若男女已配有夫妻，以及原本成家、安居、耕种者，今已改土归流，悉编入烟户，以实地方。田旻如所造枪炮、盔甲，已据委员署安陆府通判毛峻德等查明，造册收贮，其私给土目谢希大等劄付，逐一查剿销毁。首先投出输诚之石梁司长官张彤砫、公恳田旻如进京之土众，应行奖赏之处，俟酌议另行咨部。施南土弁覃禹鼎，不法犯罪之处，容俟另行审题等语，均应如该督所题完结，仍行令该督将覃禹鼎不法之案作速审拟具题。其在逃之陈和尚、徐廷枢转行直隶等省严缉务获，另行审拟题结。

再该督疏称：监毙赵打虎、胡道人，管狱官职名系江夏县典史靳镇，相应附参等语，查定例军流等犯监毙二人者，管狱官罚俸六个月等语，应将监毙应拟流罪赵打虎等二名之江夏县典史靳镇，照例罚俸六个月等因，雍正十二年十二月十八日题，二十一日奉旨：田旻如畏罪潜藏，投缳自尽，尚与抗拒官兵者有间，著从宽免其戮尸，凡田旻如之孽，皆由自作，其眷属及协从牵连之人，俱系听伊指使，情有可原，此本内所拟斩绞各犯，俱著从宽免死，交与总督迈，分别安插别省居住；田旻如之衣饰等物，仍赏给田旻如之妻、子，其田产亦不必入官，著查明变价亦赏伊妻、子，以为度日之资；所有牵连治罪各犯，酌其情罪减等发落；其首先缴印之石梁司长官张彤硅，著赏给千总职衔，支食俸薪，以示奖励；余依议。钦此。相应移咨前去，钦遵查照施行等，因到院行司转移各道饬遵。

又于雍正十三年六月十七日奉臬、藩、巡各宪牌，雍正十三年六月初一日奉都部院宪牌，雍正十三年五月二十九日准刑部咨开湖广清吏司案呈。奉本部送刑科抄出据湖督迈题前事，雍正十三年二月二十四日题，三月十六日奉旨，该部核拟具奏。钦此。

本部会同户部会议，得容美土司田旻如等不遵法纪，先经臣将田旻如照逃山泽，不服拘唤，拒敌官兵律拟斩，虽经自缢，仍开棺戮尸。同谋之向日芳等俱拟斩决、刘安太拟绞监候、向志高等俱拟流、麻老丑拟徒等因，具题准部覆。奉旨：田旻如畏罪潜藏，投缳自尽，尚与抗拒官兵者有间，著从宽免其戮尸，凡田旻如之孽，皆由自作，其眷属及协从牵连之人，俱系听伊指使，情有可原，此本内所拟斩绞各犯，俱著从宽免死，交与总督迈，分别安插别省居住；田旻如之衣饰等物，仍赏给田旻如之妻、子，其田产亦不必入官，著查明变价亦赏伊妻、子，以为度日之资；所有牵连治罪各犯，酌其情罪减等发落；其首先缴印之石梁司长官张彤硅，著赏给千总职衔，支食俸薪，以示奖励；余依议。钦此。

钦遵查田旻如既蒙皇仁原宥，免其戮尸，其眷属及拟所绞各犯，俱拟宽免死，分别安插别省居住，则田旻如之妻妾子女，应请照犯斩绞土司之家口，安插远省例，与应流徙乌喇之父母、祖孙、兄弟，免其异处，一并解交陕西安插。其向日芳、田畅如、田琰如、田安南、向虎、阉人刘冒、仁寿、史东东俱系照谋叛，已行拟斩之犯，今蒙皇上法外施仁，从宽免死，查田畅如、田琰如系田旻如之弟，应与田旻如之家口同解陕西安插，令其团聚；至向日芳等始而助虐既又同谋，不法已极，今虽免死，不便一例安插陕西地方，应请将向日芳、田安南、向虎、阉人刘冒、史东东解交广东于极边地方分别安插，其向日芳、田安南、向虎之妻妾子女及父母、祖孙、兄弟亦当仰体圣慈，免其异处流徙，应与向日芳、田安南、向虎一同安插。再田旻如之田产，即沐皇恩，赏给伊妻、子，以为度日之资；其向日芳等田产以请变价赏给伊等，以广皇仁。除田旻如之衣饰等物已经伊妻、子收领外，其田旻如、向日芳等田产恐一时难于变售，未免藉此荣延守候，应请确估定价，先动存公银两，照数给与，分别起解，仍将变价银两归还原款。刘安太系照书符咒水律拟绞之犯，亦应免死安插，查系镇筸人氏，应照民人减等例金妻流三千里；向应时、张宏谟、谢希大、聂珮、袁起臣、向志高、王学、向丙韬俱属牵连治罪，原拟发遣流徙，今酌量减等例，应减徒发落，但均系不法土民，若于本省摆站满日发回安插，仍不安本分，煽惑滋事，若徒限满日复发他省安插，较斩绞免死各犯反觉太重，应将谢希大、聂珮、向志高、王学、向丙韬五犯，照犯军流等罪土司之家口迁徙近省安插例，解交河南安插。以上流徙安插各犯至配所，均照例折责四十板，至向应时、张宏谟、袁起臣应照原议，俟缉获陈和尚质明安插；向应时于审明之日，发往伊父向日芳处安插，免其离异；被诱出入土司，拟徒之苗民麻老丑，业经病故，咨部应毋庸议；又烧炼假银未成之道士刘玺，系枣阳县人氏，原照越度缘边关塞律，拟杖一百徒三年，今应减一等杖九十、徒二年半，至配所折责三十五板，摆站徒限满日发回原籍地方官管束。首先缴印之土弁张彤硅即蒙皇恩，赏给千总职衔，支食俸薪，其应食俸薪银两应于奉文之日为始，令地方官于地丁银内，按年支给，造报奏销；田琨如从幼出继于伊叔田庆年为子，田召南从幼出继于伊姑已故净安隘百户向九福之妻为嗣，均无助虐情事，原议照律不坐，但容美已经改流，不便发回土境，应于本省另行安插，使得其所等因。具题前来，除拟徒之苗民麻老丑已经病故不议外，应如该督所题，田旻如之妻妾、子女，照犯斩绞土司之家口安插远省例，应流徙邬喇之父母、祖孙、兄弟，一并解交陕西安插；拟斩之田畅如、田琰如系田旻如之弟，应免死减等，与田旻如之家口同解陕西安插，令其团聚；拟斩之向日芳、田安南、向虎、阉人刘冒、仁寿、史东东应免死减等，解交广东于极边地方分别安插，其向日芳、田安南、向虎之妻妾子女及父母、祖孙、兄弟亦应免其为奴，与向日芳等一同安插；拟绞之刘安太应照例减一等金妻流三千里；拟流之谢希大、聂珮、向志高、王学、向丙韬，应照犯军流等罪土司之家口，迁徙近省安插例，解交河南安插。以上流徙各犯至配所，均杖一百折责四十板；拟满徒之刘玺应减一等杖九十、徒二年半，至配所折责三十五板，徒限满日发回原籍地方官管束。

该督既称：拟流之向应时、张宏谟、袁起臣，俟缉获陈和尚质明安插；田琨如、田召南从幼出继，原议照律不坐，今容美已经改流，应于本省另行安插，使得其所；田旻如之衣饰等物已给伊妻、子收领等语。均应如该督所议完结。脱逃之陈和尚，仍令该督严缉获日另结。

再该督疏称：田旻如之田产，恐一时难售，请估定价值，先动存公银两，照数给与，分别起解，仍将变价银两归还原款；其土弁张彤硅应食千总俸薪银两于地丁银内，按年支给，造报奏销等语。亦应如该督所题，将田旻如之田产，饬令地方官确估价值，在于存公银内照数给与，仍将变价银两归还原款；其土弁张彤硅应食千总俸薪银两，自奉文之日为始，按年在于地丁银内动支，造报奏销册内报明户部查核可也等因。雍正十三年闰四月十八日题二十日奉旨依议。钦此。合咨前去钦遵查照施行等因到院，行司转移各道，知照饬遵。又于雍正十三年闰四月二十八日为奏明事，奉臬、藩、巡各宪牌，奉督部院牌开，雍正十三年四月初五日准。

吏部咨开，文选清吏司案呈吏科抄出，湖广总督迈等题前事，雍正十二年七月初十日奉旨，该部议奏，图并发，钦此。会议得湖广总督迈等疏称：容美地方幅员一千五百余里，非分设一州一县，丕此以资治理，今查容美旧司治，人烟聚集，应于新州设知州一员、吏目一员；五里坪距旧司治稍远，与慈利县河道相近，拟设州同一员；北佳坪为北路要区，拟设州判一员，均属新州管辖；五峰司地势开敞，为石梁、水浕、长茅诸司总会，应于此处设知县一员、典史一员。东西以金山云雾村为界，南北以北顺桥为界，约计州境周围八百余里，县境周围六百余里。又湾潭地方系适中之地，应于此处设分防同知一员，就近稽查弹压。

查容美旧属荆州府辖，但荆郡远在东北，惟与彝陵则仅隔长阳一县，且设有重镇，向来容美边地事宜原责成彝陵镇控制，今文武事应画一，应于彝陵建立府治，设知府一员、通判一员、经历一员、司狱一员，教授、训导各一员，改彝陵州为附郭之县，知州改为知县、吏目改为典史、学正改为教谕，所有该州原设州判应行裁汰。再彝陵既设府治，归州应改去直隶，并长阳、兴山、巴东、恩施等四县与容美之，议设之一州一县，共二州六县及分防同知，均隶新府管辖，仍以荆州道为统辖。再查长阳县属渔洋关远距县治一百四十余里，为容美、五峰出入要路，应设县丞一员稽查防范，归新县管辖。又容美大崖关外即湖南慈利县界其所属山、地、隘，远距县城，通容美河道，应将大崖关外慈利所辖近关五十里以内之地，拨归新州管辖，设巡检一员以资巡防，其原有土百户一员，应请革除。至新设之府、州、县等官，需用吏役，应照经制召募，并设铺兵以速邮传。其一切新设府治事宜，俟谕允部覆到日再议等语。应如该督等所请，容美旧司治地方准其设立知州一员、吏目一员，五里坪地方准其设立州同一员，北佳坪地方准其设立州判一员，均归新州管辖。五峰司地方准其设立知县一员、典史一员。东西以金山云雾村为界，南北以北顺桥为界，州境计周围八百余里，县境计周围六百余里。湾潭适中之地，准其设立分防同知一员，就近稽查弹压。

彝陵州准其建立府治，设知府一员，通判一员，经历一员，司狱一员，教授、训导各一员。原设彝陵准其改为附郭县治，知州改为知县，吏目改为典史，学正改为教谕。彝陵州原设之州判，准其裁汰。归州直隶州，准其裁其直隶字样，同所属之长阳、兴山、巴东等三县并设一州一县，共二州五县，及新设分防同知，俱归新设知府管辖，仍听荆州道统辖。其原属归州之恩施县，现据该督等提请，将恩施改府治，即以恩施县为附郭首邑，归于新府管辖。应将所请，将恩施县统汇彝陵新设知府管辖之处无庸议。

长阳县属渔洋关地方，准其设立县丞一员，稽查防范，归于五峰司新县管辖。容美大岩关外，澧州属慈利县界所辖之近关五十里以内之地，准其改拨容美新设知州管辖，并添设巡检一员，以资巡防。其原有土百户一员，应准其革除。致新设之府、州、县等官，需用人役，应照经制招募。其往来文移，需用添设铺兵，应准其酌量添设，仍令该督将添设数目，报部查复。至彝陵改设府治，添设知府一员，必得熟悉苗疆，才守兼优者方克胜任。应令该督等于现任属员内，拣选具题补授。其同知、通判、知州、知县，以及州同、州判、县丞、经历、司狱、吏目、巡检、典史各缺，俱系新设，改设之缺，亦令该督等于属员内，拣选调补所遗之缺，归部诠选。至归州改去直隶，彝陵改设县治，吏目改设典史，州判现议裁汰，所有现任各员，俱应留于该省，该督等以人地相宜之缺，酌量补用。

如无相当之缺，照例给咨赴部另补。彝陵州学正改设县教谕一缺，应即以现任之学正补用。添设教授一缺、训导一缺，照例归于月分诠选。

又疏称：营制拟设游击一员，驻扎旧司治；守备一员，分驻湾潭；千总二员，一随游击存营，一分防五峰；把总四员，一随守备存营，一分防五里坪，一分防邬阳关，一分防奇峰关；外委千、把总四员，二名随游击存营，一分防北佳坪，一分防山羊隘。兵丁七百名，外委在内。旧司治设兵二百六十名，湾潭设兵一百名，五峰设兵五十名，五里坪设兵二十名，邬阳关设兵二十名，奇峰关设兵二十名，北佳坪设兵一十六名，山羊隘设兵一十五名；并于各紧要地方添设塘汛三十九处，每塘设兵五名，共设兵一百九十五名。如此分布，实有裨益。

查彝陵为楚属咽喉，设镇防守，荆州满营驻扎，距彝不远，则彝非复常年之重汛，只缘控制容美，已经归注，所需汛防官兵应在彝陵镇就近抽调。查该镇右营原设游击、守备、千、把八员，并马步战守兵五百七十一名，除赴陕兵丁六十六名外，尚存额兵五百五名，仅数抽调，移驻分防。再于中左二营内抽拨一百九十五名，总归右营管辖，以足七百名之数。所有右营原防彝陵、长阳各塘汛，应就近改归镇标中营管辖，其派防兵丁仍于中左二营均匀抽拨，但中左二营需兵数多，亦未便减少应请，暂募新兵一百九十五名，归还中左二营，以资防守。其中左右三营往陕兵丁二百名，俟凯旋之日渐次抽减，仍令该督造具官弁兵丁驻扎分防事宜花名清册，送部查核，其新设游击等官，准于彝陵镇右营游击、守备、千、把移驻，仍归于彝陵总兵管辖。

又疏称：官兵俸饷任听彝陵请领、支放其现在兵粮。容美地方产米稀少，应暂给本色米石，于秋成后动支。原拨米折银两，委员前往就近水次地方采买、运送，令新设之州同、县丞料理，听该州、县收贮、支放，所需脚价、盘费于存公项内动支、开销。俟该地方米谷丰裕便于购买，另行议给折色。再容美土司原纳秋折粮银九十六两，向非按亩完粮，今即改设州、县，其田地之成熟者应照亩征收、荒芜者应多方劝垦，但现在并无顷亩区册可考，实在可征粮银若干未能悬拟。应俟议设州、县履任后逐一查明，照内地则例按亩升科纳粮，解司充饷，其一切人丁应照编审之例清查等语，亦应如该督等所请。官兵俸饷任听彝陵镇请领、支放，其现在兵粮暂给本色米石，于秋成后动支。原拨米折银两，委员前往就近水次地方采买、运送，令新设之州同、县丞料理，听该州、县收贮、支放，所需脚价、盘费于存公项内动支，造册咨部核销。俟该地方米谷丰裕，另行议给折色。再容美田地裁既无顷亩区册可考，实征粮银未能悬拟，应令该督俟议设州、县履任后逐一查明成熟田地数目，照内地则例按亩升科纳粮充饷，如有荒芜者，饬令该管州、县多方勤垦，其一切人丁照编审之例，五年一次清查编审。

又疏称：应建城池、衙署、祭祀、坛庙、祠宇、仓库、监狱、营房、塘防、墩堡、瞭楼及铺兵栖址、孤贫养济、官渡船只，并山路陡险急需开修通利等项，均应俟新州、县题授有人之日，查照湖南永顺永绥成例，确勘估建动项兴修等语，亦应如该督等所请，应建城池、衙署、祭祀、坛庙、祠宇、仓库、监狱、营房、塘防、墩堡、瞭楼以及铺兵栖址、孤贫养济、官渡船只，并山路陡险急需开修通利等项，均应俟新州、县题授有人之日，该督等查照湖南永顺永绥成例，确估动项兴修。

又疏称：新府、州、县如蒙谕允，恭请钦定佳名，所设文武各官印信、关防，并请敕谕，拟定字样，铸给以昭信守等语，应俟命下之日，吏部移揭内阁，选拟佳名，进呈恭候钦定后，移咨礼部铸给知府、知州、知县印信，以昭信守，其添设同知、通判以及佐杂等缺，俱应俟该督等拟定字样，到日再行移咨礼部，铸给至抽调该营游击，应俟命下之日，移揭内阁，选拟佳名，进呈恭候钦定后，移咨礼部铸给至添设同知、通判以及佐杂、抽调游击，敕谕等因，于雍正十三年三月初，旨依议，钦此。为此合咨前钦遵，查照司移道饬遵。

疆域　城乡坊里附　分防营辖附　铺递附

自古大一统之天下，有无外之规，亦即有一定之界，书云："申画郊圻，慎固封守。"良以幅员辽阔生齿日繁[1]，画而治之，守土者庶免顾此失彼也。鹤峰新入版图，规模粗定[2]，非疆界井然，何由纲举目张？庶事就理乎。

【注释】

（1）生齿日繁：生齿，指人口；繁：多。人口一天天多起来。

（2）粗定：大致安定。

东至百顺桥九十里，长乐县界。

西至牛吃水一百零五里，宣恩县界。

南至山羊隘二百里，湖南慈利县界。

北至金溪口一百四十五里，巴东县界。

东北至上王崖一百四十五里，长乐县界。

西北至虎鹢岭一百四十五里，建始县界。

东南至西溪河一百六十二里，湖南石门县界。

西南至杉木界六十五里，湖南桑植县界。

城乡坊里

利用坊　厚生坊　正德坊　以上州城内外

兴仁乡　内　博爱里　元长里　在州东

崇让乡　内　在道里　在田里　在州西

礼陶乡　内　节文里　仪则里　崇本里　谦吉里　贵和里　在
州南

乐淑乡　内　纯化里　和平里　以成里　在州北

分防　管辖附　铺递附

州治东西广一百九十五里，南北袤三百四十五里。

在在崇山峻岭，鸟道曲盘，奸宄易生，查防易密，所以设佐杂
各员。复奉题允，分防管辖、稽查，各有专责矣。

乾隆二年七月初八日，为详请分设汛地以专责成事，奉准吏部
咨开，又选司案呈吏科抄出，署理湖广总督印务户部尚书史公讳贻直
等题前事，乾隆二年二月十四日奉旨，该部议奏，钦此。议得署理
湖广总督史等疏称：鹤峰、长乐二州县，均系新辟土疆，其佐杂等
官各驻要区，虽皆职司、巡缉，然不分讯管理，难免彼此推卸，所
有鹤峰州属附近，州城之利用、厚生、正德三坊，东路之元长里，
西路之在道、在田二里，南路之节文里，北路和平里内之茅竹山、
麻王村等十二处应请分与吏目巡缉；州南礼陶乡内之仪则里，东路
兴仁乡之博爱里，应请分与州同巡缉；州北以成、纯化二里，和平
里之水田坝、三峰溪共三十一处，应请分与州判巡缉。其长乐县属
东之义正一乡及仁育乡之东一半，应请分归县丞管理；礼教、信孚、
知慧三乡及仁育乡之西一半，应请分归典史管理；嗣后清查保甲、

缉拿盗匪，各照分定疆界，巡缉稽查，倘有疏防、失察等案，照例参处，以专责成，仍不许违例干预民间词讼。至大崖关外拨归鹤峰州管辖汛地，容俟慈利县办理军务事竣，勘拨之日造册另报等因。前来查，雍正十三年内，呈部议准，湖广总督迈等疏称：容美旧司治地方准其设立知州一员、吏目一员，五里坪地方准其设立州同一员，北佳坪地方准其设立州判一员，均归新州管辖。五峰司地方准其设立知县一员、典史一员，长阳县属渔洋关地方准其设立县丞一员，归于五峰司新县管辖等因，奉旨依议，钦续。

经容美旧司钦定鹤峰州、五峰司钦定长乐县等因，各在案今该署督等，请将该州、县□□等官，就各员驻扎附近地方分定疆界，巡缉稽查，以专责成等语，应如该署督等所请，鹤峰州附近州城之利用、厚生、正德三坊东路之元长里，西路之在道、在田，南路之节文里，北路和平里内之茅竹山、麻王村一十二处，准其分与吏目管理；州南礼陶乡内之仪则里，东路兴仁乡之博爱里，准其分与州同管理；州北以成、纯化二里，和平里内之水田坝、三峰溪共三十一处，准其分与州判管理。其长乐县属东之义正一乡及仁育乡之东一半，准其分与县丞管理；礼教、信孚、知慧三乡及仁育乡之西一半，准其分与曲史管理，各照分定疆界，巡缉稽查，如有疏防、失察等案，照例参处。至大崖关外拨归鹤峰州管辖汛地，该署督等既称，容俟慈利县办理军务事竣，勘拨之日造册另报，应俟勘拨□□□□□□□□□乾隆二年□□□奉旨依议，钦此。

为此合咨前去□□查照施行等因，嗣于乾隆三年六月初四日，准慈利县移交拨归州辖五十里以内之地前来鹤峰州，随于是日文报接管，并声明拨归地界，附礼陶乡内添设贵和、崇本、谦吉三里，行交山羊司照界管辖。

一、州同分防

东路　兴仁乡　内

博爱里

痴虎坪	石龙洞	溪　坪	蒋家湾	苏家村	土寨屋
瓦窑坪	杉树坪				
燕子坪	清水湄	红茅尖	三斗坪	葛庄子	柳家山
桃　山	百顺桥				

南路　礼陶乡　内

仪则里

洪家村	细沙溪	五里坪	后　坪	土地岗	杨柳坪
小崖口	瓦屋场				
唐家村	鹞子尖	沙板坡	蚂蟥坡	南　府	卯子山
沉水峪	寻　木				
张家峪	白崖头	梅家坡	后　山	取水堰	商羊溪
三坛井	野猫水				
白竹垭	下鹿峰	上鹿峰	东乡坪	下　洞	

北路　乐淑乡　内

和平里

水田坝	三峰溪	巴子山	刘家湾	北佳坪	彭家湾
□□□	槎西坪				
王家坡	□□□	白鹿坡	野茶坪	□□□	□□□
张木溪	宋二坪				
□□□	□□□	清洞岗	铁牛坪	覃家岭	柳家村
马湾岭	桃子坝				
茅　坪	乌鸡湾	七甲里	夏家庄	王家村	旧屋场
水牛坪					

纯化里

二蹬岩	椒山司	刘家司	石　宝	鳗鱼潭	椒山溪
白　泉	簸箕山				

龙潭坪	两河口	刘家湾	红要坪	柘家坪	崖门子
干　溪	茶园坪				
韩家湾	后潭坪	下　坪	桃　山	椒　园	板料山
寒　连	中　州				
隔鱼洞	架子柏				
以成里					
白寮坪	小　园	栗子坪	石龙寨	寻木岭	云雾村
邬阳坪	深　溪				
斑竹园	尺　头	踏粮□	尺丈头		

一、吏目分防

利用坊　州城上街

厚生坊　州城中街

正德坊　州城下街

东路　兴仁乡　内

　　　　元长里

九峰桥	水　寨	百户村	满山红	张家村	新　庄
云来庄	细柳城				
东　村	茅鸡洞	紫草山	凉水井	观音洞	绿野庄
丁家坡	银珠寨				
□□□	墓　岭	大□□	□□□	上平山	下平山
□□□	□□□				
□□山					

西路　崇让乡

在道里

马夫营	重溪口	王家坪	两河口	二哥坪	巴王坐
斑竹园	舍鸡湾				
七家山	火烧溪	磨石溪	龙潭坪	王家寨	湘　沟

小干溪　脚踏坪

七里古洞　大水湄

在田里

大　寨　太平镇　洞长湾　新　村　冷水溪　三岔口
唐家村　青龙山

小水湄　旧建城　赶家湾　大　坪　合家堡　五里庙
奇峰关　茅　坝

南路　礼陶乡　内

　　　节文里

下平溪　水田坝　小　庄　羊角崖　三岔溪　阳　坡
老　村　茶　园

山　崩　墙　苔　唐家坪　田冈坡　下三古　生季湾
上平溪　石柱泉

杨桃庄　湛子溪　下茶园　枫香苔　板　寮　杉树坪
和平里

水沙坪　茅竹山　马脚坡　大石板　七道水　车书寨
黄家山　罗三坝

新峰庄　新峰洞　麻王村　施州冈

一、山羊隘巡检分防

贵和、崇本、谦吉三里

东自

马王坡　铁灵官　古老山　长　岭　□□□　□□□
□□□　牛角尖

分垭头　与石门照□□

　　　南由

桐木山　饭盆崖　萝蔔苔　琵琶岭　桂竹垭　土地溪
皮树垭　婆婆山

下陡崖 过河南岸 朱家山 仍转河北岸由 江 口 拖枪坪

鱼闪滩 四里潭 柳梁坪 唐家渡 神门鬼隔 上古庙基 瓦窑坡

小长岭 鹰嘴荒 即天仙山为界

西北

榆树垭 九女寨 鼎锅园 白龙泉 观音崖 大山崖屋 猴群洞

大干溪 与桑植县改山岭分水为界

北系大崖关内鹤峰州境

铺递 一十二处

州前总铺 铺司三名

东

凉水井铺 石龙洞铺 燕子坪铺 三斗坪铺 百顺桥铺 每铺铺司二名

南

□□□□ 白果坪铺 □□□□ 山羊隘铺 每铺铺司一名

北

水沙坪铺 北佳坪铺 每铺铺司一名

山川 形势附

天□□□凝而为□□而为川成，乾坤发育之功，树宇市伟特之观者，所在皆是也。若夫！鹤峰群山列峙，无非绝壁危峦，至山涧蒙泉，分出旋绕，汇成一线溪流，不通舟楫，然而风雨晦明，俯仰之间，变幻不同，其山川胜境，亦记载，所不可缺者。

八峰山　九峰山　紫草山　平　山　紫云山　天台山在城东　五峰山　羊角山

紫荆山　龙门山　朱家山　百岁山　屏风山　天仙山　古城山　铁云观山

马平台山　古老山　桐木山在城南　芙蓉山　青龙山　七架山　奇峰山

观　山在城西　茅竹山　铜　山　玛瑙山　天泉山　向家山　高木山　鸡公山

唐正山　石宝山在城北

形势　附

鹤峰内接南楚，外通西蜀，人烟稀少，树木阴翳，四境之中，悉属羊肠鸟道，险隘崎岖，峰回路转，或邃谷深岩，或层峦叠嶂其峭也，若削其窟也，若凿至其峥嵘，突兀如猛兽，奇鬼之状，所在皆是。考其旧有之形胜，如八峰耸翠、紫草辉霞、龙溪夜月、印石承基、果老仙洞、莲石砥柱、龙潭古鼎、天泉保障，素称"容美八景"，悉出天工，非由人造，登临眺览，亦足怡情。

关隘　塘汛、津梁附

古者设险以守国，是以司险掌疆，备列于夏官。鹤峰居楚北边末，地接湖南、四川，崇山万叠，林深箐密，最宜藏奸，所恃有关津隘口适当。州境西北南三面，列障如屏，自成天堑，于斯要道，谨讥察之法[1]，申保伍之令，俾奸宄无可潜踪[2]，历今七载，盗窃不闻，居民乐业，端赖乎此！

【注释】

（1）**讥察**：稽察盘查；督察。

（2）**奸宄** jiān　guǐ：犯法作乱的坏人。《书·舜典》："寇贼奸宄。" **潜踪**：潜藏踪迹，使不为人知。

大崖关　在州南　奇峰关　在州西　邬阳关　在州北

塘汛　共二十四处

凉水井塘　石龙洞塘　燕子坪塘　三斗坪塘　百顺桥塘　俱在城东

茶店子塘　柘潭坪塘　五里坪官汛　三路口塘　白果坪塘　山羊隘官汛

牛角尖塘　俱在州南

太平镇塘　奇峰关官汛　马蕉坪塘　三岔口塘　大崖屋塘　俱在州西

水沙坪塘　刘家司塘　楼角塘　高桥塘　云雾村塘　北佳坪官汛

邬阳关官汛　俱在州北

津梁

尖坝　在州城东　两河口　在州城西　南渡江　在州城南

以上三处于题明事案内，各请官渡一只，每渡设渡夫二名　岁支工食

新建桥　乾隆四年，州正毛峻德捐建　九峰桥　龙溪桥　百顺桥望喜桥

天然桥　通济桥　以上俱在州东　闪桥　在州西　高桥　在州北

城池 公署、营防、铺舍附

固官量人，掌营城郭，掌固掌修城郭沟池之⁽¹⁾，固设州分邑，捍卫疆圉⁽²⁾，城池固首重也。鹤峰前系土司，本无城池，改设后即蒙臬宪王公、道宪姜公，亲勘审度，绘图呈请，建造城垣，虽未广宏，然负山麓□□，雉堞巍然⁽³⁾，庶几金汤巩固，防守无虑。

【注释】

（1）**掌固**：官名。唐代尚书省等中央部门的属官。《周礼》谓夏官司马所属有掌固，设上士四人，下士八人，以下有府、史、胥、徒等人员。

（2）**疆圉**：边境，边界；犹边防。圉 yǔ，抵御。

（3）**雉堞** zhì dié：古代城墙上掩护守城人用的矮墙，泛指城墙。

州城创建于土司，□□□疆圉计长六百丈，共三里三分三厘三毫零，高一丈二尺，□□墙五尺，共一丈七尺，顶宽七尺，脚宽一丈三尺。东开永安门，西开太平门，南开迎恩门，北开同乐门。

州同衙署一所 　在五里坪系新建

州判衙署一所 　在北佳坪系新建

吏目衙署一所 　在州署□系新建

山羊隘巡检衙署一所 　在□□坪系新建

卫昌营游击衙署一所 　系土司旧署改建

千总衙署一所 　系土司旧署改建

分汛把总衙署三所

在邬阳关□□□，五里坪□处□□□□□汛防兵丁管房共四十八间，系新建

分汛外委把总衙署二所

在□□□北佳坪二处系新建，二处汛防兵丁营房兵二十九间系新建

州城营房二百三十间　　系新建

州属各塘塘房共一百一十八间　　系新建

州前及各地铺□共□□□□　　系新建

《鹤峰州志》卷下

湖广宜昌府鹤峰州知州　　毛峻德　　创修

户口

　　国之本在民，古者，万民之数曰生齿，以上皆书于版。三年大比，司民以献于司寇，司寇献其数以登于天府，诚甚重也。我朝列圣相承，休养生息，即穷乡僻壤，莫不繁庑。独容美罹前土官残虐二十余年，民不聊生，流亡转徙，存者寥寥，自改州以来，招来安集远□乐归人户渐众。盖月异而岁不同矣，故志其数，以仰圣世滋生之日盛焉。

　　查土民共一千九百二十一户，男、妇共一万零三百六十七名口。

　　又湖南慈利拨归州属之山羊隘地方十七都一、二、三区粮民共五百二十六户，男、妇共一千八百二十名口。

　　以上共计二千四百四十七户，男、妇共一万二千一百八十七名口。

田赋　盐课、引额附　经制、俸工支款附

九州既画，任土作贡，而田赋以兴。

鹤峰原系容美土司，额征秋粮银九十六两，自雍正十二年改土

归流，随确查成熟田地、山场，共六百五十四顷有奇，拟照湖南道州下则，酌量递减升科，应征粮三百三十九石三斗八升，应科条饷银四百七十九两六钱四分七厘零，方今造册请题，适蒙圣恩高厚，俯念鹤峰系新辟土疆，且山田莘确，土瘠水寒，物产凉薄，特降谕旨，照雍正八年湖南永顺改土之例，将鹤峰州现报成熟田地，仍照容美原征秋粮银两为定额，于乾隆丁巳年为始，造册征收。至雍正十二、十三等年及乾隆元年，应征秋粮银数，悉著宽免。恩纶甫沛，老幼高呼，欢声动地，则壤成规，万年被乐利之休矣。

州属成熟田地山，原报共六百五十四顷六分八厘九毫，升科粮则轻重不一，共计科粮三百三十九石三斗八升六合三勺七抄六圭八粒。

县属成熟田地山，原报共一百八十三顷二十一亩三厘五毫，内升科粮则轻重不一，共计科粮一百一十八石三斗九升一合一勺五撮二圭九粒六粟。

州、县二，共科粮四百五十七石七斗七升七合四勺七抄五撮九圭七粒六粟，照道州粮则州属报征条银共银四百七十九两六钱四分七厘七毫五丝八微九尘九纤七渺三漠三茫。县属报征条饷共银一百六十七两三钱一分九厘七毫四忽八微七尘二纤八渺五漠三茫。

今奉恩旨，仍以土司原额九十六两征收，合一州一县原报粮石计算，每粮一石，该摊征银二钱九厘七毫八忽八微七尘六纤一渺二漠零。除县属计粮该分征银二十四两八钱二分七厘六毫六丝五忽六微三尘四纤二渺一漠四茫外，州属计粮该分征银七十一两一钱七分二厘三毫三丝四忽三微六尘五纤七渺六漠五茫内。

原报中则田一十六顷六十四亩六厘九毫，每亩科粮一升七合一勺二抄，共科粮二十八石四斗八升八合八勺六抄一撮二圭八粒，计该摊征银五两九钱七分四厘三毫六丝七忽八尘九渺六漠九茫。每亩计该征银三厘五毫九丝二微一尘五纤九渺五漠九茫。

原报下则田二十三顷二十六亩九分三厘八毫，每亩科粮八合五勺六抄，共科粮一十九石九斗一升八合五勺八抄九撮二圭八粒，计该摊征银四两一钱七分七厘一毫四忽九微七尘一纤八渺五茫。每亩计该微银一厘七毫九丝五忽一微七纤九渺七漠九茫。

原报中则地一百四十顷九十九亩四分九厘五毫，每亩科粮八合五勺六抄，共科粮一百二十石六斗九升一合六勺七抄七纤二圭，计该摊征银二十五两三钱一分一毫一丝五忽九微八尘二纤六渺五漠六茫，每亩计该征银一厘七毫九丝五忽一微七纤九渺七漠九茫。

原报下则地二百九十七顷四十二亩九分九厘二毫，每亩科粮四合二勺八抄，共科粮一百二十七石三斗五撮七圭六粒，计该摊征银二十六两六钱九分五厘九毫四丝一忽一微三尘八纤五茫，每亩计该征银八毫九丝七忽五微五尘三纤九渺九漠。

原报茶山八十一顷六十二亩八分八厘五毫，每亩科粮四合二勺八抄，共科粮三十四石九斗三升七合一勺四抄七撮八圭，计该摊征银七两三钱二分六厘六毫二丝九忽九微九尘九纤九渺七漠八茫，每亩计该征银八毫九丝七忽五微五尘三纤九渺九茫。

原报陡山地九十四顷四亩三分一厘，每亩科粮八勺五抄六撮，共科粮八石五升八抄九撮三圭六粒，共该摊征银一两六钱八分八厘一毫七丝五忽一微九尘二纤三渺五漠一茫，每亩计该征银一毫七丝九忽五微一尘七渺九漠八茫。

以上总共征银七十一两一钱七分二厘三毫三丝四忽三撮六尘五纤七渺六漠五茫，每粮一石征饷条银一钱五分五厘五毫二丝零九微五尘八纤二渺六漠三茫五沙五灰五漂，科饷银五分四厘一毫八丝七忽九微一尘七纤八渺五漠六茫四沙九灰五漂。

又湖南慈利县拨归州属大崖关五十里以内之十七都一、二、三区，田地基园应征粮银实数开后，上则成熟田九十九亩四分二厘零。每亩科粮四升七合，该粮四石六斗七升三合零。每亩科银三分六厘零，该条饷银三两六钱五分八厘零。每亩科九厘饷银一分三厘零，该九厘饷银一两三钱七分一厘零。

中则成熟田二顷五亩五分三厘零，每亩科粮四升二合，该粮八石六斗三升二合零。每亩科条银三分二厘零，该条银六两七钱五分七厘零。每亩科九厘饷银一分二厘零，该九厘饷银二两五钱三分二厘零。

下则成熟田一顷九十亩五分三厘零，每亩科粮三升七合，该粮七石四升九合零。每亩科条银二分八厘零，该条银五两五钱一分八厘零。每亩科九厘饷银一分零，该九厘饷银二两六分八厘零。

又康熙五十三年，全垦田三十五顷九十亩四分七厘零，照道州下则升科，每亩科粮一升七合零，该粮六十一石四斗六升八合零。每亩科条银一分七厘零，该条银六十四两四钱二分五厘零。每亩科九厘饷银六厘零，该九厘饷银二十二两四钱四分七厘零。

中则地四十七亩一分四厘，每亩科粮二升五合，该粮一石一斗七升八合零。每亩科条银一分九厘零，该条银九钱二分二厘零。每亩科九厘饷银七厘零，该九厘饷银三钱四分五厘零。

下则地五顷二十六亩六分八厘零，每亩科粮一升三合零，该粮七石三斗七升零。每亩科条银一分零，该条银五两七钱七分零。每亩科九厘饷银四厘零，该九厘饷银二两一钱六分二厘零。

基园八十七亩四分七厘，每亩科夏税麦粮一升八合零，该粮一石五斗九升八合零。每亩科麦银一分零，该麦银八钱九分一厘零。每亩科九厘饷银五厘零，该九厘饷银四钱六分八厘零。

以上共拨归州属田地基园四十七顷四十七亩二分六厘零，共该粮九十一石九斗七升一合零，共该条银八十七两九钱四分四厘零，共该九厘饷银三十一两三钱九分七厘零。

随粮拨归人丁九丁，每丁该银二钱九分七厘零，共该丁银二两六钱七分五厘零。

随粮拨归派征杂项，每粮一石，带派班匠银七毫零，共该班匠银七分九毫零。每粮一石，外派麂皮京杠银二丝三忽零，共该麂皮京杠银二厘一毫二丝零。每粮一石另派优免银一分三厘一毫九丝零，共该优免银一两二钱一分三厘七毫零。

以上慈利县拨归鹤峰州应征粮九十一石九斗七升一合零，条饷丁银等项共银一百二十三两三钱四厘四毫零。

鹤峰州总共成熟田地山场，并拨归田地基园，共七百一顷四十七亩九分零，共科粮麦四百三十一石三斗五升零，共征条饷等银一百九十四两四钱七分六厘七毫七丝四忽一尘七渺一漠一茫二沙一灰六漂。

杂税

查田房等税，遵司颁契尾尽收尽解，原无定额。

盐课额引附

鹤峰未改州治以前，土民食盐，俱在川省各处盐场，零星易换，以资食用。今既抒诚向化归入版图，自应请销官引，因州地山高岭峻，若照楚食淮，窃恐脚价浩繁，商本重人，盐价过昂，民食未便。经前署督宪史奏请行销川引奉准，部覆随将州属新旧户口，按日确计请销川省陆引，共二百一十九引，招商承办，其销引完税自乾隆三年始，所有盐斤盐课，各细数详列于左，以备稽考。

每引配盐八包，每包五十斤，共四百斤。

每引征正税银二钱七分二厘四毫，共征正税银五十九两六钱五分五厘六毫。

每引征截角耗羡银四分八厘，共征截角耗羡银十两五钱一分二厘。

每引征纸砵脚力银七厘，共征纸砵脚力银一两五钱三分三厘。

以上共应征银七十一两七钱六毫。

经制、俸工支款附

知州俸银八十两。门子二名，每名岁支工食银六两，共银一十二两；皂吏一十四名，每名岁支工食银六两，共银八十四两；快手八名，每名岁支工食银六两，共银四十八两；民壮二十名，每名岁支工食银六两，共银一百二十两；轿伞扇夫七名，每名岁支工食银六两，共银四十二两；斗级四名，每名岁支工食银六两，共银二十四两；禁卒八名，每名岁支工食银六两，共银四十八两；仵作二名，每名岁支工食银六两，共银一十二两；库子四名，每名岁支工食银六两，共银二十四两；州前总铺司三名，每名岁支工食银六两，共银一十八两。

东路凉水井、石龙洞、燕子坪、三斗坪、百顺桥五铺，每铺设铺司二名，共一十名，每名岁支工食银六两，共银六十两；南路茶店子、五里坪、白果坪、山羊隘四铺，每铺设铺司一名，共四名，每名岁支工食银六两，共银二十四两；北路水沙坪、北佳坪二铺，每铺设铺司一名，共二名，每名岁支工食银六两，共银一十二两；东路尖坝设官渡船一只，渡夫二名，每名岁支工食银六两，共银一十二两；南路南道江设官渡船一只，渡夫二名，每名岁支工食银六两，共银一十二两；西路两河口设官渡船一只，渡夫二名，每名岁支工食银六两，共银一十二两；又南路江坪九女河，知州毛峻德捐设渡船一只，并于渡口置买旱地山场，以为渡子养赡修整船只之用，立有普济渡石碑，碑后并镌有地山界址、粮银数目。

州同俸银六十两。门子一名，岁支工食银六两；马夫一名，岁支工食银六两；伞夫一名，岁支工食银六两；皂吏六名，每名岁支工食银六两，共银三十六两；民壮八名，每名岁支工食银六两，共银四十八两。

州判俸银四十五两。门子一名，岁支工食银六两；马夫一名，岁支工食银六两；伞夫一名，岁支工食银六两；皂吏六名，每名岁支工食银六两，共银三十六两；民壮八名，每名岁支工食银六两，共银四十八两。

吏目俸银三十一两五钱二分。门子一名，岁支工食银六两；马夫一名，岁支工食银六两；皂吏四名，每名岁支工食银六两，共银二十四两。

山羊司巡检俸银三十一两五钱二分。弓兵八名，每名岁支工食银六两，共银四十八两；皂吏四名，每名岁支工食银六两，共银二十四两；民壮八名，每名岁支工食银六两，共银四十八两。

儒学学正，俟文风渐盛，考试有人之日，具详添设其俸，斋廪膳银两俟下届纂修叙入。

以上官役俸工共银一千一百七十二两零四分，因州属无项存支，每年按季赴藩库领给。又于遵旨议奏事案内奉文，乾隆四年为始，每民壮一名，岁给修理器械等银一两，州属各衙门通计民壮四十四名，岁支银四十四两，每年亦系赴藩库领给。

文庙春秋二祭。

武庙春秋暨五月十三日三祭。

山川坛春秋二祭。

社稷坛春秋二祭。

先农坛春祭。

邑厉坛清明、七月望、十月朔三祭。

以上祀典因坛庙削建未久，现在详请动项举行其支银各数，于下届纂修补叙。

物产

古者辨十有二土之名物，以相民宅，而知其厉害以阜人民、以蕃鸟兽、以毓草木、以任土事，是以度地居民，物产必志。鹤峰僻处深山，所产无奇珍异物，列其之名，可以审经理之宜。俾斯民爱土物而厥心藏矣。

谷类

稻　黍　藜　大麦　小麦　荞麦　燕麦　菽黄赤绿芸蚕伍种　龙爪谷

梁俗名包谷　芝麻

蔬类

芥菜　萝萄红白两种　苦萝　茼蒿　莴苣　油菜　苋菜　韭　茄　笋菌　白菜　甜菜

豆夹　芫菜　芹　葱　蒜

瓜类

冬瓜　王瓜　菜瓜　丝瓜　苦瓜　南瓜　葫芦　西瓜　瓠

果类

桃　李　梅　梨　枣　栗　橘　香元　石榴　枇杷　樱桃　木瓜　花红

花类

桂　兰　菊　芙蓉　鸡冠　艳山红　凤仙　玉簪　紫荆　芍药牡丹　栀子　百合

樱粟　木槿　海棠　地棠　扁竹　月月红　金银花　蔷薇　蜡梅　玫瑰

草类

艾　蒲　芭蕉　马鞭　益母　凤尾　通草　希莶　旱莲　蓼车前　苍耳

竹类

水竹　苦竹　楠竹　紫竹

木类

松　柏　枫　槐　青杠　柳　桑　椿　梓　桐　檀　枣　桐黄杨　皮楠　杉

鸟类

雉　鸦　燕　百舌　竹鸡　鹌鹑　画眉　山鹧　啄木鸟　黄鸟　八哥

白头翁　山喜

兽类

虎　豹　熊　猴　猿　貉　獐　麂　鹿　野猫　豺狗

鳞类

杨鱼无鳞　白甲鱼鳞色白　花鱼红丝色　脚鱼　龟　螺　重口鱼

虫类

蛇　蜈蚣　蟆蛉　螳螂　蟋蟀　蜻蜓　蝉　蝶　蜂　蚁

药类

黄连　黄柏　香薷　荆芥　紫苏　葛粉　薄荷　牵牛　山栀厚朴　石菖蒲

薏苡仁　独脚莲　三七　土牛膝　五倍子

杂产

蜂蜜　茶叶　黄蜡　蕨粉

学校

古者党有庠，术有序，学校之设遍天下，故君子爱人，小人易使，化民成俗之道舍⁽¹⁾，是无由也。峻德承乏兹土，诸事草创，窃以学校为先务，辟荆榛、择爽垲⁽²⁾，卜日鸠工。首大成殿、次大成门、东西两庑，前为棂星门⁽³⁾，后为崇神殿及明伦堂，规制崇宏，不敢以山州小学草率从事也。至于名宦、乡贤、师儒斋舍，新造之区，未能完备。振兴斯文⁽⁴⁾，踵事增华，尚有俟于后之君子。

【注释】

（1）道舍：道德的归宿之处。

（2）爽垲 shuǎng kǎi：高爽干燥。指高燥之地。

（3）棂星门：旧时学宫孔庙的外门。原名灵星门。灵星即天田星。

（4）斯文：指文化或文人。

正　殿　至圣先师孔子

四　配　复圣颜子　宗圣会子　述圣子思子　亚圣孟子

十二哲　闵子名损　冉子名耕　端木子名赐　仲子名由

卜子名商

有子名若_{乾隆三年升配}　冉子名雍　宰子名予

冉子名求

言子名偃　颛孙子名师　朱子名熹_{康熙五十年升配}

东庑先贤

蘧瑗　澹台灭明　原宪　南宫适　商瞿　漆雕开

司马耕　梁鳣

冉儒　伯虔　冉季　漆雕徒父　漆雕哆　公西赤

任不齐　公梁孺

公肩定　鄡单　罕父黑　荣旗　左人郢　郑国　原亢

廉洁　叔仲会

公西舆如　邦巽　陈亢　琴张　步叔乘　乘非　颜哙

颜何　县亶

乐正克　万章　周敦颐　程颢　邵雍　先儒谷梁赤

伏胜　后苍

董仲舒　杜子春　范宁　韩愈　范仲淹　胡瑗　杨时

罗从彦　李侗

张栻　黄干　真德秀　何基　赵复　吴澄　许谦

王守仁　薛瑄

罗钦顺　陆陇其

西庑先贤

先贤林放　宓不齐　公冶长　公皙哀　高柴　樊须

商泽　巫马施

颜辛　曹恤　公孙龙　秦商　颜高　壤驷赤　石作蜀

公夏首　后处

奚容蒧　颜祖　句井疆　秦祖　县成　公祖句　燕伋

乐欬　狄黑

孔忠　公西蒧　颜之仆　施之常　申枨　左丘明

秦冉　牧皮　公都子

公孙丑　张载　程颐　公羊高　孔安国　毛苌

高堂生　郑康成

诸葛亮　王通　司马光　欧阳修　胡安国　尹焞

吕祖谦　蔡沈

陆九渊　陈淳　魏了翁　王柏　许衡　金履祥　陈澔

陈献章　胡居仁

蔡清

崇圣祠　肇圣王木金父公　裕圣王祈父公　诒圣王防叔公

　　　　昌圣王伯夏公

　　　　启圣王叔梁公

东　配　先贤颜氏无繇　先贤孔氏鲤

西　配　先贤曾氏点　先贤孟孙氏

东　座　先儒周辅成　朱松　蔡元定

西　座　先儒程珦　张迪

军政

兵可一日不用，不可一日无备。况鹤峰向属土司民□□，鹤又地当边末，界连楚属，值此新疆初辟之日宁，得曰：已治已安，可置防卫而不讲乎？但恐经理失宜，制驭未善，是设兵非以卫民而以镇民耳。今则总辖分防，星罗棋布，武卫奋而四境相安于无事矣！

雍正十三年三月，湖广总督迈于奏明事案内，题设游击一员驻扎州城，守备一员分驻新设之长乐县湾潭地方，千总二员一随游击办理营务、一分守长乐县城，把总四员一随守备差操、一分防州属之五里坪、一分防州属之邬阳关、一分防州属之奇峰关，又外委千、把总四名，二名随游击存营调遣、一防守州属之北佳坪、一防守慈利县新归州属之山羊隘。总计外委马步战守兵共七百名，除湾潭设兵一百名、长乐县设兵五十名，并县属设塘二十处，每塘兵丁五名，共兵一百名外，于州城设兵二百六十名、五里坪设兵二十名、邬阳关设兵二十名、奇峰关设兵二十名、北佳坪设兵一十六名、山羊隘设兵一十五名，又于州属之东路凉水井、石龙洞、燕子坪、三峁坪、百顺桥，南路之茶店子、柘潭坪、三路口及大崖关外之白果坪、牛角尖，西路之太平镇、马蕉坪、三岔口大崖屋，北路之水沙坪、刘家司、楼角、高桥、云雾村，设塘一十九处，每塘兵丁五名，共兵九十五名。以上官兵即将旧彝陵镇标右营游击等官兵移驻，查右营额兵五百七十一名内，除赴陕兵六十六名外，止存兵五百五名，因不敷防守，再于中左二营内，抽拨一百九十五名，改归右营管辖，以足之日名之数，其右营原防各塘汛，就近改归镇标中营，派委分防等。因奉□□□□右营仍隶彝陵镇，今改宜昌镇总兵统辖。

祀典 庙坛、寺观附

国家祀典，著为令甲者，自文武二庙，外他如五土原隰之祇及御灾捍患之神，莫不建置坛壝⁽¹⁾，依时致祭。我世宗宪皇帝重农教稼，特敕各省有司，另立先农坛，虔修祭礼，为民祈谷，礼制备而嘉祥，迭见旷古以来未之有也。鹤峰改流，于今七载，雨旸时若⁽²⁾，百谷顺成，无水旱、螟虫、疫疠、瘥札之害⁽³⁾，昭祀明神，以介景福莅斯土者⁽⁴⁾，可不慎欤！

文庙　在州东门内。

武庙　在州南门内。

城隍　庙在州西门内。

先农坛　在州东门外。

社稷坛　在州东门外。

山川风云雷雨坛　在州南门外。

邑厉坛　在州北门外。

寺观

杉树观

玉田寺

广嗣寺

百斯庵

斗姆阁

文昌庵

紫云宫

福田寺

龙门观

地藏庵

【注释】

（1）坛壝 tán wěi：壝即坛，古代围绕祭坛或行宫的矮墙。

（2）旸 yì：太阳在云层里忽隐忽现。太阳无光。

（3）瘥札 chài zhá：疫病。

（4）景福：洪福，大福。

职官

　　设官所以牧民也。鹤峰未建州治以前，土官世袭，牧民之道无闻焉。雍正十二年，我世宗宪皇帝轸恤边氓，俞允改土设流，前制府迈公又以新辟土疆，抚绥匪易，分隶州县，备设佐贰等员，简选题补。峻德遂恭膺简命，恭牧此州履任以来，日夜兢兢，殚心竭力，惟恐一夫之不获其所，有负职守，窃幸同官，共相勖勉，兵民辑和，疆宇宁谧，庶免陨越云。

雍正十三年七月初二日，奉臬、藩、巡各宪暨督、抚部院宪牌内开，雍正十三年六月十三日准，吏部咨开文，选清吏司案呈吏科抄出，湖广总督迈等提前事，雍正十三年闰四月十六日，奉旨滋□□□□□□□湖广督迈□等，疏称容美土司改土为流，新设府厅、州、县以及州同、州判、县丞、经历、司狱、吏目、巡检、典史等官，令臣等于现任属员内拣选调补，查襄阳府知府王志遴守谨才练，熟悉苗疆，堪以调补新设知府；汉阳县知县梁瑛谨饬自持，才具敏练，堪以补授、分防湾潭同知；长阳县知县孟琅诚实勤练，久历苗疆，堪以补授通判；裁缺彝陵州州判黄相纶，请以州判管经历事，仍照原衔升转；随州梅圫司巡检王懋德，现在容美办事稳当，堪以调补司狱。

旧司治新设知州，查有署安陆府通判毛峻德，老成持重，办事明练，现住容美，料理妥协，堪以补授知州；分防五里坪州同，查有卓异之应城县崎山镇巡检缪鹏起，现住容美办事妥当，堪以补授州同；分防北佳坪州判，查有卓异，升补巴东县野三关巡检王都，办事努力，人亦明白，堪以补授州判；又州城吏目一员，查有归州裁缺牛口巡检胡藩，熟悉苗疆，办事勤慎，堪以补授吏目；新设五峰司知县，查有黄陂县县丞张曾谷，原系州判，借补之员，才具明晰，办事向前，现在五峰司与民相习，堪以补授知县；分驻渔洋关县丞，查有汉阳县蔡店巡检龚之镶，办事勇往，明白老成，堪以补授县丞；又县城典史，查有黄冈县典史薛恺，年力富强，办事去得，堪以调补；再新州所辖山羊隘巡检，查有光化县左旗营巡检吕存芳，办事勤敏，堪以调补；再归州裁去直隶，查有宜都县知县张廷琛，为人谨慎，有志奋勉，堪以补授归州知州；又彝陵知州改为知县，现任知州何广廷，即以知州管改设知县事，仍管彝仓兵米；现任吏目闻镗，请即以吏目管改设典史事，仍各照原衔升转。所遗襄阳府知府、长阳县知县、安陆府通判、黄陂县县丞、宜都县知县、随州梅坵司巡检、光化县左旗营巡检、黄冈县典史各员缺，归部铨选其汉阳县知县、汉阳县蔡店巡检、应城县崎山镇巡检、巴东县野三关巡检均□要缺，容俟照例调补至彝陵州改设教谕，即将现任学正余阳瑗，补用其新设教授，训导听部铨选王志遴，系对调之员，何广廷系以知州管知县事，黄相纶、王懋德、缪鹏起、王都、胡藩、龚之镬、薛恺、吕存芳、闻镗俱系以佐杂调用，均无庸给咨引见。所有梁瑛、毛峻德、张曾谷、孟琅、张廷琛引见，俱满三年，惟是苗疆新设紧要，需人办理，应各令其先行到任，俟办理地方事务妥协之日，再行给咨赴部引见等因前来。

查雍正十三年三月，内臣部议准：湖广总督迈等疏称，彝陵改设府治，添设知府并同知、通判、知州、知县以及州同、州判、县丞、经历、司狱、吏目、巡检、典史，俱系新设、改设之缺，应令该督等，于属员内拣选调补，奉旨依□□□□，旨定为宜昌府□□□□□□□□□□□□，该督等□□，襄阳府知府王志遴守谨才练，熟悉苗疆，堪以调补新设知府；汉阳县知县梁瑛谨饬自持，才具敏练，堪以补授分防湾潭同知；裁缺彝陵州州判黄相纶，请以州判管经历事，仍照原衔升转；随州梅坵巡检王懋德，现在容美办事稳当，堪以调补司狱；归州裁缺牛口巡检胡藩，熟悉苗疆，办事勤谨，堪以补授吏目；黄陂县县丞张曾谷，原系州判，借补之员，才具明晰，办事向前，现住五峰司与民相习，堪以补授知县；又县城典史，查有黄冈县薛恺，年力富强，办事去得，堪以调补；新州所辖山羊隘巡检，查有光化县左旗营巡检吕存芳，办事勤敏，堪以调补；彝陵州改为知县，现任知州何广廷，请即以知州管改设知县事，仍管彝仓兵米；吏目闻镗，即以吏目管改设典史事，仍各照原衔升转；彝陵州改设教谕，即将现任学正余阳瑗补用。所有梁瑛、张曾谷引见，俱满三年，惟是苗疆新设紧要，需人办理，应各令其先行到任，俟办理地方事务妥协之日，再行给咨赴部引见等语。

应如该督等所请，襄阳府知府王志遴，准其调补新设宜昌府知府；汉阳县知县梁瑛准其升补宜昌府湾潭同知；裁缺州判黄相纶，准其以州判借补宜昌府经历；随州梅垱司巡检王懋德，准其调补宜昌府司狱；归州裁缺牛口巡检胡藩，准其补授新设鹤峰州吏目；黄陂县县丞张曾谷，准其升补新设长乐县知县；黄冈县典史薛恺，准其调补长乐县典史；光化县左旗营巡检吕存芳，准其调补鹤峰州山羊隘巡检；彝陵裁缺知州何广廷，准其以知州新设东湖县知县，仍管彝仓兵米；裁缺吏目闻铿，准其以吏目借补东湖县典史。以上借补各员升转时，仍照原衔升转。裁缺学正余阳瑗，准其补授东湖县教谕。其所遗襄阳府知府员缺，臣部缮写缺单，汇总呈候旨，简用襄阳县知县，系冲繁难，四项兼全之缺，应该督等于属员内拣选调补，黄陂县县丞、梅垱司巡检、光化县左旗营巡检、黄冈县典史各缺，归于月分铨选。再查梁瑛系知县题升同知、张曾谷系县丞题升知县，应俟各员到任后，办理地方事务妥协之日，照例送部引见。至该督等疏称长阳县知县孟琅，诚实勤练，久历苗疆，堪以补授新设通判；宜都县知县张廷琛，为人谨慎，有志奋勉，堪以补授归州知州；署安陆府通判毛峻德，老成持重，办事明练，现住容美料理妥协，堪以补授新设知州；应城县崎山镇巡检缪鹏起，现住容美办事停妥，堪以补授五里坪州同；巴东县野三关巡检王都，办事努力，人亦明白，堪以补授北佳坪州判；汉阳县蔡店巡检龚之镬，办事勇往，明白老成，堪以补授县丞等语。但□官员任内，有降级、督催等案者，则不准其升补调任。今长阳县知县孟琅，任内有督催一案，不便准其升补新设宜昌府通判；宜都县知县张廷琛，任内有降一级住俸一案，不便准其升转；归州知州署安陆府通判毛峻德，由巡检保举。命往湖北以知县以下等官委用之员，现署安陆府通判，尝未实授，不便准其升补新设鹤峰州知州；其应城县巡检已经擢升榆林府照磨缪鹏起，巴东县巡检王都，蔡店巡检龚之镶，俱系从九品，今该督等题请，将缪鹏起升补从六品，鹤峰州州同王都升补从七品，鹤峰州州判龚之镶升补正八品，长乐县县丞品级悬殊，俱不便准其升补应将所请。孟琅等升补宜昌府通判等缺之处，均毋庸议，应令该督等另选合例之员题补。再查孟琅任内有督催一案，张廷深任内有降一级住俸一案，该督等俱未钦入木内合并，声明等因于雍正十三年五月十六日，奏。

旨：王志遴等，依议补授；孟琅等，着照该督等所行，余依议，钦此。

为此，合咨前去录选、查照、施行等因□□院准此合就，檄行备牌，行司即便钦遵转饬各该员，速赴新任办理事宜，仍取各到任视事日期详咨。梁瑛、毛峻德、张曾谷、孟琅、张廷琛，俟到任办理地方事务妥协之日，照例查明祖父有无膺空，详请给咨，送部引见。再汉阳县员缺任，速会同臬司□□□□□□□□题调补至汉阳县蔡店、应城县崎山镇、巴东县野三关，各巡检要缺仍照原题遴员，通详咨调毋违等因，举此合就檄行为此牌仰，该厅即便钦遵，速赴鹤峰州，知州新任办理事宜将到任日期，具文报司，以凭详咨，毋得迟违各等原因转行下州，知州毛峻德随于本年七月初三日文报履任。

文职官

知州　**毛峻德**　直隶顺天府良乡人，捐纳。
州同　**缪鹏起**　直隶顺天府宛平县人，捐纳。

州判　王　都　直隶顺天府大兴县人，捐纳。

吏目　胡　藩　浙江绍兴府会稽县人。

巡检　吕存芳　江南江宁府上元县人，雍正十三年九月到任，
　　　　　　　乾隆元年十一月丁忧回籍，捐纳。

　　　曹　煜　江南苏州府长洲县人，捐纳。

　　　姚　勘　直隶顺天府大兴县人，捐纳。

武职官　分防长乐县□□□□《长乐县志》

游击　王镇维　直隶正定府正定县人，壬辰科□□，乾隆三年
　　　　　　　调补镇□镇标前营游击。

　　　姜起周　湖南沅州府芷江县人，行伍。

千总　马中德　宜昌府东湖县人，行伍。乾隆二年升补湖南九
　　　　　　　溪营守备。

　　　马天祥　湖北武昌府江夏县人，行伍。

把总　周启承　宜昌府东湖县人，行伍。乾隆二年升补本营
　　　　　　　千总。

　　　樊　超　四川成都府成都县人，己酉科。

　　　赵　玢　襄阳府谷城县人，行伍。乾隆元年病故。

　　　姚夫远　荆州府江陵县人，行伍。

　　　雷　戎　宜昌府东湖县人，行伍。

风俗　文告附

化外之民，狉狉獉獉[1]，自"陈常于时夏"[2]，而民皆亲逊，

世□□明，天下故无不可善之俗也。在长民者，移而易□耳。鹤峰前为土司，民安、苗习、旧俗无一可志，今者幸际□官建学，示以礼义，励以廉耻，庶稚鬓之众，咸知向方，深山穷谷，雍雍然服衣冠而敦、仁、让矣。

【注释】

（1）狉狉榛榛 pī pī zhēn zhēn：文化未开的原始景象。

（2）陈常于时夏：出自先秦佚名的《思文》："无此疆尔界，陈常于时夏。"不分彼此和疆界，施行典法或田赋之法于中国。

（婚姻）文告

为晓谕婚姻礼节事，照得男女人道之始[1]，不娶同姓，即异姓必无亲属服制，然后请凭媒妁，两家通知明白，依礼聘嫁。主婚由本生父母及祖父母，两者俱无，从伯叔父母姑兄姊内家长一人主婚，此定礼也。

本州土俗，不知家礼，娶妻不论同姓，又异姓姑舅姊妹，罔顾服制，否则指云让亲。更有不凭媒妁，止以曾经一言议及，即称曰"放话"，执为左券者。又女家疏族外戚，亦得把持主婚，伤礼悖律，莫此为甚。合行晓谕示禁，为此示仰土著居民人等知悉：

嗣后男女婚姻如属同姓，不许议及，即异姓虽无服制，惟尊卑名分犹存者，亦不许议及。此外如有议婚者，请聘媒妁，两家通知明白，必各情愿，然后行聘，待女家受其聘礼，回报婚书，方不得悔，否则男家不得借"放话"二字，辄以悔婚具告。至于主婚，女家自父母祖父母外，伯叔兄姊有人，外姻远族不得干预，如有不遵，按律法究。再男女婚配，必须年纪相当，查此土有男子三十岁，而女未及笄者，又或女子二十、三十岁，而男尚勺象者[2]，年齿不配[3]，伉俪必乖，为父母者是诚何心？嗣后务宜悛改，敢有故违，一经访闻或被告发，罪坐主婚，男女离异。又男子亲属设席，约迎女家亲戚，无非以合二姓之好，并可借此以图口腹，夫何此土恶习，女子临嫁，女家即多索男家请帖，沿门遍邀，一至婚期，凡族亲外戚，及略有瓜葛者，扶老携幼，动经什百，在男家彻夜咨饮，数日不返，或男女同席，詈谑交加，伤风败俗，莫此为甚，兹以务禁，毋得再蹈故辙，有干查究。更可异者，访得此地女子，自受聘后，每逢年节，男家必多备猪腿、酒盒于女家户族、母舅、外戚遍送，名曰"朝年"，稍有不周，便滋诟詈，及至出嫁，女父母要"奶水钱"，诸父昆弟姊妹旁索，谓之"支陈"，更有让亲之需。以上各项，不惟礼出无名，实乃寡廉鲜耻，亟宜速改，不得因循，违者必究。总之，婚姻为人伦之首，虽近日民间嫁娶六礼多不全备，未有任意混行如此地者。除禁革各款备载于后外，所有应行各礼，本州约略数条，开列晓谕，嗣后各宜凛遵，力洗旧俗，庶万化之原正，而礼乐之可几矣！切切特示。

计开[4]

一、两姓男女年纪相当，又无亲属服制，而男女父母情愿结姻者，必先央媒妁，将男女有无废疾及乞养过继，通知明白，然后行聘定礼，一有不愿即止。

一、行聘之期，男家择定，必先托媒妁通知女家，所行聘礼物随力制备，富者绢帛、簪环、果酒等物，贫者寸丝尺布或仅备簪环亦可。惟庚书[5]，男女贰家俱不可少。今随地通变，庚书许各用红全一合，男家书写第几男，某年月日时生，全面写庚书贰字，礼物另用红全开具，后写姻眷弟某率男某顿首拜，凭媒妁押送女家，女家收聘，亦用红全书写第几女，某年月日时生，面写庚书贰字，再用红全于首页之前，写姻眷弟某顿首拜，中粘红签，上写领谢贰字，交付媒妁回复男家，倘女家备有回盒纸笔及鞋袜巾扇之类，亦另用红全开具，后幅仍用姻眷弟某顿首拜，附庚书谢帖篚内。此礼既成，终身莫悔。

一、男子十六以上，女子十四以上，婚姻及时，男家先择日期，早托媒妁，通知女家，如女家许约，男家量力制备衣饰、布帛、果饼等物，于期前用名帖开具礼单，另以红全开明亲迎日期，先告祖先，然后遣人同媒押送女家，女家收纳，亦用名帖回复男家，届期如女家备有妆奁，先送男家。此期一定，两家不得爽约。

一、男女亲迎之期，男家之父率男告禀祖先毕，令男乘轿或骑马，同媒先诣女家，拜告女家祖先毕，少坐，待女家领女拜告祖先，拜辞父母诸亲，男即乘骑先归，女后乘轿，导以鼓乐。至夫家，一切拜见礼文，听从乡俗。再此地迎娶，令人背负而行，殊属鄙陋。今本州捐置帏轿六乘，分置州城、燕子、五里坪、北佳坪、太平镇、邬阳关等处，听尔等附近居民，亲迎取用。嗣后，州民中有照式公置公用者，或独置赁租者，均听其便。

一、再醮之妇礼文，自较童婚稍减，一面行礼，一面亲迎者有之，至主婚受财，非得其人不可。何此地夫亡之妇，有种不法之徒，捕风捉影，辄向孀妇家亲族，或母家亲属求娶，此言一出，即曰"放话"，倘后议婚不果，即以"放话"为词，以悔婚具控。又或女家父母兄弟，已私将孀妇许人，而夫家亲族又将孀妇许人者，每遇再醮告争多端，总由主婚受财，无一定之人所致。今本州访照俗例，揆之情理，定为规模。嗣后，孀妇再醮，许母家择婿，夫家受财，亦必彼此通知明白，然彼聘娶。违者，一经告发，分别究处。

【注释】

（1）照得：查察而得。旧时下行公文和布告中常用。

（2）勺象：男孩十岁以下，舞勺之年；十三至十五岁，舞象之年。

（3）年齿：年纪，年龄。

（4）计开：逐项开列。清单行头习惯用语。

（5）庚书：结婚时，由下书先生将两张分为龙帖和凤帖的红纸，用礼盒盛装包括满门请、盘头红包、扶新娘红包、进神红包、真庚书红包等礼品，送到女方家里。龙帖为男方生辰，凤帖为女方生辰。

禁乘丧讹诈

为严禁乘丧讹诈事，照得容美旧日恶习，民间有不幸遭父母丧或妻病亡，而舅氏人等称为"后家"名色，动挟平昔微嫌，借此纠集族党男妇，攘袂持械，蜂拥丧家，口称棺殓菲薄，任意搜寻家私，勒令建斋设醮，并索孝布孝衫，稍有不遂，毁桌破椅，必满所欲，然后恣饮而返。忍心害理，莫此为甚。查人命殴杀律，倘尸亲于凶手之家，肆行抄抢者，先问抄抢之罪，然后审拟人命。是真正斗殴杀人者，尸亲人等尚不得擅行抄抢，况郎舅亲属明知死者病亡，而反统众肆横，多端勒索，按律问拟，罪岂能逃！且问谁无父母，谁无妻室？尔今日可以舅氏居奇，无端勒索于人，而尔之舅氏日后，倘不得无端勒索于尔乎？如此循环报复，究何抵止？除已往不究外，合行严禁为此示：仰各地保甲土著居民人等知悉，嗣后务各凛遵，不得故犯，敢有仍指称"后家"名色，蜂拥扰害有父母丧及或妻丧之家者，该保甲邻佑即行理阻，如有不从许，即据实指报，以凭严拿，按律详究。如保甲邻佑，瞻顾徇隐，一经访闻，一并严拿，重处不贷，慎之毋忽。特示。

禁轻生

为晓谕轻生无益，亟宜猛醒，保全性命事。照得尔等百姓，向为土司管辖，彼时律法不明，或与人有怨，即以投河、自缢之人命，破人之家，甚至戕人之命，以泄其忿，因而恶习相沿，动则轻生。今已改土归流矣，尔等共为盛世良民，即应革面革心，更改恶习，凡衔冤负屈⁽¹⁾，直书具告，断无不白不伸之理，自不必投河、投崖、自缢、自刎，始可泄恨也。况人命虽属重件，而真假律有明条，如谋杀、劫杀、故杀、斗殴杀、戏杀、误杀、过失杀，此七种乃真人命，律有斩绞、收赎、轻重不等之罪，若夫投河投崖、自缢自刎等项轻生自尽之人命，律载呈报到官，印官即亲往相验，果系轻生自尽、殴非重伤者，即于尸场审明定案，将原被人等释放。如印官故意迟延拖累，照宜结不结例处分。若系自尽，并无他故，尸亲捏词控告，按诬告律科断。如刁悍之徒，藉命打抢，照白昼抢夺例拟罪，仍追抢毁物件，给回原主。其勒索私扣者，照私扣科断，勒索财物入官等语则是自尽命案，乃徒自丧命，并不能以累人。何况从前呈报各案，验讯之下既无深仇，又非大故或以田土不清，或以口角微嫌，所以盖棺立案，于人无尤。但愚夫愚妇，罔知律例，若不谆切指示，毙命堪怜。合行出示晓谕，为此示：仰土著居民人等知悉，嗣后如有户婚、田土及斗殴、口角事故，一纸控告，是非立剖，慎毋仍蹈恶习，动辄轻生。试思既丧性命，又自备棺，身死财费，而所害之人，究脱然事外，得失判然，能不猛省？本州念切保民，除大书告示遍贴外，另刊斗方⁽²⁾，俾家谕户晓，痛改前非，切切特示！

劝尔愚夫愚妇，切勿舍命害人。时已改土设流，命案惟律是遵。

律载投河吊颈，验埋概予释宁。舍命既难泄恨，何不忍耐保身？

即或含冤负屈，禀官自有理论。蝼蚁尚知怕死，尔等独非人心。

【注释】
（1）衔冤负屈：心怀冤枉，身受委屈。
（2）斗方：书画所用的一张见方的纸张，也指一二尺见方的字画。

告城隍文

为请除民害，以保民生事。窃惟天地好生，蝼蚁惜命，岂人为万物之灵，而贪生恶死，反蛰虫之不若耶？是愚夫愚妇，纵恣秉昏浊，必自爱其躯，苟非势穷事迫，求生无路，但无投缳溺水、轻自毙命者矣。今鹤峰州，一岁之中，轻生者数闻。一日之内，自缢者再报。非系疾病数奇，即或口角细故，何恶俗之难变，可恨可悯，一致此哉，或被山魈野魅，枉死冤魂，伏水为祟，傍山作怪，亦莫须有之事矣。德闻前此土弁，贪淫抢掳，民不聊生，有投崖而死者，有溺水而死者，有自缢自刭而死者，更有无辜杀戮，及毙于杖下者，种种冤魂，愁成恨结，超升无路，祭奠莫及，将毋作祟生灾者，即若辈欤！德司牧兹土，实为痛心，伏惟尊神作一州之保障，操生死之权衡，辅国佑民，御灾捍患，是其职也。王法之所不加，神鉴之所必察，窃闻四凶之族，投之远方，以御魑魅⁽¹⁾，是魑魅故先窜远方也。二氏轮回，有超生脱孽之说。尊神怜我民命，于此辈或施法力，俾得超生，固仁之至也。不然仿放流例⁽²⁾，度古荒老箐，人所不到之处，驱而置之，毋为民害，亦义之尽矣。德奉君命以治明，神受帝敕以治幽，两不相与，实交相为礼。德诚不德，无能庇民，尊神独不为圣朝抚此土，而保此民乎？祈速肆驱除，以安阖境。敢告。

【注释】

（1）**魑魅**：魑鬼。

（2）**流例**：流传下来的惯例。

禁肃内外

为严肃内外，以端风化事。照得男子十岁以上，不许擅入中门，女子十岁以上，不许擅出中门，载在曲礼，所以严内外之别也。中门者，内庭住宅之门，若民居浅狭，即内室之门是也。乃州属向来土俗，无论亲疏，即外来行客，一至其家，辄入内室，甚而坐近卧榻，男女交谈，毫无避忌，诲盗诲淫，端自此始。合亟出示晓谕为此示，仰保甲人民知悉，嗣后务宜严肃内外，分别男女，即至亲内戚往来，非主东所邀，不得擅入内室，其疏亲外戚，及客商行旅之辈，止许中堂交接。违者，宾主责俱难逃，凛遵毋忽。特示。

禁端公邪术

为严禁端公邪术事。照得容美改土归流，旧日恶习，俱经悛改，而端公马脚蛊惑愚民，为害最深，合行严禁为此示，仰州属土著居民人等知悉，尔等各存好心，力行善事，自可获福远祸，切不可妄信罗神怪诞之术，上干法纪，除信习罗神邪教之家，业已著令各地保甲，查追妖魔鬼像与装扮刀剑等物焚毁，并各取不致再为行习，甘结备案外，但恐僻处愚民，溺于祸福之说，仍有潜藏邀约举行者，亦未可定。查律载：凡巫师假降邪神，佯修善事，煽惑人民，为首者绞；为从者各杖一百，流三千里；里长知而不首者，各笞四十。如此律禁严明，自示之后，尔等百姓，切勿明知故犯，后悔无及。各宜凛遵毋忽，特示！

义馆示

为义馆已设，劝崇正学事。照得容美僻处楚荒，未渐文教，纲常礼节，素未讲明。不知人秉五常，一举一动皆有规矩，若不读书，法古举动[1]，何所适从？今本州念切尔等，既为圣世黎民，即当躬渐圣人。至教用是，捐俸建立义馆，延师金登遴等，教以诗书，更于乡里分立义馆，多刷圣谕广训，分布任领。令馆师日则教子弟在馆熟读，夜则令子弟在家温习，庶几子弟之父兄辈。亦得闻作忠作孝之大端，立身行事之根本，久久习惯，人心正，风俗厚，而礼义可兴矣。除各地开学前，已出示传遍外，合再谆切晓谕为此示，仰州属土著居民人等知悉，如有子弟年七岁以上，情愿入馆攻书者，父兄不得迟疑，即送入馆，倘有有志人民深期子弟上进者，或一家或三五家合立一馆，专延老成厚重、学问优长之师，在家课读。此又兹地所难得，而本州所深望者也。惟是义学不止一处，本州养廉恐难遍给，除州城教习各地子弟，馆师之修俸，本州独立捐送外，其余各义学馆师修俸，听子弟之父兄量力出资，倘果力不能出，岁底本州仍即一并捐给。尔百姓毋得吝惜观望，有负余怀。切切特示。

【注释】
（1）**法古：**效法古代、古人。

条约

为明白晓谕各宜遵守事，照得鹤峰人民新入版图，法律不明，事多悖谬，今本州诚恐尔等误罹法网，特摘旧习恶俗开列，严禁于后：

一、分火之说宜禁也。容美旧俗，凡子孙分出另居，即名"分火"。自分之后，好货财，私妻子，置祖父母、父母之衣食于不问，是禽兽行也，何以为人乎？嗣后，即兄弟各居，祖父母、父母衣食稍有不给，子弟当供奉之，富者勿吝，贫者竭力，敢有执分火之说，以路人相视。访知，杖一百不贷。

一、乱宗恶俗宜禁也。旧日，土民无子，无谕异姓，即立为子，有名系祖孙父子，实二三姓者，乱宗渎伦，莫此为甚。嗣后，有无子者，照律先立同胞子侄，次于嫡堂、从堂、再从堂，依序立侄为嗣。如无侄可立，方于远房及同姓中，照世次择立，承奉宗祀，传授产业。敢有以异姓为子，及随母异姓之子为子者。事发，定照律杖六十，以子与异姓人者同罪。

一、养老之婿亦异姓也。旧日，土民无子，即以婿为子，今凡有招婿养老之家，如无子孙，仍按律于同宗应继者，立一人为嗣，家产均分，不得以有婿不必另立，绝其宗祀，违者照乱宗律治罪。又律载：止有一子者，不许出赘，违者法究。

一、闺阃之教宜先也。旧日，民间子女，缘土弁任意取进学戏，男女混杂，廉耻罔顾，因相沿成俗。今已归流，父兄在家，亟宜振作。凡一切不经之言，对女无轻出诸口，女子说不应说之话，即戒惩之。毋令与男子同坐，以礼约其身，久久习惯，自尔端庄矣。至于选婿，祖父母、父母主持之，不必问女子之愿否，或女子无耻，口称不愿，不妨依法决罚 依法决罚谓以理，责法不横加殴打。一与聘定，终身莫改。

一、背夫私逃之风宜禁也。旧日，土民妇女，以夫家贫寒，或以口角细故，背夫逃回，而女家父兄不加训诫，以女为是收留，经年累月，纵其所为，甚至背义毁盟，妄称改嫁，此种恶习，可耻可恨。嗣后，妇女有背夫逃归者，事发除将妇女按律杖一百，听夫去留外，其纵容之父兄，定照不应重律，杖八十，并枷号示众。

以上各条，关系紧要，各宜遵守，自示之后，果彼此劝诫，颓风一改，是所望也。不然法在必行，慎之，勉之！

劝民蓄粪

为晓谕开池蓄粪事，照得民间住宅，未有不于宅后、宅旁，开挖粪池，以为蓄粪之所。若农家则不仅一处，必于田旁或离宅稍远空地，开一大池，捡拾人畜之粪，并烂草火灰匀拌，以备沃土之用。今鹤峰州，查蓄粪之所，十不一二；家家务农，查大池蓄粪之所，百不一二。无惑乎田地瘠薄，收成有限也。本州任在牧民，粪池一件事，虽细微，然利用厚生之本，必先变瘠土为沃土，求土之沃，莫先蓄粪。孟子曰："百亩之粪，上农夫食九人[1]。"是农之上下，以粪之多少而辨也。今与居民约：限两月内，远近居民，无论宅之旁后，家家开一蓄粪之池，摭以棘木。若户大人多者，另于空地开纵横各一丈、深一尺，人少者开纵横各五尺、深一尺之池，闲时则捡拾人畜各粪及烂草火灰，堆积池中，至来岁春耕，先挑撒积粪，和拌土中，然后下种。如此培植，不出数年，土肥苗壮，收成倍昔。尔民勤劳，自致丰稔[2]，亦本州所当奖励者也。谚云：积粪如积金。吾云：积金不如积粪，事在必行。本州不时单骑验查，有两月后并未开池蓄粪者，题系顽惰，大加责惩，决不姑宽。凛遵勿违。特示。

【注释】
（1）上农：亦称"上农夫"。古代指种植条件较好、收益较多的农民。又指重农。上，通"尚"。

（2）丰稔 fēng rěn：丰熟，富足。

劝民告条

鹤峰田土瘠薄，　　半由农事不讲，
今定耕凿六则^{（1）}，劝民是则是仿。
一要高培田塍^{（2）}，雨水任我蓄放；
二要开塘引流，　　庶几稍旱不妨；
三要多收草粪，　　春耕和土为上；
四要石灰暖地，　　辟除涧水寒凉；
五要勤拔草稗，　　禾苗定然茂壮；
六要收拦牲畜，　　毋许践踏田庄。
以上农家正事，　　开导非不明朗。
本州不时查勘，　　惰勤分别罚赏。
　又
农桑为国之本，　　尔民勤惰不一。
虽经劝导谆谆，　　虑未家谕户悉。
愿尔崇本力农，　　切勿务名鲜实。
踊跃开垦荒土，　　随地播种籽粒。
旱田依时锄耨，　　苗稼壮茂可必^{（3）}。
更宜积粪和灰，　　著土免致瘦瘠。
水田旁开水塘，　　并备车戽沟洫^{（4）}。
倘遇雨泽愆期，　　水塘可资救济。
旷土多栽桑麻，　　桐树棉花并植。
桑叶养蚕取丝，　　棉麻足供纺织。
桐子榨油堪用，　　有余还变价值。
陆续渐兴各种，　　一朝俱获利息^{（5）}。
本州买有种子，　　听民栽插领给。

惰者惩在必行，　勤者予以赏锡。

又

民间有主荒土，　到处尚多未开。

原限本年全熟，　因何宽缓延挨？

来正如有未垦，　外地招农进来。

不论有主无主，　概作官土赏栽。

并即发给印照，　永远管业不改。

敢有执据阻拦，　按律计荒究解。

此系通详定案，　切勿泛视怠懈。

【注释】

（1）**耕凿**：耕田凿井。泛指耕种，务农。

（2）**田塍** tián chéng：即田埂，是一个早期就出现的词汇，意思是田间的土埂子。这个词在部分地区的方言，以及一些小说中经常可以见到。

（3）**可必**：可以预料其必然如此。

（4）**车戽**：用水车戽水。**沟洫**：田间水道，借指农田水利。泛指田野。

（5）**趸** dǔn：整数；整批。

劝积贮

为劝民广为积贮事，照得鹤峰州境，节年丰熟，而本年较昔更甚，此皆我皇上敬天保民，各上宪一德一心，感召天和之所致也。然尔民当此丰熟之时甚，勿视为泛常(1)，率意花费(2)，试思水旱虫蝗，自古常有，东作西成，难保必丰。夫以每岁之收成，既难期必，则今岁有余之粮谷，若大谷、龙爪谷、麦、黍等项，何不各自收藏，以备歉岁之用，如果节年收藏，积至三年、九年，必将余一余三，纵遇水旱，亦可无虞矣。本州查访数年来，其稍知樽节，略有盖藏者，一保之中不过数户，其一经收割，辄即酿酒喂猪，会饮设馔，一日之中，费数日之粮，一人之口，吃数人之食，种种狼藉，毫不知惜，一遇凶年，必至流离受饿矣。本州父母为心，能不药言晓谕为此示⁽³⁾，仰合州远近居民人等知悉，趁此谷粮丰裕之年，父子兄弟均相劝戒，毋以酿酒喂猪、会饮设馔，任意花费。藏积多多，虽遇水旱，不觉其苦。不然临时借贷，能度几日，及告借无门，父母冻饿，兄弟妻子离散。回思今日，悔之何及？本州为尔等保全性命，言之痛心，尔宜刻骨。特示。

【注释】

（1）泛常：一般；寻常的。

（2）率意：随意，轻率。

（3）药言：使人改过迁善的话。

附录二：《麻寮所志》

麻寮所隘⁽¹⁾，肇自大汉延熹二年⁽²⁾。投诚诸葛武侯⁽³⁾，因受世袭土职。至明洪武二年，唐涌纳土投诚⁽⁴⁾，敕赐铁券，驻扎山洞，永镇诸蛮，封武德将军。外捍石、慈、九、永，内控容美、桑植、永顺、中洞一十八土司。论山川形势，则西联剑阁之雄巍⁽⁵⁾，东接西山之蟠踞⁽⁶⁾，北连梁山之崇峨，南有天门赤松之壮丽⁽⁷⁾，跨蜀道而雄楚甸⁽⁸⁾，川流潆潒而潆洄九溪⁽⁹⁾。形出天堑，势若建瓴，殆未易殚述者也⁽¹⁰⁾。

【注释】

（1）麻寮所：先后于慈利县十七都五里坪水桶荒（今鹤峰县五里乡水桶荒，人称"麻王寨"，七人打虎山左侧，绝壁有一洞，人称"麻王洞"）、"麻王洞"正南山下建"南府"（今称南村）、三路口（今五里乡三路口）、所坪（即今走马镇所坪）建立所衙。接受明王朝外捍石门、慈利、九溪、永定（今张家界）等卫所，内控容美、桑植等十八大土司的"以土治土"之责。

（2）大汉延熹二年：公元159年。原文为"大汉延熙二年"，东汉没有延熙，只有延熹年号。

（3）诸葛武侯：即诸葛亮（公元181—234年），字孔明。三国时政治家、军事家。琅邪阳都（今山东沂南南）人。

（4）唐涌：（公元1325—1381年6月）元至正二十四年甲辰（公元1364年）袭父唐国政职，洪武二年投诚明王朝。

（5）剑阁：四川广元市剑阁县有大、小剑山，山势险峻，峭壁绝立，其势如剑，有一阁道（栈道）夹于山间，故名。

（6）西山：又称樊山，因在吴王古都（今湖北鄂州市区）之西，故名。

（7）天门赤松：今张家界市天门山。传说是神农黄帝的雨师赤松子隐逸修道之地，司马迁《史记·留侯世家》中有张良"愿弃人间事，欲从赤松子游"的记载，清同治《直隶澧州志》《续修永定县志》及清光绪《永定县乡土志》等，也有关于赤松子在天门山炼丹的记载。天门山至今仍有赤松峰、金水池、丹灶峰、赤松桥、赤松岩，山下则有赤松村、赤松坪、赤松溪等地名或遗址。

（8）**蜀道**：蜀中的道路。亦泛指蜀地。**楚甸**：楚地。甸，郊外之地。

（9）**溇、澧**：溇水，发源于鹤峰县云蒙山、木林子，南源与北源经两河口成溇水248公里，于慈利县城入澧水，溇水即古"娄水"。澧水，发源于石门县壶瓶山，从县城旁汇入澧水，称"九澧"。**九溪**：古称"溇口"，慈利西北二十二都（今湖南省慈利县九溪村），为喝堡溪、溇溪、输瀛溪、斗溪、仁石溪、张马溪、冷水溪、野牛溪、湖鲁溪等九溪所汇之地，明洪武二十二年（公元1389年）于此置九溪卫。**溇洄**：水流回旋貌。

（10）**未易**：不易，难于。**殚述**：详尽叙述。

户口则一所十隘[1]，额设官军一千一百一十员；名额设世掌所印正千户一员，统辖十隘官军；额掌隘印正百户十员，佐贰[2]、清军管操千户二员，共正副千、百户二十余员。官不请俸，职纪土官；军不支饷，名纪土军。驻扎山洞，世守边疆，以捍内而卫外也。

【注释】

（1）**一所十隘**：麻寮所设置曲溪隘、靖安隘、山羊隘、九女隘、梅梓隘、樱桃隘、黄家隘、青山隘、拦刀隘、在所隘等十隘关卡。

（2）**佐贰**：担任副职的官吏。

至于钱粮，则附慈利县完纳，编为六里当差。其附籍慈之十七、九都者，地瘠山硗，刀耕火种，钱粮免七征三，每石征银二钱一分，每丁征银六分四厘；附籍慈之二十二、三、四、五都者，亦岩多田少，因山乡有田，钱粮免三征七，每石征银四钱九分，每丁九分二厘，完纳止输，惟正之供[1]，丁徭、力役尽行蠲免。凡当大差，俱系所隘征收移解慈利。自古迄今，永为定制。

【注释】

（1）**惟正之供**：古代法定百姓交纳的赋税，后指正税。《书·无逸》："文王不敢盘于游田，以庶邦惟正之供。"言惟正税是进。

其风俗则民勤而朴，勇而不争。其士文而古，质而不陋，有古风什唐魏余韵焉[1]。其官家子弟，皆经史而入慈庠也。

【注释】

（1）风什：诗篇。肄 yì：学习。

至疆圉险要[1]，则靖安隘把守容美要路虎把渡[2]；青山隘把守容美要路小隘口[3]；樱桃隘把守容美要路隘峪二[4]；梅梓隘把守桑植要路榆树垭[5]；曲溪隘把守容美要路曲溪坪[6]；九女隘把守容、桑、木关、下梯江[7]；拦刀隘把守容美要路大面里[8]；山羊隘把守桑植要路山羊坪[9]；黄家隘把守容美要路大隘口[10]，在所隘则护守所汛杨柳峡[11]。棋布星罗，并力疆圉。有紧荷戈[12]，是以国家无边鄙之虑；无事秉耒[13]，是以闾阎有三九之余[14]。古先王寓兵于农之法[15]，此犹其遗意焉[16]。

本所掌印正千户　唐宗略[17]辑

【注释】

（1）疆圉 jiāng yǔ：犹边防。圉，抵御。肄 yì：学习。

（2）**靖安隘**：正百户向，原汛张爷庙（今五里乡南村张桓侯庙遗址）；副百户唐，署花山坪（石门）；副百户覃，后住邢家湾（石门）；副百户向，后住花山坪。俱同汛界，东至三十五里抵长梯隘地名六峰山，南至二十里大隘口抵黄家隘、山羊隘，西至三十里大中岭抵桑植，北至六十里抵容美司南渡江（石梁），正汛后住花桥坪（今走马镇花桥）。**虎把渡**：今容美镇九峰桥。

（3）**青山隘**：正、副二百户刘，宋为九溪部长；元为安抚司，后改守御，司署在八方园、小隘口、芭蕉河皆所距；明改为隘，属麻寮所，原汛三王坡（今铁炉乡三旺坡），东至十五里细沙溪抵石门县界，南至十二里名饭盆山抵慈利十九都，西至二十五里赤石坪抵慈利十九都，北至二十里牛角尖抵麻寮所。其后正（百户）住卜家庄，系慈利十都；副（百户）住卜家坪，系慈利十七都。**小隘口**：今走马镇白果坪至五里乡六峰村路途关口。

（4）樱桃隘：正百户邓，后住杨柳坪；副百户黎，后住黎家坪（今慈利县通津铺镇）；副百户张，后住古坟台。俱同原汛樱桃坪（今桑植县境），东至二十里橙子界抵慈利县十五都，南至十里抵曲溪隘，西至九里红岩尖抵桑植司，北至十二里抵梅梓隘。

（5）梅梓隘：正百户赵，后住赵家坪；副百户周，后住吴家塔；副百户朱，后住孟家坪。俱同原汛榆树垭（今鹤峰县走马镇杜家村梅梓隘），东至十二里红鱼坪（今鹤峰县走马镇梅坪村红鱼坪）抵慈利十五都，南至十二里天星山脚抵樱桃隘，西至八里金藏抵桑植司，北至十三里名绞车坡抵山羊隘、又抵在所隘。

（6）曲溪隘：副千户吴，原汛曲溪坪（今鹤峰县走马镇曲溪村），东至十八里抵慈利十五都猪牛溪，南至十五里罗峪大山抵桑植司、又抵靖安隘，西至十里茶园垭抵桑植、又抵九女隘，北至十里飞沙溪（今鹤峰县走马镇红土村飞沙溪），与樱桃隘分界。

（7）九女隘：正百户向，原汛麻溪堰（今鹤峰县走马镇江坪河九女寨）。东至二十里里名花子溪抵慈利十九都、又抵曲溪隘，南至十里五等头（今鹤峰县铁炉乡五等头）抵拦刀隘，西至十七里三逢溪抵山羊隘，北至二十里古城堆（今鹤峰县走马坪古城寨）抵黄家隘。清顺治十三年后，迁慈利县二十五都杨店铺（今慈利县杨柳铺乡）。

（8）拦刀隘：正百户吴，后住平溪（今慈利县国太桥乡），系慈利二十二都；副百户周，后住周家峪（今鹤峰县走马镇周家峪村拦刀隘），系慈一都；副百户覃，后住蹇家湾。俱同原汛颜家坪，东至十里抵本所后溪坪，南至七里名七里坪（今鹤峰县铁炉乡七里坪村）抵青山隘，西至五里野猪池抵黄家隘，北至十里小岩口抵靖安隘。清顺治十三年后，迁二十二都平溪。

（9）山羊隘：正百户向，署即山羊坪（今鹤峰县走马镇九洞村山羊坪，隘署衙址尚存），东至十七里木匣大山抵慈利十五都，南至十里绞车坡抵拦刀、梅梓隘分界，西至九里落马岩抵黄家隘桑植司，北至二十里三峰溪抵九女隘。清顺治十三年后，迁往慈利县十七都唐家坪（今鹤峰县走马坪），后又迁至白果坪。

（10）黄家隘：正百户唐，后住安家坪；副百户赵氏，后住黑龙泉（今慈利县杉木桥镇）；副百户覃，后住覃家台。俱同原汛千金坪（今鹤峰县走马镇千金坪村），东至十里庙岭与本所正千户分界，南至十里竹纸溪抵拦刀隘，西至八里古城堆抵九女隘，北至十五里大岩关抵靖安隘。清顺治十三年后，迁往慈利县二十二都安家坪（今慈利县象市镇）。

（11）在所隘：正百户李、副百户黎，原汛即所坪，与正千户同都，后住升坪（今走马镇升子村），系慈利二十五都。清代顺治十三年后，迁往慈利县二十五都升坪（今慈利县杨柳铺乡）。清代康熙年间，九溪卫麻寮所唐德昌在向朝廷的呈奏中提到"在所隘正百户李世禄"。

（12）**有紧荷戈**：紧，指战事；荷戈，拿起武器。指一旦发生战事，立即拿起武器，奔赴战场。

（13）**秉耒 bǐng lěi**：执耒。耒，耕地用的农具。

（14）**闾阎**：这里指民间。**三九之余**：三九，三公九卿。这里或为指居于三公九卿的职位的人也是很多的。

（15）**寓兵于农**：这里指军队屯垦。

（16）**遗意**：前人或古代事物留下的意味、旨趣。

（17）**唐宗略**：《唐氏族谱》载，唐宗略于崇祯三十年（而崇祯纪年只有十七年，疑为错刻，或为崇祯十三年）袭兄（宗韬）职。又载，"至顺治四年披剃投诚。"顺治四年为公元 1647 年。其子麟徽于康熙二十年请袭（公元 1681 年），次年颁给方印号纸。由此推算，唐宗略撰此志时间应在公元 1647—1681 年之间。

附录三：《鹤峰县志》民国三十二年版（一）

序

蔡韫

　　余奉命来鹤，于民国三十一年六月十六日接篆。岁月蹉跎，已逾半载矣。犹忆下车之初，旁求《县志》，遍寻未获。盖鹤邑自经共匪蹂躏[2]，历时八载，文化建设，悉被摧毁殆尽，《县志》版籍亦经遗失，即流传于民间者。均已散佚不全，经向各方努力搜集乃获，成此全本，兹值付梓之际，聊志数语，藉资纪念耳。

　　邑有志，犹国有史，史志均为人类社会生活之纪载，览之可缅怀过去，砥砺将来。国史乃全民族奋斗之经过，而志则为一邑之掌故，故知国史，必先稔邑志，阖邑人士欲明前代之事迹，自应熟读此书，即从政者，尤须置备，藉资楷模，以作改进政治之参考也。

　　鹤邑为容美土司旧址，自雍正十三年改土归流，设州治，始以鹤峰为名。邑志分正、续两辑，前者为知州毛公峻德创纂，至乾隆六年藏事，道光二年又经知州吉公钟颖重修，此后复于同治六年经知州徐公㴐楷续修，至光绪十一年再经知州长公庚、署理知州厉公祥官、属士绅等纂修续志，搜集厘定，两载始成，正、续县志，约二十万言，纪事綦详，文笔秀丽，洵称佳著[3]。余恐其日久湮失，乃将正、续合辑一册，重行付梓，以保文萃，吴坤元、龙汉卿两君助辑有功，又承省立图书馆刘馆长子亚先生校补[4]，并此附志。

蔡韫[5]谨撰
民国三十二年元月于鹤峰

【注释】

（1）**《鹤峰县志》民国三十二年版**：此版本系为国民党鹤峰县长蔡韫，于民国三十二年（公元 1943 年）将《鹤峰州志》道光重修、同治续修、光绪续修，进行铅印再版的一个版本，谬误较多，除了蔡《序》，无新内容。故将此《序》列为附录，谨作参考。

（2）**共匪**：以蒋介石为首的国民党反动派对中国共产党及所领导下的军队的蔑称。

（3）**洵称**：洵，诚然、确实。确实能称。

（4）**刘子亚**：（公元 1911—1988 年）江苏丰县人。早年毕业于江苏教育学院。新中国成立前曾任山东地方行政人员训练所图书馆馆长班讲师、教育部第一社会教育工作团副团长、湖北省教育厅督学、湖北省立图书馆馆长、甘肃省立图书馆馆长、江苏教育学院副教授兼图书馆主任。新中国成立后，任浙江图书馆研究员、浙江省图书馆学会理事。

（5）**蔡韫**：河北北平人，1942 年 6 月至 1943 年 12 月任中华民国鹤峰县县长。

附录四：五音、十二律、工尺谱与简谱对应关系表

附录四：五音、十二律、工尺谱与简谱对应关系表

十二律 / 类	黄钟	大吕	太簇	夹钟	姑洗	仲吕	蕤宾	林钟	夷则	南吕	无射	应钟
五音	宫		商		角	清角	变徵	徵		羽	清羽	变宫
工尺	上		尺		工	凡		六5 / 合5̣		五6 / 四6̣		乙7 / 一7̣
等律	C	#C / bD	D	#D / bE	E	F	#F / bG	G	#G / bA	A	#A / bB	B
简谱	1	#1 / b2	2	#2 / b3	3	4	#4 / b5	5	#5 / b6	6	#6 / b7	7
律性	阳	阴	阳	阴	阳	阴	阳	阴	阳	阴	阳	阴
月令	冬	腊	正	二	三	四	五	六	七	八	九	十
四季	仲冬	季冬	孟春	仲春	季春	孟夏	仲夏	季夏	孟秋	仲秋	季秋	孟冬
地支	子	丑	寅	卯	辰	巳	午	未	申	酉	戌	亥
淮南子	宫		商		角		缪	徵		羽		和
国语·周语	宫		商		角		变徵	徵		羽		变宫
隋书·音乐志	宫		商		角	清角		徵		羽		变宫
燕乐	宫		商		角	变		徵		羽	闰	

【读音注】姑洗："洗"念 xiǎn。无射："射"念 yì。徵：念 zhǐ。工尺："尺"念 chě。

附录五：鹤峰古今区划地名对照

自雍正十三年改土归流，容美土司疆域分为鹤峰州、长乐县，九溪卫所属麻寮千户所隘之地从湖南慈利拨归鹤峰州，属宜昌府；光绪三十年升直隶厅，隶属施鹤道，直属湖北布政使司；民国元年，废厅为县，直属湖北省。其间，山川形便，与时俱进，区划改变，地名更易，已随人之观念变而变。古以户籍人口定区域，今以土地资源为主体，改犬牙相入之沿习，扬尊重自然之法则。现择其主要，附《鹤峰古今区划地名对照》，乃为便于阅读，是以为记。

一、行政区划

（一）乾隆六年（公元1741年）

乡名	里名	保数	保名				今辖区	备注
兴仁（东）	博爱	16	痴虎坪	石龙洞	溪坪	蒋家湾	鹤峰县燕子镇溪坪、燕子坪、清水湄、朝阳、菜坡等地	5塘 凉水井塘 石龙洞塘 燕子坪塘 三斗坪塘 百顺桥塘
			苏家村	土寨屋	瓦窑坪			
			杉树坪	燕子坪	清水湄			
			红茅尖	三斗坪	葛庄子			
			柳家山	桃山	百顺桥			
	元长	25	九峰桥	水寨	百户村	满山红	鹤峰县容美镇张家村、观音坡、平山、银珠寨等地	
			张家村	新庄	云来庄	细柳城		
			东村	茅鸡洞	紫草山	凉水井		
			观音坡	绿野庄	丁家坡			
			银珠寨	□□□	墓岭	大□□		
			上平山	下平山	□□□			
			□□□	□□□	□□山			

续表

乡名	里名	保数	保名	今辖区	备注
崇让（西）	在道	18	马夫营　重溪口　王家坪 两河口　二哥坪　巴王坐 斑竹园　舍鸡湾　七家山 火烧溪　磨石溪　龙潭坪 王家寨　湘沟　小干溪　脚踏坪 七里古洞　大水湄	鹤峰县太平镇龙潭坪、脚踏坪、大水湄等地	4塘1汛 太平镇塘 奇峰关汛 马蕉坪塘 三岔口塘 大崖屋塘
	在田	16	大寨　太平镇　洞长湾　新村 冷水溪　三岔口　唐家村 青龙山　小水湄　旧建城 赶家湾　大坪　合家堡　五里庙 奇峰关　茅坝	鹤峰县太平镇、茅坝、黄柏山、三岔口等地	
礼陶（南）	节文	22	下平溪　水田坝　小庄　羊角崖 三岔溪　阳坡　老村　茶园山 山崩　墙苔　唐家坪　田冈坡 下三古　生季湾　上平溪 石柱泉　杨桃庄　湛子溪 下茶园　枫香苔　板寮　杉树坪	鹤峰县容美镇九峰大道林业小区（古为水寨）、下坪溪、上坪溪、墙苔、东乡坪、三潭井等地	5塘2汛 茶店子塘 柘潭坪塘 五里坪汛 三路口塘 白果坪塘 山羊隘汛 牛角尖塘 崇本（东） 谦吉（南） 贵和（西） 分别划分为走马东（以回龙阁为界）、铁炉并柘坪以南区域、走马西
	仪则	29	洪家村　细沙溪　五里坪 后坪　土地岗　杨柳坪　小崖口 瓦屋场　唐家村　鹞子尖 沙板坡　蚂蝗坡　南府　卯子山 沉水峪　寻木　张家峪　白崖头 梅家坡　后山　取水垭　商羊溪 三坛井　野猫水　白竹垭　下洞 下鹿峰　上鹿峰　东乡坪	鹤峰县五里乡蚂蝗坡、南府、五里坪、六峰、下洞等地	
	崇本	8	马王坡　铁灵官　古老山 长岭　□□□　□□□　□□□ 牛角尖　分垭头	鹤峰县走马镇白果坪、升子坪、刚家湾、所坪、后溪坪和铁炉乡三望坡等地	
	谦吉	21	桐木山　饭盆崖　萝葡苔 琵琶岭　桂竹垭　土地溪 皮树垭　婆婆山　下陡崖 朱家山　江口　拖枪坪　鱼闪滩 四里潭　柳梁坪　唐家渡 神门鬼隔　上古庙基　瓦窑坡 小长岭　鹰嘴荒	鹤峰县铁炉乡细沙坪、铁炉坪、江口和走马镇大典河、柘坪、七郎坪、堰垭、红土坪等地	

乡名	里名	保数	保名	今辖区	备注
礼陶（南）	贵和	9	榆树垭　九女寨　鼎锅园 白龙泉　观音崖　大山崖屋 猴群洞　大干溪	鹤峰县走马镇芭蕉河、官庄坪、千金坪、走马坪、上阳河、下阳河、江坪河、山羊坪等地	
乐淑（北）	纯化	26	二蹬岩　椒山司　刘家司 石宝　鳗鱼潭　椒山溪　白泉 簸箕山　龙潭坪　两河口 刘家湾　红要坪　柘家坪 崖门子　干溪　茶园坪　韩家湾 后潭坪　下坪　桃山　椒园 板料山　寒连　中州　隔鱼洞 架子柏	鹤峰县中营镇梅果湾、韭菜坝和下坪乡下坪村、二等岩、小龙潭、岩门子、刘家司等地	
	和平	57	水田坝　三峰溪　巴子山 刘家湾　北佳坪　彭家湾 □□□　槎西坪　王家坡 □□□　白鹿坡　野茶坪 □□□　□□□　张木溪 宋二坪　□□□　□□□ 清洞岗　铁牛坪　覃家岭 柳家村　马湾岭　桃子坝 茅坪　乌鸡湾　七甲里　夏家庄 王家村　旧屋场　水牛坪 水沙坪　茅竹山　马脚坡 大石板　七道水　车书寨 黄家山　罗三坝　新峰庄 新峰洞　麻王村　施州冈	鹤峰县容美镇茅竹山、麻旺村和中营镇北佳坪、茅坪、新地、麻水等地	5塘2汛 水沙坪塘 刘家司塘 楼角塘 高桥塘 云雾村塘 北佳坪汛 邬阳关汛
	以成	12	白寮坪　小园　栗子坪　石龙寨 寻木岭　云雾村　邬阳坪　深溪 斑竹园　尺头　踏粮□　尺丈头	鹤峰县邬阳乡寻木岭、邬阳关和燕子镇咸盈河等地	
州直辖		3	利用坊（上街）厚生坊（中街） 正德坊（下街）	利用坊（东街）厚生坊（中街） 正德坊（西街）	州城内外

附录五：鹤峰古今区划地名对照

（二）道光二年（公元 1822 年）

乡名	里名	保数	保名	今辖区	备注
兴仁（东）	博爱	4	溪坪　燕子坪　清水湄　后康	鹤峰县燕子镇溪坪、燕子坪、清水湄、朝阳、菜坡等地	5 塘 凉水井塘 石龙洞塘 燕子坪塘 三陡坪塘 百顺桥塘
	元长	4—2	张家村　观音坡　平山　银硃寨 张家村后并入正德坊 观音坡后并入茅竹山	鹤峰县容美镇张家村、观音坡、平山、银珠寨等地	
崇让（西）	在道	3	龙潭坪　脚踏坪　大水湄	鹤峰县太平镇龙潭坪、脚踏坪、大水湄等地	4 塘 1 汛 太平镇塘　奇峰关汛 马蕉坪塘　三岔口塘 大崖屋塘
	在田	4	太平镇　旧建城 黄檗山　三岔口	鹤峰县太平镇、茅坝、黄柏山、三岔口等地	
礼陶（南）	节文	5—1	水寨　下平溪　上平溪　墙苔 东乡坪　三潭井 水寨后并入正德坊	鹤峰县容美镇九峰大道林业小区（古为水寨）、下坪溪、上坪溪、墙苔、东乡坪、三潭井等地	5 塘 2 汛 茶店子塘　柘潭坪塘 五里坪汛　三路口塘 白果坪塘　山羊隘汛 牛角尖塘
	仪则	5	蚂蝗坡　南府　五里坪　六峰 下洞	鹤峰县五里乡蚂蝗坡、南府、五里坪、六峰、下洞等地	
	崇本	6	白果坪　官庄坪　千金坪 走马坪　上阳河　下阳河	鹤峰县走马镇白果坪、官庄坪、千金坪、走马坪、上阳河、下阳河等地	
	谦吉	7	细沙坪　铁炉坪　大典河 江口　柘坪　七郎坪　红土坪	鹤峰县铁炉乡细沙坪、铁炉坪、江口和走马镇大典河、柘坪、七郎坪、红土坪等地	崇本、廉吉、贵和三里相互穿插
	贵和	6	芭蕉河　升子坪　刚家湾 所坪　后溪坪　三望坡	鹤峰县走马镇芭蕉河、升子坪、刚家湾、所坪、后溪坪和铁炉乡三望坡等地	

乡名	里名	保数	保名	今辖区	备注
乐淑（北）	纯化	6	梅果湾　韭菜坝　下坪　小龙潭　岩门子　刘家司	鹤峰县中营镇梅果湾、韭菜坝和下坪乡下坪村、小龙潭、岩门子、刘家河等地	5塘2汛 水沙坪塘 刘家司塘 楼角塘 高桥塘 云雾村塘 北佳坪汛 邬阳关汛
	和平	5—1	茅竹山　麻旺村　北佳坪　茅坪　新地　麻水 麻旺村后并入厚生坊	鹤峰县容美镇茅竹山、麻旺村和中营镇北佳坪、茅坪、新地、麻水等地	
	以成	3	寻木岭　邬阳关　咸盈河	鹤峰县邬阳乡寻木岭、邬阳关和燕子镇咸盈河等地	
州直辖		2	厚生坊（上街）　正德坊（下街）	厚生坊（东街及谢家岩、洗脚溪）　正德坊（西街及洪家坡、杨柳湾）	总铺1 铺兵5名

（三）光绪十一年至宣统三年（公元1885—1911年）

乡名	里名	保数	保名	今辖区	备注
兴仁（东）	博爱	5	溪坪　燕子　清水湄　厚康　水寨	鹤峰县燕子镇溪坪、燕子坪、清水湄、朝阳、菜坡等地	
	元长	4	张家村　观音坡　平山　银珠寨	鹤峰县容美镇张家村、观音坡、平山、银珠寨等地	
崇让（西）	在道	3	龙潭坪　脚踏坪　大水湄	鹤峰县太平镇龙潭坪、脚踏坪、大水湄等地	
	在田	4	太平镇　旧建城　黄柏山　三岔口	鹤峰县太平镇、茅坝、黄柏山、三岔口等地	

乡名	里名	保数	保名	今辖区	备注
礼陶（南）	节文	5	下坪溪　上坪溪　祥台　东乡坪　三潭井	鹤峰县容美镇九峰大道林业小区（古为水寨）、下坪溪、上坪溪、墙苔、东乡坪、三潭井等地	
	仪则	5	蚂蝗坡　南村　五里坪　六峰　下洞	鹤峰县五里乡蚂蝗坡、南府、五里坪、六峰、下洞等地	
	崇本	6	白果坪　官庄坪　千金坪　走马坪　上阳河　下阳河	鹤峰县走马镇白果坪、官庄坪、千金坪、走马坪、上阳河、下阳河等地	
	谦吉	7	细沙坪　铁炉坪　大典河　江口　柘坪　七郎坪　红土坪	鹤峰县铁炉乡细沙坪、铁炉坪、江口和走马镇大典河、柘坪、七郎坪、红土坪等地	
	贵和	6	芭蕉河　升子坪　刚家湾　所坪　后溪坪　三望坡	鹤峰县走马镇芭蕉河、升子坪、刚家湾、所坪、后溪坪和铁炉乡三望坡等地	
乐淑（北）	纯化	6	梅果湾　韭菜坝　下坪　小龙潭　岩门子　留驾司	鹤峰县中营镇梅果湾、韭菜坝和下坪乡下坪村、小龙潭、岩门子、刘家河等地	
	和平	6	茅竹山　麻旺村　北佳坪　茅坪　新地堡　麻水	鹤峰县容美镇茅竹山、麻旺村和中营镇北佳坪、茅坪、新地、麻水等地	
	以成	4	寻木岭　邬阳关　咸盈河　云雾	鹤峰县邬阳乡寻木岭、邬阳关和燕子镇咸盈河等地	
州直辖		2	厚生坊（上街）正德坊（下街）	厚生坊（东街及谢家岩、洗脚溪）正德坊（西街及洪家坡、杨柳湾）	

（四）民国三十七年至民国三十八年（公元 1948—1949 年）

乡名	乡政府驻地	保数	保名	备注
容美	县城	12	南门口　西正街　前街　下坪溪　细柳城　猫子湾　中屏山　新庄　北佳　彭家垭　肖家台　长岭	
太平	太平镇	10	太坪　毛坝　骡子山　康岭　桃子　大溪　头坡　龙潭　茅坪	
中营	中营坪	12	康湾　麻水　神孔坝　杨柳池　青岩坪　黄莲台　龙潭　留驾司　二等岩　茶园坡　垭门头　梁家湾	
下坪	下坪	13	东洲河　岩门　苦竹园　大坪　百鸟　把指水　咸盈　观音殿　中岭　云雾　二台　许家湾　张家堡	1944 年 5 月撤区署
燕子	燕子坪	9	东乡　溪坪　牛坪　桃山　清水湄　车家营　燕子　荞云　大五里坪	
五里	五里坪	10	大面坡　杨柳坪　五里　唐家村　瓦屋场　费家坡　上六峰　下六峰　下洞　上柏榔	
白果	白果坪	10	官仓　白果　花桥　升子坪　拦刀隘　芭蕉河　大典　金刚坡　后溪坪　所坪	
成平	走马坪	7	王家坪　走马　上阳河　下阳河　八十亩　楠木园　千金坪	1945 年撤区署改"成平"
南藩	堰垭	7	柘坪　梅坪　堰垭　七郎坪　五峰山　红土　红鱼	1944 年江坪河以西地区划设"南藩"
铁炉	铁炉坪	7	张家山　马家　三望坡　铁炉　碉堡　江口　鱼山	

（五）2023 年行政村优化调整

乡镇名	驻地	优化调整后村（社区）名	总数	备注
容美镇	县城	张家　细柳城　康岭　龙井　中村　容美　新庄　庙湾　唐家铺　屏山　杨柳坪　八峰　石门　观音坡　大溪　麻旺　二果坪　祥台　七峰　坪溪　大坪　核桃湾　车站路、中坝路、杨柳湾、白鹤井社区	村22社区4	张家坪、杨柳坪2村合杨柳坪；官坪、石门2村合石门；彭家垭、观音坡2村合观音坡；山崩、祥台2村合祥台；长岭、七峰2村合七峰；板辽、坪溪2村合坪溪；朱家山、大坪2村合大坪；板凳台、吕坪、核桃湾3村合核桃湾。
太平镇	太平	官屋　芦坪　中坪　四坪　茅坝　唐家　沙园　枞阳坡　三岔口　祝家台　龙潭　洞长湾　奇峰关　贺英路社区	村13社区1	槐树桩、堰塘、洞长湾3村合洞长湾；水田包、官屋2村合官屋；周家坪、茅坝2村合茅坝；坛子洞、四坪2村合四坪。
中营镇	八字山	祠堂　茶园　棕园　大路坪　八字山　上阳坡　汤家湾　王家村　铁牛坪　中营　白水沟　红岩坪　青岩河　大兴河　韭菜坝　白鹿　何家　青龙　刘家湾　锅厂湾　元井　夹沙　柳家　冷竹　梅果湾　三家台蒙古族　官扎营　岩屋冲　黍子坪　长湾　北佳坪、中营坪社区	村30社区2	金竹园、龙家湾、大路坪3村合大路坪。
燕子镇	燕子坪	新行　清湖　董家　咸盈　石龙洞　楠木　荞云　东乡　百顺　燕子　溪坪　燕子坪社区	村11社区1	瓦窑、新行2村合新行；湖坪、车家、清湖3村合清湖；芹草坪、朝阳、董家3村合董家；大岩、红莲、咸盈3村合咸盈；新寨、北古荒、石龙洞3村合石龙洞；茶店、楠木2村合楠木；响溪、大五里坪、荞云3村合荞云；龙坪、东乡2村合东乡；三溪、桃山、百顺3村合百顺；下油坪、程丰、燕子3村合燕子；菜坡、溪坪2村合溪坪。

乡镇名	驻地	优化调整后村（社区）名	总数	备注
下坪乡	下坪	东洲　二等岩　江坪　两凤　留驾　胜利　石堡　云蒙　下坪　岩门　堰坪　广富社区	村11社区1	上村、二等岩2村合二等岩；红鹳、岩门2村合岩门。
邬阳乡	邬阳	龚家垭　小园　百鸟　高桥　凤凰　湾潭河　石龙寨　邬阳　栗子　金鸡口　高峰　云雾　杉树　三园　朝阳社区	村14社区1	斑竹、凤凰2村合凤凰；郭家、高桥2村合高桥。
五里乡	五里坪	潼泉　杨柳　紫荆　金钟　瓦屋　六峰　下洞　南村　五里　青山　寻梅　红苏社区	村11社区1	潼泉、湄坪、红鱼、陈家、雉鸡5村合潼泉；上六峰、下六峰、三路口3村合六峰；后坪、中坪、柏榔3村合下洞；十字、水泉、寻梅3村合寻梅。
铁炉白族乡	铁炉坪	渔山　唐家　千户　江口　铁炉　泉峪　碉堡　三旺　马家　犀牛　细杉	村11	七里合碉堡
走马镇	走马坪	古城　阳河　大沟　李桥　官仓　汪家堡　时务　楠木　花桥　北镇　金龙　所坪　刘家垭　升子　千金　芭蕉　杨坪　红土　栗山　红罗沟　白果　九洞　杜家　柘坪　曲溪　梅坪　官鼎　金岗　大典　走马坪社区	村29社区1	周家峪、刚家湾、九岭3村合所坪；楠木、水坪、金山3村合楠木。

二、地名对照

（一）山、地

城东

九峰山　地名仍同，容美镇八峰山东侧山峰。

紫云山　地名仍同，容美镇庙湾村六组，与屏山小昆仑山遥望。

三姊妹尖　容美镇屏山村东北，三座山峰，周围皆为绝壁。

老虎坡　今名。

观音坡　地名仍同，容美镇观音坡村晒日坪右侧，山腰有"观音洞"。东临溇水河，西接谷湄洞口，南面称小观音坡，北面称大观音坡。

银硃寨　今为银珠寨，又叫寨坪，容美镇庙湾村，前往屏山必经之地。

雷打崖　又称雷打岩，今燕子镇楠木村，位于茶店子招军垭西北2.7公里。

平　山　今为屏山，容美镇屏山村，有屏山景区。宽约2.2公里，长近20公里，总面积40余平方公里。西南低，东北高，呈狭长弧形状山脊，分上、中、下平山。西临溇水，南接躲避峡（躲兵峡），北连三姊妹山。境内山峦重叠，自下坪山海拔700米处起，向东斜上到中平山海拔升高到1318米，再斜上便是平山顶部，高程1412米。北面有三姊妹峰高达1901米。明万历四十年（公元1612年），容美土司司主田楚产在此建城。清康熙二十六年（公元1687年），司主田舜年待万全洞整修完成后，在《平山万全洞碑记》中写道："四围峭壁，宽广纵横可百里，东、西、南、北有四关，乃一夫当关，万夫莫往之地。"

镢匠营 又称"解匠坪"。今容美镇屏山村驻地东北5公里处，坪中曾有人镢过木料，故名。

朝上坡 容美镇唐家铺南面，从九峰桥上张家坪，有500米高差，故名。

万全洞 容美镇屏山村中坪山西南3.5公里，洞口与恩（施）鹤（峰）公路险地雕岩、孙家岩隔溇水河对望。洞门在绝壁沿上，用巨石砌成台基，容美土司曾建有衙署。此洞原名何家洞，清康熙十四年（公元1675年），容美土司司主田舜年，见此洞位置险要，为保安全整修，并命名万全洞，作《平山万全洞碑记》。"……自乙卯承绪后……予自癸亥春移居新坪，在洞经理日多，至丁卯之冬，守御既固，亭阁亦稍称完备，每当日月照耀，云霞卷舒，览山川草木，蔚然深秀……夫山间之洞不少，而万全有平山为之表，平山得万全为之里，表里相依，而前人经始平山之举，可以告成矣。予故志其颠末，复为八韵以记之，记万全，即以记平山也。"现石碑尚存。

万人洞 又名鱼泉寨，今属容美镇庙湾村云来庄南。古容美土司"盘石重城"，是迄今保留最完整的土司遗址之一。洞内右侧有一小洞，名"望水楼"。城门刻有"万人洞记"碑文，系土司司主田舜年在康熙三十七年（公元1698年）农历九月二十三撰写。

天台山 今燕子镇新行村杉树坪所倚之山名，昔建"杉树观"。

牛鹿头 地名仍同，今燕子镇燕子村与董家村交界，昔为往来要路。

马鬃岭 燕子镇水窝坑东北，因山岭地形似马的鬃毛，故名。

云头山 燕子镇清湖，位于响溪坪东北2.5公里。山脚与五峰县交界，山峰经常云雾缭绕，故名。

八卦岩 燕子镇岩屋坪东北1公里，因地处三面环山的深山峡谷之中，周围是悬崖峭壁，呈八卦图案，故名。与容美镇屏山村中坪山峭壁相对，峡谷幽深，景观奇秀。

北古荒 别名白果荒。燕子镇水窝坑西南 1 公里。此地乃古老荒林，后有三户人家开垦，因为地处北面，故名。

三里荒 燕子镇东乡村北面 1.5 公里，面积 4 平方公里。包括刘家界、唐家界等地。古有三里地无人烟，故名。

百年关 地处五峰县长乐坪镇东部，与渔洋关接壤，为古容美土司东边关隘"百年关、洞口"。雍正十三年（公元 1735 年）改土归流时，划为长乐县。

洞　口 今五峰县长乐坪镇洞口村驻地西面，雍正十三年改土归流时，划为长乐县。

城南

八峰山 别名八凤山。地处溇水河南岸，自西向东并排矗立着八座山峰，峻拔巍峨，气势磅礴。是古容美八景之一，名"八峰耸翠"。

五峰山 地名仍同，今走马镇曲溪村。

羊角山 地名仍同，今五里乡寻梅村水泉垭西南。

刀脊岭 今称薄刀岭，位于走马镇长坪西北 2.1 公里处。

紫荆山 地名仍同，今五里乡紫荆村，现建有紫荆水库。

朱家山 地名仍同，今容美镇大坪村朱家山。

角尖子 容美镇八峰村碾子坪东南 1.8 公里，山峰形如牛角，故名。

九蔸台 容美镇坪溪村板寮西南 2.5 公里，山顶曾有九蔸大杉树，故名。

鸳鸯垭 容美镇大坪村西南 1 公里，此处有两个山口，故名。

红鱼溪 容美镇杨柳坪村，传说溪中有一对红鱼，故名。

古城山 又称古城寨、古城仙山，今走马镇古城村古城寨。

三十六尖 走马镇上九洞坪西北有三十六个尖，故名。

天门口 走马镇九洞村西北 2.9 公里，高程 800 米，山口宽 40 米，山口石壁高耸，似天门而得名。

立虎坡 又称李虎坡，今燕子镇楠木村南渡江上九拐溜路段。顾彩《容美纪游》记载："过江上李虎坡，相传昔有虎化人，自称姓李，居此，故名。"现此路段下半部已被库区淹没。

九拐溜 燕子镇楠木村招军垭东北 2.3 公里，山脊上有人行道，连转九道弯，才到山下，故名。

蚂蝗坡 地名仍同，今属五里乡寻梅村水泉西南，曾设蚂蝗坡道班。

茅户坡 地名仍同，今走马镇古城村大风垭南面大坡。

大崖关 又称大隘关、大岩关。今五里乡六峰村三路口通走马镇白果小路垭口，古为容美土司四关之一。

三路口 五里乡上六峰坪正西 3.2 公里，是通往五峰、鹤峰、南北的三条要道，故名。为古容美土司南关隘口"大隘关、三路口"。

半边城 麻寮千户所迁至三路口一带，又被容美土司攻占，放弃正在修建的衙署迁至所坪（今走马镇所坪），因其衙署废弃，故名。

唱歌岭 五里乡潼泉村梓树盔东南，传说古有军队，打了胜仗，唱着凯旋歌从山岭经过，故名。

小崖口 又称小隘口。今走马镇白果坪通五里乡六峰小路垭口。

荣阳寨 走马镇所坪，元末唐荣阳由澧州到此扎寨，故名。

王家界 走马镇大溶西南，现为走马林场杉木林基地，坡较缓。

牛角尖 与石门县分界。

梳马台 走马镇骡子界林队正北，传说此地曾训练兵马而得名。

中柱山 走马镇骡子界林队西北 2 公里，此山峰矗立似柱。

九女寨 地名仍同，今走马镇栗山村官屋场红洞溪左侧山头，位于骡子界西北 2.6 公里，面积 0.3 平方公里，高程约 840 米。传说有九女居住，故名。

鸡公山 走马镇江坪河一独立岩山，形似雄鸡，故名。

鼓锣山 走马镇所坪村张家湾东北，因山形似鼓锣，故名。

祖师岩 走马镇白果坪杉木场西北一独立岩山，因曾建祖师庙，故名。

荣阳街 五里乡庙垭东北一独立山包称"荣阳寨"，其西北山脚建有街道，传说唐荣阳在此住过，故名。

走马园 今走马镇九洞村上九洞坪东北 2.5 公里，传说金马出走，故名。

柴沟溪 今走马镇九洞村上九洞坪东北 1.5 公里。此地多薪炭林，故名。

曾家界 又称曾家大界。走马镇楠木村西南，系一大山界的主峰。

骡子界 走马镇骡子界林场西南 1.3 公里，山形如骡子，故名。

万施坪 走马镇西南 3.8 公里，面积 1.2 平方公里。此地曾住过万、施两姓人，故名。

夏金山 走马走镇大溶西南 8 公里，面积约 1.5 平方公里。此山住过夏、金两姓人，故名。

栗山坡 走马镇栗山村。位于江坪河渡口东北 1 公里，面积 2 平方公里。包括上、下栗山坡。此地板栗树多，故名。

七姊妹山 五里乡六峰村与走马镇白果坪交界处有山峰七座，故名。

三姊妹尖 又称三姊妹山，五里乡下洞村中坪西北三座山峰并列，故名。

犀牛圈 五里乡六峰村金竹园西北，湖南石门和湖北鹤峰边界。因山形似一头犀牛，故名。

水桶荒 五里乡南村北面，今属寻梅村。茶园西面400米，面积3平方公里。该地为古老荒山，三面岩石，形如半边水桶，故名。

羊角山 五里乡水湖坪，因两山对立，形似羊角，故名。

龙头山 地名仍同，今属铁炉乡千户村，山形如龙头，故名。

哨棚顶 别名漆树湾。铁炉乡周家湾西北，曾设哨棚，故名。

冲天坡 今铁炉乡碉堡村七里坪西北2公里，此坡高且陡，故名。

南山坡 今铁炉乡碉堡村七里坪西南1公里，在此坪之南的山坡，故名。

梯路上 铁炉乡下泉峪东面4公里，因山顶有一段石梯路而得名。

五等头 铁炉乡。位于洪洞溪（又名虹洞溪，即花桥河）汇合溇水的交叉口南1公里。此坡有50等，每等相隔100米左右。此处头一等，故名五等头。

笔架山 铁炉乡下泉峪东南4公里，山峰形如笔架，故名。

望岭尖 铁炉乡江口东南，登上山岭可观望湖南、湖北边界乡村，故名。

万寺坪 别名万岁坪。铁炉乡细杉村，与湖南省石门县清官渡接壤，古建万寺庙，故名。

九台山 位于铁炉乡东北9.8公里，山有九个小山台，故名。每当春夏花千树，香飘九台，故又称九台香。

桐木山 今属湖南省石门县罗坪乡，毗邻铁炉乡细杉村，古与鹤峰州、慈利分界。

城西

撒谷岭 地名仍同，今容美镇龙井村鸡公洞水泥厂小区后山。

七架山 地名仍同，今太平镇沙园村接宣恩县岩屋坪分界。

青龙山 地名仍同，今太平镇奇峰关村一组闪桥旁。

金龙山 今太平镇。

老土界 今太平镇洞长湾村。

杉木界 位于奇峰关东南1公里，此山与湖南桑植交界接壤。

观　山 今太平镇官屋村玉春旁。容美土司曾设寨，以备邻司。

三岔口 今太平镇三岔口村驻地。三条溪河汇合处，故名。与奇峰关为古容美土司西边关口"奇峰关、三岔口"。

奇峰山 地名仍同，又称奇峰关，今属太平镇奇峰关村。

黄柏山 又称黄檗山，今太平镇。

公　山 太平镇唐家村西南一小岩桩，与母山对称而命名。

母　山 太平镇唐家村东南，此山峭壁多岩洞，遂与公山对称而名。

晴田洞 又称"情田洞"。位于太平镇的东南面岩山峭壁下部，洞口呈纺锤形，洞口高25米，宽10米，洞顶石层厚100余米；洞内宽50米，高20米，深150米，洞内面积7500平方米。内有伏流，水源充足，系石灰岩溶洞。清康熙十九年（公元1680年），永顺、散毛各土司合兵围容美土司田舜年于晴田洞数日。田命土丁于伏流中捕鱼数尾，抛出洞外。永、散土司久攻不下，认为田虽被困但有鱼可食，而己粮草无多，恐援兵到来，遂撤走。主洞外壁右侧有"情田峒"及土司田舜年所撰"捷音者叙"石刻，记容美土司修造洞内建筑之经过及在此抗击永顺、散毛诸土司合攻事。

分水岭 太平镇杉园与宣恩分界之地。

烧巴崖 今属宣恩县棕溪村，与中营镇官扎营村毗邻。

观音山 今属宣恩县锣鼓圈村。

五星山 又称庙包，今太平镇龙潭村居民安置点后山，山顶曾建真武庙。

川心坪 今属太平镇水田包，此地两山靠河，大路从中穿过，故名。

长坪 太平镇水田包西南，为桑植、鹤峰两县交界地，地形狭长，故名。

莫家山 太平镇打伙场东南 1.4 公里。

连三台 太平镇杨家湾西南，与桑植县交界。此地接连有三个土台，故名。

西家界 太平镇杉园西北 5 公里，与宣恩县交界。

风箱台 容美镇大坪村东北 4 公里，此地风大，如扯风箱一样，故名。

万牢尖 容美镇大坪村吕坪西北，传说此是拴船的石桩为万牢之地，故名。

城北

威风台 容美镇龙井村芙蓉山半山腰，位于县城正北面。西北与茅竹山相连，东与谢家岩隔洗脚溪对峙，正南面下临街区。山峰兀立，孤峰挺拔，一条山脊，直插山顶，其余三面陡峭，为县城最高点，可俯瞰全城。地理位置十分重要，为兵家必争之地。山麓东南侧，有一方石，形如御玺，故名"印石承基"，为古容美八景之一。

茅竹山 今属容美镇石门村，位于鹤峰县城西北 2 公里，面积 0.6 平方公里，上建有电视信号塔。

玛瑙山 今称玛瑙岩，今属下坪乡岩门村，一独立岩石形似玛瑙，故名。明洪武十四年（公元 1381 年），属容美宣慰司的椒山玛瑙长官司创立时，便以椒山溪、玛瑙山命名。

天泉山 地名仍同，今太平镇八字山村太平溪上游忠溪右侧之山。容美土司未筑平山之先，设寨于此。

白鹿坡 地名仍同，今中营镇祠堂村东北。

望乡台 地名仍同，今中营镇碑垭北面山头。清代鹤峰知州吴焕彩曾写有《望乡台》诗："盘折到绝顶，危亭片刻凉，云边山万点，岩际树千行，绵邈通巴蜀，巍峨逼紫苍，海滨何处是，东望忆吾乡。"

砧板山 中营镇北佳下河西北，此山似切菜用的砧板，故名。

鹰嘴岩 中营镇迎春垴东北9.5公里，因山峰的突出部如鹰嘴，故名。是恩、鹤、巴、建四县交界的制高点。

虎跃岭 中营镇大心河东北2公里，山口曾有老虎而名。

蜡树垭 中营镇八字山东北2公里，垭上曾有白蜡树而名。

向家山 今中营镇大路坪村东面偏北。

高木山 地名仍同，今中营镇八字山村天泉山对面大山。

黄龙大包 别名天鹅孵蛋。中营镇隔山溪西南1.5公里，山岭蜿蜒似龙，夕阳余晖反照，呈金黄色，故名。

轿顶山 今中营镇覃田河西北，山顶形似轿顶，故名。

火烧岭 有两处。一是中营镇冷竹村火烧岭；二是下坪乡二等岩村大荒口南面火烧岭。

上望界 与长乐县分界。

香炉山 今下坪乡胜利村蛟蝉溪东面山头。

石宝山 今下坪乡堰坪村石宝。

天星寨 地名仍同，今下坪乡留驾村茶桩坡顶端山头。

九连山 属下坪乡石宝村，面积5平方公里，有九座山峰相连，故名。

香炉山 今下坪乡蛟蝉溪东面。

木林子 又称老林子。下坪乡东洲河东北，生物多样性保护关键地区。2012年1月21日，国务院批准设立湖北木林子国家级自然保护区，有下坪乡、邬阳乡、中营镇、燕子镇、容美镇部分林区纳入保护区范围，总面积20838公顷。

云蒙山 又称云雾山，经常云雾缭绕，故名。溇水、清江流域的分水岭，溇水北源、南源发源地。山体呈东北走向，东北高、西南低，东西长 10 余公里，南北最宽处 25 公里，面积约 40 平方公里，素有鹤峰"绿色宝库"之誉，今属湖北木林子国家级自然保护区。

牛　池 位于木林子核心区，为鹤峰第一高峰，海拔 2098.1 米。山岭逶迤连绵，峰顶有一水池，传说曾有犀牛来池中洗澡，故名。

二等岩 又称二墩岩。下坪乡二等岩村，去平山第二道岩墩的一块台地。

老关寨 邬阳乡三园河东南 2 公里。土司曾设立山寨、关卡，故名。

大明岩 又称大蟆岩。邬阳乡二台坪西南，一壁特大的如刀削的峭壁。

小寨子 邬阳乡张家包西北 2.5 公里，此山峰下立过寨卡，故名。

邬阳关 邬阳乡驻地。东西长 2 公里，南北宽 2 公里，三面连山，一面临河，坐南朝北，形似"太师椅"。东、西、南三面层峦叠障，悬崖峭壁。北面较开阔，但有岔连河隔阻，仅三条能容一人通过的窄狭山路可达关内，地形十分险要。曾是容美土司时北寨险隘"邬阳关、金鸡口"，与建始、巴东边界相连。一说是容美田氏土司派驻邬阳的第一任守官姓邬，又正当关口，故名邬阳关。另一说是邬阳关叫"五阳"，名为"身居邬阳（地名），头顶朝阳（地名），面朝太阳，手扳观阳（地名），脚踏阴阳（地名）"，流传甚广。

金鸡口 又名金溪口。距邬阳关东北面 9.1 公里，北接建始县，东北与巴东县毗邻，素有一脚踏三县（鹤、建、巴东）之称。金鸡口与邬阳关遥相呼应，因由三县交界处，自然形成贸易中心。21 世纪初，由于巴东水布垭电站库区建设，金鸡口移民搬迁。

（二）溪、河

澧水水系

娄　水　澧水最大支流。发源于中营镇土地岭北坡、云蒙山南麓，形成北源、南源，在铁炉白族乡江口于桑植县朱家村始流入湖南境内，到慈利县城入澧水，全长248公里，流域面积5400多平方公里。鹤峰境内143.6公里，流域面积2394.35平方公里。

下坪河　以下坪而名。发源于云蒙山黑湾，向东流经红岩河至江坪，折向西南流至芦坪汇诸溪流，到两河口与北佳河流汇娄水。流程27公里。

东洲河　又称大东洲，河流向东、河湾处有沙洲而名。发源于木林子，汇下坪河。流程10.8公里，流域面积32.3平方公里。

对马溪　山溪对面两山似马相对，故名。发源于下坪乡二等岩村周家湾，经何家坪汇下坪河。流程7公里，流域面积11.2平方公里。

椒山溪　又称蛟蝉溪，今下坪乡胜利村。发源黑湾，汇下坪河。全长9.8公里，流域面积15平方公里。

上村河　又称燕湾。发源于下坪乡二等岩村金竹园，经茶园湾汇下坪河。流程6.5公里，流域面积11平方公里。

两凤溪　又称龚家小河。发源于两凤村莫家河，经留驾司入下坪河。流程10.6公里，流域面积30平方公里。

唐家河　又称关门河，娄水北源。发源于中营镇长湾村七垭，经白水沟、茶园、汉溪河、两河口汇娄水。流程32.8公里，流域面积150平方公里。

茶园河　发源于中营镇棕园村八斗台，经茶园村汇唐家河。流程 7.5 公里，流域面积 33.5 平方公里。

陈田河　又称覃田河，发源于中营镇青龙村五伐山东面，经长岗岭一带入茶园河。流程 5.2 公里，流域面积 12.8 平方公里。

王家河　又称石家河。澧水北源在境内最大溪河，发源于太平镇黄柏沟、马井湾一带，流向西南经吴家河至三家台入桑植县五道水。流程 8 公里，流域面积 51 平方公里。

躲避峡　发源于燕子镇丘台，经容美镇屏山铁锁桥下汇溇水。流程 4.5 公里，流域面积 28.6 平方公里。

溪坪河　又称石龙洞河，发源于燕子镇石龙洞杨家湾，流经溪坪村、容美镇庙湾村狗儿桥入溇水。流程 29.2 公里，流域面积 81 平方公里。

后荒河　又称唐家河，发源于燕子镇朝阳坪后荒，经菜坡汇溪坪河。流程 3.5 公里，流域面积 3.2 平方公里。

高岩河　又称九峰桥河。发源于五峰县牛庄万梓河，经燕子镇荞云村大五里坪，明暗相间，至容美镇九峰桥入溇水。境内流程 40 公里，流域面积 169.6 平方公里。

官庄河　又称鸡公洞河。发源于今中营镇北佳磨石沟、漫水坪、林家沟、十湾溪等地，经容美镇鸡公洞至杨柳潭，入溇水。流程 42.2 公里，流域面积 395.1 平方公里。

龙　溪　又称洗脚溪，今容美镇沿河路东街口建有龙溪桥，俗称桂花桥，现已倾废。

潘　溪　又称磻溪，今容美镇龙井村六组，发源于茅竹山脚与洪家坡后湾。

楠木桥　又称楠木桥河。发源于今中营镇八字山村犀牛洞，入芭蕉河。流程 5 公里，流域面积 190.7 平方公里。

八字山　又称八字山河、王家坡河。发源于中营镇八字山村汪家湾，经锅厂湾村洋寺庙入芭蕉河。流程 6.5 公里，流域面积 13 平方公里。

太平溪 又称杨家河。发源于中营镇八字山村徐家脑，汇后河、忠溪水，经楠木桥入芭蕉河。流程 4 公里，流域面积 10.5 平方公里。

小干溪 发源于今太平镇洞长湾村冷水溪，经容美镇响水寨山下，至首信华府小区旁入鸡公洞河。流程 13 公里，流域面积 26.5 平方公里。

掉沙河 又称官田坪河。发源于太平镇木鱼口，入官田坪大水湄。流程 16.5 公里，流域面积 90 平方公里。

孔王溪 又称龚家河。发源于太平镇官屋村茶园湾一带，至洪家山。流程 8.3 公里，流域面积 38.1 平方公里。

南渡江 发源于五峰县湾潭摩天岭北麓，向西经湾潭至鹿耳庄湄入地下，至猪背山北麓复出地面，向西南至傅家台入境内燕子镇清湖，经桃山至青猴城入溇水。全长 45.5 公里，境内 13.3 公里，流域面积 86.7 公里。自古建有渡口，故名。

青猴城 地名仍同，今属燕子镇楠木村 341 省道阴坡段南面，面临溇水。

隔子河 又称小河。发源于今潼泉村大湾，经瀼口汇溇水。流程 21.2 公里，流域面积 137.4 平方公里。

竹枝河 发源于五里乡金钟村一组竹枝里，故名。汇溇水。流程 13.2 公里，流域面积 114.9 平方公里。

瀼口河 又称让口河。溇水中游，因与隔子河、竹枝河相汇形成瀼口，故名。古有民谣："新安合口，比不上湖北瀼口，走三天还走不到一个对口。"意为步行瀼口河，走三天也回不到原点。

神门鬼槁 地名仍同，今属溇水柘坪村段，大野坪上游，两岸绝壁似两扇石门竖立，惊涛拍石，浪花翻卷高约数米，声势如雷。

阳　河　发源于走马镇古城村分水岭，经上阳河潮水寺、李桥村（下阳河）木笼潭、于家垭入湄，与栗山坡溪沟水汇溇水。流程9.8公里，流域面积37.5平方公里。

大典河　发源于走马镇白果坪，经铁炉乡回龙观、隔子河，于江口汇溇水。流程28.8公里，流域面积353.6平方公里。

高桥河　又称回龙阁。发源于走马镇千金村出水洞，至陈家院子。流程11.5公里，流域面积45平方公里。

大　沟　发源于走马镇官鼎，经大漂汇大典河。流程4.8公里，流域面积8平方公里。

所坪河　又称花桥河。发源于走马镇花桥村，至拦刀隘。流程5.2公里，流域面积19.8平方公里。

芭蕉河　又称红罗沟河。发源于走马镇红罗沟，经田家堡汇大漂水。流程16公里，流域面积48平方公里。

马家峪　又称罗家岗。发源于铁炉乡马家村金家湾，至泉峪村下泉峪。流程20公里，流域面积89.2平方公里。

清江水系

岳家河　又称崔家河。发源于五峰县牛庄，向西流至狮子口入邬阳乡，在金鸡口与湾潭河汇，入清江。全长20公里，境内13.6公里，流域面积25.8平方公里。

咸盈河　古称咸宁河，又称支锁河。发源于燕子镇芹草坪，在邬阳乡金鸡口出境，北至巴东县桃符口注入清江。境内流程31.3公里，流域面积230.3平方公里。

岔连河　岔沟多而得名，又称茶寮河、雷家河。发源于建始县官店镇东坪村，经邬阳乡凤凰村、邬阳村，于二岔口汇金鸡口，全长13公里，境内流程11公里，流域面积20.2平方公里。

湾潭河　又名高桥坪河。发源于邬阳乡桥头湾（又称沟头湾），向东经高桥，受咸盈河之水汇岔连河，又于金鸡口与岳家河汇，在巴东桃符口入清江。全长 14.7 公里，流域面积 70 平方公里。

红家河　又称红莲池。今属咸盈村红莲，发源于阴坡，于段家河汇咸盈河。全长 3.2 公里，流域面积 5.3 平方公里。

三元河　又称石板沟。发源于三园村石板沟，经王家铺汇咸盈河。全长 12 公里，流域面积 27.8 平方公里。

陈家河　又称水牯洞。发源于邬阳乡三汊溪，经曾家坪入湾潭河。全长 9 公里，流域面积 34 平方公里。

关家河　又称罐头嘴。发源于邬阳乡毛坪，经曾家坪入湾潭河。全长 4.5 公里，流域面积 16.1 平方公里。

沅水水系

白水河　发源于太平镇杉园神孔坝，与车洞河水入宣恩。境内流域面积 17 平方公里。

车洞河　发源于太平镇杉园晒坪，入宣恩。境内流域面积 4 平方公里。

溇水水系

深溪河　溇水南源支流之一。发源于五峰县牛鼻孔一带，向西南至钟家大坡入鹤峰境内，再折向东南，经小坪、中坪、下洞坪湣入龙洞，全长 13 公里，在鹤峰境内流程长约 8 公里，沿岸地势险峻，滩多流急。

（三）《州全图》复原图（部分地名模糊不清，以现代地图鹤峰边界地名补录）

州全图

北

此处建始县境　境县东巴处此　此处长乐县境

此处施恩处此

西　东

此处宣恩县境

此处石门县境

此处恭植县境　钟门隔　此处楚利县境

南

河寨茶　岳家河　金溪口　九河坪　上王崖　崔家河　自生桥　岩板河
钟寨山　尖簪子　凤凰　邬阳关　石龙寨　小路头　高岭子　桥字口　土地垭　蒙蔚寨
松林坝　石子溪　分水岭　碑垭　核桃垭　麻山　八仙台
亚茶坝　长河　龚家垭　湾潭河　二道河　平顶山　天堰池　大面山
乌鸦池　泰子坪　一道河　木湾　亮门垭　梦虎尖
干沟溪　快岩　牛吃水　烧巴岩　燕家大湾
骡子山　铜鼓园　鹤峰州城
编坪　分水岭　朱家山　公义　五里坪　五峰关　大崖关
莫家山　猎子岩　泻浦潭　四里潭　麻垭头　柳尖坪　江口
杉木界　二台坪　燕子潭　唐家渡　河鹰包　饭盆岩
一把伞　芦池坪　五峰头　九女寨　龙泉　火炼垭　撬枪岩　桐木山
桕林坪　观音堂　龙垭　桂竹垭　小龙溪　分垭头
猴景河　大干溪　吕崖　婆婆山　龙头山　猪箱岩
朱家村

附录六：鹤峰州大事记

日月其迈，岁律更新。自雍正十三年（公元 1735 年）容美土司改土归流，至光绪三十年（公元 1904 年）由鹤峰州改设直隶厅，到民国元年（公元 1912 年）改设鹤峰县，鹤峰州存续 178 年（包括直隶厅），可谓沧海桑田。附录大事记，旨在铭记历史，拾取那些在岁月长河里沐浴的记忆碎片，从中感悟，或受启迪，是以为鉴。为便于在阅读时厘清前因或略晓后续，故将其记事起始与终止时间适度提前或推后，并附《鹤峰县志》编（重）印、《鹤峰州志》汇编校注事略。故以寥寥赘语，权当《大事记》之小引。

清

雍正十一年（公元 1733 年　癸丑）

雍正皇帝就湖北总督迈柱五月二十二《奏折》批谕大学士，拟对容美土司实行"改土归流"。

九月十六，容美土司部分上层人士，怂恿容美宣慰使田旻如抵抗"改土归流"。

十月初二，彝陵镇守备韩岳受迈柱及总兵冶大雄派遣，持文进司，明为督促田旻如进京，暗中侦察容美土司布防情况。初四，田旻如上奏"恭谢天恩，谨陈下悃"折，交韩岳转呈。十八，总兵冶大雄上《奏陈容美土司田旻如狂悖不法折》，同时派兵向容美土司进发。

冬月初七，田旻如上奏《屈抑难伸，吁天请命》折。

腊月初三，深溪司长官张彤柱向清兵缴印投诚。田旻如驻进万全洞。初四，容美土司中府土民"私相传约，聚集平山"，力劝田旻如进京。初九，田旻如出洞，反复徘徊是战是降，进退两难。十一，田旻如于万全洞自缢身亡。

雍正十二年（公元 1734 年　甲寅）

正月，安陆府通判毛峻德奉命处理容美土司"改土归流"事宜。

雍正十三年（公元 1735 年　乙卯）

改彝陵州为宜昌府，改彝陵镇为宜昌镇，改右营为卫昌营。

四月二十八，奉旨将容美土司地和大隘关以外原麻寮土司近五十里之山羊隘地、原属长阳县之渔洋关地，设置鹤峰州、长乐县（即今五峰县），一州一县之佳名均为雍正皇帝钦定。鹤峰州首任知州由毛峻德补授，长乐县首任知县由黄陂县县丞张曾谷补授。至此，容美土司制度结束。

七月初三，首任知州毛峻德正式进入鹤峰州履任。

乾隆元年（公元 1736 年　丙辰）

腊月初八（丁卯），定鹤峰州、长乐县粮额。乾隆皇帝特旨：将鹤峰、长乐二州、县现报成熟田地，亦照容美之例，即以原征秋粮银九十六两之数，于乾隆丁巳年（公元 1737 年）为始，造册征收。至于裁改土司以后，未经查丈以前，雍正十二、十三等年及乾隆元年，共应征秋粮银二百八十八两，乾隆皇帝"以示朕爱养土民之至意"，又旨：悉着宽免，不必补征。

乾隆二年（公元 1737 年　丁巳）

十月二十五（己酉），湖北巡抚杨永斌疏报：新辟鹤峰、长乐二州县成熟田、地、山，共八百三十七顷二十一亩有奇。

乾隆三年（公元 1738 年　戊午）

二月十一（甲午），湖北巡抚张楷疏称：湖北改土归流之鹤峰、长乐、恩施、宣恩、来凤、咸利、利川七州县，前未派销官引。今若行销淮盐，合算成本每筋七八分至一钱不等。若行销川盐，每筋价止二分。应令募商、于就近盐场领引运销，赴川省完纳额课。其应行水陆盐引一千二百三十张，户部照数刷行。令四川巡抚赴部请领转发。……应如所请。从之。

乾隆六年（公元 1741 年　辛酉）

六月初六，知州毛峻德兼署长乐知县，同年腊月初一卸任。

是年，知州毛峻德首创编修的《鹤峰州志》面世，为鹤峰首部州志。

乾隆七年（公元 1742 年　壬戌）

八月十八（甲辰），礼部议准、湖北巡抚范璨疏称。宜昌府属之鹤峰州，系新辟苗疆，请建社稷、山川二坛。从之。

乾隆八年（公元 1743 年　癸亥）

九月二十（己亥），湖北巡抚晏斯盛疏报：鹤峰、长乐二州县开垦乾隆四年分水、旱田地六顷五十亩有奇。

乾隆九年（公元 1744 年　甲子）

二月二十八（丙子），湖北巡抚晏斯盛疏报：鹤峰州乾隆六年分劝垦水田三亩、旱地六顷六亩。

乾隆十年（公元 1745 年　乙丑）

四月十五（丁巳），于鹤峰城汛内拨外委千总一名、兵十五名，合渔洋兵五名，共二十名，驻扎渔洋，以资防范。

乾隆十二年（公元 1747 年　丁卯）

八月初一（己未），吏部等部议覆、湖广总督塞楞额等奏称：湖北施南、宜昌二府之知府、同知、通判所属之鹤峰、长乐、恩施、宣恩、来凤、咸丰、利川等七州县，向俱定为苗疆要缺，在外拣员调补。……请将二府府厅各官、七州县及所属佐杂，俱归部选，其五年即升之例概停。……七州县原给银千二百两，应各减二百两。同知以下等官，向以苗疆照内地之数加给一半，请将加给数内，酌减一半。均应如所请，从之。

乾隆十三年（公元 1748 年　戊辰）

五月十一（甲午），湖广总督塞楞额疏称：湖北通省民壮，惟鹤峰、长乐、宣恩、来凤、咸岂、利川、建始等七州、县，地处偏僻，原设民壮二十名，应各裁去二名。从之。

乾隆十五年（公元 1750 年　庚午）

九月十八（丁巳），又谕军机大臣等、据湖广总督永兴奏称：湖北新设宜昌、施南二府之鹤峰等州县，原系改土归流，幅员广阔，近年户口日增，田土日辟，其内地民人认垦者，应令查明，一体升科等语。……（乾隆皇帝认为）"但鹤峰等州县，本系土司之地，归附版图未久，虽有内地民人赴垦，欲令升科，究与内地不同，必须善为经理之人，妥协差办，方不至于滋事。永兴莅楚未久，诸事尚未谙练，此事亦非伊所能办，且不必急遽。俟二三年后，或伊来京陛见时，令会同在京大臣，妥酌定议。或另有升调可任兹事之人，再行办理，亦不为迟，可即传谕永兴知之。"

乾隆十六年（公元 1751 年　辛未）

腊月初六（戊戌），湖北巡抚恒文疏报：鹤峰县乾隆十五年开垦下田一十九顷六亩零。

乾隆二十三年（公元 1758 年　戊寅）

四月十二（丁卯），湖北巡抚庄有恭疏报：当阳、长阳、鹤峰、建始等四州、县。乾隆二十一年分开垦地九十三顷二十亩有奇，应征银米，俟丙戌年（公元 1766 年）起科纳赋。从之。

六月十四（戊辰），户部议准、四川总督开泰疏称：大宁县新增灶座盐筋，足敷配销鹤峰州六引二百一十九张。其云阳县原配鹤峰州额引，在于万县销售。从之。

乾隆二十六年（公元 1761 年　辛巳）

四月初十（己卯），湖广总督苏昌疏报：勘实保康、鹤峰二州、县，乾隆十五年分开垦旱地二十顷七十五亩有奇。

乾隆三十年（公元 1765 年　乙酉）

四月初二（丁未），户部议覆、湖北巡抚王检疏称：宜昌府属鹤峰州，乾隆十九年开垦额外下地十五顷零，该粮六石二斗五升、银九两二钱二分，造册送部，应准其造入该年地丁册内查核。从之。

乾隆三十三年（公元 1768 年　戊子）

二月二十二（庚辰），兵部议准：湖北卫昌营游击驻鹤峰州城，守备及右司把总驻长乐县之湾潭，相距甚远，遇紧要事件，未免往返迁回。请将该守备及右司把总移驻州城，俾得就近办理。查湾潭地方兵民无多，请将原驻州城千总移于湾潭驻扎。

乾隆三十六年（公元 1771 年　辛卯）

五月二十一（辛酉），吏部议准：请将鹤峰州分驻五里坪州同，改隶随州祝林总地方出山店巡检，移驻高城总地方。

乾隆三十八年（公元 1773 年　癸巳）

八月二十二（戊申），谕，据陈辉祖奏：此次沿站居民，闻官兵（平定四川大、小金川之乱的军队）经过，运送军械等项，咸争先来站受雇。……又有鹤峰、长阳、长乐、兴山四州县民夫，协助东湖归州一路。……其恩施、建始、鹤峰、长阳、长乐五州县，因前次施南、卫昌二协营兵经由，本年钱粮业予缓征，但各民夫于本处出力，复能协助邻封。其次年钱粮应再缓十分之三。得旨，如所议行。

乾隆四十一年（公元 1776 年　丙申）

五月二十一（辛卯），湖北巡抚陈辉祖疏报：乾隆四十年分，鹤峰州开垦下则旱地七顷八亩有奇。

乾隆四十二年（公元 1777 年　丁酉）

六月初四（戊戌），湖北巡抚陈辉祖疏报：乾隆四十年，鹤峰州劝垦下则旱地九十四亩有奇。

乾隆五十一年（公元 1786 年　丙午）

正月二十九（甲戌），湖广总督特成额奏：湖北宜昌府属之鹤峰州，水田甚少。常平仓向贮包谷、粟谷二千三百九十余石。乾隆四十年，前抚陈辉祖奏明，将有漕而仓谷充盈之江夏等县，附贮枭缺谷价，分发随州等州县，买谷贮仓。鹤峰州酌增稻谷七千六百余石，迄今仅买三千五百石，余未领买。查该州不通舟楫，改买本地包谷，性难久贮。且合计新旧贮谷，已六千有奇，请将未买稻谷停止，价存司库，前请添建仓廒。

又奏：湖北卫昌营坐落苗疆，产稻甚少，岁需兵米，除春夏二季，拨江陵等县南米供支外，秋季将鹤峰、长乐二州、县官谷碾供不敷，该二州、县每石领价七钱买供。冬季，按每石七钱价折银给兵自买。乾隆元年……嗣后五年一题，迄今五十一年，俱因米贵，未复原额。现查米价仍昂，与其存待复原额虚名，不若将宽给折色，赏为定额，于公项内动支。得旨允行。

乾隆五十二年（公元1787年 丁未）

八月初二（丁酉），署湖广总督舒常奏：湖北宜昌、施南二府属之长阳、兴山、鹤峰、归州、来凤、建始等州县，出产硝筋。向系商民自备工本，赴产硝地方，采办解省，交局给价，以供各营岁需之用。现在筹备闽省采买硝五万斤，若仍照常俟商民采办，势必贻误。应先行动项，给发产硝州、县分饬上紧办理，勒限解省。一俟闽员到楚，即可给领运回。得旨嘉奖。

乾隆五十三年（公元1788年 戊申）

本州人洪先焘参加乡试，中式第七名。

七月初九（己巳），湖北巡抚姜晟奏：……蒲圻、汉川、蕲水、罗田、黄梅、鹤峰等州、县，或因山水陡发，或因湖河漫溢，低洼田地，间有被淹。乾隆谕旨：各处被水虽轻重不等，同系灾民，自宜一体查明，设法疏消，妥为抚恤。其有应行酌予赈缓之处，即据实奏明，分别办理。不可因荆州府城被灾较重，皆专注意办理，而于别州、县被水处所，未免心存忽视，以致灾民或有失所向隅之叹。舒常、姜晟等，务当一体详加妥办。

冬月十九（丁丑），蠲缓湖北江陵、监利公安、石首、松滋、枝江、汉川、汉阳、沔阳、黄梅、广济。黄冈、长阳、江夏、武昌、咸宁、嘉鱼、蒲圻、兴国、大冶、黄陂、孝感、蕲水、罗田、蕲州、天门、荆门、当阳、云梦、应城、宜都、潜江、东湖、归州、巴东、鹤峰等三十六州、县，本年被水灾民额赋有差。

乾隆五十五年（公元 1790 年　庚戌）

九月十九（丙申），兵部议准：鹤峰州有城池、仓库、监狱之责，仅设兵丁一百九十一名、操马四十二匹，不足以助军威。遂将湾潭马兵十名、操马十匹、长乐马兵五名、操马五匹，彻归鹤峰州城；又调拨湾潭步守兵三十名，将二十五名归州城差操，以五名补还长乐汛，仍敷四十名之数。其湾潭一汛尚存防兵三十名，足资弹压。

嘉庆二年（公元 1797 年　丁巳）

三月下旬，白莲教首领林之华、覃佳耀率义军从长阳退守至建始县官店口芭叶山一带。

四月初，清军统帅额勒登保率军驻防邬阳关，指挥清剿义军军务。

嘉庆四年（公元 1799 年　己未）

五月初七（甲子），免湖北被贼（白莲教起义）滋扰之孝感、钟祥、京山、安陆、应城、随、应山、江陵、枝江、宜都、襄阳、枣阳、宜城、南漳、均、光化、谷城、郧、郧西、房、保康、竹山、竹溪、东湖、归、兴山、长阳、巴东、鹤峰、长乐、恩施、宣恩、来凤、咸丰、利川、建始、荆门、当阳、远安等三十九州、县和武昌、武左、黄州、德安、荆州、荆左、荆右、襄阳等八卫、所新旧额赋，并缓征蒲圻、崇阳、黄陂、黄安、咸宁、通城、江夏、嘉鱼、汉川、沔阳、潜江、天门、公安、石首、监利、松滋等十六州、县新旧额赋。

冬月十二（丙寅），蠲缓湖北被贼（白莲教起义）滋扰之竹溪、竹山、房、保康、南漳、东湖、兴山、归、巴东九州、县及邻近贼氛之郧西、郧、均、光化、谷城、枣阳、襄阳、宜城、远安、当阳、长阳、鹤峰、长乐十三州、县，本年夏、秋、冬三季起存驿站，并各卫屯饷额赋，有差。

嘉庆八年（公元 1803 年　癸亥）

三月二十（甲寅），免湖北被贼（白莲教起义）滋扰之蒲圻、崇阳、黄陂、孝感、黄安、钟祥、京山、安陆、应城、随、应山、江陵、枝江、宜都、襄阳、枣阳、宜城、南漳、均、光化、谷城、郧、郧西、房、保康、竹山、竹溪、东湖、归、兴山、长阳、巴东、鹤峰、长乐、恩施、宣恩、来凤、咸丰、建始、荆门、当阳、远安等四十二州、县（并）各卫、所及邻近贼氛之江夏、咸宁、嘉鱼、通城、汉阳、汉川、沔阳、黄冈、麻城、潜江、天门、云梦、公安、石首、监利、松滋等十六州、县并各卫、所，缓带借欠银米，有差。

道光二年（公元 1822 年　壬午）

重修《鹤峰州志》付梓，由知州吉钟颖主修，鹤峰州戊申举人、原任广东三水县知县洪先焘，己酉拔贡、原署公安县教谕部生榕分修。

道光十九年（公元 1839 年　己亥）

本州人李定南参加恩科，京闱中式。

道光二十年（公元 1840 年　庚子）

腊月十五（公元 1841 年 1 月 7 日），英国军队突袭沙角炮台，鹤峰州武仕进、时任广东三江协副将陈连升率部浴血奋战，英勇献身，他的战马"黄骝"长跪主人遗体旁。英兵好奇，将其强虏至香港。黄骝马每遇英兵来骑，必将骑者掀摔于地，整日面朝大陆方向，嘶叫悲鸣，最后绝食，直至饿死。人们敬重黄骝马的气节，称颂它为"节马"，并为它立了"节马碑"，铭刻碑文："马为畜生，犹有节义，而况黄帝之子孙乎？英军不能征服其马，而况中华民族乎！"

道光二十一年（公元 1841 年　辛丑）

二月初十（乙丑），（帝）谕军机大臣等：遵旨筹办一折，所奏俱悉。……前饬琦善查明阵亡将弁兵丁数目，兹据覆奏，已降旨交部照例赐恤，并将陈连升父子加等议恤。又谕：……三江协副将陈连升及其子陈举鹏同时殉难，尤属忠义可嘉，着加恩加等赐恤。二十（乙亥），予广东阵亡副将陈连升，祭葬世职如总兵例，并其子举鹏加等赏恤，均入祀昭忠祠。

九月二十六（丁丑），又谕：前因广东副将陈连升父子阵亡，有旨令祁墳察看该故员等子嗣才具……兹据奏称，该故员等子嗣陈起鹏、陈受桂等，现在湖北原籍，并未来粤。……着湖广总督裕泰就近传唤察看才具，奏明候朕施恩。该副将父子同时尽节，忠孝兼全，勇烈尤著，着准其一体在阵亡处所建立专祠，以慰忠魂。

道光二十二年（公元 1842 年　壬寅）

二月二十（己亥），（帝）又谕，裕泰奏察看陈连升子嗣才具尚堪造就一折，称：原任广东副将陈连升长子陈展鹏、次子陈起鹏，着于服阕后送部引见，再降谕旨。其陈连升义子陈举鹏之嗣子陈受桂，俟及岁时再行送部引见。

道光二十五年（公元 1845 年　壬寅）

四月十五（乙巳），赏广东阵亡副将陈连升次子陈起鹏举人，一体会试。

咸丰二年（公元 1852 年　壬子）

是年前后，柳子戏（又称"阳戏"，俗称"杨花柳"）已在州内流行，每逢元宵，村人必张灯结彩，演花鼓戏、唱杨花柳。

咸丰十年（公元 1860 年　庚申）

冬月，云南巡抚、云贵总督张亮基以疾引退后，应州举人、陕西汉中府知府、都转盐运使李定南之约，来鹤峰寄居，时达半年，著有《望鹤堂序》。

是年，同行业商贾在局部范围内协商价格以调整利益冲突。关外部分客栈协议饭菜价格勒于石碑。碑文如下："上下来往客商，近来此处柴草艰难，故上起大岩关，下至懒市歇店，公同议定，每客取钱十文，生米火钱三文，炒饭钱二文。如违公罚。此白。"（懒市是懒板凳市铺的简称，懒板凳即今南北镇。）

咸丰十一年（公元 1861 年　辛酉）

五月初十（丁酉），咸丰皇帝允准张亮基"拟在川楚募练数千名，带赴云南，请颁发捐照五千张，作为募勇经费"所奏。谕令户部将捐照（清中叶后盛行的捐资纳粟换取官职的凭证）如数颁发，并解往鹤峰州，交张亮基收领。又谕：此项捐照，一经解到，着即于楚蜀一带照云南省奏定捐米新章，办理捐务，即将捐项作为募勇经费，俟练勇募齐，即日统带启程，前往云南。

同治元年（公元 1862 年　壬戌）

十一月，为纪念抗英英雄陈连升，驻守虎门水师提标中军参将郑耀祥、水师提标右营游击赖建猷，重修关忠节祠时，请工匠为陈连升坐骑"黄骠马"精心制作"节马碑"，嵌于虎门镇虎门寨关天培祠右墙内壁。碑为黑云石，碑长 1.52 米、宽 0.4 米、厚 0.023 米。碑有节马图，由吴仲山所画。碑文及诗由番禺庠士陈昭撰、顺德进士赖子猷书写。碑文节选如下："节马者，都督陈公连升之马也。庚子冬，沙角陷，公父子死之。马为逆夷所获至香港，群夷饲之不食，近则蹄击，跨则堕摇，逆怒刀斫不从，放置香港山中，草亦不食，日向沙滩北面悲鸣。华人怜而饲之则食，然必以手捧之，若置地，则昂首而去，以其地为夷有也。每华人围视，指为陈公马，即泪淫淫下；或呼能带归，亟摇尾随之。然逆终不肯放还，以致忍饿骨立，犹守节不变。道光壬寅四月，马卒香港。"

同治五年（公元 1866 年　丙寅）

高炳之于鹤峰设栈专门经营茶叶，远客鳞集。

同治六年（公元 1867 年　丁卯）

续修《鹤峰州志》付梓，由特授鹤峰州知州徐澍楷主修、训导雷春沼协修。

光绪二年（公元 1876 年　丙子）

广东商人林紫宸来鹤采办红茶，在鹤峰州城、五里坪、南村、留驾司等地设庄，传授制茶技艺，贩运红茶销汉口。

光绪六年（公元 1880 年　庚辰）

是年始，林紫宸陆续捐资，分年改建刘家司（今留驾司）至鹤峰城、南村、三路口、南北镇、泥沙和五峰莫家溪至湾潭、南北镇等 600 余公里的骡马驮运大道。

光绪八年（公元 1882 年　壬午）

六月，均州、云梦、鹤峰州大旱。

光绪九年（公元 1883 年　癸未）

秋，大饥。

光绪十年（公元 1884 年　甲申）

林紫宸携巨金，招募近千人在鹤峰九台山（今鹤峰县铁炉白族乡万寺坪，又称九台香）采矿炼铜。

光绪十一年（公元 1885 年　乙酉）

首次征收茶税。增设黄柏山税、牙行、屠宰及田房契税。

续修《鹤峰州志》付梓，由特授鹤峰州知州长庚、署理鹤峰州知州厉祥官主修，特授鹤峰州知州刘栻林承修，恩贡候选直隶州州判陈鸿渐协修，训导魏泽润、吏目方朝泉、岁贡候选训导李树馨监修。

光绪十二年（公元 1886 年　丙戌）

十月，获准并成立"湖北鹤峰州矿局"，林紫宸出任商董，林的同乡卢次伦任司账，后因"龙脉风水和劳资纠纷"等因酿成事端，致使两乡民死亡，矿局被烧毁，官府追责，矿丁解散，林紫宸避隐。

光绪十三年（公元 1886 年　丁亥）

腊月初八（庚寅），谕内阁、裕禄等奏：甄别庸劣不职。……鹤峰州知州刘械林历练甚浅，治事多疏，著开缺（官吏因故不能留任，免除其职务，准备另外选人充任）另补，以示惩儆。

腊月，湖广提督裕恩、湖北巡抚奎斌联名将"矿务纠纷案"上奏朝廷，光绪帝御批准奏。历经三年多的矿务纠纷以"矿局封闭、通缉林朝登及'滋事砂丁'、所捕地方之人释放"完结。

光绪二十一年（公元 1895 年　乙未）

以州候补训导李树馨为首捐资重修平山铁锁桥，历时三年竣工。

光绪二十四年（公元 1898 年　戊戌）

五月，光绪皇帝颁诏，将州、县之书院改为小学；民间祠庙不在祭典者，由地方官晓谕，改为学堂。

是年，州城设总团局，下辖莽阳坪、五里坪、旧建城（今太平镇）、邬阳关、麻水保、白果坪、大冶坪等 7 个分局，每局谕派首士 2 至 4 人，经管收支、统带团勇、挑练壮丁、以资防剿。

光绪二十五年（公元 1899 年　己亥）

颁布《鹤峰团练保甲章程》，推行保甲、团练制度。

知州谢绍佐续修《鹤峰州志》。

光绪二十七年（公元 1901 年　辛丑）

被禁演的"人大戏"（南戏）复在五里、山羊隘一带演出，剧目有《杨家将》《陈世美不认前妻》等。

光绪二十八年（公元 1902 年　壬寅）

六月，废除科举制度，湖广总督张之洞对湖北学堂改制，学院改为学堂。初二，张之洞于湖北创办警察。

为偿还庚子赔款，鹤峰奉令田赋征银每两附征钱五百文。

鹤峰废除科举制度，鹤鸣书院改名时育学堂（又称容阳学堂）。

光绪二十九年（公元 1903 年 癸卯）

春，紫金书院合并于凤翔书院，改为和声学堂。

光绪三十年（公元 1904 年 甲辰）

十月初一（11 月 7 日），清廷准湖广总督张之洞奏文，将鹤峰州由宜昌府属划出，改州为直隶厅。

卫昌营改为施防营。

是年，"人大戏"（南剧）本家张福来，带戏班到鹤峰演出。此后，各地荆河路子戏班接踵入鹤，仅州城就有十几套锣鼓家什，孩童常佩上靠旗学戏。

光绪三十一年（公元 1905 年 乙巳）

施南府从荆宜施鹤道分出，设施鹤道，辖鹤峰厅、施南府及所属各县。

时育、和声学堂分别改为鹤峰第一、第二高等小学。

光绪三十二年（公元 1906 年 丙午）

二月，改绿营为巡警。

是年，废除驿邮制度，于厅城西街设立邮政代办所，承办邮政业务。

光绪三十三年（公元 1907 年 丁未）

第一高等小学改为"鹤峰厅模范两等小学堂"，置初、高两级，学生共 81 人，教员 4 人，职员 2 人。

光绪三十四年（公元 1908 年　戊申）

《中国旧海关史料》载：数年前，有茶叶经过本口者，是以宜昌茶之名驰于海外。今虽伦敦仍有宜昌茶之名目，然现在本口并无是项茶叶经过。惟宜昌所属之长阳、长乐两县间有茶叶，由宜都装民船运至汉口。此外，则惟前属宜昌府，今隶施鹤道之鹤峰厅所产之茶，该茶亦装民船，由宜都运至汉口，现驰名之宜昌茶未知是该茶否？

宣统二年（公元 1910 年　庚戌）

初等小学堂共 17 所，学生 507 人。民国初年，学校有所增加，开设女子高级小学。

宣统三年（公元 1911 年　辛亥）

八月十九，辛亥革命爆发，武昌首义成功。

冬月十四，孙中山以临时大总统名义通电全国改用公元历，并以中华民国纪年。

是年，五里坪、山羊隘（今白果坪）分别增设邮政代办所。

中华民国

民国元年（公元 1912 年　壬子）

鄂军政府通饬：民国初建，所有以往民欠钱粮概行豁免。

鹤峰直隶厅改设县，石首人毕时苑出任鹤峰县第一任知事。

鹤峰五里邹济堂、白果龚卓轩等人，赴省城联名向湖北省督军黎元洪具呈"民意"，以"地广难治，积弊难革"为由，要求分县。黎元洪以"行政费用拮据"为由不准，但准许南渡江以东田赋改在走马坪完纳，并在走马坪增设高等小学，招收南渡江以东学生，由邹济堂出任校长。

五峰渔洋关茶商在鹤峰开设"忠信昌""易成生""宫福泰""张同心""源泰"等茶号，收购鹤峰红茶。

是年，初等小学堂增加至 23 所。

民国二年（公元 1913 年　癸丑）

腊月，开设长乐至鹤峰县邮路，间日步班，单程 125 公里。

回龙阁设立南关小学。

民国四年（公元 1915 年　乙卯）

施防营裁撤。

民国十五年（公元 1926 年　丙寅）

改荆南道为施鹤道，鹤峰县划入施鹤道。

附记

民国三十二年（公元 1943 年　癸未）

《鹤峰县志》（道光重修、同治续修、光绪续修合集，内容实为《鹤峰州志》）铅印版面世。

中华人民共和国

1980 年

8 月，鹤峰土家族自治县档案馆重印民国三十二年版《鹤峰县志》。

2024 年

5 月 14 日,《〈鹤峰州志〉汇编校注》审读稿,由汇编校注者覃进之同志送达评审组评委进行审读。

5 月 25 日,我国当代少数民族著名作家李传锋先生对《〈鹤峰州志〉汇编校注》给予"是鹤峰史志研究工作的新成果,是土司文化研究的新进展"的高度评价,并为《〈鹤峰州志〉汇编校注》提出修改意见和建议。

7 月 3 日,鹤峰县政协学习文史委员会组织召开《〈鹤峰州志〉汇编校注》评审会,县政协副主席李施甫到会并作重要讲话。会议认为:《〈鹤峰州志〉汇编校注》能为读懂鹤峰自改土归流至民国初期的历史,提供了便捷满意的、无障碍阅读的读本,意义非凡,很有价值。

12 月,覃进之同志校注、政协鹤峰县委员会学习文史委员会汇编的《鹤峰州志》出版,全国新华书店发行。

附录七：鹤峰州志

道光二年重修　州署藏版影印

《鹤峰州志》目录

附录七：《鹤峰州志》道光二年编修 州署藏版影印

附录七：《鹤峰州志》道光二年编修 州署藏版影印

附录七：《鹤峰州志》道光二年编修　州署藏版影印

鶴峯州志

道光二年壬午新鐫

州署藏板

鶴峰州志序

邑之有乘所以徵文獻也若文獻無
徵操觚者欲旁搜遠紹求諸荒渺難
稽之說則已誕或採風問俗僅得諸
父老傳聞則又俚鶴峰故容美地漢
唐以前書缺有間歷宋元明至我
朝始翕然向化改土歸流於雍正十三年

鶴峰州志　《序》　一

設州牧以治之閱今八十餘年沐浴
聖澤土田闢學校興教養之深仁已並洽
於中土　吉簻畦刺史家學淵源師
承有自凡天文地輿之繁星緯象數
之精無不周知慨然以前志為簡略
以簿書餘暇重輯成卷而請序於余
懌於嘉慶二十四年奉

命視學楚北次冬校士宜施二郡即聞
刺史治行卓卓勤政愛民有古循吏
風茲幸閱其志之成而有以窺其致
治之有本矣夫志星野以應乎天文
志疆域以詳其地利沿革必衷於史
山川必溯其源志賦役輕徭稅勤輸
將也志風俗尚樸暑禁淫靡也志學
校重師儒崇文教也志兵防預戎備
增守衛也至於物產之蕃息人物之
閭生秩官祠宇之必詳藝文營建之
不廢其所以寓風勵而昭勸懲者悲
有深意存乎其閒且志為國史之權
輿尤採風使者所當博取而廣輯之
以為修史者之一助方今

鶴峰州志　《序》　二

文教昌明無遠弗屆鶴峯雖巖邑得　賢
刺史以為之撫而敷教與行熙熙然
樂遊太平之世又豈僅為一邑之乘
以文詞見其美備哉

賜進士出身

誥授通奉大夫光祿寺卿提督湖北學政

古六楊懌曾拜譔

敘

史以示百代之勸懲志以誌一方
之掌故名異而實亦異也然其體
例則同此陳壽三國志與馬班並
稱也自是以後惟華陽國志三輔
黃圖二書最為古雅宋元後方志
雜出乃亂矣萃矣前明康氏武功
志韓氏朝邑志文簡而事該他若
王渼陂誌鄠吕涇野誌高陵喬三
石誌耀胡可泉誌秦趙浚谷誌平
涼劉九經誌郿張光孝誌華牽皆
秦人誌秦地王阮亭所謂郡縣之
志無踰乎秦者以其猶有黃圖決
錄之遺也予蒞任鶴峯凡五載地

002

僻而民樸政簡而刑清暇卽與部
君生榕洪君先纛仰登山而俯臨
水出採風而入問俗以考其改土
歸流之美而紀其生材殖物之繁
蓋已八十餘年於茲矣因取前牧
毛公舊志而重加編輯其卷帙較
增於前非欲以誇多而闕靡覺此

鶴峯州志　序　二

八十餘年中學校興而教化廣沐
日浴月百寶生焉欲問當年之寶
樓琴閣傳樂府而演桃花者已漠
然了無一存蓋天下之太平久矣
顧自古著述之難或失之於濫收
或失之於欲速而欲其完善無疵
則必遲之數年或遲之數十年又

且經諸儒之考訂滙百家之異同
而始折衷以歸於至當今則上不
窺金匱石室之藏下鮮老師宿儒
之指授而紛於簿書限於時日豈
敢自信爲完書哉亦聊以顯微闡
幽不使後來者有文獻無徵之歎
也

鶴峯州志　序　三

道光二年孟秋月中澣
賜進士出身湖北庚午癸丙子壬午
四科鄉試同考官知鶴峯州事加
五級紀錄五次丹陽吉鍾穎譔

原序

州知　毛峻德

鶴峰州志《原序》　一

邑有志猶國有史也一邑中沿革

異同有必辨疆域山川有必分風

俗物產有必載壇廟城署學校有

必興田賦戶役職官兵防有必備

非近乎史其將安近鶴峯向爲容

美土司地因土弁田明如貪殘改

設州治經營伊始百廢維新則州

志較他邑尤爲急務德不敏初蒙

制府邁檄委進司守催田明如進

京旋又奉委撫恤殘黎並隨湖北

臬憲王荆南觀察姜經理改土善

後事宜仰荷百凡指示幸免隕越

事未竣卽膺上憲保題授以牧民

鶴峯州志《原序》　二

重任七載於茲土俗民情知之頗

悉現設章程皆所創始德又何敢

以不文辭因於簿書之暇約舉大

端稍加編輯分上下兩卷用捐淸

俸以授梓人竊謂志同乎史傳信

也非以傳疑也愼而毋濫簡而毋

繁凡事之因時措置難垂久遠者

概不敢登若夫名宦鄉賢人物選

舉因初入版圖無可紀載至於忠

孝節義事關倫紀非確有可據者

豈容冒濫仙釋古蹟事涉誕妄非

見諸史册者未便率錄其餘流寓

方技之徒文藝襍記之末旣非所

重未暇考求覽是編者其亦見作

鶴峯州志　原序　三

志之苦心勿以簡畧是責是則深
幸也夫乾隆六年歲次辛酉仲冬、
月

又序

荊宜施道　屠嘉正

鶴峯州志　又序　一

郡邑之有志所以載綱紀一方之
大畧者也志有創有因其因者前
世之陳蹟備於斯其創者一時之
締造備於斯夫前無所憑藉而後
將視是以率由此其事爲倍難而
其文之所關爲更要非其心足以
立事而事足以載於文者其曷能
創之鶴峯故容美地土官世及肆
虐於民民不勝其毒奔走偕來願
沾
聖化我
世宗憲皇帝惻然憫之允廷臣議改設州
邑選良吏以撫斯民毛君觀文爰

005

自安陸逼守移牧鶴峯披荆榛建
城郭招流亡安反側設學校列營
汎壇廟公廨乘時俱舉生聚教訓
因俗以施三年而政成五年而報
最七年而毛君膺
簡命晉守宜昌顧念鶴峯新造之區案
牘易至散缺不可無所纂集以貽

鶴峯州志 《文序》 二

之後也用輥州志而請序於余蓋
其事與文類皆出於剙而已無一
不可爲後之所因余覽是編而竊
有以見毛君之用心也夫天生兆
民樹之后王君公承以大夫師長
以左右民也何以長民曰仁何以
行仁曰政何以舉政曰誠不誠則

無物而政非其政矣毛君之治鶴
峯其意主於爲
朝廷綏靖遠民予以寬徭薄賦之樂而
去其獷頑猖劣之習其哀矜惻怛
藹然見乎其詞而篤摯懇切之衷
復足以貫乎其設施之顛末此所
以政通人樂而下爲編戶之所矙

鶴峯州志 《文序》 三

就卽上邀
聖天子之獎擢歟毛君推是心以蒞官
將所處益高其所及益廣而後之
牧是州者以毛君之心爲心相時
調劑以求久安此溪峒之衆安在
不足以比於中土之民雍雍然揖
讓於冠裳禮樂也夫

附录七：《鹤峰州志》道光二年编修　州署藏版影印

附录七：《鹤峰州志》道光二年编修　州署藏版影印

附錄七：《鶴峰州志》道光二年編修 州署藏版影印

鶴峯州志

主修
鶴峯州知州 吉鍾穎 江蘇丹陽乙丑進士

分修
原任廣東三水縣知縣 洪先燾 州戊申舉人
原署公安縣教諭 部生榕 州己酉拔貢

採訪
附貢劉正性 附貢龔經德 生員龔紹融
生員于世英 監生龔紹緒 生員田士選
生員田興邦 生員田福來 生員李定南

校刊
附貢周必超 生員羅玉麟 生員劉開泰

校字
原任漢陽縣訓導部生崧 歲貢
候選訓導何夢芝 歲貢
生員徐本立 生員徐承爵 童生謝景安
監生田桂斗 工書陳應詔 營書鄧天章
童生陸士志

鶴峯州志 卷首 修志姓氏 一

凡例

鶴峯州志 卷首 凡例 一

一鶴峯於雍正十三年設州至乾隆六年前牧毛峻德
創修州志分上下二卷 部咨文告已居其半蓋當
時草昧初開無可紀載不過畧具規橅然改土始未
及一切建置今得據爲濫觴不得以簡畧訾之

一沿革各州縣志少不列表者鶴峯係土司改設田氏
世據茲土自明洪武以來始確鑿有據有謂始自漢
唐書缺有間固已無從敘次土人相傳田氏之先有
覃姓爲峒長尢荒邈難稽茲考明史泰以容陽田
氏世述錄所載并改土源流列於篇亦信以傳信疑
以傳疑之義也故不列表

一舊志文告內之所示禁皆土民相沿積習今已改革
殆盡故文不載

一守禦爲郡邑要務舊志關隘一門於邊界三關外
當之以塘汛今於山川志內詳載其扼要而塘汛併
入兵防

一古蹟舊志未列采訪亦無所得其有境內岩洞與寺
觀橋梁之營建於土司時者依類分載

一寓賢舊志所無據世述錄所稱亦無多人故附雜述
而不列專門

一衙昌營轄鶴樂二邑營員之分防長樂者應歸長樂

縣志今武職官表皆本邑員弁

一州設學未久選舉寥寥文武仕宦爲數無多故概以

人物而不列表

一機祥舊志所無現今采訪確而有徵者止得數條亦

列於雜述

鶴峯州志　卷首　凡例　二

星野志

周禮保章氏以星辨九州之地所封州域各有分星

以觀祅祥厥後談天家或以十二州配或以刻郡配

或以山河兩界配或以北斗九星主九州或以七星

主七圀或繫以二十八宿或繫以五星蓋星野之說

浩杳難稽究然志疆域者必先定分野鶴峯域爲荊

州自應星分翼彰前志以爲入翼十度兹亦仍其舊

云爾志星野

翼十八度七十七分

丹元子步天歌云翼二十二大難識上五下五橫着

行中星六箇恰似張更有六星在何處三三相連張

畔附五個黑星翼下頭欲知名字是東甌

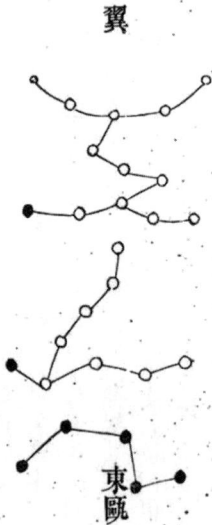

翼

東甌

鶴峯州志　卷首　星野　一

附錄七：《鶴峰州志》道光二年編修　州署藏版影印

翼宿考

翼宿二十二星爲朱雀翼土星也距中右第二星去極
百四度入翼初度凡十九度上爲中赤道十九度九十
分黃道十九度六十五分位在巳次於分爲楚於野爲
荆州

按軫星於野爲今湖南諸郡故未詳考

舊志云天文志翼軫荆州史記天官書翼爲羽翮主遠
客軫爲車主風星經翼二十二星凡十九度軫四星凡
十七度鶴峰分野翼十度

附氣候

鶴峰州志 卷首 星野 二

地高氣多寒地下氣多煖氣有先後而候之遲早因之

鶴峰僻處山林氣候殊於澤國然即一州之中亦有不
齊者則高下異也

初春餘寒凛冽無異隆冬俗謂倒春寒夏日霪雨積旬
亦或值暗多蚤蝨蠕蠕然動間有春花開放者

冬或着綿擁絮秋後餘熱或較甚三伏俗謂秋老虎入
山高處暑月可著綿衣遇陰雨連綿即可圍爐至陰崖
冰雪必俟春盡乃消

諺云清明斷雪穀雨斷霜高下曾然至白露節後高處
或已見霜不必待九月也

農家種植高處播種在先敗成在後低處播種在後收
成在先

騗多則高處成熟低處即雨少亦不十分歉收以氣寒
水冷故也

果蓏時蔬有低處已盡而高山猶未嘗新者

低處桃花開於二月次高處開於三月至高山之上四
月甫開其他花木多類是

岡巒崇疊時有陰霾然地氣偏寒故民人不受癉瘴惟
州治牛馬猪隻較鄉村易染瘟疫說者以爲四面環山
塵居叢集烟煤汙垢不能外散故鬱蒸之氣中之理或
然也

鶴峰州志 卷首 星野 三

州治之水南折而經南渡江之下是地低於州治也而
穀果成熟在州治之後此又氣候不可以地之高下論
者

附录七：《鹤峰州志》道光二年编修 州署藏版影印

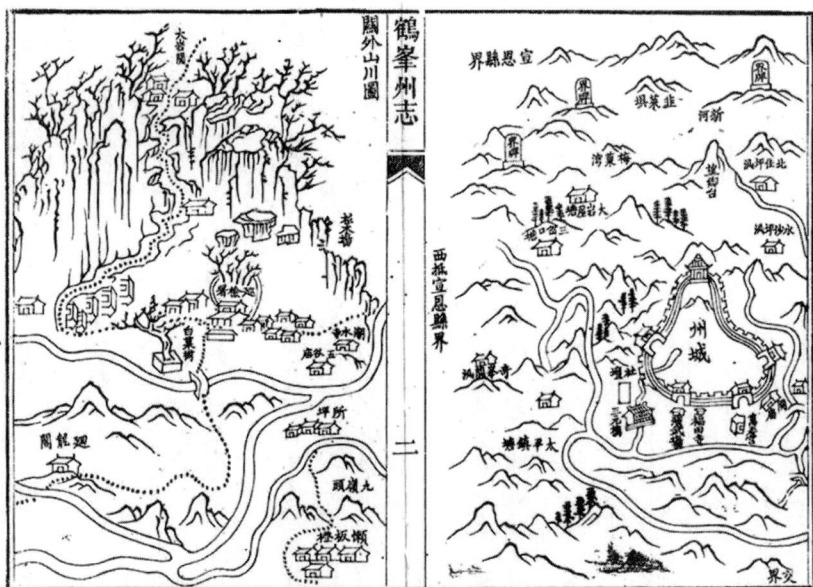

城垣圖

鹤峰州志

三

西三保

平山　棠盔洞

山業

義學

學署

寶塔橋

河口江　千金坪　碾爐坪　大典河　虎馬泉

附录七：《鹤峰州志》道光二年编修　州署藏版影印

學宮圖

鹤峰州志

四

明倫　啟聖

大成殿　御碑

大成門

戟門　下馬牌

宮

戚照臺

旗營　巡檢司

三光樓　社稷壇

州署　把總署

教場

田官廟

八峯山

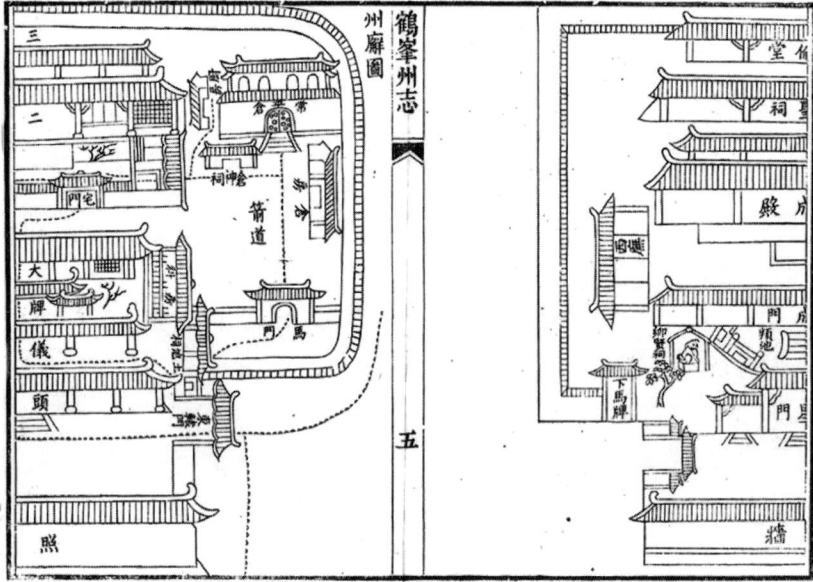

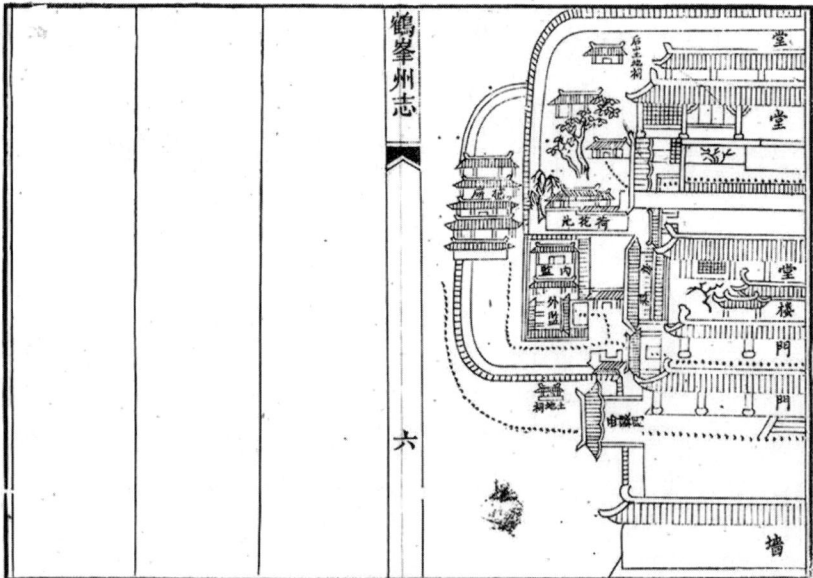

013

鶴峰州志卷之一

沿革志

州為容美土司田氏地元隸四川明屬湖廣其先
或稱柘谿或稱容美司舊志載楚南徼諸崇蠻叛
服不常宋嘉泰中湖南安撫使趙彥勵請擇素有
智勇為峒蠻信服者立為酋長鎮撫之如土司之
類考宋淳化元年溪蠻田漢權來附大中祥符五
年峒蠻田仕瓊等貢溪布元祐時以峒餉思利
為銀青光祿大夫卽所傳容美田氏已世述錄稱
唐元和元年高崇文討平劉闢之亂奏授田行皋
然何璘澧州志載石門慈利二縣所官臨官設自
蜀漢建興年間唐宋以來悉仍其舊所隘以防禦
土司為責任二縣又與容美毗連是以華容陽之
昇作田元傳中有自漢歷唐迄今世守容陽之語
此其由來久遠而世述錄自叙家世亦未及詳焉
夫容美壤接荊棘非若苗猺犵狫之別為族類也而
土司躬膺茅祉非若山深林茂所謂狐狸居而
源流不可深考其蓋其先
豺狼嗥也材武之士乘中原多故斬荊闢萊驅狐

鶴峰州志《卷之一》沿革　一

鶴峰州志《卷之一》沿革　二

唐

田行皋元和元年從高崇文討平劉闢授施溶
萬招討把截使後加兵部尚書金紫光祿大夫施
州刺史仍知溱萬溪溶四州諸軍事

宋

田思政元祐間襲授鎮南等處軍民五路都總管
一云元夏時襲授容美等處軍民五路都總管未
知孰是
田崇釗田伯鱌二人皆思政以後襲職者年代輩
次無可考

元

田乾宗輩次亦不可考以其子光寶於明洪武初

明

年授宣慰使故斷爲元時人

田光寶乾宗子洪武三年三月遣弟光受等以元
所授誥勅印章詣行在請換上命光寶爲四川行
省泰政行容美等處軍民宣慰使事仍置安撫元
帥治之五年二月遣子答谷貢

田勝貴光寶子襲父職以後偪蠻間天富作亂牽
連草職永樂三年復下詔招撫授爲宣撫使

田潮美勝貴子襲父職天順元年以老疾請子保
富代職詔從之

鶴峯州志 《卷之一　沿革　　　三

田保富襲父職成化五年禮部奏容美宣撫司田
保富等遣人進貢方物不及數恐使侵盜宣俾其
賞份移知所司從之宏治二年保富已致仕與木
冊長官田賢各進馬爲土人譚敬保等贖罪刑部
言營民納馬贖罪輕者可原重者難宥下按臣
察敷八年貢馬及香禮部以香不及數馬多道斃
又無文驗命亍半賞保富卒子鎮襲

田鎮事實無考

田秀鎮弟鎮無子秀襲職宏治十八年以子雞卒

田世爵字廷器號龍溪秀第七子秀有庶長子乳

鶴峯州志 《卷之一　沿革　　　四

名白俚俾謀簒襲因秀外巡乘間殺其嫡俺并弟
五人而嗾其黨弑秀於觀音坡之河俺世爵尚在
襁褓乳母覃氏與其夫賀某後賜姓名田勝富者
以己子代而貢世爵弇桑植白俚俾覺殺人會土
本司舍人名麥翁宗者赴桑植誅其黨敷人會土經
而白俚俾已赴武昌請兵討賊比兵至
歷向太保俾告變於撫按而桑植申文亦至乃下
白俚俾獄驗治碟死正德二年世爵襲職九年由
桑植回司任事嘉靖間因與土官向元楫累世相
仇覘元楫幼伴爲謀好以女嫁之謀奪其產因誣

元楫以奸有司恐激變令自捕元楫下獄論死世
爵遂發兵俘向氏並籍其土久之撫按詗知責
與元楫對狀世爵不出陰與羅虧土舍黃中等謀
叛於是湖廣巡按御史周如斗請移荆南道分巡
施州衞以便控制調廣西清浪等戍軍以實行伍
疏下督臣馬岳等議岳等言施州地勢孤懸不可
久居戍軍亦非一時可集當移荆罷守備於施九
永守備於九谿上荆南道備巡歷至世爵驕橫有
司不能攝治獨久繫元楫何爲宜假督臣以節制
容美之權問世爵抗違罪狀如不悛卽繩以法從

鶴峯州志 《卷之一》沿革 五

之世爵自是歛戢獄得解後以欽總督胡宗憲征
倭卒於燕湖年八十有三
田九霄號後江世爵長子從世爵征倭世爵卒於
軍中龔職詔賜紅紵衣一襲以浙江黃宗山之提
也九霄賞罰嚴明與士卒同甘苦所向有功然為
人刻深毛鷙每叱出民皆閉戶雞犬無聲嘉靖
四十一年卒
田九龍字子雲號八峯九霄同母仲弟九霄忌諸
弟才俊九龍深自歛戢耕讀於龍潭坪之後山今
俗稱二爺坪是也九霄病知諸子不才遺命九龍
襲職九龍膽識過人喜讀書好義愛客萬歷三十
七年卒年八十有三
田楚產字子㠏號郢陽九龍嫡長孫炎名宗愈先
是九龍以年老為宗愈請給冠帶攝事未幾病卒
九龍又為楚產請給冠帶以備承襲而年益耄其
庶長子宗元絀弟宗愷等控於上臺謌宗愈庶出
楚產非嫡長孫納賕有田楚阜田大玉等
不避榜掠力為爭辯終不能解楚產攜妻宗愷亦
忠峒十餘年及九龍卒宗元為眾憤所戮宗愷出
死上臺乃檄楚產回司襲職為人言笑不苟多晉

鶴峯州志 《卷之一》沿革 六

政惟攜爭時宵小乘開攘竊帑藏告諭急於賦歛
一日伏舍人家爲叛奴所戕年五十有一
田元字太初號墨顛楚產長子愛民邮鄰忠峒田
桂芳施南田懋森東鄉田繩武諸土司皆得其祐
持力於桑稚問一貫捐宿隙而邮其子人尤偉之
國獻寇起從征僞晉授宣慰使加太子太保後
軍都督府累積十二年上疏言六月間殺賊復叛
撫按兩臣調用土兵即捐行糧戰馬立遣土兵
七千令副長官陳一塋等將之前行悍軍鄧維昌
等殫於征調逐與譚正賓結七十二村鳩銀萬七
千兩賂巴東知縣蔡文陞以逼民從軍上報忠
義而啓邊釁朝廷撫按核其事而將事日非矣
元天性忠義燕京失守其甲申除夕詩有矢志終
身晉難忘五世韓及何事都門下狷多不罷官等
句時
大清正朔未及洪光時元猶以蠟丸奏事一時避寇氛
者如夔陵文相國松滋伍計部數十輩多挈眷相
從館餐不倦其華陽諸藩及華容孫中丞之避居
九永諸衞者不時存問隆武二年卒年六十有五
諸封龍虎將軍賜祭六壇

附錄七：《鶴峰州志》道光二年編修　州署藏版影印

田霈霖字厚生號雙雲元長子年二十補澧州博
士弟子尋改長陽學父元隨征立功需霖贊襄之
力居多晉授容美等處軍民宣慰使加太子太保
榮祿大夫後軍左都督賜蟒玉一品服色後冦
氛益熾縉紳之避難者需霖待之一如元時嘗遣
千戶覃應祥闖道赴闖劈行在陳方略無何殘冦
一隻虎由清江鼠入需霖不及備遂受其蹂躪不
一年憂憤以卒年三十有九

國朝
田既霖字夏雲元次子年十四補長陽博士弟子

鶴峯州志 《卷之一》沿革　　七

以兄需霖無子襲職時
大清定鼎七八年矣諸殘冦降明者荊侯王光興等十
餘家窮蹙竄西山借明朝為名徵糧索餉施歸長
巴之間受其擾害乙未歲既霖投誠我
朝晉授容美等處軍民宣慰使司宣慰使加少傅兼
太子大傅賜蟒玉正一品服色丙申年卒年三十
有八
田甘霖字特雲號鈸峯元三子年二十補博士弟
子以兄既霖無子襲職殘明降冦之為勳鎮者藉
容美奉

闖奉
本朝正朔為口實阮之於皖國公劉體純營中督部
李蔭祖奏

世祖章皇帝恩旨有田甘霖能否脫歸星速奏聞之論後
多方解險樓遲澧陽者四年乃歸任事凋殘之餘
經營安集並刱立學宮康熙間吳逆竊叛脅授偽
命乙卯年卒年六十有三
田舜年字初號九峯甘霖子初受吳逆偽勅後
繳換襲職屨奉檄從征著有勞績能文章所交多
一時名士有廿一史纂容陽世述錄許田射獵傳

鶴峯州志 《卷之一》沿革　　八

奇諸書行世康熙四十五年在武昌卒年六十有
七
田明如舜年子初為通州州承襄父職康熙五
十二年左都御史趙申喬劾奏奉
恩旨原宥令其改過自新雍正十一年湖廣總督邁柱
復刻款崇泰奉
旨令其來京訊問明如托詞支延大府復委員督催
如於是年十一月十一日自繪土目土民送將明
印一十八顆解赴荊州公懇改土歸流雍正十三
年改司為鶴峯州所有原題部文節錄於左

附录七：《鶴峰州志》道光二年编修　州署藏版影印

刑部咨開本部會同吏部院寺會看得容美土司
田明如不遵法紀濫給剳付私徵錢糧一案據湖
廣總督邁柱疏稱田明如世受
國恩又蒙
皇上屢次省其過愆令其悛改無如非禮越分私剳
付擅用闊人僭造九間五層奇署並建鐘鼓樓上
設龍鳳鼓景陽鐘且橫徵濫派黨護兩瑹經臣列
欽斜恭蒙
皇恩優渥令其來京訊問即當星馳
闕廷泥首悔罪乃扶同土目向日芳向虎闊人劉胥
仁壽瀿壽史東東等商謀假捏撫恤水災秦詩寬
限攜眷赴平山寨險處又已因黨護長塉覃楚
昭經部議草職復縱次堉覃禹問淫牧旗長藏歷
不容州縣拘審自知悖逆昭著恶致問罪之師於
雍正十一年十二月初三日攜眷撤入萬全洞負
固不出土目張彤硅首繳印徐棠漸次投出明
如自知負罪深重民心已變於是月十一日畏罪
自縊經　臣
奏報奉准部覆將田明如子弟及闊人助虐之處行
今傷審各犯供認前情不諱應以逃避山澤不服

鶴峯州志　卷之一　九　沿草

拘攜拒敵官兵律擬斬雖經自縊仍開棺戮屍同
謀之向日芳等俱擬斬决劉安太擬絞監候向志
高等俱擬流等因具秦奉
旨田明如畏罪潛藏投縊自盡向與抗拒官兵者有間
著從寬免其戮屍凡田明如之孽皆由自作其眷
屬及脅從牽連之人俱係聽伊指使情有可原此
本內所擬斬絞各犯俱從寬免死交與總督邁柱
分別安插別省居住田明如之衣備等物仍賞給
田明如之妻子其田產亦不必入官著查明變價
亦賞伊妻子以為度日之資所有率連治罪各犯
著邁柱酌其情罪減等發落其首先繳印之石梁
司長官張彤硅著賞絰千總職銜支食俸薪以示
獎勵欽此
又
刑部咨開本部會同戶部會議得容美土司田明
如等不遵法紀一案據湖廣總督邁柱疏稱遵查
田明如既蒙
皇仁原宥免其戮屍其眷屬及所擬斬絞各犯俱從寬
免死分別安插則田明如之妻芟子女應請照犯
斬絞土司之家口安插遠省倒與應流徙烏喇之

鶴峯州志　卷之一　十　沿草

018

父母祖孫兄弟免其異處一併解交陝西安插其
向日芳向虎闔人劉骨仁壽史東東俱係擬斬之
犯今蒙
皇上法外施仁從寬免死應將田明如家口解交陝西
安插令其團聚至向日芳等雖免死不便一同安
插應請將向日芳向虎闔人劉骨仁壽史東東解
交廣東安插其向日芳等之眷屬亦當仰體
聖慈與向日芳一同安插再田明如之田產既沐
皇恩賞給伊妻子以為度目之資其向日芳等田產應
請變價賞給伊等以廣

鶴峰州志　《卷之一》　沿革　　十一

皇仁除田明如之衣飾等物已給伊妻子收領外其各
田產一時難於變售應請確估定價先動存公銀
兩照數給與分別起解再行歸款先繳印之土升
張彤砫既蒙
皇恩賞給千總職銜支食俸薪銀兩應於奉文之日為
始令地方官於地丁銀內支給造報伊弟田琨如
及田召南均無助虐情事原議照律不坐但容美
已經改流不便發回土境應於本省另行安插使
得其所等因俱
題前來除擬徒之麻老丑已經病故不議外應如該

督所題完結等因雍正十三年閏四月二十日奉
旨依議欽此
又
吏部咨開本部會議得湖廣總督邁柱等疏稱容
美地方幅員一千五百餘里非分設一州一縣不
足以資治理今查容美司舊治人煙聚集應於此
處設知州一員吏目一員五里坪距舊治稍遠
與慈利縣河道相近擬設州判一員均屬新州管轄五峯司地
勢開微爲石梁水盡長茅諸司總會應於此處設
路要區擬設州判一員佳坪爲北

鶴峰州志　《卷之一》　沿革　　十三

北以百順橋爲界約計州境週圍八百餘里縣境
週圍六百餘里又灣潭地方州之地應於此
處設分防同知一員就近精查彈壓查歷諸屬
荆州府轄但荆州遠在東北惟於彝陵則僅隔當
陽一縣且設有重鎮向來容美邊地事原責成彝
陵鎮控制今文武事應盡一應於彝陵既設府治
改彝陵州爲附郭之縣再彝陵既設府治歸州應
改去直隸並長陽興山巴東三縣與容美議設之
一州一縣共二州五縣均隸新府管轄仍以荆州

鶴峯州志 卷之一 沿革

道爲統轄又容美大崖關外卽湖南慈利縣界其
所屬山羊隘遠距縣城通容美河道應將大崖關
外慈利所轄近關五十里以內之地撥歸新州管
轄設巡檢一員以資巡防其原有土百戶一員應
請草除等語應如該督等所請容美舊司治地方
准其設立 云又疏稱新府州縣如蒙
俞允恭請
欽定佳名等因雍正十三年三月初一日奉
旨依議欽此

十三

附录七：《鶴峰州志》道光二年编修　州署藏版影印

鶴峯州志卷之二

疆域志

一州之中官司所蒞民籍所繫而財賦於是乎出
鶴峯幅員遼廓設流初前牧與鄰邑官吏循行履
勘經界旣正矣後民人開墾界之犬牙相錯者
彼此訟爭三十餘年而後息然後欵申畫郊圻古
人所以斤斤致愼也疆域明則綱舉目張而庶事
可次第列矣爰爲詳其廣袤四至而鄉里保分鋪
遞皆備列焉志疆域

疆界

東西廣一百九十里南北袤三百四十五里周圍
八百餘里

東至百順橋九十里抵長樂縣界
西至牛喫水一百零五里抵宣恩縣界
南至山羊隘二百里抵慈利縣界
北至金鑾口一百四十五里抵巴東縣界
東北至上王界一百四十五里抵長樂縣界
西北至虎鶴嶺一百四十五里抵建始縣界
西南至杉木界六十五里抵桑植縣界
東南至西溪河一百六十二里抵石門縣界

鶴峯州志 卷之二 疆域 一

鄉里
東興仁鄉
西崇讓鄉
南禮陶鄉
北樂淑鄉

東鄉分爲二里曰博愛曰元長
西鄉分爲二里曰在道曰在田
南鄉分爲五里曰土司舊治二里曰節文曰儀則慈
北鄉分爲三里曰崇本曰賞和曰謙吉
利撥歸三里曰賞和曰謙吉
北鄉分爲三里曰純化曰和平日以成

以上共爲四鄉十二里 每鄉設鄉約或一人或二人

鶴峯州志 《卷之二》疆城 二

保分
本城二保
厚生坊 正德坊
元長里四保
張家村 觀音坡 平山 銀礦寨入張家村併入觀音城併入茅竹山
博愛里四保
溪坪 燕子坪 清水湄 後康
節文里五保

鶴峯州志 《卷之二》疆城 三

水寨 下平溪 上平溪 牆苔 東鄉坪
三潭井 水寨併入正德坊
儀則里五保
螞蟥坡 南府 五里坪 六峯 下洞
崇本里六保
白果坪 官庄坪 千金坪 走馬坪 上陽
河 下陽河
貴和里六保
芭蕉河 升子坪 剛家灣 所坪 後溪坪
三墾坡
謙吉里七保
細沙坪 銨鑪坪 大典河 江口 柏坪
七郎坪 紅土坪
在道里三保
龍潭坪 腳踏坪 大水潤
在田里四保
太平鎮 舊建城 黃蘗山 三岔口
和平里六保
茅竹山 麻旺村 北佳坪 茅坪 新地
麻水 麻旺村併入厚生坊

附録七：《鶴峯州志》道光二年編修 州署藏版影印

純化里六保

梅果灣　韮菜壩　下坪　小龍潭　岩門子

劉家司

以成里三保

尋木嶺　鄡陽關　咸盈河

以上原分六十一保除合併四保外現在實共五十七保　每保設保正一人或分爲二甲三甲每甲設甲長一人

按保甲之設宋王安石祖周禮大司徒比閭族黨之意以籍鄉村之民二丁取一十家爲保丁皆授以弓弩教之戰陣其要在於訓練齊民使之皆可戰有司奉行不善未收其效明王守仁撫贛檄所屬嚴行十家牌法令居城郭者甲在鄉村者自爲保各自糾舉甲丙有平時習爲盜賊者捕官究治其過惡未稔者報名在官諭令自新由是奸細無由藏匿蔡懋德備兵嘉湖因仿之爲簡便保甲法止令各甲止查十家中行徑可疑之人密首捕送尤爲易行至國朝而制益詳備總之稽查協捕乃保正甲長專責鶴峰山深壤僻尤易藏聚奸匪故承充正長必令神者公舉誠實諳練之人責以實力稽查協捕於保民乃爲有裨若但供期會奔走之役甚且與胥吏相緣爲奸不惟於保民無濟而反受其困矣亅既備列一邑保分而附論正長之利弊如此

鶴峰州志　卷之二　疆城　四

鋪遞

州前總鋪一　鋪兵三名

東路鋪遞五

涼水井鋪　鋪兵二名
石龍洞鋪　鋪兵二名
百順橋鋪　鋪兵二名
三陸坪鋪　鋪兵二名
燕子坪鋪　鋪兵二名

南路鋪遞四

茶店子鋪　鋪兵一名
五里坪鋪　鋪兵一名
白果坪鋪　鋪兵一名
山羊隘鋪　鋪兵一名

北路鋪遞二

水沙坪鋪　鋪兵一名

鶴峰州志　卷之二　疆城　五

附錄七：《鶴峰州志》道光二年編修　州署藏版影印

附录七：《鹤峰州志》道光二年编修　州署藏版影印

鶴峯州志 卷之二 疆域

六

路程

北佳坪　舖兵一名

自州城至府城五百零五里由府城至省城一千
零八十里由省城至京二千八百八十五里

鶴峯州志卷之三

山川志

鶴峯環邑皆山也舊志僅卬山著名者書之而川
則闕而弗詳顧眉巒疊嶂中有衝要有險隘概不
容畧而州治以河為襟帶激石揚波亦有一綫溪
流足資灌溉均宜析其源委也志山川

山

鶴峯州志 卷之三 山川　一

印山脈來自四川由施南至州北塋鄉臺迤邐起
伏南趨州治城垣北踞其嶺南蟠其麓東西各
隨其支分頂有礐石方如印為州治後展
八峯山面河壁立形如筆架為州治門屏
紫草山自州東北宛蜒西來下注龍溪為州治左
翼
芙蓉山位西面東形如仰坐山頂峯辯參錯壘出
為州治右翼

城東

九峯山　紫雲山山頂建廟名紫雲宫
觀音坡　銀砵岩　雷打崖　平山頂平周圍
可百里巉石壁立土司舊設城建署於上以禦外
冠西面山腰有洞下臨深澗門圈中空洞土司并

附录七：《鶴峰州志》道光二年编修　州署藏版影印

於其內修葺居址以備緩急名爲萬全洞碑記尙
存　天台山頂有廟名杉樹觀　牛鹿頭山頂與
長樂分界爲往來要路　鯉魚山　龍頭山
城南
五峯山　羊角山　刀脊嶺　紫荆山　龍門山
朱家山　百歲山　屏風山　天仙山　古城
山　鐵靈官山　馬王臺山　古老山　桐木山
雁埡與桑植慈利二縣分界　立虎坡　螞蟥
坡　紅毛三尖　茅戶坡　大崖圈　小崖口
牛角尖與石門縣分界　神門鬼楊與慈利縣分

鶴峯州志　卷之三　山川　二

界　青猴城　婆婆山　九女巖
城西
撒穀嶺　七架山　青龍山　老土界
杉木界與桑植縣分界　觀山土司設岩山頂
以備鄰司有警則守者鳴角山頂以次遞傳不逾
刻而達司治其石砌岩門今尙存
柏山　分水嶺與宣恩分界　奇峯山　黃
與宣恩縣分界　觀音山　火燒嶺　燒巴崖
城北
茅竹山　銅山　瑪瑙山　鐘觜山
天泉山小於平山而

嶮峻過之土司未築平山之先設岩於此　白鹿
坡　窨鄉臺　上窑界與長樂縣分界　雞公山
香爐山　石寶山　天星岩三姊妹山　馬灘
嶺　向家山　高木山　唐正山
川
州屬東西北三面之水皆歸州治合而南流入慈
利縣其境發源皆係暗泉瀑布溪洞行潦滙而
成河所有分合源委備列如左而各溪流之概
田畝者並析載焉

鶴峯州志　卷之三　山川　三

城東水由牛鹿頭蔣陽坪諸溪洞滙於淸水湄與
西南徐家莊溪流水合而伏流至九峯橋洞口
乃見與北路水合西流治
城北水由窨鄉臺以上諸溪洞南流至北佳坪受
巴子山以上之水下至兩河口受石寶以上之
水又下至紫雲山受狗兒溪之水至九峰橋與
東路水合而達州治
城西水由三岔口以上諸溪澗東流經茅坪一帶
南折至王家坪受小乾溪之水下至兩河口與
州治水合而南出虎子峽
鹿子峽以下水東南流至青猴城受南渡江之水

下至大冶坪始通州裁又下江口受大典河之

水入慈利界大典河下之鋏爐坪亦可行

江口以上麂子峽以下礧石阻隔疏鑿難施故商

舶不通其尤險之處曰黃牯洞曰神門鬼橋曰

新朗

東西北三路之水有未達州治者東北朝陽坪郇

陽關等處皆循山曲轉流入長樂巴東二縣境

內西路則分流宣恩桑植二縣

西路奇峯關以上之水流至舊建城之小水湄而

伏洞長灣以上之水流至太坪鎮之大水湄而

鶴峯州志 卷之三 山川 四

伏香溝水出龍潭坪至凹水套而伏各水均可

溉田又青龍山底有水伏流合於大水湄之伏

流至麂子峽而見

千金坪溪流下滙枯樹督溪流至楊家坪滙楸木

坑溪流出龍門幹由高橋入大典河溉田不計

畝

古城寨溪流由獅毛溪至芭蕉河入大典河溉田

不計畝

上陽河溪流至自生橋滙下陽河溪流入水流溪

至大冶坪溉田不計畝

官倉坪溪流會八方圓溪流出長澳口由小庄坪

至高橋滙龍門幹水入大典河溉田不計畝

白菓坪溪流所坪溪流花橋溪流皆出南道崖會

升子坪溪流下入大典河花橋溪流入大典河之水

懶板檝溪流由後溪坪至青剛坡出大典河溉田

不計畝

山寶流泉時伏時見間有澗寬一二尺而覆魚一

尾重至數斤蓋石山戴土底多石蟀溪流之水

由蟀分流而魚隕之也

按鶴邑山脈發源西蜀既入州境其在東西三

鶴峯州志 卷之三 山川 五

面者於百里以外忽起忽伏蜿蜒盤折而當乎

州治之南岡巒攢列近州治壁立八峯作屏障

又水亦東西北三面循山曲轉達州治其東北

二面由州治九峯山麓西流七里作襟帶至峽

口與西來水合而南折焉蓋山水之勢若天造

地設成此形勝此容美土司用以建中府而設

流峙復仍其地爲州治而不易也若夫雄關四

塞東牛鹿頭西奇峯關南大崖關北郇陽關皆

衝途扼要之處一夫當關萬夫莫望而卻步矣然

而層山萬壑峭若削窟若鑿峯嵾嵳兀類奇鬼

鶴峰州志

猛獸要皆天然保障當容美時盤蹲蝎角固足
雄長諸蠻而十餘年前蓮匪奔竄宜郡七屬片
遭蹂躪者六而鶴邑獨無烽火之警非由形勝
可恃與
國家承平日久金湯鞏固官斯土者既萬萬無虞
寇盜而搜奇攬勝之餘如或思患預防披圖以
考當亦憬然於扼塞之所在也夫

營建志

凡舊疆之營建成於因而新域之營建出於創始
基不善後雖欲踵事增華無由也鶴爲邑八十餘
年自城郭官廨以及津梁衎市廛不其爲建在官
者民樂其觀成建在民者官豈其急公雖僻壤荒
陬難侈觀美而有守土之責者爲保障不爲蘭絲
更以時修舉廢墜焉斯萬世永賴己志營建

城垣

土司舊無城垣設州後臬司王柔巡道姜邲湘相
度地勢令知州毛峻德鳩工庀材郎建城於土
司舊治所謂中府者是也城貟山臨河周圍六
百丈高一丈三尺下廣一丈三尺上廣七尺堞
口五百零三个外砌以石內甃以甎開門四東
永安西太平南迎恩北同樂闉口五一西門右
一南門左一南門右一西門之一西門右開之
大小因受水之多少爲之

衙署

知州署在東門內原爲土司署雍正十三年知州
毛峻德改建乾隆四十八年至嘉慶十三年知州

補三次

頭門三間對面照牆一座東西轅門二柵各有
額東曰拊循芸庶西曰保障巖封
儀門三間門外西為監獄東為土地祠
戒坊一座東西吏房各四間
大堂三間東西庫房各一間
二堂五間東西廂房各三間宅門外小偏廈東西
各一間
二堂東廚房三間又東
二堂東常平倉一座原為土司田
舜年南藩近日樓至田明如改建寶善樓其刊

鶴峯州志　《卷之四》營建　二

墻碑記俱存乾隆元年知州毛峻德改為倉倉
前為倉神祠祠前為射圃祠東又倉廒五間
二堂西書房三間又西書房前後各三間
今廢西書房前後各三間
三堂五間東西廂房各三間
三堂後山有六方亭一座名為鶴亭今廢
三堂西有方亭一座今廢
州同署在五里坪乾隆二年知州毛峻德建乾隆
三十七年州同缺裁四十年奉文以衙署變價
其舊基邑人建立關帝廟

州判署在北佳坪乾隆二年知州毛峻德建
訓導署在明倫堂左乾隆三十五年闔邑士民捐
建
吏目署在州署西乾隆二年知州毛峻德建
巡檢署在白果坪乾隆二年知州毛峻德建
常平倉分貯山羊隘倉廒在巡檢署左
遊擊署在西門內原為土司舊署紅梅閣地雍正
州毛峻德改建干總署乾隆三十三年移灣潭
十三年知州
守備署在南門內原為土司舊署雍正十三年移灣潭

鶴峯州志　《卷之四》營建　三

守備駐防州城署即仍之
右司把總署在西門內
左司把總署在奇峯關
前司把總署在五里坪
左司把總署在鄖陽關
左司外委把總署在北佳坪
前司外委把總署在白果坪
演武亭在南門外較場
營房塘房舖舍
州城營房二百三十間

附錄七：《鶴峯州志》道光二年編修　州署藏版影印

各汛營房共七十七間
各汛塘房共一百二十四間
舖遞一十二處共舖舍三十六間

局
軍裝局在北門內
火藥局在北門

館
奇峯關寅賓館三間在把總署左

院
孤貧院原建西門外大街乾隆四十年間移山川壇之左

鶴峯州志《卷之四》營建　四

津梁
尖塌渡城東五里渡船一隻渡夫二名歲支工食
雍正十三年知州毛峻德詳設後改設渡船口
嘉慶十二年邑庠唐良鳳仝兄良龍等呈請移
設剌岩潭釀金置田以備每歲修整船隻暨額
外加給渡夫工食之費
按渡田租現在實數龍尾塅水田當價一百千
文中嶺朝山坡旱地二處共當價三十八千文
以上俱雍正十三年知州毛峻德建

彭姓旱地價四十千文戴姓旱地價一
百六十千文戴姓旱地三十千文另趙姓儒欽交
給首人生息錢二十千文為屆期修船費用唐
良龍家不中賞緣此舉搆訟受累得儒欽慨然
解囊人樂為之助經費稍備然每年僅租穀十
石零尚需將來籌增云
兩河口渡城西三里船隻渡夫暨詳設年分與尖
塅同嘉慶十二年邑人何夢芝仝王永安等呈請
釀金置田如尖塅渡之例
按是渡義田數目設計灣潭買旱地一處錢四

鶴峯州志《卷之四》營建　五

十四千文聶家塅當劉姓水旱田地錢五十千
文約得穀十餘石渡夫自種修船另歸地方公
捐
南渡江渡城南六十五里船隻渡夫暨詳設同前
嘉慶十二年邑人覃繼遠田光宗等呈請釀金
置田亦如前例
江坪九女河渡城南一百二十里乾隆四年知州
毛峻德捐設渡船一隻并於渡口買置旱地
場以為渡夫養贍及修整船隻之費立有普濟
渡石碑碑後鑴勒旱地山場界址并糧俱載目

按租錢每年四千八百文不敷渡夫養贍周索

取往來錢文而地經開墾承種者租錢可壓嘉

慶　年間民人　等呈請陞租穀二十石以

給渡夫而禁止索錢有卷存檔

水砦渡在城外較場下附郭邑人公置渡船一隻

渡夫養贍公同捐給

王家坪渡在城南　　里附近邑人公置如前例

徐家莊渡在城東七十五里附近邑人公置如前

唐家渡在慈利交界、　、

例

鶴峰州志　《卷之四　營建　　　六

津梁

無

五里潭渡在城南四十五里

龍溪橋在東街口俗呼桂花橋舊有桂花二株今

百順橋在城東八十里土司時有白鹿堂田舜年

嘗集文人著書於此堂久廢

望喜橋在城東

天然橋在城東

通濟橋在城東

閃橋在城西茅塈

高橋在城北劉家司下今廢

高橋在城北水古洞下

尤盈橋在關外所坪

花橋在關外杉木場下

回龍橋在千金坪

公安橋在城北白鹿坡傾圮已久嘉慶四年邑人

部津田指南等勸捐重建

天星橋在城東土司舊建

新建橋在城東張家村乾隆四年知州毛峻德捐

建

鶴峰州志　《卷之四　營建　　　七

三元橋在西街口乾隆五十三年大水沖塌五十

八年邑人洪繼周李林安諭文奇等倡捐重修

街市

城外街市

石龍洞在城東

太平鎮在城西

燒巴崖在城西有市期

五里坪在城南有市期

白果坪在城南有市期

走馬坪在城南有市期

附录七：《鹤峰州志》道光二年编修　州署藏版影印

鶴峯州志 卷之四 營建

懶板凳在城南

鉄爐坪在城南

三路口在城南

麻水在城北有市期

按之邑無異產奇貨肩擔背負以有易無而已一

閭之市有定期趕場者前官設客總場頭以專

責成利之所在爭端起焉而集眾之地尤藏奸

匪當官者宜加稽查也

八

鶴峯州志卷之五

賦役志

朝廷任土作貢所以贍經費循積儲也鶴邑葑民

者有州衛民者有營需用孔多矣而正供不及

大縣之耗羨地形磽确物產涼薄故也邑內峻

嶺崇山幅員幾廣千里而掛猿眠鶴之區多帶

牛佩犢之地少我

高宗純皇帝加惠元元輕徭薄賦以覬他邑之齊氓饒

沃者輸將尤易此吾民所以沐浴歌詠幸生

聖人之世也志賦役

鶴峯州志 卷之五 賦役

一

一戶口

亥土案內乾隆二年

勘出人丁壹千玖百貳拾肆丁於奏明事案內詳請

題明照康熙伍拾貳年滋生人丁之例免派丁

銀奉准

部覆在案

撥歸隨糧人丁玖丁每丁派銀貳錢玖分朱絲隆忽玖徵伍座叁纖伍沙

共該徵丁銀貳兩陸錢柒分伍釐肆毫玖絲貳忽伍微捌塵壹纖伍渺

又慈利縣乾隆貳年

乾隆陸年編審增益滋生人丁叁丁

乾隆元年編審增益滋生人丁叁丁

雍正玖年編審增益滋生人丁叁丁

鶴峰州志　卷五　賦役　二

乾隆拾壹年編審增益滋生人丁叁丁

乾隆拾陸年編審增益滋生人丁叁丁

乾隆貳拾壹年編審增益滋生人丁叁丁

乾隆貳拾陸年編審增益滋生人丁叁丁

乾隆叁拾壹年編審增益滋生人丁叁丁

乾隆叁拾陸年編審增益滋生人丁叁丁欽奉

捌屆共增益滋生人丁貳拾肆丁欽奉

恩詔永不加賦

又攺土案內勘出人丁壹千玖百貳拾肆丁於奏明

事案內詳請

題明照康熙伍拾貳年滋生人丁之例免派

銀奉准

部覆在案

乾隆六年編審增益滋生人丁壹拾伍丁

乾隆拾壹年編審增益滋生人丁伍丁

乾隆拾陸年編審增益滋生人丁叁丁

乾隆貳拾壹年編審增益滋生人丁伍丁

乾隆貳拾陸年編審增益滋生人丁肆丁

鶴峰州志　卷五　賦役　三

乾隆叁拾壹年編審增益滋生人丁肆丁

陸屆共增益滋生人丁叁拾陸丁欽奉

恩詔永不加賦柒丁內奏准通政司咨乾隆叁拾柒年月關抄

上諭伍年編審沿襲虛文無裨實政承行停止

又於欽奉

恩詔事乾隆拾壹年編審案內遵照

部文將該州乾隆拾年民賦歷懸糧銀照現

今攤徵之則派徵丁銀玖釐陸糧銀奉徵

伍塵捌纖叁渺捌漠捌汒自乾隆拾貳年為

始起徵

又於欽奉

恩詔事乾隆拾陸年編審案內遵照

部文將該州拾貳拾肆拾伍拾陸等年墾

糧銀照現今攤徵之則派徵丁銀壹兩伍錢

陸分捌釐玖毫叁絲肆忽壹微玖塵肆渺玖

漠肆莊

又於欽奉

恩詔乾隆貳拾壹年編審案內遵照

部文將該州乾隆拾柒拾捌拾玖貳拾貳拾丁

壹等年墾糧銀照現今攤徵之則派徵丁

銀叁兩貳錢玖分叁釐肆毫玖絲玖微伍塵

伍纖伍渺肆漠貳莊自乾隆貳拾貳年為始

起徵

又於欽奉

恩詔事乾隆貳拾陸年編審案內遵照

部文將該州乾隆貳拾貳拾叁兩年墾

糧銀照現今攤徵之則派徵丁銀壹兩陸錢

貳分叁釐捌毫貳絲肆忽伍微叁塵肆

渺壹漠柒莊自乾隆貳拾柒年為始徵

又於欽奉

鶴峰州志　卷五　賦役　　四

恩詔事乾隆叁拾壹年編審案內遵照

部文將該州乾隆貳拾柒貳拾玖叁拾壹等

年墾糧銀照現今攤徵之則派徵丁銀叁

兩貳錢肆分捌釐貳毫柒絲貳微陸塵捌

捌渺貳漠叁莊自乾隆叁拾貳年為始起徵

上諭丁糧

諭旨悉仍
送丁其專舊案
冊部以備
銷

算民賦事朕凡
覽各省奏銷
丁口之數既
以民數為次
每至新年編
審人丁戶部
覆奏雖謂盛
世滋生人丁
永不加賦似
屬美事而其

又乾隆肆拾年墾糧銀照現今攤徵之則派

丁銀伍錢伍分伍釐壹毫柒絲忽伍微肆塵

肆纖玖渺壹漠玖莊自乾隆肆拾貳年為始

徵

又乾隆伍拾年新墾糧銀照現今攤徵之則

派丁銀柒毫壹絲忽陸微柒塵叁

渺壹漠叁莊自乾隆伍拾貳年為始起徵

土田

原改土并撥歸共田地基園柒百壹頃肆拾柒畝玖

按數徵收造攤徵丁
冊隨徵
查此項
丁銀已
銷送部
查核合
案理登
明　　奏

鶴峰州志　卷五　賦役　　五

附录七：《鹤峰州志》道光二年编修　州署藏版影印

鹤峯州志　卷五　賦役　六

分伍釐壹絲內

改土案內乾隆貳年

勘出成熟田地共陸百伍拾肆頃陸分捌釐壹

等科糧叄佰叄拾玖石叄斗捌升陸叄勾為

柒抄陸釐乾隆元年欽奉

上諭卽以原徵秋糧作爲定額欽遵按則均攤石派每糧

銀伍拾貳兩柒錢捌分壹釐陸毫玖叄叄
該條銀壹

銀壹錢分伍釐叄毫貳絲柒忽每糧
該條銀壹

捌釐纖貳絲玖忽微叄釐叄絲每糧壹
該條

伍微捌塵玖纖柒沁肆漠叄茫每糧壹
沁伍漠陸茫茫
該條銀壹

銀捌兩叄錢玖分陸毫肆絲柒微柒塵陸纖貳

捌兩叄錢玖分陸毫肆絲柒微柒塵陸纖貳

又慈利縣乾隆貳年
漠貳茫

撥歸田地基園共肆拾柒頭肆拾柒叄貳分陸釐壹
毫壹絲內

上則田玖拾叄畝肆分貳釐壹毫陸絲
該糧肆石陸斗柒升叄合伍抄貳圭
分陸釐叄毫玖絲肆微叄塵每升料糧
貳塵叄纖伍沁叄漠陸茫　該條銀叄兩
錢伍分捌釐叄毫貳絲忽伍微塵伍纖
捌沁壹漠肆茫肆沙伍漂叄疊貳釐柒毫玖絲壹分

鹤峯州志　卷五　賦役　七

下則田壹頃玖拾畝伍分叄疊肆毫
糧柒石肆升玖合叄勾伍抄叄疊肆毫
疊玖毫叄纖伍沁叄漠陸茫　該條銀伍兩叄錢
塵伍纖叄沁叄漠柒茫　該條銀伍兩伍錢

壹分捌疊玖毫肆絲肆微貳塵
茫伍漠陸　每升料糧
漠叄沁伍塵陸纖壹沁叄漠捌茫　該條

貳疊柒毫叄絲肆分捌釐肆疊伍沙捌漂
茫微伍塵陸纖貳沁叄漠肆茫肆沙
該條銀貳兩陸錢

全墾田叄拾伍頭玖拾畝伍分叄疊肆毫
茫微伍塵陸纖壹沁肆分柒疊貳毫
漠微伍塵陸纖壹沁叄分捌疊肆毫伍絲壹漂
該糧陸拾壹石肆斗貳升陸叄
合捌勾捌抄陸圭肆粒
畝科糧壹升柒勾柒抄
畝科銀壹錢

附录七：《鶴峰州志》道光二年编修　州署藏版影印

鶴峯州志　卷五　賦役　八

中則地肆拾柒畝壹分貳釐壹毫肆絲　該條銀貳拾柒兩肆錢貳分柒釐伍毫玖
絲伍忽壹微捌塵捌纖柒渺捌茫

　該條銀玖錢貳分貳釐伍毫玖
絲壹微捌塵肆纖伍渺捌茫

壹斗柒升壹合伍勺　每畝科糧壹石
塵伍纖肆渺捌茫

銀叁錢肆分伍釐柒毫捌絲陸微叁塵陸纖

貳漂壹茫玖沙肆漂

下則地伍頃貳拾陸畝叁分捌釐柒毫壹
抄勾玖撮該糧柒石叁斗柒升玖勺捌抄肆撮

伍圭陸粒伍粟　陸忽壹微伍塵壹纖玖渺肆

陸漂　該條銀伍兩柒錢柒分陸毫陸絲肆

忽伍微捌塵捌纖叁渺玖漠叁茫肆沙陸漂

壹錢陸分貳釐柒毫壹忽伍微壹塵壹纖肆

微叁塵肆纖柒渺陸漠肆沙肆漂

渺陸漠肆沙肆漂

鶴峯州志　卷五　賦役　九

科糧叁百叁拾玖石叁斗捌升陸合叁勺柒抄陸
圭捌粒　每糧壹石　征銀則
例已於書前開載

共征銀伍拾貳兩柒渺肆漠肆茫

伍微捌塵玖纖柒渺肆漠肆茫

玖釐俸銀壹拾捌兩貳錢玖分陸毫肆微柒塵

陸絲貳漠貳茫

慈利縣撥歸田地基圍共肆拾柒頃肆拾柒畝貳
分陸釐壹毫壹絲　科派糧銀各則倶
於書前分晰開載

該糧玖拾壹石玖斗柒升壹合伍勺柒抄叁撮叁
圭伍粟

共征銀捌拾捌兩壹分伍釐柒毫玖絲伍忽肆微

上半葉

鶴峯州志　卷五　賦役　十

陸塵壹纖捌渺玖漠玖茫伍沙伍漂

玖漠茫沙壹漂　[內有書後開載書]

撥歸班匠銀柒分玖毫玖絲肆微陸塵陸渺

文於漠茫沙壹漂丁冊內刪除報班匠

名色統歸地丁條內編造報

以上改土并撥歸田地基圍共柒百頃肆拾柒畝

叁徵陸塵柒纖捌渺肆漠玖茫玖沙陸漂

該偹銀叁拾陸兩叁錢玖分柒釐肆毫陸塵忽

玖分伍釐壹絲

共該偹銀壹百叁拾兩柒錢玖分柒釐肆毫絲

微肆塵叁纖捌渺柒漠壹茫玖沙陸漂

抄叁撮玖圭捌粒伍粟　[各科不等]

共科糧麥肆百叁拾壹石叁斗伍升柒合玖勺肆

玖忽伍塵壹纖陸渺肆漠叁茫伍沙伍漂

乾隆肆年開墾額外田地陸頃伍拾伍畝肆分叁釐

伍毫

科糧貳石捌斗叁升玖勺肆抄壹撮捌圭

該條偹銀貳兩玖錢陸分柒釐玖絲貳叁微陸塵

捌纖伍渺

乾隆伍年開墾額外田地柒頃叁拾肆畝貳叁分伍釐

捌纖伍渺

乾隆伍年開墾額外田地柒頃叁拾肆畝貳分叁釐

下半葉

鶴峯州志　卷五　賦役　十一

陸塵肆渺貳漠陸茫

科糧叁石壹斗肆升貳合柒抄陸撮肆圭

該條偹銀叁兩貳錢玖分叁釐壹毫玖絲伍微玖塵

叁纖玖渺壹漠陸茫

乾隆陸年開墾額外田地陸頃玖拾畝肆分叁釐

科糧貳石陸斗貳升肆勺捌抄柒撮貳圭

該條偹銀貳兩柒錢肆分貳釐捌毫肆絲壹忽肆微貳

壹塵壹纖捌漠肆茫

乾隆柒年開墾額外地叁頃貳畝伍分

科糧壹石貳斗玖升肆合柒勺

該條偹銀壹兩叁錢柒分貳釐玖毫陸絲陸忽玖微

壹塵玖渺漠肆茫

貳渺玖漠陸茫

乾隆玖年開墾額外地壹頃柒拾貳畝貳叁分

科糧柒斗叁升柒合肆勺肆抄肆撮

該條偹銀柒錢柒分貳釐玖毫壹絲叁塵柒纖

柒渺玖漠捌茫

乾隆拾年開墾額外地壹頃壹拾伍畝貳陸分

科糧叁石玖斗貳升玖合肆抄貳叁分

該條偹銀壹兩肆錢壹分捌釐貳忽貳微壹塵叁纖

柒渺玖漠捌茫

乾隆拾壹年開墾額外地叁頃陸拾肆畝貳叁分伍釐

科糧壹石伍斗伍升玖合肆勺壹抄捌撮

該條銀壹兩陸錢壹分肆釐肆毫壹絲陸忽貳微

叁塵捌纖壹渺貳漠叁茫肆沙

乾隆拾叁年開墾額外田地壹頃捌拾肆畝

科纖捌斗肆合陸勺肆抄

該條銀捌斗肆錢肆分叁釐叁毫叁絲捌忽壹微肆塵

肆纖貳茫

乾隆拾伍年開墾額外田地壹頃陸畝玖畝玖釐玖

肆纖貳茫

鶴峯州志 《卷五》 賦役

十二

科糧捌石貳斗玖升貳合玖勺貳抄叁撮柒圭貳

毫

該條銀捌兩陸錢玖分壹釐柒毫陸絲壹忽叁微

捌塵柒纖玖渺肆漠肆茫伍沙

乾隆拾陸年首墾額外田地貳拾叁頃壹拾壹畝

分

科糧壹拾石壹斗柒升伍勺陸抄肆撮

該條銀壹拾兩陸錢伍分玖釐柒毫肆忽肆微貳

塵叁纖叁渺陸漠肆茫

乾隆拾柒年開墾額外田地玖頃貳拾玖畝

科糧肆石壹升叁勺陸抄

該條銀肆兩貳錢叁釐貳毫叁絲叁忽壹微玖塵

陸纖肆渺叁漠陸茫

乾隆拾玖年開墾額外地壹頃貳拾伍頃貳拾伍分

該條銀陸兩壹石伍斗壹升貳升玖勺肆抄

科糧陸石伍斗壹升貳升玖勺肆抄

柒纖陸渺叁漠伍茫

乾隆貳拾壹年開墾地壹頃陸頃玖拾伍畝捌分柒

科糧柒石貳斗伍升捌合叁勺貳抄叁撮柒圭

該條銀柒兩陸錢肆釐肆毫叁忽伍微壹纖肆渺

證

十三

鶴峯州志 《卷五》 賦役

叁漠壹茫

乾隆叁拾年開墾額外地柒頃捌畝

科糧叁石叁斗貳升壹勺肆抄

該條銀叁兩壹錢貳分壹釐叁毫柒絲肆忽叁微

陸塵叁纖伍渺捌漠叁茫陸沙

乾隆肆伍陸柒玖拾拾壹渺捌漠叁茫

錢貳分柒漠壹毫伍絲陸忽壹微陸塵叁纖

塵叁分柒茫壹毫伍絲陸忽壹微陸塵叁纖

肆渺貳漠柒茫陸沙

以上人丁田地基園條倘並額外墾及墾帶丁銀

附录七：《鹤峰州志》道光二年编修　州署藏版影印

鶴峰州志　卷五　賦役　古

存留
　撥運供支官俸役食祭祀等項原額共銀壹千貳百

戶部項下地丁條餉等銀貳百柒拾貳兩柒錢壹釐
實起運
　查墾帶丁銀泰銷
　冊內係另款登收

陸毫叁忽壹微壹塵柒纖玖渺漠肆茫玖
沙壹灰壹漂

貳絲肆忽伍微柒塵貳纖肆渺柒漠又
除乾隆肆拾年墾帶丁銀伍錢伍分伍釐貳
毫叁絲肆忽柒微壹塵肆纖玖渺漠肆茫

陸等年墾帶丁銀壹兩伍錢陸分捌釐玖毫
叁絲肆忽壹微玖塵肆渺漠肆茫又除乾
隆拾柒兩貳陸兩貳分叁釐捌毫

銀叁兩貳錢玖分叁釐肆毫玖絲玖微拾
隆肆拾叁等年墾帶丁銀壹兩陸錢貳分叁釐捌毫

伍絲伍渺肆漠貳忽又除乾隆貳拾貳
年墾帶丁銀壹兩伍錢陸分捌釐玖毫

捌纖伍渺柒漠玖壹沙壹灰壹漂內除乾隆拾
銀貳兩肆錢玖分叁釐捌毫玖絲玖微拾

共額銀貳百捌拾叁兩壹釐陸絲捌忽陸微

鶴峰州志　卷五　賦役　存

捌拾捌兩伍分陸釐薹內係

民壯貳拾名工食銀壹百貳拾兩
仵作貳名工食銀壹拾貳兩
皂隸壹拾肆名工食銀捌拾肆兩
捕役捌拾名工食銀肆拾捌兩
門子貳名工食銀壹拾貳兩
知州
俸銀捌拾兩

州同
俸銀陸拾兩
門子壹名工食銀陸兩

庫子肆名工食銀貳拾肆兩
轎傘扇夫柒名工食銀肆拾貳兩
禁卒捌名工食銀肆拾捌兩
斗級肆名工食銀貳拾肆兩
銀壹百捌拾兩

支給不在請勘地丁之內乾隆叁拾年奉
裁貳名工食加增銀貳兩併款解司充餉又
銀壹百捌拾兩乾隆肆拾貳年加增銀壹拾貳
兩以為修整軍裝塘

查此民壯乾隆元年奉文每
名每年增修理器械銀壹兩共加增銀貳
兩係屬司庫各屬完解裁汰民壯工食銀內

037

附录七：《鶴峰州志》道光二年编修　州署藏版影印

吏目

州判

鶴峯州志　卷五　賦役　十六

以上州同俸工於乾隆叁拾陸年奉
文裁汰改設隨州州同仍支舊額銀兩

俸銀肆拾伍兩

門子壹名工食銀陸兩

傘夫壹名工食銀陸兩

馬夫壹名工食銀陸兩

皂隸陸名工食銀叁拾陸兩

馬夫壹名工食銀陸兩

皂隸陸名工食銀叁拾陸兩

民壯捌名工食銀肆拾捌兩　查此民壯乾隆元年每名每年加增銀捌兩內奉銀壹兩共工食銀實給民壯裁支銀壹肆半不在年

民壯捌名工食銀肆拾捌兩　以在司庫加增各屬修理地方軍丁裝之塘房乾隆肆拾兩內奉銀壹兩共工食銀實給民壯裁支銀壹肆半不在年

鶴峯州志　卷五　賦役　十七

俸銀叁拾壹兩伍錢貳分

門子壹名工食銀陸兩

馬夫壹名工食銀陸兩

皂隸肆名工食銀貳拾肆兩

巡檢駐劄山羊隘地方

俸銀叁拾壹兩伍錢貳分

弓兵捌名工食銀肆拾捌兩

民壯捌名工食銀肆拾捌兩　以在司庫加增各屬修理地方軍丁裝之塘房乾隆肆拾兩內奉銀壹兩共工食銀實給民壯裁支銀壹肆半不在年

舖兵壹拾玖名工食銀壹百壹拾肆兩　每名支銀陸兩州前總舖叄名凉水井石龍洞鶸子坪順橋舖貳坪沙坪白菓茶店子五里坪山羊隘水百各壹名

渡夫陸名工食銀叁拾陸兩　渡江各貳名尖頂兩河口南

文廟貳祭銀肆拾兩

崇聖祠貳祭銀捌兩

香燭米折銀壹兩伍分

邑厲壇叁祭銀壹拾壹兩

屬祭米折銀壹兩貳錢貳分

上半頁

國帝廟叁祭銀叁拾伍兩柒錢肆分陸釐

社稷壇貳祭銀壹拾貳兩　係乾隆玖年添設

山川壇貳祭銀壹拾貳兩　係乾隆玖年添設

以上共銀壹千貳百捌拾捌兩伍分陸釐

銀內勷支按年造入奏銷冊內報開部核丁司庫地保
候查並將請撥縣山亦於奏銷冊內報開部核丁司
庫

添設項下

訓導俸銀壹拾伍兩柒錢陸分共銀肆拾兩
肆兩貳錢肆分又加品俸銀貳拾

門斗工食銀柒兩貳錢

齋夫三名工食銀壹拾捌兩

以上銀兩係乾隆叁拾叁年奉文將長陽縣訓導
攺撥仍支舊額銀兩不在該州原設支款內之

先農壇祭祀銀伍兩　係乾隆柒年奉
文定章程內籍田收穫如有變價錢糧
不收奉乾隆伍拾叁年覆賈將年穀存在
不必解部仍分給收貯變價錢糧貯公備
以石儲用其田石數又不給定數不變
籍分定內泰給伍拾叁年奉乾隆叁年司庫存
公銀

文昌廟貳祭銀貳拾叁兩捌錢叁分

常雩祭祀銀伍兩　係乾隆柒年司庫
存公銀

鶴峰州志　卷五　賦役　　　六

下半頁

孤貧捌拾名　每名給口糧布花銀貳兩伍錢貳分貳釐
分支給銀拾柒兩共銀貳拾兩壹錢陸
釐係照例小建扣遇閏加設係司庫存公銀內
銀係於司庫存公不在

以上各項共銀伍拾叁兩玖錢玖分
原請地
丁之內

又慈利縣撥歸麂皮京損銀貳釐壹毫貳絲玖忽叁
微壹塵肆渺玖漠玖茫貳沙伍渺壹
撥歸優免銀壹兩貳錢壹分叁釐捌毫陸渺玖漠柒茫陸沙
微壹塵捌纖陸渺玖漠柒茫柒微伍塵陸

乾隆拾年墾帶丁銀玖釐肆毫壹絲柒微伍塵壹
叁渺捌漠捌茫

乾隆拾貳拾肆拾伍拾陸等年墾帶丁銀壹兩伍錢
陸分捌釐玖毫叁絲肆忽壹微玖塵肆渺玖

漠肆茫

乾隆拾柒拾捌拾玖貳拾貳拾壹等年墾帶丁銀叁
兩貳錢玖分叁釐肆毫玖絲玖微伍塵壹

伍渺肆漠貳茫

乾隆貳拾貳拾叁拾肆等年墾帶丁銀壹兩陸錢貳分
叁釐捌毫貳絲肆忽伍微柒塵貳纖肆渺壹

漠柒茫

乾隆貳拾柒貳拾玖叁拾壹等年銀帶丁銀叁兩貳

鶴峰州志　卷五　賦役　　　七

錢肆分捌釐伍毫柒絲貳微陸塵捌纖捌沙

貳漠陸茫

乾隆肆拾年墾帶丁銀伍錢伍分伍釐貳毫叁絲肆

忽柒微肆塵丁銀柒玖沙壹漠玖茫

乾隆伍拾年墾帶丁銀柒分叁釐柒毫壹絲柒忽陸

微柒纖叁沙柒漠叁茫

按賦役俱照 部須全書抄錄外各官養廉因地丁

耗羨內不敷坐支俱應赴司庫請領

一州判養廉壹百兩

一知州養廉壹千兩

一巡檢養廉柒拾伍兩

一吏目養廉柒拾伍兩

鶴峯州志 《卷五》 賦役 廿

雜稅

田房稅契銀兩無定額

黃柏山稅共銀一十四兩四錢 土名五營哂坪馬鹿大蔣民人三十六名每名徵山稅銀四錢乾隆四年定額咨部小坪六處承

倉儲

常平倉十一廒在州署二堂之東內七廒乾隆元年知

州毛峻德修建又三廒嘉慶伍年知州楊樹本增建

嘉慶十五年署知州劉連浩詩領補修

額貯倉穀五千肆百肆拾叁石六斗壹升叁合

州倉實貯稻穀叁千玖百柒拾壹石壹斗叁升柒合

分貯山羊隘巡檢倉稻穀一千肆百柒拾貳石肆斗

七升六合

社倉二十八座分建四鄉共貯稻粟龍爪包穀五千五

百一十石零柒斗六升

官田

州屬官田係改土以後知州毛峻德奉文將土司之入

官田產置庄招佃領種納租所有土名田畝租額及

開銷款項列左

鶴峯州志 《卷五》 賦役 廿五

新庄二十頃七十七畝七分九釐二毫

落龍潭一十六畝八分九釐五毫

張家村五十二畝一分三釐三毫

滿山紅二十八畝八分三釐三毫

覃家庄五十四畝六分三釐八毫

前壩二十八畝三分二釐二毫

潘溪七十三畝二分一釐四毫

鸚庄二十六畝七分八釐二毫

鸚坡八十一畝零六釐四毫

王家壩十六畝八分六釐七毫

南米

江陵縣每年閏月解南米二百八十七石不閏月解南
米二百三十三石一斗

公安縣每年閏月解南米一百七十八石不閏月解南
米一百三十九石八斗

松滋縣每年閏月解南米二百八十八石四斗八升不
閏月解南米二百七十一石三斗八升

以上每年閏月收三縣南米七百五十三石四斗八升
不閏月收三縣南米六百四十四石二斗八升貯倉
支發衛昌營春夏二季兵米

按上載糧米數目係照衛昌營額兵三百六十四名開
載至嘉慶二十年減兵二十九名後每年閏月收三
縣南米六百九十三石零不閏月收三縣南米五百
九十二石零均按大小建扣算又灣潭長樂汛兵米
係石首各縣解貯該管衙門支放茲不載

鹽課

容美土司食鹽舊在川省各鹽場零星易換設流後應
隨建通例請銷淮引但山高嶺峻脚費浩繁價低
則商難承辦價昂則民艱措買前牧毛峻德稟請酌
尊經署督憲史　咨
部請就近銷川省陸引招商

陳家灣十四畝五分六釐八毫
龍潭峪十三畝八分六釐二毫
蓴垻四十七畝九分
堡子裡二十一畝九分二釐
莫愁庄七畝六分一釐六毫
北佳坪二十畝零五分二釐
九峯橋六十畝零七釐六毫
太平鎮四十七畝二分
唐家村九十二畝二分
馬宗坪三十四畝零一分
余家坪三十五畝四分

以上官庄水田二十一處派租多少不等每年共收額
稻穀五百七十一石六斗三升二合內除動用五石
一斗八升六合八勺每石變銀六錢其變銀三兩一
錢一分三釐完納條俑外實穀五百六十六石四斗
四升五合二勺礦埠衛昌營秋季兵米

又新添庄水塞前後壩二處官荒山地共八十九畝八
分五釐每年除完條俑外實收存包穀一十一石七
斗九升五合存貯常平倉隨時易換稻穀以備青黄
不接接濟兵民

鶴峰州志　附录七：《鹤峰州志》道光二年编修　州署藏版影印　六四四

附录七：《鶴峰州志》道光二年编修　州署藏版影印

承辦於乾隆三年為始嗣因戶口滋繁民不敷食自
乾隆七年以至乾隆三十年陸續請增引額所有歷
年加增引數暨現在鹽斤鹽課數目列左
乾隆三年詳請川鹽每年額行陸引二百一十九張
乾隆七年增陸引一百張水引四十張
乾隆二十三年增陸引四百張水引二十四張
乾隆二十四年增水引二十四張
乾隆二十五年增水引一百張水引二十六張
乾隆三十年增水引十一張
　共水引二百零五張

鶴峰州志　卷五　賦役

陸引七百一十九張
水引每張配正鹽五千斤耗鹽七百五十斤
陸引每張配正鹽四百斤耗鹽六十一斤
水引每張徵正稅銀三兩四錢零五厘切角耗羨
銀共五分五釐
陸引每張徵正稅銀二錢七分二釐四毫切角耗
羨銀共四分八釐
總共徵銀玖百四十四兩四錢六分零六毫商人
自行赴州領引運銷完納
按鶴峰長樂二州縣例食川鹽其領發額引及上

鶴峰州志　卷五　賦役

報銷各事件均歸夔州鹽捕通判辦理商人選土
著殷實承充乾隆五十七年巴東民人楊升茂等
串名冒充並將起運埠頭改設萬戶沱透銷引鹽
南岸行長陽一帶北岸行興歸一帶被人告發按漢
商亦以充斥淮綱具控提審得實將楊升茂等按
律治罪着漢商公舉該處商裔承辦以杜藉引行
私之獎

風俗志

州民客土雜處習尚不一然無巨奸大猾畏上奉
公猶為易治政教成於上風俗清於下毛志稱歸
流之始民習多陋所載文告若干條殷勤諄誡與
民更始今則彬彬焉與中土無異於以慶吾民涵
濡
聖化褫改椎髻之舊後之蒞斯土者太上教化之其次
整齊之庶幾益臻於上理也乎志風俗
俗尚儉樸室宇器用衣服飲食無一切奢靡之習

士一衿旣靑多束書不觀故科目寥寥綠地僻途遠
艱貧斧憚跋涉赴鄉闈者甚少近則風氣日開亦
時有淸標令上者出焉且多氣節自好而無武斷
健訟諸事
田少山多坡阤磽确之處皆種包穀初墾時不糞自
肥闊年旣久浮土為雨潦洗盡佳壤尙可糞種而
處終歲辛苦所穫無幾故貧民於農隙肩挑背負
乃可贍生
邑不伺蠶亦不產棉嬬女鮮紡績俱力農如男子其
工匠皆自外來近年亦有習匠作者

廛市皆棉布酒米家常日用之物如需稍珍貴者先
向他邑購備
釀酒喂豬糜穀最甚然邑產包穀十居其八其性逾
歲必生蟲民食有餘卽不釀酒喂豬亦不可久貯
且販豬他邑可市布棉雜貨以有易無於山氓較
便故燒蒸之禁祇宜行於歉歲
民間樵採最便開墾旣久荆棘入市皆可易錢然煤
山所在多有窮民多以挖煤資生
漁人捕魚濬河難施網罟晝用釣竿夜以繩繫鈎於
水或於灘上纍石用筍承流取魚名曰梅又山水
溪澤於洞漩處施罾或以小網縛竿頭取之
獵戶不甚多以山林漸少故
冠禮箕民閒不行然婚嫁先一日告祖男家坐子
弟於客位父兄親爲正席延咸友子弟之未娶者
爲之
儀延戚友室女陪欲謂之伴女似傚冠禮箕而
陪欲謂之伴耶女家與女修客設席如坐子弟之
婚不論財聘儀稱家貧富無奢侈習至親迎之禮則
有行有不行
喪必延僧道作佛事士流閒用家禮

附錄七：《鶴峰州志》道光二年編修　州署藏版影印

附录七：《鶴峰州志》道光二年编修　州署藏版影印

葬亦必擇地然不溺於青鳥家眡日拘忌之說故無

停喪多年者

祭有祖祠者少今節忌各薦饌於家

俗重祀神每年正月初九日十五日三月三日九月

九日婦女亦間有朝山者然絕無男女混雜惡習

每歲居民按方付釀金延黃冠於寺觀設壇揚旛焚

香誦經三日至七日不等謂之平安清醮散日以

紙糊竹船於曠野焚之曰攟瘟偶值瘟蝗亦延黃

冠誦經或張燈蘸以藏之

喪家作佛事名曰作齋其作於生前者謂作生齋又

鶴峰州志　卷之六　風俗　三

小兒出痘自出者謂之天行醫種者曰放苗皆祀痘

神

皆延黃冠誦經禮懺熱燭滿堂名曰然諸天燭

有屠刲爲業覺傷生過多或用祈禱悔從前過惡

舖戶皆祀財神謂之黑虎元壇趙公明元帥每月初

二十六日祭以酒肉名燒牙祭○拨干寶搜神記

散騎侍郎王祐疾間有通籮者曰今年國家有大

事出三將軍分布徵發吾等十餘人爲趙公明府

尔佐等諳羼冕本此至奉爲財神

各廟神誕輪年預派首士居期醸金作會或演戲或

延僧道焚香誦經祀神餕餘首事倩人鳴鉦邀

捐錢者廟中飲食謂之散福

立春先一日地方官迎春東郊農官隨行鄉村男女

赴城來觀者如堵舖戶當街結綵跪獻春酒胥吏

插紙花幡側謂之春花

元日鳳與盛服祀家神畢始啟門向外行禮日出天

方子弟拜年廬居者難遍造其

室戒用紅紙寸餘或用粉土署名於門客至家中

主人有臥者家人應日挖窖市無列肆室不掃除

禁水潟地者三日

鶴峰州志　卷之六　風俗　四

初三日昏時祀神曰燒門神紙亦曰送年以白蠟樹

葉合楮錢於街際焚燒作聲曰炸虼蚤舖戶隨擇

日開張

初九日謂上九始張燈嬉婦女或於夜間迎紫姑神

謂請七姑娘至十五日乃已

十五日團糯米粉爲丸夜食曰喫元宵燈嬉是夕最

盛以後月完罷燈

二月初二日按方社醸金祀社神曰作土地會即春

祈秋報意秋以八月初二日

十五日日花朝節幼女穿耳時或作風鳶之戲諺云

附录七：《鶴峰州志》道光二年编修　州署藏版影印

楊柳青青放風箏

清明節澆墓以五色紙幡插塋頭謂插青

四月初八日以紅紙二條書俚語四句交斜相連貼
於牆壁謂嫁毛娘因是日僧家浴佛費佛號以辟
蟲毒

五月五日懸艾蒲門外貼僧道所印送張真人馭虎
符於室中食角黍鹽蛋飲雄黃酒以雄黃塗小兒
耳鼻云辟百毒輝艾蒲暨百草湯浴身又以雄黃
酒并蒜汁遍酒戶壁間辟蛇蟲或捕蟾蜍以墨入
其腹中倒懸一足俟乾取出治癰毒有驗

鶴峰州志　卷之六　風俗　五

六月初六日曬書畫衣物

中元日謂之過月牛其酒饌祀祖用紙封楮錢名包
袱上填祖宗考妣名祭畢焚化較他時祭奠更
虔日年小月半大或醵金寺觀作盂蘭會

中秋夜家人具酒設餚陳瓜果佾倂賞月或竊入他
人園中摘瓜一枚謂摸秋以鼓樂導送戚友爲宜
男之兆

重九日士流飲酒賞菊登高覽勝

十一月稱冬月冬至日後以九日爲一九疊至九九
謂之數九天

十二月稱臘月初八日爲臘八日幼女亦穿耳用鹽
漬庸日臘肉益貯水經三春不壞

二十四日日過小年先期掃舍宇二十三日夜具犧
果祀竈窩中黜燈日送竈神上天

除日更春帖具酒饌祀神家人團聚共食日團年飯
家中器具用紙錢貼掛晚送紙燈於先人墳塋
深復祀竈神謂竈神是夕下界假兼數日之歎日
過年假浴身日洗隔年塵亦曰洗邋遢子弟拜家
長日辭年親友送日朝年墜錢鬧日以
錢繫小兒身曰壓歲錢徹夜不寐日守歲

鶴峰州志　卷之六　風俗　六

土戶田覃二姓土司時於除日前一日祀神過年今
多仍之

按宗懷荊楚歲時記自元日至除日凡二十餘事
大抵三戶之俗相類而未盡其詳揚雄懷鉛提槧
作方言則盡乎天下矣周處風土記應劭風俗通
亦據此成書不出戶而異方殊域皆得以周知此
作邑志者所必分載也亦惡可以不文置之哉

附錄七：《鶴峯州志》道光二年編修　州署藏版影印

鶴峯州志卷之七

物產

民生在勤勤則不匱邑民勤者多匱者亦多蓋以
山峻土瘠物產不饒故也物以能病其生土以珍
病其民邑無珍物產奇異產生其間者服田力穡而外
庶免徵取之困焉是其匱也乃吾民所以為不匱
歟志物產

穀類

稻　粳者呼為黏穀一呼和穀黏者呼為粳穀其
分種視田之高下為準又旱稻種旱地亦有和
粳之別

鶴峯州志　卷之七　物產　一

包穀　一名玉黍又名玉米粟種亦分高低色有
黃白二種間有雜紫色者邑人以此為正糧

大麥　無芒者呼為米麥

小麥　低處種之不宜高處

燕麥　宜高處種

蕎　有甜蕎苦蕎伏蕎各種

高粱　種來自蜀故一呼蜀黍秸可為帚

黍　殼色黑米有黃白二種

豆　大者有黃豆黑豆畫眉豆綠豆茶色豆之分

小者為綠豆臁豆一呼滾豆小豆一呼飯豆又
有豇豆豌豆剗豇麥豌扁豆蛾眉豆金豆一呼

四季豆

芝蘇　有黑白二種又有圓粒者名蘇麻可食亦
可榨油不多種

粟　有芒者秋穀無芒者呼粟穀亦分和粳

接粟　葉莖俱似莧

龍爪粟　穗似龍爪紫色

蔬類

白菜　有黃芽白箭箒白油白各種

苦菜　一呼苦蕒

青菜　有鐵皮青春不老一名九斤桃

鶴峯州志　卷之七　物產　二

蘿蔔　有紅白二種

蔞蒿　莖粗者呼蒿笋

茼蒿

蒿　野生者曰甜蒿水邊生者曰蔞蒿不多有

芋　俗呼芋頭有水旱二種又一種磨芋可磨如

豆腐

芹　有家芹野芹之分

附录七：《鶴峰州志》道光二年编修　州署藏版影印

地蠶　俗呼地牯牛亦呼天螺螄

韭　葱　蒜　薤

蕓薹　鬱香菜

芥藍

藤菜　葉可食子有汁紫赤色俗呼染汗子

陽合　葉似薑根似百合色紫味辛

菠菜　俗呼扯根菜

茄　有赤白二種或圓或長

蕹菜　俗呼蕹菜

番椒　俗呼海椒一呼辣椒一呼廣椒

瓜類

冬瓜　一呼北瓜

南瓜

苦瓜

黃瓜

瓠　有甘苦二種

壺盧　有甘苦二種

瓠瓜

金瓜

銕瓜　有稜宜高處種

果類

梅　桃　杏　梨

胡桃　俗呼核桃

李　有麥骨李桃李苦李之分

櫻桃　蒲桃　山谷中自生味不佳

銀杏　俗呼白果

柿　小者浸汁可染傘扇

枇杷

枳椇　俗呼拐棗

柑　大者皮皺俗呼皺皮柑一呼獅頭柑

橙　種來粵東不多有

橘　州城産者味甜於柑有一種小如彈者酸不
可食

柚　味酸種來粵東者可食

香櫞

栗　大者爲板栗小者雛栗猴栗又橡栗可研漿
如豆腐

羊桃　一名獼猴桃野生

木瓜

八月麥　一名八月瓜形似皁角野生

花類

蘭　蕙　梅　蠟梅　牡丹　芍藥
桂　海棠　秋海棠　罌粟　菊
洋菊　萬壽菊　藍菊　木槿　石榴　剪春羅
薔薇　荷　水仙　木槿　剪春羅　玫瑰
繡毬　藤本者為洋繡毬
梔子　鳳仙俗呼指甲草
木香　雞冠　火蝴蝶
十姊妹又呼七姊妹　玉簪紫白二種
月季　俗呼月月紅
老少年　俗呼變葉
蜀葵　俗呼裏梅一呼五月菊一呼龍船花即一
丈紅
美人蕉　金銀花　木芙蓉
紫薇　俗誤呼紫荊
山丹　俗呼野百合
夾竹桃　山茶　千日紅
夜合　一名百合
石竹
洛陽花　俗呼剪絨花　俗呼十樣錦

鶴峰州志　卷之七　物產　五

草類

荷包花　一呼荷包牡丹
映山紅　雞蛋黃　金絲桃
蝴蝶花　俗呼扁竹根
藻　萍
茅　有獅茅巴茅二種可蓋屋亦取為薪
魚腥草　一名狗腥草二種歉歲可和飯
奶漿菜　可作蔬
虎耳草　車前草
豆瓣菜　歉歲可和飯
夏枯草
蓼　俗呼蓼辣子可造酒麴或毒溪魚
地米菜　野蔬
燈心草　馬鞭草　通草
鼈蔴草　有毛螯人
香根　作呬酒麴
蘭莖薹　枝條略似蕨亦似貫眾初生時莖如蘭
故名味肥美可食
芭蕉　階前草　艾
蒿　種類不一歉歲葉可和飯

鶴峰州志　卷之七　物產　六

附录七：《鹤峰州志》道光二年编修　州署藏版影印

九里光　可治瘮傷

打不死

火靈芝　俗呼伸筋草又呼過山龍

四月黃　一呼黃花菜可和飯

婆婆針

浚竹葉　可作蔬

水麻　可飼猪

土芙蓉　可固垣堤葉可糞田故呼爛泥巴葉

鳳尾　爛草　毛蠟燭

冷草　可飼猪

萬年青　狗尾草

桄米菜　嫩棄可作蔬

野蒜　似薤可作蔬

崖蒜　一呼天蒜又呼老鴉蒜歉歲可食

鷰兒腸　可作蔬亦可飼猪

木類

松　柏　梓

杉　又有洗杉一呼牛尾松

冬青　卽萬年青又呼凍青

楠　又一種臭者名雞屎楠

歉歲亦可食

鶴峯州志　卷之七　物產

七

椿芽　香可食又一種臭者皮可入藥

楓樟　白楊　黃楊　梧桐

槐　邑初無此木前牧吳煥彩自山東攜子植州

堂前今成大樹

凍綠皮　可染有銀青樹一種與之相似

桑　邑不飼蠶故不甚多

柘　櫻棚　桐

椰　皮作條香

構皮可搗爲紙

烏臼　俗呼爲木子其油呼木油

油茶　子可爲油昔人以爲南油俗呼茶油

杪欏　楸　檀　樺　馬鈴光

楊梆　種類不一

漆　又有野生者

皂莢　俗呼皂角厚者呼肥皂瘦者呼柴皂

尖栗　花栗　黃栗

香果　鴨掌木

竹類

慈竹　俗呼叢竹

按草木類不識名者尚多以待博雅採入

鶴峯州志　卷之七　物產

八

附錄七：《鶴峯州志》道光二年編修　州署藏版影印

斑竹　紫竹　筀竹　筆竹　簜竹

水竹　箬竹

冷竹　可作紙

箬竹　俗呼為篩竹

藥類

黃連　生崖上土司時作貢今不易得

何首烏　有赤白二種白者少

黃精　貝母　獨活

杜衡　又名馬蹄香人呼為馬蹄細辛

藁本　射干　薄荷

鶴峯州志　卷之七　物產　九

紫蘇　以州署後圃產者為佳

牛膝　王不留行一名金盞銀臺

石菖蒲　水菖蒲

海金沙　俗名竹園荽

茜草　羊蹄又名牛舌菜

骨碎補　俗呼巴山虎

惡實　石胡荽

枸橘　俗呼銕泥巴果

女貞子　即白蠟樹實

石斛　土名吊蘭花

官桂　大薊小薊　穀精草　香薷

括樓　俗呼瓜蔞一呼燈姑蔞

天花粉　即括樓根所搗

萹蓄　覆盆子

沙參　俗呼奶漿菜

升麻　澤蘭　草烏頭　天南星

赤土茯　黃藥子　白藥子

鱧腸　又名旱蓮草

石韋　又名石皮　白及

崖防風　貫眾　淫羊藿

鶴峯州志　卷之七　物產　十

蓖麻子　五加皮　青箱子

桑寄生　以他木寄生桑上者良

山藥　厚朴

黃柏　邑有山稅開墾日久不多產

蒼耳子　苦楝子

畢澄茄　俗呼山胡椒又呼木薑子

蒲公英　茱萸　枳實　枳壳　地膚

常山　黨參　天麻　三七　威靈仙

續斷　一名屬折一名接骨

狶薟　木賊　鍾乳石　桑白皮

附录七：《鶴峰州志》道光二年编修　州署藏版影印

穿山甲　陀僧　青皮　陳皮

蜜蠟　蜂房　蜜

文蛤　即五倍子

獺肝　鹿茸　牽牛　百部　紅花

土革薢　俗呼木笋薑一呼龍鬚菜

細辛　土人有馬蹄細辛之名其實葉似馬蹄者

為杜衡

枸杞　香附　茨實

花椒　即川椒

薏苡　俗呼穿骨子

鶴峯州志《卷之七　物產》　士

小茴　滑石　硫黃

烏類

鶴　錦雞　吐綬雞　四兩雞　秧雞

鷄鶒　鴿　雀

杜鵑　俗呼陽雀其聲不如歸去

百舌　即反舌

竹雞　其聲泥滑滑

鶯　俗呼黃歌郎

鵲　俗呼瓦去聲子

鳩　種類不一俗皆呼斑鳩

鶴峯州志《卷之七　物產》　士

立夏雀　立夏節鳴土人謂其音云蚊蟲捉了就
走又云文章做得可好未詳實為何鳥俗謂之

布穀　俗呼麥枯鳥

鸕鶿　捕魚者俗誤呼鸕鶿

鵯　俗呼貓兒頭

伯勞　即鵯俗呼苦雀

鳩　俗呼打魚老翅有翠

鷺鷥　俗誤呼白鶴

山喜　俗呼山參子

鴉　俗呼山鳥

鵰鴒　一名八哥

鶻　鷹　鶴

啄木　俗呼啄木鶴

白頭翁　畫眉　燕　黏水雀　紅嘴雀

梟　俗呼野鴨

伏翼　即蝙蝠俗呼簷老鼠

鷺　即鴨　鷿　雞

獸類

熊　有豬熊狗熊馬熊無人熊

貆　水獺　旱獺　蝟　麂

鶴峯州志 卷之七 物産

麞 麝

猴 懸崖峻壁百十成羣食包穀秋成時農人
設法防守或募獵戶除之

蜼 俗呼倒鼻猴

武馬 即野馬

豪猪 有重至二三百勛又一種小者呼爲土猪

山焱 俗名古未詳按說文狼似犬豹犬青色作聲諸焱皆沸善
前廣後坤雅狼犬如犬銳頭白頰高

逐獸今山焱形狀頗似之

鼠 松鼠 竹䶉

鼫鼠 俗呼黃鼠狼

鼬鼠 俗呼飛生子

犬 羊 牛 馬 驟 驢 猫 豕

鱗類

白甲 一名石鮂魚之佳者

陽魚 冬藏春出新崩以下無

山精 紅翅多刺

鯉 鯽 青魚 鮎

鯇 即草魚堰塘中畜溪河無

線鰱 亦畜堰塘

三

鶴峯州志 卷之七 物産

人魚膏然燭不滅尸即此魚俗一呼辣狗

哇哇魚 似鮎有四足聲如小兒按本草鯢魚一
名王鮋在山溪中似鮎有四足能上樹天旱則
含水上葉覆身鳥來飲因而取之一名鰻一

鰍 白鱔 黃鱔

黃岩骨 脊刺一條味腴無大者

岩䰾魚 小魚爬石上者

刺公頭 多刺無鱗味不佳

油骨子 多脂質小味腴

青柳子 多刺

鱧子 即魴魚

介類

龜 不多有

鱉 俗呼脚魚不多有

蟹 小不中食

蝦 生草澤中小不中食

蚌 質小無採食者

螺螄 生塘澤中無大者

蟲類

蛇 不一種

圭

附录七：《鶴峰州志》道光二年编修 州署藏版影印

附录七：《鹤峰州志》道光二年编修 州署藏版影印

蜒蜓 俗呼爲四脚蛇

蜈蚣 蜒蝂 蜈蛤

蟛蚰 俗呼爲土狗

叩頭蟲 俗呼打卦老

蚰蜒 俗呼爲馬蟥

乾柴棒 最毒能傷人

竈蟲 一名竈雞其稍大脚長者名竈馬俗言竈
有馬爲足食之兆

蟾蜍 居陸地俗呼爲癩蝦蟆

蛙 俗呼田雞

鶴峯州志 卷之七 物産 十五

蝦蟆 水陸俱有

崖蚌 生溪澗中然火取之

蚱蜢 螳螂

蟬 俗貴牙齒

蜂 蜜蜂外有土蜂黃蜂

飛蛾 蝴蝶 蜻蛉 蜘蛛

蟻 俗呼馬蟻

蠅 俗呼青蠅爲飯蚊蒼蠅爲綠蚊

蚊 俗呼夜蚊

蠹魚 生衣箱及書函中

蟋蟀 俗呼爲區區

螢 俗呼爲亮火蟲

蚿 俗呼爲千脚蟲一呼稱桿蟲

鰤魚蟲 生刺樹幹中狀似僵蠶隨晨昏易其處
藥俗呼其樹爲牛王刺
喉舌緊急風火取塗有效又小兒出痘用爲表

蝸牛 草鞋板

斑斑蝥 蚯蚓 偷油婆 紅娘子

土鱉 蛙包穀暨烟草根用灰糞點種則無

雜産

礦 銅礦鉛礦曾經試採旋奉封禁鋏礦亦未開

茶 世述錄稱神仙圍陶溪二處茶爲上品今查
各處所産無甚分別

烟草 茶油 桐油 煤

藍 不多有

苧麻 低處歲三刈高處再刈

葛粉

蕨 嫩莖爲蔬根可搗粉歲歉民以代米糧

硝礦 二種皆由州領價採辦

竹麻紙 出高山産岭竹處

鶴峯州志 卷之七 物産 十六

鶴峯州志　卷之七　物產

金針　野生

筍　有香筍凍筍黃絲筍獅毛筍重陽筍凉傘筍
包穀筍羊肚筍灰包筍雞冠筍各種

木耳　石耳　竹笋　山藕

陽芋　似芋紫色邑高荒土瘠民人多遠徙近十
餘年來得此代糧升以飼豬雖遇歉歲可無大
虞

紫草

按州屬窳田土苦窳生殖不饒山林之產惟茶利
最厚次則飼豬種烟販出外境藉通泉貨篇內
所載如藥材雜糧可達攜者皆以開墾日久漸
就銷耗又地不產棉人弗知織力田作苦外復
少習百工之業而生計所需如布購自荊澧鹽
運自夔巫道里險遠售價必倍一遇水旱不時
則懸罄之嗟十室而九固由物產涼薄所致亦
人工之興作有未盡也茌斯土者欲使家樂卒
盈人免凍餒其道固非易易矣

七

鶴峯州志　卷八

祠祀志　寺觀附

秋祀之廟與佛老之宮異而
國家馨香至治懷柔百神盡錯處於山陬海澨矣鶴
邑春秋常祭悉如典制固官師之所黽勉而虔祀
者也他如塸山壁水橋建新修亦有寺觀所莫致
廢者迹其胖蠻熯蒿之誠若可以庇民善而怵暴
橫焉斯亦神道設教之意也志祠祀

社稷壇在州城東門雍正十三年知州毛峻德建每
歲春秋仲月上戊日致祭

祭品
帛二黑羊一豕一鉶一簠一簋一
邊四　豆四
乾隆九年奉頒祭文云惟
神奠安九土粒食萬邦分五色以表封圻青三農而
蕃稼穡某恭承守土肅展明禋時屆仲秋敬修祀
典庶丸九松柏鞏磐石於無疆翼翼黍苗佐神倉
於不匱

風雲雷雨山川壇在州城南門外雍正十三年知州
毛峻德建每歲春秋仲月上戊日與城隍同祭其

一

位以風雨雷電雲居中山川居左城隍居右祭品與
祉稷壇同
乾隆九年奉頒祭文云惟
神贊襄天澤福佑蒼黎佐靈化以流形生成承秉
氣機而鼓盪溫肅攸宜磅礴高深長保安貞之吉
憑依鞏固實資捍禦之功幸民生之殷盈仰神明
之庇護恭修歲祀正厪辰敬潔豆籩祇陳牲幣
先農壇在州城東門外雍正十三年知州毛峻德建
每歲仲春亥日致祭畢舉行耕耤禮文武官更
宿齋袍農夫駕牛印官行九推九反禮書老撰青
箱捕衙播種
祭品與山川祉稷同惟用帛一色
乾隆九年奉頒祭文云惟
神肇與稼穡粒我烝民頌思文之德克配彼天念爾
育之功陳常時夏茲當東作咸服先疇洪惟九五
之尊歲舉三推之典恭鷹守土敢忘民勞謹奉爰
章聿修祀事惟願五風十雨嘉祥恆沐於神庥庶
幾九穗雙岐上瑞頻書於大有
常雩始於乾隆九年每歲孟夏澄頒擇日在先農壇
合祭山川祉稷與雲致雨之神

祭品與山川祉稷同惟用帛五俱色
乾隆九年奉頒祭文云某恭廑諂命撫育疆黎卬
體彤廷保赤之誠勸農勤稼俯為黍屋資生之
本力稼力田令甲是殰蕭奉祈年之典惟寅將事
用昭守土之忱黍稷惟馨尚冀明昭之受賜來牟
率育庶俾豐裕於蓋藏
歲清明日七月望日十月朔日迎請城隍之神至
屬壇在州城北門外雍正十三年知州毛峻德建每
至本月祭立芒神畢行鞭春禮
勾芒神於立春前一日用土牛春花迎春東郊致祭
壇主祭以享無事鬼神先期備牒移告城隍弔祭
孤魂以彰祀典
祭品
羊一 豕一 羹飯 香燭酒縩衣襲麤用
城隍廟在州城西門內雍正十三年知州毛峻德建
嘉慶二十四年知州吉鍾賴重修
龍神祠在州城南門外原爲土司三義祠乾隆五十
年知州楊樹本改建嘉慶二十年邑人徐光表等
倡重修
關帝廟在州城南門外 神像係土司舊奉廟亦原

基歸流後仍之每歲春秋仲月遵頒選擇日期暨
五月十三日誕辰致祭
春秋祭品
帛一色　牛一　羊一　豕一　邊十　豆十
五月十三日祭品
帛一色　牛一　羊一　豕一　果五盤
乾隆九年奉頒祭文云惟
帝浩氣凌霄丹心貫日決正統而彰信義威震九州
完大節以篤忠貞名〔三〕國神明如在偏祠字於
寰區靈應丕昭薦馨毖於歷代屢徵異蹟顯佑羣

鶴峯州志　卷八　祠祀　四

生恭值嘉辰遵行祀典籩陳邊豆几賞牲醴
關帝曾祖光昭公祖裕昌公父成忠公祀於後殿殿
原係土司舊建觀音庵三公神主奉於其中嘉慶
四年邑人諭文太等倡首併建觀音庵於百斯庵
而後殿始專奉三公神主每歲祭期與
帝同道光二年知州吉鍾穎修葺、
春秋祭品
束帛一色　羊一　豕一　邊八　豆八
五月十三日祭品
束帛一色　羊一　豕一　果各五盤

乾隆九年奉頒祭文云惟
　　公世澤貽麻靈源積
慶德能昌後篤生神武之英善則歸親宜享尊崇
之報列上公之封爵
錫命優隆合三世之肇禋典章明備恭逢諏吉祇事虔
聲
文昌廟在州城西門內　神像係土司舊泰原祀南
門外之百斯庵乾隆四十五年邑人秋奉於九峯
書院嘉慶七年奉文致祭而無專廟嘉慶十五年
邑人洪繼周劉正性部生榕洪之光華累
貴陸光武等倡首勤捐始建今廟每祭春秋仲月

鶴峯州志　卷八　祠祀　五

初三日致祭
祭品與　關廟春秋祭同
嘉慶七年奉頒祭文云惟
神蹟著西垣樞環北極六匡麗耀協昌運之光華累
代垂靈爲人文之主宰扶正久彰夫感召鸞馨宜
致其尊崇茲屆仲春秋用昭時祀尚其歆格鑒此精
虔
文昌神先代祀於後殿每歲祭期與神同
祭品與　關廟春秋祭同
嘉慶七年奉頒祭文云祭引先河之義禮崇反本

附録七：《鶴峰州志》道光二年編修　州署藏版影印

之思刻夫世德彌光延賞及祥鍾累代烔列宿

之精靈化被千秋縐人交之主宰是尊後殿用苔

前麻茲值伸春秋肅將時祀用伸告潔神其來歆

新關廟在州城北門內原為馬王廟乾隆三十年間

營宮弁兵丁改建

斗姥閣在州北門內土司舊建令廢

福田寺在州城西門外土司舊建乾隆五十年間邑

人洪繼周輸文奇李林安等倡首勸捐重修

報恩寺在州城西門外土司舊建原位南面北向乾

隆五十三年大水沖塌邑人洪繼周輸文奇等移併於福

田寺束

百斯庵在州城南門外土司舊建嘉慶初年間邑人

輸文太洪繼信等倡首勸捐重修

萬壽宮在州城南門外乾隆三十年間江西人公建

四官廟在水寨土司舊建

紫雲宮在紫雲山土司舊建

龍王廟在細柳城

杉樹觀在天台山土司舊建

關帝廟在三路口

朝陽觀在南府

關帝廟在五里坪基地係裁儀州同署舊址

潮水寺在山羊隘

五穀廟在山羊隘

回龍閣在千金坪監生劉正新倡捐重修

真武廟在五星山

關帝廟在太平鎮江西人公建

萬壽宮在太平嶺土司舊建

關帝廟在奇峯關嘉慶八年由州新關廟移奉

泰山廟在茅塲

大神廟在陽河官屋塲

黑神廟在三义口

玉皇廟在五等頭

金龍寺在金龍山

泰山廟在洞長灣

關帝廟在聚避峽土司舊建

賓善宮在白鹿坡土司舊建嘉慶年邑人易顯榮等移建池塘

萬壽宮在鐵爐坪

潮水寺在上陽河

玉田寺在北佳坪土司舊建

靈龍寺在巴焦河

觀音寺在大典河

關帝廟在青山坪

關帝廟在燒巴岩

金雞廟在三姊妹山左

關帝廟在走馬坪

真武廟在古城砦

五里廟在南渡江西山上

附录七：《鹤峰州志》道光二年编修　州署藏版影印

真武廟在五龍山
太平寺在郇陽砦關石龍
永靈寺在所坪尚有古銅鐘
五谷廟在千金坪
回龍閣在馬頭山
真武廟在河圖山
玉皇閣在椿木坪

文昌閣在百家坪
紫金觀在五里坪
轄神廟在麻水
關帝廟在羊角岩
觀音岩在羊角岩
真武廟在獅象山
關帝廟在喬陽坪
飛身廟在八十畝
廟田附
本城關廟

鶴峯州志　卷八　祠祀　八

石車峽佃戶七租銀玖兩式錢
南府朝陽洞佃戶廿租錢陸千貳百文
桂花橋佃壹租銀式兩
和氣山佃陸租銀拾兩
毛填坪佃壹包穀租每年平分
九官坳菜田坡田地價錢柴拾伍千文租錢貳千
水沙坪水田一坵價錢壹百零壹千文租穀叁石
本城百斯庵
水沙坪佃戶肆租大穀叁石

紫草山佃戶壹租銀叁兩
城隍廟
東流水佃戶壹租銀玖兩零五分玖釐
板庄坪佃戶廿七租銀拾捌兩
三峯溪佃戶式租錢拾千壹百文
尨場坪旱地當價錢十千文租穀陸斗
丁家坡旱地當價錢叁拾千零伍百文租穀壹石
把路口旱地當價錢貳拾千文租穀伍斗
太平鎮舖屋當價錢叁拾兩租錢貳千文
板倉坪旱地當價錢壹百零壹千文租穀壹石

鶴峯州志　卷八　祠祀　九

嵌場瑤李家屋場價肆千玖百文租錢壹百文
五家灣白虎臺沙灣課地一分
河坪旱地價拾貳千文租穀六斗
彬山旱地當價錢肆拾玖千陸百文租錢貳千伍
百文
陽坡旱地當價錢叁拾伍千文租穀肆斗伍升
胡家灣陰坡旱地當價叁拾兩租穀叁斗
炭場灣白虎臺沙灣價叁拾壹千肆百文佃戶租
錢叁千貳百文
水寨四官廟

占樹灣東西坑佃戶六租銀拾叁兩零六錢

細栁城

廟前後水田每年領租大石拾石

青水山旱地一處租錢壹千文

石場坡旱地一處租包穀壹石貳斗

九峯橋唐艮龍施旱地壹處租壹千陸百文

福田寺

報恩寺

本街舖基佃戶捌租錢玖千捌百肆拾文

地水田房基佃戶玖租錢叁千肆百肆拾文

鎗桿坪佃戶玖租錢捌千零七文

官山坡佃戶肆租錢叁千壹百廿文

和氣山佃戶陸租錢貳千貳百拾六文

七家山佃戶壹租包穀貳大石

茅竹山佃戶貳租錢貳百肆拾文

芭蕉灣佃戶捌租錢伍千肆百伍拾文

梅東灣佃戶陸租錢

文昌廟 本城

廟前佃戶一租錢叁千貳百文

三元橋水田壹處壹百零捌坵廟僧自種其餘旱

鶴峯州志 卷八 祠祀 十

山羊溪太平鎮佃戶拾租錢玖千玖百伍十四文

石龍砦太平寺

廟前後水田貳拾玖坵旱地壹處廟僧自種

按邑之有秋祀也固也然其間名山古刹都都相

望邑邑相屬逸流快士過其地者風韻松濤鶴鶴

來聽清磬梵唱心骨俱驚壹盡所福木居士者哉

然而淫祀亦不可使狄梁公見也

鶴峯州志 卷八 祠祀 十一

附录七：《鶴峰州志》道光二年编修　州署藏版影印

鶴峯州志卷之九

學校

自占化民成俗必由於學鶴邑草昧初闢前牧毛
倡建學宮而書院學署闕焉閱歲既久以次漸典
至乾隆五十年士民重葺學宮并增名宦鄉賢祠
以待奉祀蓋所期於長吏師儒者重矣文翁典教
而蜀民從風趨德爲師而潮人知學士林從公升
藻固宜爭自濯磨然而型仁講讓使州人皆有所
矜式則艮有司之董率與鄉先生之化導又曷可
少哉志學校

鶴峯州志 卷之九 學校 一

學宮在州治左乾隆元年知州毛峻德如式創建乾
隆五十三年邑人洪繼周部泮劉正性冀經德趙
學謨劉祚鳳等倡首勸捐重修並建名宦鄉賢二
祠於大成門左右
乾隆五年奉頒
御書與天地參額嘉慶六年奉頒
御書聖集大成額道光元年奉頒
御書聖協時中額頒到日敬摹懸掛
大成殿正位
至聖先師孔子 舊司奉祀 聖像在今城隍廟左乾隆
五十五年重修 大成殿知州楊將本

鶴峯州志 卷之九 學校 二

率諸生秩祀殿中

朱子熹

東配
復聖顏子 述聖子思子
西配
宗聖曾子 亞聖孟子
東哲
閔子損 冉子雍 端木子賜 仲子由 卜子商
西哲
有子若
冉子耕 宰子予 冉子求 言子偃 顓孫子師

東廡先賢
遽瑗 澹臺滅明 原憲 南宮适 商瞿 漆雕
開 司馬耕 梁鱣 冉孺 伯虔 冉季 漆雕
徒父 漆雕哆 公西赤 任不齊 公良孺
肩定 鄭單 罕父黑 榮旂 鄭國
原亢 廉潔 叔仲會 公西輿如 邽巽 陳亢
琴張 步叔乘 秦非 顏噲 顏何 縣亶 樂
正克 萬章 周敦頤 程顥 邵雍 三十九位
西廡先賢

附錄七：《鶴峯州志》道光二年編修 州署藏版影印

鶴峯州志《卷之九》學校　三

林放　宓不齊　公冶長　高柴　樊須

商澤　巫馬施　顏辛　曹卹　公孫龍　秦商

顏高　壤駟赤　石作蜀　公夏首　后處　奚容

蔵　顏祖　句井疆　秦祖　縣成　公祖句玆

燕伋　樂欬　狄黑　孔忠　公西蔵　顏之僕

施之常　申棖　左邱明　秦冉　牧皮　公都子

公孫丑　張載　程頤　三十八位

東廡先儒

穀梁赤　伏勝　后蒼　董仲舒　杜子春　范寧

韓愈　范仲淹　胡瑗　楊時　羅從彥　李侗

張栻　黃幹　真德秀　何基　趙復　吳澄

許謙　王守仁　薛瑄　羅欽順　陸隴其　二十三位

西廡先儒

公羊高　孔安國　毛萇　高堂生　鄭康成　諸

葛亮　王通　司馬光　歐陽修　胡安國　尹焞　王

呂祖謙　蔡沈　陸九淵　陳淳　魏了翁　王

柏　許衡　金履祥　陳澔　陳獻章　胡居仁

蔡清　劉宗周　二十四位

崇聖祠

肇聖王木金父公

鶴峯州志《卷之九》學校　四

裕聖王祈父公

詒聖王防叔公

昌聖王伯夏公

啓聖王叔梁公

東配先賢

顏氏無繇　孔氏鯉

西配先賢

曾氏點　孟孫氏

東座先儒

周輔成　朱松　蔡元定

程珦　張迪

西座先儒

按歷代褒崇之禮自漢祀

孔子於闕里始隋乃命州縣學皆以春秋仲月釋奠唐
宋以來因之廟崇王號座元宗封爲文宣王始設
宣王元武宗又加大成至聖文宣王
封公侯伯等爵元至順間封顏子兗國復聖公曾
子郕國宗聖公子思子沂國述聖
二徽宗加冕二十四旒服以殿爲大成殿其冕服始
於宋徽宗加冕十二旒服九章金世宗大定間大

成殿服十二章元因之明永樂八年正文廟聖賢
塑像衣冠令合古式其祭器無考其祭樂用六佾
唐用宮懸宋景祐間始詔上丁釋奠設登歌之樂
然施於堂上不施於堂下又不設舞於庭成化加
八佾堂上堂下制始備嘉靖九年允輔臣張璁議
詔易王號爲至先師孔子四配十哲及先賢俱
稱子諸儒稱先儒某氏一切公侯伯不復稱改大
成殿曰先師廟戟門悉撤座像易木主
國朝因之歲以春秋仲月上丁釋奠牲用太牢樂用六

佾

從祀考

鹤峰州志　卷之九　學校　五

漢安帝延光三年始祀孔子及七十二子於闕里
唐太宗貞觀二十一年始以邱明卜子夏公羊高
穀梁赤伏勝高堂生戴聖毛萇孔安國劉向鄭衆
杜子春馬融盧植鄭元服虔何休王肅王弼杜預
范寗賈逵二十二人從祀
宋神宗元豐七年加荀况楊雄韓愈從祀理宗淳祐
二年加周敦頤張載程顥程頤封爵與朱熹並從
祀景定二年又加張栻呂祖謙從祀度宗咸淳三
年加邵雍司馬光從祀

元皇慶二年以許衡從祀
明洪武二十九年罷揚雄以董仲舒從祀正統二年
以胡安國蔡沈眞德秀從祀八年以吳澄從祀宏
治九年以楊時從祀嘉靖九年去申黨存申棖以
黨即棖也其公伯寮秦冉顏何苟況戴聖劉向賈
逵馬融何休王肅王弼杜預吳澄俱罷祀林放遷
璩鄭衆盧植鄭元服虔范寗俱祀於其鄉以后蒼
王通歐陽脩胡瑗增入從祀隆慶五年以薛瑄從
祀萬歷十三年以陳獻章胡居仁王守仁從祀四
十二年以羅從彥李侗從祀
國朝康熙五十一年以朱熹升祔十哲五十五年以范
仲淹從祀雍正二年復以林放蘧瑗秦冉顏何鄭
元范寗六人從祀增入縣置牧皮樂正子公都子
萬章公孫丑諸葛亮尹焞魏了翁黃幹陳淳何基
王柏趙復金履祥許謙陳澔羅欽順蔡清陸隴其
二十八人從祀冉雍冉耕顓孫師有若增置博士四
人乾隆二年額定位次道光三年以有若升祔十
哲六年額定天下學宮建啓聖祠祀齊國公叔梁乾
嘉靖九年詔天下學宮建啓聖祠祀齊國公叔梁
稱哲聖公孔氏以顏無繇曾點孔鯉孟孫激公宜

鹤峰州志　卷之九　學校　六

上

配稱先賢程珦朱松蔡元定從祀稱先儒祭期與

文廟同萬曆二十三年以周輔成從祀

國朝雍正元年崇封孔子五代王爵改啓聖祠為崇聖

祠二年以張迪增入從祀　祀文乾隆九年新頒

惟

先師德隆千聖道冠百王麗日月以常行自生民所未

有焉

馨香泮水膠庠益我嚴於籩豆今當仲秋祗率羣

文教昌明之會正樂和禮節之時佇雍鍾鼓咸恪薦於

章蕭展微忱聿將祀典以復聖顏子宗聖曾子述

聖子思子亞聖孟子配侑饗

崇聖祠祭文　乾隆九年新頒

惟

王奕葉鍾祥光聞聖緒盛德之後積久彌昌凡聲教所

覃敷率循源而溯本宜蕭明禮之典用申守士之

忱今屆仲春秋事修祀事以先賢顏氏曾氏孔氏孟

孫氏配侑饗

祭期

每歲春秋二仲月上丁日

鶴峰州志【卷之九　學校】　七

下

祭品

牛一　羊一　豕一　登一（太羹）　鉶二（和羹）

帛一（白色）

籩十（形鹽　白餅　黑餅　糗餌　粉餈　棗栗　榛菱　芡　鹿脯　藁魚）

豆十（韭菹　菁菹　芹菹　筍菹　脾析　醓醢　鹿醢　兔醢　魚醢　豚拍）

白瓷爵三

東配祭品

羊一　豕一　登一　鉶二

帛二（白色）　籩八　豆八　白瓷爵三

東哲祭品

羊一　豕一　每位鉶一　簋二　籩二

西配同

二　籩八　豆八　白瓷爵三

西哲同

鶴峰州志【卷之九　學校】　八

東廡祭品

豕一　鉶一　簋二　籩二

豆四

帛一（白色）　每位白瓷爵一

西廡同　獻官拜位每壇共獻爵三　東西各一

每位銅爵一

崇聖祠祭品

羊一　豕一　鉶一　簋二　籩二

帛五（白色）

籩八　豆八　每位白瓷爵一

配位

附录七：《鹤峰州志》道光二年编修　州署藏版影印

卷之九　學校

帛二色　豕首一　籩一　籩一　豆四
每位銅爵一
兩廡
帛二色　豕肉一　籩一　籩一　豆四
每位銅爵一
樂章

迎神奏昭平之章
大哉孔子，先覺先知，與天地參，萬世之師。祥徵麟紱，韻答金絲。

初獻奏宣平之章
金聲。自生民來，誰底其盛，惟王神明，度越前聖。

亞獻奏秩平之章
酒。式禮莫愆，升堂在位。其香始升，上帝居歆。彝俎斯陳，肅肅雍雍。相維辟公，于斯燕喜。

再獻

終獻奏敘平之章
陶。自古在昔，先民有作。於樂辟廱，彝倫攸斁。皮弁祭菜，於論先師。六律六呂，淑雍相宣。

（卷之九　學校　九）

送神奏德平之章
我（……）蒸民。有嚴學宮，四方來宗，恪恭祀事，威儀雍雍。景命有仆，自生民來。

徹饌奏懿平之章
犧象在前，籩豆在列。以饗以薦，既芬既潔。禮成告徹，不留不來。

禮器
籩　俎　簠　登　銅籩簠簋　籩　簠　豆　牲
盤俎　毛血碟　饌盤　供案
花瓶　燭臺　燭檠　太尊　山尊　香鼎　香几
象尊　雲雷尊　壺尊　犧尊　龍勺
犧尊　胙盤　罍　洗　爵　尊彝　茅沙
池　執爐　提爐　庭燎　盥盆　帨巾

樂器
鑄鐘一　編鐘十六一架　特磬一　編磬十六一架
琴六張　瑟四張　　籩　鳳簫　龍笛

（卷之九　學校　十）

鶴峰州志　《卷之九》　學校　十一

洞簫　雙管　笙　塤

楹鼓一　懸鼓一　鼗鼓一　應鼓一

田鼓　搏拊　祝敔

舞器

麾旌　旌節　籥　翟

贊禮生

樂舞生

名考試時准爲俊等仍行報部

業儀表端莊聲音宏亮者補充大學六名小學四

康熙二十五年令府州縣學費禮生應選在學肄

生員藍衫雀頂

學額

疾病事故更替之用乾隆七年令樂舞生祭丁用

文廟舞佾三十六人乾隆五年部議加取四人以備

邑人劉世顯李靜安向惠年等呈請設定學額通

乾隆二十八年間節經前牧吳世賢牧吳文燦

詳各憲乾隆三十一年學政胡召南檄州屬文童

於各州縣試畢後隨棚局試因會同督撫咨部請

照小學額數歲科試各取入附學生員八名乾隆

三十四年前牧方天葆呈送文童赴郡學政歲第

鶴峰州志　《卷之九》　學校　十二

元考取如額乾隆四十年額設武學二名

乾隆四十六年學政吳省欽額定廩生四名增生

如之四歲貢一人

學署在明倫堂左乾隆三十五年邑人劉世顯等

倡首勸捐新建

書院（一）

九峯書院在南門外龍溪橋東乾隆十九年知州

李林蕃項二百六十餘兩又邑人向鳳擧捐銀三

十兩新建館師修銀每年三十二兩丙赴藩庫請

領十六兩又十六兩於學租內支送

五里坪書院乾隆十九年知州李林蕃項新建館師

修銀每年十六兩赴藩庫請領

北佳坪書院乾隆十九年知州李林蕃項新建館

師修銀與五里坪同原建在劉家司地甚荒僻嘉

慶七年屋已傾圯邑人部洲易顯榮田文斗田周

南等呈請倡捐重修改移今地

儒學田租

王家坪佃戶二共稻穀六斗八升

學署旁佃戶一租錢四千文

水田墈佃戶二租銀二兩五錢

七丈五佃戶二租錢八百五十文
又佃戶二租銀五錢二分五厘
官荒坪佃戶一租銀五錢二分五厘
落龍潭佃戶一租包穀三斗
黑水潭佃戶一租銀二兩五錢
椿木坪佃戶一租銀九錢六分
鄭家洞佃戶三租銀一兩七錢
百順橋佃戶一租銀九錢二分
田家窩坑佃戶一租銀七錢
舊塘嶺佃戶一租銀二兩

鶴峯州志《卷之九》學校

九十九路佃戶一租銀八錢
半邊城佃戶一租銀五兩六錢三分
梓木灣佃戶三租銀一兩五錢五分
踏梁村佃戶三租銀一兩三錢
營房坪佃戶九共包穀一石零一升
又佃戶十共租錢四千五百二十文
車家溝佃戶二租錢五百文
假岩頭佃戶一租錢一千文
豬圈礕佃戶二租銀三錢
又佃戶二租銀九錢五分

十三

鶴峯州志卷之十　兵防

兵防

兵可百年不用不可一日不備方前明嘉靖時間
長田九霄從胡宗憲征倭屢立戰功何壯也及當
崇禎十三年楚撫方孔炤調容美土司兵增當陽
遠安成非其地久倚武功哉顧土司藉民為兵祗
資其獷悍果敢之氣
國家養兵衛民必定其征防守衛之法衛昌營實轄
鶴樂二邑而鶴為川楚扼要故作營治焉厥後兵
額遞減而營制如昔蓋以險隘宜防故也州歸流

設營源流

夫志兵防

八十餘載而吾民日安耕鑿無烽燧之警有由也

衛昌營原係巢陵嶺右營容美土司歸流後改巢
陵嶺為宜昌嶺并改右營為衛昌營後設鶴樂
二州縣雍正十三年原額兵丁七百名乾隆十
六年奉文裁撥六名歸德安營添補塘汛又二
十四年奉文裁撥六名歸安陸營添補塘汛又
四十七年奉文裁撥養兼六十六名公費二十
一名刪除名糧名色改支正項又嘉慶二十年

卷之十　兵防　一

附录七：《鹤峰州志》道光二年编修　州署藏版影印

附录七：《鹤峰州志》道光二年编修　州署藏版影印

奉文裁減五十名現在兵額五百五十一名內

除外委四員額外一員外實兵五百四十六名

營員

遊擊一員駐州城

守備一員原駐防長樂縣之灣潭乾隆三十三年

移駐州城以存城千總一員移駐灣潭

把總三員一駐州城一駐奇峯關一駐五里坪

外委四員一駐州城一駐鄔陽關一駐山羊隘一

駐北佳坪

額外外委一員駐州城

兵額

馬兵五十七名內弓箭五十三名鳥鎗四名戰兵

六十二名內弓箭二十六名鳥鎗三十二名籐

牌四名守兵四百二十七名內書識二十一名

弓箭七十七名鳥鎗二百九十二名籐牌二十

一名炮手十六名

以上總共五百四十六名除分防長樂汛兵

丁一百七十一名外所有州屬存城暨分防塘

汛兵丁名數列左

鶴峯州志【卷之十】兵防　二

存城兵丁二百二十六名

東路塘汛兵丁二十三名內涼水井五名石龍洞

五名燕子坪五名三陡坪四名百順橋四名係

存城把總外委分防

西路塘汛兵丁三十二名內太平鎮五名奇峯關

十四名三岔口四名大崖屋四名馬蕉坪五名

係奇峯關把總分防

南路塘汛兵丁四十九名內茶店子四名柘潭坪

五名五里坪十四名三路口五名白果樹五名

牛角尖四名山羊隘十二名係五里坪把總與

北路塘汛兵丁四十五名內水沙坪五名北佳坪

十名劉家司四名係北佳坪外委分防高橋四

名鄔陽關十四名雲霧村四名樓角四名係鄔

陽關外委分防

山羊隘外委分防

經費

以上共兵丁三百七十五名

官兵俸餉每年兩季兼請回營存貯州庫於季初

移取包封會同支放

兵米春夏二季按月赴州倉支領南糧米秋季支

鶴峯州志【卷之十】兵防　三

領本色米冬季折色每石折銀七錢赴糧道
衙門請領再本營稻穀稀少米價昂貴寬給銀
三錢赴藩司衙門請領
營中公費每年額領銀二百六十二兩九錢四分
本營兵丁紅白事件惠濟銀兩每年兩次赴藩司
衙門領銀共二百二十兩存貯白事給銀五兩
紅事給銀三兩
額設操馬六十二匹每年每匹支草乾銀十兩零
二錢每年報倒十八匹請領馬價銀二百三
十四兩隨隨即買補

鶴峯州志　卷之十　兵防　四

軍器局在州城後山北門內內貯花鐵盔甲
二副棉鐵盔甲一百七十二副素鐵盔甲六十
二十一副籐牌二十五面牌刀二十五口虎衣
帽褲鞋二十五副刷刀十九口大銅礮二會
一會重三百八十斤一會重馬蹄礮三會
三百七十八斤係土司舊鑄馬蹄礮三會舊鑄
劈山礮一位過山鳥一位子母礮三位金蟒大
旗十二面金蟒小旗十二面紅旗十二面戰箭
六千一百一十支步弓五十八張鳥鎗三百五
十九桿腰刀五百二十六口帳房六十九籠單
堂屋六十九個鑲鍋六十九口鐵鍬鋤各六十

九把鐵斧五百七十五把長矛二十四桿撒袋
一百四十七副鐵羣子二斤九兩大小鐵礮子
五百五十斤鉛子七十四斤十兩寬刀刷刀十
口號帽四百零六頂號褂五百八十件號袍三
百四十八件盈餘刷刀十一口
硝磺三百二十八斤操演缺額貯備三年赴藩司
衙門請碩硝
藥局在軍器局之上內額貯備三年火藥五千
斤打靶後遵照檢七銷三之例核發所有缺額
差目赴漢鎮買黑鉛回營製造
礦配造又貯預備三年鉛彈五千三百二十八

鶴峯州志　卷之十　兵防　五

州城四門每門設堆卡一處又分布塘房二十五
處每處大小木牌二面木架一座木棍四根長
矛二桿鈎鐮鎗二桿銅鑼一面又每塘塘旗一
面
額設救火激筒一乘號旗一桿號衣二十四件雙
鬚火鐵鈎四桿鐵鋸二把鐵斧二把鐵錨一口
麻搭四桿雲梯二乘水桶四擔吊桶二個潑桶
四個
假如蜀以一旅阨陰平則鄧艾不可以坐總也

按善守者藏於九地之下此言兵防不可不深也

鶴峯州志卷之十一

職官表

職官

州有簡要官有能否鶴峯設流之初爲要缺後改
簡而期於報最績傳循聲則一也州長而外有教
職有佐雜有管弁供職則有庸曠官則無濟自來
郡邑志皆列職官姓名不專以爲榮也亦寓箴戒
意焉當前牧輯志時職官無多今以次續載若干
人爰標其班途里居及其大槩著於篇其有功德
於州者別立名宦傳俾覽者指而目之曰某某賢
某也才某也素餐而尸位其亦前事之鏡也夫志

鶴峯州志　卷之十一職官　一

文職官表

年	知州	州佐	訓導	吏目	巡檢
雍正十三年	毛峻德 順天 良鄰監生 有傳	繆鵬起 宛平監生 順天			
乾隆二年		王都 大興監生 順天	胡潘 會稽吏員 浙江	呂有芳 大興吏員	
六年	黃衮 直隸 高和 建福			曹煜 長洲 蘇江	姚瑒 長洲 吏員 天順
七年	黃衮 真定舉人	王曜東 山			
八年	鹿驄豫 徽安 阜陽貢生	王曜東 山 濟南監生 州判			朱縉 上元 蘇江 吏員
九年		林容榜 連城 副建福 州判 城			
十年	胡式璟 旗湊軍鑲白 生			沈錦 蘇江	周寅坤 浙江
十一年					

鶴峯州志　卷之十一職官　二

鶴峯州志　卷之十一　職官　三

年十二
年十三
十七年

署陵雲
岑映奎　廣西　歲貢
翁光岳　仁和　州同監生　浙江

十八
李林　天順　大興監生　有傳

二十一年
連頤山　歙安　監生
顧□□　阜陽　州判監生　江蘇
張光□　湖南　州判副榜
長□□□

二十二年
馬霖　陝西　長安監生　州同

二十五年
姚丙□　江蘇　丹徒舉人　署丹徒

二十七年

元和監生仁和吏員
郭成詩　陝西　華州監生
施元愷　歙安　青陽監生　吏調補□□□愛獄情□□州治民

胡國梁　天順

鶴峯州志　卷之十一　職官　四

二十八年
二十九年
署
馬霖　同州

王豫　山東　諸城監生　署州判
趙廷璧　廣東　大興州同吏員天順　署州判
許青錢　廣東　普明州判監生

三十年
吳世蔡　江蘇　進士　有傳　奉賢

三十三年
方天葆　浙江　泰順拔貢　有傳

三十一年

崔爾堂　旗生　漢軍官紅鑲　學生
王承輝　廣東　番禺州判　人同官軍　歲貢
徐在炎　蒲圻　舉人　授陽邑訓導由訓改始此
黃道配　安陸

三十五年
三十六年
劉文遠　四川　南谿舉人　署南谿
表州判內裁故缺俱不保以後同

陳泰　江西　金谿吏員　有傳
祝崧泰　直隸　澄州監生

大興監生

四

附錄七：《鶴峰州志》道光二年編修　州署藏版影印

鶴峯州志　卷之十　職官

五

三十九年　徐堅　江蘇元和貢生　鄭思全　豐潤舉人直隸　註分

四十年　楊大烈　列州　署

楊大烈　咸陽監生

四十一年　張介禧　山西浮山監生　署

四十年　梁植　廣東

四十二年　周連元　直隸新河拔貢　張天培　江夏　署

四十三年　順德舉人　王大愷　首石　藏貢

四十年　蔡述諫　湖南華客舉人

四十年　蕭先達　廣東　萬鼎曾　王蕙元　白鎮　旗漢單監生　生

李玉衡　浙江監生

胡光薰　江西陵監生　海監生

盧超羣　河南　監生　退超羣　南

何剛中　順天監生　署河內監生

熊達諭　江西石城監生　宛平監生　署

鶴峯州志　卷之十　職官

六

始興貢生　署　清豐貢生

四十六年　雷應方　西山　任安邦

四十七年　徐運彩　南河　光化舉人　終未期以歲救愛民　潔已養乞歸

四十八年　劉元鼎　直隸咸陽舉人

四十九年　吳煥彩　南安進士　鎮江　俞　江　有雋

五十年　劉永銓　江西萬善傳　盈監生　劉承銓　奉人署

五十一年　符正載　湖南　王景琶　漵浦拔貢

五十一年　王燾　江蘇益陽監生　署　王文鉦　巴縣拔貢　四川

五十二年　楊樹本　湖新　蕭文鉦　建扁　桐鄉副榜　尤溪拔貢　震澤監生

洪成鼎　山應　奉人

附錄七：《鶴峰州志》道光二年編修　州署藏版影印

鶴峰州志 《卷之十一》職官　七

五十四年　楊廷煥　江蘇陽湖監生

五十五年　朱掄芳　旗隸　廣東番禺舉人署

五十六年　何學靑　廣東番禺舉人署

五十七年　劉光俊　江西監生署

五十八年　蕭文鉦　再任　盧陵監生

九年　茹崇培　順天　密雲拔貢署

嘉慶二年　楊樹本　回任

沈思銑　浙江餘姚監生

薛名臣　均州舉人

鄧夢潔　天門歲貢

黃鈴　康保歲貢

張定模　陽當歲貢

陳文禧　應城舉人工制

程琨　江西永豐吏員署

錢聲遠　浙江會稽吏員

（傳略：邑視飢邑資紳不荒有城亂門爲外募墓北能歸阻釀因路）

（傳略：其手病方藝後告歸精諸削痺以右臂生改服課左有）

鶴峰州志 《卷之十一》職官　八

四年

五年

六年

七年　秦樹松　廣西陽朔舉人署　麗水拔貢　湖福隨州

余蓮思　湖南平江監生舉人　博學浮詳雅課蒙縣知廣西思恩取士

鄧臂垣　松滋貢署

胡攀龍　黃梅取士

王惟球　江西貢

九年　張增齡　江西新淦舉人署

彭之村　宜春拔貢

袁道亨　江西

十年　范獼昌　順天宛平吏員署　豐城監生拔貢署

呂師讓　江西司效薇署　黔竹

陳大松　江蘇吳縣監生　署吳縣監生

十三年

十四年　劉運浩　湖南巴陵舉人署

十五年　杜如錦　河南

鍾城　天順

李元　天順大典吏員

鶴峯州志　卷之廿　職官　九

原武舉人			
十六年	劉運浩 署復	苑平監生 署	陳錫鑅 福建監生
年		余遠恩 湖南平江監生	
十八年	王惟埛 隸直 由州州判署	胡宗李 □生	林廷翰 江浙鄞縣原監生
十九年	豐潤吏員 署州判	干廷植 廣卑人	
年二十	董惟埛 隸直豐潤吏員署		
二十二年	吉埏頴 江蘇丹陽進士	蕭琴 漢陽優貢	張泳孟 四川巴縣廩生
道光二年			葛□□ □州附貢

鶴峯州志　卷之十　職官　十

武職官表

	遊擊	守備	千把
雍正十三年	王鎮維 正隸真定人	彭文焇 福建人	馬中德 四川人千
乾隆三年	姜啓周 湖南□人	張文藻 蘄州人	樊超 東湖人把
五年			張祥 殷城人把
七年	王烈 福建惠安人		趙玢 總城人把
十年			雷戎 東湖人把
十一年	趙元長 江蘇上元人	劉永中 辰州人	馬天祥 江夏人千
十三年		劉啓英 武陵人	姚夫達 東湖人把
十五年		蔡先杰 辰州人	姚夫逵 千總
			陳大用 東湖人把
			魏廣禹 東湖人把
			陸君美 與山人把
			崔世麒 陝西人千
			范笏 東湖人把
			張彤標 河南人總
			何應基 江夏人千

鶴峰州志 《卷之十》職官 十一

年			
十七年	張攀龍 福建上杭人	雷震 貴州人	張兆虎 東湖人
三十六年			余燦 東湖人
三十七年			任愷 達安人
三十年	劉乘龍 直隸定興人	故其所載備	李春華 興山人千
三十三年		是年以前守備駐	張廷揚 達安人把
三十二年		防灣潭而州屬係	曾錦 長陽人把
三十一年		是年干總移駐	
三十年		灣潭以後表內	
二十八	王介疇 山西徐溝人	張世富 靖州人	張士緒 宜都人千總
二十年			張應槐 長陽人把總
一二年		段義勇 河南人	屈達道 陝西人把
二十	沈補佐 江夏人		賈應年 長陽人把
四年			朱典宗 長陽人把
二十三年			陸君美 千總

鶴峰州志 《卷之十》職官 十二

年			
嘉慶元年至八年	孫效前	朱槐 興山人	田應林
六年	張順 湖南宜章人	田繼秀 東湖人	
五十			
四十			
五十三年	王凱 貴州貴陽人	王言鼎 字荊山荊州人 襲職祖騎都尉世襲次完時	陳洪道 達安人
五一十年	豆爵 甘肅固原人	李文治 巴陵人	王啓龍 東湖人
五十年		關必升 江陵人	聶永春 本邑人
四九十年		楊洪倫 恩施人	袁光宗 江陵人
四六十年		張人鳳 監利人	張如寶 恩施人
四五十年	吳進功 甘肅盈翔人		熊錫太 襄陽人
四三十年			張豹 達安人
四九十年			
三十年			

附录七：《鹤峰州志》道光二年编修　州署藏版影印

鶴峯州志　《卷之十一 職官》　十三

	九年	十年	十二年	十六	十七	十九年	二十	二十三年
高承耀								
	三福	姜元祥 山東盈海人			王之貴 江夏人			
	吕連桂	劉明德 江夏人						
	邱貴							
	王廷桂 南漳人 父王吉鼎							
以上三員軍前拔補未經到任	以上二員軍前拔補未經到任舊雲騎尉署任兩年以任	陳連升 邑人	楊文光 江陵人	蕭貴 茶篇人	汪應龍 東湖人	劉殿魁 江夏人	羅永貴 東湖人	李洪志 東湖人 周文雅 華容人 羅應宗 東湖人

鶴峯州志　《卷之十一 職官》　十四

毛竣德顧天艮鄉人雍正十二年以安陸別駕奉委
提土司四明如進京行抵荆州會峇美民變明如
益土民解押從犯投請設流監司委駒得實率廷
容美辦理鎮撫峒黎安揑犯屬各事宜以才幹薦
授新開州牧是時民物凋殘建城垣修壇宇官廨
倉廒百役具舉竣德擘畫周詳分里出夫計役給
直吏無欺隱民無擾累復設條教以變苗風遵軌
同文與爲更始六年而政成迺以改土顛末及邑
中所應紀載者纂爲志升宜昌守

李林順天大興人慈惠愛民政簡刑清每下鄉召父
老咨詢民風課農種桑諄諄誘菇任五年滿介
如一日是時改土未久人文固陋林捐俸修建義
學三所延師訓迪有礱荒四爭訟者撥歸學租公
暇親詣館課童子誦讀給紙筆糕餅獎勵之由是
邑人始知鄉學

吳世賢江蘇奉賢人進士乾隆三十年署州事嚴教
果斷人不敢撓以私法立令行好究斂跡劉世顯
等呈請開考世賢名集闔屬生童校文藝以觀
其紕繆而獎其明通用此文風振興請設學額逼
詳當路批允邑人至今戶祝爲其爲文廉傑精幹

附录七：《鹤峰州志》道光二年编修　州署藏版影印

詩亦高古署篆期年吟咏成峽邑岸李靜安有抄

本存

方天葆浙江泰順人由雲南知縣授鶴牧下車初印

召集生童校閲文藝訓迪諄摯如師指弟子前署牧

吳世賢詳請設學機下核查葆如世賢指復詳奉

奏准設學額八名乾隆三十四年學使按臨宜復詳奉

兩試取士如額外撥府學二名葆所考取前列皆

入轂蒞政數年政通人和公暇軱飲酒賦詩文雅

風流翛然物表後以才幹調補隨州

吳機彩福建南安人家貧力學中年成進士選范縣

令以治行卓異秩滿授鶴峰牧范人不忘志遺愛走

數千里來鶴省覲彩力止不能絕也始下車見案

牘稽滯尅期兩造日斷數起剖決如神踰月獄

訟衰息時召鄉老咨訪風俗或畏其嚴毅懾伏不

能捫一詞慨然歎曰范人於父母官親而不曾鶴

民尊而不親自是務爲平易如置諸法

不少怨以是人懷其德而益畏其威性喜延接士

人有投以文卷者雖紕繆必批改面爲訓迪親風

梭士得洪生先壽部生生榕召與子裕中共筆觀

伙食爲溝解經義者三年解組歸士民攀轅泣送

鶴峰州志　《卷之十　職官》　三五

數百里役先纛領鄉薦生榕選拔爲邑舉貢發軔

先纛署大埔縣與閩接壤徘往復書曰道德齊禮

聖訓非迂闊也切勿染官途習氣蓋自道其所得

云五年八十餘卒於家裕中中福建鄉榜今任浙江

知縣

陳泰江西金谿人由方略偉供事議敘選鶴峰吏目

老成持重事上官無低唔亦無詭隨慈愛人九

尊禮文士俸雖薄延師課諸子讀不計費自奉儉

約茹藥飲冰怡如也蒞官四十年以大計膺保薦

者數次卒不覆擢愛之日儉無條資士民釀金

白輸孤人卜葬於水寨之高岡次子鶴翔先以幕

遊援例捐未入流分發陝西服闋圞卒踰年踰孤人

與次媳亦相繼卒皆祔葬近處長子長青撫州府

庠生寓邑中課徒

按史記一書十下數千載而人循吏傳者僅五人

嗚呼何循吏之難也自班范以下則加多焉豈後

人遠勝於前人耶抑或不免於濫收也

竣德至吳煥彩共五人或闢草萊或興文學或用

德藏識近目之裒有可崴此與司馬氏所載豈其

也

鶴峰州志　《卷之十　職官》　三六

鶴峯州志卷十二

人物

邑沿千百年溪峒之舊欲其去喬野而敦詩書化
獷悍而作忠義蓋非旦夕可致矣然其間膺選舉
而隸仕版者時不乏人他如疆場捐軀閭閻完貞
與夫敦倫飭行足以表率閭鄆者且後先相望焉
固由山川磅礴之氣鍾毓爲多抑亦
國家太和翔洽遍及荒陬之所致也昔孫子荊論土
地人物之美其山崔巍而嵯峨其水沿洑而揚波
其人礌砢而英多不信然歟木一樹而十穫人一

鶴峯州志 〈卷十二 人物〉　一

樹而百穫兹嘉與生長斯土者鴉驛凫藻翩然偕
來安知芸夫牧豎不皆爲搢紳先生哉志人物

鶴峯州志 〈卷十二 人物〉　二

選舉

舉人

洪先燾　乾隆戊申科中式第七名

選拔

部生榕　乾隆己酉科

恩貢

田福康　嘉慶癸酉科

歲貢

向廷杰　潘如珍　李先春
劉漢珂
龔傳諭　部生崧　何夢芝　劉美　游永興
劉祚鳳　楊盛典　劉正梅　張賜彥

廩貢

趙正德

附貢

洪先緒　瑜章珩
劉正性　龔經德　周必超
馬大文
文仕進　李洪秀
知聯

洪先焘任廣東三水縣歷署大埔南海

教諭

部生榕署任公安縣學

訓導

龔傳諭任蒲圻縣學

部生崧任漢陽縣學

洪先緒歷署江陵枝江縣學

瑜章珩歷署安陸府蒲圻縣學

雜職

夏倫純任四川石泉縣典史吏員

鶴峯州志 卷十一 人物　三

譚愈煥任安徽岳山司巡檢 附生

武仕進

吳聞泰任福建延平協副將

向進才任廣東那扶營都司

張映槐任福建長樂營守備

陳連歷任保康營守備

張兆虎任衞昌營千總

譚永春任興山營千總

張士魁任宜昌鎮中營千總

劉　榮任宜都營把總

鶴峯州志 卷十一 人物　四

袁光宗任衞昌營把總

田繼秀任衞昌營把總

汪廷舉任衞昌營把總

洪永科任陝西千總

袁　文任宜昌鎮中營把總

周朝相任宜昌鎮中營把總

雷開科任宜昌鎮中營把總

向升榮任施南協外委把總

袁光先任衞昌營外委把總

陳　元任衞昌營外委把總

胡士雄任宜都營外委把總

張士元任衞昌營外委把總

鄧開榜任衞昌營外委千總

黃登鰲任宜昌鎮中營外委

李輔臣任衞昌營外委

雲騎尉世職

劉朝相以父劉榮廕

向錫得以父向升榮廕

田大英以父田繼秀廕

雷開位以兄雷開科廕

附錄七：《鶴峯州志》道光二年編修　州署藏版影印

雷克振以承繼雷開科癢

恩騎尉世職

張士魁以父張兆虎癢

按地不必皆名勝人不必皆高位而海剛峯以瓊
州與楊椒山以典史顯彼固有足重者存也一命
之士苟存心愛物於人必有所濟徒誇閭里而耀
鄉黨甚哉淺之乎爲丈夫也

義行

洪永清城坊人其先世自安慶來山送家焉清容
美骑貢販爲業家漸裕改土後與弟承源永隆
均財分爨友于無間時邑多桀驁子弟橫逆相
加笑謝之不與較中年喪偶不復娶子繼文纘
武早卒故朝夕經紀家務殷選翟人武序
意弗慊也屬長子繼周延師課子以紹江左書
香病革時孫燾迸鄉試語家人曰吾病已不
支而燾孫必中蓋以夢兆卜也不數日俎蕻泉
獲雋

劉世顯千金坪諸生果致有爲鄉里公舉每身任
之遇爭訟者力爲勸解邑改土三十餘年未設
學世顯倡首由州上竇各憲　奏准設學癢
八名乾隆三十四年開考項士世顯同子正性
俱入泮人以爲急公之報正性於邑修理
武廟慨倡捐學晝周詳工賴以竣世顯孫三
庠生二曾孫六庠生一蓋四世青衿焉
郡錫侯原籍澧州諸生遷邑和平里以孝友開前
知州李林延爲九峯書院山長來學者先命調
習禮儀因材訓迪娓娓不倦時邑端設學癢土

附錄七：《鶴峰州志》道光二年編修　州署藏版影印

籍能文者少擬客士分領李謂錫侯寧教有造
於邑人將編入土籍為報雖事未果行而已以
土籍存檔矣子四太學生二孫十一拔貢一歲
貢一庠生四太學生四

何士敦原籍桃源年八歲而孤弱冠棄學子業肩
家事撫兩弟成立婚娶無間言析居時並出妻
奩賞與弟均分里黨咸義之既遷邑三叉口以
禮諫弗納遂請命諸子各執一業而躬釣於
詩書課子孫為急務邑請設學命長子清與焉
平生言動不苟家政嚴肅而和平接物人皆樂
與之交子四歲貢生一

鶴峯州志　卷十一　人物　七

庠生三太學生一咸謂忠厚之報云

李世龍水寨人躬耕自給族中有艱婚娶者皆捐
田畝以助其貧為人剛正不阿交遊有過必面
折里中不肖子弟聞其聲欬即避之子二長名
林安性爽直不肯於為義邑城修理及各廟皆賴
以藏事福田寺出力尤多子邦瑛庠生

瑜公禮城坊人誠樸簡重與人無競其兄充在城
鄉約辦有口得前牧信任左右祖人不敢忤公
於河濱其兄沒後子式微而公禮孫明經一廩

洪永源城坊人粗涉書史邑設學年已五十餘自
恨不能應貢喜勤人讀書常置酒食召里中子
弟卻其家會課師評定後列甲選者給以紙
筆不合繩墨者正色責之其培植後進類如此
子五其季名繼德固軍功得議敘以善醫名孫
十八一候選從九品一庠生

向鳳舉燕子坪人世業農嘗以未讀書為恨且淤
泣前牧李林創建九峯書院自請捐金助之李
謂之曰爾不知學而急於興學如此子孫必有
食其報者後其子廷杰為邑恩貢首孫亦廩生

鶴峯州志　卷十二　人物　八

田萬應小蒿坪人性溫和尤善處橫逆兄弟析居
後弟姪輩以游惰致貧乏常分潤之而不能供
其揮霍一日適太平鎮諸弟姪歐之拔其鬚辮
其子欲訟之官力止之子四孫七庠生一

部泮錫侯子太學生性直爽無隱情喜成人美始
終力為之盡尤篤於宗族其在原籍澧州人不能
婚姻者召之入山為聘婚娶邑有公舉皆趨赴嘗
重修學宮遍邑勸捐鳩工庀材寢食勞舍至落
成始歸子四拔貢一餘皆庠生

李靜安水寨諸生攴力田潮安喜讀書尤䔍其能

附录七：《鶴峰州志》道光二年编修　州署藏版影印

鶴峰州志 《卷十二》人物　九

計姓名卽自藝中召歸命之春靜安手書一卷
且春且讀家人往視則米無完粒矣遂命卒業
與劉世顯等請設學額居嘗為人忠厚木訥無
妄言戲語哦詩種花外無他好子三太學生一
孫六庠生二

張俊城坊人少孤貧充營中書識以養母嘗病
俊割肱作羹以進尋愈後數年母沒俊廬於墓
威鄰憫其羸瘾以毀不傷生乃掩之歸

謝士瑜城坊人與弟士璿同居以家計獨任而命
士璿業儒喜排難解紛雖遇橫逆亦反覆開導
或出以誅詣必得其心服乃已弟士璿天資英
敏為諸生歲科試屢冠軍以鄉試卒於途士瑜
傷其志未遂抑鬱成疾亦卒

洪繼周永清子太學生少倜儻不羈稍長折節務
醇謹慈遷化居而家益豐自奉淡泊而勇於濟
急人借貸不稍吝或貧不能償即不索凡焚券
以數千計邑改土數十年城內外各廟宇日就
傾塌周與部泮劉正性襄經德倡修　文武廟
文昌廟又與劉襲諸人及喻文奇李林安倡修
諸人分往福田寺募化一切購料督工及銀錢出入

鶴峰州志 《卷十二》人物　十

俱于為經管不敢出己財以佐用其踢躍公
事如此長子先盡以孝廉任知縣次子先緒以
明經任訓導夫婦年登八十州牧吉鍾頴製文
稱祝蓋紀實也

趙士剛原籍慈利三都容美改土後隨父移家走
馬坪讀書適大義劉世顯等請設學赴省代籌
資斧事得濟子儒珪儒欽力耕善治生季子學
謨篤學不倦年四十餘與子政德同入泮學謨
尢直耿介於公事有關利害正色直言豁如也
課子嚴日無以一衿自足賞志而歿儒欽有捐

周嘉瑛邑諸生下陽河人重然諾不苟取與鄉有
爭訟者力勸阻必得解乃已儉自奉遇公事慨
然解囊不稍吝教子嚴入泮弟三胞弟光武善
盧扁為里人療病不受一錢其子必超附貢生
以克家稱超子光勳庠生

襄傳璽字六瑞少由石門遷邑屬之關外與弟傳
瑜同居肩家事勤力學術襲後移家懶板橙
廢著齊財命長子監生經緯次子州同經猷持
籌握算課季子附貢生經德讀皆有成性爽直

附录七：《鹤峰州志》道光二年编修　州署藏版影印

附录七：《鶴峰州志》道光二年编修　州署藏版影印

與物無競病革戒諸子曰兒孫輩能讀固善不
能則力田經商各有恒業舍此去惰游幾何諸
子謹識其訓爲家法邑修理　文武廟文昌廟
經德與其姻好劉正性皆慨然爲己任關外士
民踴躍樂輸以二人爲之倡也孫十一太學生
三庠生五曾孫十餘庠生二

鶴峯州志　《卷十一　人物》　十一

則懋遷商賈輻輳成市性謙和橫逆唾其面不
直以此居積致富先是懶板橇戶口寥落自仁
數年遷懶板橇百金重繭三貢五廉準物而估
胡仁則澧州人翁冠全重繭三貢五廉準物而估
子孫林立衣無羅紈出無輿馬其告戒儉約然
子維才州全衙季子維珍附貢生仁則未嘗時
也至今鄉人猶樂道其軼事以爲治生者法
孟士仁所坪人喜讀書通大義巡檢愛其才召爲
攢典士仁端謹自愛財產非義者輒麾去以致
窘乏昆仲五將析著諸弟以士仁負債百金係
爲次兄姻事費用議將公產變遷士仁負債不
我名我自有產不以累諸子長子起文意不
欲次子起武慷慨請父將己應得田產立券出

售價得滿鄉人皆以士仁篤友于而起武亦能
繼父志云
戴士誠世居上陽河兄弟四人皆善事父母析爨
後輪奉甘旨長兄移居娣長溝甕荒每歸省父
母輒召與同餐諸弟恐妨父母膳有微言士誠
獨以爲兄居深山食包穀以故兩老人憐之我
輩治食當益豐諸弟如其言父母益心喜豢豪
爽喜濟人急犒書工吟詠教子孫悉衷道諸
生周嘉殷者邑方士語同學曰士誠行誼真吾
輩師也

鶴峯州志　《卷十二　人物》　十二

向帝曹大典河人力農事和平正直鄰有忿爭者
必力爲和解身在則里無爭事身没則鄉人思
之
林遠占事親以孝聞生母卒事繼母如生母繼母
壽至九十二歲未嘗一日遠離
劉綸音韭菜塢人性和平與人無競遇橫逆則斂
手謝之鄉人皆服其長者子二次名人美太學
生
王遂虎茅坪人世忠厚富而仁病革謂諸子曰凡
親友借貸者有劵在篋多不能償恐爾輩於我

附錄七：《鶴峯州志》道光二年編修　州署藏版影印

殁後追索盡焚其劵以釋吾憂子從之至今衣
食仍原裕孫五人一名相儒太學生
田萬里原籍江西僑居邑太平鎮善醫市藥爲業
遇貧乏者不取值人比之朱清先是其父與同
姓某夥商懼若兄弟後某死子幼萬里承父志
遇之如同產
郭易開原籍公安僑居邑蓼紅溪性伉直喜排難
解紛善岐黄術不索謝子三人一名傳薪補諸
生
田清年龍潭坪人樸實公直重然諾鄉里事無鉅

鶴峯州志　卷十二　人物　三

細必倚爲前牧衆鄉者
牟昌元三岔口人力農爲業其母病禱於神願以
身代一日母索肉食家貧市遠無以應昌元割
左肱肉熟而進之母病遂漸愈
田正南五里坪人居近市多强梗或以橫逆相加
雖唾其面較也善耕作家日以阜子四虎斗
桂斗俱監生孫林立有游泮者
洪先緒繼周季子由廩貢援例分發訓導歷署江
陵枝江縣學事性廉敏財利無所苟邑有公事
必毅然引爲己任分校邑志時已得嘔血疾垂

危獨手檢一冊訂其錯訛送局未及見書成而
卒士林惜之
覃祚倫劉家司人醇謹公正前州牧方奉文建修
塘坊義學廉其人命作北路督修首領祚倫毫
無所侵牟其不敷者捐貲成之後州牧吳命充
鄉約數年賜以善艮可式額其先世丁單至今
子孫繁衍人以爲厚德之報於此益信
襄旦小龍潭人勤儉孝弟里中有相爭者善爲排
解或謝以財却不受旦殁後里人多因口角細
故搆訟不休愈旦使旦在斷不至是子四人次

鶴峯州志　卷十二　人物　十四

子學濱邑庠生
汪惟一父早殁事母極孝中年妻復亡惟一不能
再娶躬操井臼以事母母病私取中幇厠窬入
子舍身自澣濯
樊恭綱性醇謹言笑不苟卒後鄉鄰訓子弟者皆
傳述以爲師法
按五代史一行傳而知歐陽子之取善也寬矣方
崇巒據險自雄此與桀唐之壞亂無以異自歸版
圖而此風丕變十室之邑必有忠信三人並行厥
有我師豈如蠻花狢狫之無知者哉

列女

謝國綸妻唐氏居城坊年二十五夫殁子方昇甫
三歲氏撫之稍長延師課讀涉書史每道其母
苦節輒鳴咽涕泣乾隆十四年知州胡式璟詳
請咨部奉

旨旌表

譚文用妻傅氏居燕子坪年二十四寡遺孤方四
歲氏堅志撫子迄於有成乾隆十四年知州胡
式璟詳請咨部奉

旨旌表

部灝妻張氏年二十夫亡子生林甫六月氏矢事
翁姑撫孤子備極勞瘁兼能經理家計衣食贍
給爲子捐從九職銜乾隆五十九年知州何學
青詳請咨部奉

旨旌表

鄒龍妻李氏年二十五夫亡子女俱無翁姑矜憐
之託鄰媼勸改嫁氏輒正色以拒翁姑知其志
堅聽之歷四十餘年粗衣糲食足不踰閾罕有
聞其言笑者乾隆五十九年知州何學青詳請
咨部奉

鶴峰州志　《卷十二　人物》　十五

旨旌表

覃世相妻田氏年二十六歲寡子甫三歲家甚貧
氏矢志撫子未冠而死苦終身備茹荼蘗

吳之書妻康氏許字後書病癱兩姓父母患病
不能痊議欲改字氏不從乃成昏調藥餌不避
穢惡年二十八歲而夫故氏撫子苦節辛荼備
嘗

劉百祥母羅氏年十九歲寡百祥甫一歲家無長
物氏冰蘗撫孤門戶皆待以支持命百祥就學
鄉塾補諸生

鄒永珍妻徐氏年二十九夫亡家徒壁立而有四
子衣食所需皆待氏經營茹荼嘗蘗任兼男女
四子皆賴以成立戚鄰憫之

田金南妻羅氏年三十夫故有一子二女氏撫之
昏嫁皆畢甫生一孫而子又亡氏復撫孫兩世
零丁卒能箕裘不墜迄今衣食饒足並皆粗習
書史故鄉人憐其苦而服其能

袁逢春妻田氏年二十夫以征苗匪陣亡而遺腹
子始生氏苦節撫孤知州范繼昌旌其門曰蘭
心鐵性

鶴峰州志　《卷十二　人物》　十六

覃文翰妻周氏許字後文翰父母相繼歿氏時年
十六而文翰甫八歲氏知文翰家撫孤無人請
於父母曰耶無所倚女願待字其室以肩家事
父母許之遂往任作碩影織屑月沒星替並
勸文翰附村塾讀書雨背負往還文翰粗
識文字衣食亦不缺之皆氏力也生四子年六
十五先卒文翰卒

王文蔚妻李氏年二十六夫歿一女甫三歲無子
氏柏舟自守擬俟夫弟生子爲夫承祧而夫弟
復艱子嗣乃招壻爲終老計

鶴峰州志《卷十二 人物》　七

周德典妻謝氏年二十七夫亡無子有二女俱幼
親鄰憐其貧無所倚諷以再嫁氏不從撫女撫
配完潔無疵以針黹度日

雷開科妻戴氏夫爲衞昌營外委征教匪陣亡氏
時二十六歲有一子甫二歲逾年夭歿氏母居
桑植苦竹塌老而無子氏遂往事奉而以夫弟
襲世職後夫弟生子氏爲夫立嗣夫歿以嗣
子請襲襲氏遭倫紀之艱而完節守貞慈孝兼盡
其爲市幗所罕有

生員郡生梧妻覃氏年二十九夫歿三子皆匆其

姑哭之慟哭氏諫曰未亡人撫遺孤以事姑猶夫
在也姑過於哀毀設有不諱如諸孫何姑爲之
節哀氏孝事老姑延師課子以儒業世其

嚴女許字梅姓梅以移業遷陝西數年遠問不通
人傳爲己死嚴父母更字他姓及親迎在途雄文
梅姓由陝歸娶不敢成昏女兩不欲行遂雄經
死以解訟端州判王惟球爲作烈女傳入藝文志

黎家祥母杜氏孝事翁姑嘗值姑病醫藥弗效氏
禱於神割股肉奉之病漸愈子家祥家彬皆諸
生

鶴峰州志《卷十二 人物》　大

覃秀林妻劉氏年十九而夫亡氏撫孤孀守孝事
老姑不衰學師蕭尜其志節白於學憲沈旌氏
門曰松貞荻誨

吳在德妻李氏生員李靜安之長女年二十二歲
夫歿家極貧氏孝養翁姑撫遺腹子與榜成立
備極艱苦今抱孫奕年六十餘言笑不苟巾幗
中以爲矜式

柳典舉妻恩貢向延杰之姑年二十三歲夫歿氏
廿守苦節撫二子文煥文病蚤夜力作衣食得

以粗給年七十餘諸孫林立擇聰俊者貧笈從
師前訓導陳文燦道經其宅贈以區曰簡賜熊

丸

生員謝士璠妻岳氏年三十歲士璠以鄉試殞於
途氏痛不欲生勉撫二子以養以教悼至於成
人以一子承夫兄祧

洪繼武妻戴氏年二十八歲夫亡無子氏以夫兄
子聖時承祧視如己出聖時應武試爲庠生

李士茂妻于氏生員士茂庠生于吉爻之姪年十九而夫亡
子僅一歲氏冰霜自矢依母家度日撫子成人

歲卒

于淳妻李氏年二十六歲夫歿氏紡績度日養葬
翁姑備盡婦道撫二子可克家

徐南極妻鍾氏年二十八歲夫亡孝事翁姑撫二
子引年順年業儒引年弱冠入邑庠庠氏六十二

劉國棟妻鄧氏年三十歲夫亡子開泰甫一歲氏
孀守撫孤勤儉臻至嚴督開泰誦讀補諸生

周必洗妻趙氏年二十四歲夫亡止一子氏上事
翁姑下撫幼子險阻艱難備嘗之矣非松柏爲

心曷克臻此

鶴峯州志　卷十二　人物　九

生員余情芳妻李氏夫本安福籍僑居邑劉家司
以授讀爲業氏年二十八歲夫亡家無擔石氏
矢節匪他紡霜績垔以撫其子卒無忝於所天

唐玉先妻劉氏年二十七歲夫亡三子皆幼氏縮
衣節食勤紡績而勗詩書命其子婁應學試氏
歿時猶以未補諸生爲憾

王世聰妻鄧氏年十八歲于歸三月而夫故姑痛
哭屢絕氏泣跪姑前曰氏卽姑子也姑以無子
難守氏撫夫兄子承祧家雖貧窘而仰事俯畜
皆能經營

龔經文妻皮氏年二十六歲夫亡遺一女氏撫姪
爲嗣生一孫而嗣子歿氏撫孤兩世備著苦節

李斌妻江氏年三十夫故氏淸操自矢孝養翁姑
撫子成立壽至八十一歲

何逢龍妻燕氏歲貢何夢芝之長媳年二十五歲
夫亡子甫三歲氏矢志孀守所居三岔口至火
燒嶺山路險峻氏禱於夫翁捐金修治行旅便
之

張天倫妻黃氏年二十九歲夫亡氏守貞苦節恩
勤醫子乾隆三十六年前州牧方天葆雄以區

鶴峯州志　卷十二　人物　十

附錄七：《鶴峰州志》道光二年編修　州署藏版影印

領目名烈粕舟

樊尚華妻劉氏生員樊彬之祖卅年二十六夫亡

氏冰競自宗撫育其子翁姑亦為之歡顏慈孝

交盡閨中之彥

田光輝妻王氏年二十一歲夫亡王氏勤儉持家數

米稱薪卒能事翁姑而撫孤以完太璞而溫

惠淑愼尤為鄉里所景慕子士選補諸生

朱浩妻高氏年二十七夫亡氏礪節如松堅心似

石事翁姑以孝撫孤子以慈而持家嚴謹賢於

古之名媛

康士淇妻田氏生員田光晉之姑毋年三十夫亡

氏屬志完貞甘荼如薺現年八十有三

劉民表妻田氏生員田種德之姊年二十六歲夫

歿無子家極貧不能繼嗣氏誓不再醮依母家

度日現年七十有六

孫學禹妻俞氏年二十四歲夫亡無子氏守口如

瓶防身如城撫夫姪為嗣孝養翁姑備極勤劬

按亡者不以盛衰收節義者不以存亡異心不罰

僻陋在鶴乃有婦人而為烈丈夫者接踵相望形

管未輝豈所以激揚貞鳳哉悲鏡鸞而孤掩惜釵

087

鳳以分飛雌磨笄化石茂以加諸固知十八拍未

足歌也

從祀昭忠祠營弁

張兆虎任衛昌營千總征大金川陣亡

劉榮任宜都營把總征勦教匪在來鳳縣旗鼓
寨陣亡

田繼秀衛昌營把總征勦教匪在陝西洵陽縣三
溪河陣亡

向升榮施南協外委把總征勦教匪在長樂縣四
方臺陣亡

雷開科任衛昌營外委把總征勦教匪在房縣一碗泉陣亡

從祀昭忠祠兵丁

鶴峰州志　卷十一　人物

袁　龍　袁逢春　金友德　胡方來　辛宏舉
岳宏烈　吳兆富　邵開鼎　高登富　喻得勝
車廷華　劉　貴　洪永升　熊天元　覃　升
袁士雄　田輝斗　羅義開　張　懷　唐得榮
田林愛　李天富　洪繼相　張永珍　全　德
趙士忠　王世臣　唐學周　袁士傑　陳開運
孫金得　金　鳳　張大科　桂得科
向升恒　徐國相　魏光廷　曾士魁　孫　順
劉士相　向升元　田義南　黃相忠　田炳斗
王廷輝　吳光太　馬懷　楊宏　王作順

周繼武　甄之鳳　田國受　王有義　曾士龍
孟光才　周　華　徐宗先　張正鳳　徐允康
覃經賢　魏光賢　劉金魁　劉士杰
劉　景　唐明魁　向祚華　羅　春　游之倫
桂　連　葉允盛　田光才　田明萬　張廷秀
徐　國　王有臣　李　元　田雲斗　孫開富
唐繼學　羅正開　桂得忠　易顯德　葉永德
羅文華　唐　珍　廖中科
王大烈（鄉勇）　唐　貴　王　貴

鶴峰州志　卷十二　人物

按屈左徒之袁國殤也出不入兮往不反平原忽
兮路超遠帶長劍兮挾秦弓首雖離兮心不懲誠
既勇兮又以武終剛強兮不可凌身既殂兮神以
靈魂魄毅兮爲鬼雄嗚呼斯言也豈但慰死魂哉
亦足以作士氣張國威矣

向子貴年一百零八歲嘉慶十四年詳報

龔傳瑜年九十三歲任蒲圻縣訓導告歸曾元十

餘人

陳東陽年九十六歲住謙吉里孫曾繁衍嘉慶二

十四年詳報有案

田儀如年八十四歲住在田里

田萬選年八十四歲住在田里

嚴玉賢年八十五歲住謙吉里

潘玉美年八十六歲住純化里

鶴峯州志　卷十二　人物　卅五

饒朝宗年八十八歲住正德坊

以上八十以上五名嘉慶十四年詳准有案

于自貴年八十一歲住正德坊

唐康國年八十五歲住和平里

向士文年八十二歲住道里

黃允連年八十六歲住在道里

張成周年八十一歲住在田里

姚玉甫年八十三歲住在田里

燕緒承年八十四歲住在田里

譚邢旭年八十七歲住在田里

以上八十以上八名嘉慶二十四年詳准在案

馬　安年八十歲

梅士親年八十七歲

孟仕智年八十六歲

康國禮年八十六歲

王錫爵年八十七歲

田士遇年八十歲

胡大經年八十九歲

宿子文年八十歲

以上八十以上八名現據採訪補報係品行端

鶴峯州志　卷十二　人物　卅六

方者合並列入

按張蒼事泰柱下而至漢孝景思邈生隋開皇而

及唐永淳古有其人乃今於向子貴等親見之其

可使與編戶齒乎三老李躬五更桓榮邈乎不可

及已今據已報未報者並皆錄之於篇庶知絳縣

老人不可見役於輿尉也

部生棟性孝友年十七以身肩家事俾其兄弟得
專心誦讀分爨後兩弟相繼卒子俱幼皆賴其
經理督教排難解紛尤爲鄉里所重其歿也來
弔者皆號泣而去
楊世忠奇峰關人充衛昌營兵丁性慷慨人以事
相譸諉皆力爲之盡有分爭者反覆開導婉爲
調停必事寢乃已在行伍中錚錚者
洪先燾乾隆戊申科舉人初任廣東大埔縣事以
勤廉稱士民愛戴儒家後大署民之父母四字
於行舟以餞之輯三水令調署南海因失查被
議解組歸以文章培植後起與部生榕分葺邑
乘稿甫定而病卒邑鄉舉蓥任民社皆自先燾
始未竟其用士林惜之
田應富妻劉氏年二十五夫歿一子甫三歲家無
次丁氏內外兼營撫子成立孫三人長興邦補
邑諸生
長樂縣縣承羅文杰字甫田四川富順人娶邑人
彭聯勳之女爲繼室羅卒於官舍甫二十六
歲官況清苦不能扶櫬回蜀暫殯於漁洋關彭
撫一子一女以針黹度日貞白自矢儉嘗茶蓼

鶴峯州志　卷十一　人物　　三七

鶴峯州志卷十三

藝文志

州設學甫四十餘年其文詞不少概見宜矣然序
述時事歌咏風俗或出宦遊所著作或出邑士人
之記撰卽改土以前其碑刻序記與投贈詩文之
類亦時時散見於他說盡不得以無文少之爲文
不尙炳烺詩不俟綺麗義苟繫乎邑雖異地之人
弗畧也義不繫乎邑雖鄉賢所著亦弗錄也詞章
辨而人才亦歸於正屈原生於稱歸宋玉起於宜
城惡可以山陬僻陋槪之哉志藝文

鶴峯州志　卷十三　藝文　　一

新建文昌廟記　　　　知州　吉鍾穎

州舊有文昌像附祀武廟後又移於書院嘉慶六
年頒行文昌祀典　俞州縣皆得立廟並祀其先
代於後殿禮與武廟塈前署州劉運浩奉祀王維球相
繼董率其事廟在州西關內蓋昔土司奉祀至聖
像舊址其地狹復買民基而擴之所費益多　鍾穎
抵任後紳士丕振再接再厲創始於嘉慶十六年
告竣於二十五年匪獨新之又從而廣大之匪獨
堅之又從而永固之鳴呼何其善也文昌於天官
家言為藏匱六星上將倘武威也次將正左右也

鶴峯州志　《卷十三　藝文》　二

　　　　　　　　　　　　　　　　鍾穎
貴相理文緒也司祿賞功進士也天垂象聖人則
之固已梓滝上直參宿有忠藎孝謹之象賞掌文
昌府事及人間祿籍故天下科名之士皆宜祀之
顧　鍾穎
有欲為州人士告者士君子自束髮受書
知在國為忠良之臣則必恥貪鄙而尚節義知在
家為孝謹之子則必黜乖戾而進慈和體諸躬為
有本之學見諸文為有德之言其能如此者雖未
見神而禮拜之而神已深契之也其不能如此者
雖日向神而禮拜之而神已深惡之也然則神豈
關乎祀與不祀哉亦在乎人之賢與不賢而已矣

鶴峯州志　《卷十三　藝文》　三

是役也矢公矢慎庶幾能有始終者八人洪繼周
部生褚劉正性龔經德洪先裁謝境安于自費陸
光五於倒得並書以誌美也亦以勸善也

附录七：《鹤峰州志》道光二年编修 州署藏版影印

重修城隍廟記　　吉鍾穎

州城隍廟剏建於乾隆三年前州毛峻德備極籌
畫重修於乾隆五十五年前州楊樹本雷應芳皆
以鄉保董任其事所用物料率雜舊木土塈未及
三十年而已有岌岌欲崩之勢　鍾穎於嘉慶二十
二年抵州任每值朔望瞻拜憂慄宇之將墜倘垣
墻而欲傾其何以蔽風雨而妥神靈爲之相度其
形勢而經畫其財用自捐可也勸捐不可也夫民
者神之主也欲事神而先擾民則百樊生焉因首
出俸資鳩工庀材而民之不待勸而樂輸者麇至
於是楹桷之撓折者易之甃瓦級甓之殘缺者新
之丹青之漫漶不鮮者朽之弁置廟田若干以備
常供固已有光於前無壞於後矣自古治民之法
備則以人道治人事後世治民之法窮則以神道
制人心官以掌陽敎神以理陰敎人有不畏官而
未有不畏神者也然則神廟之修惡可以已哉
穎司牧茲土樂其地辟而事簡時與山中父老課
晴望雨爲之祈晴而晴祈雨而雨者已無不捷於
影響卽其四方之多罪遐逃亦虔禱於神而時亦
弋獲俾此州得以安居樂業而屢獲豐年者吾知

鹤峰州志　卷十三　藝文　四

非神力不至於此也

鹤峰州志　卷十三　藝文　五

重修州志采訪小引
署知州　董惟埕

粤惟九野分星職方氏區物土之產八荒氣小
行人上民風之書故稽地掌圖蘭臺既典籍宜備
而徵文考獻邑乘尤賴軒所資鶴峯舊屬土司嗣
成州治版圖剏附闕草昧者畧紀源流時序代更
覽風敎者大異疇昔弗及今重爲蒐輯必慇久益
就銷沉本州才愧鮮學慚製錦綠者圖此遠
皋嘉會適逢念民社任匪他人仔肩莫貸因之欣
允所請并囑亟謀厥成惟是八百里樹密雲深勢
難諏度遍及千餘年碑殘簡斷能勿見聞異詞谿

鶴峯州志　卷十三　藝文　六

峒溪唐宋而遞制雖殊而源不可沒黎滿
堯舜之化風既周而事多可書懷牛刀習俗誰
爲潛易風琴雅管人文夙與振興標傑特之峯巒
名材非粳楠可馨涉幽鑿之淵鑿佳士當蘭蕙同
芳宣力戎行洵多捐軀報國之英俊束身名敎亦
有爲善於鄉之秀艮至於孝著南陔貞完白首或
已遐　旌揚於綽楔或猶且泪没於窮檐斯固風
化所關允爲表章難晷若夫居鄉屈宋名人續風
騷餘音地廣林泉開士闊仙佛勝境雪泥鴻爪銅
懷而留華翰者幾人徑塗河梁捐貲以成義舉者

鶴峯州志　卷十三　藝文　七

安在值　重熙累洽之盛麻嘉知史不勝登淺五
行百產之精瑞異亦理所時有蔫紳稱道固足以
廣流傳間巷誦揚非無能備紀述彙録奧論而成實
錄邑長吏聽見毫無申鄉訐以愜輿情都人士偏
私必屏喜文物衣冠之迥異前日庸庶幾乎成章
斐然惟風土人情之咸無闕遺所厚望於是邦賢
者

093

鶴峯州志 《卷十三 藝文》 八

宣慰土司田九峯二十一史篡序

岳常姚淳燾烏程
道光

風俗與化移易得善變者數人焉倡之而王道之
行可以四達不悖矣今
天子聲教洋溢萬國賓服日照月臨之下凡有血氣者
皆得聽以禮義導以名分沐以詩書使之蒸蒸嚮
化靡有違心況乎土司星分楚徼禹貢荊州之域去
王畿幾三千里奉正朝守防禁翰忱報續歷有年
所而拘墟者謂當別其種類羈縻絡使不得與
於玉帛冠裳之盛嘻何其小也寻剖符常岳在
寧邊莅政之初卽聞宣慰田子尊賢禮士儞俠詩
書以著述名家私心固已異之旣又聞其編輯史
畧二十一朝互有商榷芟繁摘要考誤析疑始類
遍儒之所用心非苟焉而已也戊寅夏四月田子
忽遣使載書滿車言風雨數百里走蘭津投贈索
叙其子應恒款門入謁風雅有吳公子遺意
寻盒歟田氏之澤再世未艾而
聖天子文教誕敷涵濡浸灌其收效於天下若是其大
且遠也雖然此水鑑形日光體影千秋得失史文
大備矣田子披覽之下見古者山陬海澨有奉職

鶴峯州志 《卷十三 藝文》 九

勤王銘勳天室者有夜郎自大抗天拒命冥冥焉
不職自焚者有世篤忠貞分芧錫土傳之無窮者
有叛服不常初終異轍嘗試天威隕其世緒
者其間是非禍福二一澄觀而靜聽之於以敦修
而升於有司試於鄉舉於春官彬彬乎後先王國
自好力帥諸司永永帝眷後之人踵其業者學成
與一代名臣並光史册此誠稽古之榮善變者所
宜自效而功先倡導寻亦藉手田子報南服之最
續焉日夜望之矣

附录七：《鹤峰州志》道光二年编修　州署藏版影印

平山萬全洞碑記　　土司　田舜年　九峯

平山容陽一大保障也昔文相國錢蕓寓此有年
稱不容口其山四圍峭壁寬廣縱橫可百里東西
南北有四關所謂一夫當關萬夫莫往之地南關
保安橋飛虹天牛又八峯十景之一也創自先會
祖郢陽公今東關古城是其經始遺堞先祖太初
公造廳事數楹於橋之東偏至大伯父雙雲公時
值闖獻肆訌不信文相國之謀以致張皇遠避及
事後始痛定思痛而大修其城郎今東關之新城
也雙雲公郎世二伯父夏雲公僅遵成事迫先少

傳公乃稍修理之自夏雲伯與先少傅兩任間流
賊寶擾歲用兵皆以天泉爲根本蓋天泉小而
平山大天泉數人可守平山非土軍數百莫能布
置而不知平山之下有萬全一洞也郎初名何家
洞萬全則宁修葺後所名也宁隨時夏雲伯
往來天泉道中見洞圖廠如畫窺思一遊未果自
乙卯承緒後鑒於先少傅公去天泉而移黃鸞鎮
致有闖司入於剿營之變於是一意以天泉爲肯
構以九峯爲司治而更葺萬全洞始入洞時中
皆大石塡塞平地僅二丈許爲土民屯守之所宁

相其勢可開闢也遂於去洞咫尺之新坪始葺署
含環列四市以定其基舊稱洞中無水也水皆由山
巖上涓滴然非無水也水皆由石中行也盡起其
石築爲城臺而泉流如注矣宁自癸亥春移居新
坪在洞經理日多至丁卯之冬守禦旣固亭閣亦
稍稱完備每當日月照耀雲霞捲舒覽山川草木
蔚然深秀遊其間者莫不嘆爲物外巨觀而豈知
臥工心苦纂所以緩急可恃者非一朝一夕之故
耶夫山間之洞不少而萬全有平山爲之表平山
得萬全爲之裏表裏相依而前人經始平山之舉
可以告成矣宁故誌其顛末復爲八韻以記之記
萬全卽以記平山也

鶴峰州志　〈卷十三　藝文〉　十二

重建虹洞橋碑記　今名花橋　明應吉士黃燦

澧水東北折別近溪稍西上天門抵陵陽距百里
許爲添平禦治隣禦齒屬則麻陽麻寮守
禦也唐氏世職於茲致麻陽慈利在昔爲
東折出石澧達荊岳南迤九谿慈利之
臨澧國朝割臨澧天門之僻隣建設守禦隸屬九
谿俾阻要害關叢臺備征繕過克攘地多懸崖箐
林丹障邃谷岏嶔巉崿洞派凛冽雨注泉鳴瀑溢
馳迤迴合成溪其兩水環唐氏宅夾抱周旋於
麓右則虹洞橋是也每當山漲岸裂勢同塹洋需
藉浮黿續斷航宏治初年戶侯唐公明德就墩架
木構亭其上久之額圮後龍崗公嘉靖年間重輯
捲石飛覽磷石更新舊傳于姑元學者董助甚力
歲月浸遠洵喬激石流漸齒唇乙酉徂暑泡雨衝
潰裔孫唐侯君秩惻然念之迺出私橐鳩僦儞工求
礲碬斬陰木浹旬告竣亭廈備具橋成仍其故額
曰虹洞勿志祖也時余以蒔事愴心楮墨避寇添平唐君走
使告書其事余以蒔事愴心楮墨久廢辭唐侯復
滿日夫丹造者襞前經始者勒後某之營此苟是
得萬祖夢彷彿仙姑夘子同符剡栔梁成卽捧檄出

鶴峰州志　〈卷十三　藝文〉　十三

師矢勒先烈殆有神乎明公何惜一言不以示鼓
舞後之人悶間知余惟周禮司險知川澤之阻而
達其道路水涸具舉獨木云權橫木云杓石杠云
倚麻陽雖僻然藏除道迤合爲九谿侯之事此視
夾彩架天有間比諸榷杓則已懸矣又陽羨似虹
謂其橋南北高起有似虹形棘陵垂虹宋紹興中
金人犯境泉議焚梵橋郡守洪遵持不可縣父老亦
集哭圮下得不果焚虹之命名厥來有自今者北
師南下發寇星奔所幸長江一帶宛然天塹使得
勝兵良將造舟爲梁斷流可期矣止遏其飛渡耶
夫慈利治西有水沉洞焉發源酉水經流魯陽山
俗呼爲魯陽溪計虹洞浸流相去不遠異源同派
緣臨澧共會湘沅以道於江水之朝宗橋之取義
悉與時事合唐君此遽以其治橋飾而愛推諸治
兵律而藏指侯奏庸公廥上賞貽後昆光祖德端
在茲矣詎止修葺一橋之爲功德乎遂走筆書之
以示唐君曰其毋志此志之爲役也起於某年月日
落成某月日唐君名加壟字君秩世襲麻寮守禦
所正千戶

江坪普濟渡碑記　　知州方天葆

州南路江坪九女河水迅激舊以獨木槽舟為濟
往來者患之前牧毛公峻德捐俸設渡船一隻並
置買地畝山場以為渡子養贍修船之費立有普
濟渡石碑碑陰鐫刊地山界址糧稅數目欲以垂
久遠故並載之州乘百姓至今頌之不衰嗣因碑
燬於火而接管渡子私賃前置之地船亦朽壞民
苦病涉復歷有年所今山羊司胡公梁重修渡
船復召募里民陳乾一為渡子清查前地為傭資
禁止勒索並於渡口捐置房屋三間給與居佃

鶴峰州志 卷十三 藝文 十四

樓身有常不至行人呼渡需時其所以便民至矣
事藏之後詳請立案備考予曰此州牧事而賢司
先我為之予能無愧焉雖賢司茌任以來諸賢俱
舉匪我不逮者正多然卽此辦理普濟渡一事其
心與政蓋亦可與前牧毛公相媲美懿愛為之記

書唐姓誣控毀墓事　　知州吳煥彩

邑大崖關外舊有所嘗隘官唐姓其一也設流後
所隘缺葳唐姓子孫之處石門慈利者俏世職作
護符每朋黨入山指荒土為祖墓誣詈人刦毀紿以
錢則不興訟而其實唐姓祖墓關外止三家皆不能
標識有不甘受其誣者互相許訟事涉疑似不
騣決民多困以廢業失時於是關外荒土為唐姓
奇貨歲有獲焉乾隆四十八年石門世襲千把唐
彌盛唐盛業唐運太生員唐業精四人以監生
王炯毀其曾祖唐世順叔祖唐之微墓控於予予

鶴峰州志 卷十三 藝文 十五

卽其所呈族譜聆之覺其奸詰之曰彌譜內已故
者數百人並未戴葬某處惟於唐世順唐之微簽
標葬白果坪則此數百人皆可隨時發葬地之微簽
墓之獄安有窮平四人者讒謗爭辯固請予往勘
蓋關外距州治百四十里山峻路險查予必懼跋
涉卽往亦必不輕發人冢而彼之奸仍可售也越
翼日予召兩造隨出關至則四人者痛哭涕訴
為祖墓受毀狀予曰王生毀人墓有明法在顧不
見墓中棺獄無由具舉爾等自舉鋪刨之以為駁
人者有難色予怒而追之刨至六尺許皆寶土當

勒之石

公更有以警將來也予既爲之示禁并書其事而

數十年矣公一日履勘其奸俱露幸何如之然願

遣之去邑士民讙於予曰關外居人以毀墓受累

一水坑也四人者益惶恐無詞予取其誣控結狀

等誣其毀墓具控予即於是日往勘仍命自刨則

伏辜不能刨矣先是民人劉士元者亦以唐彌盛

面釋鋪叩首曰公信燭某等之奸矣某等力竭願

其助唐詐索者有懼色四人者左右瞻顧形於

是時環觀之人無慮數百其代王不平者有喜色

其衷而邪妄悖逆之輩無從煽惑耶今茲讓新廟

急公趨事又安知非　神之聰明正直有以黙牖

愚耳顧數年以來無一人入其黨悉皆應募當役

神靈黙佑俾我儕閭兵燹耶不寧惟是州人牽山

道遁去不啻八公山隱隱有所憚伏者豈非

心惶惶幾不知身家爲何有乃卒不敢窺伺從間

最後復欲由北境竄入時大軍已移藩籬莫保入

境之金雞口賴官兵追逐而走險屢追兩保

今日

今日畯　神弗克任是懼而一時咸起而言之曰我儕之得有

軍務不果八月事竣偕州人士戴瞻廟宇方以工

茲土竊見棟宇漸頹閴門廡盡圮急謀所以新之會

攸隆而　神威益著於邇邇嘉慶丁巳春予復來

土後刱於祀典興春秋官僚肅衣冠致祭於是典制

康熙壬申懸今已百有餘年矣時名弗彰爲

田舜年復擴而大之并範銅爲像以奉香火時爲

州巨鎮也矧之舊碑蓋創建於土司田太初其孫

關帝廟衆山拱峙一溪環流地既崇墜勢亦宏敝洵一

重修　關帝廟碑記　知州楊樹本

附录七：《鹤峰州志》道光二年编修　州署藏版影印

附录七：《鹤峰州志》道光二年编修　州署藏版影印

鶴峯州志　卷十三　藝文　八

宇誠我僑所宜酬報者願乞一言爲各鄉勸変
謀城鄉首事屺材鳩工樂輪者踴躍恐後於戊午
八月正厥一新固未有工成如是之速者也由是
山門廊廡以次建立且於殿前橫亭爲各官蕭拜
之所兩廂翼其旁鐘鼓亭峙其側歌舞臺臨其前
規橅雄壯氣象丰新迴殊舊制眞可扼重一州佑
我黎民於百世者突落成之日偕同官瞻仰殿庭
徘徊眺覽不惟巍我炳煥神志蕭清而林巒森秀
溪水澄鮮更與畫棟丹楹交相輝映是　神之威
靈不且與山之高水之長永昭赫奕乎哉是役也
各勸諭首事及監修諸人靡不各殫心力而不憚
勞苦以身率先則里民輸文奇爲最故未及期而
工竣余既誌其顚末復列書姓名於後其樂輸工
費無論巨細亦各勒於石伸一覽可得并可知州
雄山嚴固不少急公好義之人也

改建劉家司義學記　州判王惟球

鶴峯州志　卷十三　藝文　九

古之教者家有塾黨有庠州有序化民成俗雖鄉
曲不可廢也容也改土歸流漸沾文教六十年
來鄉舉遷眞均已有人廠後人文蔚起月異而歲
不同烏知不於家塾黨庠驗之余自壬戌之夏莅
任北江坪查所屬劉家司向有義學卽古黨庠意
也圈兩月公便過其地見其屋已傾圮且在深山
古廟之旁孤僻荒凉人跡罕到匪直學寡問且
恐燕朋燕辟或惑於外誘而不覺良可惜矣爰閱
兩月紳士有部聖堂者余同年父也借田仰韓易
仁則田紹武諸人來商於予願勸捐改建於北佳
坪余欣然諾之捐俸爲倡並以署右餘地讓作基
址前爲講堂後爲坐廳兩旁正室界分四爲生童
臥舍右偏廂房爲厨寵暨天井門樓瑠垣臺砌落
成之日無不楚楚可觀有謂余曰此座山作伏
虎狀易日大人虎變其文炳也且左倚官衙右連
文昌閣翠屏環拱活潑潑地他日文才之盛不下
鳥之飛鳴滙爲活潑潑地他日文才之盛亦匪易
知顧所切念者惟以是舉贄雖不多成亦匪易亟
爲訪通儒主講席離經辨志敬業樂羣以冀有得

附录七：《鶴峰州志》道光二年编修　州署藏版影印

鶴峯州志　《卷十三藝文》

視向之僻處劉家司有名無實亦已愈矣其部發
傮金髹詳州郡每歲仍令照頒舊舍卽捐彼處廣
福寺作爲廟業至若修脯之宜增膏火之應給又
在有志諸君另爲籌備茲特喜其成用記顛末云

　　　　　　　　　　　　　　三十

鶴峯州志　《卷十三藝文》

嚴烈女傳　　　　　　　王惟球

北佳坪保墨湯井民人嚴紹文有女名珊年二十
一勿字同里梅氏子士龍梅遜居陝值蓮匪之亂
傳言合家遇害女遂改字宣邑之張堯典已觀迎
矣士龍由陝適回女閒信中道而返背父母繪焉
閲日紹文龍堯典暨各戚黨不赴州控而集訴
於余余曰此聰明貞烈女也一死而三家之事俱
釋矣盖女之字梅而改字張者傳聞之謬也梅張
歸梅字張歸張人盡夫也聽之而已此鄉曲女流
冚控官必歸過於其女似可以父命爲辭字梅
岡知大義惜性命而不顧廉恥者比比然也若烈
女則審此至熟以爲故夫旣在不得藉口父命猶
踐新盟而行已在途亦復恥尋舊約之張不可之
梅不能且以區區之身速灭於訟何以爲人殺則
已矣猶可明無二心以釋憾於梅而慰謝夫張並
得全其非故敗盟而爽約也其處此萬難之勢
而能曲盡其情其心之苦雖古節孝之賞賓入口
者不過是也吾不意窮鄉僻壤風氣頹忽有是
女而有是事也士龍堯典亦復何言列令紹文收
葬致爲遠其事勒石表揚之庶幾貞魂慰而風俗

　　　　　　　　　　　　　　主

敦不僅士龍三人永息訟端已也

鶴峯州志　《卷十三》　藝文

三

州人洪毅齋封翁八十壽序　知吉鍾頴

丙子秋副憲蔣丹林先生聞予補秩鶴峯自京來
書云鶴峯雖僻在一隅其間有舊友洪君鳴皐曾
任粵東令爲人廉靜誠直足資延訪予卽心焉誌
之而知其見重於鉅卿者必有自來然猶未悉其
世德之若何也丁丑夏予蒞斯土洪君穀齋太需人亦克相夫
弟理堂通剌相見悉其封君穀齋太需年高德
盛好善樂施爲鄉黨所矜式其封君以孝廉歷東
子力操井曰辛勤起家長嗣君以明經屢任司鐸
大縣所至卓卓有政聲次嗣君

訓迪有方今皆歸里承顏養志諸孫頭角嶄然傾
而樂之以引天年翁之臍福受祜其亦厚矣哉竊
思夫世之以勤儉裕家業者未嘗不課子讀書斯
有成立然未必其二難競爽先後皆獲綿仕以顯
揚其親卽兄弟皆仕矣而未必其親之年登髦耋
卽父母皆壽矣而未必身之康彊今乃於人人
冀倖而不敢必得者賢伯仲獨能之可不深幸歟
繇是里之人咸嘖嘖稱羨以爲翁之受祿於天實
有倍於尋常者然徒慕其嘉偶之齊年子孫之逢
吉而不知所以致此之由是猶泝流而忘其源也

鶴峯州志　《卷十三》　藝文

三

101

鶴峯州志　卷十三　藝文

豈知翁者哉翁性純篤家居以孝友聞且材識練
達籌畫如燭照數計因是家業日興誼周宗戚惠
洎里鄰嶺其性甘儉約衣服飲食沒如也州中有
大工役惟義所在必力自肩任蓋鶴峯自改土後
一切修建事宜前此皆未遑舉行得翁爲之首倡
凡費宮學齋與祠宇之載在春秋祀典者咸鳩工
庀材次第告厥成爲其像如福田寺三元橋復不
吝賞財借衆修整完固以是知天之報施善人固
自有由翁之受
其在斯乎其在斯乎吾聞之壽者醻也有壽於世
之行天必醻以大年將見保艾爾後洪氏之興何
可量爲夫敬禮高年表彰碩德以雜風化以厚人
心固有司之責也茲值太翁與其德配先後八十
壽辰鳴皐昆季請予一言以爲壽爰擬實以道其
梗概如此

二十四

鶴峯州志　卷十三　藝文

謝晴文　　吉鍾穎

洪旬秋雨山吏心焦諸陰不閉積陰消難消溢陡泛
隴達旦連宵誰告帝所爲止飄蕭漸未轉駑薺在
崇朝求神在執云其遠神司容土幽賾昭豐
年厭告腹不至楊屠維紀歲雨露尤饒豐於小濟
遂起嘵嘵況在拙吏孜有妄要心雛碩虘身隔重
霄而蒙神聽立予颭颭黑蜿縮頸跂鳥揚翹四山
雲氣劈之使影明星在戶笑見斗杓迴異昨雨濕
鑤僧寮授文使論星必箕招有人來告溪漲山橋
石路泥滑消路阻嶹嶢豈惟耕者水涔爲愵言已而
嘆告我同僚山衙夜靜坐聽瀟瀟禱憂難達望斷
秋寥神意忽忽動元冥不驕豈私於我伸我釋懼我
爲民喜可保莪穛穛不慮臥水不愁漂非神之佑
民何以聊欲寫神旣握蘃描同官蕭拜言取血
曽坎其擊鼓間以笙簫式佇來格歆此申椒我更
有請禰豈一邀神終其惠玉燭常調

二十五

附錄七：《鶴峰州志》道光二年編修　州署藏版影印

鶴峰州志　卷十三　藝文

募修百斯庵引　　洪先熹　州人

百斯庵何自仿乎予闢諸父老盍容美時爲鬆於
子息者建也其名則取諸百斯男之義云爾夫以
文王之德有太姒爲之內助其所以綏爾祿而迓
天休往往見於歌頌矣而說詩者推其所以發祥之自
以爲周家世篤忠厚積功累仁者十五王鬱焉未
食其報而眷顧所加不得不以開闢未有之盛佑
啟而光大之蓋千古一人而已報與施適相當有
符契焉非可倖而致也後世自學問之士多諉爲求
氣數而不盡其理而流俗又祇以拈香獻媚爲求
福計則宜乎吉祥之無由迓而抱伯道之憂者比
比也申包胥曰天定勝人人定亦勝天蘇長公曰
仁者必有後皆以言乎報施之理捷於桴鼓而萬
世莫之或易也今夫世家右族瓜瓞綿延賢才輩
出或十餘世或數十世人莫不羨其門之大也而
不知所以致此者必其祖君父爲之培植子若孫
爲之世守以相引於不替而美不先盡也雖其視
聖賢之所以得天與天之所以報聖賢者有大有
小其爲燕翼貽謀則一也人誠能即是以求焉求
自盡其分以無愧於心焉燕蘭之夢長庚之兆何

鶴峰州志　卷十三　藝文

必古人咏喬斯而誦麟趾皆理之一定而莫之或
爽者豈非然哉此前人名庵之本意也
今庵藏久坍頹同人謀所以新之時庵方於嗣息
匪念舉古義爲說倂請爲諸君子發軔有能發
大歡喜心者雖與誦思齊之什可也

鶴峰州志　《卷十三　藝文》　　三六

重修城隍廟各廟紀署　　　　　　　　　　洪先燾

昔裴度修禪寺皇甫湜為作碑文一字三縑曾
王學記炳耀千古近年畢秋帆先生撫河南時修
八里橋　關帝廟于宗亮吉太史恨據陳壽三國
志敘述忠義漂寥有生氣此皆文章之極至足令
文士擱筆者然予嘗輯大埔志因得博覽各郡邑
之志學不必曾王莫不有學記目未視陳壽三國
志莫不有　關帝廟記筆不若皇甫湜莫不有祠
觀廟宇之文此豈徒掞藻摛華競勝詞章已哉盖
亦以紀建置之原委著作者之勤勞崇國家之祀

典綿地方之香禮蘋蘩舉以昭來許云爾今吾剌
史修纂邑乘命博採各廟碑記虛無以應舊碑間
存一二文不足錄則週日之金碧輝煌更閎敝十
百年有訪求相度之歲月改建之始末亦無所
考証豈非邑乘中一大缺憾事或是吾輩操觚者
之差也燕請撮序其畧容美於今城隍廟旁建學
舍數楹祀　先師像改土後創建　文廟多用田
氏舊材至乾隆五十餘年遂朽腐不可支邑候陰
軒楊公勸諭重修署州蘿陽何公繼之邑人踴躍
燃事規式照舊工載堅固又於其前溪建獨子亭

鶴峰州志　《卷十三　藝文》　　三七　　完

及名宦鄉賢祠乃移城隍廟旁　聖像入祀加
藻繪焉其約估費以一千八百金計　武廟建自
容美改土後屢有補葺至嘉慶初漸圮邑人醵金
重修大殿兩廊戲樓并添建拜亭及左右鐘鼓樓
費約數百金廟旁為百斯庵於嘉慶初重修其前
為三義祠後移祀神像於　關帝殿後另建廟移
祀絪柳場城之　龍王像併入武廟容以便香火
亦估費金以數百計　福田寺容美古剎也祀大銅
佛三上數百武為報恩寺係田氏家廟前臨市後
抵校武場邑人以供奉目連大加修葺頗極壯麗

至乾隆五十三年大水二廟漂沒殆盡父老以報
恩寺地較低窪遂併歸福田合修亦約費金以一
千數百計此重修各廟之大畧也夫為善無近名
亦不可沒人之善各廟雖吾父與有微勞設非邑
士庶勇於趨公能於廿年間百堵皆興時百堵皆
典蠲然就理其必有文以表章之宜也乃題目重
方與部子生榕從事爾括馳驅風塵又以題目重
大名作林立未敢率爾握篡而邑侯之操燕許大
手筆者適值苗匪教匪先後騷動調兵勤戍軍差
旁午更不暇吮墨濡毫為此不急之務故碑服至

鶴峯州志 ｜卷十三 藝文

今關如也乾攝叙梗槩依事直述詞不伺華聊補
缺畧庶較没字碑爲差勝也後人可以無識又邑
舊有　文昌像附祀百斯庵後移祀青院嘉慶六
年奉文建廟祀典如　武廟邑人士呈請捐修至
十五年諏吉上樑規模崇閎踰歲竣工讌開
里或以碑記見屬予以荒疎辭竊開文昌六星在
斗魁前蓋星名也
記世所傳文帝化書載七十二代士大夫身姓氏
確鑿拘儒不敢道然在天爲星辰在人爲聖賢在
幽冥中爲神靈貫通一理查渺非誣　功令既頒

理益顯著邑人士旣知奉公修廟虔心禮祀必能
仰體　帝訓父兄相教詔師友相磨厲俾秀異子
弟爭自濯磨湛深經術砥行立名與陰隲相印合
吾知　帝君司命司祿權衡桂籍亦必潛相熙佑
焕我山匦發科發甲後先接踵不似前日之村魯
無文也姑附誌於此以爲券
接前牧楊有重修　關廟碑記稿本付某未勒
石作者亦未見故文内云云玆將楊文採錄
仍錄此文俾後人得識建修各廟梗槩

鶴峯州志 ｜卷十三 藝文

邑少府陳楫川六十壽序　　洪先燾

吏能備清愼勤三者循吏也其能得之下佐末吏
乎而我邑少府楫川公實兼備之公以康寅來鶴
於今二十八年矣五斗俸外非分所應得者不乾
没民間一錢食蔬茹飣傳蕭然庶無馬囊無金
不畜僮僕家有貧郭之田不百畝可不謂清乎民
剖情以發其愧恥而箠加也上以公事委
焉職所當爲者復以婉詞而不求希合也義所
得爲者詢諸衆庶而務爲力贊也可不謂慎乎昔

崔斯立爲藍田丞無所施用孟郊尉溧陽以吟哦
廢事名士無實世以爲譏公職在司獄巡視之惟
嚴職在弭盜鈎鉅之惟謹公書可畏不辭執掌案
牘可省不滯期會日吾以盡心耳可不謂勤乎
然則公信循吏也哉使有爲之蔫揚於上者爲一
歲九遷其官可也胡爲看驗者四考績者九倘屈
者短於趨時或曰位卑而地僻無殊尤之績可稱
無葄莳之功可藉資格所限大憲亦無由以不火
待之然公嘗爲藏言吾初筮仕時功名事業雖不

欲居人後今老矣回憶當日同事諸人有超擢飛
騰者有獲譴落職者我雖不得顯處亦未履畏途
不可謂非厚幸焉且我吏是邑也久其於人民風
俗也習往往與邑老者課晴問雨不啻與園父老
也與邑少者言孝言弟不啻與園子弟也與邑文
士把酒論文不啻故園朋友故舊也一旦遷擢之
他能免思用趙人之嘆乎蓋其胸中浩然以義命
自安如此而於鶴人之鍾情之深又如此歲十月八
日爲公六秩弧辰邑士庶謀躋堂介觴以屬觴以
叚詞𩜹食公公德者三世喜邑人之有同心也因以

鶴峯州志　《卷十三　藝文》　　圭

郟堯之言代士庶祝日洪範之五福首壽公年居
指使髮尚未宣期頤可以徵已惟是吾儕小人之
愛戴君子者不惟於其身猶望其多賢子孫公諸
郎濟濟適符燕山竇氏之數長者能文章少者學
呷喔瑤環瑜珥蘭岀其芽天其以此酬公與以公
居官能於其職其子孫之象賢可知也則又請歌
宛焉日教誨爾子穀似之以公積德未食其報
其必發軔於子孫又可知也則請歌南山焉日
樂只君子保艾爾後諸郎皆生長於斯異日聯翩
蔚起翱翔雲遠邑人士炫燿而侈談之曰我公之

鶴峯州志　《卷十三　藝文》　　圭

盛德不虛也豈不美歟抑壽猶有私祝焉公不鄙
夷吾民大概如前所稱矣再周一甲癸公解組
歸田乎禩當繼述治續告於邑侯祀公於名宦他
日續修邑乘得備載之以永其澤焉

三里荒修路引　　洪先燾

三里荒大路離州三十餘里高峻爲諸峰最此出
者由痲虎坪而上南來者由東鄉坪而上梯級百
仞始躋其巔循巔而下山麓亦約百仞人汗喘馬
虺隤矣山腰舊有樵徑險狹不可行乾隆五十年
間附近田文龍等鑿成新路坦迤而近省
攀崖陡磴之勞一嶺橫過上視向所經歷之天梯
雲棧乃在空際行人以爲便頓路半皆石砌狹處
祇二尺許左倚峭崖谷鑿施右臨溪澗刳絕萬
仞其上下有土處砂石夾雜間爲畬田耕種土既
鬆動石易傾頹路顧屢修屢圮嘉每過此下輿馬
僂僂行目眩心悸不敢旁睨弁聞土人言時有負
重顛隕下澗立斃者心爲加嘯焉因思鞭山填海
人則無術若但棄此磽确片壤勿耕以搖土脉
又環路廣栽樹木以作葳而固根柢此固吾輩
力所能爲謀諸同志皆曰善願各解囊助買地資
地主覃等欣茲義舉憑衆估價若干金歸地
於公蓋喜此路之險可平狹可拓屢修屢圮之功
可永固也爰立券後覓工栽樹
白諸當路禁止耕種採樵者勒文貞珉以垂永久

黑龍洞修路引　　喻章玥廩貢
　　　　　　　　　　　　州人

環鶴皆崇山峻嶺徑險阻少坦行處州南黑龍洞
一帶尤爲崎嶇與馬罕過而路當阨要前通西三
保關外之咽喉也後抵八峰山州之襟帶也肩
者背者行旅之往來者不能舍是而他途之從爲
沿溪數里皆羊腸鳥道一綫屈曲有羣崖一段尤
逼仄人倚石壁行旁臨深淵心恒惴惴此五丁所
未嘗開巨靈所不能擊也人覬茲路爲畏途也久
矣年來路益圮茲有附近耆民謀鳩工修理碎确
者剗削之傾欹者培補之窄仄者砌石而展拓之
顧以工鉅費繁商及下走珩曰道茀不可行硯國
者以爲識修橋補路亦陰隲文中要絛也諸君以
濟物利人爲心人之欲善誰不如我必有解囊以
相助者易曰履道坦坦書曰王道蕩蕩行旅爲此
徑歌祇矢夫矢矣書顛末以爲發大歡喜心者勒

鶴峯州志　卷十三　藝文

請重修州志公呈　　　　　部生榕　州人拔貢

竊惟風土攸分圖書資輶軒之采世年遞嬗邑乘
備文獻之徵故必博覽旁參貳筆不遺夫既往因
之居今證古成冊永著於將來鶴峯舊屬土司嗣
成山邑歷唐宋元明之久隸要荒者千餘年值
文武成康之隆譬官吏者八十載服疇食德幸
沐熙朝深仁一道同風免稱　盛世樂土矣伏
思宣猷布化司收歷著循良釋耒橫經學校咸推
翹秀疆場斂愾顏多茹□忠之武夫閨閫完貞不之
型俗之烈女攬著作於秩苑固可問俗考風表善
崀於茅簷亦足振衰式靡雖山川城郭舊志已梗
槩之粗存而文物聲名今時覺規撫之小異倘其
閟人閟世竟彌紀纂無聞從此傳信傳疑彌將荒
蕪莫考恭惟老父師絲牽僻壤澤遍巖封守正無
私江都相之家風未沫持平不撓雒陽令之政績
猶存敷化理於鳴琴民懷吏畏發幽潛於墉蔽
管定堪激澗揚清某等世處山陬蒙樾懷亭桑
麻之樂利敬歷幸逢襄黃億父老所流傳文章思
託班馬伏乞簿書餘暇俯賜丹墨沾濡改土以來
之民俗土宜盈數寸之牘以不朽歸流而後之善

鶴峯州志　卷十三　藝文

教卓行附如椽之筆而彌彰不惟宇下士民快同
慶雲爭睹亦且山中瓦石咸藉珠玉生輝矣

附录七：《鶴峰州志》道光二年编修　州署藏版影印

重修奇峯關橋梁記　　部生榕

奇峯關祀

關帝神像於土司舊建成樓砌

以石瀬於溪溪澗幾三丈當衝路架木橋以通行

旅年來溪水泛漲岸日潰樓勢貌脆里人稍徙橋

上流廟祝葛叟處廟之遂以額也鶴里人議遷他

阜予曰遷廟避水築廟誠善然由此岸益潰樓莫保

橋雖架樓不保則古蹟淫橋不架則行人病得其

一失其二矣且遷廟他阜刻山鑿石費不貲用

其費以修堤架橋廟旣不患傾圮古蹟長存行人

利賴是一舉而三善備也於諸君意若何愈曰然

炎議量力捐金分途募輸而推予董其事予鳩工

庀材堤成橋架并建屋以覆橋上盖閱歲而事乃

藏焉夫溪之有橋久矣溪岸之被衝突亦非一日

矣今之修堤架橋緣葛叟議遷廟而牽連相及也

設使葛叟不倡此議則堤終不修而橋終不架且

使予不身肩其事爲葛叟雖倡此議仍無異築室道

謀也豈鄉鄰者之難其人與吾聞一介之士存

心利物於世必有所濟自玆以往堤雖築不能禁

苟安急於義舉者多憚於重役之興鰍抑因循

溪潦之不衝突也橋雖架不能保風雨之不剝落

鶴峰州志　卷十三　藝文　奕

也里之人若以爲事不係乎一身一家坐視其漸

就坍塌而不爲之所欲求古蹟長存而行人利賴

也不可得矣予故記其顛末而復以臨時補葺壑

於後之踽躍急公者

鶴峰州志　卷十三　藝文　尭

遠花石賦　以砥柱中流形　伽遼花爲韻
兩岸青山一泓碧水瀏其清矣何緣漲沸成花漖
而行之幾見川平如砥竈春草於河昨彌望薿薿
瀄霜楓於灘頭亂浮紅紫誰爲之拒傍崖盡洪水
湯湯是不可礙盈灘皆白石齒齒爾其邪繞西流
峽橫南浦雙溪逶合嚥電馳閘壁對懸束
如馬漫攫江到瞿塘勢忽迴濶恰同河流瓶杜則
見石紋劃蘞花影漾紅榑移無時殊泗濵之浮礜
雕飾盡去異莖露之凌風乍壁下有驪珠竟日精

部生榕

鶴峯州志　〈卷十三　藝文〉　卑

光四射不道中無涴玉長年深色一叢偶臨流以
攄懷如遊池上倚沙波而言采宛在水中於爲魚
戲東西南北蕊歷冬夏春秋鷺艷匪逺擷來思同
澧浦褰芳殊香望去空憶芬洲或者天補媧皇遺
片石而鏡光難掩不然機支織女付清流而錦段
猶浮徘徊彷彿佛座湧現光鷺極巖壑嘟厭稀仙
化幻相迴添風流爰乃放情巖壑嘟厭郊峒圜
舟艖停證山海經之名葩怳瞻四照分西王母之
異種開闔千齡倘遇好奇坡公中宵定亦理棹如

逢善畫王宰五日可能繪形彼夫鑒池精舍規入
社於遠公作說濂溪此不淪於君子旣淸殊錦城
芙蓉亦韻勝河陽桃李然而英標曲沼迎初日以
媽然迨至芳菱淤泥彌寞其何似則雛足遠毗田
凡葩孰若茲常對彼美至若硬碩鍾雲蒘珉廉守之
靈壁新奇寶玩米顛之袖鬱林磊砢裝載廉夫之
船舫縱比天上三品秀終輪波中一卷曾說客遊
湖心花塢作壁爭知頭點水面舌亦生蓮觀夫響
激銓銶猶是碑硯之石根磐唇窩居然燦爛不借朱
淸露罌姿蕩蕩搖搖曾無緣蓋碧波漾采掩映不借朱

鶴峯州志　〈卷十三　藝文〉　卑

霞若閣寒芳製裳應思淸微肌骨何人枕流漱石
可有香盈齒牙漁父問津當年美桃花夾岸畸人
探勝此地學斗牛泛槎

鶴峯八景

八峯聳翠　紫草輝霞　龍溪夜月
印石承基　果老仙洞　蓮石砥柱
龍潭古鼎　天泉保障
以上八景爲土司所標列故舊志有容美八景
之語溯其舊也嗣後咏八景者皆改題容美爲
鶴峯焉，

州署八景
荷亭避暑　竹院聽風　雙桂排衙
鶴亭遠眺　射圓歸鴉　古梅殘雪
雙柏插雲　西山夕照
以上八景前牧方天葆標列
黃象洞在瓦屋臺洞水浸滴成崖筍其形如象齒
鼻皆具色黃故以名洞
三湖水懸崖壁立有泉按寅午戌三時飛流瀑布
過期止一線涓滴故名
日月崖在黑門兩旁石壁上懸二圓岩一赤色一
白色故名
夜珠池在玉溪峯頂有寺寺前有池名夜珠

鶴峯州志　卷十三　藝文　四三

鶴峯

包穀　　　　　　　　如州　毛峻德
山田多犖确惟黍寶生之吳下呼雞豆秋深老玉
粲白抄雲子碎青怕沐猴窺粗糲思艱苦窮檐足
療飢　　啞酒
板屋團圞圍坐歡呼擎一瓶白波捲細管紅友吸仙
醉戶小卿筩醉魂招楚澤醒底須杯在手麯部未
圖形　　啞酒

鶴峯州志　卷十三　藝文　四四

鶴峯州九日　用杜韻　　如州李林　署知州蔡本愨
高倚山樓腰帶寬客中佳簡強爲歡三杯白酒亭
新蜊一徑黃花笑破冠候雁影分重嶺斷丹楓錦
碎隔溪寒租符底似催詩急爲寫煙雲作畫看

鶴峯懷古　　　　　署知州蔡本愨
才子工愁懷宋玉　在巴東
美人遠嫁惜明如
增月冷荒青塚獨對空山雲影飛
夜郎相近襄西東流落天涯尊酒同一自共開詩
世界至今繞嶟盡凌空
先主荒祠配武侯空山俎豆獨千秋幽魂長抱三
分恨風雨靈旗戰古楸
白雲深處接巫山暮雨江城客夢還多事仙才工

作賦高唐神女有無間

苔宣慰土司田九峯兼送令嗣應恒歸里

蘭津峽路未全迷鎖鑰同心苔　　道常　姚淳燾

聖朝三代風流歸洞口懷春詩草碎芭蕉

覽盡可知荒徼故同書
　其二

幾年史畧費刪除投贈牙籤載滿車二十一朝披
　其三

鶴巒春暖向蘭皋還往翩翩試羽毛黎甍欲傾千

石綠爲清邊氣苔賢勞
　其四

漢家明月共迢遙有意重過莫待招料得南州歸

夢曉錦雞啼處憶吹簫

鶴峯八景
　　　州知　吳世賢
　八峯聳翠

猛虎特頁嶋化蜀傳飛橄欖羅列刀劍形時平同面

壁八峯峯無名蒼翠空欲滴
　紫草輝霞

返照石壁紫綺散繞餘霞此中苔似草四時不斷

鶴峯州志【卷十三】　藝文

花莫間商山叟或者葛洪家

龍溪夜月

我出城南門亂山凹凸下有一線溪濚洄泞明

月相戒勿輕探俯恐驚龍窟

印石承基

臣心清於水臣節介如石放衙閒鑽印蒼苔繡一

碧籠辱兩不驚一片留青白

果老仙洞

白雲與之俱仙靈洞中宿粒粒濟泉生何用監門

哭爲問辟穀方倒騎驢尾禿

鶴峯州志【卷十三】藝文

龍潭古鼎

古鼎垂雙耳下有毒龍藏酌泉泉不竭擣藥水雲

將豈必享大烹霖雨溥羣蒼

蓮石抵柱

靡靡厭卑嘖嘖蓮花凌空結一柱抵中流衆魚潛其

穴亭亭開十丈舌在還能說

天泉保障

雞公連石寶丟天儼尺咫泉泉聲石上流楚氣淨足

喜在德不在險保障固如此

運米行
　　　吳世賢

附录七：《鶴峰州志》道光二年编修 州署藏版影印

萬山積雪雙足洗一步一跌兵米兵鼓腹兮民
忍泌有時破涕詞轉笑聲邊關調邊關烽
淨月如銀年年歲歲鐲租
詔沅復將軍羊峴山旌旗細栁鎮南營軍中粒粒念
辛苦力役何辭行路艱君不見昭君村接鶴峰樹
萬里蒙塵輕故土

包穀行　　　　　吳世賢

萬峰簇簇人似烟鳴鉦聲鼓詞徹天小婦赤腳男
尻肩相呼相喚來種田田中青青惟包穀粒粒圓
与珠十斛十斛量來賣街頭青錢只堪腰一束今

鶴峰州志《卷十三》藝文　　　　哭

年處處樂年豐換得錢歸室磬空室空還仕明年
種那磧磧飛蹖兩腳腫衣不沒愔骨如柴包飯摶成
走斷崖年年雪棧冰坑裏帖耳低首莫抗差差來
側目冷一笑鴨取包穀作馬料

州署八景　　　　　如

鶴亭遠眺　　　州 方天葆

八百延豪萬登山斗州天塹四雄關桑麻雞犬風
猶古文物衣冠俗不蠻洞裏笙歌聲寂寂溪邊鱗
石水潺潺可憐故土歸流後荒塚空餘夕照間

射圃歸鴉

觀德亭前噪暮鴉群紛金翅碧天無心出幽雲
多態有意還巢夢正賺桃帶夕陽歸極浦驚歲
晚落平沙分明識得棲藏處射圃何妨任爾家

古梅殘雪

長將瘦骨倚墻邊關守名國牛是仙魂斷雪儔拋
玉珮夢驚鳳過池小稿南畔有霧籠綃帳月淨無
塵染素娟此地寂寥君莫怨耐寒誰復占春先

荷亭避暑

喜晚香微爲憐此地真清寂斜倚朱欄待月輝

竹院聽風

庭院浮筠似渭川烟梢裊裊晚風前漫將屈戌迎
人笑好寫寒聲却自憐簾外忱間飛玉粟月中縹

聽步嬋娟客來野假休嫌算留得竿長譜管絃

官衙排徑

堂前列種木犀花愛天香不放衝霜薄瓊枝清
徹骨雨肥金粟碧於霞端排雁序分班第好整翹

行作爪牙正是泉芳搖落盡貪看獨秀占秋華

雙柏插雲

113

古柏蒼茫望窣迷生來兩美一般齊參天黛色雲
爲譽溜雨霜皮月可梯斗柄正垂高幹北山形低
向嫩條西不愁歲晚驚寒雨長有祥鸞待汝棲

西山夕照

爽氣徐來日已斜西山憑眺極天涯碧峯疊作重
重錦斷岸流成片片霞怨女罷粧還繡閣征人擅
彎趄晴沙徘徊不盡登臨興回首名園待月華

細柳城觀劉與農民問荅作
　　　　　　　知州　雷應方
隴畝高低黃雲平南阡北陌粼板聲長更奄觀有
哭

《鶴峯州志》卷十三　藝文

喜色老畦不覺蹉嘆生問言秋成非不好口仍
無半歲飽今年淫雨緜仲夏富室局倉長穀價手
中無錢腹中飢不能償可憐青青田中
穀未熟已入飢人腹此日禾場索連去媍子歸來
吞聲哭貧家有年遭如荒出門何處逢酒漿安得
富室無債券有穀不上他人倉
　　　　　　　知州　吳煥彩
登署後鶴亭
四面擁烟攬人行步步艱峽吞雨河水草占半城
山竹樹圍圍村小魚蝦入市慳荒歐樂訟簡好共白
雲開

望鄉臺
盤折到絕頂危亭片刻涼雲邊山萬點巖際樹千
行縮邐迤巴蜀巍峨過紫蒼海濱何處是東望憶
吾鄉
　　　　　　　知州　楊樹本
客陽詞七首
陝岡種包穀履險乃如夷豈不畏蹉跌相期免調
飢
深巔多藥材採伐任枯槁山中木綿不易得榾柮
滿爐代布襖
大米珍如珠高粱亦罕有祭祀及燕飲一味包穀
哭
酒
高荒多苦寒五月蔬未熟何以給饗發猪草和稊
粥
背版山嵯峨任重取偭多只願有力大如虎不辭
身作牛馬駄呼人不努力山民力食勞如何
黃豆漿包米飯秋稼初登適所願山農一飽勝珍
羞日食萬錢猶貪怨
生長深山中不見山外事蚩蚩者何爲懇焉懇撫
字
　　留別鶴峯諸紳士
　　　　　　署知州　何學青

《鶴峯州志》卷十三　藝文

114

附录七：《鶴峰州志》道光二年編修　州署藏版影印

滿滿風雨兩忘年彈指瓜期忽惘然自分少喬留
去座他時高會憶翠仙雲俵碧落三珠樹雁拂清
霜九月天醉醺無限意問君何以贈韋絃

咄酒二首　何學青

屏除杯淺對陶罌遠把壺傾雙管舉吸去香先迎
沫上注水壓平罨是少陵知此味無多酌我醉難成
糟誤屈平報年美試飲尤於夏日宜莫惜我須低
釀成胥到經年懷顥勝傳荷柄勸醉爭
首就可知人廬人喉遭暢纇舊漫因苗俗錯題詩
禁唱竹枝蘆酒鈎藤名號

鶴峰州志《卷十三》藝文

容陽雜詠

署知州　王惟球

九峯南聲正當衙七里西流藻落花此是舊司中
府地每逢遺老說田家
紫霧天高微四關地雄原許壓崒巒世傳十八時
方泰蠶爾無端欲作奸
盟心柱欲逸辇屍江左何曾有應師愧煞苗人麻
老丑尚知順逆靜邊陲
煉藥燒丹總自誣道人妖術豈民圖關城未築民
先散不用王師勢已孤
特險何曾得萬全平山深洞柱相傳至今鐵鎖空

鶴峰州志《卷十三》藝文

桃李欣初權琴書忍驟遷隻身千里客老病萬重
司鐸三載得風病告歸別同學諸子　訓導陳文煒
尨烏華表依然鶴未歸
祖墓松杉浸碧暉崇碑曾榮武功巍我今重憩雙
已毀野田惟得聽藌歌
勝遊此日更如何高嶂危崖處處多可惜雲汞莊
宮右今日倉儲似昔謀
何處南藩近日樓卻將寶善舊名留署衙□碑
橋影惟見蒼藤起幕煙

山編訂空留恨　會與藤軒樹史故云　文詞逃待刪祇餘
歸里後遊夢繞岩關商修邑乘

官軍屯郧陽關堵禦教匪紀事　日吏陳　泰

畢竟郧陽險隘全么底事寶嚴關書符分帛無
明效滴水開鈴有秘傳吉甫戎車來六月葦皋練
卒出西川官家軍帑流星連討日饒歌唱凱旋

包穀吟　訓導蕭　琴

包穀亦黍屬種植滿陵阜山農無他糧惟藉此觸
口幹高五尺餘葉與蘆蘆偶節間孕瓊津狀若筆

初剮綠繹裹爲衣紫絲纏若帝展或如鳳冠擎或
大徒遮頭實臨深秋年年欣大有吾聞玉山禾樹
歌響苔林藪落日卸遠山黃雲覆查雙叉姑好肩
背奔趨陇陇健兒莫遲強腰弓已却走歸家各
磨礱一石米八斗精以供餅廉粗以釀𪌰酒既可
娛嘉賓復可介眉壽貧民得有此厥利亦良厚愼
勿多費糜餘三觔待九吾願山中人常飽此粱糧

印山石 使 陳錫鎮

一印從天降山頭吃吃盤孤城貧重鎮巨石得奇
觀土戴文誰覿雲籠角不刓斗州同景仰珍重寧
躬桓

鶴峯州志 卷十三 藝文

鶴峯二首 判州 林廷翰

昨日神仙降玉京翩翩化鶴到容城八峯山登昴
藏骨兩口河傳嗁嗁聲赤壁飛來原是夢非乘
夫尚留名屑鸞擬向丹霄舞莫訝三年竟不鳴
羣山盤繞出城西幻作蹁躚羽翅齊白綴三分幾
雪淺丹流一點夕陽低佾鳴漫道坡無庵獨立鄉

北佳坪 林之翰

知洞有雞只恐夜深湛露至鶩飛欲與鳳凰棲

容陽風景澗當年何事佳名北也傳未許西方徙
擅美肯教南國並爭妍千林夕翠山衔日萬壑晴
光雨過天爲問春秋多勝賞錦囊添得幾詩篇

塋鄉臺 林廷翰

仄徑危崖路幾環塋鄉臺上塋鄉關舁頭明月三
千里極目歸雲八字山異地風光悲楚客故園花
信訪梅灣隔年未得音書至時見天邊雁陣還

舊名白果坪則由來久矣乾隆中前巡司
胡君砌石護持樹日盆盛而砌瀦壨圻
瘠前白果樹一株不知植於何時然建廟處

鶴峯州志 卷十三 藝文

重爲修治旣成賦此 巡檢 余遷思 平江人

道左紛披穩結根那礎植當門不同岸柳夸
遷折切近庭槐曉逮昏培壤我非惜花果夜而開
此樹亦摩挲客亦歷公孫樹一名公孫謂公孫
鴨腳從未實種至孫始得食 低徊
鴨腳勝鼎舄濃藍幾人堪並論

萬全洞 浙江 知縣 吳裕中 南安華人

疊㘭崚嶒一洞開懸空四匝絕塵埃窟成未必非
全策巢破終然付刼灰危磴久無樵牧至荒天曾

鶴峯竹枝詞 吳裕中

戴管絙來藤花爛漫荊榛古連脊清猿日往回

附录七：《鹤峰州志》道光二年编修 州署藏版影印

禾黍高低亂石間高低收成不一般高處要嚙低

要秧天到山中做天難

栽秧蘿草鳴鑼男男女女滿田坡背上兒放陰

涼地男叫歌來女接歌

過大巖關　　　　　舉人　鄭　謙安鄉人

全楚分南北雄關亙古今徑斜人百折岩峭樹千

尋傳橄通荒道飛鳶慕好音當年防成地弦誦滿

平林　　　　　　　　王　震入松江

鶴峰道上

秋風吹上嶺雲巔路入椒園可著仙一線天開山

餘傾碧泉寇愛靈花香滿路馬頭過處幾留連

雨霽空山暮色蒼忽然山齊見平岡零星烟火連

村社如水官衙對野塘把酒狐吟懷自遺攏衾入

夢夜偏長明朝又踏雲邊路細檢行裝待曙光

紫雲宮　　　　　　　李靜安州人

紫雲繚繞是仙宮滿目烟霞四望通盡立丹楹界

天上橫鋪鐵鎖鎖鍊山中北臨諸洞禪心寂南把翠

峯道法崇早晚鐘聲林外微可能說法似生公

小溪霧行　　　　　　李靜安

鶴峯州志　　卷十三　藝文

款段徐行復渡溪中何處辨東西似嫌寫景詩

人過牢鎖雲山不許題

容陽八景　　　　　謝士璠州生人

八峯聳翠

聚五連三聳碧空排成奇嶺亦奇峯八面更志雲

關陛僛若朝天笏犖恭但覺眼前青

外翠千重牆嵐霽色都堪玩暇日城頭一盞留

紫草輝霞　　　　　丁達模庠生人

城東好是夕輝斜爛漫綻開四照花幾日燒痕青

作禁終年草色紫於霞氣瞻寒谷仙應近芝滿商

山我欲家長似楓林秋老後征人指點路三叉

龍潭古鼎　　　　　徐本立州生人

陂澤天成數畝涵脅傳古鼎此中嵌水心誰道神

工鑄碕岸難同象罔探蝌蚪無因摹大篆風雷會

待起澄潭龍蟠犀伏徒能說數典何人證籍談

印石承基　　　　　張賜彥州貢人

石方如印不煩剜城郭因俠駐蓋麾天上須來承

重鎮山頭磐處壯邊陲烟雲環繞緘封古苔蘚綵

橫家刻奇應是恒星化非偶斗州長藉作丕基

龍溪夜月　　　　　徐承佺州生人

附录七：《鹤峰州志》道光二年编修　州署藏版影印

鶴峰州志　卷十三　藝文

繞郭潺潺水向西蜿蜒折赴是龍溪每當良夜金
波漾漾常恐中天月影低可有漁人吟在攬若逢鮫
客欲探驪清暉似勝千潭印遊侶歸還聽唱雞
　　果老仙洞　　　徐承義庠生
境異桃源別有天豁開一洞近城邊騎驢無復遲
蹤至貸米猶從俚耳傳藥寵丹鑪成往蹟異花靈
草自長年能來此處求仙否不作飛仙亦地仙
　　蓮石砥柱　　　丁蓮謨庠生州人
芙蕖一朵四時妍馥馥臨風只火葉田田往瀾砥柱莘寧頑賈凌
波品亦仙卽石卽花空色相奇觀漫詡火生蓮
　　天泉保障　　　龔祖羅庠生州人
巒觸紛爭策萬全所憑地險在天泉雄關以外發
焉啟峻嶺無多危則跫自昔鳥鳥驚鼓角秖今禾
黍長風烟樵歌牧唱
　讀楊蔭軒刺史容陽詞呈詩八首　錄三　洪先燾
熙時樂保障遷資守土賢
山陬風景入吟哦事事都堪喚奈何一片獅毛彌
磅礴幾行龍爪列坡陀葳根菵葉褻殘慣女背男

鶴峰州志　卷十三　藝文　歌

肩痠痕多辛苦萬千民氣靜使君爲政本寬和
妖氛蜂起遍荊襄守禦頻年費糗釀更無三
宿酒犁雲偶有數家莊勤披豢贖防多訟派夫
徭抵救荒老杜胸懷次山句艱難曲繪出琴堂
落花廳事滿青莎筆墨工夫得不磨野老新傳栽
菥譜土人初換插秧歌萬千山匪妊頑少十六條
添講解多更把新詞抄萬本後來良牧奉金科
　鄔陽關軍中聞賦營歌聲　　洪先燾
尚有投誠路冥頑荼爾何釜遊能幾日猶自起高
歌
　　容陽竹枝詞　　　洪先緒廩貢州人
春山桃李爛如霞女伴相招笑語譁今日晴和天
氣好陽坡去摘雨前茶
薅歌六月滿山岡鑼鼓聲中抑復揚莫道山中無
禮數男男女女各分行
礫确坡陀歲易荒山垠半賴蕨爲糧冬來但得晴
無雲也似耕人一例忙
薪盡荒山挖洞煤蒙頭垢面入城來不觪早晚頹
肩苦猶有賣鹽人未回
繞城一帶水流西塵市人多傍鄸堤何處擣衣砧

118

附录七：《鹤峰州志》道光二年编修　州署藏版影印

附錄七：《鶴峰州志》道光二年編修　州署藏版影印

鶴峯州志　《卷十三》藝文

石響沿河直聽到龍溪
隔宵相約赴城闉揀出蒙頭格子巾明日笙歌迎
緱仗聽郎說是隔年春
郡城逢新授北佳坪別駕蕭巷問鶴峯景
象詩以荅之
　　　　部生裕　州人
　　　　　　歲貢
宦遊來鶴峯人言如謫成鶴峯萬山裏別駕難幽僻尚有米
路憶我總角時茲路未停驂離幽僻尚有米
鹽鋪轉瞬三十載惟像別駕變選匪自今請為
穀編菜樹壤藉齊化滋民慶豐年屢坡陀經雨洗
君言故此邦初縣氓多流寓燒畬墾礎包
階如詩立芒鞋當少駐古人林泉興多為圭組誤
有崇岡是我先祖墓寒食澆麥飯我來歲一度軒
羅崔別駕若懸瓠夜停衡山月曉看巻溪霧廓旁
壩今日荆榛布戶口十二三藏穢供朝蓉州堂可
崴久山骨露地廣盡不毛隤棄無回顧塢井竈

處
　　蘭莖臺
　　　　瑜章琳庶生　州人
君才撫鳴琴定得靜中趣莫厭入山深此是吏隱
枝條曶似蕨初生蒔莖如蘭有白絮蒙其
頂味脆美用東坡元脩茶韻賦之

鶴峯州志　《卷十三》藝文

禾蟲嘆　壬申歲
　　　　何夢芝　州人
　　　　　　歲貢
青涼山中蕨春日敷蒙其傘芽佐匕箇嶺載區蔬
豐皁彼蘭莖蓮莖並起芽莩中出土載白絮蘭薲裹
緱蟲紫莖排筬筬綠野抽恖忽摘邅逡方嫩盞發
詠有儴甘脆敿薇筍辛烈異韭蒸味美人共嗜拘
撥敽日空宿根自蘊藉潛滋蔓草叢來歲茲
烟雨散冲融無勞施灌溉擢秀仍從同我家深薄
世味息壤卜蟻封且勿剪早韭且勿薅晚茲先時
裏甘此自見童顏年旅食久尊思每繫
其窳籃薄茱出蒿莑此腹殊不貧編捥傲萬鍾不
似元脩菜夢想勞坡翁

食葉蟲為騰食箇蟲為賊一蟲二者兼肆毒更無
敵初以菜作巢葉盡根是宅日出下藏身日入上
薦食迅若饡饀桑多勝馬臧櫃能令信宿聞委蜩
稻食藉粒用中珠農人和淚滴古來捕蟲法雖
有焚埋力蠢茲蛾蛾醜奮飛少兩翼勢成附骨蛆
醫沿竟無策我閭蟲之生匪天不駿德騰由吏乞
貸賊由更貪墨戚召不一端總歸吏失職方今制
史堂劉寵其潔白耕也儌在中歐故顏難測莫浚
論禋祥使人興譏愿

附录七：《鹤峰州志》道光二年编修　州署藏版影印

鶴峯州志　卷十三　藝文

蟲災後久雨　何夢芝

與蟲爭稻蟲可掬半墮田中牛歸屋青黄錯雜易
霈厲禾場盍平輴磔礴豈意舊雨招新雨崇堘比
櫛不待暴眼看去一半穀前日禾苗需雨潤晝
夜呼龍龍潛伏此日穀粒愁雨飄龍公故故來不
速龍分龍兮苦與螟騰厚倐首方社前新帝
將龍逐好晴十日無片雲再荷裹笠此黄犢

遊晴田間　李先春　州人恩貢

歲大淵獻秋相月往尋古間戴笠出披榛蹠囏崖迤
遷上冠者五六童六七間名題處處蹊難遍旁敞大
厂穿筵虓儵鮌來徑隔隔萬仞陷削眩目蹄虹龍未
大且先覓石碯碯不特採依壁鍥撰記洋洋千餘
言風霜剝蝕半殘缺捫壁摹畫推縱横畧雲修間
綠藏兵人情爲田民有奧康熙庚申九峯营振衣
同向間中遊寒析毛髮風颮颮靈草異花歷落長
土壘石脉無可求谿衖嵚閡人持油炬并
楮煤蝙蝠飛驚蟾蜍少年譁呼鬼物來耳畔忽
隍微露天光青溜穿罅玲瓏懸亂窊窶牢葭撃竸勁
勒賞勝故應還吾儕往時蔓來殊荒忽袖雲間口

鶴峯州志　卷十三　藝文

田九峯宣慰墓　襄得瑜　州人歲貢

日落古梁州
行仍留禾黍高低原野秋緣髑髅戰場底處是樞曰
往代英雄多奇特破碎山河自成國豈知中原恨
據時更有餘人闘草澤夜郎自大膺哥城蜡角熒
儞肯贊櫻田氏累葉蕘奪美九峯將軍尤錦錦將
軍制作藏内府舊事繙成新曲諧紅梅白鹿風雅
留惜哉再傳失疆土阡碭蠱立溪橋邊苦封碯宇
粉不全石馬縱横凶榛莽松風蕭槮著煙陌上
過客行行止太息冢中人不起有兒高建歌舞樓
曾擬仲謀與亞子歌殘舞謝空悠悠深山杜宇春
歸愁欲訪遺跡故老盡溪聲日夜西向流

望鄉臺　部生櫺　州人序生

蜀山趙入爨陵止鶴峯山附蜀山尾勢如江流欲
出峽盤折奔騰逶奇詭就中望鄉臺寢高巍巍
载入青霄斗州廣袤八百里挺拔岾然羣山豪此
山正當我門牖終日瞻眺卯至酉今來蹣足峯此
上始見羣山下界走林風颮颮振長空呼吸之間
過荼穹極目天低鳥沒處中關雲烟千萬重峭壁
老樹歎不折怪禽飛出虎穴瞎泉漸濻時如間

120

附录七：《鹤峰州志》道光二年编修　州署藏版影印

陰岩猶留太古雪我行至止方清晨我室人謔謔
可聞獨立蒼茫百端集瞻爾東西南北人

辛未歲劉邑侯編審戶口作長句上之　部生榕（州人　拔貢）

鶴峰州志　《卷十三》藝文　（三二）

柘溪歸流隸版籍坡陀延袤里八百編氓多稅鼎
澧來依厂結茅此與宅是時老林初燒墾草木腐
化卽糞澤春日鋤翻烟雲叢包穀播處行歷歷蕉
寶旁挺大逾把等等密封長盈尺糸如貫珠粒在
房熟驗垂綏白轉黑實壁焚饑飽充腸一夫耕足
八口食雞鳴狗吠山谷應往來行旅羨樂國數十
年來雨潦洗磅确空餘鑿壁石間有土山多不毛
和黃播種終嫌牌流寓紛紛復他從貧者難遷腕
徒撥可憐荒舍破金中常雜薇供朝夕可憐鶉
衣鶉面人常藥未躭應徭役我閭民生勤不匱柘
縶勤亦生理窮窀力農既苦壤無膏遂末偏傭僱地太
僻頹肩負茶復荷鹽辛苦傭保濡餘灑豐歲難贍
俯仰資若逢荒歉更過氿召父杜母今何人殷勤
編審戶口册請問此州男女數較量盈細何如昔
州堂槐樹四株間中吳屺來夫子剌州特所
手植也十閏春秋大逾拱把對之有作

峯巒犬牙錯一綫少坡陀土瘠穀頭短山空泉眼
骨未欺人泉擎計日經營就好潔頹藜綦其禮神
過奇峯關作呈部隲峯　劉紹純（州人　廩生）

眉改初識容嗟姓宇陳富肯破慳緣信我貧嘗徹
文治烝烝秋祀新釀金作廟遍鄉鄰故交驚看鬢
喜而有作　部生榕

州城建修　文昌廟亏赴鄉勸捐顏形跼躍
李老成咸陀不得比疎槐

殷勤樹木種淮淮留取甘棠覆滿階帽悵公門桃
部生榕

鶴峰州志　《卷十三》藝文　（三三）

多成無鳴析警野習蕭萩歌好待新釀熟澆花
處過

重修　文廟落成恭賦八韻　部生椿（庠生）

奕奕　先師廟何緣底再成告竣資代組經始自
專城工圖頻年集梁諏吉日迎飛甍依舊址澀浪
感新閟以爻崇遺像於昭莫兩楹更增民牧位還
待哲人生嘉樹吾翁植鳴絃闢邑廣儒林同釋奠
窈喜廁羣英

山羊司　龔經德（州人　舟貢）

層山疊嶂攢周遭禾黍芃芃土壤膏竹驛雄關盤

附录七：《鹤峰州志》道光二年编修　州署藏版影印

百仞禰嗟開署勝三刀當年蟹鋼分蝸角此地熊

罷成虎牢　聖代人安耕鑿樂絃歌出塞高

重過韭菜塢　田玉疇

不見山家老圃勤重來春韭綠如芹朝經宿雨人

初剪晚値新炊客欲分虎跡縱橫過鳥聲唧

唶隔溪聞荒榛一帶鳴鞭急無數毗毗亂撲雲

挖蕨　田上選

斬根擔粉濟年荒共說入山倉得飽不須天

雨粟積勞勝穫禹俅糧綱團絮雪千溪月杵發輕

雷萬谷霜只待新畲蕎麥農歌又聽遍巒岡

鶴峰州志　卷十三　藝文

迴龍閣懷古　趙顯廷　生員

芳林日落訪遺蹤畫閣臨橋瑞靄濃漢土當年會

走馬谿山此日尚迴龍團圖十献開金地平蕪千

家人翠峯防隘營前空炬壘風清粟界夜聞鐘

江口卽景　于世迴　州人

崖迴路轉小橋低夾岸人烟古渡迷林抹數峯界

南北水流雙派會東西白榆山對紅花近青佛雲

連赤石齊明月洲前憑睨栴恍疑身在武陵溪

登州城堃舊司祖塋宰木伐盡咸書二絕

紅花雨佛近石明月洲皆附近地名

无復風烟助惨懷縱橫翁仲臥塗泥誤他杜宇春　劉開泰　州人

來血盡日哀哀啼

量圍解帶往時情此日城頭望眼驚寄語故家住

子弟須防坏土也耕平

上塋界　劉紹寬　州人

望去渾疑天可接到來真覺足離羣陰陽坡得日

光半乾濕路從山頂分巖積三爹新舊雪樹穿四

界往還雲一聲長嘯隨風起上界下方閒不聞

溪坪道上　龔紹崧　州人

鶴峰州志　卷十三　藝文

細雨霏微欲釀泥霧籠馬首望中迷空山響沓丁

丁斧知有樵人在隔溪

辛未七月龍潭坪雨雹殺稻　田興邦　州人

築場脩錢待攢珠硬雨偏教數里無傾耳初間催

羯鼓舉頭旋訝碎冰壺穟空成帶迎風埽種播如

春貼水舖天物仍愁天暴殄謀生底事是哀圖

咸盈河道上　宋大松　州人

遼洞溪為路羊腸曲曲圍猿猱循石棧下燕撲水簾

飛礐轉天臨窄崖高日到稀前山雜犬見好去款

雲扉

龍潭古鼎歌

拔貢 田禰康 州人

青龍山脉寸雲起倏忽蜿蜒幾千里潛流瀉作桃
花潭風雨時噴老龍水但見波底雲聲慈爭說實
鼎藏龍宮瓊樓貝闕在何許鱗甲照耀森玲瓏我
聞黃帝迎月推策逢己酉冶金鑄鼎文從斗牛聞
神禹貢金九牧河光燦爛形列狀輪精誠龍潭之
鼎鑄何年光芒閃爍千人傳披圖載考地輿志濠
溪溶蔦孿靈成山川如何龍頭冢腹有光怪不與
高陵深谷同推遷自是化工鼓鑄多神力爐錘天
地生雲烟及今精靈那可掩吐吞日月寒閃雷

鶴峯州志 卷十三 藝文 奕

車殷殷推九脊一鞭獨擊金蛇高四闕夔蠼如潑
墨潭水返照光欲裂鼎在虛無縹緲間不知赤山
之銅茗山鐵叉或蟠虯懸天中金波下與銀河通
珍珠爛斒貫星宿百靈呵護蒸霞紅昌黎當日歌
石鼓大筆淋漓灑飛雨彭蠡湖邊尋石鐘韓公逸
興爭千古龍潭之水何其深深香滿淼淼流淸音啥
呿聽我匣中雙劍如龍吟

水碧即景

李定南 廩生 州人

老圃寒花作意黃丹楓爲相逗斜陽秋山不豪春
山好紅葉叢中蛺蝶忙

容暘雜咏和韻 李定南

深山累葉擁峰街俗不彤遁面不花抛却前人金
紫貴忍伸螳臂抗 天家
蝸角紛紛巳敹關如何輸欵後諸蠻遺民太息東
東事從古貂瑠樓一般
寶善樓連寶善宮傾樓圯化秋風容暘舊蹟銷
磨盡惟有西流水不東

鶴峯州志 卷十三 藝文 奕七

風雲雄旆馬鳴嘶霜降公然出柘谿荊府羊裘虛
想望 皇輿直到夜郎西
骨薾相依理不訛可憑狡詐逞狂圖青麻索縈鄉
酋日爭料戴封注已孤
縈窟謀成喜萬全坐街苦岢民傳顛當不遇蠍
蟠冠亦有豺梟颺烈烟
無復闉聲喚奈何桃花扇慈客愁多只今菊部長
年恨不道生兒擬仲謀
消歇留得端公下里歌

附录七：《鶴峰州志》道光二年编修 州署藏版影印

橋頭墓碣頗生哗素語褒嘉世間巍宰樹春睡
杜宇聲聲獨道不如歸
澗泉雲孥自清音往事悠悠歲月深琴閣艷傳新
樂府馬鈴爭似雨淋淋
脚踏坪道上暑行　　羅玉麟　州人庠生
去郭二十里無風自在涼馬頭出林外時有野花
香　　龔紹杰　州人庠生
泉聲滾滾飛山色蒼蒼接秋樹驚鴉起蕭蕭下黃
葉

鶴峰州志　《卷十三　藝文》　六

石龍嗣旱行　　徐承禮　州人庠生
聽霧迷離臘色微露珠顆顆濕征衣橋頭立馬塵
心淨石上流泉學雨飛

神壇坪巖流細若橋溜每日寅午戌三時大
如傾盆逾時復細膩兩皆然人呼爲三潮
水　　周光勳　州人庠生

巉巖多是碧流懸幻出靈奇獨此泉涓滴頻驚飛
匹練海潮不信到山巔應時消長真堪異隨月盈
虧却未然一勺也教難蓄渊惟餘三疊聽潺湲
紫雲宮　　洪先繁　州人庠生

紫峯矗立望亭仄徑蛇盤入冥冥杖底雲連平
野白門前樹界半天青斷橋歲久鐵如繡陰洞夜
深螢似星太息尚會遺蹟邈惟餘鐘磬苔山靈
印山石　　田純德　州人庠生
鶴峯山裏山山多峭石誰削方以平纍纍山以
攫奇哉此石鉬盈丈自天劚如匣函綠紋啓則耀
金赤秦漢有印統王侯異品格梁代忠孝侯金印
石胎孽大造生偉人精英媲山澤茲石真石材天
肯爲剗削薅雷摑其磺疾風刷其坳篆成天雨粟
堅光發地脉莎廳□於前握之攤棐戟山靈叶休

鶴峰州志　《卷十三　藝文》　六

徵勝蹟留竹帛
登鶴亭　　龔紹峰　州人庠生
鶴亭留勝蹟登眺藉餘閒繞郭都成障憑欄飽看
山遙青昏雨脚濃翠涇煙褰刺史風流杳芳蹤不
可攀
登平山　　龔紹融　州人庠生
高壓香爐勢倒懸真如螺髻白雲邊危峯傑立疑
無地峭壁橫開別有天萬疊附庸疇後見四時真
面雨餘傳土人猶說當年事指點城濠盡宿煙
郡城間部睛峯采輯邑乘寄詩奉問

124

七二七

洪先緒

平生懶不學稽康驛使來逢問必詳共道說詩匪
鼎樂更聞捉粟子雲忙如樣筆撥山川秀附驥人
欣姓字香草創造知思急就少微星色漸成黃

課徒暇宋輯邑乘洪理堂自郡城以詩寄問
次韻荅之

部生榕

清時無處不平康風土先從里閭詳載筆難憑愛
斯錄臨文仍恐錯因忙肯敎泉下人多恨爭得山
中草亦香搔首茅檐佇君至西窗細與其丹黃

按自來修邑乘者列藝文一門祇載某人著某書

鶴峯州志　卷十三　藝文　半

凡若干卷經史子集皆以類編固未暇盡錄其詩
文者而不可以此例鶴邑也鶴邑僻處一隅代無
聞人惟田元頗事詩書有金潭吟意筆草田弇年
多勞積而能文章所著廿一史纂容賜世述錄亦
可謂鐵中錚錚矣此則唐世英以能詩名而他
無聞焉欲求如經史子集之以類編
其難哉操觚乃於此廣蒐博採以歸一爐而成五
鯖亦艮苦矣乃世猶謂其求益選肥則何也

鶴峯州志卷十四

雜述志

唐叚成式之諾皋宋洪邁之夷堅大抵近神史小
說姑妄言之姑聽之蘇長公以此資談鋒則可矣
不然若王喬鳧飛左慈羊鳴可入後漢書幽明錄
搜神記可入晉書抑或不免於失之誣乎吾恐范
蔚宗房喬諸人尚未足比功董狐也志雜述

容美司一稱柘谿按土司多以谿峒爲名如來鳳
曰蕉谿稱桑植曰柟谿永順爲古溪洲溪郎谿也
淮南子假眞訓登千仞之谿註谿蠻夷也以柘

鶴峯州志　卷十四　雜述　一

桑爲弓柘爲之稱或取義於此稱柘雜者誤
土司之班宣慰爲上宣撫次之安撫又次之長官
又次之然宣慰與宣撫不相統屬
土司承襲　國初猶屬吏部後改歸兵部
土司部勒土民分風雲龍虎等字爲旗旗有長又
其下有大頭目分管若千戶現在州民猶有存
其祖先大頭目軌照者
桑植縣志云永順保靖桑植容美爲四大土司而
容美最強桑植亦能敵之後乃結好
容美宣撫司領長官司四曰椒山瑪瑙曰五峯石

寶曰石梁下崗曰水盡源過墟平椒山瑪瑙即
今劉家司地石梁司今屬長樂縣地
土民稱崗長曰都爺其妻曰夫人姜曰某姑姻幼
子曰官兒女曰官姐子弟之任事者曰總爺其
次曰舍人
土司世崇武功至田世爵以後頗事詩書故田元
有金潭吟意筆草等刻而田旣霖兄弟三人未
承襲時皆補澧州長陽諸生又田舜年所著世
一史纂載入省志

鶴峯州志　卷十四　雜述　二

桑植中崗各土司營合兵圍田舜年於情田崗土
名其戰處曰送三埡
情田崗在太平鎮東里許高三四丈洞可容數百
人門二在左者八分書情田崗三字在右者棐
記於儞字跡多模糊大畧言藏兵事尾署康熙
庚申年田舜年譔相傳舜年被桑植各司圍崗
閣數日於崗中伏流內捕魚數尾擲以與敵敵
相顧謂曰彼尚有魚可餐我等模糊已盡援師

至將何以戰因解圍圍去去之日大雨如注舜年
洞知敵來時車東河苦竹塥二處皆繫繩兩岸
緣繩而渡山水驟漲必難速濟遠斃土兵分頭
尾追感殺無算遂於太平鎮關廟鑄鐘銘功有
以數百人殲賊數萬等語今其鐘猶存
平山萬全洞田舜年所嘗有碑記在山上今尚存
但洞須緣溪而上其舊砌磴級多為崩石擊碎
罕有遊者
紫雲山下有鐵鎖橋歸流後橋己傾圮而鐵鎖猶
橫繫兩岸後亦為人攫去

鶴峯州志　卷十四　雜述　三

城北五里曰臯老洞俗傳土司時有仙居洞中歲
飢土民貸米於仙先一夕禱之明晨往取則米
在洞門如所求之數後因貸者不償禱不復應
語頗怪誕然臯老仙洞爲容美八景之一或土
司神道設教假此以愚土民歟
桑植縣志云縣西北一百二十里有大崖屋寬布
數十席石壁上有墨書山高水長億萬斯年八
大字相傳容美桑植二土司尋盟於此
土司曾受吳三桂偽封故其時給土目執照尾署
周二年印鑴承恩伯印四字

土民皆不愛學有唐世英者能吟嵩邑士人曾見
其遺稿百餘首今已散佚
湖南石門慈利所屬有世襲所官監官以防禦土
司爲責任據澧州志稱肇自蜀漢建興年間下
及唐宋以來皆仍其舊至明洪武後乃確整有
徵其制所官世襲千戶監官世襲百戶所官地
丁銀徵三免七隘官地丁銀徵七免三自行圖
練不議糧餉亦不給兵仗至雍正十三年各土司
俱已設流部議各所隘既無防禦之責又無管
束軍民之任請將原缺裁汰我
世宗憲皇帝俯念該祖父等著有勞績不忍令其廢置
分別賞給千把總職兪准其子孫永遠世襲乾
隆三年慈利所屬山羊隘五十里以內之地撥
歸鶴峰各世職有歸州屬管轄者遇有承襲事
件仍歸湖南州縣核辦
相傳茅陵鎮總兵冶大雄微時販馬至容美爲
崩主所窘辱後鎮茅陵構之制府以致列款
斜黍然閩桑植縣志當雍正五年桑植改土時
前制府傳敏密摺奏稱鄰司田明如桀驁狙詐
或恐各傷其頻卅煬爲變請調兵預防是明如

之不軌素著不待他人媒糵也且雍正七年以
前各土司以次歸流明如苟遠時務自行歸誠
改土必可仰邀
恩眷不此之圖而負隅自固已經斜黍尙謀抗拒其
身死不致戮屍妻子復獲安插猶爲幸耳
相傳土司時老林未塞猴類之最多者俗呼爲十
萬猴一日西路斥堠守者鳴角報警土目屬衆
拒敵比至則鄰司並未犯境詢之守者對以遙
見車東河敵兵
水人數彌漫無筭土目轉告
崩主議沿以虛帑軍悄之罪崩主曰是必有故
使人往探則是日十萬猴過河也乃更賞守者
土司女優最工桃花扇漫述云楚地之容美在萬
山中阻絕人境卽古桃源也其崩主田舜年願
嗜詩書亍友領天石有劉子驥之願竟入洞訪
之盤桓數月甚被崇禮每食必命伎奏桃花扇
亦復梱旋可賞蓋不知何人傳入或有雞林之
賈聊
明史載正德四年容美宣撫椒山瑪瑙長官司所
遣劉思朝等赴京進貢沿途驛傳多需索爲偵
事所發自營橋以北計干傜金部臣以聞帝以

附录七：《鶴峰州志》道光二年编修　州署藏版影印

附录七：《鹤峰州志》道光二年编修　州署藏版影印

鶴峯州志　卷十四　雜述　六

遠彎宥之又嘉靖七年容美宣撫司龍潭安撫
司每朝貢率領千人所過覆害鳳陽巡撫唐龍
以聞部札按舊制進貢不過百人赴京不上二
十人命所司申飭可見田氏恃險與遠恭意妄
爲自明已然
故老言土司調民以箸則能飯者至以帚則掃境
而出又言明如請中尚司過境秦伎歡飲密遣
人往襲掠所獲民人繫以青麻索
州設流以後常德澧州及外府之人人山承墾者
甚衆老林初開包穀不糞而穫每市斗價值四
十文茲官斗僅值二十文迫耕種日久肥土爲
雨潦洗淨糞種亦有不能多穫者往峙人烟稀
集之處今皆荒廢然開方開墾峙深山箐林中
掘土數尺每有殘缺鼎鐺與一切農器故知陵
谷變遷出來已久異時必可再墾也
州無十分歉歲則必可再墾也
民遇歲歉則挖蕨擣粉升採可食野草和飯充
腹然亦辛苦備嘗矣
飛蝗邑之所無食稻之蟲卽生葉上狀如鷺頭有
黑紋似山字生於秋前盛於秋後大約地高面

鶴峯州志　卷十四　雜述　七

成熟遲者生蟲之歲間被其災
盛夏大雨往往山崩地裂甚至冲塲民舍人畜俱
有損傷說者以爲蛟起所致蛟之有無人未目
睹然當山水泛濫峙值白晝亦晦瞑異常且
必有雷聲隱隱似鎮蛟潛行處其爲害者則蛟
起之說信不誣也
山水泛濫無減無之惟乾隆五十三年五月二十
二日郭外西街冲去民舍數十間歷來有
山林既墾野獸久稀近十年來有獸稍大於犬頭
與耳畧似驢或黃色或黃白斑駁攫食村民雞
犬猪隻夜間或入城中同行或二三或十條人
逐之似不甚畏邑人呼爲山猋
敎匪滋事宜郡七屬惟鶴邑未遭蹂躪蓋崇山峻
嶺賊雖有險可據而無食可搏也惟與建始連
界之冷草塘游賊來擾被鄉兵禦郤及林之華
一股竄踞芭葉洲大師駐札鄔陽關數月城市
鄉村俱皆安堵
文昌神像原祀於百斯庵乾隆四十三四年間有外
來學究自言姓方名曰士訓蒙庵中退然如不
勝衣至四十五年春杪忽詣九峯書院言我遊

安武生遊魯堂也以避訟入山故詭今名自寓
庵中以來朝夕見
文昌神像奉祀他神之側殊爲褻越而隱忍未言今
屆行矣故告之諸君即移祀曹院徐護薦廟言
談之間形狀迥殊平日諸生異之遂設座移祀
越數日往問則茫然無以應有告以自道其姓
名者頽發於而未幾辭館去
城中印山爲州治後歲城垣半跨其上若開墾耕
種不惟形家所忌且水潦衝洗勢必剝致崩裂
故歷來往其開墾嘉慶十四年忽有兵丁耕種
根以爲疆界州屬士民呈請署知州劉運浩移
查禁止永以爲例
邑諸生艾家鑑赴乾隆庚子科鄉試闈中卽卷上
係陳本邑利弊以犯規戒烏瞥木齊後遇赦歸
艾生爲人謙恭重義輕財非素以武闈挾制爲
能者緣以田土細故訟之官爲胥徒所窘辱故
憤而爲此然不控切已之害於有司而陳一邑
之樂於場屋其愛諡宜矣志之以爲冒昧妄舉
者戒

州人趙士琅作儲於諸生田志壽家志壽夫妻病
療將死琅甫四歲以屬士琅曰吾有弟
四人皆非可託孤者汝我撫之琅泣諾志壽
命子以叔呼之未幾相繼卒士琅內撫搖一
無所私琉亦雛珩諸父心折珩弱冠入州學不數
歲亦死士琅復爲經紀其家可謂儒中俊俊矣
現年六十有餘操觚者不欲自亂其倜故不入
義行傳
嘉慶十六年四月走馬坪民人某妻病見牀帳外
有人長三寸餘時下衣冠老少男婦自窻孔中
往覘之所見皆同三日後乃滅病者無恙亦無
他異
水沙坪有舊開煤洞附近民人某兄弟三人往取
煤長者入洞甫丈餘疾呼救命其次入觀亦什
而呻吟刻者急邀妹夫某次入者出氣已
絕矣而曳者量而復踵以爲可無害也次日二
人偕入曳長者之屍皆死洞中里人遂不敢復
入以鐵鈎縛長竹竿曳三屍出七竅流血遍身

鶴峰州志《卷十四》雜述 十

青色無他損傷嘉慶二十年夏月事

世述錄稱巴東世譜載田思全先代累世同居其

家共牢之犬有一不至則羣犬不食宋哲宗雄

為義門思全卽田思政之兄弟

又稱穀陵文相國鋐巷黃太史中含明末避難來

容美司按明史文安之崇禎末年由南大司成

罷歸至永明時乃起為相其間十餘年賊氛正

熾又按東湖縣志黃燦傳有明命革遁跡山

中語則所稱二公避難容美之說信矣

又稱土司田甘霖臨終時有大星隕聲如雷又山

石行數十步等異似因諸葛武侯暨韓魏公臨

終事而附會之存而不論可也

土俗尚啞酒按社詩蘆酒多遷醉註云糜穀釀成

不醡也楊升庵曰以蘆為管吸而飲之一名鈎

藤酒卽今之啞酒

雍正初慈利唐姓監官將千金坪一帶山場田土

南至告箭坡北至杉木場迴圍約三十里用印

契賣與容美土司價銀一千零五兩經上憲訪

祭隨有民人以土佔漢產俱控勘實以臨官貪

乏傷原控民人照繳價值給容美司業付民人

鶴峰州志《卷十四》雜述 十一

耕管價係合夥湊集故有十大股六大股之分

此時林深木茂收成歉薄運今開墾成塾田土

膏腴為一邑最價值較前不啻百倍固由人事

興修亦地氣轉移使之然也

改土時慈利撥歸人民畏新邑役賦繁重紛紛具

呈奉督憲遇此示修建城垣衙署及運江公

松三縣兵米俱撥土民應役客民免派故至今

關外除軍需外並無夫姦

周化定大典河人年十六父病篤私禱於神割股

肉煎湯以飲父得……菀菜篇

乃止

巫者謂之端公病者延之於家懸神像祝禱又有

漸保平安或一年或二三年延巫祀神並其祖

先日完糧鼓醮一日解祖錢此為土戶習俗今

漸稀矣

又有祀羅神者為木面具二其像一黑一白每歲

於夜間祀之名為完羅愿此湖南客戶習俗○

附錄七：《鶴峰州志》道光二年編修　州署藏版影印

附录七：《鹤峰州志》道光二年编修　州署藏版影印

按遂林李如石蜀語云神名主壇雞公黑而
手持斧吹角設像於室西北隅去土尺許歲暮
割牲延巫賽之考受徵紀聞曰羅羅本盧鹿而
訛為羅羅有二種居水西十二管林谷馬場澌
溪者為黑羅羅曰烏蠻居幕後者為白羅羅曰
白蠻俗俗曰羅鬼故曰羅鬼今市井及田舍間有祀
之神士家否曰杜子美詩曰家養烏鬼也註杜詩者以烏鬼為鸕鷀或
云豬皆非又元積江陵詩有病賽烏稱鬼則
烏鬼乃神名也按據以上所稱是羅神為蜀人

鶴峰州志　卷十四　雜述　十二

所祀而流傳於楚其來已久
按田舜年廿一史纂載入湖北省志非荒陋無
文比也惜哉金潭吟意筆草不可見矣逃其風
雲龍虎顏佝武功銘鐘勒碑非夜郎自大哉然
又工演桃花扇宜顧天石歎其旖旎可賞也他
如所載兒神事不必辯要其中風俗物產等類
亦足以補所未備後之君子得以覽焉

嘉慶丁丑歲生榕從邑紳耆役以重修邑乘請於
前署州事童明府議甫興而篆已卸今
吉痲牧伯蒞任之初卽召諭紳耆曰邑舊志修
於毛公裛具梗概今己八十餘年衆宜謀重輯已
中士瓠司采訪予其靴筆以俟命下之餘曼經費
惟艱艱不能專設志局命生榕廣為蒐采偕洪君先
叢商擢草劖稿初定呈請
首事謀書徐眼逐䌷補勒成卷峽并捐濟俸命
牧伯編輯
牧伯編輯

鶴峰州志　卷十四　雜述　十三

章程以及間閭物產風俗梨然畢具且又志切激
揚於往時循良政績與邑之孝子節婦義士文人
足以興起頑儒者有善必錄無微不彰蓋所以昭
聖世一道同風之盛而有造於是邦也大矣生榕幸與
從事不揣固陋敕綴數語簡末以志欣喜之意云
　　　　　　　　州人部生榕謹跋

后　记

覃进之

　　《鹤峰州志》汇编校注初稿，在我退休一年后终于完成，这是我多年来利用工作之余，为了扎实国学基础而应用于实践的一次尝试，从中受益匪浅，收获良多。

　　对《鹤峰州志》乾隆六年创修版、道光二年重修版、同治六年续修版、光绪十一年和二十五年续修版等五个版本进行汇编、校注的想法，是基于我生于斯学于斯长于斯的这片古桃源地，搜奇以期遗存有所发现，考证乃求史迹得有堪补。于是，诸如《鹤峰州志》《容美纪游》《容美土司史料汇编》等介绍鹤峰地域景况、名人轶事的志书或相关古籍，均是我搜奇或考证过程中必读或必查的资料之一。

　　然，这些书籍的编辑或汇编，尤其是古代的木刻与近代或当代的铅印，因受诸多条件限制，错讹相传，更有甚者，或如一篇碑记、一首诗作，重印时对原有部分错讹未能勘正，却又出现新的谬误，一时给读者带来困惑或不解。我亦有如此感受，但这并不是时任编纂人员的责任，只是限于当时诸多条件的限制，未能达到最佳预期目的。我在想，每个地方都会有一批热心于本土文化建设的奉献者，正是他们孜孜不倦，笔耕不辍，才能将一地之优秀文化不断传承。这样的奉献者，古亦有之，当代更盛。我在想，我虽不能成为杰出的奉献者，但我愿以己之力做能及之事。

　　故然，从键入每段文字开始，而后逐字逐句反复核对的过程里，我原只为"方便自我查阅"的狭隘想法，也变得旷达起来。我以为，何不以此为契机，斗胆为《鹤峰州志》进行一次校注，将创修、重修、续修版本进行分类汇编，为后辈们于鹤峰建设中查阅史料时能省时、快捷而尽一份力，我便心满意足矣！志书所载的每一位为鹤峰奉献的古人亦能为之，生活在新时代的我凭借现代文明，就更义不容辞了。

　　本书原文 16 万余字，注释 12 万余字，共 28 万字，勘正、勘误数百字（词），校异体字、通假字亦有数百之多，全本皆以现行通用汉字为标准进行编辑。为了方便读者阅读，进一步了解鹤峰州改土归流六年来的实情，特将乾隆六年创修版作为附录之一；雍正十三年（公元1735年）改土归流后，慈利县麻寮所属五十里之地拨归鹤峰州，故将《麻寮所志》作为附录之二；民国三十二年时任鹤峰县长蔡韫亦将《鹤峰州志》翻印，除一篇《序》外，未有新增内容，故将其《序》作为附录之三；《鹤峰州志·学校志》中乐章部分有两个版本，经比对皆为目前仅存于世的艺术精品，在发现的道光二年重修州署藏版和道光二年影印本中，各有不同，故将影印版载乐章编入同治六年续修目下，由是，特将其乐章涉及的五音、十二律、工尺谱与现代简谱及春夏秋冬四季，草创一表便于查找对应关系，作为附录之四；便于读者在阅读时对鹤峰州古今区划和地名更易有所了解，特辑成《鹤峰古今区划地名对照》，作为附录之五；以史料为据，古州域历经大事或因时局更替所涉及之事，尚以大事记之，作为附录之六；为方便读者能阅览《鹤峰州志》道光二年重修版本，查阅原文，特将其州署藏版编排页码，新增目录，作为附录之七。

《〈鹤峰州志〉汇编校注》事务，虽不算精雕细琢，却做到了慎之又慎。录入过程中，通过查阅《汉语大字典》《中华字海》《古文字通假字典》《汉典》《康熙字典》等工具书，确保汉字繁体转简体的规范率；通过查阅《文献汇纂》《辞源》《古汉语字词典》《现代汉语规范词典》等工具书，确保对原文断句的正确率；注释过程中，通过查阅《中国古籍难词解释通典》《辞海》《中华成语辞海》《汉语成语源流大辞典》等工具书和部分经、史、子、集资料书籍，并借助互联网，确保对人物、事件、典故等词条的精准率。

汇编、校注事务是繁难、复杂的，需要极大的勇气和耐心来面对。原鹤峰县政协副主席向国平先生、原鹤峰县史志办主任龚光美先生、原鹤峰县文联主席向端生先生的不断激励，成为我汇编校注《鹤峰州志》的不竭动力。已故原鹤峰县人民政府县长覃正国先生在生时，亦对《鹤峰州志》校注事务充分肯定，并鼓励务必要将该《志》汇编校注成书。

《〈鹤峰州志〉汇编校注》初稿完成后，政协鹤峰县委员会高度重视，安排学习文史委员会进行部门协调、组织评审、联系出版事宜。县政协主席覃长玉女士、副主席李施甫先生特别关心并多次询问汇编校注事务进展，联系出版社，主持召开评审会，安排协调其他相关工作。县政协学习文史委员会主任庚云彰先生，将协调、联系、督办事务系于一身，把《鹤峰州志》汇编校注相关工作排上日程。

我国当代少数民族著名作家、原湖北省地方志编纂委员会副总纂李传锋先生，于万忙中抽出半个多月时间，通读《〈鹤峰州志〉汇编校注》初稿，精心给予指正、指教、指导，并为其作序。由向国平先生、向端生先生、县委宣传部退休干部向宏理先生、县档案馆（史志研究中心）副馆长田玲女士、燕子镇人民政府一级科员辛琰女士组成的《鹤峰州志》汇编校注评委会，以认真负责的态度，仔细审读并提出中肯的意见和建议。本书书稿修改过程中，县档案馆（史志研究中心）馆长王国洲先生安排专人，予以提供资料支持。书稿评审期间，鹤峰谦逊印务给予了精心服务。

如果说本书的出版能予人有助，我便心安理得了。因为，完成本书事务，有上述各位领导的重视与支持、专家学者的悉心指导、出版社编辑的辛勤付出。为此，我谨在后记里一一详记，一并特以致谢。

由于本人水平有限，怀着牛犊之胆，初理校注之事，谬误难免，敬请有识之士予以批评、指正。

2024 年 10 月 8 日夜于溇水河畔林业小区陋室

覃进之，男，笔名怡夫。中国摄影家协会会员、湖北省摄影家协会会员、恩施州摄影家协会理事、鹤峰县摄影家协会会员、鹤峰县作家协会会员。历任恩施日报社驻鹤峰记者站记者、站长，鹤峰报社副社长、工会主席，鹤峰县新闻中心主任，鹤峰县文联副主席，鹤峰县摄影家协会主席，湖北木林子省级自然保护区管理局副局长，湖北木林子国家级自然保护区管理局办公室主任、科研宣教科科长。是中国鹤峰网创始人，东经 110 度与北纬 30 度"神秘交叉点"探寻者、定位者，《中华覃氏志·鹤峰卷》主编。一直立足鹤峰，讴歌鹤峰，近 40 年来，摄影论文、摄影作品、新闻作品、文学作品近万篇（幅）散见于《人民日报》《经济日报》《光明日报》《新华网》《人民网》《光明网》《大众摄影》《中国记者》《民族文学》《中工网》《湖北日报》《湖北农村报》《民族大家庭》《荆楚网》《巴文化》《清江》《恩施日报》《恩施晚报》《恩施新闻网》《鹤峰网》等数十种报刊、新媒体，数十幅摄影作品分别获得国家、省、州或地区摄影比赛一等奖、二等奖、三等奖、优秀奖。2023 年 4 月退休。